알타

지은이 세르히 플로히 (Serhii M. Plokhy)

1957년 옛 소련 고리키(현 니즈니노브고로드)에서 태어났다. 드니프로페트롭스크대학(University of Dnipropetrovsk)을 졸업한 뒤 1990년 타라스 셰브첸코 키예프국립대학에서 국가박사학위 (Habilitation degree)를 받았다.

1983~1991년 드니프로페트롭스크대학에서 강의하다가 1991년 캐나다로 이주하여 앨버타대학교 역사학과에서 학생들을 가르쳤다. 2007년 하버드대학교에서 미하일로 흐루솁스키 석좌교수에 임명되었다. 강의와 저술을 병행하면서 러시아·우크라이나 역사에 관한 여러 저서를 출간했다.

2015년 우크라이나어로 쓰인 뛰어난 문학작품과 연구에 주는 안토노비치 상(Antonovych prize)을 수상하고, 2018년에는 『체르노빌』로 최고의 논픽션 작가에게 주는 베일리 기포트 상(Baillie Gifford Prize, 사무엘 존슨 상)을 수상했다.

주요 저술로는 The Origins of the Slavic Nations(Cambridge University Press, 2006); The Last Empire(Basic Books, 2014); The Gates of Europe(Basic Books, 2015); Lost Kingdom(Basic Books, 2017); Chernobyl: History of a Tragedy(Basic Books, 2018) 등이 있다.

옮긴이 허승철

고려대학교 노어노문학과를 졸업한 뒤 미국 버클리대학교와 브라운대학교에서 석박사과정을 수학하고, 1988~1990년 하버드대학교 러시아연구소(현 Davis Center for Russian Studies)에서 연구교수로 재직했다. 우크라이나 주재 대사(조지아와 몰도바 대사 겸임, 2006~2008)를 역임했으며, 1996년부터 고려대학교 노어노문학과 교수로 재직하고 있다. 2011년 이후 한러대화(Korea-Russia Dialogue) 사무국장도 맡고 있다.

우크라이나 대사 시절 얄타회담이 열린 리바디아 궁을 세 번 방문한 것이 이 책을 번역하는 동기가 되었다.

주요 저서로 『우크라이나 현대사』, 『코카서스 3국의 역사와 문화』가 있고, 역서로 『벨라루스의 역사』, 『조지아의 역사』, 『1991』 등이 있다.

얄타

1945. 2. 4.~11

8일간의 외교전쟁

세르히 플로히 지음

허승철 옮김

역사비평사

차례

얄타
| 8일간의 외교 전쟁 |

지도와 사진으로 보는 얄타회담

Yalta

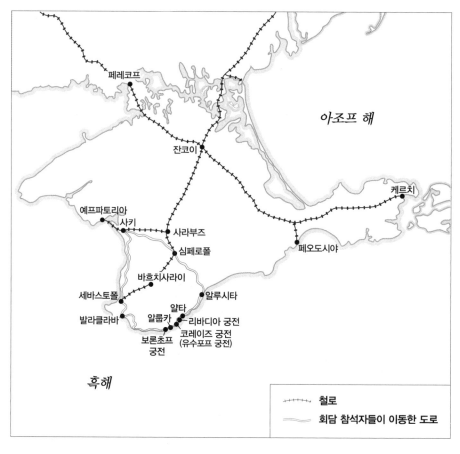

아조프 해

페레코프

잔코이

케르치

예프파토리아
사키
사라부즈
심페로폴
페오도시야
바흐치사라이
알루시타
세바스토폴
얄타
발라클라바
알룹카
리바디아 궁전
보론초프
궁전
코레이즈 궁전
(유수포프 궁전)

흑해

	철로
	회담 참석자들이 이동한 도로

크림반도(1945년 2월)

소련군의 겨울 공세(1945년 1월)

스웨덴

발트 해

쾨니히스베르크/ 칼리닌그라드

빌노/빌뉴스

커즌 라인

쾨니히스베르크/ 칼리닌그라드

독일

소련

슈테틴/슈체친

1947 소련 – 폴란드 국경

서 나이세 강

엘베 강

오데르 강

브제시치/브레스트

포즈난

비스와 강

바르샤바

폴란드

부크 강

우치

루블린

브레슬라우/브로츠와프

헤움/홀름

오데르 강

커즌 라인 B

몰로토프 – 리벤트로프 라인

동 나이세 강

체코슬로바키아

크라쿠프

프셰미실/ 페레미실

르부프/르비프

드로호비치

(가로줄 무늬)	소련에 양도된 영토
(세로줄 무늬)	폴란드에 양도된 영토

커즌 라인 – 1919년 12월 연합국 최고회의가 동부 갈리 치아와 나머지 폴란드 영토를 행정 경계선으로 나누기를 제안한 경계선

커즌 라인 B – 동부 갈리치아에 거주하는 우크라이나 인들이 폴란드에 귀속되기를 거부할 것에 대비하여 연합 국 최고회의가 제안한 폴란드 동부 국경선

헝가리

루마니아

폴란드의 새 국경

노르웨이

스웨덴

핀란드

레닌그라드

북해

발트 해

탈린

에스토니아

러시아 연방

덴마크

라트비아

리가

리투아니아

소 비 에 트 연 방

빌뉴스

민스크

드네프르 강

벨라루스

엘베 강

베를린

동독

폴란드

바르샤바

키예프

라인 강

서독

프라하

우크라이나

체코슬로바키아

로비프

드네스트르 강

빈

오스트리아

부다페스트

몰도바

키시너우

스위스

헝가리

루마니아

이탈리아

부쿠레슈티

베오그라드

아드리아 해

유고슬라비아

소피아

불가리아

티라나

알바니아

■	1939년 이전 소련 영역
■	전쟁 중 소련이 점령한 지역
▨	1945년 이후 소련의 동유럽 영향권

1945년 이후 동유럽에서 소련의 영향권

극동에서 소련의 영토 확장

1945년 2월 2일 몰타에서 프랭클린 루스벨트가 도착하기를 기다리는 연합국 인사들. 왼쪽부터 미 국무장관 에드워드 스테티니어스, 영국 외무차관 알렉산더 카도간, 소련 주재 미국대사 애버럴 해리먼이다. **FDR LIBRARY**

1945년 2월 2일 몰타의 발레타 항에 정박한 미 해군 순양함 퀸시호 선상의 루스벨트와 처칠. 이 사진에 보이는 다정한 협력 분위기에도 불구하고, 루스벨트는 몰타에 머무는 하루 동안 처칠과 중요한 문제에 대해 논의하는 것을 피했다. © BETTMANN/CORBIS

얄타회담에 참석한 영국과 미국의 군지휘관들. 맨 오른쪽부터 왼쪽 방향으로 얼굴이 보이는 인물 순서는 영국 측 군지휘관인 앤드루 커닝햄 해군 제독, 앨런 브룩 육군 원수, 찰스 포털 공군 원수이다. 그 맞은편에 등을 보이고 앉은 사람은 미 해군 제독 어니스트 킹이고, 그의 옆에 오른쪽 얼굴이 보이는 사람은 조지 마셜 원수이다. 사흘간 몰타에서는 열띤 사전 협의가 이루어졌는데, 이때 서부 유럽 전선에 대한 연합군의 작전 계획 논의에서 미국 측이 완전한 승기를 잡았다. **FDR LIBRARY**

1945년 2월 3일 크림반도의 사키 공군기지에 도착한 루스벨트 대통령이 지쳤지만 기분 좋은 얼굴로 해리 홉킨스와 얘기를 나누는 모습. 홉킨스의 바로 옆에 소련 외무장관 뱌체슬라프 몰로토프가 서 있다. **FDR LIBRARY**

얄타회담 준비를 위해 소련 비밀경찰이 동원한 인력 중 현지 여성들이 큰 역할을 했다. 미국 대표단이 머물 리바디아 궁전 앞으로 소련 여성들이 물건을 나르고 있다. **FDR LIBRARY**

얄타회담에 앞서 루스벨트 대통령이 참모들과 사전 협의를 하고 있다. 이곳에서 논의된 내용은 소련 측에 도청되었다. 왼쪽부터 시계 방향으로 스테티니어스 국무장관, 킹 제독, 마셜 원수, 해리먼 대사, 윌리엄 레이히 제독, 루스벨트 대통령이다. **NATIONAL ARCHIVES AND RECORDS ADMINISTRATION**

2월 4일 얄타회담의 공식 개회에 앞서 스탈린이 루스벨트를 방문했다. 카메라를 등지고 있는 사람은 스탈린의 통역관 블라디미르 파블로프이다. 파블로프의 오른쪽에 가려져서 잘 안 보이는 사람은 루스벨트의 통역을 맡은 찰스 볼렌이다. © BETTMANN/CORBIS

연합국의 서방 측과 소련 대표단이 만나는 모습. 회의 시작에 앞서, 당시 소련 외무차관이면서 1930
년대 스탈린의 대숙청에 따라 여론 조작용 재판을 이끈 검찰총장으로 악명을 날린 안드레이 비신스
키가 처칠과 악수를 하고 있다. 비신스키의 오른쪽에는 처칠의 통역관인 아서 허버트 버스 소령이 있
다. 처칠의 등 뒤, 사진 맨 왼쪽에 해리먼, 카도간, 영국 외무장관 앤서니 이든(서 있는 사람)이 보인
다. **STATE ARCHIVE THE RUSSIAN FEDERATION**

2월 4일 리바디아 궁전에서 열린 얄타회담 개회식 겸 전체회의. 왼쪽 끝에 얼굴이 보이는 인물부터 시계 방향으로 몰로토프, 스탈린, 파블로프(스탈린의 뒤쪽에 앉아서 잘 안 보임), 소련의 외무차관 이반 마이스키, 미국 주재 소련대사 안드레이 그로미코, 윌리엄 레이히 제독, 미 국무부의 프리먼 매튜스(뒷줄), 스테티니어스, 국무부 특별정무팀의 앨저 히스(뒷줄), 루스벨트, 볼렌, 전쟁동원부 장관 번스이다. 번스의 옆으로는 영국 대표단이 앉아 있다. 카도간(가려져 있음), 이든, 처칠, 버스(카메라를 등지고 있음), 영국 외무부의 에드워드 브리지스(카메라를 등지고 있음), 소련 주재 영국대사 아치볼드 클라크 커이다. ⓒ **BETTMANN/CORBIS**

3국의 외무장관과 그들의 보좌진이 참석한 회의는 각국 대표단 숙소에서 번갈아 열렸다. 소련 사진사가 찍은 이 사진은 영국 대표단의 숙소인 보론초프 궁전에서 열린 외무장관 회의이다. 왼쪽에 얼굴이 보이는 사람부터 시계 방향으로 영국 주재 소련대사 표도르 구세프, 비신스키, 몰로토프, 몰로토프의 통역인 세르게이 골룬스키, 그로미코이다. 연합국 서방 측 참석자는 스테티니어스, 히스, 이든, 버스, 카도간이며, 모두 카메라를 등지고 있다. **STATE ARCHIVE THE RUSSIAN FEDERATION**

'소녀들(The girls)'이라고 불린 여성들. 왼쪽에서 오른쪽으로 사라 올리버(처칠의 딸), 애나 루스벨트 베티거(루스벨트의 딸), 캐슬린 해리먼(애버럴 해리먼의 딸)이다. 이들이 일기와 편지에 기록한 내용은 회담의 막후를 보여주는 중요한 자료이다. **FDR LIBRARY**

파블로프의 통역을 받으며 해리먼, 몰로토프와 대화를 나누는 스탈린. 이런 대화를 통해 스탈린은 극동에서의 소련 측 요구에 반대하는 해리먼에게 입장을 철회하도록 설득했다. **FDR LIBRARY**

아마 스탈린이 처칠을 상대로 농담하고 있는 듯하다. 스탈린의 옆에 있는 인물은 영국 측 통역인 아서 허버트 버스 소령이다. 처칠 뒤쪽으로 오른쪽 끝에 멀리 보이는 사람은 해리먼이다. 처칠의 주치의 모랜 경은 회담 기간 중 스탈린이 처칠을 대하는 태도에 화가 났으나, 처칠은 이에 크게 신경 쓰지 않는 듯했다. **FDR LIBRARY**

2월 9일 오후 스탈린과 몰로토프가 기념사진 촬영을 위해 서방 대표단이 도착하기를 기다리며 리바디아 궁전 앞에 서 있다. **STATE ARCHIVE THE RUSSIAN FEDERATION**

2월 9일에 찍은 얄타회담의 대표적 사진. 3거두와 그들 뒤로 각국의 군사 참모들이 서 있다. 뒷줄 왼쪽에서 오른쪽 방향으로 커닝햄(처칠과 대화하고 있음), 킹, 포털, 레이히, 마셜(레이히로 인해 가려져서 부분적으로만 보임), 로런스 쿠터 소장, 알렉세이 안토노프 장군, 소련 공군 사령관 후댜코프(스탈린 바로 뒤에 서 있음), 소련 측 사령부를 대표하여 소련—미국의 전쟁 포로 교환에 관한 협정 문서에 서명한 아나톨리 그리즐로프 중장, 그리고 그리즐로프 뒤 오른쪽 끝에 있는 사람은 카도간이다.

2월 11일 마지막 오찬. 스테티니어스(왼쪽)가 건배를 제의하고 있다. 그의 맞은편은 몰로토프이고, 왼쪽 방향으로 처칠, 루스벨트, 스탈린, 파블로프(통역)가 앉아 있다. © BETTMANN/CORBIS

2월 11일 오후 리바디아 궁전을 떠나는 미국 대표단. 리바디아 궁전에 남아 최종 문서에 서명하고 이후 모스크바로 가야 하는 스테티니어스가 루스벨트의 딸 애나 베티거에게 작별 인사를 하고 있다. 그 뒤로 사라 올리버가 보인다.

자신의 트레이드마크인 시가를 물고 러시아 모자를 쓴 처칠. 그의 이런 모습은 서방 기자들에게 흥미로운 얘깃거리가 되었다. 이 사진은 2월 11일 오후 리바디아 궁전을 떠나기 전에 찍혔다. 아버지 옆에 보이는 사라 올리버는 리바디아 궁전에서 보론초프 궁전으로 돌아오는 길에 처칠이 갑자기 외로움을 느끼고 당장 얄타를 떠나기로 결정했다고 기록했다. **STATE ARCHIVE THE RUSSIAN FEDERATION**

알타회담의 최종 문서 중 하나에 서명하고 있는 몰로토프와 이든. 아마도 소련—영국의 전쟁 포로 교환에 관한 협정 문서일 것이다. 몰로토프가 웃는 모습을 보인 드문 사진이다. **STATE ARCHIVE THE RUSSIAN FEDERATION**

한국의 독자들에게

2010년 『얄타』가 출간된 후 한국 독자로부터 받은 첫 질문은 얄타회담이 한국 분단에 어떤 역할을 했는가였다. 오랜 시간 진행된 얄타회담의 기록에서 혹시 내가 중요한 사실을 놓친 데가 있는가 싶어 크게 당황했다. 얄타 관련 문헌들을 다시 조사한 결과, 38선을 경계로 한 한반도 분단은 얄타회담에서 논의되지 않았다.

그러나 이 사실이 곧 얄타회담이 한국현대사를 결정하는 데 중요한 역할을 하지 않았다는 것을 의미하지는 않는다. 루스벨트와 스탈린은 얄타회담 중 가장 중요한 회합에서 한국에 대한 신탁통치를 논의했다. 이 책에서 밝혔듯이, 두 지도자는 당시 일제 치하의 한반도를 어떻게 처리할 것인가를 두고 정확히 의견을 모으지 않았다. 루스벨트는 영국이 한반도 문제에 관여하는 것을 원하지 않았고, 스탈린은 미국이 한반도에 들어오는 것을 달가워하지 않았다. 두 지도자가 얄타에서 한국 문제에 대한 합의를 도출해내지 못했기 때문에 결국 그해 여름 한반도의 분할이 초래되었다. 이 회합에서 소련의 태평양전쟁 참전이 결정되었고, 이때의 논의가 한국의 미래를 결정하는 가장 중요한 요인이 되었다. 미군과 소련군이 한반도에서 군사작전을 펼치게 되는 1945년 8월까지 한반도에 대한 미국과 소련의 이익을 균형 잡게 할 어떠한 외교적 결정도 내려지지 않았고, 그 결과 한반도를 절반으로 나누는 임시적 해결 방법이 수행되었다.

극동 문제에 관한 얄타회담의 논의를 연구하면서 내가 가장 놀랐던 사실은 루스벨트와 스탈린이 단 30분 만에 극동의 미래를 결정했다는 점이었다. 스탈린은 참전의 대가로 일본이 장악하고 있던 영토와 중국을 희생시키는 전략적 양보를 얻어냈다. 두 지도자의 동기와 문화적·도덕적 기준이 다르기는 했지만, 그들은 결국 과거로부터 이어져온 강대국의 권력 게임을 계속 이어나갔던 것이다. 이와 관련된 해당 국가·국민과 어떤 상의도 없이, 그들에게 큰 질곡을 안기면서 자의적으로 영토를 잘라낸 것이다. 오늘날 세계의 몇몇 수도에서는 얄타 합의가 영향권에 바탕을 둔 미래의 국제질서에 대한 이상적 모델로 여겨지기도 한다. 이런 생각은 역사를 잘못 해석한 것이며 위험한 방법으로 역사를 미래에 투사하는 것이다. 내가 이 책에 논증한 바와 같이 얄타회담에서 세계의 분할이 이루어진 것은 아니다. 한국의 사례가 보여주듯이, 그 분할은 좀 더 나중에 진행되었고, 분할당한 민족에게는 너무 큰 대가를 치르게 만들었다.

끝으로, 이 책을 한국 독자들에게 소개하겠다는 생각을 처음 갖고서 힘겨운 번역 작업을 완수하고 한국의 출판사를 섭외한 허승철 교수에게 감사드린다. 한국의 독자들에게도 감사의 마음을 표하며, 분단된 한반도의 북쪽 독자들에게 언젠가 나의 사의가 전달되기를 희망한다.

—하버드대학교에서
세르히 플로히

일러두기

1. 외래어 표기는 국립국어원의 외래어표기법을 따랐다.

2. 원서에서 각 나라의 지명이나 인명은 영어식 표기로 되어 있지만, 이 책에서는 해당 국가의 발음 표기로 수정했다. 단, 병기할 경우에는 영어 표현을 그대로 두었다.
   예 작센(Saxony) / 바이에른(Bayern, 바바리아Bavaria) / 비스와 강(Vistula) /
   예카테리나 2세(Catherine II)

3. 원서의 미주는 출처를 정리한 것으로, 모두 서지 사항이다. 번역본인 이 책에서는 옮긴이의 판단에 따라 꼭 필요한 출처를 선별하여 실었다.

4. 본문의 각주는 모두 옮긴이가 독자의 이해를 돕기 위해 새로 쓴 것이다.

5. 권두부록으로 제공한 '지도와 사진으로 보는 얄타회담'은 원서와 똑같지만, 번역서의 본문에 실린 사진은 원서에는 없으며 내용에 대한 독자의 이해를 돕기 위해 역사비평사와 역자의 상의하에 한국어판에만 특별히 실은 것이다.

6. 단행본, 잡지, 신문은 겹낫표(『 』)로, 책 안의 단편, 시 제목, 잡지와 신문의 기사는 홑낫표(「 」)로, 노래·영화·연극 등 예술 작품은 홑화살괄호(〈 〉)로 표기했다.

7. 편지 글이나 대화는 입말로 표현했다.

프롤로그

회담의 시간과 장소는 제2차 세계대전을 통틀어 가장 철저하게 보안에 부쳐진 비밀이었다. 1945년 2월 3일 어둠이 내리깔린 가운데, 패커드 선단은 민주 세계의 가장 영향력 있는 두 지도자인 프랭클린 델러노 루스벨트 (Franklin Delano Roosevelt)와 윈스턴 레너드 스펜서 처칠(Winston Leonard Spencer Churchill)을 목적지로 데려왔다. 그들의 최종 목적지는 과거에 러시아 황제들과 최고위 귀족들이 소유했던 여러 채의 별장들이 위치한 흑해의 휴양지 알타였다. 그들은 스스로를 고대 그리스신화에서 잠들지 않는 용龍이 지키는 황금 양털을 얻기 위해 흑해를 찾아간 고대 전사들, 즉 아르고 전사 (Argonauts)라고 칭했다.* 그들이 획득해야 할 전리품은 세계를 삼켜버린 전

---

* **황금 양털 전설** 그리스신화에서 황금 양털을 가진 양은 오늘날 조지아의 서부 지방인 콜키스(Colchis) 왕국에 살고 있었다. 황금 양털은 왕권과 권위의 상징이었다. 이올코스 왕국의 왕좌를 빼앗은 펠리아스는 자신의 조카이자 원래의 왕위 후계자인 이아손에게 왕권을 상속받고 싶다면 콜키스 왕국에서 용이 지키는 황금 양털을 가져오라는 명령을 내린다. 이에 이아손은 각종 재능과 능력을 지닌 50명의 영웅들을 선원으로 모아 아르고(Argo) 배를 타고 콜키스로 향한다. 콜키스 왕의 딸인 메데이아는 이아손에게 결혼과 동시에 자신을 데려가준다는 조건으로 그가 황금 양털을 획득할 수 있도록 도와준다. 이아손은 마침내 황금 양털을 얻은 뒤 메데이아를 데리고 귀환했지만, 펠리아스 왕은 약속을 어기고 왕

쟁의 종식 방안을 찾는 것이었다. 황금 양털을 지키는 용은 젊은 시절 한때 조지아의 유명한 시인이었지만 지금은 잔혹한 독재자가 된 이오시프 스탈린(Joseph [Iosif] Stalin)이었다.

세 사람은 머리를 맞대고 20세기의 가장 비밀스런 평화회담을 진행했다. 그들은 수백만의 병력을 이동시켰으며 자신들에게 필요한 대로 전승국의 정의를 분배했다. 이 과정에서 평화의 지속을 위해 필요하다는 이유를 내세워 다른 국가들의 운명을 결정하고, 수백만 명의 난민을 동쪽과 서쪽으로 보냈다. 그들은 이 평화와 승리자의 이익을 지킬 기구를 만들었다. 이 지도자들은 회담을 마친 뒤 만족과 불안의 마음을 동시에 안고 얄타를 떠났다. 그들 뒤에는 수천만 명의 인명을 앗아간 두 차례의 세계대전으로 황폐화된 30년이 있었고, 앞에는 전후 세계의 불확실성이 놓여 있었다.

지정학적 야망과 자존심, 가치 체계의 경쟁, 자신들의 국가가 보유한 가장 영민한 협상가들 사이의 권력 경쟁이 1945년 2월의 여드레 동안 얄타에서 펼쳐졌다. 세 지도자는 상대들의 신뢰성과 타협 용의에 대해 의구심을 품었다. 영국과 미국의 최고 사립학교 졸업생들은 조지아 제화공의 아들이자 신학교 중퇴생과 타협을 이루는 일이 가능했을까? 민주적 선거에 따라 선출된 두 지도자는 강제노동수용소(굴라크Gulag)의 대부代父(godfather)를 다루는 방법을 알고 있었을까? 회담은 모든 참가자에게 끊임없이 도덕적 딜레마를 안겼다. 회담은 연합국의 지도자들뿐만 아니라 자국의 이익과 자신들이 모시는 지도자를 위해 분투한 참모들에게도 감정적 롤러코스터의 무대였다.

회담이 끝나고 몇 년 지나지 않아서 회담 참가자들의 큰 희망은 산산이

좌를 내놓지 않았다. 그러자 메데이아는 이아손을 충동질하여 펠리아스 왕을 죽이게 했고, 그 뒤 두 사람은 코린스로 도주한다. 이들이 코린스에 도착한 이후에 일어난 일에 대해서는 여러 가지 버전의 전설이 존재한다. 허승철, 『코카서스 3국 문학 산책』, 문예림, 2018, 74~75쪽.

부서졌고, 얄타에서 내린 결정은 우방과 적 모두로부터 비난을 받았다. 생존해 있는 회담의 주인공들은 이후 자신들의 결정에 대해 방어하며 변호하거나 자신들이 관여했다는 사실을 잊는 쪽을 택했다. 실망과 후회가 냉전으로 갈라진 양측을 모두 지배했다. 얄타회담은 각각의 상이한 해석을 떠나서 잃어버린 기회의 상징이 되었다. 1950년대 『타임』잡지 기사의 제목을 인용하면, 서방에서 얄타는 "잃어버린 평화"의 징표로 여겨졌다. 매카시즘이 위세를 떨치던 시대의 주류적 정치 대화에서 '얄타'는 자유의 배신 및 세계 공산주의와의 타협과 동의어가 되었다.

누가 책임을 져야 하는가? 이것은 냉전의 양측이 상대를 비난하기 시작한 1940년대 후반의 냉전 초기 단계에서 핵심적 문제가 되었다. 미국에서는 얄타의 결정이 공화당과 민주당을 갈라놓았다. 루스벨트 대통령과 그의 참모들은 동유럽과 중국을 스탈린에게 팔아넘겼을 뿐만 아니라 국내에서 공산주의를 조장했다는 것에 대해서도 비난을 받았다. 세간의 화제가 된, 얄타회담 수행원으로 소련의 스파이 노릇을 한 앨저 히스(Alger Hiss)에 대한 재판은 이 논쟁의 열기를 끌어올렸다. 조지 마셜(George Marshall) 장군은 은퇴 후 전기 집필을 위한 인터뷰에서, 무슨 말을 하든지 자신에게 공격거리가 될 것이라 확신하고 얄타회담에서 자신이 한 역할에 대해 말을 아꼈다.

누가 동유럽을 팔아넘겼는가, 또한 대일본전에 참전하도록 소련을 설득한 일은 미국의 이익에 부합되는 것이었는가를 놓고 벌어진 1950년대의 대중 논쟁은 오늘날에도 계속되고 있다. 이 문제는 2005년 5월 조지 워커 부시(George W. Bush) 대통령이 얄타회담을 1939년의 몰로토프-리벤트로프 조약(Molotov-Ribbentrop Pact)과 비교했을 때, 미국의 외교정책 전문가들이 다시 언급한 사실이다. 얄타회담에 대한 지금까지의 대중 논쟁은 최근에 진행된 두 가지 일을 고려하지 못하고 있다. 하나는 냉전의 종식과 이전에 접근할 수 없었던 소련 문서에 대한 조사이다. 다음으로, 지난 20년 동안 제2차 세계대전과 냉전을 전문적으로 다루는 역사가들이 이루어놓은 학문적 진전도 무시하고 있다.

소련 붕괴 후 보리스 옐친(Boris Yeltsin) 정부 초기에 시작된 이른바 '문서고 혁명(archival revolution)'이라 불리는 소련 문서고의 개방은 엄청난 양의 새로운 자료에 대한 조사를 가능하게 했다. 그중에는 외교정책 관련 자료도 당연히 포함되어 있는데, 이 자료들의 조사를 바탕으로 소련 역사의 여러 부분이 새로운 평가를 받게 되었다. 그러나 얄타회담은 아직까지 그러한 재평가를 받지 못한 상태였다. 냉전 종식 이후 서방에서 얄타회담에 대한 중요한 연구는 수행되지 않았고, 얄타회담을 어설프게 다룬, 미국 외교정책과 제2차 세계대전 중 연합국에 대한 최근의 연구도 얄타회담이라는 주제를 제대로 평가하지 못하고 있다. 지난 20년간의 문서고 자료 조사를 통해 얄타회담에 관한 새로운 발견들을 반영해놓은 이번 저술은 이전에 알려졌던 서방 자료를 재평가하고, 얄타회담과 그 결과를 새로운 역사적 시각에서 고찰한다.

이전에는 접근이 불가능했던 소련 자료의 개방으로 오래된 질문들을 새로이 조명하고 전혀 다른 질문을 제기하는 일이 가능해졌다. 이 자료들은 소련 문서고 자료에 접근하지 못한 채 연구를 진행했던 이전 세대 학자들이 제시한 일부 가설들을 확인해주었고, 또 다른 일부 가설들은 틀렸음을 보여주었다. 가장 중요한 것은 소련의 이 새로운 자료들이 얄타회담 당시 소련 지도자들의 심리 상태를 보여준다는 점이다. 스탈린과 그의 전략 참모들은 세계혁명 계획을 완전히 포기하지는 않았지만 상당 부분 연기하고, 서방과 최소한 20년간은 평화적 관계를 유지하는 데 관심을 기울였다. 이것은 그들에게 제2차 세계대전으로 인한 파괴를 회복하고, 공산주의와 자본주의 대결의 다음 단계를 준비하는 데 필요한 시간을 충분히 벌어주었다. 잠시 동안이나마 그들은 서방 세계에서 공산주의운동을 희생할 준비가 되어 있었고, 그 반대급부로 서방으로부터 자신들의 동유럽 장악에 대한 인정을 받아내려고 했다. 스탈린의 말과는 다르게, 중부 유럽에서 소련은 독일을 여러 개의 작은 국가로 분할하려고 계획했지만, 서방의 반대로 그들의 의도는 실현되지 못했다. 독일에서 소련은 영국 측이 제안한 동서독의 경계선보다 훨씬 동쪽에서 분할선을 확정하는 데 동의할 용의가 있었음을 시사하는 자료도 있다.

새로 발굴된 소련 자료는 얄타회담과 관련하여 논란이 가장 컸던 문제인 앨저 히스에 대한 새로운 사실을 조명해준다. 1940년대와 1950년대에는, 히스가 소련을 위해 스파이 노릇을 했을 뿐만 아니라 루스벨트의 결정에도 영향을 주어 미국의 국익을 팔아넘긴 인물로 간주되었다. 소련 문서고에서 나온 새로운 증거는 얄타회담 당시 히스가 소련 스파이였다는 주장을 뒷받침하지만, 이와 동시에 그가 소련 정보부의 군사 부문을 위해 일하기는 했지만 회담 이후 그의 존재는 정치 부문에 거의 알려지지 않았다는 사실을 알려준다. 군사 부문에서 히스를 다룬 사람들은 그가 제공하는 정치적 정보에 대해서는 거의 관심이 없었다. 소련이 UN에 참여하는 문제를 포함하여 얄타회담에서 그가 펼친 활약은 소련의 의제를 제기하는 데 영향을 끼치지 못했다. 영국과 미국에서 이른바 '케임브리지 5인방'의 활약 덕분에 소련 정보 당국은 가장 중요한 미국과 영국의 비밀문서 사본들을 자신의 지도자들에게 제공할 수 있었다. 스탈린의 정보참모들은 얄타 정상회담 직전과 회담이 진행되는 동안 여러 가지 대단한 성과를 올렸지만 히스를 이용하는 문제는 여기에 포함되지 않았다.

소련 자료들이 침묵하고 있는 주제들은 이 자료들이 드러내고 있는 문제만큼 중요하다. 이 자료들은 이오시프 스탈린이나 그의 측근들이 미국 대통령의 건강 문제를 이용하려고 했으며, 얄타회담에서 기복이 심한 루스벨트의 협상력 덕분에 소련이 자신들의 목적을 달성하는 데 도움을 받았다는 증거를 제시하지 못한다. 또한 폴란드 문제에 대한 서방의 좀 더 강력한 정책이 제시되었더라면 폴란드와 나머지 동유럽을 소련의 지배로부터 구할 수 있었을 것이라는 시사점도 발견되지 않는다. 새로운 문서를 연구한 바에 따르면, 일부 전술적 문제에 대한 소련 지도부 내의 이견에도 불구하고 소련은 서쪽의 인접국들에 대한 통제권을 확보하기로 굳은 결심을 했다는 점이 드러난다. 폴란드는 이 새로운 아치형(arch) 안보 구조에서 쐐기돌이 되어야 했다. 스탈린은 폴란드에 대한 지배권을 얻기 위해 어떤 일도 마다하지 않을 준비가 되어 있었던 반면, 강경정책이든 유화정책이든 간에 서방의 외교는 스탈린의 그런 의도를 막을 수 있는 방법이 없었다.

　이전에 기밀 서류로 분류된 자료를 분석해보면 소련은 미국만큼 회담의 결과에 만족했고, 미래의 협력에 대해서도 서방 못지않게 낙관적이었다. 그러나 양측은 상대의 의도를 잘못 판단했다. 그래서 상호 불신과 의심이 증폭된 이후 상황은 오히려 냉전의 촉발에 기여했다. 얄타는 그 같은 분열과 위험한 세계로 이끄는 길로 들어서는 중요한 걸음이 되었지만, 냉전 자체를 초래하거나 이를 불가피한 것으로 만들지는 않았다. 냉전은 적어도 서방 측에서는 크림반도 땅에 발을 들여놓은 적이 없는 여러 개인들이 내린 결정에 의해 나중에 시작된 것이다.

　얄타회담을 냉전이라는 역사적·지적 맥락에서 끄집어내야 역사에서 얄타가 제대로 위치를 잡는 데 도움이 된다. 얄타회담은 냉전의 첫 회담이 아니었을뿐더러 제2차 세계대전을 종결짓는 회담도 아니었다(1945년 7~8월에 열린 포츠담회담이 제2차 세계대전의 종결 회담으로 합당하다). 얄타회담은 적이 아직 완전히 패망하지 않은, 승리가 가까이 오기는 했지만 아직 달성되지 않은 상황인 전쟁 중에 열린 정상회담이었다. 이러한 새로운 맥락 짓기는 이 회담의 참가자들이 전쟁을 끝낸 뒤 비록 불완전하기는 하지만 협상에 따른 평화를 수립했다는, 단순하면서도 근본적인 인식을 갖게 도와준다. 지금 우리는 이 평화가 핵 재앙으로 이어졌을 뿐인 의미 없는 휴전이 아니라는 사실을 안다. 세 강대국의 지도자는 기획과 오류가 섞여 있기는 하지만 유럽 역사상 가장 긴 평화의 확립에 이바지한 국제체제의 요소를 결합하는 데 성공했다.

그러나 이 방식으로 전쟁을 끝내는 데는 치러야 할 대가가 있었다. 즉, 공개적으로 선언된 원칙을 희생하고, 공식으로 제기된 가치뿐 아니라 서구 지도자들이 깊이 신봉해온 가치의 타협까지 포함되었다. 유럽의 절반이 새로운 전체주의 체제에 복속되는 대가를 치러야 했고, 세계는 곧이어 냉전에 휘말려 들어갔다. 어떻게 이런 일이 발생했는가? 서방 지도자들은 더 적은 희생을 치르고 더 많은 것을 얻을 수는 없었는가? 마지막으로, 미래를 위한 교훈은 있는가? 이 책은 얄타에서 진행된 협상 이야기를 풀어가고, 회담에 임한 사람들의 기대와 실망을 점검하면서 이러한 질문을 풀어보려고 한다.

책의 이야기는 루스벨트, 처칠, 스탈린과 그들의 참모들이 얄타에서 보낸 8일간에 초점이 맞추어져 있는데, 여러 회담의 '기록과 결과'가 사건들을 재구성하는 주요 원천이 되었다. 회담의 공식 기록이 남아 있지 않은 것은 이 책을 쓰는 데 저주이자 축복이 되었다. 진행된 논의의 실제적 내용을 조각 맞추듯 다시 구성하는 일은 힘들었다. 그러나 똑같은 대화를 각기 다른 대표단이 기록한 자료를 서로 결합하면, 단 하나의 공식 회담 기록에 의존하는 것보다 실제로 일어난 일에 대해 한층 충실한 설명을 할 수 있다. 미국 대표단이 놓친 말과 대화들이 영국이나 소련 대표단에 의해 기록되거나 그 반대인 경우가 많았다. 몇몇 경우에는 기록자가 미묘한 차이를 놓치거나 번역 과정에서 사라지기도 했다.

나는 접근 가능한 모든 공식 회담의 진행 기록과 비공식 대화의 기록을 자유롭게 인용했다. 그러나 일부의 경우, 루스벨트, 처칠, 스탈린, 그리고 그 밖의 다른 사람들의 입에서 나온 말은 그들이 실제로 얘기했을 법한 말(때로는 매우 근접해 있기도 하다)을 추정해 쓴 것이다. 내 능력이 닿는 한 사용 가능한 모든 자료를 활용하여 이것을 재구성하려고 노력했다. 이를 위해 회담 기록은 물론이고 회담 분위기와 관련된 소중한 정보를 알려주는 개인의 회고록도 활용했다. 나는 각국의 기록자가 자신의 지도자를 가장 잘 이해하고 제일 충실히 기록했을 것이라는 전제하에, 가급적 미국 자료를 활용하여 루스벨트의 말을 인용했고, 영국 자료를 활용하여 처칠의 언급을, 소련 자료를 이용하여 스탈린의 생각을 적었다. 독자들에게 엄청난 주석을 제공하는 대신, 각 토론이나 대화를 재구성하는 데 사용한 모든 자료를 그룹으로 묶어서 각 에피소드의 설명 끝에 제시했다.

소비에트연방의 붕괴 이후에 출간된 소련 문서들은 내가 얄타회담을 재평가하는 데 가장 중요한 근거가 되었다. 한편, 출간되지 않은 미국 측의 자료들, 특히 애나 루스벨트 베티거(Anna Roosevelt Boettiger)와 캐슬린 해리먼(Kathleen Harriman)의 자료, 애버럴 해리먼(Averell Harriman)의 모스크바 주재 미국대사관 서류들은 회담의 분위기와 회담의 정치적·지정전략적(geostrategic) 맥락을 서술하는 데 중요한 기반이 되었다. 구소련 문서보관소(특히 러시아연방 국가문서보관소)에서 내가 개인적으로 찾은 자료들은 소련 내무인민위원회(People's Commissariat of Internal Affairs: 악명 높은 'NKVD'로서 소련 비밀경찰 KGB의 전신)가 얄타회담 준비 과정에서 수행한 역할을 상세히 쓰는 데 큰 도움이 되었다. 발견된 자료들 중에 가장 흥미로운 것은 내무인민위원회 관리들이 이오시프 스탈린을 위해 만든 사진 앨범이다. 오늘날 우리가 볼 수 있는 대부분의 사진은 날짜가 적혀 있지 않거나, 나중에 어느 시점에서 틀린 날짜를 써넣은 경우가 많다. 가급적 나는 이 책에 실린 사진들의 날짜를 정확히 기록하고, 이 사진들을 특정한 사건과 연결 지어 보여주기 위해 최선을 다했다.*

---

* 저자의 이 언급은 권두 부록으로 제공한 '지도와 사진으로 보는 얄타회담'에 해당한다. 번역서의 본문에 실린 사진은 원서에는 없으며, 내용에 대한 독자의 이해를 돕기 위해 역사비평사와 역자의 상의하에 한국어판에만 특별히 실은 것이다.

알타회담이 낳은 정치적 변화 중에는 지명의 변경도 있다. 사람들의 이주와 국경의 변경은 제1차 세계대전으로 인한 합스부르크 제국, 오스만 제국, 러시아 제국의 붕괴가 가져온 문화와 언어의 재구성으로 더욱 복잡해졌다. 1980년대 후반의 이른바 '알타 체제'로 알려진 세계질서의 붕괴와 소련의 해체 후 여러 개의 신생독립국이 탄생한 것도 이러한 복잡성을 한 단계 더 강화시켰다. 이 책에 언급된 많은 장소는 제2차 세계대전 전에는 다른 이름을 가지고 있었다. 몇몇 곳은 아직도 여러 개의 이름이 사용되고 있다. 이 책에서 지명은 현재 그 지역이 속해 있는 나라의 언어를 기준으로 표기했다. 예컨대 폴란드어로는 르부프(Lwów)로, 독일어로는 렘베르크(Lemberg)로, 러시아어로는 리보프(Lvov)로 알려진 도시는 현재 우크라이나에 속해 있으므로 르비프(Lviv)로 표기했다. 대체용 이름은 대개 처음 언급되거나, 특별히 영토 소속의 변경이 논의될 때 제시했다.

이 책은 프랭클린 루스벨트를 핵심 주인공으로 하여 알타회담에 참석한 3거두와 참모들의 동기, 사고, 행동에 초점을 맞추었다. 이야기는 루스벨트가 크림반도로 이동하는 장면으로 시작된다. 다음으로 참석자들이 군사 문제를 논의하고 정치적 의제를 제시하면서 논의의 무대를 만든 알타회담의 첫 부분에 대한 이야기가 전개된다. 이어, 회담이 가장 생산적으로 진행된 2월 7일과 8일에 3거두 각자가 제안한 내용과 상대방이 이에 상응하여 내놓은 다른 제안 및 복잡한 논의 과정에 대한 설명이 서술된다. 그리고 이전 이틀 동안 달성된 결과를 위협하지 않으면서 폴란드 정부 문제와 독일 처리 방안 등 이견이 도출된 부분에 대해 합의를 이끌어내는 일이 루스벨트의 주요 과제가 된 회담 막바지 날들을 서술한다.

이 책의 마지막에 해당하는 「6부: 알타 정신」과 「7부: 다가오는 폭풍」은 알타회담 직후 희망이 고조되고 소련과 밀접한 협력이 이뤄지는 기간에 종지부를 찍은 루스벨트의 죽음 전후 몇 주간에 일어난 동서 진영의 심각한 위기를 점검한다. 그리고 루스벨트의 사망과 미국의 외교정책을 재평가하려는 트루먼(Harry S. Truman) 대통령의 첫 시도에 대한 서술로 끝을 맺는다. 루스벨트는 생존 시 존경과 미움을 동시에 받았지만, 영감에 찬 그의 지도력은 미국을 대공황의 수렁에서 건져내고, 노련하게 미국을 승리의 길로 이끌었다는 일반적인 평가를 받았다. 얄타회담 후 두 달 만에 그가 사망하면서 얄타는 그의 외교정책을 보여주는 상징이 되었고, 얄타회담의 의미와 유산에 대한 논쟁은 루스벨트의 정치적 유산에 대한 논쟁의 일부가 되었다.

이 책의 구성은 복잡하고 이야기는 상세하며 풍부하지만, 핵심적 주장은 아주 단순하다. 국제 회담의 준비와 진행을 위해 아무리 많은 노력을 기울였더라도, 회담 참가자들이 아무리 뛰어난 임기응변과 지략을 갖추었다고 해도, 아무리 회담 결과가 고무적이라고 해도(얄타회담 당시에는 대단한 성과를 거둔 것으로 인식되었다), 민주적 지도자들과 사회는 똑같은 가치를 공유하지 않은 사람들과 밀접한 관계를 맺는 것에 대한 대가를 치러야 한다. 이 대가를 줄이는 유일한 방법은 적을 아는 것 못지않게 최소한 자신의 우방도 잘 아는 것이다. 얄타회담과 그 후의 결과가 보여주듯이, 동맹국을 함께 묶는 공동의 가치가 없는 상태에서 친구와 적의 차이는 시간이 지나면 아무것도 아닐 수 있다.

1부
작전명 아르고호

알타회담의 시간과 장소는 제2차 세계대전을 통틀어 가장 철저하게 보안에 부쳐진 비밀이었다. 루스벨트, 처칠, 스탈린이라는 3거두가 회담을 통해 획득해야 할 전리품은 세계를 삼켜버린 전쟁의 종식 방안을 찾는 것이었다. 세 사람은 머리를 맞대고 20세기의 가장 비밀스런 평화회담을 진행했다. 그들은 수백만의 병력을 이동시켰고 자신들에게 필요한 대로 전승국의 정의를 분배했다. 이 과정에서 평화의 지속을 위해 필요하다는 이유를 내세워 국가들의 운명을 결정하고, 수백만 명의 난민들을 동족과 서쪽으로 보냈다. 지정학적 야망과 자존심, 가치 체계의 경쟁, 자신들의 국가가 보유한 가장 영민한 협상가들 사이의 권력 경쟁이 1945년 2월의 여드레 동안 알타에서 펼쳐졌다. 회담은 참가자들에게 끊임없는 도덕적 딜레마를 제공했고, 연합국의 지도자들뿐만 아니라 자국의 이익과 자신들이 모시는 지도자를 위해 분투한 참모들에게도 감정적 롤러코스터의 무대가 되었다. 어느 전쟁과 마찬가지로 어느 평화도 단막극이 아니다. 거기에는 시작이 있고 끝이 있으며, 좋을 때가 있고 나쁠 때가 있으며, 영웅이 있고 악당이 있다. 그리고 거기에는 대가가 따른다. 알타가 보여주듯이 민주국가 지도자들이 아무리 노력한다고 해도 독재체제 및 전체주의 정권과 동맹을 맺는 데 따르는 대가가 있다. 동맹이 공통의 가치와 원칙에 기반하지 않는 한, 일단 처음의 갈등이 끝나고 나면 적군의 적은 당신의 적이 될 수도 있다. 민주주의는 오직 민주주의와 동맹을 맺어야 하고 공동의 가치가 앞으로의 동맹에 유일한 기초가 되어야 한다는 생각을 유지하기에는 세계는 너무 복잡하고 위험한 곳이다. 그러나 알타는 민주국가들의 단합이 공동의 목표를 달성하는 데 필수적이라는 것을 보여준다. 알타에서 보았듯이 적과의 사이에서뿐만 아니라 동지와의 사이에서도 이념적·문화적 차이가 있기 마련이다. 이러한 차이의 인정은 과도한 기대를 피하는 데 필수적이다.

Yalta

더 이상 우리가 망설이지 않기를. 몰타에서 얄타까지. 아무도 바뀌지 않기를.

No more let us falter. From Malta to Yalta. Let nobody alter.

—윈스턴 처칠

대통령의 여행

늦은 아침 상원의원들과 하원의원들, 정부 관리들, 외교관들과 그들의 가족이 모이기 시작했다. 정오가 다가오자 8,000명 가까운 사람들이 백악관 남쪽의 기둥이 이어진 현관으로 모여들었다. 백악관 울타리 너머 좀 먼 곳에는 3,000여 명의 일반 시민들이 겨울 코트와 장화를 신고 서 있었다. 전날 밤부터 내리기 시작한 눈은 진눈깨비로 변했지만, 수많은 군중은 자신들이 보려고 한 것을 보기 전까지는 그곳을 떠나려고 하지 않았다. 이 행사는 미국 역사에 전례가 없는 일이었다. 1945년 1월 20일, 미합중국의 대통령이 네 번째 취임 선서를 하는 날이었다. 프랭클린 델러노 루스벨트의 악화되는 건강에 대한 소문을 들은 사람들은 63세 생일을 열흘 남겨놓은 대통령이 앞으로 4년 더 이 나라를 이끌어갈 수 있을 만큼 건강한지를 자신의 눈으로 판단할 수 있는 기회였다.

정오에 백악관 발코니에서 대통령 취임식이 시작되자 모자를 쓰지 않고 푸른 양복을 차려입은 대통령은 자리에서 일어나, 37세의 해병대 대령으로 태평양 전선에 있다가 잠시 휴가를 내서 취임식에 참석한 맏아들 제임스(James)의 도움을 받으며 연단으로 향했다. 사람들은 열광적인 박수로 프랭클린 루스벨트를 환영했다. 발코니에 있는 사람들만이 그가 일어서서 무거

루스벨트 대통령의 4기 취임식 프랭클린 델러노 루스벨트는 미국 제32대 대통령으로, 1933년 3월~1945년 4월까지 재임했다. 미국 대통령 중에서 처음으로 대통령직에 네 번이나 당선되어 12년간 백악관을 차지했다. 사진은 1945년 1월 20일 대통령 4기 취임식 연설을 하는 모습이다.

운 의족에 의존하여 짧은 거리를 이동하는 것도 얼마나 힘든 일인지를 볼 수 있었다. 대통령의 몸 전체가 흔들렸다. 나중에 제임스는 아버지가 지옥에라도 다녀온 것처럼 힘들어 보였다고 말했다.

박수갈채가 잦아들자 루스벨트는 연설을 시작했다. 연설의 초점은 미국이 유럽과 아시아의 두 전선에서 싸우고 있는 전쟁에 관한 이야기도 아니고, 아직 쟁취하지 못한 승리가 화제도 아니었다. 핵심은 전쟁 이후의 평화에 대한 것이었다. "우리가 오늘 전쟁에서 압승을 위해 노력하는 것과 마찬가지로, 앞으로 다가올 많은 시기에서 우리는 정의롭고 명예로운 평화, 지속 가능한 평화를 위해 노력해야 합니다."라고 대통령은 삭막한 겨울바람에 자신의 몸을 맞서며 강하게 선언했다. "우리는 그러한 평화를 쟁취할 수 있고, 쟁취할 것입니다. 우리는 완전을 위해 노력을 경주할 것입니다."라고 국민에게 약속했다. 그런 다음 좀 더 조심스러운 말을 이어갔다. "우리는 이것을 바로 쟁취할 수는 없지만, 그래도 노력할 것입니다. 우리는 실수를 할 수도 있습니다. 그러나 절대 마음이 약해지거나 도덕적 원칙을 포기하는 실수를 하지는 않을 것입니다." 그는 자신의 목표에 어떻게 도달할지를 알고 있다고 믿었다. "친구를 얻는 유일한 방법은 친구와 하나가 되는 것입니다. 우리가 의심과 불신이나 공포를 가지고 접근하면 지속적인 평화를 얻을 수 없습니다. 이해와 신뢰, 그리고 확신으로부터 나오는 용기를 가지고 나아갈 때만 평화를 얻을 수 있습니다."

573개의 단어로 구성된 이 연설은 루스벨트의 취임 연설 중 가장 짧았다. 대통령의 건강과 혹독한 겨울 날씨가 더 긴 연설을 허락하지 않았지만, 간결한 연설은 네 번째이자 마지막으로 대통령직에 취임하는 루스벨트의 가장 중요한 목표를 강조하는 데 모자람이 없었다. 그의 생각은 평화에 집중되어 있었으며, 이 평화는 단지 다음 전쟁의 전주前奏가 아닌 정의롭고 지속 가능한 평화였다. 개인적으로 그는 이 평화를 쟁취할 수 있을 때까지 오래 살 수 있을지에 대해서도 걱정하고 있었다. 나중에 그의 부인 엘리너 루스벨트(Eleanor Roosevelt)는 "이것이 자신의 마지막 취임식이고, 아마도 우리와 오래 함께 있지 못할 거라는 예감을 한 그는 1월 초에 손자 손녀를 모두 백악관으로 불러들여 며칠간 머무르게 했다."라고 회상했다. 이때의 모임은 가족 3대가 함께 모인 마지막 자리가 되었다.

취임식 후 대통령은 맏아들 제임스에게 자신의 유언에 대해 논의하고 싶다고 말했다. 제임스에게 그는 자신에게 어떤 일이 생기면 자신은 가족 반지를 끼어야 한다고 말했다. 장례에 대한 그의 지시 사항은 금고에 보관되었다. 며칠 후 대통령은 수천 마일 떨어진 곳으로 먼 여행을 떠나야 했다. 건강 문제를 떠나서, 이 여행은 전쟁 중에 수행하는 위험한 일이었다. 하지만 이 여행의 보상은 루스벨트가 취임 연설에서 제시한 그런 평화였다. 그는 모험을 받아들일 준비가 되어 있었다. 아무도 그가 살아서 돌아온다고 장담할 수 없었다.

1월 22일 저녁 늦은 시간, 대통령과 수행원들을 태운 특별열차가 워싱턴을 출발했다. 루스벨트는 방탄유리와 방탄철판, 콘크리트로 바닥이 보강된 특별객차를 타고 이동했다. 이 객차는 전쟁 발발 후 풀먼(Pullman)사가 대통령을 위해 특별히 제작한 차량이었다. 루스벨트가 얄타로 출발하는 모습은 전임 대통령이었던 민주당의 우드로 윌슨(Woodrow Wilson)이 1918년 12월 4일 파리강화회의 참석을 위해 출발하는 모습과는 사뭇 달랐다. 루스벨트의 장도를 기원하는 축포도 터지지 않았고, 환송 인파도 없었다. 전쟁이 아직 진행 중이므로 대통령 경호실은 회담 장소로 떠나는 대통령의 출발을 보안에 부치기 위해 모든 노력을 기울였다. 그의 여행 루트는 회담이 끝나고 회담의 모든 참석자들이 '공개할 수 없는 장소'에서 안전하게 떠난 다음에야 공개될 수 있었다. 대통령의 해외여행에 처음 참가한 새로운 멤버들은 보스를 보호하기 위한 안전조치의 수준에 큰 인상을 받았다.

"영부인과 작별 인사를 한 뒤 대통령과 그의 수행원들이 차에 올라탔고, 우리는 수많은 경호원들에 둘러싸인 채 출발했다."라고 민주당 전당대회 의장이자 루스벨트의 수행원들 중 한 사람이었던 에드워드 플린(Edward J. Flynn)은 회상했다. "우리의 목적지는 특별열차가 기다리고 있는 기차역이었다. 여기에서도 한 번 더 수많은 경호원과 모든 일이 예정대로 잘 진행되는지를 살피는 인원들이 잔뜩 모여 있었다." 대통령을 태운 특별열차는 1월 23일 아침, 아직 어둠에 싸인 버지니아의 뉴포트뉴스(Newport News)에 도착했다. 오전 8시 30분 미 해군 순양함 퀸시호(USS Quincy)는 귀한 손님들을 싣고 출항했다. 이 육중한 순양함은 대서양 건너 몰타로 향했고, 그곳에서 미국 대표단은 영국 대표단과 함께 크림반도로 날아갈 예정이었다.[1]

1월 내내 미국과 영국 국민들의 관심은 온통 미국과 대영제국, 소련의 지도자를 지칭하는 3거두(Big Three)의 회동에 쏠려 있었다. 회담의 시간과 장소는 미스터리에 싸여 있었다. 이 회담이 곧 열릴 것이라는 데는 아무도 의심하지 않았지만, 언제 어디에서 열릴 것인가에 대해서 언론은 마치 최면에 걸린 듯 깜깜했다. 연합국의 특파원들은 세계지도를 샅샅이 뒤지며 이 수수께끼를 풀게 해줄 아주 작은 힌트라도 찾으려고 노력했다. 회담에 참석할 것으로 예상되는 미국과 영국 정부 관리들은 언론의 끊임없는 감시를 받았다. 1월에 미국 언론들은 루스벨트 행정부의 일부 주요 인사들과 개인 참모들이 사교 활동에서 자취를 감추었다고 보도하기 시작했다.

루스벨트는 대통령 취임식 후 자신이 회담에 참석한다는 사실을 비밀로 하지 않았다. 1월 26일 자 『워싱턴 타임스-헤럴드(Washington Times-Herald)』는 "대통령이 워싱턴에 오래 머물러 있을 것 같지 않고, 최근 두 건의 임명에 대한 상원의 결정도 기다리지 않을 것 같다."라고 썼다. 이 신문은 국무장관 에드워드 스테티니어스(Edward R. Stettinius Jr.)의 부재 사실도 보도했다. 며칠이 지나지 않아 『워싱턴 스타(Washington Star)』는 전 대법관 제임스 번스(James. F. Byrnes), 백악관 공보 비서 스티븐 얼리(Stephen T. Early), 백악관 고위 관리 사무엘 로젠맨(Samual Rosenman)과 로클린 커리(Lauchlin Currie)의 부재 사실을 독자들에게 알렸다. 언론은 루스벨트의 가장 가까운 보좌관인 해리 홉킨스(Harry Hopkins)의 유럽 파견과 루스벨트의 외동딸 애나 루스벨트 베티거(Anna Roosevelt Boettiger)의 부재, 그리고 윈스턴 처칠과 영국 외무장관 앤서니 이든(Anthony Eden)이 1월 23일 영국 하원 회의장에 나타나지 않은 것을 "오랫동안 예고된 회담이 이제 시작되려고 하는" 신호로 받아들였다.

루스벨트가 순양함 퀸시호를 타고 유럽을 향해 항해하는 동안 미국 보안 당국은 정보의 유출을 차단하기 위해 부지런히 움직였다. 워싱턴에서 보안 당국은 콘스탄틴 에드워드 맥과이어(Constantine Edward McGuire) 박사가 상원의원을 포함한 자신의 친구들로부터 대통령의 여행에 관한 이야기를 들은 뒤 이를 세 명의 기자에게 편지로 알렸다는 사실을 파악하고 찾아갔다. 그는 더 이상 그런 일을 하지 않겠다고 보안 당국에 약속했다. 더 위험했던 일은 미 해군 요원이 보안을 어긴 것이었다. "가벼운 입이 배를 침몰시킨다"라는 말이 당시 세간에서 유행하는 와중에, 어느 배가 어느 시간에 대통령을 태우고 출항할 것이라는 소문이 동부 해안에 떠돌아다녔다.

1월 10일 FBI는 대통령 경호실에 버지니아 노포크(Norfolk)항에 정박 중인 미 해군 경순양함 사반나(Savannah)호가 취임식 다음 날 대통령을 태우고 처칠과 스탈린을 만나러 갈 것이라는 소문이 펜실베니아에 돌고 있다고 경고했다. 루스벨트가 워싱턴을 떠나 뉴포트뉴스로 간 날인 1월 22일, 정보보안국의 마거릿 윈들러(Margaret Windler)는 이미 닷새 전 열린 '아메리카 군단'의 댄스파티에서 사반나호의 수병들이 자신들의 배가 외국으로 떠나는 퀸시호를 호위할 예정이라며 자랑하는 소리를 들었다고 보고했다. 윈들러는 이미 이 이야기가 수병들 사이에서는 상식이 되었다고 판단했다. 그녀가 이러한 보고를 올렸을 때 사반나호는 이미 출항한 상태였다.

퀸시호는 대양 항해에 걸맞게 장비가 잘 갖추어져 있었다. 매사추세츠의 퀸시 조선소에서 건조된 중순양함은 1943년 12월 15일에 취역했으며, 1944년 5월 드와이트 아이젠하워(Dwight D. Eisenhower) 장군의 검열을 받고 그해 6월 노르망디 상륙작전 때 적에게 첫 포탄을 발사한 함정이었다. 퀸시호는 1944년 8월 프랑스 남부 지역 침공 때도 참여했다. 대통령의 항해를 위해 퀸시호에는 주갑판에서 최상부 갑판으로 올라가는 특별한 경사로 트랩이 설치되었다. 두 개의 특별 승강기도 설치되었다. 하나는 주갑판에서 최상부 갑판으로 올라가는 승강기이며, 다른 하나는 제2갑판으로 올라가는 승강기였다. 휠체어를 타고 배 안을 스스로 이동할 수 있는 대통령은 함장실을 사용했다.

1월 30일 아침, 갑판에 오른 에드워드 플린은 8척의 구축함과 9척의 순양함이 대통령의 배를 호위하고 있는 광경을 보았다. 뉴포트뉴스항을 떠난 지 40분이 지나자 퀸시호 앞에 구축함 새털리(Saterlee)가 나타나 대통령의 배를 호위하며 나아갔다. 한 시간 후 경순양함 스프링필드(Springfield)가 퀸시호를 뒤에서 호위하며 나아갔다. 구축함 2대가 추가로 함대에 가담했다. 퀸시호가 지브롤터 해안에 접근하자 더 많은 군함들이 함대에 가담했다. 함선들은 밤이 되면 불빛 없이 항해했다. 무전을 보내야 하는 경우에는 배 한 척이 함대를 이탈하여 발신했다. 그 후 이 배는 다른 항로를 택했고, 다른 군함이 그 자리를 대신했다.

항공모함과 북아프리카의 미군 기지에서 출격한 전투기들이 이 작은 함대의 하늘을 지켰다. 조종사들은 만일 어떤 비행기가 대통령이 탄 배에 접근하면서 경고신호에 반응하지 않는다면 설령 연합군기라도 격추하라는 명령을 받았다. 한번은 영국군 비행기가 경고사격을 받고 급하게 항로를 변경하기도 했다. 퀸시호가 지브롤터해협 근처에서 다른 소형 선박의 구조(SOS) 신호를 포착했지만, 독일군의 유인작전일지도 모른다고 판단하여 결국 응답하지 않았다.

아버지와 크림반도 여정을 함께한 애나 베티거는 퀸시호가 카사블랑카와 지브롤터해협 중간 지점에 도달했을 때 레이더에 독일 잠수함들이 포착되었다고 일기에 적었다. 또 "이 잠수함들이 육지로부터 지시를 기다리는, 규모를 알 수 없는 적함일 가능성이 드러나면 위험한 상황이 벌어질 수 있었다. 그러나 결국 아무 일도 일어나지 않았다. 우리는 제법 막강한 선단이었으므로 이 문제로 내가 잠을 설쳤다고 말할 수는 없다."라는 말도 덧붙였다.[2]

루스벨트는 국외 여행을 할 때면 체력이 소진되는 오랜 여로에서 감정적 지원을 받기 위해 가족 동반을 선호했다. 1944년 9월 루스벨트가 처칠을 만나기 위해 퀘벡에 갔을 때 동행한 엘리너 여사가 이번 여행에도 동행할 것이라는 소문이 돌았다. 영부인은 자신이 따라나서는 게 좋을지를 루스벨트에게 물었다. 백악관의 직원들은 대양을 횡단하는 여행이 이들의 애정을 되살아나게 하고 수십 년간 이어졌던 별거 생활로 인한 서먹한 관계를 해소해주길 희망했다. 그러나 루스벨트는 그녀와의 동행을 거절했고, 대신 외동딸 애나를 데려가기를 원했다. 애나는 아버지와 함께 외국으로 나가는 기회를 바로 붙잡았다.

애나는 스탈린을 비롯하여 외국의 고위 인사들을 만난다는 생각에 흥분한 나머지, 아버지의 희망을 따르는 것이 어머니의 기분을 상하게 할 수도 있음을 예상하지 못했다. 금욕적인 영부인은 남편과 딸이 여행을 준비하는 동안, 늘 그랬듯이 워싱턴에서 취임식 축하 댄스파티와 다른 사교 활동에 참여하며 자신의 평소 역할을 수행했다. 두 사람의 결혼 생활은 1918년 엘리너가 남편의 가방에서 비서 루시 머서(Lucy Mercer)의 연서를 발견하면서 시작된 위기를 극복하지 못했다. 아내가 이혼을 요구하며 나서자, 이혼에 동의하면 모든 상속권을 박탈하겠다는 어머니의 경고를 받은 루스벨트가 더 이상 루시를 보지 않겠다고 약속함으로써 겨우 결혼 생활이 유지될 수 있었다. 그러나 이전의 신뢰와 친밀감은 완전히 사라져버렸다.

1930년대에 결혼하여 이제는 루더퍼드(Rutherfurd)라는 성姓을 가진 루시는 대통령의 일상에 다시 나타났다. 1945년 1월 23일 퀸시호가 버지니아 해안을 떠날 때 루스벨트는 해안의 먼 곳을 가리키면서 딸에게 저곳이 "루시가 자란 곳"이라고 말해주었다. 1월 30일, 루시와 대통령의 사촌인 마거릿 서클리(Margaret Sukckly)가 보낸 선물이 담긴 상자가 루스벨트의 생일임을 상기시켜주었다. 엘리너는 생일 축하 전보를 보내려고 했지만 퀸시호가 무선을

루스벨트와 그의 딸 애나 베티거   영부인 엘리너가 얄타로 가는 여정에 동행하기를 원했지만, 루스벨트는 부인 대신 딸 애나 베티거를 데리고 갔다. 사진은 퀸시호에서 부녀가 대화를 나누는 모습이다.

끈 상태로 항해하고 있었기 때문에 전달되지 못했다. 그날 루스벨트가 아내로부터 받은 편지는 며칠 전에 쓴 것이었는데 정치적 문제를 담고 있어 루스벨트를 짜증나게 했다. 그는 수행원들에게 자신의 불쾌감을 굳이 감추려 하지 않았다. 애나는 남편에게 쓴 편지에서 "아버지가 자신이 한 일과 좋아하는 사람들에 대한 어머니의 태도에 대해 불평할 때만" 어머니를 언급한다고 털어놓았다.

    루스벨트의 참모들은 엘리너가 그의 정치적 동정同情과 행정적 결정에 강한 영향을 미치는 것에 대해 곤혹스러워했다. 엘리너는 루스벨트가 긴 외국여행을 할 때 필요한 자애롭고 배려 깊은 조력자라기보다는 요구가 많은 파트너였다. 이와 반대로 애나는 루스벨트에게 이상적 선택이었다. 그녀는 루스벨트를 위로하고, 함께 여행하는 동안 아버지가 충분한 휴식과 수면을 취할 수 있도록 불필요한 대화로부터 보호해주었다. 루스벨트 생애의 마지막 해, 서른여덟 살의 애나는 엘리너가 자주 워싱턴을 비우는 상황에서 영부인 역할을 대신 수행했다. 그녀의 두 번째 남편인 존 베티거(John Boettiger) 중령은 신문사 사주이자 1943년부터 전쟁지원국(Department of War) 관리로 시애틀에서 근무했다. 애나는 다섯 살 먹은 아들 쟈니(Johnny)와 함께 백악관에서 생활했다. 그녀는 루스벨트의 개인 비서 역할을 했다. 워싱턴의 소식통 사람들 사이에서는 그녀가 "왕좌에 이르는 길"을 사실상 통제하고 있다는 말이 나돌았다.

1월 말 애나가 워싱턴에서 사라진 상황도 뉴스에 목말라 있던 언론들에게는 3거두의 회담이 임박했다는 증거로 받아들여졌다. 백악관 관리들은 애나 베티거의 행방에 대해 언급하기를 거부했다. 국무부 서류에서 그녀는 단순히 '개인 비서'로만 언급되었고, 경호국은 내부 교신에서 그녀를 "토파즈(Topaz)"라는 익명으로 불렀다. 퀸시호에서 그녀는 함장 구역을 사용했다. 그녀의 존재는 전쟁 중 여자의 승선이 불운을 가져올 수 있다고 믿는 일부 수병들을 근심스럽게 했다. 그러나 그들은 명령을 이행하고 입을 다무는 것 외에는 다른 선택이 없었다. 항해가 끝날 때 그녀는 "대통령 사용 공간을 어지럽혀놓은 것에 대한 피해 보상"으로 32달러 50센트를 부과받았다. 알타회담이 끝난 후인 2월 15일 BBC 방송 뉴스에서야 그녀가 몰타에서 처칠의 딸인 사라 올리버(Sarah Oliver)와 함께 있는 모습이 나타났다. 『라이프(Life)』 1945년 3월호는 "긴 다리에 에너지가 넘치고 당당하게 아름다운" 베티거 여사에 대한 기사와 함께 그녀가 알타 인근의 리바디아 궁전에서 타자기 옆에 앉아 있는 사진을 실었다.

파리평화회담에 참석한 윌슨 대통령과 다르게 루스벨트는 자신의 주변을 회담 준비에 가장 도움이 될 만한 사람들 대신, 본인이 편하게 느끼는 사람들로 둘러싸게 했다. 윌슨은 평화회담 대표단에 국무장관 로버트 랜싱(Robert Ransing)을 마지못해 포함한 바 있다. 루스벨트는 1943년 스탈린과 처칠을 만나러 테헤란에 갔을 때 국무장관인 코델 헐(Cordell Hull)을 대동하지 않았지만, 이번에는 코델 헐의 후임인 44세의 에드워드 스테티니어스를 북아프리카로 보냈다. 스테티니어스의 말에 따르면 자신은 "크림반도에서 논의될 여러 문제에 대한 미국의 입장을 검토하기 위해 며칠을 보냈고", 이후 몰타로 가서 대통령이 도착하기 전에 영국 관리들과 협의를 진행했다고 한다.

루스벨트는 항해에 동행할 친구로 자신의 최측근 군사고문인 윌리엄 레이히(William D. Leahy) 제독과 민주당의 두 거물 정치인을 데리고 갔다. 그 두 사람 중 한 명은 그의 가까운 친구이자 하원의원, 상원의원, 대법원 판사를 역임하고 당시 전쟁동원부(War Mobilization and Reconversion) 장관을 맡고 있는 제임스 번스이고, 또 다른 한 사람은 그의 오랜 정치적 동지인 에드워드 플린이었다. 대통령의 보좌진, 그리고 미연방 의무감醫務監(the U.S. surgeon general)이자 주치의로서 대통령의 여행에 대부분 동행한 해군 제독 로스 매킨타이어(Ross T. McIntire)도 수행단에 포함되었다.[3]

그들 중 외교 문제에 조금이라도 경험이 있는 사람은 프랑스 비시(Vichy) 정부 때 미국대사를 잠시 역임했던 레이히 제독뿐이었다. 70세 생일이 가까웠지만 아직 건강하고 정정한 레이히는 1913년부터 루스벨트와 친분을 맺어왔는데, 그에게 큰 영향력을 가지고 있었다. 레이히의 용의주도함과 충성심, 사람들과 잘 어울리는 능력은 루스벨트에게 매우 중요한 자산이었다. 레이히는, 자유주의적 경향이 좀 더 강하며 1941~1945년 부통령을 지낸 헨리 월리스(Henry A. Wallace)와 엘리너 루스벨트 사이의 경쟁에서 루스벨트를 움직이는 영향력을 발휘하는 데 성공했다. 레이히는 이 두 사람의 태도가 "이상주의적"이고 "사교성이 없다"고 생각했다. 애나와 마찬가지로 레이히의 조용한 권력은 회담으로 이어지는 몇 달 동안 점점 더 커졌다. 이것은 엘리너 루스벨트의 잦은 여행과 위암으로 투병 중인 해리 홉킨스가 백악관을 떠나 있었던 상황에 힘입은 바 컸다.

레이히는 루스벨트의 수석 군사고문직 외에도 미 육군과 해군 합동참모 본부장 및 합동참모위원회(the committee of the chiefs of staff) 의장을 맡고 있었다. 미합동참모위원회는 뒷날 합동참모본부(Joint Chiefs of Staff)로 바뀌었다. 그는 군사 문제에 대해 대통령에게 브리핑을 하며 루스벨트가 마셜 장군과 만나는 횟수를 줄어들게 만들었다. 그는 외교정책의 자문도 맡아, 대통령이 전쟁상황실(Map Room)에서 전달받고 해독하는 보고 전문에 대한 답신의 초안을 작성했다. 레이히는 크림에서 특별한 임무를 부여받았다. 루스벨트가 사망한 뒤 이 해군 제독은 대통령이 자신에게 한 말을 이렇게 회상했다. "빌,* 자네는 우리가 한 모든 일을 기억하는 사람이네. 또 내가 전적으로 신뢰하는 누군가가 필요하니, 모든 정치 의제의 회의 자리에 참석하기를 바라네."

전 대법관 번스를 얄타 대표단에 포함시킨 데는 다른 이유가 있었다. 워싱턴 정가에서 '보조 대통령'이라는 별명이 붙은 그는 루스벨트의 국내 정치에 없어서는 안 될 존재였다. 그는 전시 상황에서 크게 확장된 관료 조직을 관리하고, 서로 마찰을 빚는 수많은 정부 기관들의 전시 행정을 최일선에서 관리했다. 그러나 두 사람의 관계에는 어두운 비밀이 있었다. 루스벨트는 1944년의 민주당 전당대회에서 번스를 부통령 후보로 밀고 있는 것처럼 보였지만, 실제로는 해리 트루먼(Harry S. Truman)을 지원했다.

이를 보상해주기 위해 루스벨트는 번스를 얄타로 데려가기로 결정했다.

---

* **빌(Bill)** 미국에서 남자 이름인 '윌리엄(William)'의 애칭이다. 레이히 제독의 이름은 윌리엄 대니얼 레이히(William Daniel Leahy)이다.

루스벨트는 의회로부터 자신의 결정에 대한 지지를 끌어내는 데 번스의 지원을 기대했다. 달필가인 데다 알타에서 이루어진 여러 숙의를 세세하게 기록한 번스는 실상 마지못해 퀸시호에 승선한 선객이었다. 그는 크리스마스 주간 동안 대표단에 합류하도록 권유를 받았지만 두 번이나 거절했다. 대표단이 출발하는 날, 그는 국내에서 다루어야 할 긴급한 문제들이 있다며 두 번째 거절을 했다. 그러나 루스벨트는 경제 문제에 대한 그의 전문성을 내세우면서 설득하여 마침내 데려가는 데 성공했다. 루스벨트 사망 후에 번스는 국무장관이 되었다.

에드워드 플린도 막판에 대표단에 합류한, 전혀 예기치 못한 인사였다. 그는 여권조차 갖고 있지 않기 때문에, 몰타에 도착하자마자 루스벨트는 스테티니어스 국무장관에게 "그가 여생을 시베리아에서 보내는 모습을 보고 싶지 않으니" 플린의 여권을 만들어주도록 지시했다. 이것은 국무장관에게도 골치 아픈 문제였다. 결국 플린은 자신이 미국 대표단의 일원임을 증명하는 편지 한 장을 들고 소련 국경을 넘었다. 그는 회담 후 바로 이동한 모스크바에서 여권을 발급받았다. 민주당 전당대회 위원장인 플린은 1944년 번스 대신 트루먼을 루스벨트의 러닝메이트로 선출하는 데 관여했다. 아일랜드계 가톨릭 신자인 플린은 루스벨트로부터 소련이 점령한 동부 유럽 지역의 교회 처리 문제를 담당하라는 지시를 받았다.[4]

번스는 대통령 수행원으로서의 역할을 가장 심각하게 받아들였다. 레이히와 저녁 식사를 마친 뒤 그는 루스벨트와 함께 회담에 관한 문제들을 논의하기 위해 늦게까지 남았다. 이런 미팅은 네다섯 번 있었다. 그러나 퀸시호가 몰타에 정박했을 때야 루스벨트는 그에게 회담에서 다뤄질 문제에 대해 국무부에서 작성한 협상문서를 보여주었다. 저녁 식사 후의 대화는 국무부나 다른 정부 기관의 의견을 많이 고려하지 않은 채 진행되었고, 이런 미팅은 번스를 불편하게 만들었다. 번스는 루스벨트가 퀸시호 선상에서 회담 준비를 제대로 하지 않은 것을 그의 악화된 건강 탓으로 돌렸다. 번스가 염려하자 애나는 대통령이 단지 감기와 부정맥(sinus) 문제가 겹쳐 불편할 뿐이라면서 그를 안심시켰다.

1월 30일 미국 해안에서 3,500마일 떨어진 곳에서 프랭클린 루스벨트는 63번째 생일을 맞았다. 이날 『워싱턴 스타(Washington Star)』는 독자들에게 대통령의 행방이 "보안에 부쳐졌다"고 알렸다. 이 신문은 대통령이 "친구·참모들과 더불어 진지하면서도 즐거운 시간을 보내고 있으며, 다른 국가의 정상들로부터 축하 인사를 받고 있다."라고 썼다. 처칠은 "각하의 생일날 우리는 위대한 결정과 위대한 사건들의 문턱에 서 있습니다."라는 축하 전문을 보냈다.

『워싱턴 스타』는 대통령이 생일에 "5파운드나 10파운드쯤 체중이 줄었지만, 그의 주치의 로스 제독은 열흘 전 대통령이 네 번째 취임 선서를 할 때 건강 상태가 아주 좋았다고 보고했다."라고 썼다. 그러나 국무장관은 이러한 인상을 받지 못했다. 스테티니어스는 전해 12월 중순에서 이듬해 취임식 사이의 기간에 루스벨트의 건강이 크게 악화되었다고 생각했다. 훗날 엘리너는 "취임식 후 프랭클린의 건강은 아주 좋지 못했다. 그럼에도 불구하고 그는 얄타로 가겠다는 결심을 굳혔다. 그는 무엇을 한번 하겠다고 마음먹으면 여간해서는 그 생각을 포기하지 않았다."라고 기록했다.

대통령은 자신의 건강 문제가 심각하다는 것을 인정하지 않았다. 소아마비 판정을 받고서 한쪽 다리를 제대로 사용할 수 없게 된 1921년부터 루스벨트는 신체적 제약으로 인해 행동이 제한받는 것을 거부했다. 그는 이 마비가 돌이킬 수 없는 상태라고는 절대 믿지 않았다. 그에게 소아마비 진단을 내린 의사는 첫 마비가 경미하므로 완전한 회복이 가능하다고 말해준 바 있다. 그러나 시간이 가도 상태는 호전되지 않았다. 그는 자신이 처한 비참한 상황에서도 최선을 다하기 위해 한 손에 지팡이를 잡고 다른 손은 아들의 팔에 올려놓은 채 목발 없이 다리를 금속 지지대에 의지하여 대중 앞에서 걸어다녔다. 그는 정치를 그만둘 생각이 없었으며, 1928년에 이어 1930년 연거푸 두 번이나 뉴욕 주지사에 당선되었고, 네 번이나 미합중국 대통령에 당선되었다.

1932년 루스벨트의 주치의가 된 매킨타이어 제독은 세 차례에 이르는 임기 동안 대통령의 부정맥 문제를 크게 걱정했다. 1944년 봄, 대통령의 건강이 악화되기 시작했다. 이미 그때 백악관에 들어와 있던 애나는 병색이 완연한 아버지를 크게 걱정하여 건강검진을 철저히 받도록 설득했다. 베데스다(Bethedtha) 해군 병원의 하워드 브루엔(Howard G. Bruennn)은 루스벨트의 병명을 기관지염과 고혈압으로 진단했다. 그의 심장은 왼쪽 관상동맥이 부전증으로 확장되었고, 이로 인해 장기로 공급되는 혈액량이 줄어들었다. 브루엔은 루스벨트에게 흡연을 줄이고 저지방 식사를 권했다. 생활 습관을 고치는 것 외에 루스벨트가 할 수 있는 일은 별로 없었다. 이러한 병증에 대한 치료법은 오랜 시간이 지나도록 개발되지 않았다.

시간이 가면서 루스벨트의 건강은 빠르게 악화되어 업무 수행이 점점 더 어려워졌다. 1944년 3~11월 혈압이 186/108mmHg에서 260/150mmHg까지 올라, 의사들은 그의 고혈압을 걱정했다. 그는 자주 복통을 느꼈고, 두통도 빈번히 찾아와서 밤마다 잠을 이루는 데 애먹었고, 만성적인 기침에 시달렸다. 게다가 늘 피로에 시달렸기 때문에 의사들은 그의 업무 시간을 4시간으로 제한했지만, 업무 단축은 지켜지지 못했다. 1944년 대통령 유세전에서 그의 건강이 양호하다는 진단을 내린 의사들로서는 할 수 있는 일이 많지 않았다.

1월 30일 손님들이 루스벨트의 생일을 축하하기 위해 퀸시호의 갑판에 모이자, 애나는 "생일 축하 만찬을 축제로 만들었다." 수병들은 퀸시호가 노르망디 상륙작전 때 발사했던 포탄의 탄피로 만든 황동 재떨이를 대통령에게 선물했다. 장교들은 그에게 생일 케이크를 선물했고, 부사관들도 케이크를 만들어 선물했다. 대통령의 요리사가 만든 케이크와 수행원들이 만든 케이크까지 더해 모두 5개의 케이크로 루스벨트의 생일을 축하했다. 4개의 케이크는 그의 네 번째 연임을 상징했다. 다섯 번째 케이크에는 물음표가 찍혀 있었다. 다섯 번째 임기가 가능할 것인가?[5]

건강 문제만 없었다면 미국 역사상 가장 인기가 높은 대통령의 다섯 번째 임기를 상상하는 것도 그리 어려운 일은 아닐 듯싶었다. 몇 달 전 루스벨트는 432표의 선거인단 표를 얻어 99표밖에 얻지 못한 공화당 후보 토머스 듀이(Thomas E. Dewey)에게 압승을 거두었다. 루스벨트는 48개 주 가운데 36개 주에서 승리를 거두었다. 이 선거 결과는 그가 치렀던 네 번의 대통령 선거 중 가장 낮은 득표율이었음에도 전임자들의 질투를 사기에 충분했다. 4선의 대통령 임기가 시작되었을 때 루스벨트는, 자신이 전쟁으로 이끌었지만 지금은 평화에 대한 염원을 품는 수백만 명의 미국인들이 낙관주의와 희망을 가질 수 있게 했다. 그의 낙관주의는 아무도 뒤집을 수 없었고 전염성이 강했다.

루스벨트는 온갖 고난을 극복하고 남들이 보기에 불가능할 법한 일을 성취하면서 정치 경력을 쌓아왔다. 하버드 동급생들이 "융통성 없고 까다로운" 친구라고 평가했기에 가장 영예로운 클럽인 '포셀리언(Porcellian)'에 가입조차 거부된 동부 귀족 가문 출신의 이 젊은이가 미국에서 가장 존경받는 정치 지도자가 되고, 대중의 지지를 한 몸에 받는 정치인이 되리라고 누가 예상할 수 있었겠는가? 1921년 39세 나이에 신체의 일부가 불구가 되는 병을 앓고, 12년 뒤에는 허리 아래가 마비된 이 사람이 미국의 차기 대통령으로 백악관에 들어가리라고 예상한 사람은 거의 없었다. 역경의 극복은 그에게 삶의 방

루스벨트의 노변담화 화롯가에 둘러앉아서 정답게 주고받는 이야기를 뜻하는 노변담화(fireside chats)는 루스벨트의 라디오 담화를 가리킨다. 그의 담화는 화롯가가 아닌 백악관 집무실에서 1933년 3월~1944년 6월에 걸쳐 라디오방송을 통해 이루어졌다. 이런 담화를 통해 그는 대중에게 친근하게 접근하면서 국민들에게 신뢰와 희망을 주었다. 사진은 1934년 9월 30일에 라디오방송을 하는 모습이다.

식이 되었다.

당시로서는 최신 정보 기술, 즉 라디오를 이용한 노변담화爐邊談話으로 직접 대중에게 다가간 루스벨트의 태도는 미국의 정치를 새로운 시대로 이끌었다. 미국인들은 전임 대통령이나 경쟁자보다 그를 더 가깝고 친숙하게 여겼다. 상냥한 대중 연설가이면서 유머가 넘치는 이야기꾼인 그는 그런 재주에 못지않게 미국 국민과 외국 정상들의 마음을 사로잡는 능력도 뛰어났다. 루스벨트는 친근하면서도 소원하고, 매력적이면서도 동시에 가장 가까운 보좌진뿐 아니라 동료들과도 일정한 거리를 유지하는 수수께끼 같은 존재였다. 정치적 타협의 대가인 그는 미국 정치에서 '잊힌 사람'이라고 할 만한, 다시 말해 사회적 위계질서의 바닥에 있는 사람들을 자신의 수사修辭와 정치적 주도권의 중심에 놓았기 때문에, 같은 계급의 사람들로부터 원칙을 지키지 않고 진지하지 않은 사람으로 여겨지기도 했다. 그는 그렇게 함으로써 자신의 국가를 과격한 계급투쟁에서 구해냈다.

대부분의 주州에서 은행 문을 닫는 재정 위기의 한가운데서 대통령에 취임한 루스벨트는 자신의 첫 임기 취임 연설 때 다음과 같이 선언함으로써 엉망인 경제에 희망을 불어넣었다. "우리가 두려워해야 할 유일한 것은 두려움 그 자체임을 저는 확신합니다. 이름도 없고 비이성적이며 정의롭지 않은 공포가 후퇴를 전진으로 바꾸는 데 필요한 노력을 마비시킵니다." 그는 월스트리트에 책임을 돌리고 경제와 사회 문제를 치료하는 새로운 접근법을 약속했다. "환전상들은 우리 문명의 신전의 높은 자리에서 도망쳐버렸습니다. 우리는 이제 그 신전을 고대의 진리에 맞춰 재건할 수 있습니다. 이것을 다시 건설하는 수단은 단순한 금전적 이익보다 고귀한 사회적 가치를 얼마만큼 적용할 수 있는가에 달려 있습니다."

경제 회생을 위한 루스벨트의 처방은 큰 역경에 처한 사람들을 위한 구호 자금과 침체된 경제를 자극하는 두 방향으로 연방 지출을 늘리는 것이었다. 그는 정부 예산을 삭감하겠다는 선거 캠페인 약속을 지켰다. 재정지출은 늘리면서 예산지출을 줄였기 때문에 연방정부 공무원들의 임금과 제대군인의 연금, 군비 지출이 삭감되었다. 이러한 상황에서도 루스벨트는 앞으로 올 몇 세대 동안 정부와 사회의 구조를 개혁할 젊고 이상주의적인 전문가들로 구성된 아주 인상적인 팀을 공직에 끌어들였다. 그러나 회복은 더뎠으며, 1930년대 내내 미국 경제는 계속 힘겹게 나아갔다. 루스벨트는 미국 국민들에게 본인이 험난한 경제와 사회적 고난을 헤치고 나갈, 미국을 이끌고 나갈 가장 적합한 사람이라는 확신을 주는 데 경쟁자보다 뛰어난 능력을 보였다. 그는 앞으로 다가올 번영의 기초를 놓는 시대에 세 번이나 재선되었지만, 정작 자신은 그 번영을 제대로 보지 못했다.

국제 무대에서 루스벨트는 점증하는 나치 위협과 태평양에서 커져가는 일본의 야망을 걱정스럽게 지켜보았다. 그는 결국 의회와 국민들이 개입하기를 꺼려 하는 전쟁으로 미국을 끌고 들어갔다. 그가 생각하기에 미국의 참전은 조국과 전 세계의 미래 번영을 위해 필수적인 조치였다. 1941년 GDP의 50%에 달했던 국가 부채는 1945년 120%까지 늘어났지만 경제는 다시 제자리를 잡고 번영의 길에 들어섰으며, 미국은 인류 역사상 가장 처절한 전쟁에서 승리를 거머쥐고 있었다. 루스벨트는 나치에 대항하는 제2전선을 유럽에 만들겠다고 초기부터 주장했고, 태평양에서 미국의 군사정책을 세우는 데 핵심적 역할을 했다. 1945년 초 미국과 영국은 벨기에에서 히틀러의 군대와 전투를 벌였고, 지구 반대편에서는 미국이 필리핀으로 다시 돌아와 수도 마닐라를 압박했다. 그는 새로운 세계대전이 불가능한 국제체제를 만드는 일을 자신의 책무라고 생각했다.

1월 23일 아침 대통령이 퀸시호에 승선했을 때 4년 이상을 끌어온 전쟁의 끝이 분명히 눈에 보이고 있었다. 그러나 유럽의 전장에서 전해지는 뉴스가 모두 긍정적인 것만은 아니었다. 1944년 6월 6일 시작된 연합군의 유럽 대륙 침공은 여름 내내 성공적으로 진행되었지만 가을이 되면서 그 추동력을 잃고 있었다. 8월 25일 미군과 프랑스군은 파리를 탈환하고, 영국군은 브뤼셀에 진입하여 9월 3일 앤트워프(Antwerp)에 다다랐다. 연합군 전략가들의 다음 목표는 로테르담이었다. 유럽연합군 총사령관 드와이트 아이젠하워(Dwight D. Eisenhower) 장군은 이 도시와 산업 시설들을 독일군의 파괴로부터 구해야 한다고 네덜란드인에게 호소했다. 이 도시가 곧 연합군에 의해 탈환될 것이라는 기대가 일었는데, 특히 항구는 연합군에게 꼭 필요한 병참 공급기지였다. 하지만 로테르담은 전쟁이 끝날 때까지 독일군의 수중에 있었다.

연합군의 작전 계획은 앤트워프 북쪽 접근로를 막아선 독일군의 지속적인 저항에 부딪쳐서 제대로 진행되지 못했다. 앤트워프와 바다를 잇는 셸드강(Scheldt)에 대한 통제권을 확보하면 로테르담은 연합군의 새로운 병참 중심지가 될 수 있었다. 그러나 이 도시를 차지하는 일은 어렵고도 시간이 걸리는 과제였다. 이런 상황에서 영국군과 폴란드군의 공수부대에 엄청난 손실을 가져온 마켓가든 작전(Operation Market Garden)이 펼쳐졌다. 서유럽의 영국군 총사령관인 버나드 몽고메리(Bernard Law Montgomery) 장군은 자신의 군대가 좀 더 빠르게 네덜란드를 관통해 독일 영토로 진입해야 한다는 압박을 받고 있었다. 그는 제2차 세계대전을 통틀어 가장 대규모의 공수작전인 이른바 마켓가든이라는 과감한 전술을 전개했다. 이 작전은 독일군 후방 깊숙한 지역에 있는 에인트호번(Eindhoven)·네이메헌(Nijmegen)·아른험(Arnhem)의 교량들을 공수작전으로 점령하는 전술이지만, 어설픈 계획으로 인해 대실패로 끝나고 말았다.

겨울이 되자 새로운 문제들이 발생했다. 1944년 12월 6일 히틀러의 명령으로 독일군 3개 군이 앤트워프를 목표로 벨기에의 아르덴(Ardennes)에서 반격 작전을 개시하여 연합군의 방어 라인을 확대시켰다. 기상 악화로 연합군은 공군력을 이용할 수 없었다. 며칠이 지나서야 아이젠하워와 그의 지휘관들은 독일군의 이 반격이 지역적 차원이 아닌 주요 전략임을 깨달았다. 그들은 독일군의 판처탱크(Panzer tank) 여단에 포위된 미국 101공수여단을 구출하기 위해 이 지역에 지원 병력을 급파했다. 12월 22일이 되자 기상 상황이 호전되고 독일군 판처탱크들의 연료도 바닥나기 시작했다. 이를 계기로 연합군은 우세한 공군력을 활용하여 적군에게 큰 타격을 입힐 수 있었다. 그러나 전투는 새해가 시작된 다음에도 계속되었다. 마침내 1945년 1월 연합군은 최종적으로 독일군에 우세를 점했지만, 이 전투 결과 미군 1만 9,000명이 생명을 잃었다. 이 때문에 독일로 진격해가는 속도에 대한 의문이 일어났다.

서유럽에서 연합군이 독일군의 예기치 않은 반격을 받는 와중에도 전력을 회복하고 아르덴에서 전략적 주도권을 잡자, 소련군은 겨울 공세를 시작했다. 1941년과 1942년에 치명적 패배를 맛본 후 소련군은 1943년 두 개의 결정적 전투에서 승리했다. 2월에 소련군은 스탈린그라드에서 독일 제6군을 궤멸했고, 7월에는 쿠르스크 전투에서 독일군 판처 전차 군단을 격파했다. 1944년 가을까지 소련군은 소련 영토 전체를 해방시키고 동부 유럽 정복에 나섰다. 소련군은 동프로이센의 독일 방어선을 뚫고 제3제국 영토 안으로까지 진격했다. 2년 전만 해도 거의 소멸될 뻔한 위기에 처했던 국가가 지금은 유럽의 가장 강력한 군사 국가로 떠올랐다.

1945년 1월 12일 스탈린은 소련군에게 700km가 넘는 전선을 돌파할 것을 명령했다. 전선 여러 곳에서 독일군을 당황하게 만든 이 공격은 큰 성공을 거두었다. 1월 17일이 되자 독일군은 바르샤바를 버리고 다뉴브 강을 넘어 부다페스트로 후퇴해야 했으며, 18일에는 크라쿠프(Kraków)를 버리고 떠났다. 다음 날 소련군은 서부 폴란드의 우치(Łódź)를 재점령했다. 퀸시호가 유럽을 향해 출항한 1월 23일, 소련군 탱크는 동프로이센의 엘빙(Elbing)(현 폴란드의 엘블롱크)으로 밀고 들어갔다. 루스벨트의 생일날 소련군 부대는 오데르 강을 건넜다. 이후 며칠 사이 소련군은 독일의 수도에서 겨우 70km 떨어진 곳에 여러 곳의 교두보를 만들었다. 베를린으로 진격하는 길은 열려 있는 것 같았다. 미국 군사 전문가들은 소련군이 북쪽으로부터 공격해 들어가 독일군의 측면을 반격하리라고 기대했지만, 이 반격 작전을 소련군이 제대로 해낼 수 있을지는 아무도 장담하지 못했다.

소련군의 반격으로 연합군은 안도의 숨을 내쉬었다. 워싱턴과 런던 모두 소련군의 성공적인 군사작전을 반겼다. 그러나 1월 초 워싱턴에서는 스탈린과 히틀러 사이에 독자적인 강화협정이 맺어질지도 모른다는 소문이 돌기 시작했다. 스탈린은 연합군과 상의 없이 자기가 정한 조건으로 유럽 쪽 전쟁을 끝낼 수 있을 듯이 보였다. 루스벨트는 서둘러야 했다. 그러지 않으면 동부와 중부 유럽에 대한 조정을 협상하기에 너무 늦을 수 있었다. 폴란드의 국경에 대한 확실한 동의도 없었을 뿐만 아니라 독일 점령과 분할 가능성, 유럽에서 프랑스의 역할, 추후 설립할 세계평화기구의 구성과 기능에 대한 중요한 문제들이 전혀 해결되지 않은 채 남아 있었다.

영토와 관련된 주요 협상을 종전 후로 미루는 것이 전쟁 내내 루스벨트의 전술이었다. 전임자 윌슨과 마찬가지로 루스벨트는 전쟁이 진행되는 동안에는 원칙과 일반적 사항의 범위 내에서만 말하고자 했다. 골방에서 이루어지는 비밀 거래는 과거 부패 정치의 냄새를 풍길 뿐만 아니라 신뢰를 상실한 세력균형과 영향권이라는 과거의 원칙으로 되돌아가는 것이었다. 게다가 소련이 새 영토를 장악하기도 전에 왜 그 영토에 대한 권리를 인정해야 하는가? 루스벨트는 공식 합의를 피하고 비공식적 합의는 대중에게 드러내지 않기 위해 특별한 노력을 기울였다. 그러나 소련군이 베를린에 접근하는 시점에서 더 이상 합의를 미룰 수는 없었다. 가능한 한 빨리 합의를 해야 했다. 그렇지 않으면 합의 자체가 아예 생략될 수도 있었다.

루스벨트의 제안에 따라 앞으로 열릴 회담은 군사 문제를 다룰 예정이었다. 유럽의 동부전선과 서부전선이 아주 가까워지는 상황에서 루스벨트는 군사 전문가들이 군사작전을 상호 조율하기를 원했다. 소련의 대일본전 참전도 대통령의 구상에 들어 있었다. 1945년 1월 영국군의 도움을 받은 미국 육군과 해군은 일본제국에 대한 승리를 눈앞에 두고 있었다. 진주만 공습의 충격과 불명예는 이미 사라진 지 오래였다. 1942년 6월 니미츠(Chester William Nimitz) 제독이 이끈 미드웨이 해전에서 거둔 승리로 태평양에서 전세가 뒤집혔다. 1944년 10월 더글러스 맥아더(Douglas MacArthur) 장군의 부대는 필리핀을 해방시켰다. 미국 공군기들은 일본에 맹렬한 폭격을 가하고 있었다.

알타회담 직전 레이히 제독은 "대일전對日戰에서 일본의 패배는 시간문제라는 것이 나의 확신이다."라고 기록했다. 이는 종말의 시작을 의미하긴 했으나, 아직 일본열도 및 일본군이 장악하고 있는 중국 본토에서 치러야 할 전투가 남아 있었고, 이 때문에 아무리 적게 잡아도 미 육군과 해군 수십만 명의 희생이 예상되었다. 원자탄은 아직 이론상으로만 가능한 무기였으며, 원자탄이나 소련의 개입 없이 전쟁을 끝낼 수 있다고 믿는 레이히 제독 같은 사람의 숫자보다 미군의 희생을 최소화하고 전쟁을 가능한 한 빨리 끝내기를 바라는 군지휘관들이 훨씬 많았다. 그들이 원하는 시나리오에 따르자면 미국이 일본 본토에 집중하는 동안 소련군이 관동군을 상대해야 했다.

레이히 제독이 생각하기에 알타회담에서 루스벨트의 핵심 목표는 그와 처칠이 1941년 만들기로 약속한 세계평화기구의 창설에 소련의 협조를 얻어내는 것이었다. 1918년 12월 윌슨 대통령은 미래의 모든 전쟁을 막을 수 있는 국제기구에 의한 정당한 평화를 주창할 수 있다고 생각하고 유럽으로 향했다. 파리평화회담은 국제연맹을 탄생시켰지만 윌슨의 꿈은 실현되지 않았다. 게다가 정작 미국이 국제연맹에 가입하지 않은 것은, 국제기구 설립을 지지한 미국인들을 크게 당혹시켰다. 윌슨이 남긴 유산은 알타로 가기 전 루스벨트의 마음에 크게 자리 잡고 있었다. 출발 전의 마지막 각료 회의에서 루스벨트는 전임 대통령을 언급하기까지 했다. 그는 윌슨의 꿈을 실현시키겠노라고 굳게 작심했다.

루스벨트는 확고한 윌슨주의자이자 국무부에서 오래 봉직한 전 국무장관 코델 헐이 제안한 국제연합(United Nations) 아이디어의 실행에 주저하다가 생각을 바꿔 지지하게 되었다. 10년 이상 미국 외교정책의 키를 쥐고 있던 헐은 1944년 11월에 건강 악화로 사임했다. 미국·영국·소련·중국이라는 네 경찰이 지키는 세계 평화에 대한 루스벨트의 원래 생각이 UN 설립으로 구상화되자, 그는 완전하고도 무조건적으로 이 개념을 받아들였다. 그는 이를 위해 두 가지 장애를 극복해야 했다. 하나는 스탈린을 여기에 참여시키는 일이고, 다른 하나는 미국 국민과 의회 의원들의 지지를 받아내는 일이었다. 소련은 1944년 가을, 이 새 조직에 참여하기로 약속했다. 그러나 UN 본부의 장소와 이 조직을 통제하는 강대국들의 배타적 모임인 안전보장이사회의 표결 방식에 대해서는 정해진 바가 없었다. 루스벨트는 전쟁이 끝나기 전, 스탈린이 아직 협력하려는 마음을 갖고 있고 미국 국민이 세계 문제에 관심을 두고 있는 이 기간 동안 이 문제에 대한 확고한 지지를 얻으려고 서둘렀다.

이 목표를 달성하기 위해 대통령은 국무부와 모스크바 미국대사관에 있는 외교 전문가들을 노련하게 다루었다. 1933년 소련을 승인하기로 한 루스벨트의 결정도 국무부 고위 관리들의 반대를 무릅쓰고 해낸 일이었다. 그들은 러시아가 제1차 세계대전에서 패한 국가의 배상금 지불을 거절하고 국제공산주의를 지원하며 심지어 러시아 영토 밖의 반란적이고 혁명적인 활동을 지원한다는 이유로 공산 정권에 대한 인정을 주저했었다. 허버트 후버 (Herbert Hoover) 대통령 정부에서 국무장관을 맡았던(나중에 루스벨트 정부의 전쟁장관 역임) 헨리 스팀슨(Henry L. Stimson)의 견해에 따르면, 일반적으로 말해 소련은 "국제사회의 기본 원칙에 따라 행동하지 않는" 나라였다.

루스벨트는 국무부 관리들을 제쳐 두고 개인적인 사절을 통해 모스크바와 외교 관계를 맺음으로써 국무부의 전문가들 위에 군림했다. 소련에 대한 외교적 승인은 1920년대에 이미 소련을 승인한 영국 및 대륙 열강의 외교 정책과 보조를 맞추는 일이었다. 루스벨트의 결정은 경제공황으로 고통받던 많은 미국 국민의 지지를 받았다. 일부 국민은 무역수지가 개선되리라 기대했고, 또 일부 국민은 소련 선전 문구의 미사여구를 액면 그대로 믿어 소련 방식의 계획경제가 현재 미국의 경제·사회 문제를 해결해줄 수 있을 것이라고 믿었다. 그러나 외교 승인 후에 무역 거래는 감소했으며, 소련은 국제 문제에서 까다로운 파트너임이 드러났다.

1939년 8월 소련이 히틀러와 동맹을 맺고 그해 말 핀란드를 침공하자, 루스벨트는 소련을 상대하는 데 상호주의가 유일한 방법은 아닐지라도 가장 효과적인 방법이라는 확신을 갖게 되었다. 소련은 미국과 협조할 때 좋은 대접을 받을 수 있었다. 반면 소련 정부가 모스크바 주재 미국대사관의 장거리 전화 통화에 대해 제약을 가했을 때는, 이에 상응하는 보복 조치를 해야 한다는 제안도 나왔다. 그러나 1941년 6월 나치가 소련을 침공하자, 비록 다루기는 힘들지만 소련은 미국의 소중한 동맹이 되었다. 루스벨트는 소련이 붕괴되는 것을 막고 독일제국과의 오랜 투쟁에서 승리를 거둬 다시 일어날 수 있게끔 도와주기로 굳게 결심했다. 그는 모스크바가 미국의 무기대여(Lend-Lease) 수혜자가 되게 하는 법안이 의회를 통과할 수 있도록 힘을 쏟았고, 서부 유럽에 제2전선을 여는 데 강력히 찬성했다.

대통령은 소련에 대해 전반적으로 우호적인 정책을 펼쳤는데 이에 반대하는 모스크바 주재 대사 및 국무부의 소련 전문가들과 종종 부딪쳐, 그들의 반대 의견을 뿌리 뽑느라 비공식 전쟁 상태에 있는 경우가 많았다. 그는 주기적으로 외교관들을 경질하고 정부 조직을 소외시켰다. 그러나 새롭게 구성한 인물들도 서방을 다루는 소련의 특징인 비밀·의심·이중성에 대해 반발함으로써 결국 자리는 전임자들로 다시 채워졌다.

소련이 스탈린그라드와 쿠르스크 전투에서 승리한 1943년 가을, 루스벨트는 '무조건적인' 소련 원조 정책을 수정하여 거래 전술을 채택했다. 미소 관계가 동반자적 성격을 띤 시점에서는 그 같은 정책이 더 적절하다고 판단했다. 그는 워싱턴과 모스크바의 정책 담당자를 교체하여, 소련의 수도에는 개인적 친구인 애버럴 해리먼을 대사로 파견했다. 철도 제국의 상속자인 그는 초기에는 소련 사람들과 잘 지내는 듯했다. 1944년 가을 바르샤바에서 대규모 반反독일 봉기가 일어났을 때, 스탈린은 시 외곽에서 머뭇거리며 폴란드에 일어난 저항의 싹을 밟아버렸다. 더욱이 바르샤바 봉기에 대한 지원도 거부하는 결정을 내렸다. 스탈린의 그 같은 결정에 충격을 받은 해리먼은 소련에 대한 '강경 정책'의 옹호자로 변했다. 소련이 나치의 지배에서 막 벗어난 동유럽 국가들을 다루는 방식을 보고 경악한 그와 모스크바 주재 대사관의 외교관들은 점점 더 호전적인 입장을 취하게 되었다.

루스벨트는 스스로 생각할 때 부수적 문제에 대한 소련의 태도에 신경을 쓰지 않으려고 노력했다. 대통령의 측근 보좌관인 해리 홉킨스도 대통령과 같은 생각으로, 1944년 가을 소련이 바르샤바 봉기를 지원하지 않은 일이 향후 평화기구에 대한 협상에서 장애가 되지 않는다고 말했다. 국제평화기구에 대한 소련의 협력은 루스벨트가 구상한 미래 세계질서의 핵심 사안이었다. 이에 대한 보상으로 그는 세계 문제와 관련하여 소련을 대등한 파트너로 대하고, 소련의 안보 관심, 즉 전쟁 초기에 소련이 독일 편을 들면서 새로 획득한 영토를 인정해주는 것과 종전 후 소련의 재건을 돕는 것에 적극적이었다. 루스벨트는 종전 후 소련에 차관을 제공하는 것이 양국의 관계에 안정을 가져올 것으로 낙관했다.[6] 그의 의견은 매일매일 소련 관리들과의 접촉에서 한 걸음 물러나 큰 그림에 초점을 맞춘, CIA의 전신인 전략청(Office of Strategic Services) 분석국의 전문가들로부터 지지를 받았다.

루스벨트는 미 행정부의 관료주의 및 소련-미국 관계로 늘 비난을 받는 소련 지도자 주위의 가상적인 강경파를 우회하거나 차단하는 방법이 최선이라 여기고, 스탈린과 개인적 관계를 맺는 것에 의존했다. 미국 정치 문화 속에서 성장한 루스벨트는 국가 정상 간의 관계를 포함하여 개인적 관계의 힘을 믿었다. 그는 스탈린과의 관계를 대소련 정책의 근간으로 삼았다. "프랭클린은 이 회담이 자신과 스탈린 원수의 관계를 강화하는 데 크게 기여하리라는 희망을 걸고 있었어요."라고 엘리너 루스벨트는 얄타회담에 대한 남편의 기대에 대해 썼다. 이것이 그가 4기 대통령 취임식에서 "에머슨이 '친구를 얻는 가장 좋은 방법은 친구가 되는 것이다'라고 말한 것처럼 단순한 진리를 배웠습니다."라고 연설한 내용의 핵심이었다. 루스벨트는 스탈린에게 우정을 보이고, 그 보상으로 우정을 얻기를 희망했다.

퀸시호에 승선한 루스벨트는 잠자리에 들기 전 영화를 보며 휴식을 취했다. 〈우리의 마음은 젊고 즐거웠다(Our Hearts Were Young and Gay)〉는 대통령과 수행원들에게 초연된 영화였다. 2년 전 출판된 베스트셀러를 각색하여 1944년에 제작된 이 영화의 줄거리는 전혀 현실에 맞지 않았다. 재미를 찾는 두 명의 순진한 소녀들이 1920년대 초반 유럽을 여행하다가 선상에서 두 명의 멋진 남자를 만나지만, 런던과 파리에서 어른 행세를 하려고 하면서 갖가지 말썽에 빠져든다. 퀸시호에 탄 어느 누구도 이 영화의 줄거리와 자신들의 유럽 여행 간에 유사점을 발견한 것 같지는 않았다.

2월 2일, 대서양 횡단 항해는 막을 내렸다. 약 5,000마일을 항해한 퀸시호는 미국 땅을 떠난 지 11일 만에 몰타의 발레타(Valetta)항에 입항했다. 여행 내내 루스벨트는 독감으로 고생했다. 퀸시호가 몰타에 도착했을 때 그의 건강이 호전되기는 했으나 조금 좋아진 것에 불과해, 몰타에서 그를 만난 모든 사람은 그의 건강이 심각하다고 생각했다. 영국 외무장관 앤서니 이든은 일기에 루스벨트가 전보다 훨씬 늙어 보이고 "기력이 쇠잔해가는" 인상을 주었다고 적었다. 일정 기간 대통령을 보지 못했던 대표단 멤버들도 그의 모습을 보고 큰 충격을 받았다.

루스벨트는 비밀리에 미국을 떠났지만, 몰타에서는 누구도 보안에 신경 쓰는 것 같지 않았다. 항구의 양쪽 편에는 몰려든 지역 주민들이 줄지어 서 있어서 섬 주민 전체가 미국 대통령을 환영하러 나온 것 같았다. 1918년 12

월 파리평화회담으로 향하다가 브레스트(Brest)에 들른 윌슨 대통령에게 보여준 것과 다르지 않은 환영 인파의 열기를 루스벨트는 즐겼다. 따뜻하고 태양이 빛나는 아침 이 지중해 섬의 아름다움에 깊은 인상을 받지 않을 수가 없었다. 애나 베티거는 일기에 "이 섬과 사랑에 빠지지 않을 수 없었다. 건축물에 널리 쓰인 석회암은 부드러운 재질을 가지고 있어 지중해의 다른 도시에서 보고 느꼈던 우중충한 빛깔의 인상을 씻어냈다."라고 썼다.

퀸시호가 발레타항에 입항할 때 루스벨트는 갈색 코트와 트위드 모자를 쓰고 함교에 앉아 있었다. 영국 공군의 스피트파이어(Spitfires) 전투기가 항만 상공을 날고 미 해군의 경순함 멤피스(Memphis)와 영국 군함 시리우스(Sirius)에서는 해병들이 갑판에 도열한 가운데 〈성조기여 영원하라(The Star-Spangled Banner)〉가 연주되었다. 루스벨트가 탄 배가 처칠이 승선한 경순양함 오리온(Orion)을 지나갈 때 갑판에 도열한 수병들은 경례를 붙였고, 군악대는 〈성조기여 영원하라〉를 연주했다. 퀸시호의 군악대는 답례로 〈신이여왕을 구하소서(God Save the King)〉를 연주했다. 에드워드 플린은 아내에게 보내는 편지에 "이것은 아주 인상 깊은 장면이었소."라고 썼다. "군악대의 연주와 전투의 흔적이 완연한 함교 위에 맨눈으로도 보이는 민간인 한 명이 앉아 있었다."라고 앤서니 이든도 감격했다. 그는 나중에 이때를 회상하며 "그의 예민한 손에 세계의 운명이 달려 있었다. 모든 사람의 시선이 그에게로 향했고, 갑자기 정적이 감돌았다. 모든 사람이 행동을 멈추고 역사의 중요한 한순간을 의식하는 그런 순간이었다."라고 썼다.

Chapter 02

몰타 회동

몰타에서 누구보다도 미국 대통령을 만나고 싶어 한 사람은 대영제국의 수상인 윈스턴 레너드 스펜서 처칠이었다. 당시 영국 영토의 일부인 지중해 섬에 루스벨트가 들른다는 사실을 안 처칠은 1945년 새해 첫날 루스벨트에게 "각하가 몰타에 오신다니 우리는 너무 기쁩니다. 나는 부두에서 각하를 기다릴 것입니다."라고 쓴 편지를 보냈다. 그러나 실제로는 영국군 전함에서 루스벨트를 기다렸다. 햇살이 밝게 비치는 그 아침에 처칠은 갑자기 찾아온 고열에서 회복 중이었다. 1월 30일 이른 시간에 처칠이 탄 비행기가 몰타에 도착했으나 너무 아파 자리에서 일어나지 못했고, 오전 내내 비행기에서 보내다가 정오가 되어서야 순양함 오리온에 마련된 거처로 이동했다.

1944년 11월로 처칠은 70세가 되었고, 전쟁으로 인한 스트레스가 그의 건강을 해치고 있었다. 체온이 38.9도까지 오르자, 그는 이 고열을 주치의 모랜(Moran) 경이 약을 잘못 처방한 탓으로 돌렸다. 훗날 주치의는 처칠이 중요한 외교적 임무가 있을 때마다 고열에 시달리는 나쁜 습관이 있었다며 자신을 방어했다. 처칠의 수석 비서인 존 마틴(John Martin)은 수상이 수행하는 업무의 질이 떨어졌다고 얄타회담 전에 모랜 경에게 털어놓았다. 처칠은 말이 많아지고 이 일 저 일 과도하게 집착해서 내각 각료들의 근심을 불러일

으켰다.[1]

2월 2일 퀸시호가 부두에 도착한 지 한 시간 뒤인 11시 30분, 처칠 수상은 루스벨트를 방문할 수 있을 만큼 건강을 회복했다. 영국 여성보조항공대의 장교이자 처칠의 38세 딸 사라 올리버가 그의 방문에 동행했다. 워싱턴에서 루스벨트는 애나를 데려가는 이유에 대해 처칠도 딸을 데려오기 때문이라고 부인에게 설명했다. 루스벨트와 다르게 처칠은 열 살 아래의 부인 클레먼타인(Clementine Churchill)과 36년간 동반자로서 애정을 유지했다. 처칠은 그녀를 사랑하고 존경했으며, 외국에 나갈 때는 내용이 충실한 긴 편지를 보내곤 했다.

사라는 처칠 부부의 세 번째 자녀이자 둘째 딸이었다. 1945년 『라이프(Life)』 6월호 표지에 사진이 실릴 정도로 재능 있는 배우이자 무용가였던 사라는 빈(비엔나) 출생의 유대인 배우이자 음악가인 빅토르 올리버(Victor Oliver)와 결혼했다. 결혼 생활에 위기가 닥치자 사라는 1941년 9월 군에 입대함으로써 실제적 이혼의 고통을 피하는 별거를 택했다. 그녀는 아버지에게 단 한 가지 청탁만 했는데, 그것은 군에 입대하게 해달라는 것이었다. 그녀가 후에 기록한 바에 따르면 여성항공지원대를 택한 이유는 "군복의 색깔이 마음에 들었기" 때문이었다. 밝은 푸른색의 군복은 단순히 한 영국 여인의 마음만 움직인 것이 아니었다. 그녀는 여성항공지원대 제복을 입고 테헤란회담 때 처칠 옆에 서서 카메라 세례를 받았다. 그녀는 몰타에서 루스벨트와 오찬 회동을 할 때도 이 군복을 입고 있었다. 사라는 이 자리에서 루스벨트의 딸 애나 베티거와 처음 만났다. 사라는 어머니에게 쓴 편지에 "애나가 자기 엄마를 놀랄 정도로 닮았지만, 훨씬 예뻐 보여요."라면서 "애나에게는 아주 여유가 있어서 나는 그녀가 좋아요. 하지만 그녀는 이 여행으로 인해 신경이 곤두서 있는 것 같아요."라고 덧붙였다.

두 지도자와 딸들은 점심이 준비되는 동안 퀸시호 갑판에서 한 시간가량

퀸시호 선상의 부녀들 퀸시호 갑판에서 얘기를 나누고 있는 모습이다. 왼쪽부터 시계 방향으로 애나 베티거, 사라 올리버, 루스벨트, 처칠이다.

햇볕을 즐기며 이야기를 나눴다. 루스벨트와 처칠은 전년도 9월에 퀘벡에서 만난 후 다시금 만나는 자리였다. 당시 두 영부인이 남편을 따라왔고, 두 지도자는 캐나다 국민을 상대로 공동 라디오 연설을 했다. 산전수전 다 겪은 두 지도자의 관계는 복잡했다. 상호 존경과 경외까지 포함된 두 사람의 강한 유대는 전쟁의 가장 힘든 시간도 같이 헤쳐 나가는 데 큰 도움이 되었다. 루스벨트 대통령보다 나이는 많지만 동맹 관계에서는 경력이 짧은 처칠 수상이 두 사람의 관계에 더 많은 노력을 기울였다. 처칠이 가끔 내뱉는 신랄한 비평에도 불구하고 루스벨트는 전쟁 초기에 그가 보여준 지도력을 높이 평가하고, 그와의 우정을 소중히 여겼다.

애나 베티거와 사라 올리버
얄타회담에는 애나 베티거와 사라 올리
버 외에 소련 주재 미국대사인 애버럴
해리먼의 딸 캐서린 해리먼도 참석했다.
'소녀들(girls)'이라고 불린 여인 3인방은
회담의 긴장된 분위기를 푸는 데 큰 역
할을 했다.

　처칠은 두 사람의 개인적 회동이 양국을 위한 우호 관계를 유지하는 데
매우 중요하다 생각하고, 두 사람이 지난 9월 공동으로 명예박사학위를 수여
받은 맥길대학교(McGill University) 연설에서도 그런 의견을 피력했다. "아무
리 전보가 빨리 배달되고 우리 시대의 현대적 통신 기법이 발달했다고 해도,
교신을 통해 사람의 생각을 전달하는 것은 얼마나 효과가 떨어지는 방법인
가요?"라고 처칠이 말하자 청중은 웃음을 터뜨렸다. "개인적 만남에 비하면
이러한 통신수단은 생명이 없는 흰 벽과 같습니다."라고 그는 말했다. 몰타
에서 이루어진 이번 만남은 처칠에게 두 사람의 개인적 유대를 강화할 기회
를 한 번 더 마련해주었다. 특히 전쟁에서 영국의 역할이 축소되고, 노르망
디 상륙작전 이후 미국의 역할이 아주 중요해지면서 루스벨트가 점점 더 소
원한 태도를 보이는 지금 시점에서는 더욱 그랬다.

루스벨트와 처칠이 퀸시호 갑판에서 만났을 때, 이들이 대화할 주제는 너무 많았다. 1시쯤 오찬이 시작되었다. 처칠은 식탁 끝에 시가와 양초가 마련된 것을 보고 기뻤다. 그는 루스벨트가 이런 배려를 했을 거라고 생각했다. "아마 루스벨트는 내가 백악관에 머물렀을 때 내 침대맡에 양초가 있었던 것을 눈여겨봤던 것 같네." 처칠은 1943년 5월의 워싱턴 방문을 언급하며 모랜 경에게 말했다. 이런 세심한 배려는 큰 효과를 가져왔다. 처칠은 루스벨트가 "매우 친근했다"고 두 번이나 주치의에게 말했다. 두 정상의 오찬에 미국 측에서는 스테티니어스 국무장관, 레이히 제독, 제임스 번스가, 영국 대표단에서는 이든 외무장관이 배석했다. 나중에 레이히 제독은 "늘 그렇듯이 처칠 수상이 이날 대화를 독점했다. 그는 전쟁에서 영국이 겪고 있는 문제, 대서양헌장의 고귀한 목표, 미국독립선언서에서 주창된 원칙에 대한 그의 전적인 헌신 등을 얘기했다."라고 회상했다.

처칠은 운 좋게 살아서 몰타에 도착할 수 있었지만, 그의 수행원 중 일부는 몰타에 도착하지 못했다. 그들의 사고 소식은 루스벨트가 도착하는 날 아침에 알려졌다. 처칠 일행은 1월 29일 노솔트(Northolt) 공군기지를 출발했다. 눈 예보가 있었지만 처칠은 기상예보를 무시하고 출발을 감행했다. 일행은 세 대의 비행기에 나누어 탔는데, 그의 딸과 두 명의 개인 비서, 모랜 경이 그와 함께 스카이마스터(Skymaster)기에 올랐다. 그러나 세 대의 비행기 중 두 대만 목적지에 도착했다. 새벽 여명 안개 때문에 3호기는 섬을 지나쳐 람페두사(Lampedusa) 해에 추락하여 탑승자 대부분이 사망했다. 세 명의 외무부 관리, 합창의장의 보좌관으로 처칠의 전쟁상황실에 배속된 중령, 이든 외무장관의 경호원이 사망했다. 처칠은 "사람의 운명이란 알 수 없는 것이다."라고 회고록에 썼고, 사고로 개인 비서를 잃은 외무차관 알렉산더 카도간(Alexander Cadogan) 경은 "이것은 악마의 짓이다."라고 몰타에서 부친 편지에 썼다.

처칠은 이전에도 여러 번 죽음의 고비를 넘겼다. 1895년 신문사 특파원으로 스페인 반란을 취재하러 쿠바에 갔는데, 자신의 21번째 생일날 처음으로 총격을 경험했다. 2년 뒤에는 파키스탄의 파슈툰(Pashtun) 부족에 대한 군사작전에 투입되어 처음 전투에 참가했다. 그 이듬해에는 수단의 옴두르만(Omdurman) 전투에서 영국 기병대로 공격에 참여했다. 현역에서 은퇴한 처칠은 1899년 신문사 특파원으로 2차 보어전쟁을 취재하기 위해 남아프리카에 갔다. 처칠이 포함된 정찰대가 적의 매복 공격을 당했을 때 그는 매우 용기 있게 행동했다. 그 덕분에 전국적 명성을 얻었으며 정계에 들어서는 데도 도움을 받았다. 당시 적에 생포되었던 그는 수용소를 탈출하여 적 진영 300마일을 뚫고 나와 영국군 부대로 귀환했다. 육군에 다시 입대한 그는 프리토리아(Pretoria)에 진입한 첫 군인으로서 자신을 구금했던 수용소 경비원들로부터 항복을 받아냈다.

미래의 수상은 1900년 영국 의회에 처음 당선되면서 정치인의 길로 들어섰고, 이는 그를 새로운 세기의 전장으로 이끌었다. 그는 제1차 세계대전 당시 해군장관으로서 다르다넬스(Dardanelles) 해협을 통한 오스만 제국 공격을 주장했다. 그러나 약 2만 명의 영국군 병사가 사망하고 5만 명 이상이 부상을 당하고도 목표인 이스탄불 점령을 달성하지 못한 갈리폴리(Gallipoli)(겔리볼루) 전투의 참패로 그 책임을 져야 했다. 모욕을 겪은 처칠은 다시 현역으로 복귀하여 이번에는 대대장을 맡아 프랑스 전선에서 1915년 말과 1916년 초에 왕실 스코틀랜드 사격대대(Royal Scot Fusiliers)를 지휘했다.

천성적으로 반항아이고 강한 신념의 소유자인 처칠은 보수당 지도부와 영국 국민으로부터 사랑과 혐오를 번갈아 받았다. '야인 시절'이라고 할 만한 1930년대 초 처칠은 저술에 몰두하면서 시간을 보냈다. 그는 정치 일선에서 물러나 있을 때나 정치에 적극 참여할 때를 막론하고 뛰어난 저술 능력을 잘 활용했다. 전쟁장관으로서 소련에 대한 군사작전을 주창한 1919~1921년처럼 1930년대에도 그는 철저한 반공주의자였다. 젊은 시절에는 전투에 참가하며 지킨 영국제국에 대한 절대적 충성을 유지하고, 인도에 자치권을 부여하는 데 앞장서서 반대한 인사 중 한 명이었다. 히틀러와 무솔리니에 대한 그의 견해는 변화를 겪긴 했어도 독일의 재무장을 지속적으로 우려하면서, 점증하는 나치의 위협을 끊임없이 경고했다.

1930년대 말 처칠과 의회의 소수 그룹은 네빌 체임벌린(Neville Chamberlain) 수상이 이끄는 보수당 정부의 정책을 비판했다. 제2차 세계대전이 발발하자 처칠은 제1차 세계대전 중 맡았던 해군장관직에 다시 복귀했다. 히틀러가 프랑스를 침공한 1940년 5월 10일, 처칠은 영국의 수상이 되었다. 처칠은 히틀러와의 협상을 거부하고 국민과 대영제국을 길고 힘겨운 전쟁으로 이끌었다. 수상으로서 첫 연설에 나선 그는 "나는 피와 노력과 눈물과 땀 이외에 더 바칠 것이 없습니다."라고 말했다. 그의 말처럼 다가오는 시간 동안 정말로 많은 것을 바쳐야 했지만, 1940년 영국 공군은 영국 본토에 대한 독일군의 공중공세를 성공적으로 막아냈다. 영국은 살아남았지만 유럽 대륙을 장악한 독일을 격퇴할 자원은 가지고 있지 못했다. 그러나 다행히 전쟁은 주로 지중해와 북아프리카에서 진행되었다.

처칠은 자주 비행기나 배를 타고 먼 전쟁 무대를 다녀오곤 했다. 이 같은 순찰의 위험성을 잘 알고 있던 그는 조지 6세 국왕에게 만일의 경우를 대비하여 47세의 앤서니 이든 외무장관을 자신의 후임자로 지명한다는 편지를 보냈다. 이든은 체임벌린 내각에서도 외무장관을 맡았으나, 1938년 이탈리아에 대한 정책에 이견을 표명한 뒤 사임했다. 그해 9월에는 히틀러의 팽창 야망을 막으려는 마지막 시도로 체코슬로바키아의 일부를 양도하는 뮌헨회담 합의에 반대했다. 이든은 히틀러의 유화정책에 반대하는 그룹의 리더가 되었으며, 이 그룹은 '매력적인 청년들(glamorous boys)'이라고 불렸다. 수상에 취임한 처칠은 이든을 전쟁장관에 임명했으나 후에 외무장관으로 보직을 변경했다. 외무장관으로서 이든은 처음엔 미국과, 다음에는 소련과 손을 잡은 뒤 대연합(Grand Alliance)이라고 알려진 동맹을 결성하는 데 중요한 역할을 했다.

처칠과 이든은 정치적 경쟁자이면서도 함께 일을 잘 해나갔다. 이든은 나중에 처칠의 조카와 결혼했다. 그러나 처칠은 자신의 부지휘관인 이든이 유약하고 우유부단하다고 생각했다. 이든은 수상과 이견을 보인 적이 여러 번 있기는 했지만, 전쟁 기간에는 처칠에게 절대적으로 충성했다. 그는 처칠의 그늘을 벗어나 전쟁에서 자신이 수행한 역할에 대한 인정을 받을 수 있는 기회인 해외 출장을 소중히 여겼다. 두 사람 사이에는 늘 긴장이 떠나지 않았지만 이든은 처칠의 자리를 대신할 수도 있는 여러 번의 전쟁 위기 상황을 이용하지 않았고, 처칠은 이든이 자신의 후계자라는 사실을 의심하지 않았다. 1945년 조지 6세는 두 사람 다 얄타에서 돌아오지 못할 경우를 대비하여 새로운 문서를 남기도록 요구했다. 처칠은 이든과 상의한 후 문서를 만들었고, 두 사람은 각각 다른 비행기를 타고 서로 다른 시간에 몰타로 향했다. 그러나 두 사람 모두 무사히 도착하여 이러한 예방 조치는 필요 없게 되었다.

처칠 수상은 1944년 7월 16일 루스벨트에게 보낸 편지에서 처음으로 3 거두 회동의 필요성을 언급했다. 그는 8월 말경 카사블랑카나 로마 또는 테헤란에서 이 회담을 갖자고 제안했다. 며칠 전 이미 소련군은 리투아니아의 수도 빌뉴스(Vilnius)를 점령했다. 소련군 지도부는 서부 우크라이나의 르비프(Lviv)를 향한 대공세를 시작했는데, 그때 이미 소련군은 전쟁 발발 전의 국경을 넘어 동유럽으로 진격해 들어오고 있었다. 동유럽의 향후 운명은 양 진영의 균형에 달려 있었다. 처칠은 루스벨트를 설득하여 프랑스 남부에서 벌이기로 한 작전을 취소하고, 대신 발칸으로 진격하여 소련 군대를 중부 유럽에서 차단하기를 희망했다. 동시에 그는 동유럽의 미래에 대해 스탈린과 협상해야 할 필요가 있다고 느꼈다. 두 번의 별도 회의를 할지, 아니면 한 번에 3거두가 함께 만날지는 아직 결정하지 않았지만, 처칠은 여하튼 조만간 회동이 있어야 하며 곧 그렇게 될 것이라 생각했다.

루스벨트는 처칠의 생각에 동의하면서 9월 둘째 주에 만나기를 희망했다. 두 사람은 9월에 스코틀랜드 북부에서 회동을 갖자고 스탈린에게 서신을 보냈지만, 스탈린은 바다나 하늘로 여행을 할 수가 없었다. 루스벨트는 "모든 일이 너무 빠르게 잘 진행되고 있어서 곧 우리가 만나야 한다는 생각을 가지고 있습니다."라면서 큰 염려를 숨긴 채 스탈린에게 만나자는 제안을 했다. 스탈린은 소련군이 주요 공세를 펴는 동안 모스크바에 있어야 한다는 이유를 내세워 이 제안을 거절했다. 8월 말 소련군은 폴란드에 진입하여 바르샤바 가까이까지 진격했다. 이에 고무된 바르샤바 시민들이 8월 1일 반독일 봉기를 일으켰지만 소련군이 방치하는 가운데 독일군에 의해 무자비하게 진압되어 많은 피를 흘렸다.*

소련의 공세는 스탈린이 3거두의 회담을 거부하는 이유 중 하나에 불과

---

* **바르샤바 봉기** 1944년 여름 소련군이 바르샤바에 접근하자, 폴란드 지하저항군과 바르샤바 시민들은 독일 점령군에 대항하여 봉기했다. 그러나 소련과 연합군의 도움을 받지 못해 봉기는 성공하지 못했고, 도리어 독일군에게 잔학한 보복을 당했다. 봉기 초기 폴란드인들은 바르샤바 중심가의 대부분을 점령하여 해방구로 삼는 데 성공했으나, 비스와 강(Vistula) 건너편까지 온 소련군은 폴란드인들의 무전 접촉을 무시하고 바르샤바 경계 밖에서 대기만 하고 있었다. 전열을 정비한 독일군과 폴란드인 사이에 격렬한 시가전이 벌어졌고, 63일간의 전투 끝에 독일군은 봉기를 완전히 진압하고 잔인한 복수를 펼쳤다. 스탈린이 폴란드의 반공적 지하저항군이 독일군에게 분쇄되기를 바라고 고의적으로 그들을 방치했다는 주장이 제기되었다.

했다. 연합군이 노르망디에 상륙한 후 그는 서구 지도자들로부터 원하던 전략적 지원을 거의 받지 못했다. 소련군이 동유럽 지역을 최대한 많이 차지할 때까지 회담을 연기하는 편이 그에게는 큰 이익이었다. 해리 홉킨스가 바로 그렇게 생각했고, 루스벨트도 같은 생각이었다. 홉킨스는 전쟁 중 스탈린에게 붙은 별명을 지칭하며 "엉클 조*에 대해 말하자면, 그는 독일이 패망할 때까지 다음 회담을 미루길 원하는 것이 분명하다."라고 기록했다. 스탈린은 자신의 통제가 미치지 않는 지역에서 열리는 회담에 참석하기를 꺼렸다. 그는 비행을 싫어했고(1943년 테헤란에서 돌아오는 비행 때 발생한 귀의 통증으로 2주간 고생했다), 자신의 안전에 대한 편집광적인 걱정이 있어서 적의 영토 위를 비행기로 날아가거나 바렌츠 해(Barents Sea)의 물에 오염된 잠수함을 타고 해외에 나갈 리가 없었다.

루스벨트는 정상회담을 계속 밀어붙였다. 그는 스탈린이 적의 진영을 가로질러 날아올 필요가 없는 알래스카에서 만나자고 제안했다. 이 회담은 미국 대통령선거 후인 11월 말로 계획되었다. 그러나 스탈린은 이 제안도 거절했다. 그는 미국대사 애버럴 해리먼에게 자신은 건강상의 이유로 장거리 여행을 할 수 없으며, 루스벨트와 처칠이 정하는 장소가 어디이든지 외무인민위원**이면서 자신의 오른팔인 54세의 뱌체슬라프 몰로토프(Viacheslav

---

* **엉클 조** 이오시프 스탈린을 가리킨다. 본명은 이오시프 비사리오노비치 주가쉬빌리(Iosif Vissarionovich Dzhugashvili)이지만 볼셰비키에 가담하면서 '강철 같은 사람'이라는 뜻의 '스탈린(Stalin)'으로 성을 바꾸어 활동했다. 제2차 세계대전 당시 소련이 연합국 측에 가담하면서 서방에서는 그에게 영문 이름인 Joseph Stalin에서 따온 '엉클 조(Uncle Joe)'라는 별명을 붙여주었다.

** **외무인민위원** 소련에서는 레닌과 스탈린 시절 각 부처 장관에 해당하는 직위를 '인민위원(People's Commissar)'이라고 불렀다. 외무인민위원은 서방의 외무장관에 해당하며, 부외무인민위원은 외무차관에 해당한다. 이 책에서 소련 국내에 해당하는 직책으로 서술할 때는 외무인민위원으로 하고, 타국과의 관계나 협상에서는 외무장관이라고 썼다.

2차 퀘벡회담(1944) 처칠 수상, 루스벨트 대통령, 매킨지 킹(MacKenzie King) 수상이 1944년 9월 퀘벡 성채(Citadel)에서 기자회견을 하고 있는 모습이다.

Molotov)를 대신 보내겠다고 했다. 이것은 '강경파'인 몰로토프에 비해 상대적으로 '다루기 쉬운' 스탈린과 좋은 관계를 유지하고 있다고 생각한 서방의 두 지도자가 듣기 원하던 답이 아니었다. 그래서 회담에 대한 생각은 잠시 덮어두었다. 전쟁이 끝날 때까지 스탈린이 두 지도자와 직접 대면하지 않을 것이라는 홉킨스의 생각이 맞는 것 같았다.

　루스벨트와 처칠은 1944년 9월 퀘벡 시에서 따로 만나 독일 점령 계획과 전쟁이 끝날 때까지 310억 달러가 넘어갈 영국에 대한 군수물자 보급 프로그램인 무기대여에 대해 논의했다. 일본과의 전쟁에 영국 해군이 참전하는 문제도 논의되었다. 동유럽 문제는 퀘벡회담에서 논의되지 않았다. 이 이슈는 스탈린이 있어야 논의할 수 있는 문제였다. 이 동안에 소련군은 아주 빠른 속도로 동유럽 국가를 차례로 점령해 나갔으며 이때 이미 루마니아와 불가리아는 소련군의 수중에 떨어졌다. 스탈린과의 회담이 너무 긴급해지자 처칠은 직접 나서기로 했다. 퀘벡에서 돌아온 지 2주도 지나지 않아 처칠은 모스크바로 가서 10월 9일부터 18일까지 열흘을 머물며 동유럽 문제에 대해 스탈린과 협상하려 했다. 협상의 결과는 복합적이었다. 처칠은 영국이 그리스에서 주도권을 갖는다는 보장을 얻어냈지만, 스탈린은 동유럽 지역의 다른 국가들 대부분에 괴뢰정부를 세울 결심을 굳힌 것 같았다.

　루스벨트는 주러 대사인 해리먼을 대리인으로 내세워 처칠과 스탈린 간에 이루어지는 대부분의 회담에 참석하도록 했다. 대통령선거운동이 한창 진행 중이라 루스벨트는 미국을 떠날 수 없었다. 사전 조사에서 루스벨트는 공화당 후보를 불과 몇 퍼센트 차이로만 앞설 만큼 선거전은 뜨거웠다. 활력이 넘치는 42세의 뉴욕주지사 토머스 듀이를 경쟁자로 맞아 루스벨트는 자신의 건강 문제에 대한 끊이지 않는 소문을 잠재울 필요가 있었고, 1944년 10월 정력적인 선거운동을 펼치며 다녔다. 한번은 비가 쏟아지는 가운데 뉴욕 시의 각 지역을 무개차를 타고 돌아다니기도 했다. 선거는 승리로 끝났지만, 루스벨트는 스탈린과의 중요한 회담에 참여하지 못한 것을 크게 안타까워했다.

　루스벨트는 모스크바회담을 앞으로 있을 3거두 회담의 예비회담으로 생각한다고 스탈린과 처칠에게 각각 썼다. 스탈린은 모스크바에 머물던 마지막 날 루스벨트에게 다음 회담에 동의한다는 내용뿐만 아니라 회담의 시간과 장소도 제안하는 전문을 보냈다. 11월 말에 소련의 흑해 연안 도시 중 한 곳에서 회담을 갖자는 내용이었다. 발칸 문제를 놓고 처칠과의 합의를 통해 두 국가의 영향권을 확정지은 스탈린은 미국과 영국이 나머지 동유럽의 미래에 대해서도 협상할 용의를 갖고 있다고 보았다.

스탈린과 처칠은 나중에 흑해 지역을 회담 장소로 제안한 사람은 루스벨트라고 말했는데, 이 장소는 워싱턴에 있는 대부분의 사람들에게 의외로 받아들여졌다. 스탈린은 루스벨트에게 보내는 전문에서 해리 홉킨스와 워싱턴 주재 소련대사 안드레이 그로미코(Andrey Gromyko) 간의 대화를 언급하며 루스벨트의 보좌관이 이 장소를 제안한 것으로 생각한다고 말했다. 스탈린은 처칠과도 장소 문제를 논의했는데, 처칠도 이에 동의한다고 했다. 처칠은 얼마 후 루스벨트에게 보낸 전문에서 대통령과 스탈린이 합의하는 장소라면 자신은 어디든 불문하고 갈 준비가 되어 있다고 썼다. 그러나 루스벨트는 미국에서 그렇게 멀리 떨어진 장소까지 갈 준비가 되어 있지 않았다. 백악관 측근들은 건강이 좋지 않은 대통령이 적의 진영을 지나 수천 마일을 여행하게끔 제안한 홉킨스를 비난했다.

홉킨스는 이런 비난을 받아 마땅했다. 독일이 완전히 패망하기 전 3거두의 회담을 여는 일이 시급하고, 스탈린을 소련 영토 밖으로 나오게 설득하는 일이 불가능하다는 것을 확신한 그는 루스벨트가 새로운 장소를 방문하고 싶어 하는 호기심이 크다는 사실을 믿고 회담 장소로 크림반도를 대통령에게 제안했다. 루스벨트는 회담이 대통령선거 이후에 열린다면 크림으로 가는 것에 반대하지 않는다는 의견을 냈다. 홉킨스는 이 내용의 제안을 가지고 그로미코를 만나, 크림반도에서 회담에 적당한 장소를 찾을 수 있는지를 물었다. 훗날 홉킨스는 루스벨트의 보좌관들이 "대통령에게 달려가 그곳으로 가지 말라고 설득하자, 그는 생각을 바꾸어 별 생각 없이 다른 많은 장소를 제안했지만, 그중 어느 곳도 현실성이 있는 장소는 없었다."라고 회고했다. 소련 측의 제안을 아직 거절하지 않은 상태에서 루스벨트는 지중해에 있는 장소에서 만나도록 스탈린을 설득하려고 했다.

루스벨트는 1944년 10~11월 스탈린, 처칠과 교신하면서 열 군데 이상의 장소를 대안으로 제시했다. 아테네, 피레우스, 테살로니키(Thessaloníki)(살로니카

Salonika), 예루살렘, 이스라엘, 로마, 알렉산드리아, 키프로스(Cyprus), 몰타, 프랑스령 리비에라 등이 여기에 포함되었다. 11월 18일, 루스벨트는 흑해로 가기 위해서는 자신의 함대가 에게해와 다르다넬스 해협을 통과해야 하기 때문에 망설여진다고 스탈린에게 썼다. 루스벨트는 회담 장소로 로마나 타오르미나(Taormina)를 염두에 두고, 스탈린에게 철도를 이용하여 아드리아해 연안까지 온 다음 배를 타고 이탈리아나 시칠리아로 올 수 있다고 제안했다. 덧붙여 회담 일시를 자신의 취임식이 예정된 1월 20일 이후로 연기해줄 것도 제안했다.

당연히 예상할 수 있듯이 스탈린은 회담 연기를 전혀 반대하지 않았다. 11월 23일 보낸 답신에서 스탈린은 1월 말~2월 초 일자를 받아들였지만, 자신의 주치의 견해를 첨부하여 흑해 연안 이외의 장소에 대해서는 논의하기를 거부했다. 스탈린은 서두를 필요가 없었다. 전쟁 상황은 그가 원하던 대로 가고 있었다. 그가 루스벨트에게 답신을 보낸 날 소련군은 체코슬로바키아와 헝가리 내부 깊숙이 진격하여, 포도밭으로 유명한 토커이(Tokaj) 지역을 점령했다. 루스벨트는 테헤란에서 스탈린이 다음 회담을 미국과 가까운 곳에서 갖자고 했던 약속에 대한 희망을 버려야 했다. 그 당시 호기심 어린 눈으로 루스벨트의 하반신이 불편한 것을 본 스탈린은 다음번에는 자신이 루스벨트가 있는 곳에 가까이 올 생각이고, 그 반대의 상황을 만들지는 않겠다고 했었다.

루스벨트는 해리먼 대사에게 흑해 지역의 회담 장소 상황에 대해 물어볼 수밖에 없었다. 12월 6일 해리먼은 "우리 해군 장교 두 명이 지난여름 얄타와 세바스토폴을 방문했습니다. 얄타에 독일군 점령으로 훼손되지 않은 크고 잘 지어진 요양소와 호텔이 많이 있다고 했습니다. 러시아 기준으로 보면 얄타는 아주 깔끔하고 깨끗한 도시입니다. 그러나 얄타항은 작아서 대형 해군 함정이 정박할 수 있을지는 의문입니다. 겨울 날씨가 온화해서 1월과 2월의 평균기온은 4도입니다. 얄타 시가지는 남쪽으로 열려 자리 잡고 있으며 북쪽의 높은 산들이 북풍을 막아줍니다."라고 보고했다.

얄타가 회담 장소로 보고된 것은 이번이 처음이었다. 이 지역이 얼마나 파괴되었는지에 대한 정보는 후에 잘못 파악한 것으로 드러났지만, 워싱턴에서 해리먼의 전문을 읽은 사람들은 얄타가 회담 장소로 좋은 선택이라고 보았다. 루스벨트도 같은 생각을 했다. 해리먼의 보고를 바탕으로 루스벨트는 12월 9일 처칠에게 쓴 편지에서 얄타 해안을 연합군 대표단이 만나는 장소로 언급했다.

해리먼은 12월 14일 스탈린이 미국 해안에서 좀 더 가까운 곳으로 오도록 개인적으로 마지막 시도를 했으나 그 시도는 확신이 없는 설득이었고, 스탈린은 의사들의 의견을 들어보겠다고 했다. 나중에 해리먼은 몰로토프를 통해서 의사들이 스탈린의 장거리 여행을 여전히 반대한다는 대답을 들었다. 논의는 답보 상태였다. 스탈린은 해리먼에게 왜 흑해에서 만나자고 한 홉킨스의 제안이 폐기되었는지를 물었다. 해리먼은 홉킨스가 단지 하나의 가능성만 제안했을 뿐이라고 설명했다. 스탈린은 회담 장소로 오데사를 자신의 최우선 선택이라고 제안하고, 이미 그곳에서는 회담 준비를 하고 있다고 설명했다. 그러나 루스벨트가 원한다면 크림반도나 흑해의 동부 해안에서 회담을 열 수도 있다고 제안했다.

이러는 동안 루스벨트는 크림반도에서 만나는 아이디어에 더 가까이 갔다. 12월 19일 그는 해리먼에게 "우리가 프랭클 기장과 논의해보았는데, 겨울에 오데사로 비행기를 타고 가는 것에 자신 없고, 오데사가 겨울에 아주 춥다는 의견을 냈다네."라면서 "나는 세바스토폴이나 얄타에 특히 관심이 있네."라고 덧붙여 전문을 보냈다. 12월 21일 해리먼은 얄타를 더 선호한다는 전문을 워싱턴에 보냈다. 오데사의 날씨는 "음산하고 춥고", 크림 남부 해안이 더 따뜻하다고 썼다. 세바스토폴이나 얄타에서 두세 시간 거리에 비행장이 있었다. 세바스토폴이 완전히 파괴되었기 때문에* 얄타 지역의 시설이 훨씬 더 좋다고도 보고했다. 이 지역을 다녀온 해군 장교들의 보고를 바탕으로 해리먼은 "해안가에 있는 여러 호텔 중 몇 곳의 주거 환경은 아주 양호하다는 데 의문의 여지가 없습니다."라고 전문에 썼다.

이틀 후 루스벨트는 만일 스탈린이 지중해로 올 수 없다면 자신은 흑해 지역에서 회담을 열어도 상관없다는 전문을 해리먼에게 보냈다. 그의 선택은 "해안에서 가장 좋은 숙박 시설을 보유하고 가장 양호한 비행 조건을 갖춘, 가장 뛰어난 장소인" 얄타였다. 루스벨트는 배를 타고 지중해로 간 다음 거기서부터 비행기를 타고 얄타에 가기로 결정했다. 몰로토프는 이러한 결정을 12월 27일에 통보받았다. 해리먼과 만난 자리에서 몰로토프는 오데사와 바투미(Batumi)**에 대해 언급했으나, 해리먼은 얄타로 장소를 못 박았다.

루스벨트가 회담 장소를 선택했다면, 처칠은 12월 31일 암호명 '아르고호 작전(Operation Argonaut)'을 만들어냈다. 루스벨트는 처칠에게 "귀하가 제안한 '아르고호'를 환영합니다. 귀하와 나는 아르고호 전사들의 후손입니다."

---

* **세바스토폴 전투** 1941년 6월 22일 소련을 침공한 독일군은 추축국인 루마니아·이탈리아 군대와 함께 단시간 안에 오데사와 크림반도를 점령했으나, 요새화된 세바스토폴은 점령하지 못했다. 그해 12월 독일군은 에리히 폰 만슈타인(Erich von Manstein)의 지휘하에 대대적인 세바스토폴 공격을 감행했으나, 결국 점령에 실패했다. 소련군은 크림반도 동쪽 케르치 반도(Kerch Peninsula)에 상륙하여 독일군의 전력을 분산시키려 했지만 도리어 독일군의 반격을 받고 본토로 철수했다. 1차 공세가 실패로 끝난 뒤 독일군은 1942년 여름까지 소련군을 포위한 채 육상·해상·공중으로 포위전을 펼쳤다. 1942년 6월 2일 작전명 스퇴르팽(Störfang)을 수행하기 시작한 독일군은 80cm 구경 대형포를 철도로 이동시켜 전투에 활용하고 공군의 지원을 받으면서 1942년 7월 3일 세바스토폴 점령에 성공했다. 247일을 끈 공방전과 포격, 공중폭격으로 세바스토폴항은 큰 피해를 입었다. 세바스토폴 전투 결과, 소련군 약 10만 명이 포로로 잡혔으며, 독일군도 3만 명가량의 전사자를 냈다.

** **바투미** 흑해 동부 연안의 휴양 도시이다. 소련 시절부터 수많은 휴양소가 건설되었으며, 현재 조지아의 제2의 도시이다.

라는 답신을 보냈다. 고전문학을 즐겨 읽는 처칠은 황금 양털을 찾기 위해 흑해로 멀고도 위험한 여정을 떠나려는 두 정치 지도자들의 감정과 기대를 반영한 가장 뛰어난 비유를 찾아냈다. 고전문학에 관심이 없는 스탈린은 주저 없이 이 암호명을 받아들였다. 1945년 새해 첫날 루스벨트가 몰타에 들른다는 사실을 알게 된 처칠은 자신이 쓴 몇 안 되는 시의 한 구절을 전문에 포함하여 보냈다. "더 이상 우리가 망설이지 않기를. 몰타에서 얄타까지. 아무도 바뀌지 않기를.(No more let us falter. From Malta to Yalta. Let nobody alter.)"[2]

루스벨트는 몰타에 2월 2일 단 하루만 머물렀는데, 오후 시간 전부를 관광하면서 보냈다. 점심 식사 후 루스벨트는 몰타 총독 부부, 애나 베티거, 사라 올리버를 대동하고 발레타와 몰타의 이전 수도였던 므디나(Mdina)를 둘러보았다. 154일 동안 추축국(Axis) 군대의 지속적인 폭격을 받은 몰타는 지중해 장악을 위해 양측이 벌인 최근 전투의 여파를 잘 보여주었다. 1940~1942년까지 1만 4,000발의 포탄이 '몰타 요새'에 떨어졌다. 섬 주민들은 항구와 산업 지역, 공항에서 벗어나 섬 중앙 쪽으로 피란을 갔지만, 수많은 사상자가 발생했다. 몰타 주민과 병사들을 굶주리게 하려는 공중 및 해상 봉쇄는 1942년 8월에야 돌파되었다. 포위된 몰타에 물자를 보급하기 위해 지브롤터를 떠난 14척의 보급선 중 5척이 발레타의 항만에 도착하는 데 성공했다. 봉쇄가 완전히 제거된 것은 1943년 여름이었다.

"거대한 파괴의 흔적이 내 눈에 바로 들어왔다. 이것은 내가 전쟁으로 인한 대량 파괴를 직접 눈으로 처음 확인한 순간이었다."라고 애나 베티거는 일기에 썼다. 발레타에서 그녀는 1943년 12월 테헤란회담을 마치고 귀환하는 길에 루스벨트가 보낸, 나치의 포위 속에 몰타 시민들이 보여준 용기에 대한 치사를 새겨 넣은 돌을 보았다. 이 돌은 궁전으로 들어가는 문 한편에 올려져 있었다. 다른 편에는 추축국 군대의 포격이 절정에 이른 1942년 4월 영국의 조지 6세가 몰타 시민들에게 조지 훈장를 수여하면서 보낸 치사가 새겨져 있었다.

루스벨트가 관광하며 시간을 보내는 모습은 영국 대표단에게 큰 실망을 안겨주었다. 국무부 관리인 찰스 볼렌(Charles E. Bohlen)은 "영국인들은 루스벨트가 얄타회담에 대비한 전술적 또는 실질적 문제에 대해 논의하려는 모습을 보이지 않아서 걱정했다."라고 회고했다. 영국 외상 앤서니 이든은 "우리는 아주 중요한 회담을 하러 가는 길인데, 이미 결심을 굳힌 '곰'을 어떻게 상대할지 아직 논의하지 못하고 있습니다."라고 해리 홉킨스에게 우려를 표명했다. 이든과 마찬가지로 처칠도 아주 초조해했다. "루스벨트 대통령의 행동을 전혀 예측할 수 없어서 처칠 수상과 나는 이러한 무관심에 아주 불안해했다."라고 이든은 회고록에 적었다.[3]

루스벨트가 몰타에 들른다는 사실을 안 처칠은 그 방문을 이용하여 두 사람이 공동 전략을 논의할 기회로 삼을 수 있는지에 대해 물었다. 1월 5일 처칠은 "각하가 몰타에 이삼일 머문다면 우리 참모진이 솔직하게 서로의 의견을 나눌 수 있지 않을까요?"라고 제안했다. 그러면서 다음 날 다시 전문을 보내기를, 만일 루스벨트가 몰타에서 하루만 머문다면 군사 참모들을 며칠 전에 미리 보내는 것을 고려하고 있다고 전했다. 루스벨트는 처음에 이 생각에 반대했지만, 처칠은 외무부 관리들까지 파견하겠다면서 의견을 굽히지 않았다. 루스벨트는 결국 양보하여 스테티니어스 국무장관과 조지 마셜 장군이 이끄는 대표단을 미리 보내겠다고 했지만, 자신의 체류 일정을 바꾸는 것은 거부했다.

처칠의 고집은 퀸시호에 승선한 대통령 수행단에서 화젯거리가 되었다. 훗날 애나의 회고에 따르면 누군가가 스탈린이 보낸 전보는 "얄타에서 보자고 했지, 몰타에서 보자고 한 것은 아닙니다."라고 말했다 한다. 루스벨트는 스탈린에게 두 서구 지도자가 "힘을 합쳐 그를 상대하는" 것으로 의심을 사지 않기 위해 모든 노력을 기울였다. 루스벨트는 당시 상황에서 얄타회담 이전에 사전 회담을 갖지 않는 것이 가장 좋은 전략이라고 생각했다. 그러나 처칠은 공동 전략을 만들도록 루스벨트를 설득하는 데 열심이었다. 처칠은 전투에서 이기고 전쟁에서는 진 모양새가 되었다. 루스벨트는 진지한 협의를 할 시간이 없도록 자신의 일정을 짰다. 이는 스탈린에 대한 염려라기보다는 오히려 "고정된 입장을 피하고, 자신의 정보와 상대측의 기분을 고려하여 현장에서 상황에 대응하는 것이 루스벨트에게는 더 중요했다."고 볼렌은 생각했다.[4]

처칠은 그 나름대로 목표를 향해 나아갔다. 얄타회담에서 영국 외교정책의 핵심 목표는 나폴레옹전쟁 이후의 목표와 동일했다. 그것은 단일국가가 유럽을 장악하는 것을 막아내는 일로서, 만약 그 어떤 단일국가가 서부 유럽을 장악한다면 영국에 치명적 위협이 된다고 여겼다. 처칠은 수많은 연설에서 폭정과 침략에 대항하는 영국의 투쟁이라는 말을 통해 이 정책을 표현했다. 20세기 첫 10년 동안 유럽 전체에 대한 야망을 보인 국가는 독일이었고, 이를 막기 위해 영국은 독일의 동쪽 이웃인 러시아와 동맹을 맺었다. 제1차 세계대전에서 독일이 패배하고 러시아 제국 영토에 공산주의가 발흥하면서 소련이 독일을 대신하여 유럽의 안정을 위협하는 듯했다. 처칠은 국내외적으로 강력한 반공 정책을 주창했는데, 이제 "붉은 위협(red menace)"이 독일 제국주의보다 훨씬 위험하다고 생각했다.

그런데 나치 정권은 독일의 위협을 다시 살아나게 했다. 처칠은 누구보다 먼저 영국 국민들에게 독일의 부흥과 팽창에 대해 경고했다. 그는 "우리는 유럽의 평형이 완전히 깨진, 역사에서 가장 끔찍한 이정표를 막 지나왔습니다."라고 뮌헨회담 후 선언했다. 처칠은 공산주의가 무서운 위협이 된다는 견해를 바꾼 적이 없고, 유럽의 현상 유지에 대한 초국가적 야망의 위협을 과소평가하지도 않았다. 하지만 1941년 나치가 소련을 침공한 이후 그는 반공주의적 수사를 자제했다. 해외에서 영국의 이익뿐만 아니라 영국 자체의 생존 문제가 위협을 받고 있는 상황이었다. 한 폭정 국가와 싸우는 데 다른 폭정 국가의 도움을 받는 것은 당연한 일로 여겨졌다.

알타회담이 열리기 전 소련의 승리 덕분에 독일과의 전쟁은 거의 끝난 상태였으나, 유럽의 새로운 주인이 동쪽으로부터 부상하고 있었다. 처칠은 전투를 치러보지도 않은 채 외교 전장을 떠날 생각이 없었다. 폴란드의 미래가 영국인들에게 가장 중요한 문제로 떠올랐다. 이 나라를 방어하기 위해 영국이 독일과의 전쟁에 뛰어들지는 않았다. 처칠과 그의 외교정책 참모들이 생각하는 전후 유럽의 모습은 폴란드가 소련의 서쪽 방면 확장을 막는 요새 역할을 해야 했다. 처칠의 전략 중에서 또 하나의 중요한 요소는 프랑스였다. 폴란드와 함께 프랑스는 독일의 부흥을 견제할 수 있었다. 유럽의 세력균형을 유지하기 위해 독일은 약화되어야 하지만, 그렇다고 완전히 파괴되거나 분해되어서는 안 된다. 이는 복잡한 게임이지만, 영국은 유럽 대륙에 대한 정책에서 이러한 적극적 간섭에 나설 준비가 되어 있었다. 그럼에도 불구하고 영국은 스스로의 힘으로 이 게임에서 이길 수 없었고, 미국의 도움이 절실했다.

미국 정부는 유럽의 권모술수 정치에 깊이 개입하기를 꺼렸다. 미국은 이러한 종류의 외교적 게임에 경험이 거의 없었고, 세력균형에 바탕을 둔 국제질서라는 개념 자체를 백안시했다. 게다가 미국은 유럽 해안에 가까운 나라도 아니기 때문에 좀 더 실용적인 전략적 시각을 취할 여유가 있었다. 유럽에서 전쟁이 끝나면 미국 국민은 미국 군대를 오랜 기간 유럽에 주둔시키는 것을 용인하지 않으리라는 것이 당시의 사회 통념이었다. 영국은 국제 무대에서 미국의 강력한 경쟁 상대였고, 유럽을 여러 개의 영향권으로 나누려는 처칠의 지속적인 노력은 의구심을 불러일으켰다.

　루스벨트와 그의 참모들은 전쟁에서 독일을 패퇴시키는 것을 최우선 과제로 보았지만, 일본의 진주만 침공으로 제2차 세계대전에 뛰어든 이상 태평양에서 일본과 격돌하는 문제도 이에 못지않게 중요했다. 태평양전쟁에서 실질적 도움을 줄 수 있는 동맹국이 있다면 그것은 스탈린이 통치하는 소련 제국이지, 처칠이 이끄는 대영제국이 아니었다. 앞으로 구성될 세계평화기구에서 소련의 협력도 긴요했다. 미국과 영국이 생각하는 자국의 이익은 너무 간극이 컸기 때문에 두 지도자가 소련에 대한 정책에서 서로의 생각을 맞추기란 쉽지 않은 문제였다.

　루스벨트 행정부의 뉴딜정책 지지자들은 날로 커가는 소련의 힘을 최소한 즉각적인 위협으로 여기지 않았다. 그들이 볼 때 영국 보수당의 리더인 처칠은 이기적 자본주의의 화신이자 제국주의의 제왕이고, 비밀주의와 자국 세력의 영향권에 과도하게 의존하는 구시대적 외교의 옹호자였다. 전임자인 윌슨과 마찬가지로 루스벨트 행정부의 고위 관리들 상당수는 새로운 세계질서가 탄생하면 제국은 존재하지 말아야 하며, 새로 독립한 국가들은 단지 영국뿐만 아니라 세계 모든 국가에 자원과 시장에 대한 동등한 접근권을 제공해야 한다고 믿었다. 식민지 주인에 대항하여 미국의 설립자들이 독립전쟁을 치른 상대였던 영국의 제국적 야망을 그들은 경계했다.

　이든은 회고록에 "루스벨트 대통령은 미국 국민들 사이에 널리 퍼진 대영제국에 대한 의심을 공유하고 있다."라고 씁쓸하게 쓰고 "루스벨트는 대영제국의 식민주의에 대한 혐오를 감추지 않았는데, 이는 그가 지닌 원칙의 문제이기도 했지만 이로 인해 얻을 수 있는 이익에 대한 고려도 컸다. 그는 영국의 식민지였던 지역들이 독립을 하면 정치적·경제적으로 미국에 의존하게 될 것이라는 희망을 가지고 있고, 다른 국가가 이 역할을 대신할 수 없다고 확신했다."라고 적었다.[5]

루스벨트와 처칠은 세계관이나 정치적 의제에 대해 다른 생각을 갖고 있을 뿐만 아니라 외교정책 전문가들을 다루는 방법도 달랐다. 루스벨트는 외교정책 조언자들과 너무 밀접한 접촉을 꺼린 반면, 처칠은 최대한 많은 이들과 의사소통을 하면서 자신의 비전과 의지를 설득했다. 처칠의 참모들은 긴 저녁 식사와 한밤중까지 진행되는 토론에 지쳐서 그를 피하려고 할 정도였다. 우울증에 시달렸던 처칠은 기력이 완전히 소진될 때까지 잠자리에 들려고 하지 않았다. 스탈린과 마찬가지로 처칠은 저녁 식사에 불러모은 참모들을 놓아주지 않고 이튿날 이른 아침까지 붙잡아놓곤 했다. 1월 21일 해리 홉킨스가 처칠과의 사전 준비 회담을 위해 런던에 왔을 때, 그들의 논의는 깊은 밤까지 이어지곤 했다. 앤서니 이든은 한번은 운이 좋아 새벽 1시 15분에 잠자리에 들었다면서 "일주일 내내 너무 지쳐서 나는 의회에 나가 정신을 차릴 수 없었다."라고 일기에 적었다.

몰타에서도 처칠의 일상적인 생활 방식은 바뀌지 않았다. 알렉산더 카도간은 1월 31일 부인에게 쓴 편지에 "앤서니 이든이 어제 저녁 7시쯤 처칠 수상과 함께 저녁 식사를 해야 한다고 연락했어요. 그러나 수상이 해리먼과 카드게임을 할 예정이라서 우리는 적당한 시간에 잠자리에 들어도 괜찮다는 약속을 이미 받은 상태랍니다."라고 했다. 그러나 그 약속이 지켜질지는 확신할 수 없었다. 카도간은 이렇게 이야기를 마무리했다. "우리 대부분이 수상과 저녁 식사를 해야 하기 때문에, 우리는 몇 시간 밖에 잘 수 없을 것이라고 걱정했습니다." 처칠은 자정 전에 카드를 가져오라고 해서 해리먼 대사와 당시 영국에서 유행하던 프랑스 카드게임인 베지크(bezique)를 했다. 다음 날 처칠과 저녁 식사를 같이한 스테티니어스 국무장관은 처칠이 세계의 미래에 대해 얘기하면서 몹시 우울해했다고 회상했다.[6]

스테티니어스는 1월 31일 해리 홉킨스와 함께 몰타에 왔다. 두 사람은 자신들의 카운터 파트너인 앤서니 이든, 알렉산더 카도간과 함께 회담에 관한 사전 협의를 진행할 예정이었다. 스테티니어스 국무장관은 처음 만나는 사람에게 놀라운 인상을 남겼다. 44세의 그는 나이나 정력적인 태도와 어울리지 않게 굵은 은발의 헤어스타일을 하고 있었다. 몰타에 도착했을 때, 그는 국무장관으로 두 달을 봉직한 상태였다. 제너럴 모터스와 미 철강회사(U.S. Steel)의 중역으로 있다가 루스벨트를 위해 무기대여 프로그램을 운영했고, 1944년 12월 국무장관으로 승진하기 전 국무차관으로 일하던 경험이 있었으므로 외교 문제에 문외한은 아니었다.

스테티니어스의 임명에는 논란이 뒤따랐다. 그의 전임자인 코델 헐은 제임스 번스를 후임으로 추천했지만, 번스가 외교정책 주도권을 간섭할 것을 염려한 루스벨트는 스테티니어스를 국무장관으로 임명했다. 대통령의 전략은 제대로 작동했다. 공화당에서 루스벨트 외교정책에 대한 비판가인 아서 반덴버그(Arthur Vandenberg) 상원의원은 루스벨트가 사망한 날 "스테티니어스는 단지 대통령의 전령에 불과했다. 그는 좋은 의도와 성실한 목적을 지닌 '훌륭한 사람'이지만, 이렇게 중요한 시기에 직무를 수행하기에는 충분한 배경과 경험을 갖고 있지 못하다."라고 일기에 적었다.

새 국무장관은 실제로 친화력이 좋았고, 몰타에서 진행된 협상은 순조롭게 이루어져 양측 모두 협상 결과에 만족했다. 전쟁이 진행되는 동안 영국과 미국의 불협화음은 무기대여 프로그램을 비롯하여 유럽에서 실행할 군사작전에 이르기까지 여러 문제에 걸쳐 노정되었다. 하지만 얄타회담이 열릴 시점에 양국 외무장관의 권한 내에 있던 대부분의 이견은 해소되거나 대체되었다. 지금 가장 중요한 것은 어느 문제에 좀 더 강조점을 두는가였다. 앤서니 이든은 "미국은 세계기구에 너무 큰 비중을 두는 반면 폴란드에는 신경을 덜 쓰는 것으로 보인다."라고 적었다. 그는 스탈린이 폴란드 문제에 대해 "품위를 가지고" 대하지 않는 한 세계평화기구에서 진정한 협력은 불가능하다고 믿었다.

비판적인 카도간조차 협의 결과에 만족하여 "우리는 협의를 잘 했고, '그들'과 어떤 심각한 문제에 부딪칠 것이라고 생각하지 않는답니다."라고 부인에게 썼다. 스테티니어스도 협의 결과에 만족을 표명하고 영국 측 파트너들을 높이 평가했다. 그는 회고록에서 "전쟁 발발 전 유화정책을 펼친 체임벌린 정부와 용기 있게 관계를 끊고, 높은 지적 능력 덕분에 외무부와 일반 국민들의 존경을 받는" 이든을 칭송했다. 두 동맹국의 외무장관 사이에는 전례 없는 상호 이해가 확립되었다. 그러나 여기서 빠진 것은 그들의 지도자들 간 상호 이해였다.

루스벨트가 몰타에서 외교 문제에 대한 협의를 위해 보낸 길지 않은 시간의 대부분은 유럽에서 연합군의 작전에 대한 합동참모본부의 보고서를 분석하는 데 쓰였다. 루스벨트는 외교 문제를 조율하는 일보다 군사작전 문제를 조율하는 일이 중요하다고 생각했다. 그리고 최종적으로는 미국의 우선순위에 따라 영국의 군사작전을 귀속시키는 것이 합당한 조율이라고 생각했다. 섬 관광을 하고 돌아온 루스벨트는 퀸시호에서 연합군 사령관들과 회의할 때 유럽 쪽 군사전략에 대한 논란에서 미국 지휘관들의 입장을 전적으로 지지했다. 이전에도 여러 번 그랬듯이 영국 지휘관들은 유럽 서부전선의 자신들 관할 지역에서 독일에 대한 주공격을 펼칠 것을 요구했다. 또한 서부 유럽뿐만 아니라 지중해에서도 대규모 공격을 벌일 것을 주장했다. 이 작전의 목표는 소련군보다 먼저 베를린에 입성하는 것이지만, 영국 지휘관들은 자신들이 주요 군사작전을 맡으려는 목적도 있었다.

그러나 미국 지휘관들, 특히 조지 마셜 장군은 두 계획에 대해 적극 반대했다. 그는 이 작전들이 불필요하고 군사력을 분산시키는 위험한 계획이라고 생각했다. 보통은 공손한 태도를 유지하던 그였지만, 아이젠하워 장군의 권한을 축소시키려는 영국 지휘관들의 시도에 강력히 저항했다. 그는 문을 걸어 잠그고 속기사가 없는 상태에서, 앞으로의 공격 사령관을 아이젠하워 장군에서 몽고메리 원수로 바꾸자는 이들의 요구에 대해 반대 의사를 분명히 전달했다. 또한 연합군 총사령관으로 독자적 결정을 내려야 하는 아이젠하워에 대해 미국 관리들의 영향력이 너무 강하다는 비난에 대해서도 맞섰다. 마셜은 영국 합참의장인 앨런 프랜시스 브룩(Alan Francis Brooke) 경에게 직접적으로 "브룩 장군, 당신은 처칠 수상이 아이젠하워 장군에게 주는 압력과 영향력에 대해 미국 지휘관들만큼 염려하고 있지는 않는 것 같군요." 라고 말했다. 덧붙여 말하기를 "루스벨트 대통령은 내 권고에 따라 아이젠하워 장군을 만나지도 않고, 그에게 전문을 보내지도 않습니다. 그는 '연합군' 총사령관입니다. 우리는 처칠 수상이 그에게 주는 압력에 대해 크게 신경 쓰고 있습니다. 당신의 걱정은 번지수를 잘못 찾은 듯싶습니다."라고 했다.

마셜의 강력한 주장으로 영국 지휘관들은 서부전선에서의 총공세라는 미국의 전략을 받아들이는 것 외에는 다른 선택의 여지가 없음을 인정할 수밖에 없었다. 이런 상황에서 처칠이 할 수 있는 일이란, 이탈리아에서 독일군이 항복할 경우 연합군은 가능한 한 오스트리아의 많은 지역을 점령해야 한다고 브룩 장군에게 지시하는 것뿐이었다. 처칠은 "서부 유럽의 많은 지역이 소련군에게 점령당하는 것은 바람직하지 않다."라고 말했다. 그러나 이러한 논쟁은 가상 논쟁에 불과했다. 처칠은 주전장에서 싸우는 연합군의 작전을 돕기 위해 당장 이탈리아와 그리스에 있는 영국군을 서부전선으로 보내야 했다. 그는 합동참모본부 지휘관들과 회의 후 루스벨트에게 이탈리아의 연합군 사령관인 해럴드 알렉산더(Harold Alexander) 원수를 서부전선으로 보내 아이젠하워 장군의 부사령관으로 임명하겠다고 통보했다(이렇게 해서 알렉산더는 유럽 전선에서 최고위 영국 지휘관이 되었다).

영국 관리들은 크림반도로 떠나기 전 갖는 저녁 식사가 미국 대통령과 협의를 할 수 있는 마지막 기회라는 것을 알았다. 그러나 이것도 또 하나의 실망으로 끝나고 말았다. 퀸시호에서 같이 할 점심 식사, 오후 티타임, 저녁 식사는 애나 베티거가 준비했다. 그녀가 가장 크게 주의를 기울인 부분은 아버지가 영국 대표단과 너무 많은 시간을 보내지 않게 보호하는 일이었다(그녀는 영국 대표단을 구식으로 일컫는 말인 'Britishers'라고 불렀다). 루스벨트가 점심 식사를 같이 했던 영국 수뇌부를 저녁 식사에 다시 초대하는 바람에 애나 베티거는 자신의 손님들을 위한 저녁을 별도로 준비해야 했다. 그중에는 유고슬라비아에서 몰타로 날아온 처칠의 아들 랜돌프(Randolph Churchill)도 포함되어 있었다. 해군 함정의 좁은 공간은 대규모 연회를 열기에는 적당하지 않았다. 애나를 불쾌하게 만든 또 하나의 일은, 저녁 식사를 준비하는 동안 스테티니어스와 이든에게 그녀 방에 머물러달라고 요청했는데 그들은 루스벨트가 머무는 방에 들어가서 여러 문제를 논의했고, 처칠은 목욕을 하느라 45분이나 늦게 식사 자리에 나타난 것이었다.

애나와 사라가 준비하고 진행한 만찬은 영국 관리들이 생각하는 것처럼 업무 협의를 위한 기회가 아니라 친목을 도모하는 저녁이 되었다. 스테티니어스는 "퀸시호에서의 협의는 다시 한 번 광범위한 문제에 대한 미국과 영국의 입장을 확인하는 계기가 되었다."라고 후에 기록했다. 두 지도자가 공식·비공식 석상에서 논의한 주제를 적은 스테티니어스의 기록을 보면 큰 인상을 받지 않을 수 없다. 대화 주제에는 유럽에서 수행하는 전쟁은 물론이고 독일·폴란드·루마니아의 미래, 이란과 중국에 대한 정책, 세계평화기구 등 광범위한 문제가 포함되어 있다. 그러나 이 주제들의 대부분은 잠깐씩만 논의되었음이 분명하다. 퀸시호에 마련된 점심과 저녁 식사 모두에 참석한 이든 외무장관은 "분위기는 좋았지만 어떤 진지한 협의도 이루어지지 않았다. 저녁 식사도 점심처럼 그렇게 실속 없었다. 중요한 협의 근처에는 가지도 못했다."[7]라고 일기에 불만을 적어놓았다.

2월 2일 밤 미국 대표단과 영국 대표단을 태운 비행기가 루카(Luqa) 공항을 출발하여 크림반도의 사키(Saki) 공항으로 향했다. 밤 11시 30분 미 공군의 C-54기들이 이륙하고 10분 뒤 영국 공군의 요크(Yorks)와 스피트파이어(Spitfires)가 출발하면서 몰타를 빠져나오는 작전이 시작되었다. 루스벨트의 신체 여건에 맞게 특별히 제작되었으며, 지상에서 삼엄한 경계에 둘러싸여 공군 장병들이 '성스러운 암소(Sacred Cow)'라고 부르는 대통령 전용기는 새벽 3시 30분에 이륙했다. 이때 대통령은 이미 객실에서 잠을 자고 있었다. 그는 영국인들과의 사전 합의에 예속되지 않는다는 스스로의 핵심 목표와 타협하지 않은 상태에서 몰타를 떠났다. 그는 얄타에서 자신이 원하는 어떤 전략도 택할 수 있었다.

차르의 앞마당

연합국 대표단을 태운 비행기는 지중해를 건너 그리스 쪽으로 비행한 후 북쪽으로 방향을 틀어 터키와 흑해를 가로질러 날아갔다. 루스벨트의 주치의가 권고한 대로 비행기들은 시속 200마일 이상의 속도와 약 6,000피트의 고도를 유지하며 날았다. 목적지에 도달하는 데 거의 7시간이 걸렸다.

루스벨트와 처칠이 탄 비행기는 각각 전투기 여섯 대의 호위를 받았다. 가장 큰 걱정거리는 적군의 전투기가 아니라 에게해 섬에 남아 있는 독일군 대공포대의 공격이었다. 일주일 전 루스벨트 대통령의 경호실장 마이클 라일리(Michael Reilly)를 태운 비행기가 크림반도를 향해 정찰비행을 하다가 폭풍을 만났는데 설상가상으로 크레타 섬 상공에서 적군의 포격을 받아 꼬리날개를 거의 잃다시피 했다. 라일리를 태운 비행기는 폭풍을 피하기 위해 1만 5,000피트 상공까지 올라갔고(이 고도는 고혈압 병력을 지닌 루스벨트에게는 매우 위험한 높이였다), 그러자 바로 비행기 날개에 얼음이 끼기 시작했다. 그는 운 좋게도 목적지에 살아 도착할 수 있었다.

독일군의 대공포가 하나의 문제였다면, 또 다른 하나의 문제는 소련군의 오인 사격 가능성이었다. 스탈린이 직접 나선 다음에야 소련군은 흑해 동부 지역의 각 방공포 부대에 미국 장교 한 명씩 파견하는 데 동의했다. 소련군 방공포대는 자신들의 지시를 따르지 않은 영국 공군기에 사격을 퍼부은 적도 있었다. 소련 영공에 접근하면서 연합국 비행기들은 식별 가능 비행을 했고, 20마일 너비의 비행 통로에 진입한 후에는 서로 합의한 대로 우측으로 방향을 튼 다음 사키 공항의 좁은 활주로에 착륙했다. 적군의 공격에 대비한 최고 경계 태세에 들어간 소련 공군 조종사들은 자신들의 신호에 응답하지 않는 비행기는 모두 격추하라는 명령을 받았다. 이들은 적군 비행기를 놓치는 경우 부대로 귀환할 생각을 하지 말라는 사령관의 말을 아주 진지하게 받아들였다.

루스벨트가 탄 비행기보다 5분 늦게 루카 공항에서 이륙한 스카이마스터기에 탑승한 처칠은 회고록에 이 비행을 "길고도 추운 비행"이라고 기록했다. 처칠은 얄타에서 회담을 여는 것에 대해 점점 더 비판적이 되어갔다. "아마 우리가 10년 걸려 찾는다고 해도 세상에서 얄타보다 더 나쁜 장소를 찾을 수는 없을 것이다."라고 기록했다. 1월에 그는 해리 홉킨스에게 "거기는 티푸스와 머릿니가 우글거리는 장소일세."라고 불평을 터뜨렸다. 몰타로 오는 길에 홉킨스가 이에 관해 루스벨트 대통령에게 보고했다는 것을 들은 마이클 라일리는 격분하여 "처칠 수상이 말한 만큼 상황이 그렇게 형편없지는 않고, 러시아 친구들이 많은 것을 바꾸어놓았습니다."라고 대통령에게 전문을 보냈다.

대통령을 태운 '성스러운 암소'는 2월 3일 낮 12시 10분 사키 공항에 착륙했다. 모든 일은 순조롭게 진행되었다. 소련 당국자들은 루스벨트가 탄 비행기를 호위하는 전투기들이 지시를 따르지 않는 것에 의아해했다. 이 비행기들은 크림반도의 주도州都인 심페로폴(Simferopol)의 인근에 있는 사라부즈(Sarabuz) 공항에 착륙하지 않고 사키 공항의 활주로 위를 선회비행했다. 20분 후 처칠을 호위하는 비행기들도 똑같은 일을 반복했다. 소련 공군 지휘관들은 어찌된 영문인지 몰라 당황했지만, 애나 베티거는 처칠을 호위하는 여

루스벨트 대통령의 전용기 착륙을 지켜보는 사람들 사키 공항에서 루스벨트의 전용기인 '성스러운 암소'가 공항에 접근하고 있는 모습을 지켜보는 미국과 소련의 고위 관리이다. 왼쪽부터 오른쪽 방향으로 에드워드 스테티니어스, 안드레이 그로미코, 뱌체슬라프 몰로토프(가운데 안경 쓴 사람)이다.

섯 대의 록히드 P-38 전투기들이 공군기지 위를 선회비행하는 모습에 감명받았다.

　루스벨트와 처칠의 비행기가 착륙했을 때 미국과 영국의 대표단 대부분은 이미 그곳에 도착해 있었다. 일부는 샴페인, 보드카, 캐비아를 비롯한 여러 가지 러시아 음식들이 준비된 텐트를 방문했고, 일부는 이미 얄타를 향해 가고 있었다. 몰로토프 소련 외무장관이 루스벨트가 탑승한 비행기에 처음 올라갔고, 처칠이 그 뒤를 따랐다. 루스벨트는 특별히 제작된 승강기를 타고 비행기에서 내려와 소련 측이 무기대여 프로그램으로 제공한 지프를 타고 이동했다. 루스벨트는 처칠 수상, 몰로토프 외무장관과 함께 소련군 의장대

사키 공항에 도착한 루스벨트와 처칠 루스벨트와 처칠이 크림반도 사키 공항에 도착하여 의장대의 사열을 받고 있는 모습이다. 루스벨트는 지프에 타고 있으며, 처칠은 경례를 붙이고 있고, 그의 오른쪽에 몰로토프, 스테티니어스(모자를 든 왼손을 가슴에 둔 사람), 안드레이 비신스키가 서 있다.

를 사열했다.

　처칠의 주치의인 모랜 경은 수상이 루스벨트가 탄 지프를 걸어서 따라가는 모습에 기분이 상했다. 늘 비판적인 시각을 지닌 주치의는 일기에 "수상은 빅토리아 여왕의 사륜마차를 따라가는 나이 든 인도 시종처럼 루스벨트의 지프 옆에서 걸어갔다."라고 적었다. 루스벨트에 대한 묘사도 호의적이지 않았다. "대통령은 늙고, 야위고, 핼쑥해보였다. 그는 마치 무슨 일이 일어나는지 모르는 사람처럼 입을 벌린 채 멍하니 정면을 쳐다보았다."라고 기록했다. 루스벨트를 돌보기 위해 사키 공항에 대기 중이던 소련 의사들은 그가 지치고 건강이 좋지 않다고 판단했다.

미국과 영국의 고관들은 1시가 조금 넘은 시각에 소련 관리와 경호원들의 호위를 받으며 무기대여로 제공된 패커드 지프와 소련의 귀빈용 장갑 승용차인 질(Zil)을 타고 사키 공항을 떠났다. 해가 지기 전에 알타에 도착하는 것이 목표였다. 그들이 탄 차량은 심페로폴로 간 후 남쪽으로 방향을 틀어 산악 도로를 타고 흑해 해안 도시인 알류슈타(Alushta)로 향했다. 흑해에 다다르자 일행은 서쪽으로 방향을 바꿔 이른바 '로마노프 도로(Romanov Road)'를 따라 알타로 향했다. 안전 문제를 책임진 소련 내무인민위원회(People's Commissariat of Internal Affairs) NKVD의 지시에 따라 이 도로에는 쌓인 눈이 말끔히 치워졌고 자동차와 보행자의 통행도 금지되었다. 심페로폴로 가는 길 전체에는 약 50피트 간격으로 소련군이 늘어서서 경비를 섰다. 소련군 특별경호부대의 특징 중 하나는 병사 상당수가 여성이라는 점이었다.

손님들은 차량 행렬이 지나갈 때 경비병들이 취하는 특별한 경례 자세를 재미있어 했다. "대통령의 차량이 지나갈 때 젊은 여성이 상당수 포함된 소련 병사들은 총을 몸에서 30도 정도 앞으로 쑥 내미는 러시아식 경례를 붙였는데, 상당히 그럴듯해 보였다."라고 찰스 볼렌은 회상했다. 애나 베티거도 병사들이 "민첩하고 자세가 좋았다"고 회상했지만, 대통령과 애나와 한 차로 이동한 경호실장 마이클 라일리는 큰 감명을 느끼지 못했다. "일부 러시아 병사는 몸이 너무 작아, 들고 있는 스프링필드 총이 병사보다 커 보였다. 가까이에서 보니 이 무서운 병사들은 아직 10대에 불과한 소녀들이지만, 그럼에도 불구하고 소련군의 전투력을 형성하고 있었다."

차창을 통해 여행자들은 길과 병사들과 경치를 볼 수 있었다. 평평한 초원 지대가 이어지다가 산이 나타났는데, 불과 몇 달 전 치러진 전쟁의 흔적을 그대로 보여주었다. "울퉁불퉁한 시골길에는 불에 탄 탱크와 부서진 건물들, 크림반도에서 후퇴하던 독일군이 불을 질러 파괴하고 버려둔 독일 화물

열차가 여기저기 흩어져 있었다."라고 라일리는 회고록에 기록했는데, 이런 묘사는 대통령 공식 여행 일지에 적힌 기록 및 회담에 참가했던 모든 이들의 회고와 크게 다르지 않다. 루스벨트는 이러한 파괴 현장에 마음이 크게 움직여서, 스탈린을 만났을 때 "내가 1년 전에 이곳에 왔었더라면 독일군에 대해 더 피가 끓어올랐을 것입니다."라고 말했다.

차량 행렬이 심페로폴에 도착했을 때 손님들은 처음으로 현지 주민들을 자세히 살펴볼 수 있었다. 애나 베티거는 "전체적으로 사람들이 잘 먹고 건강해 보였다."라고 일기에 적었다. 기차로 미리 현지에 도착해 있던 해리먼의 딸 27세의 캐슬린 해리먼(Kathleen Harriman)도 애나의 관찰에 동의했다. "우크라이나 농부들은 모스크바 지역의 사람들보다 훨씬 형편이 나아 보였다."라고 적었다. 애나는 차창 밖으로 보이는 소련 시민들의 외양을 자세히 기록했다. "남녀노소를 막론하고 모두 색과 형태가 아주 단조로운 옷을 입고 있었다. 그러나 그들이 입은 옷은 때로 아주 낡아 보였지만 아주 실용적이고 따뜻했다." 애나가 가장 놀란 것은 (병사를 빼고) 남자들을 거의 볼 수 없었다는 점이다. "아이들은 대부분 실제 나이보다 훨씬 나이 들어 보였다. 여자들도 실제 나이보다 훨씬 늙어 보였고, 얼굴에는 깊은 주름이 파여 있었다. 여자들이 얼마나 힘들게 일하는지 보는 것은 이상한 일이 아니다. 그들은 엄청나게 무거운 짐을 등에 지고 날랐다."

사키에서 얄타까지는 여섯 시간이나 걸리는 긴 여정이었다. 차는 시속 20마일의 속도로 달렸다. 처칠은 자동차로 이동하는 것에 짜증이 났는지 딸 사라 올리버에게 "이런, 앞으로 다섯 시간이나 더 가야 한다니……"라면서 불평했다. 애나는 아버지를 보호하기 위해 같은 차로 이동하기를 고집했고, 그렇게 함으로써 아버지가 대표단 멤버들과 "대화를 나누지 못하게" 했다. 그들은 샌드위치를 먹으면서 이동했다. 애나는 심페로폴에 들러 차를 세우고 점심을 먹자는 의견에 반대했다(하지만 결국 화장실을 가기 위해 잠시 쉬는 것을 양해했다). 애나는 "그곳에 도착했을 때 놀랍게도 몰로토프가 우리보다 먼저 와서 보드카, 와인, 캐비아, 생선, 빵, 버터가 차려진 식탁을 준비해놓고 있었다. 거기서 무슨 일이 일어날지 누가 알겠는가."라고 일기에 적었다. 그곳에서 미국 대표단은 점심을 먹지 않고 바로 출발했지만, 영국 대표단은 좀 더 협조적인 태도를 보였다. 모랜 경은 캐비아와 훈제 연어, 삶은 돼지, 샴페인을 "의구심을 가지고" 바라보았지만, "수상은 잘 차려진 음식을 좋아했고 다소 당돌한 말을 시작하며 먹을 태세를 취했다."라고 적었다.

루스벨트가 목적지인 리바디아 궁전(Livadia Palace)에 먼저 도착했지만, 이곳에서 몇 마일 떨어진 보론초프 궁전(Vorontsov Palace)에 도착한 처칠이 더 행복해했다. 점심을 먹은 후의 여행은 많이 고되지 않았다. 사라 올리버는 "우리는 두 시간을 더 가야 했지만, 여행은 그렇게 힘들지 않았어요. 아빠는 「돈 주안(Don Juan)」 전체를 거의 다 외우고 약 30분간 주무셨어요."라고 어머니에게 썼다. 처칠은 회고록에, 산을 통과할 때 "찬란하게 빛나는 햇빛이 우리를 맞았다."라고 썼다. 그러나 다른 기록에 따르면 "낮게 깔린 구름과 간간이 내리는 비와 축축한 눈으로" "끈적끈적한" 날씨였다. 사라는 심페로폴에서 얄타로 가는 길에 "어둠이 깔렸지만, 우리 차의 헤드라이트가 길가에 늘어선 보초병들을 비추었다."라고 적었다. 저녁 7시 45분 영국 대표단의 숙소인 보론초프 궁에 도착한 처칠은 모랜 경, 앤서니 이든과 대화를 갖길 원했다. "그는 아주 상태가 좋았다. 똑같은 자동차 여행을 한 번 더 할 수 있다고 얘기하면서 말끝에는 마치 연설하듯이 목소리를 높였다."라고 모랜은 적었다.

미국 대표단이 머문 리바디아 궁전은 라일리의 묘사에 따르면 "다 파괴되어 흙더미가 된" 얄타 시내에 있지 않았고 시내로부터 7km 떨어져 있었다. 루스벨트의 여행 기록 작가는 1945년 2월 일지에 "해발 150피트에 위치한 이 궁전은 동쪽과 북쪽으로 멋진 산과 바다 경치를 자랑했다."라고 기록했다. 애나는 일기에 "3거두가 머무는 궁전 세 곳만이 손상되지 않고 남아 있는 유일한 건물이었다."라고 적었다. "황제와 부자 귀족들은 기차로 세바스토폴까지 온 다음 요트를 타고 얄타로 왔다. 지역 주민들은 조 데이비스(Joe Davies)가 저기에 그와 마저리(Marjorie)의 요트를 세워놓았던 것을 기억한다." 이는 루스벨트 및 그의 가족 모두와 아주 가까웠으며, 1936~1938년까지 모스크바 주재 미국대사를 지낸 조지프 데이비스(Joseph E. Davies)가 이곳을 방문했던 일을 언급한 것이다.[1]

리바디아라는 이름은 중부 그리스의 한 마을 이름에서 따온 것으로, 예카테리나 2세(Catherine II) 치세 시절 중요한 부분을 차지했던 그리스 프로젝트*가 멀리 이곳까지 반영된 명칭이다. 1783년 러시아가 크림을 병합한 것은 비잔틴 제국을 재건하고 보스포루스 해협과 다르다넬스 해협을 장악하는 이 프로젝트를 실현하기 위한 첫걸음이었다. 예카테리나 2세는 손자 중 한 명의 이름을 콘스탄틴(Konstantine)으로 짓고, 그를 새로운 비잔티움의 왕위에 오르도록 준비시켰다. 그녀는 크림반도의 수십 개 도시와 마을 이름을 그리스식으로 개명했다. 크림반도의 수도인 심페로폴, 러시아 흑해 연안의 군항으로 흑해함대 본부가 설치된 세바스토폴, 나중에 차르의 여름궁전이 된 리바디아는 결국은 실현되지 못한 야심 찬 계획의 증거로 남았다.

크림반도는 콘스탄티노플로 이어지는 다리가 되지 못했을 뿐 아니라, 18세기 말 획득한 크림반도와 다른 영토에 대한 권리도 러시아 대對 영국, 프랑스, 오스만 제국의 동맹으로 대결한 크림전쟁에서 도전을 받게 되었다. 크림

---

* **그리스 프로젝트** 예카테리나 2세의 야심찬 계획으로, 흑해를 넘어 오스만 제국을 장악함으로써 옛 비잔틴 제국의 영광을 러시아가 잇게 하려는 프로젝트이다.

전쟁은 1853년 팔레스타인에 있는 가톨릭 성지의 관리권을 두고 프랑스와 러시아의 갈등으로 시작되었지만, 오스만 제국의 미래와 이 지역에 대한 유럽 열강의 영향력이 걸려 있었다. 러시아의 니콜라이 1세는 영국의 의도를 잘못 판단했다. 다소 주저하기는 했지만 영국은 발칸 지역으로 러시아가 진출하는 것을 막기 위해 프랑스와 동맹을 맺었다. 1854년 세 제국은 크림반도에 대한 군사적 개입을 시작했다.

동맹군은 세바스토폴을 포위했다. 그러나 수장된 러시아 제국 함대의 병영과 수병들은 항복을 거부하고 거의 1년간 도시를 방어하면서 공격자들에게 큰 인명 피해를 안겼다. 영국은 크림 원정에 성공했지만, 국내 유수의 귀족 가문 자제들로 구성된 기병대가 큰 희생을 치렀다. 이 전쟁은 홍보 면에서도 재앙을 가져왔다. 전보 기술의 발달에 따라 크림전쟁은 그 전황이 언론에 그대로 보도된 첫 국가 간 전쟁이었다. 영국과 프랑스는 기대에 못 미치는 승리를 거두었지만, 러시아는 더 졸전을 치렀고 결국 세바스토폴을 포기했다. 러시아는 영국과 프랑스의 해군 전력에 맞서기 위해 미국 해군을 참전시키는 계획을 포함하여 친러시아 동맹을 결성하고자 했으나, 그 희망은 결코 이루어지지 않았다. 새로 황제에 오른 알렉산드르 2세는 전쟁을 끝내고 1856년 파리에서 강화조약을 맺어야만 했다.

파리조약은 기존 유럽의 세력균형 판도에 변화를 가져왔고, 콘스탄티노플과 흑해로 통하는 해협을 장악하려는 러시아의 시도를 좌절시켰다. 이 조약으로 오스만 제국 내 기독교도들의 보호자로서 러시아의 역할이 박탈되고, 흑해의 중립화을 선언해야 했으며, 러시아를 포함한 어느 국가도 흑해 연안에 요새를 건설할 수 없게 되었다. 요새를 짓는 것은 허락되지 않았지만, 조약에는 러시아의 귀족들과 차르가 흑해 연안에 여름 별장을 짓는 것을 막는 조항은 없었다. 1860년 알렉산드르 2세는 리바디아라고 불리는 연안 지역에 영지를 구입하고, 건축가 모니게티(Ippolito Monighetti)를 보내 별장을 짓게 했다. 1860년대 동안 모니게티는 리바디아에 두 개의 궁전(대궁전, 소궁전)과 교회를 지었다. 리바디아는 곧 황제 가족이 가장 사랑하는 여름 별장이 되었다. 특히 의사의 권고에 따라 가능한 한 오랜 시간을 따뜻한 지역에서 보내야 하는 알렉산드르 2세의 부인 마리아 알렉산드로브나(Maria Alexandrovna, Marie of Hesse) 황후가 가장 좋아했다.

루스벨트는 자신이 좋아하는 작가인 마크 트웨인의 가장 대중적 인기가 높은 작품에 묘사된 황제의 궁전을 기억하고 있었을 것이다. 마크 트웨인은 『철부지의 해외여행기(The Innocents Abroad)』에 황제 가족이 크림반도에서 첫 여름을 보낸 1867년에 자신도 리바디아를 방문했다는 사실을 서술해놓았다. "우리는 이삼일 전에 이곳 러시아의 얄타에 상륙했다."라고 한 다음 트웨인은 다음과 같이 썼다.

나는 이 지역에서 시에라 산맥*을 보는 듯하다. 산 양쪽 허리에 소나무가 빽빽한 회색 산들이 얄타 뒤에 버티고 서 있으며, 그 아래 골짜기들이 갈라지고 여기저기에 회백색의 큰 바위들이 높이 튀어나와 있다. 산 정상에서 바다까지 흘러내리는 길고 곧은 계곡물은 이전 시대 일어났던 눈사태의 흔적을 표시하고 있었다. 이 모든 것이 시에라 산맥을 보는 듯한 착각에 빠지게 했고, 한 정경이 다른 정경의 초상화가 된 듯했다. 얄타라는 작은 촌락은 뒤쪽 담벼락을 이룬 산으로 오르락내리락 이어지는 언덕들이 만든 원형극장 같은 지형의 발치에 자리 잡고 있고, 마치 높은 고도에서 지금의 위치로 조용히 내려앉은 듯한 느낌을 주었다. 이 저지대는 높은

---

* **시에라 산맥** 원이름은 시에라네바다(Sierra Nevada) 산맥으로 미국 서부 해안을 따라 캘리포니아 남북으로 이어진 산맥이다. 길이 643km로, 최고봉 휘트니 산(4,418m), 래슨 화산 국립공원, 요세미티 국립공원, 세쿼이아 국립공원 등이 이 산맥에 있다.

봉우리들과 귀족들의 정원들로 덮여 있고, 거대한 짙은 녹음 사이로 이들의 궁전들이 여기저기 밝은 빛을 내며 꽃처럼 봉긋봉긋 솟아 있다. 참으로 아름다운 곳이다.

샌프란시스코 신문사의 후원을 받아 퀘이커 시티(Quaker City)호를 타고 지중해와 흑해 지역을 여행한 마크 트웨인은 크림반도의 경치 못지않게 황제와 그 가족이 자신과 동료 여행객들에게 베푼 환영에 감동받았다. (그가 보기에 프랑스인의 너무 형식적인 친절과는 다르게) 황제 가족은 그들을 진심으로 친절하게 맞아주었다. "그는 우리를 만나서 매우 기쁘고, 특히 러시아와 미국 사이에 우호적 관계가 조성되어 기쁘다고 했다."라고 트웨인은 알렉산드르 2세의 언급에 대해 썼다. "황후는 러시아인이 미국인을 아주 좋아하고 미국에서도 러시아인이 그렇게 받아들여지기를 바란다고 말했다."

마크 트웨인이 리바디아를 방문했던 때는 러시아가 알래스카를 미국에 매각한 해로서, 러시아와 미국의 관계는 더할 나위 없이 좋았다. 양국의 협상은 크림전쟁 중에 시작되었는데, 이 전쟁은 당시 미국 언론에 자세히 보도되었다. 미국에서는 곧 다가올 남북전쟁의 참가자들이 이 전쟁을 흥미롭게 관찰하면서 영국군과 프랑스군이 크림전쟁 때 사용한 전술로부터 많은 것을 배웠다. 러시아는 재정적 고려 외에도 대영제국에 타격을 가하고자 하는 열망이 컸고, 영국이 공격해올 경우에 방어하기가 거의 불가능한 영토를 처리하고 싶어 했다. 차르의 참모들은 알래스카가 또 하나의 크림반도가 될 수 있다고 염려했다. 그곳에는 외국의 공격을 방어할 수 있는 세바스토폴 같은 요새나 중요한 군사시설이 없었기 때문이다.

전제정치를 본능적으로 혐오했던 마크 트웨인은 차르에게 매료되었고, 이러한 무소불위의 권력을 가진 사람을 직접 만난다는 사실에 흥분해서 다음과 같이 썼다.

이것은 참 신기한 광경이고, 그 이상이다. 남녀 군중 속에서 평범한 사람처럼, 나무 아래서 이 나라의 가장 평범한 사람처럼 잡담을 나누는 중앙의 사람이 입을 열어 한 번 말을 하면, 그의 명령을 수행하기 위해 배들이 파도를 가로지르며 항해하고, 열차가 속도를 높여 평원을 달리고, 전령들이 마을과 마을을 돌아다니며 서둘러 움직이고, 지구의 1/7을 차지하는 드넓은 제국의 구석구석으로 전보가 발송되고, 수를 셀 수 없는 사람들이 그의 지시를 실행하기 위해 벌떡 몸을 일으킨다고 생각해보라. 나는 그의 손을 직접 잡아보고, 다른 사람들 손처럼 살과 피로 되어 있는지 살펴보고 싶은 막연한 욕망이 솟아올랐다.[2]

마크 트웨인이 크림반도를 방문했을 때 알렉산드르 2세는 거대한 제국을 열심히 변화시키는 중이었다. 몇 년 전인 1861년, 알렉산드르 2세는 선친인 니콜라이 1세가 도저히 생각할 수 없었던 일인 농노해방을 단행했다. 그는 군대에서부터 사법제도에 이르기까지 러시아의 사회경제제도에 영향을 미친 과감한 개혁 조치를 앞장서서 취했다. 러시아의 다른 이전 개혁자들과 마찬가지로, 그는 자신이 풀어놓은 고삐의 힘을 제어하는 데 큰 어려움을 겪었다. 차르의 개혁 조치에 고무된 폴란드인들은 1863년 봉기를 일으켰다. 폴란드의 민족부흥운동은 다음에 크림반도를 소유하게 될 우크라이나인들을 자극했다. 러시아의 젊은 급진주의자들은 차르를 암살함으로써 사회혁명을 일으킬 수 있을 것이라 믿었다. 알렉산드르 2세는 여러 번의 암살 위기를 넘겼는데, 그중 한 번은 리바디아에서 모스크바로 귀환하는 길에 일어났다. 그러나 1881년 3월 13일, 그의 운도 다했는지 '인민의 의지(People's Will)'라는 급진적 인민 조직원들이 던진 폭탄을 맞고 죽었다. 젊은 급진주의자들은 사회혁명을 원했지만, 정작 그들이 얻은 것은 오랜 기간의 반동과 의회제도의 도입을 25년이나 지연시킨 것이었다.

알렉산드르 2세의 아들이자 후계자인 알렉산드르 3세는 선친이 시작한 개혁의 많은 부분을 이전으로 되돌려놓았다. 선친과 같은 행동주의적 열정이 없었던 그는 1894년 리바디아 궁전의 침상에서 평화롭게 눈을 감았다. 알렉산드르 3세는 다른 어느 황제보다 리바디아에서 많은 시간을 보냈고, 1880년 스코틀랜드에서 건조된 기선에 자신이 가장 좋아하는 휴양지의 이름을 붙이기도 했다. 황제 가족은 얄타에서 얼마 떨어지지 않은 곳에 있는 마산드라 궁전(Massandra Palace)과 포도밭을 구입했다. 1886년 폭풍을 만나 바다에서 하룻밤을 보낸 후에는 얄타 항구에 첫 방파제를 만들기도 했다. 1895년 알렉산드르 3세는 유럽 각지에서 찾아온 손님들이 참석한 가운데 리바디아에서 불꽃놀이를 벌이면서 자신의 결혼 25주년을 기념했다. 손님들 중에는 훗날 영국 왕 에드워드 7세가 되는 웨일스 공(Prince of Wales)인 앨버트 에드워드(Albert Edward)와 부인 알렉산드라(Alexandra of Denmark)도 있었는데, 그녀는 차르의 배우자인 마리아 황후의 언니였다.

미국 대표단에게 배정된 리바디아 궁전은 알렉산드르 3세의 아들인 니콜라이 2세와 황후 알렉산드라(Alexandra Feodorovna)가 지은 것이다. 리바디아의 오래된 궁전들은 니콜라이 2세에게 선친의 죽음을 떠올리게 했으며, 그 때문에 그는 새로운 디자인으로 궁전을 다시 짓는 일에 열성을 보였다. 1909년 이탈리아 여행을 마친 후 니콜라이 2세는 황자皇子들의 미술 선생인 러시아 건축가 니콜라이 크라스노프(Nikolay Krasnov)에게 르네상스 양식의 새로운 궁전 건설을 맡겼다. 1910년에 시작된 궁전 건축은 놀라운 속도로 진행되어 이듬해 가을에 완성되었다. 낡은 궁전 두 채는 해체되었고, 모니게티가 지은 작은 교회 건물만 선친의 이전 거처 흔적으로 남겨졌다.

크림반도의 인케르만(Inkerman)에서 채석된 흰 돌로 지은 새 궁전은 여러 건축양식이 어색하게 혼합된 건물이었다. 애초부터 궁전은 네 개의 다른 스타일의 측면을 갖는 것으로 설계되었다. 루스벨트 대통령의 식당으로

리바디아 궁전 알렉산드르 2세가 처음 궁전을 지은 뒤 러시아 황제들의 여름 별장이 되었다. 오늘날 남아 있는 건물은 니콜라이 2세 때 르네상스 양식으로 새로 세운 모습이다. 얄타회담 때 루스벨트가 거처했으며, 주요 회의가 열린 곳이기도 하다.

쓰인 당구실은 튜더 양식으로 만들어졌다. 두 개의 정원 중 하나는 피렌체의 산 마르코(San Marco) 수도원을 모델로 이탈리아 양식으로 꾸며졌고, 다른 정원은 중앙에 분수를 배치하고 타타르 건축양식을 도입한 아랍 양식이었다. 새로운 정원은 기존의 정원 양식 일부를 그대로 수용했는데, 인근 정원에 이국적 나무들을 심어놓은 이 영지의 전 주인이었던 포토츠키 공(Count Potocki)이 폼페이에서 직접 가져온 석관도 그대로 보존되었다.

황제 가족은 건축설계의 세세한 부분까지 일일이 간섭했다. 미국 대표단에게 제공된 궁전 역사 안내서에 따르면 크라스노프는 황제 가족의 까다로운 주문에 따라 "주 현관의 바깥에 놓인 두 개의 대리석 벤치의 팔걸이에 황제의 사자 머리 캐리캐처를 새겨 넣었다." 안내서에는 "차르는 이 사자 머리 위에 모자를 올려놓는 것을 아주 좋아했다."라는 설명이 씌어 있었다.[3]

황제 가족은 제1차 세계대전이 발발하기 전까지 매년 이 새 리바디아 궁전에서 휴가를 보냈다. 공주 중 한 명이 "우리는 상트페테르부르크에서 일했고, 리바디아에서는 생활했다."라고 기록했는데, 이는 가족 전체가 이 궁전에 어떤 감정을 느끼고 있었는지를 표현한 문구다. 1917년 2월 퇴위한 니콜라이 2세는 리바디아 궁전으로 퇴거하여 살게 해달라고 혁명정부에 청원했지만, 이 요청은 거절되었다. 알렉산드르 케렌스키(Aleksander Kerensky) 임시정부는 리바디아 궁전을 차르 체제에 탄압받았던 희생자들의 휴양소로 지정했다. '러시아혁명의 할머니'로 불리며 오랜 기간 망명 생활을 한 예카테리나 브레시코-브레시콥스카야(Ekaterina Breshko-Breshkovskaya)가 1917년 봄에 이 궁전의 새 거주자가 되었다. 후에 볼셰비키 정부는 황제의 별장을 폐렴 환자들을 위한 요양소로 썼고, 일부 자료에 따르면 정신병원으로도 사용했다고 한다.

1941년 가을에 나치 독일군이 얄타를 점령한 후 리바디아 궁전은 독일군 22보병사단의 사령부가 되었고, 세바스토폴 공격을 준비 중이던 다른 부대들도 이곳에 주둔했다. 사단 사령부에서 일했던 우크라이나 통역인에 따르면 새 거주자들은 "술에 취해 짐승처럼 행동했으며, 흑해가 내려다보이는 발코니에서 가끔 와인 잔과 접시를 던졌다."라고 회상했다. 히틀러는 최종적으로 이 궁전을 크림반도를 점령한 남부집단군 사령관인 게르트 폰 룬트슈테트(Gerd von Rundstedt) 원수에게 선물로 주었다. 1945년 2월 룬트슈테트 장군은 서부전선의 독일군 총사령관으로서 벌지 전투(Battle of the Bulge) 후 독일군 방어선을 구축하느라 정신이 없었기 때문에 리바디아 궁전에 신경 쓸 틈이 없었을 것이다.

소련군이 1944년 4월 얄타를 탈환했을 때 룬트슈테트는 서부전선에서 독일군을 지휘하고 있었다. 리바디아 궁에서 철수하기 전 며칠 동안 독일군은 값비싼 물건들을 모두 철저히 약탈하고 파괴했다. 소련 측의 보도에 따르면 독일군은 작은 궁전을 불태우고, 큰 궁전의 가구들을 부수고 방들을 파괴하고 정원수들을 잘라버렸다. 리바디아 궁 영역에는 19채의 건물만 남았고, 91채의 건물이 전파되거나 부분적으로 파괴되었다. 얄타의 모습도 이와 비슷했다.

모스크바 주재 영국대사관의 통역관이던 아서 허버트 버스(Arthur Herbert Birse) 소령은 얄타를 이렇게 기록했다. "얄타는 프랑스 리비에라 해안과 풍광이 비슷했다. 길 양편에는 정원이 딸린 작은 별장들이 늘어서 있으며, 해안으로 이어지는 산책로가 있다. 언덕 높은 곳에는 사이프러스와 포도밭 사이에 둥지를 튼 웅장한 저택들이 자리를 잡았다. 후면에는 울창한 숲과 눈덮인 정상을 자랑하는 산들이 자리 잡고 있다. 우리 눈앞에는 드넓은 바다가 펼쳐졌다. 우리가 얄타로 가면서 본 풍경은 아름다웠지만, 가까이 다가갈수록 비극적인 모습이 드러났다. 집들은 지붕이 날아간 채 뼈대만 남았고, 파괴는 조직적으로 이루어진 모습이다. 독일군이 철수하면서 온전하게 놓아둔 집은 한 채도 없었다."

리바디아 궁과 인근의 다른 궁전들 재건 작업은 루스벨트와 스탈린 사이의 교신에서 크림반도가 언급되기 시작한 11월에 시작되었다. 1945년 1월 8일 모스크바에서 내려온 특별명령으로 재건 작업에 박차가 가해졌다. 이 명령에 직접 서명하고 재건 작업을 총책임진 인물은 강제노동수용소를 관할하는 내무인민위원회의 수장 라브렌티 베리야(Lavrentiy Beria)였다. 뒷날 소련의 원자탄 개발 프로젝트를 책임진 베리야는 소련의 굼뜬 중앙집권적 체제를 움직이기 위해 필요할 때마다 공포 정책을 동원했다. 베리야는 얄타회담전 몇 주 동안 본인이 스탈린의 최종 문제해결사임을 다시 한 번 입증했다.

베리야는 처칠이 회담 시기와 장소에 대한 공식 동의를 보내기 이틀 전

특별명령에 서명하여 하달했다. 회담은 1945년 2월 2일 시작하기로 예정되었다. 베리야에게는 최고위 손님들이 묵을 리바디아 궁전과 다른 두 궁전, 즉 알룹카(Alupka)에 위치한 보론초프 궁전(Vorontsov Palace, 영국 대표단 숙소)과 코레이즈(Koreiz)에 위치한 유수포프 궁전(Yusupov Palace, 소련 대표단 숙소)을 수리할 시간이 3주 남짓밖에 없었다. 그는 공포 정책과 국가 주도 경제의 비상동원체제, 충격요법술, 노예노동을 잘 결합하여 작은 기적을 이루어냈다.

비밀경찰 이인자인 세르게이 크루글로프(Sergei Kruglov) 장군과 건설 담당 책임자인 레온 사프라쟌(Leon Safrazian)이 보안과 재건 사업의 책임을 맡았다. 그들 휘하의 대령들과 장교들은 통신 설비를 갖추는 일뿐만 아니라 각 궁전에 가구와 침대를 들여놓는 일까지 다양한 일을 맡아 진행했다. 그들은 건설 노동자들과 경비병들이 사용할 2,000개의 침상을 준비해야 했지만, 이 숫자는 궁전의 재건에 실제로 동원된 인원 전체를 고려하면 아주 적게 잡은 통계였다. 총 1,500량의 열차가 건설자재, 장비, 가구, 식품들을 크림으로 실어 날랐다.

재건 작업에는 세바스토폴과 얄타에서 온 건설 노동자들, 흑해함대와 적군(Red Army) 공병대, 그리고 애나 베티거가 후에 기록한 대로 "적은 수의 루마니아군 포로들"이 투입되었다. 리바디아 궁전의 한 건물에 배관을 설치하는 데는 세바스토폴에서 온 12명의 배관 작업자와 150명의 루마니아 포로들이 동원되었다. 작업은 두 팀이 12시간 교대로 24시간 내내 진행되었다. 밤 12시 감독관들은 부하들로부터 작업에 대한 보고를 듣고 다음 날 계획을 짰다. 얄타에서 온 노동자들은 매일 작업이 끝난 후 7km를 걸어서 집으로 돌아가야 했기 때문에 특히 힘들었다. 지역 주민들은 비밀경찰이 조직한 작업의 능률과 일의 규율에 크게 감명받았다. 주민들은 하루에 두 번 식사가 제공되었기에 이 재건 작업을 좋아했고, 자신들이 이룬 성과를 자랑스러워했다. 건설팀은 대통령이 쓸 화장실과 목욕탕의 디자인만 받은 상태에서 나머지 문제는 스스로 알아서 건축 기술로 해결하며 작업을 진척시켰다. 그들은 대리석을 가공하기 위한 작은 공방을 만들었다. 리바디아 궁전의 마룻바닥을 복원하는 작업은 만만치 않았다. 미국 측 선발대인 마이클 라일리는 비밀경찰에게 루스벨트 대통령이 휠체어로 무리 없이 이동할 수 있도록 바닥 상태가 좋아야 한다고 요구했다.

크림반도에 미리 도착한 미국과 영국의 대사관 선발대는 양국 대표단의 요구 사항이 충족되도록 비상 작업의 막바지 단계를 직접 눈으로 확인했다. 모스크바의 호텔에서 가져온 가구, 본차이나 식기, 은제 식기들이 각 방의 복원 작업이 끝나는 대로 자리에 놓여졌다. 정상들이 묵는 방의 도색과 장식은 간단한 문제가 아니었다. 아버지로부터 이 작업에 대한 책임을 위임받은 캐슬린 해리먼은 이렇게 적었다. "대통령 방에 까는 카펫은 네 번 바뀌었다. 카펫을 바꿀 때마다 방의 모든 가구를 들어내야 했는데, 모두 크고 무거운 빅토리아식 가구들이었다. 소련 작업자들은 어느 오리엔탈 색이 가장 좋아 보이는지 쉽게 마음을 정하지 못했다."

리바디아 궁전의 한 건물에서 배관 작업을 맡은 감독관 세르게예바(E. L. Sergeeva)는 작업이 완료된 후 비밀경찰 관계자들의 검사를 받아야 했고, 이들을 따라 검사에 나선 미국 여자는 아주 요구하는 게 많았다고 회상했다. 대통령이 묵는 방의 화장실과 목욕탕 벽의 도색 작업은 이 여자의 요구로 일곱 번을 다시 칠해야만 했다. 이 여자는 매번 바다를 가리키면서 벽 색깔이 바다와 같은 색이 되어야 한다고 했는데, 바다색이 바뀔 때마다 벽도 계속 다시 도색되어야 했다. 이 이야기가 사실인지 아닌지를 떠나서 이렇게 계속적으로 요구 사항을 제시한 여자는 캐슬린 해리먼이 틀림없다.

애버럴 해리먼은 상당히 만족해하면서 리바디아를 떠나 몰타로 향했다. 1월 25일 그는, 당시 39세로 모스크바에서 미국 외교의 떠오르는 신성이자 자신의 심복인 조지 케넌(George Frost Kennan)에게 다음과 같은 전문을 몰로토프에게 보내도록 지시했다. "마그네토(Magneto: 얄타의 암호명)에서 모든 준비가 신속하게 진행되고 있으며 우리 대통령이 가장 편한 대접을 받을 준비가 되어 있다는 것을 확인했습니다." 루스벨트의 대표단은 처음에는 35명이었지만, 회담 날짜가 가까워오면서 거의 열 배 이상 늘어났다. 미국 측은 늘어난 대표단을 수용하기 위해 선박을 더 동원하겠다고 제안했지만, 소련 측은 떠다니는 기뢰의 위험성을 지적했다. 소련 비밀경찰은 "독일군이 지도 한 장 남기지 않고" 도망갔다고 설명했다. 리바디아 궁전은 대표단의 베이스캠프가 되었다. 캐슬린 해리먼은 리바디아에서 친구에게 쓴 편지에 "고위 장성과 제독, 정부 고관만이 궁 안에 방을 얻을 수 있고, 나머지는 병동을 가득 채운 환자처럼 지내야 했어."라면서 "나는 그렇게 많은 일이 그렇게 많은 방법으로 잘못될 것이라고는 꿈에도 생각지 못했어. 아빠가 이 상황을 초조하게 지켜보지 않아도 된 것이 행운이라 생각했고, 마지막 순간에 모든 일이 갑자기 잘 풀릴 거라고 기대했어."라고 적었다. 그리고 실제로 그렇게 되었다.

1월 27일 베리야는 스탈린과 몰로토프에게 모든 준비가 완료되었다고 보고했다. 사키 공군기지에는 연합군 공군 500명을 수용할 수 있는 막사가 건립되었다. 리바디아 본궁에는 43개의 방이 수리되었고, 두 번째 궁전에는 48개의 방이 손님을 맞을 수 있게 준비되었다. 두 건물에는 전기와 난방 시설이 완비되었고, 화장실에는 더운물이 나왔다. 건물이 무너져도 견딜 수 있는 방공호도 지하실에 마련되었다. 또한 미국 대표단을 위해 24회선의 전화선이 가설되었다. 미국 대표단을 도울 60명의 소련 인력이 머물 부엌이 딸린 숙소도 마련되었다. 미국과 영국 대표단의 이동에 필요한 40대의 차량이 준비되었는데, 대부분 미제 차량이었다. 소련의 다른 지역에서 공급될 식품을 보충할 제빵소와 낚시터도 마련되었다. 1월 20일 베리야는 사키 공군기지와 리바디아 궁전이 미국 검사단의 점검을 통과했다고 보고했다.

미국 대표단으로 참가하여 들어오는 이들을 위한 안내 책자에는 다음과 같은 글이 적혀 있었다. "리바디아 궁전은 미국 대표단의 숙소로 지정된 후 지난 3주간 완전히 개수되었다. 소련 측이 회담 준비를 위해 한 달도 안 되는 기간에 이룬 대단한 성과는 상상할 수도 없다. 이 건물들은 호텔급 서비스를 위해 지어지지는 않았지만, 소련 측은 거대한 우리 대표단의 필요를 충족시키기 위해 그들 나름대로 최선을 다했다."

2월 3일 저녁, 차량을 이용해 리바디아 궁에 도착한 루스벨트 일행은 따뜻한 영접을 받았다. "우리가 도착해서 보니 1층의 모든 방에는 벽난로가 활활 타고 있어서 다섯 시간의 여행으로 언 몸을 녹일 수 있었다."라고 애나 베티거는 일기에 적었다. 12인을 위한 저녁상이 준비되었다. 캐비아와 "완전히 삶지는 않았지만 다듬은 생선 요리", 육류, 애나가 "꼬치에 구운 고기"라고 부른 샤슬릭,* 감자 요리가 나왔다. 두 종류의 디저트와 커피도 제공되었고, 샴페인, 와인, 도수 높은 술은 넘치도록 준비되었다. 캐슬린 해리먼은 애나 베티거에게 "호텔 집사장과 두 보조 직원이 지난주 동안 유리잔과 본차이나 식기에 어울리도록 색깔을 맞추려고 하루에도 서너 번씩 식탁보를 갈았어요."라고 말했다. 손님 한 명당 다섯 개의 유리잔 세트가 마련되었다. 애나는 그렇게 많은 '예쁜' 유리잔이 차려진 것을 보고 "놀랐다". 그녀는 차려진 음식을 즐겼지만, "제공되는 음식을 사양할 때 집사장의 안색이 먹구름처럼 어두워지고, 마치 치명상이라도 입은 듯한 표정을 짓는 것"을 보고 놀랐다.

루스벨트 대통령은 특별 대접을 받았다. 집사장은 여러 번 머리를 숙이

---

* **샤슬릭** 중앙아시아 요리에서 전파된 러시아식 꼬치구이.

루스벨트의 사무실 얄타회담 기간에 리바디아 궁전에서 루스벨트가 사용했던 사무실이다. 회담이 공식적으로 시작되기 전에 스탈린이 루스벨트를 찾아와 사전 회동을 가졌던 곳이기도 하다. 당시 이곳에서 찍은 사진이 소파 위에 걸려 있다. 5장 166~167쪽의 본문과 사진 참조.

면서 그를 맞았고, 그를 "각하(Your Excellency)"라고 불렀다. 루스벨트는 세 칸으로 구성된 특별 공간을 제공받았다. 그의 사무실은 차르가 접견실로 쓰던 방이고, 과거 당구실로 쓰였던 방은 식당으로 개조되었다. 그의 침실은 이전에 차르가 집무실로 쓰던 방이었다. 그는 캐슬린 해리먼이 이 건물에 목욕 시설은 거의 없었다고 말한 건물에서 개인 화장실과 목욕실을 제공받는 특권을 누렸다. 루스벨트는 모든 편의 시설을 돌아본 후 "처칠 수상이 왜 걱정을 했는지 이해할 수가 없군. 여기에는 집처럼 모든 편의 시설이 갖추어져 있는데 말야."라고 말했다.

캐슬린과 애나 베티거는 같은 방을 쓰기로 되어 있었는데, 루스벨트의 딸은 자신만의 작은 공간을 갖길 원했다. 애나 베티거는 일기에 이렇게 기록했다. "거기에는 생뚱맞은 오래된 철제 침대가 있고, 매트리스는 침대 스프링

루스벨트의 침실 알타회담 기간에 루스벨트가 사용한 침실이다. 루스벨트는 스탈린의 특별 배려를 받아 개인 화장실과 목욕실을 제공받았다. 사진은 당시 객실 청소원들이 침실을 청소하고 있는 모습이다.

보다 30cm 정도 짧았다. 둥근 탁자 하나만 있을 뿐 의자는 없다. 내일 가구가 좀 더 들어온다는 약속을 받았다. 방 두 개를 지나야 찬물이 나오는 화장실이 있고 더 이상은 아무것도 없다. 이 방에는 문이 두 개 있는데, 문 하나에는 잠금장치가 없다. 더운물을 쓰기 위해서는 한 블록 정도를 걸어가야 했다. 내가 묵는 1층에는 목욕실이 세 개 있지만, 24명 정도의 사람들이 공동으로 사용해야 했기 때문에 늘 줄이 길게 늘어섰다. 아버지는 별도의 목욕실을 사용했지만, 그것도 그의 방에서 꽤 떨어져 있다. 그나마 이곳이 내 작은 방에서 반 블록밖에 떨어져 있지 않아 아버지는 내게 자신의 목욕실을 쓰도록 해주셨다."[4]

리바디아 궁전 1층은 대통령과 그의 딸, 스테티니어스 국무장관과 해리먼 대사 등 그의 최측근들이 사용했다. 러시아혁명 전 황후와 딸들이 사용했

리바디아 궁전의 식당 차르가 당구실로 사용했던 곳은 얄타회담 당시 식당으로 개조되었다. 이곳에서 3 거두의 만찬도 행해졌다. 사진은 오늘날의 모습으로, 얄타회담을 기념하는 사진 등이 걸려 있다. 앞의 액자는 세 정상이 서명한 얄타회담 합의문이다.

던 2층 공간은 합동참모본부 지휘관들과 보좌관들이 사용했다. 마셜 장군은 과거 황제가 썼던 침실을 자신의 공간으로 사용했고, 해군 제독 어니스트 킹 (Ernest King)은 황후의 내실을 침실로 사용하여, 대표단에서는 이를 두고 우스갯소리 소재로 삼았다. 3층은 비서들과 사무직원들이 사용했다. 군대와 해군 요원들은 궁전의 두 번째 건물을 사용했는데, 그곳 3층에는 경호실과 양호실, 구내식당, 이발소가 자리했다. 과거 황실 경호원들이 썼던 공간은 통신실로 사용되었다.

대표단의 고위급 인사들은 본궁의 2층에서 식사를 했고, 비고위급 수행원들은 숙박 공간의 2층에서 식사를 했다. 소련 측에서 제공한 객실 청소원들이 침대보를 갈고 방을 청소했다. 이발과 미용 서비스는 무료로 제공되었다. 대표단 멤버들은 궁전 본건물의 현관이나 소련 측이 설치한 시설의 주변을 걸어 다니지 말 것이며 밤에는 정원과 해안을 돌아다니지 말라는 주의를 받았다. 미국 대표단에게 배포된 안내서에는 "만일 경비원이 당신의 신분증을 요구하면 즉시 신분증을 제시하세요. 경비원이 무슨 이유로건 당신에게 시비를 건다면 바로 신분증을 제시해야 합니다. 경비원을 무시하거나 위협하지 말아야 합니다. 그들은 엄한 명령을 수행하고 있습니다."라고 적혀 있었다.

처칠은 자신에게 배정된 알룹카의 인근 보론초프 궁전을 점점 마음에 들어 했다. 그는 이 궁전이 런던에 파견된 러시아 제국의 대사를 지낸 보론초프 공작을 위해 영국 건축가가 지은 것으로 믿고 있었다. "우리 숙소의 환경은 아주 인상적이다. 절반은 고딕, 절반은 무어 양식으로 지어진 궁전 뒤로는 눈에 덮인 산이 솟아 있는데, 이 산들은 크림반도의 최고봉으로 이어진다. 우리 앞에는 흑해의 검은 바다가 펼쳐진다. 바다는 험했지만 추운 겨울 날씨에도 온화하고 따뜻했다."라고 크림반도 체류 기간에 대해 회상하는 14쪽 분량의 기록을 회고록에 적었다.

처칠은 벽난로 위에 영국 귀족들의 초상화가 걸려 있는 것을 발견하고 기뻐했다. 그가 생각하기에 초상화의 주인공은 보론초프 대사 부인의 친척으로 믿어지는 허버트(Herberts of Wilton)가의 귀족들이었다. 반면, 영국 대표단의 다른 멤버들은 이 숙소에 대해 처칠만큼 큰 인상을 받지 못했다. 사라 올리버는 어머니에게 보내는 편지에 "궁전 내부는 스코틀랜드 남작의 궁전 같고, 외부는 스위스의 뾰족한 목조 주택에 모스크 양식을 더한 것 같아요."라고 썼다. 알렉산더 카도간은 부인에게 쓴 편지에서 궁전이 세워진 장소는 찬양했으나, 건축양식에 대해서는 마음에 들어 하지 않았다. "이 건물은 정체를 알 수 없는 추물이고, 고딕식 발모럴(Balmoral) 성과 비슷하오. 실내장식과 가구는 섬뜩하게 흉측스럽소."라고 "궁전 안의 작지만 꽤 안락한 그의 방"에서 적었다.

이 궁전은 미하일 보론초프(Mikhail Semyonovich Vorontsov)가 1830년부터 1848년까지 지었다. 보론초프는 1815년 나폴레옹 전쟁(워털루 전투) 때 웰링턴(Arthur Wellesley Wellington)이 지휘한 군대의 러시아군 사령관을 맡은 영웅이자 캅카스와 바르나의 정복자이고, 크림반도를 포함한 '노보로시야(New Russia)'의 총독이었다. 처칠이 알고 있는 바와 다르게, 그는 런던 주재 대사를 맡은 적이 없다. 그의 아버지가 대사였다. 그의 부인인 엘즈비에타 브라니츠카(Elżbieta Branicka)는 알렉산드르 푸시킨이 쓴 최고의 시 몇 편에 영감을 준 여인이다. 그의 여동생 예카테리나(캐서린 허버트Catherine Herbert)는 처칠이 알아본 초상화의 주인공인 허버트가에 시집을 갔다.

미하일 보론초프는 유년과 청년 시절을 영국에서 보내며 교육을 받았고, 아버지의 비서 역할을 했다. 그의 아버지는 아들 보론초프가 인문학과 과학뿐만 아니라 기술도 익히기를 바랐다. 프랑스에서 일어난 것과 같은 혁명이 조만간 러시아에서도 일어날 것이라 예상한 아버지는 아들이 그러한 상황에 대비하기를 바랐다. 이른 시일 내에 혁명이 일어나리라고 예상하지 못했던 아들은 러시아 제국에서 빛나는 경력을 쌓았다. 흑해 연안에 영국식 별장을 짓기로 결정했을 때 그는 자신의 기술에 의존하지 않았다.

보론초프 궁전은 영국의 건축가 에드워드 블로어(Edward Blore)가 설계했으나 정작 건축 현장에는 한 번도 방문하지 않았다. 보론초프가 러시아 중부 지역에서 데려온 자신의 농노들을 시켜 18년간에 걸쳐 지은 이 궁전은 고딕과 아랍 양식이 혼재되어 있다. 남쪽 출입문은 무어 양식으로 만들어졌고, 실내장식에는 아랍어로 된 명문들이 새겨졌다. 그중 하나는 "알라 외에는 정복자가 없다."라는 글귀였다. 알룹카에 세워진 보론초프 궁전은 러시아 황제들이 인근 리바디아에 여름 별장을 세우도록 하는 데 큰 자극을 주었다. 미

보론초프 궁전 미하일 보론초프가 1830~1848년까지 18년간에 걸쳐 고딕 양식과 아랍 양식을 혼합해 지은 궁전이다. 얄타회담 기간 중에는 처칠을 비롯한 영국 대표단의 숙소로 사용되었다.

하일 보론초프는 제국에 대한 봉사를 인정받아 니콜라이 1세로부터 공작 지위를 하사받았고, 자신의 조카인 시드니 허버트(Sidney Herbert)가 지휘하는 영국군이 참전한 크림전쟁의 종전을 지켜볼 만큼 장수했다. 연로한 공작은 더 이상 러시아의 애국자이자 동시에 영국 애호가가 되는 것이 불가능했던 1856년 11월에 사망했다.[5]

이 궁전은 1917년 러시아혁명 때까지 보론초프 가족이 소유했다. 옛 영국 주재 대사의 예언이 결국 실현되었을 때, 가문의 젊은 세대는 혁명에서 승리한 노동자계급에 몸담을 준비가 되어 있지 못했고, 대신 해외 망명을 택했다. 이 궁전의 새 주인이 된 볼셰비키는 처음엔 궁전을 박물관으로 활용하다가 다음에는 휴양소로 만들었다. 제2차 세계대전 중에 박물관의 소장품은 다른 곳으로 치워졌지만, 아주 일부는 온전할 수 있었다. 독일군이 철수했을 때 이 궁전은 리바디아 궁과 마찬가지로 황폐한 상태였다.

베리야는 스탈린과 몰로토프에게 비밀경찰의 감독하에 건설 노동자들이 보론초프 본궁 22개의 방과 이른바 슈발로프 궁(Shuvalov Palace) 23개 방의 수리를 마쳤다고 보고했다. 소련 측은 대표단의 수행원들을 위해 2km 떨어진 곳에 두 개의 건물을 더 지었으며, 이 지역의 소련군 휴양소들도 수리했다. 모두 합쳐 68개의 방과 1,545m²의 거주 공간이 마련되었고, 100명까지 수용할 수 있는 막사도 갖춰졌다. 리바디아 궁과 마찬가지로 전기와 난방시설이 설치되었고, 20회선의 전화선도 가설되었다. 그러나 방공호는 만들어지지 않았다. 이 면에서 루스벨트는 특별 대우를 받은 셈이었다.

1월 31일 현장을 방문한 선발대는 "크림반도의 파괴 상태는 광범위했다. 러시아인들은 2주 만에 남아 있는 건물들을 수리하고 내부를 꾸몄다. VIP 이외의 모든 수행원은 둘 또는 넷, 아니면 여섯 또는 아홉 명이 한 방을 써야 했으며, 화장실은 많이 부족하고 그마저도 멀리 떨어져 있다. 보론초프 궁전에는 30명의 인원만 수용할 수 있다."라고 몰타의 수뇌부에 보고했다. 앤서니 이든 외무장관에게 특별히 배정된 화장실을 쓸 수 있게 된 알렉산더 카도간은 크게 기뻐했고, 사라 올리버도 아버지의 개인 화장실을 쓸 수 있게 되어 아주 기뻐했다. 그녀는 어머니에게 쓴 편지에 이렇게 적었다. "아침 7시에 침실 앞 복도를 살펴보면, 세 명의 원수가 물 한 양동이를 얻기 위해 줄을 서 있고, 몇몇 원수들은 물 한 양동이도 얻지 못해요."

얄타에 온 손님들은 적응하기 힘든 새로운 환경에 맞닥뜨렸다. 애나 베티거는 도착 직후 일기에 "러시아 병사들이 궁전을 삼엄하게 경비하고 있고,

우리는 어디를 가든 신분증을 소지해야만 했다. 25피트를 갈 때마다 신분증을 제시해야 했으며, 캐슬린 해리먼은 러시아어로 우리가 어디를 가는지, 왜 가는지를 설명해야 했다. 우리는 해안까지도 걸어갈 수 없었다. 우리를 막는 이유 중 하나는 아직 지뢰가 해안가에 떠다니고 가끔씩 폭발하기도 한다는 것이다. 우리는 궁전 옆 사람이 살고 있는 마을에도 갈 수 없었다."라고 적었다. 손님을 대하는 소련의 이 같은 관리가 16세기와 17세기 모스크바공국이 외국 대사들을 다루는 똑같은 방법이었음을 대통령의 딸이 알았더라면 크게 놀랐을 것이다.

1945년 1월 마지막 주에 첫 미국 선박과 영국 선박들이 세바스토폴 항구에 도착했을 때, 이 배들은 소련 관리들에 의해 철저한 검역을 받았다. 비밀경찰 요원들이 탄 다섯 척의 소련 선박이 이 지역에 배치되었고, 선원 복장 차림의 비밀경찰 요원들이 연합국 선박들과 교신을 하는 통신팀에 가담했다. 연합국 수병들은 소규모 그룹으로 오전 8시부터 오후 6시 사이 해안에 상륙하는 것이 허용되었다. 연합국 수병들이 소련 함정을 볼 수 있는 백작 부두 광장(Graf Square)에는 검문소가 세워졌다. 두 명의 병사로 이루어진 순찰조 25팀이 구성되어 해안 순찰을 돌았다. 미국과 영국의 해군 장교들은 자신들이 방문자가 아니라 수감자라는 느낌을 받았을 것이 분명했다. 이러한 상황은 공군 장병들도 마찬가지였다. 사라부즈 공군기지에 머문 연합국 공군 병사들은 소련 측에 이의를 제기하기 전까지 사실상 감금 상태에 있었다. 이런 상황으로 인한 분위기를 누그러뜨리기 위해 소련 측은 이들을 심페로폴의 오페라 공연에 데려갔다.

세바스토폴 항구에 정박해 있는 연합국 수병들은 여흥 장소와 술집의 위치를 알려달라고 요구했다. "보조 인력에 포함된 여성 정보원들은 특별한 주의를 기울이도록 명령받았다."라는 내용이 크림 '특별 지역'의 비밀경찰 총책임자인 세르게이 크루글로프가 1월 27일 베리야(나중에 스탈린과 몰로토프에게도 전달)에게 올린 보고서에 들어 있었다. 크루글로프는 세바스토폴에서 자신의 작전목표로 세 가지를 세웠다. 첫째는 연합국이 자신들의 영토에 요원을 심는 것을 막는 일, 둘째는 연합국 해군 장교들 중 정보장교를 가려내는 일, 셋째는 연합국 수병들이 상륙해 있는 동안 "도발 및 반소비에트 적대 요소와 접촉하는 것"을 막는 일이었다.

개방적이며 전쟁 시기 기준으로 좋은 장비를 갖추고 잘 차려입은 연합국 병사들은 일반 소련 국민들 사이에 의문을 불러일으킬 수 있었다. 소련의 공식 프로파간다는 눈에 드러나는 소련의 불편한 상황에 대해, 이는 전쟁으로 인한 파괴라든가 일반 노동자와 농민의 희생 위에 특권층이 혜택을 누리는 서구 자본주의의 착취적 요소 등을 내세우면서 합리화할 수 있었다. 그러나 이러한 선전은 공식적 이유에 불과했다. 서방 세계와의 접촉은 헐벗은 소련 시민들 사이에 회의감을 불러일으킬 수 있었다. 이러한 위협은 분명히 차단되어야 했다. 얄타회담에서 취해진 보안 조치는 회담 참가자들의 안전을 보장하는 것만큼 소련 시민과 서방 인사 사이의 접촉을 차단하는 일이 주요 임무가 되었다.

소련 시민과 정부의 공식 손님 사이에서 경계를 지키는 경비병은 눈에 잘 보이는 데 반해, 소련의 현실과 소련 시민 사이의 소련시대 이전 과거에 대한 경계를 서는 모습은 감지하기가 어려웠다. 캐슬린 해리먼은 얄타에서 쓴 편지에 "우리는 이 해안의 혁명 전 역사에 대해 알기 위해서 크게 애를 썼지만, 소련 측 인사들이 이 주제에 대해 말을 꺼리는 탓에 제대로 알 수 없었어."라고 적었다. 그녀는 회담이 시작되기 전 보안 조치가 아직 덜 강화되었을 때, 얄타에서 여생을 보내고 있던 안톤 체호프(Anton Chekhov)의 누이동생을 만날 수 있었다. 캐슬린은 미국인을 만난다는 사실에 크게 흥분한 매력적이고 활기 넘치는 83세의 할머니에게 큰 감명을 받았다. 그러나 그녀는 소련시대 이전의 과거에 대해 이야기하는 것을 꺼렸다. 그녀는 독일군이 점령했던 동안에 일어난 일도 말하기를 주저했다. 캐슬린은 "리바디아 궁에서 일하는 이곳 토박이들 역시 아무것도 모르는 척했다. 그러나 그들은 소련시대 이전을 기억할 만큼 충분히 나이 먹은 사람이었다!"라며 의아해했다. 그러나 그들은 외국인과 이야기를 나누는 것이 어떤 위험을 초래할지 알 만큼 충분히 나이 든 사람이었다. 마음을 털어놓고 한 이야기는 체포와 구금으로 바로 이어질 수 있었다.

알타로 가는 길에 늘어선 '명예의 경비병(guard of honor)'을 본 서방 대표단 일행은 이 광경을 쉽게 이해하지 못했다. 소련군이 전선에서 독일군과 치열하게 전투를 벌이는 상황에서 이런 극장식 쇼에 왜 인력을 낭비한단 말인가? 이 경비병들은 회담의 경비를 맡은 내무부의 4개 연대 중 하나인 비밀경찰 산하의 제290 노보로시스크(Novorossiisk) 특별보병연대에 소속된 병사들이었다. 도로변의 경비 임무를 맡기 전에 이 비밀경찰 산하의 병사들은 "반소비에트적 요소"에 대한 소탕을 벌였다. 스탈린에게 올라간 비밀경찰 보고에 따르면 보안부대와 비밀경찰은 이 지역에 거주하는 7만 4,000명의 신원을 전원 조사하여 그중 835명의 의심스런 인물을 체포했다.

연합국 대표단 일행은 이렇게 철저한 준비가 진행된 것을 몰랐다. 또한 '명예의 경비병'은 러시아인들이 만들어낸 병사가 아니라는 사실도 몰랐다. 소련 측은 전에 동맹국이었던 나치군의 의전을 모방한 것이었다. 몰로토프는 1940년 베를린으로 히틀러를 방문했을 때 "명예의 경비병들이 독일 국경에서부터 베를린까지 줄지어 철로변에 서 있었다."라고 훗날 회고했다.[6]

붉은 주인

뱌체슬라프 몰로토프가 루스벨트의 전용기 '성스러운 암소'에 올라가 대통령을 맞았을 때, 그는 아쉽게도 스탈린이 아직 크림반도에 도착하지 않아서 루스벨트를 직접 영접하지 못한다고 알렸다. 그러나 소련의 공식 발표가 자주 그렇듯이 이것은 사실이 아니었다. 스탈린은 이미 얄타 인근의 숙소에 도착하여 자리를 잡았고, 몰로토프는 정해진 대로 연합국 대표단의 도착 사실을 전화로 스탈린에게 보고했다. 이제 용龍은 자신의 위치와 의도를 드러내지 않은 채 아르고 전사들을 멀리서 관찰하고 있었다.

회담 전날 라브렌티 베리야는 스탈린에게 특별열차가 그를 모스크바에서 크림반도로 태워가기 위해 대기하고 있다고 보고했다. 스탈린은 국내에서조차 이런 여행을 하는 경우가 드물었다. 이 여행에서 기차의 안전을 위해 특별한 조치가 취해졌다. 소련의 최고 지도자가 사용할 수 있게 고주파 전화선이 특별열차가 통과하는 주요 도시인 하르키프(Kharkiv), 자포리쟈(Zaporizhzhya), 심페로폴에 설치되었다. 스탈린이 탄 11량의 특별장갑열차는 최근의 전투로 초토화된 지역을 통과했다. 열차 창문을 통해 스탈린은 당시 어느 여행자라도 볼 수 있는 광경을 목격했다. 그것은 거의 초토화된 땅과 거기에 살고 있는 인구의 소실이었다.

몇 주 전 동일한 경로를 따라 크림에 내려온 영국대사관의 무관 아서 허버트 버스 소령은 회고록에 이렇게 기록했다. "여정 내내 철도 역사驛舍는 임시로 세워진 통나무집이 대신했다. 도시와 촌락들은 거의 사라지다시피 했다. 포격으로 숲도 거의 사라진 것같이 보였다. 나는 철로변에서 기차를 에워싼 사람들이 도대체 어디에 사는지 궁금했다." 역시 기차를 타고 크림으로 간 캐슬린 해리먼도 "우리는 평생 기억에서 지워지지 않을 전쟁의 상흔을 보았어요. 오! 하나님. 그러나 이 나라는 자신들의 손으로 이 상처를 씻어내야 하는 일을 떠맡았습니다."라고 집으로 보낸 편지에 적었다.

외곽으로 나가는 기차들은 크림으로 들어오는 기차가 통과할 때까지 오랫동안 기차역에 머물렀다. 복선 철로는 자주 단선 철로로 바뀌었기 때문에 크림반도까지 가는 여정은 사흘 밤낮이 걸렸고, 대부분의 시간은 포격으로 파괴된 기차역에 정차하여 보냈다. 당연히 스탈린은 모스크바에서 크림반도까지 갈 때 다른 여행자들이 겪는 어려움을 겪지 않았다. 차르로부터 물려받은 객차 네 칸에 편안히 자리 잡은 스탈린은 음식은 물론이고 심지어 차도 제공되지 않는 낡아빠진 다른 열차의 불편함을 겪지 않았다. 스탈린을 제외하고 열차 이동의 불편한 경험은 소련 고위 관리나 외교사절도 피해가지 못했다.

소련 부외무인민위원(외무차관)이자 영국 주재 전 소련대사였던 이반 마이스키(Ivan Maisky)는 크림반도행 열차의 외교관 전용 객차에 그만을 위한 열차 칸을 받았지만, 모스크바 역에서 외무부 직원이 건네준 식품 봉지의 음식을 먹으면서 여행을 해야 했다. 열차 차장은 끓는 물을 가져다주기는 했으나 차를 대접하지는 않았다. 그가 쓰는 침대의 시트는 회색이었는데, 이 전통은 소련 붕괴 때까지 계속되었다. 열차에 있는 두 개의 화장실 중 하나는 폐쇄되었고, 마이스키가 사용하는 칸의 세면대에는 물이 나오지 않았다. 열차 안은 추웠다. 심페로폴에 도착하기 전날 열차 안의 전기가 끊어지는 바람에 마이스키 일행은 촛불을 켜야 했다.

외교관과 고위 관리의 열차 여행 여건이 이 정도였다면, 일반 시민들은 어떤 환경에서 열차 여행을 했을지 충분히 상상할 수 있다. 그러나 모든 것을 전쟁 탓으로 돌릴 수는 없다. 소련 출범 이후 20년간의 경제 실험에도 불구하고 소련 최고 지도자의 철도 여행 여건은 황제가 타던 열차보다 크게 나아지지 않았다.

스탈린은 리바디아와 알룹카 사이의 코레이즈에 위치한 유수포프 궁전을 자신의 숙소로 골랐다. 소련 시절에 이 궁은 통상 코레이즈 궁으로 불렸다. 베리야의 지휘 아래 건설 노동자들은 포탄·가스 공격을 피하기 위한 방공호를 2m 두께의 콘크리트 천장과 1m 두께의 모래를 덮어 지었다. 이 방공호는 500kg 직격 폭탄을 견딜 수 있고, 리바이다 궁에 있는 루스벨트의 방공호보다 훨씬 견고했다.

소련의 독재자는 두 대의 소련 공군기와 우편물을 실어 나르는 열 대의 비행기를 쓸 수 있었다. 고주파 전화기와 보도(Baudot) 전보·통신체계는 그에게 전투가 벌어지는 전선과 소련 각지를 연결해주었다. 리바디아 궁전에 설치된 유형의 자동전화기는 연합국 수장들과 크림의 공항·항구를 연결했다. 전화 통신의 유지와 보안은 비밀경찰의 8개 통신부대가 담당했고, 전화선 1km마다 경비병이 한 명씩 배치되었다. 크림반도 상공은 244대의 항공기와 얄타 인근에 배치된 약 300문의 방공포 및 기관총을 보유한 방공포대가 보호했다.

스탈린은 아마도 영국과 미국 대표단 본부 사이에 위치한 지리적 편리성을 고려하여 유수포프 궁을 거처로 선택한 듯하지만, 이러한 선택에는 흥미로운 상징적 의미가 내포되어 있다. 1919년 4월 황제 가족의 마지막 일원들

유수포프 궁전(코레이즈 궁전) 이 궁의 소유자 펠릭스 유수포프는 러시아혁명이 일어나자 황제 가족과 함께 영국으로 망명했다. 얄타회담 때는 스탈린의 숙소 및 소련 대표단의 사령부로 사용되었다.

은 코레이즈의 부두를 통해 해외 망명을 떠났는데, 당시 영국 해군 관리였던 윈스턴 처칠이 이들에게 도움을 주었을 가능성이 컸다.

볼셰비키 혁명 전에 이 궁전은 옥스퍼드대학교의 졸업생이자 상트페테르부르크의 바람둥이이며 조상으로부터 물려받은 거대한 유산으로 가난한 사람들을 돌본 펠릭스 유수포프(Felix Yusupov)의 소유였다. 그는 어마어마한 부자였고, 폭넓은 인맥을 보유하고 있었다. 유수포프는 황제의 조카 중 한 명인 이리나(Irina Alexandrovna)와 결혼했고, 황제의 사촌인 드미트리 대공(Grand Duke Dimitri Pavlovich)과 오랫동안 동성애 관계를 유지했다는 소문이 있었다. 황녀 알렉산드라의 심복이자 구체제의 상징인 그리고리 라스푸틴(Grigorii Rasputin)을 살해한 이는 바로 유수포프와 드미트리 두 사람이었다. 유수포프는 1916년 12월 황제 가족을 불명예로부터 보호하고 러시아의 임박한 붕괴를 막기 위해 상트페테르부르크의 모이카(Moika) 운하에 있는 자신의 다른 궁전에서 라스푸틴을 살해했다. 불과 몇 달 뒤인 1917년 2월 니콜라이 2세는 퇴위했고, 유수포프가 보호하고자 했던 러시아는 붕괴되었다. 유수포프와 그의 아내는 상트페테르부르크의 자신들 궁전에 있던 렘브란트 그림들과 보석을 싸들고 나와 크림반도의 별장에 임시 거처를 마련했다.

1917년 10월 볼셰비키가 정권을 잡자 크림반도도 더 이상 안전한 장소가 못 되었다. 훗날 유수포프 공은 혁명에 가담한 수병들이 크림반도에 있는 궁을 방문했던 일을 회고록에 이렇게 기록했다. "그들은 자신들을 '해군기병대'라고 불렀다. 두려움에 가득 찬 하인이 내게 와서 그들이 음식과 와인을 요구한다고 알렸다. 나는 마당으로 나갔다. 두 명의 수병이 말에서 내려 나에게로 걸어왔다. 두 사람은 흉측하고 험상궂은 얼굴을 하고 있었다. 한 명은 다이아몬드 팔찌를 찼으며, 다른 한 명은 다이아몬드 브로치를 달고 있었다. 그들의 군복에 핏자국이 보였다. 그들이 내게 조용히 할 말이 있다고 해서 나는 그들을 내 방으로 데려갔고, 다른 병사들은 부엌에서 요기를 하게 했다. 그들 중 한 명이 갑자기 나에게 정말 라스푸틴을 죽였냐고 물었다. 내가 맞다고 대답하자, 그들은 그렇다면 당신 가족이나 당신은 우리들을 전혀 무서워할 필요가 없다면서 나의 건강을 위해 건배를 했다."

유수포프가 라스푸틴을 암살하는 공적을 세워 잠시 사면을 받은 반면, 로마노프 왕가의 다른 친척들은 그러한 보호를 전혀 받지 못했다. 황제 일가는 니콜라이 2세의 모친인 마리아를 로마노프 왕가의 최고 어른으로 모시며 아이-토도르(Ai-Todor), 둘버르(Dulber), 하락스(Harax)의 궁전들을 피난처로 삼았다. 그러나 볼셰비키가 들어오면서 그들은 가택 연금 상태에 놓았다. 1918년 7월 차르와 그 직계가족은 예카테린부르크(Yekaterinburg)에서 모두 처형되었지만, 그해 봄 독일군이 우크라이나와 크림 지역에 들어오면서 나머지 로마노프 가족은 목숨을 구할 수 있었다. 그해 말 독일군이 떠나자 볼셰비키는 느리지만 분명히 황제 가족이 피난처로 있는 크림반도로 접근해갔다. 1919년 봄이 되자 남아 있는 로마노프 일가는 러시아를 탈출하는 방법 외에 목숨을 부지할 다른 뾰족한 수가 없었다.

그들은 친척인 영국 조지 5세의 도움을 받았다. 조지 5세는 자신의 모친이자 러시아 황녀 마리아의 언니로 리바디아를 자주 방문했던 알렉산드라를 통해 그들을 도왔다. 영국 정부는 콘스탄티노플에 있던 전함 말버러호(HMS Marlborough)를 얄타로 보내 대황녀(마리아 표도로브나)와 나머지 가족을 탈출시켰다. 당시 전쟁장관으로서 소비에트 러시아에 대한 무력간섭을 강력히 주장했던 윈스턴 처칠은 최소한 이 계획을 알고 있었을 것이다.

1919년 4월 7일 전함 말버러호는 코레이즈 인근 부두에서 대황녀를 포함한 로마노프 일가 및 펠릭스 유수포프와 그의 부인 이리나를 태우고 떠났다. 며칠 후 얄타 항구에서 이 여행객들은 자신들을 위해 연주되는 제정러시아 국가를 마지막으로 들었다. 유수포프는 회고록에 "다른 배가 우리 배보다 조금 먼저 얄타항을 출항했다. 그 배에는 백군에 가담하기 위해 떠나는 크림 지역의 장교들이 승선해 있었다. 말버러호는 아직 닻을 올리지 않았는데, 뱃머리에 있던 대황녀는 장교들이 탄 배가 지나가는 것을 바라보았다. 죽음의 전장으로 가면서 대황녀에게 경례를 붙이는 이 젊은이들을 보는 그녀의 뺨에는 눈물이 흘러내렸다."라고 기록했다.[1]

1945년 2월 유수포프 궁전은 차르들이 꿈도 꾸지 못했던 권력을 보유한 새로운 러시아 지도자의 사령부가 되었다. 혁명가로서 스탈린('강철의 사나이'라는 뜻)이라는 필명을 택한 이오시프 주가쉬빌리(Joseph Dzhugashvili)가 권좌로 올라간 길은 이전의 권력 소유자들과 달라도 너무 달랐다. 그는 조지아의 시인 지망생, 젊은 신학도, 비밀 마르크시스트 결사의 사도, 혁명적 폭력의 음모자이자 뛰어난 행동가, 시베리아에 유형당한 정치범, 관료적 책략의 대가, 대숙청의 조직자 임무를 차례로 수행한 후 최종적으로 나치의 군사력에 의해 거의 사라질뻔한 조국을 동원하여 방어하는 데 성공한, 철권을 휘두르는 독재자가 되었다.

1878년, 아들이 아비의 길을 따르길 바란 구두 수선공의 아들로 태어난 스탈린은 어머니의 고집과 헌신 덕에 교육을 받을 수 있었다. 어머니 케테반 주가쉬빌리(Ketevan Jughashvili)(케케 겔라제Keke Geladze라는 이름으로 널리 알려져 있음)는 아들을 그녀의 고향인 고리(Gori)의 신학교에 입학시켰다. 농노 출신의 어머니는 아들이 정교회 사제가 되기를 바랐다. 알콜 중독자인 아버지가 아내와 자식에 대한 모든 지원을 끊으면서 아들을 사제로 만들려는 계획은 아주 값비싼 대가를 치렀다. 러시아어로 교육받은 어린 스탈린은 러시아어를 잘 구사했음에도 죽을 때까지 강한 조지아 억양으로 말했다.

1등으로 학교를 졸업한 주가쉬빌리는 장학금을 받고 트빌리시(Tbilisi)의 신학대학에 입학했다. 그는 이 학교에서도 두각을 나타냈고 시인으로 등단하기까지 했지만, 5년을 수학한 후 졸업시험을 앞두고 학업을 중단했다. 스탈린과 어머니 모두 인상된 등록금을 마련할 수 없었기 때문이다. 스탈린은 정교회 사제나 조지아의 민족시인이 되는 대신,—그는 조지아 신학대학에서 러시아어를 강압적으로 쓰게 하는 학규에 항의하는 시를 조지아어로 썼다—마르크시스트 혁명의 길에 들어섰고, 국제공산주의를 볼셰비키 신앙의 금과옥조로 삼았다.

스탈린은 블라디미르 레닌(Vladimir Lenin)이 쓴 글들을 읽고 마르크시즘에 끌렸다. 1898년 그는 볼셰비키의 전신인 러시아사회민주노동당에 가입했다. 1902년 바투미(Batumi)에 있는 로스차일드(Rothschild) 일가 소유의 정유공장에서 파업과 폭동을 주도한 죄로 23세의 나이에 처음으로 당국에 체포

젊은 시절의 스탈린
1902년 23세 때의 스탈린(본명: 이오시프 주가
쉬빌리) 모습이다. 러시아어로 '강철 같은 사람'
을 뜻하는 스탈린이란 이름은 볼셰비키 혁명 운
동에 가담하면서 쓴 가명이다.

되었다. 그 때문에 시베리아로 유형을 당했지만, 현지에 도착한 직후 탈출하
는 데 성공했다. 그리고 캅카스 지역에서 다시 혁명 활동을 재개했다. 이러
한 양상은 이후 계속 반복된다. 스탈린은 러시아사회민주당의 한 분파인 볼
셰비키 진영에 가담했다. 그의 주특기는 보호를 빙자한 갈취 행위로 은행 강
도나 다름없었고, 그렇게 벌어들인 돈은 당의 혁명 자금이 되었다. 언론 활
동도 활발히 전개해 조지아어를 버리고 러시아어를 사용하면서 1912년 볼셰
비키의 기관지인 『프라우다(Pravda)』의 첫 편집자가 되었다.

　　1906년부터 스탈린을 알아왔던 레닌은 같은 해에 그에게 러시아 제국의
소수민족 문제에 대한 볼셰비키의 정책을 정리해 논문으로 써보도록 제안했
다. 당의 업무 때문에 가끔 외국 여행을 하기는 했지만, 아무런 외국어도 구
사하지 못하는 스탈린은 후에 자신의 희생자가 된 볼셰비키 선전가이자 선
동가인 니콜라이 부하린(Nikolai Bukharin)의 도움을 받아 이 과업을 완수했

레닌과 스탈린

1922년 9월 모스크바 인근의 고리키에 있는 레닌의 별장에서 만난 레닌과 스탈린(사진의 오른쪽)이다. 이때 레닌은 52세, 스탈린은 43세였다.

다. 이 논문은 1913년 『마르크시즘과 민족문제』로 출간되었고, 스탈린을 하루아침에 민족문제에 대한 권위자로 만들어주었다. 그 덕에 그는 1917년 11월 출범한 레닌의 첫 볼셰비키 정부에서 민족문제 담당 인민위원이 되었다.

레닌이 당과 국가 업무에서 레온 트로츠키(Leon Trotsky)의 영향력을 상쇄하기 위해 스탈린을 기용하면서 그는 레닌 생애 말기에 더 많은 권력을 획득했다. 1920년대 진행된 길고도 복잡한 당내 권력투쟁에서 스탈린은 트로츠키를 볼셰비키 당의 최고 기관인 정치국에서 배제하고 망명케 함으로써 승리자로 떠올랐다. 그는 부하린을 시작으로, 트로츠키 제거에 연합 전선을 결성했던 이전의 동지들도 차례로 제거했다. 음모의 대가인 스탈린은 본인의 특기를 발휘하여 후에 국제 무대에서 많은 성취를 거두었다. 그는 인민들에게 엄청난 영향력을 행사했다. 필요한 경우 매력으로 인민들을 감화시키고, 계획상 요구되는 일이면 그들에게 선물과 배려를 넘치도록 베풀었다. 그는 자신의 의도에 대한 의심 대신 선의를 믿게 하고, 그룹과 그룹을 서로 경쟁시키는 데 능란한 수를 발휘했다. 1934년에 이르러 정치국의 반대파를 완전히 제거한 스탈린은 공산당의 유일 지도자로서 확고한 위치를 차지하게 되었다.

음모에서 잔악한 폭력으로 수단을 전환한 스탈린은 이전의 정치국 반대파와 어떤 식으로든 연관된 당 간부들에게 공포의 물결을 일으켰다. 캅카스에서 은행 강도와 폭력 갈취를 일삼은 젊은 시절부터 스탈린에게 혁명 도구로서의 공포 정책은 전혀 낯설지 않은 것이지만, 대중을 대상으로 한 테러는 그가 만들어낸 작품이 아니었다. 이는 '혁명의 적들'과 '적대계급'에 대한 탄압을 시작한 레닌이 장려한 것이며, 필요할 때마다 사용되었다. 스탈린이 새로 기여한 부분은 테러를 자신의 당에까지 사용했다는 것과 테러의 범위를 극적으로 확장한 것이었다. 경쟁 상대인 귀족계급을 몰살한 이반 뇌제雷帝(Ivan the Terrible)(이반 4세)처럼 스탈린은 기존 세력에서 숙청된 멤버들과 공모한 것으로 의심되는 정치집단, 당과 정부 관리, 그리고 그들의 가족을 숙청 대상으로 삼았다.

스탈린의 공포 정책은 1937~1938년의 대숙청 때 수십만 명의 죄 없는 사람들의 목숨을 빼앗는 것으로 정점에 이르렀다. 수백만 명이 강제노동수용소로 보내졌는데, 이 강제노동수용소는 1929년 여름 정치국의 결정에 따라 세워진 '교정노동수용소' 체제로 만들어졌으며 대숙청 때 엄청나게 확장되었다. 거대한 강제수용소 제국에 수감된 정치범의 대부분은 이전의 당, 정부, 비밀경찰 요원들이 아니었다. 혁명 전 또는 혁명 기간 동안 비非볼셰비키 정당에 소속되었던 사람들, 부농, 러시아 제국 군대의 장교와 병사들, 비러시아계 소수민족 대표들이었다. 그들은 모두 스탈린이 볼 때 체제에 대한 충성심이 의심되는 사람들이었다. 바로 이것이 유럽에서 다가오는 전쟁을 대비하고 '제5열'을 제거하는 그의 방식이었다. 그가 생각하기에 혁명 대열에 숨어든 적의 스파이들이 스페인 내전의 운명을 갈랐다.

다른 독재자와 마찬가지로 스탈린은 자신의 안전에 크게 신경 썼는데, 특히 모스크바를 떠날 때는 더욱 그랬다. 베리야는 스탈린에게 올린 회담 준비 상황에 대한 보고에서 니콜라이 블라시크(Nikolai Vlasik)가 지휘하는 보안부대는 100명의 특별 요원과 500명의 비밀경찰 특수 병력으로 보강되었고, 이 외에도 4개 비밀경찰 연대, 1,200명의 요원, 120명의 오토바이 부대, 50명의 특수임무 장교가 회담 참가자들의 안전을 보장하기 위해 투입되었다고 기술했다. 각국 대표단이 머무는 건물은 낮 동안에는 이중으로 경비를 서게 하고, 야간에는 삼중으로 에워싼 병력이 경비를 서게 했다.

스탈린은 과연 소련 내부에서 누구를 두려워했는가? 그가 체제의 잠재적 적이라고 여겨 희생시킨 사람의 수는 너무 많았다. 크림반도에서 스탈린이 특히 신경을 곤두세울 이유는 충분했다. 1930년대 후반 스탈린은 제거 목표로 삼은 정치인들 및 체제에 대한 불충이 의심되는 특정 사회 그룹이나 소수민족의 지도자들을 탄압하는 것만으로는 만족할 수 없었다. 독일군이 소련을 침공한 후 그는 적과 협력할 가능성이 있는 소수민족 전체를 강제로 이주시켰다. 소련군이 일시적으로 적에게 점령당했던 지역을 탈환하자, 스탈린은 독일군에 협력했다고 의심되는 소수민족들도 강제 이주의 대상으로 삼았다. 크림반도의 토박이 민족이자 크림 인구의 1/4을 차지하는 크림타타르인이 이 정책의 희생양이 되었다. 크림반도에서 "반소비에트적 요소들"을 추방하는 작업은 1944년 봄 소련군이 크림을 재점령한 직후부터 시작되었다. 1944년 4월과 5월, 베리야는 크림반도에서 독일군에 부역한 자들에 대한 비밀경찰의 조사와 체포 결과를 스탈린과 몰로토프에게 보고했다. 비밀경찰의 일제 검사로 체포된 사람은 굉장히 많아서 1944년 5월에만 6,000명에 이르렀다. 이는 독일 점령 당국에 의해 결성되어 독일군에 협조한 타타르 자위대에 소속되었던 사람들에게 붙여진 "스파이"와 "반소비에트 요소들"이라는 죄명을 쓴 사람이 아주 많았다는 사실을 뜻한다. 베리야는 약 2만 명이 소련군을 이탈하여 독일 부대에 가담했다고 보고했다. 이 숫자는 실제 탈영병 수를 40배나 부풀린 거짓 보고였지만, 타타르 전체가 적군에 부역한 것으로 몰아세우는 근거가 되었다. 그에 더해 1944년 5월 11일 스탈린이 내린, 여자와 아동을 포함한 크림타타르인 전체를 우즈베키스탄과 소련의 다른 지역으로 강제 이주시키는 명령의 좋은 구실이 되었다.

강제 이주 명령은 1944년 5월 18~20일 실행에 옮겨졌다. 20만 명 가까운 크림타타르인이 가축처럼 열차에 실려 강제 이주되었다. 이보다 훨씬 적은 숫자이기는 하지만 크림반도에 거주하는 그리스인, 아르메니아인, 불가리아인, 독일인도 나치에 부역했다는 혐의로 크림타타르인과 마찬가지로 추방되었다. 스탈린은 22만 5,000명의 크림 주민을 강제 이주시켰는데, 이 가운데 많은 사람이 고난을 못 이겨 결국 살아남지 못했다. 우즈베키스탄과 카자흐스탄, 그리고 다른 오지로 강제 이주된 2만 8,000명의 크림타타르인은 이주 후 1년 6개월 이내에 기아와 질병으로 사망했다. 간신히 살아남은 나머지는 소련이 붕괴될 때까지 크림으로 돌아오지 못했다. 루스벨트와 처칠이 얄타로 오는 동안 목격한 파괴 현장은 단지 독일군에 의한 만행의 결과만은 아니었다. 그러나 두 지도자가 당시 크림타타르인의 강제 이주 사실을 알고 있었다는 증거는 없다. 왜냐하면 사건이 일어난 지 2년 후에나 크림타타르인 이주에 대한 소련의 공식 발표가 나왔기 때문이다.

크림타타르인의 강제 이주를 마친 스탈린은 소련의 또 다른 소수민족을 징벌할 도구를 갖게 되었는데, 이번에 그 대상이 된 민족은 소련 거주 유대인이었다. 유대인은 스탈린 사망 전 몇 년 동안 거세게 불어닥친 반유대주의 운동의 희생자가 되었다. 소련의 유대인 공동체 지도자들에게 씌운 혐의는 그들이 크림반도를 장악하려고 시도했다는 것이었다. 얄타회담이 열리기

1년 전이고, 소련군이 크림을 탈환하기 몇 달 전인 1944년 2월 2일, 유명한 유대인 배우이며 정부의 후원을 받는 반파시스트 유대인위원회 위원장인 솔로몬 미호엘스(Solomon Mikhoels)는 스탈린과 몰로토프에게 보낸 편지에서 크림반도에 유대인 자치공화국을 세워줄 것을 제안했다. 나치의 유대인 학살과 최근 해방된 소련 지역으로 귀환한 유대인들에 대한 반감을 두려워한 유대인 지도자들은 소련의 유럽 지역에 유대인 국가를 세울 길을 모색하고 있었다.

크림반도는 유대인 자치 정치체政治體가 자리 잡을 수 있는 후보지 중 하나였다. 다른 후보지는 볼가 강변의 사라토프(Saratov)였다. 1941년 소련 정부는 이 지역에 거주하던 독일인들을 강제 이주시킨 상태였다. 미호엘스를 비롯한 유대인 지도자들이 몰로토프에게 자신들의 생각을 제안하자, 그는 이러한 제안을 문서로 쓰라고 조언하면서, 이전에 독일인이 거주했던 지역에 유대인이 거주하는 것은 이치에 맞지 않으니 크림을 선택하라고 권고했다. 당시 크림타타르인은 아직 강제 이주당하지 않은 상태였지만, 소련 정부는 1942년부터 흑해 지역의 타타르인을 강제 이주시키기 시작했으므로 크림타타르인 이주는 시간문제였다. 1920년대에 이미 스탈린은 유대인을 우크라이나 남부 지역 및 이미 고립된 몇 개의 유대인 거주 집단이 있었던 크림반도에 정착시키는 아이디어를 제안한 바 있다.* 제2차 세계대전이 일어나기 전 크림반도에는 6만 5,000명에 이르는 유대인이 거주하고 있었다. 독일군이 진주하기 전 크림반도를 탈출하지 못한 유대인은 나치에 점령당한 소련의 다른 지역에 있던 유대인과 마찬가지로 집단학살의 희생양이 되었다.

* **크림반도 거주 유대인** 유대인들은 고대부터 크림반도에 거주해왔다. 가장 규모가 큰 유대인 집단은 크림차크인들(Krymchaks)과 카라임인들(Karaites)이다. 1783년 크림반도를 점령한 예카테리나 대제는 터키계 주민들에 대한 견제 세력으로 유대인의 정착을 장려했다.

소련 지도부는 미국 내에서 소련의 전쟁에 대한 지원 여론을 조성하기 위해 당시 "유대인 캘리포니아"라고 종종 불린 크림 프로젝트를 이용했고, 이때 크림반도의 따뜻한 기후(소련 기준으로)를 큰 장점으로 선전했다. 미호엘스는 1943년 후반 미국 방문 때 미국의 유대인 기구 대표들과 이 아이디어에 대해 논의했고, 소련 정보기관은 맨해튼 프로젝트에 관여하고 있는 유대인들의 환심을 사기 위해 이 계획을 언급했다. 일부 학자들은 크림의 유대인 프로젝트가 전후 크림 복구에 필요한 미국 자금을 얻어내기 위해 만들어졌다고 주장하기도 하지만, 스탈린은 이 아이디어가 얼토당토않다고 생각하여 얄타에서 이 문제를 루스벨트와 논의하지 않았다.

1937년 대숙청 때 유대인은 인종적·종교적 그룹의 탄압 대상이 되지 않았다. 주요 문화적 거점이 소련 외부에 있는 폴란드인, 독일인, 우크라이나인이나 다른 소수민족들과 다르게 소련 체제에 대한 유대인의 충성심은 스탈린의 뿌리 깊은 반유대주의에도 불구하고 특별한 의심을 받지 않았다. 그러나 1948년 이스라엘이 독립하고, 미국의 유대인 사회가 이스라엘을 전면적으로 지원하면서 러시아의 유대인 상황은 완전히 바뀌었다. 독일인들이 쫓겨나고, 폴란드인들은 재정착되며, 우크라이나인들과 벨라루스인들은 소련 국경 안에서 다시 '재통합'된 상태에서, 스탈린의 상상 속 유대인들은 앞으로 다가올 미국 제국주의와의 전쟁에서 새로운 '제5열'로 떠올랐다.

크림에 유대인 정착지를 만드는 아이디어를 적극 주장하던 사람들을 겨냥한 이른바 '크림 문제(Crimean affair)'는 소련 내의 유대인 사회에 대한 전례 없는 공격을 시작하는 구실로 사용되었다. 언론의 공격은 유대인 지도자들의 체포와 병행해서 진행되었고, 일부 인사는 즉결 처형되었다. 1948년 1월 비밀경찰은 교통사고를 가장하여 솔로몬 미호엘스를 암살했다. 얄타회담 당시 부외무인민위원인 솔로몬 로좁스키(Solomon Lozovsky)는 크림 문제에 대해 미호엘스에게 자문을 해준 죄로 기소되었다. 그는 체포되어 재판에 넘겨졌고, 1952년 8월 유대인 반파시스트 위원회의 멤버 13명과 함께 사형당했다. 스탈린의 심문자들은 크림 문제의 희생자 한 명에게 "아무도 무사할 수 없다."고 말하기도 했다.

공포 정책은 스탈린이 가장 가까운 측근들뿐만 아니라 인민들 위에서 절대 권력을 확립하는 핵심 도구가 되었다. 얄타회담에서 스탈린의 오른팔이었던 몰로토프조차 초창기 크림반도에 유대인소비에트사회주의공화국 설치를 지지했다가 그 대가를 혹독히 치러야 했다. 반유대주의 운동이 시작되던 1948년 12월, 스탈린은 유대인이자 원로 볼셰비키인 몰로토프의 아내 폴리나 젬추지나(Polina Zemchuzhina)를 체포하라는 명령을 내렸다. 오늘날 크림 프로젝트는 유대 민족주의와 미국 시온주의자들의 작품으로 알려져 있지만, 당시 그녀는 이 프로젝트에서 미호엘스를 도와준 죄목으로 기소되었다. 젬추지나에게 붙여진 죄목 가운데 하나는 1945년 3월 15일 모스크바의 유대교 회당(시나고그synagogue)에서 진행되었던 유대인 집단학살 희생자 추도식에 참석했다는 이유였다. 몰로토프는 젬추지나와 강제로 이혼해야만 했다. 강제 노동수용소에 보내진 그녀는 1953년 스탈린이 죽은 다음에야 귀환할 수 있었다.

몰로토프는 감히 소련의 독재자에게 이견을 제기할 수 있는 최후의 측근이었다. 제2차 세계대전이 끝날 무렵 몰로토프는 독자적 사고 면에서 스탈린이 참을 수 없는 한계에까지 도달했다. 1945년 12월 초 캅카스에서 휴양 중이던 스탈린은 베리야와 자신의 이너 서클 일부 멤버에게 보낸 전보에서 "몰로토프는 우리 국가의 이익과 정부의 권위를 소중하게 생각하지 않는다. 그가 원하는 것은 일부 국외 서클에서 인기를 얻는 것이다."라고 언급했다. 스탈린은 몰로토프의 주변 사람들(젬추지나를 언급하는 게 분명함)을 신뢰하지 않는다고 했으며, 또 몰로토프를 자신의 최측근 대리인으로 생각하지 않는다고 언급했다. 이것은 독재자의 총애를 받던 자리로부터 극적인 추락을 뜻하며,

스탈린과 몰로토프
얄타회담 당시 리바디아 궁전에서 애기를 나누는 모습이다. 몰로토프(사진의 왼쪽)는 소련의 외무장관으로서 회담에 참여했다. 그는 1939년 독일과 맺은 상호불가침 협정인 몰로토프-리벤트로프 조약의 소련 측 서명자였다. 그러나 1949년 이후 스탈린의 신임을 잃고 일시 실각하기도 했다.

얄타회담에 참석했던 서방 인사들은 열 달 전에는 도저히 상상할 수 없는 일이었다. 그들은 몰로토프가 막강한 강경론자로서 스탈린이 서방 인사들에게 좀 더 동조적인 입장을 취하는 것을 막는 인물이라고 생각했다.

크림타타르인들은 독일군에 부역했다는 혐의로 강제 이주당하고, 나치의 집단학살에서 살아남은 소련의 유대인들은 소련의 리비에라인 크림에서 타타르인의 자리를 대신 차지하려고 했다는 구실로 대량 살상되었다. 스탈린은 국경 지역을 소수민족이나 종교적 집단의 손에 놓아두는 것을 극히 꺼렸다. 이는 그의 소수민족 정책의 핵심 내용이었다. 조지아에 대한 젊은 시절의 충성이 오래전 사라진 스탈린은 제국주의적 본능과 논리로 가득 찼다. 크림타타르인을 강제 추방한 뒤 그는 소련의 남쪽 국경 지대가 훨씬 안전해졌다고 생각했으며, 이와 똑같은 방식의 강제 이주와 추방으로 서부 국경에 대한 안전 도모를 희망했다.

스탈린이 연합국으로부터 합법성을 인정받길 원한 소련의 새로운 국경은 몰로토프-리벤트로프 조약의 결과로 생겨났다. 이 조약은 1939년 8월 23일 스탈린이 지켜보는 앞에서 소련 외무장관과 독일 외무장관 요아힘 폰 리벤트로프(Joachim von Ribbentrop)가 서명했다. 몰로토프-리벤트로프 조약으로 양 전선에서 전쟁을 염려할 필요가 없어진 히틀러는 거침없이 폴란드를 공격함으로써 제2차 세계대전을 촉발시켰다. 소련이 중립을 지키는 대가로 히틀러는 동부 유럽의 상당 부분을 소련에게 넘겨주기로 동의했다. 그리하여 스탈린은 폴란드에 속한 서부 우크라이나와 서부 벨라루스를 먼저 합병하고, 다음으로 리투아니아, 라트비아, 에스토니아뿐만 아니라 루마니아령 몰다비아도 병합했다.

1940년 가을이 되자 스탈린은 엄청난 면적의 새로운 영토를 차지했을 뿐아니라 다민족·다문화 인구를 소유하게 되었음을 깨달았다. 스탈린은 이 새로운 주민들을 공포 정책으로 위협하고 사회적·민족적 통합성을 유지하기 위해 임의로 이주시켰다. 그는 새로운 영토를 점령한 직후 잠재적으로 '해로운' 정치적·사회적 요소들을 제거하기 위해 대규모 주민 강제 이주를 시작했지만, 1941년 독일군의 침공으로 잠시 중단해야 했다. 이후 소련군이 일시적으로 상실했던 영토를 재탈환하자 스탈린은 원래의 계획을 다시 실행에 옮길 수 있었다.

얄타회담 개최 몇 달 전부터 스탈린의 욕망은 시작되었는데, 그것은 몰로토프-리벤트로프 조약에서 정한 소련 국경의 인정, 극동에서 제정러시아가 상실한 영토를 되찾겠다는 계획, 동유럽에서 소련의 영향권을 인정받겠다는 것으로서, 그는 이를 안전보장 수단의 일환으로 연합국에 제시했다. 그의 사고는 서방 측이 합법적으로 여긴 지정전략적인 측면에서만 영향을 받은 것이 아니라 20세기 전반부 세계 정치를 형성한 가장 선동적 아이디어인 제국·민족·사회혁명이 복합적으로 작용한 것이었다.

소련이 서부 우크라이나, 서부 벨라루스, 발트 3국을 병합하면서 만들어진 새로운 국경을 연합국으로 하여금 인정하도록 스탈린이 요구한 기저에는 분명한 전략적 동기가 내포되어 있지만, 그 외에도 혁명 시기 제정러시아가 상실한 영토를 되찾으려는 열망도 반영되어 있었다. 극동의 영토를 요구하는 것도 마찬가지였다. 스탈린은 제정러시아가 1904~1905년 러일전쟁 때 상실한 남부 사할린을 되찾고, 1875년 이전 그 일부가 러시아의 영토였던 쿠릴열도에 대한 지배권을 확립하고자 했다. 러시아혁명 당시 볼셰비키는 혁명 정책에서 민족적 요인의 중요성을 인정하고, 민족경계선에 따라 이전 제국을 재구성함으로써 러시아 제국의 완전한 해체를 막을 수 있었다. 일부 역사학자들이 '민족들의 제국'이라고 부른 새로운 제국을 건설함으로써 소련 지도부는 여러 소수민족이 한 국가 안에서 함께 살 권리를 옹호하는 동시에, 다른 한편으로는 과거 상실한 영토의 반환을 추진하고, 이전 제국의 확장까지도 요구하게 되었다.

혁명 직후 볼셰비키는 비러시아계 민족들이 거주하는 공화국들의 민족적 자각을 지원했다. 그러나 제2차 세계대전이 시작되자 러시아인들은 소련의 민족 구조에서 다시 지배적 역할을 수행했고, 비러시아계 소수민족들은 국내적으로 탄압을 받았다. 그런데도 국제 무대에서는 우크라이나인들과 벨라루스인들이 한 국가 안에서 거주하고 싶다는 '해묵은' 욕구가 전쟁 전 소련이 폴란드, 루마니아, 체코슬로바키아를 병합한 일을 정당화해주었다. 표면적으로는 우드로 윌슨이 제창한 '민족자결주의'에 대해 스탈린보다 더 열렬한 지지자가 없었다. 스탈린은 제2차 세계대전 중 점령한 새로운 지역을 동유럽

소수민족들의 민족자치라는 명분으로 정당화했다.

'민족문제'에 대한 스탈린의 사고는 그의 혁명 비전 및 혁명에 대한 표현과 합치된다. 1920년대 초 볼셰비키 정부가 주창한 세계혁명은 결코 현실화된 적이 없지만, 소련은 우크라이나·벨라루스·몰도바의 토착 문화 발전을 지속적으로 옹호해왔다. 이것은 그들이 지배하는 지역에서 나타난 민족 부흥의 사례가 동유럽 신생 국가들에 속해 있는 소수민족의 영토회복운동을 자극하고 프롤레타리아혁명을 고무할 것으로 판단했다. 하지만 1930년대에 이르러 소련은 이러한 희망을 포기하고 소련 국경 지역의 공화국에서 일어나는 민족부흥운동을 차단했을 뿐만 아니라 탄압했다. 그러나 제2차 세계대전이 발발하자 스탈린은 프롤레타리아혁명을 국경 너머로 다시 수출할 기회를 얻게 되었다.

제2차 세계대전이 막바지에 접어들면서 유럽의 정치적·사회적 세력균형이 하나의 혁명 세력에 의해 이처럼 심각하게 위협받게 된 것은 나폴레옹 시대 이후 처음 있는 일이었다. 1812년 나폴레옹이 러시아를 침공하기 직전 러시아의 잡지들은 프랑스 황제의 무식하고 저속한 장군들에 대한 일화를 계속 실었다. 그러나 이제는 입장이 뒤바뀌어 서방 연합국들이 새로운 혁명 제국을 통치하는 사람들의 태도에 충격을 받았다. 얄타의 멋진 궁전에서 진행된 협상은 이오시프 스탈린과 그의 조상들의 차이를 극명하게 드러냈다.

로마노프 왕가, 호엔촐레른(Hohenzollern) 왕가, 영국의 작센-코부르크-고타(Saxe-Coburg-Gotha) 왕가에 속한 왕들과 여왕들은 유럽 왕실의 동일한 교육적·문화적·정치적 클럽에 속해 있을 뿐만 아니라 혈통적으로도 서로 연결되어 있다. 이들은 서로 서신을 교환할 때나 회담을 위해 만날 때 상대가 무엇을 상징하는지, 무슨 생각을 하고 있는지를 잘 알았다. 그러나 1945년 얄타의 상황은 너무 달랐다. 1917년 영국 왕실이 왕가의 명칭을 단지 작센-코부르크-고타에서 윈저(Windsor)로 바꾼 데 반해, 로마노프 왕가가 이전에 지배했던 영역에서의 변화는 훨씬 더 엄청났다.

얄타회담이 열릴 당시 영국과 미국은 각기 귀족계급 출신들에 의해 통치되고 있었다. 윈스턴 처칠은 영국의 이름난 공인과 정치인을 다수 배출해 낸 가문으로 유명한 스펜서(Spencer) 가문의 후손이었다. 또한 프랭클린 델러노 루스벨트도 선덜랜드의 제1대 백작(1st Earl of Sunderland) 헨리 스펜서(Henry Spencer)의 후손으로서, 두 사람 모두 이 사실을 잘 알고 있었다. 미국 입장에서 더 중요했던 것은 프랭클린 루스벨트가 시어도어 루스벨트(Theodore Roosevelt) 대통령의 먼 친척이라는 사실, 그리고 백악관 리셉션에서 만난 시어도어 루스벨트 대통령의 조카와 결혼했다는 사실이었다. 미국 매사추세츠 그로톤 사립학교(Groton School)의 졸업생 루스벨트와 영국 해로우 사립학교(Harrow School)의 졸업생인 처칠은 조지아의 신학교 중퇴생이자 주정뱅이 구두 수선공의 아들과 얄타에서 만나게 되었다.

얄타에서 만난 세 지도자들의 성장 과정, 교육 배경, 정치적 경험의 차이는 대표단의 구성에도 반영되었다. 앤서니 이든은 외모, 말투, 몸가짐 모두 전형적인 영국 신사였다. 이튼 스쿨(Eton School)과 옥스퍼드대학교의 동양어 전공 졸업자인 이든은 유서 깊은 지주 가문의 후손이고 남작의 아들이었다. 에드워드 스테티니어스는 루스벨트 정부에서 출세한 전형적인 미국 기업가였다. 제이피 모건(J. P. Morgan) 은행의 파트너를 아버지로 둔 그는 귀족 자제들만 입학하는 코네티컷의 폼프렛 스쿨(Pomfret School)을 졸업한 후 버지니아대학교에 진학했지만, 4년간의 수학에도 불구하고 학위 없이 졸업했다. 뱌체슬라프 몰로토프는 지방의 가게 점원 아들이었다. 청년 시절 정부 전복 활동에 가담하여 시베리아 유형에 처해진 몰로토프는 이로 인해 혁명 전 2년간 다녔던 상트페테르부르크 기술학교를 졸업하지 못했다. 수완 좋은

3거두의 세 참모
얄타회담 때 세 정상의 최측근에서 보좌한 외무장관들이다. 왼쪽부터 소련의 외무장관 몰로토프, 영국의 외무장관 앤서니 이든, 미국의 국무장관 스테티니어스이다.

공산당 관료이지만 몰로토프는 어떤 외국어도 구사하지 못했다. 그는 1939년 외무인민위원이 되었다. 스탈린이 볼 때 유대인 혈통으로 인해 히틀러와 협상하기에 적당하지 않은, 그러나 세련된 외교관인 막심 리트비노프(Maxim Litvinov)를 대신하여 몰로토프가 외교 업무를 맡게 된 것이다.

정상을 수행하여 얄타에 온 미국과 영국 외교가의 경험 많은 '러시아 전문가들'은 두 진영 사이의 문화적 차이를 상대 측 열등함이 드러난 증거로 보았다. 영국 외교관들과 외무부 관리들은 대부분 소련 사람들을 완전한 유럽 사람으로 보지 않았다. 소련 사람들은 인본주의와 잔학성의 두 극단 사이를 오가는 동양적 특질을 갖고 있다고 생각하는 것이 그들의 통상적 사고였다. 농민의 사고방식을 가지고 폭정으로 기운 러시아인들은 제대로 조직되지 않았으며 광신적 행동이 짧게 폭발할 때만 제대로 일을 할 수 있다고 보았다. 모스크바의 영국대사인 아치볼드 클라크 커(Archibald Clark Kerr) 경은 "러시아 기질은 여전히 혐오스런 위력을 유지하고 있다."고 적었다. 소련 사람들을 종종 열등한 슬라브인으로 취급하는 태도는 유대인을 업신여기는 태도로 바뀌어서, 오리엔탈리즘과 반공산주의·반유대주의의 이상한 결합을 만들어냈다. 일례로 알렉산더 카도간은 1944년 1월에 쓴 일기에서 영국인들이 독일과 비밀 협상을 했다는 소련인들의 비난에 큰 모욕을 느꼈다고 썼다. "이것은 아주 도저히 말도 안 되는 일이다. 우리는 러시아인들에게 모든 것을 말해주었고, 정정당당하게 행동했다. 그들은 내가 만난 가장 구역질 나는 유대인 무리였다."

영국인과 미국인에게 더 하류 인종으로 취급받은 이들은 소련 내의 비슬라브계 소수민족이었다. 얄타회담 직전 미국에 차관을 요청한 몰로토프의 태도에 화가 난 애버럴 해리먼은 그에 대해 소련 국방위원회 멤버 중 한 명이며 "아르메니아 출신 배경을 버리지 못한" 아나스타스 미코얀(Anastas Mikoyan)의 탓으로 돌렸다. "그는 절반값으로 두 배 이상 요구하는 것을 협상의 출발선으로 삼았다. 그러고는 협상 과정에서 우리가 지치기를 기대하면서 아주 조금씩 양보하며 들어온다."라고 국무부에 보낸 전문에 썼다. 그는 훗날 회상하기를, 모스크바의 영국대사관을 도청한 소련 사람들이 자신들에 대해 열등하다는 말을 듣고 격앙했다고 했다. "만일 그들이 우리 대사관도 도청했다면 수석 무관인 존 딘(John Deane) 장군과 나도 같은 말을 했다는 사실을 알아차렸을 것이다...... 스탈린은 특히 이런 말에 아주 예민했다."라고 했다. 그런데 알고 보니 미국대사관도 도청당하고 있었다.

영국과 미국의 외교관들이 양 진영의 차이를 인종적·문화적 관점에서 바라본 데 반해, 소련 사람들은 그것을 계급적 관점에서 받아들였다. 소련 사람들은 미국과 영국의 정치인·외교관을 제국주의 한 그룹의 대표자로 간주했다. 스탈린, 몰로토프, 미국 주재 젊은 소련대사인 안드레이 그로미코에게 그들은 계급의 가장 큰 적이며, 순진하고 명예로운 노동계급의 대표자들을 가지고 놀 방법을 찾는 매판자본가였다. 따라서 연합국 지도자들의 정치 문화와 민주적 수사는 그들의 범죄적 의도를 감추는 위장에 지나지 않았다. 그로미코는 서방 외교관들의 스타일에 대해 "그들은 아이들이 끼는 장갑을 끼고 웃음 띤 얼굴로 아주 점잖게 사람 목을 졸라 죽일 수 있다."라고 말하기도 했다.

몰로토프는 서방 민주국가의 관리들보다 나치의 고위 관료인 루돌프 헤스(Rudolf Hess)를 다루는 편이 더 쉽다고 생각했다. 그는 1940년 11월 베를린을 방문했을 때 나치당이 정치 강령과 회원 규약을 갖지 않은 것을 조롱했다. 볼셰비키는 이러한 강령을 공식적으로 출간하고 배포했다. 소련 지도부는 미국인과 영국인을 단지 개인적 차원에서만 구별해 다루었고, 이념이나 문화 면에서는 구별하지 않았다. 몰로토프는 1960년대 말 지인에게 "나는 자본가들인 그들 모두를 잘 알고 있어. 그러나 처칠이 그들 중 가장 강하고 제일 현명했지."라고 털어놓았다.

스탈린도 처칠을 가장 위험하다고 생각했으며 처칠과 루스벨트 모두 똑같은 제국주의 진영의 대표로 간주했다. 연합군이 노르망디에 상륙하기 직전 유고슬라비아 공산당 지도자인 밀로반 질라스(Milovan Djilas)를 만난 스탈린은 이렇게 말했다. "아마도 자네는 우리가 영국인의 동맹이기 때문에 그들이 누구이고 처칠이 어떤 사람인지를 잊었다고 생각하겠지. 그들은 자신들의 동맹을 속이는 것보다 더 신나는 일은 없다고 생각하지. 제1차 세계대전 때 그들은 끊임없이 러시아인과 프랑스인을 기만했어. 처칠은 어떠냐고? 처칠은 당신이 보고 있지 않으면 당신 주머니에서 코페이카 동전을 빼 갈 사람이야. 맞아. 주머니에서 코페이카를 빼 간다고! 틀림없이 그럴 사람이지. 그러면 루스벨트는? 루스벨트는 종류가 달라. 그는 동전을 빼내기 위해서만

남의 주머니에 손을 넣을 사람이야. 그런데 처칠은? 처칠은 심지어 코페이카마저 기꺼이 빼내 가지." 스탈린이 볼 때 처칠과 루스벨트 사이에 차이가 있기는 하지만 둘 다 자본가 도둑이었다.

Yalta

독일군의 기력을 빼는 데 결정적 역할을 한 것은 소련군이다.

—윈스턴 처칠

Chapter 05

3거두의 재회

2월 3일 애버럴 해리먼과 찰스 볼렌이 소련 경비병들이 지키는 삼중의 경호 라인—그중 하나는 특별히 훈련된 군견이 지키는 경비선이었다—을 지나 목적지인 코레이즈 궁전에 도착한 것은 거의 자정에 가까운 시각이었다. 밤 12시 10분에 몰로토프가 그들을 맞았다. 오랜 기간을 거쳐 준비되었음에도 불구하고 이 회담은 사전에 조율된 의제가 없었다. 심지어 회담 첫날의 의제도 미리 마련되지 않았다. 자정 무렵에 그들이 방문한 목적은 최소한 첫 의제에 대한 합의를 하고, 다음 날 회담 계획을 마련하는 것이었다. 그러나 이 과제는 예상외로 아주 쉽게 달성되었다.

해리먼이 몰로토프에게 루스벨트 대통령은 군사 문제에 대한 논의를 첫 의제로 다루고 싶어 한다는 의사를 전하자, 몰로토프는 스탈린 원수가 독일 문제로 시작하되 우선 군사 문제를 논의하고 다음으로 정치 사안을 다루길 원한다고 답했다. 해리먼은 다음 날 오후 5시로 예정된 회담이 시작되기 전에 스탈린이 루스벨트를 미리 방문할 수 있는지를 물었고, 몰로토프는 가능하다고 대답했다. 이에 더해 몰로토프는 스탈린이 "루스벨트 대통령의 편의를 위해" 모든 회담을 리바디아 궁전에서 진행할 것을 제안한다고 전했다. 또한 회담이 대엿새 정도 지속될 것으로 생각한다고 말하자, 해리먼도 같은 생각이라고 동의했다. 해리먼은 루스벨트를 대신하여 다음 날 만찬에 스탈린을 초청하고 싶다는 뜻을 전달했다. 아마도 이것은 한 나라 정상이 가장 짧은 시간을 앞두고 다른 정상을 초청한 사례인데, 상대측은 감사한 마음으로 초청을 수락했다.

미국 대표단의 관점에서 보면 두 주연배우의 의견이 합치되면서 정상회담은 아주 산뜻하게 출발하는 것처럼 보였다. 해리먼이 몰타 회동에서 짐작했듯이 영국 대표단은 이견 없이 따를 것이 분명했다. 해리먼은 만족한 채 잠자리에 들 수 있었다. 크림과 몰타를 방문하기 위해 모스크바에서 출발하기 전인 1월 18일, 해리먼은 몰로토프를 만나, 루스벨트 대통령은 이 회담에서 독일 처리 문제, UN 출범, 폴란드 상황, 태평양에서 벌어지는 전쟁 상황을 논의하고 싶다고 전했다. 소련 측은 최소한 첫 의제에 관해서는 손님들의 의사를 수용한 듯 보였다.

다음 날 정오, 몰로토프와 앤서니 이든의 회동은 썩 매끄럽게 진행되지는 않았다. 이든은 전날 밤 몰로토프와 해리먼이 합의한 사항인 회담의 기간과 장소, 그리고 회담의 첫 의제인 군사 문제와 독일 처리 문제에는 동의했다. 그러나 그는 국제평화기구와 폴란드 상황도 논의 주제가 되어야 한다고 말했다. 이 두 의제는 미국 측의 의제이기도 했다. 몰로토프는 UN 문제를 회담 의제로 올리는 데는 아무런 반대가 없다고 했다. 하지만 폴란드는 다른 문제였다. 폴란드는 이미 해방되었기 때문에 그냥 두어야 한다고 몰로토프가 말했다. 이는 소련이 이미 폴란드를 장악했으며, 영국의 간섭은 받아들일 수 없다는 메시지를 몰로토프가 자신의 방식으로 전달한 것이었다.

이든은 이 문제를 잠시 접어둘 수밖에 없었다. 몰로토프가 서방 측이 당연히 회담 진행을 쉽게 하기 위해 이미 서로 협의를 가졌다는 것을 기정사실처럼 언급하자 둘 사이의 대화는 다시 긴장에 휩싸였다. 소련 측의 회담 기록을 보면, 이든은 몰타에서 사전 협의가 없었음을 서둘러 말하고 루스벨트 대통령과 처칠 수상은 회담장으로 오는 동안 단지 자동차 여행만 함께했다고 몰로토프에게 설명했지만, 서로가 다르게 알고 있는 차이점도 통역 과정에서는 빠졌다. 이든이 느꼈을 초조감은 쉽게 상상할 수 있다. 이 중요한 사전 논의는 루스벨트의 거절로 이루어지지 않았지만, 몰로토프는 실제로 있었다고 믿었다.

이든이 소련 측 진영을 떠난 지 몇 시간 후 스탈린이 보론초프 궁으로 처칠을 방문했다. 두 사람 사이의 회담은 잘 진행되었다. 영국 측 통역인의 말에 따르면 두 지도자는 "다시 만나게 되어 기뻐했으며 마치 친구처럼 이야기를 나누었다." 처칠도 회고록에 "우리는 독일에 대항한 전쟁에 대해 우호적인 논의를 했다."라고 기록했다. 두 사람은 예민한 문제를 거론하지 않는 대신 전장 상황에 논의를 집중했다. 이 회동은 군사 문제에 대해 상대측의 입장을 떠보는 전초전이었다.

기만과 외교의 게임이 시작되었다. 100만 명의 연합국 병력이 나치 독일을 압박하는 상황에 걸려 있는 판돈은 너무 컸다. 처칠은 1월 12일 모든 전선에 걸쳐 시작된 소련군의 겨울 공세 주목표를 알고 싶은 마음이 컸다. 그는 만일 히틀러가 베를린을 떠나 드레스덴 등으로 이동해 갈 경우 소련군의 전략이 무엇인지를 물었다. 소련군은 히틀러를 끝까지 추적할 것이라고 스탈린이 답했다. 처칠의 목적은 독일 지도부가 수도를 포기하고 후퇴해도 소련군 지휘부가 베를린 점령을 가장 중요한 목표로 삼는지를 알아내는 것이었다. 베를린은 영국 측이 전쟁의 가장 큰 노획물로 생각하는 곳이었다.

스탈린은 공세를 시작한 지 3주도 지나지 않아 소련군이 나치 수도에서 불과 70km 떨어진 오데르 강까지 진격했다는 데 고무되어 있었다. 그는 히틀러 휘하 전략 참모들의 수준을 우습게 생각했고 소련군이 베를린으로 진격하면서 마주칠 독일군에 대해서도 크게 염려하지 않았다. 히틀러와 그 휘하의 장군들을 이렇게 얕잡아 보는 태도는 만일 연합군이 신속하고 결연하게 움직이지 않으면 소련군 단독으로 제3제국을 끝장내고 전리품을 독차지할 수도 있다는 일종의 경고성 의도가 내포된 것이었다. 스탈린은 독일군이 동부전선으로 병력을 이동하는 것을 막으려면 연합군이 서부전선에서 적극적 공세를 취해야 한다고 처칠에게 말했다. 그는 연합군이 루르 지역을 신속히 점령하여 독일군의 석탄 공급을 차단시킴으로써 군사적 붕괴보다 먼저 경제적 붕괴를 유도하는 편이 바람직하다고 생각했다.

처칠은 영국 대표단이 보론초프 궁전에 설치한 전쟁상황실(Map Room)을 스탈린에게 보여주었다. 이 전쟁상황실은 처칠이 자랑스러워하는 시설이었다. 회담 전 영국대사관은 소련 측에 "처칠 수상이 얄타에서 자신의 방 옆에 전쟁상황실을 설치할 수 있기를 바라고, 그 방은 휠체어를 탄 루스벨트가 드나들 수 있도록 만들어져야 한다"는 희망을 전달했다. 소련 측은 영국 대표단이 얄타로 가져올 특별 전등에 전기를 공급할 수 있도록 4~6인치 간격으로 콘센트가 설치되어야 한다는 요구도 받았다. 이 전쟁상황실을 설치하기 위해 영국 대표단 본진에 앞서 장교 한 명이 미리 비행기를 타고 얄타에 도착했다. 그리고 지금은 브리핑을 위한 모든 준비가 끝나 있었다.

처칠 수상은 여행하는 곳마다 전쟁상황실을 설치했다. 첫 전쟁상황실은 1941년 12월 워싱턴을 방문했을 때 설치되었다. 그 시설을 살펴본 루스벨트 대통령은 큰 인상을 받아 백악관 1층에 이와 유사한 상황실을 설치하도록 지시했다. 얄타를 방문하기 몇 달 전 루스벨트는 건강이 악화되어 통신실로도 쓰인 전쟁상황실을 방문하는 횟수가 줄어들었다. 전쟁 상황에 대한 일일 브리핑은 의사들이 루스벨트의 부정맥 치료를 하는 동안 매킨타이어 제독의 사무실에서 진행되었다. 영국군 장교를 지낸 경험이 있는 처칠은 그날그날의 전황에 깊은 관심을 보였고, 본인이 전황을 훤히 꿰고 있다는 것을 스탈린에게 보여주면서 크게 만족해했다. 그는 직접 서부전선의 상황을 브리핑했다.

이탈리아 쪽을 맡은 연합군에 소속된 영국군 사령관인 해럴드 알렉산더 원수는 스탈린에게 지중해의 전황을 보고했다. 처칠과 알렉산더의 설명을 통역한 아서 허버트 버스 소령은 스탈린이 두 사람의 브리핑에 감명받았다고 생각했다. 스탈린은 브리핑 내용에 큰 관심을 드러냈고, 독일군이 이탈리아에서 공세를 펼 가능성은 거의 없다고 논평했다. 스탈린은 연합군 부대가 아페니노 산맥(Appennines)의 독일군 방어선을 우회하여 류블랴나 계곡(Ljubljana Gap)을 통해 중부 유럽으로 진입하여 빈(비엔나) 근처에서 소련군과 합류할 것을 제안했다. 이 시점에서 처칠은 몰타에서 미국과 합의한 군사 문제를 후회했음이 틀림없다. 미국 측이 서부전선 전체에서 합동작전을 펼쳐야 한다고 주장했다면, 영국 측 지도부는 서부전선에서 영국군이 담당하는 구역에 속해 있던 루르 지역을 공격해야 한다는 것이 오랫동안 주장해온 작전이었다. 남쪽에서 오스트리아를 공격하는 것도 영국군이 오매불망 매달리던 작전이었다.

스탈린이 루르 지역에 대한 공격을 옹호하고 류블랴나 계곡을 통한 공격을 제안하자, 처칠은 미국 측도 설득할 수 있겠다는 확신이 섰지만 문제를 다시 꺼내기에는 너무 늦은 상황이었다. 몰타에서 벌인 격렬한 토론 끝에 영국 측의 두 제안은 모두 거부되어서 처칠은 스스로 패배를 인정하지 않을 수 없었다. 알렉산더 원수는 영국군이 이러한 작전을 펼칠 만한 충분한 병력을 갖고 있지 못하며 모든 것이 너무 늦었다고 스탈린에게 설명했다. 처칠도 총사령관의 말에 동의했다. 스탈린의 제안에 대해 처칠은 "그는 지금 이런 말을 해도 치러야 할 대가가 아무것도 없었다. 나는 전혀 반박하지 않았다."라고 회고록에 적었다. 그리고 "소련군은 우리가 이 작전을 완수할 수 있는 시간을 주지 않을지도 모른다."라고 간단히 적었다.

스탈린은 서방 측에 심어놓은 수많은 첩자를 통해 영국의 사정을 미리 파악하고 있었음이 분명하다. 그렇지 않다면 그가 처칠과 만난 자리에서 제안한 내용을 한 시간 뒤 루스벨트와 함께 회동한 자리에서 전혀 언급하지 않은 것을 설명하기가 어렵다. 처칠이 서부전선의 연합군 공세에 대해 할 수 있는 유일한 말은 2월 8일 북북 지역에서 대규모 공세가 계획되어 있다는 것뿐이었다. 얄타회담에서 자신의 주목적은 연합군이 서부전선에서 공세를 취하도록 설득하는 일이라고 훗날 게오르기 주코프(Georgy Zhukov)* 원수에게 말한 스탈린은 아무 감정도 드러내지 않았다. 스탈린은 일부 지역에서 소규모 공격이 아닌 서부전선 전체에서 대규모 공세가 최대한 빨리 시작되기를 희망하고 있었다.

얄타회담은 2월 4일 오후 5시 리바디아 궁전의 직사각형 무도회장에서 시작되었다. 이 무도회장은 1911년 가을 차르가 장녀인 올가 니콜라예브나(Grand Duchess Olga Nikolaevna) 공주의 열여섯 번째 생일을 맞아 정식 무도회를 열면서 그 첫 기능을 수행했다. 니콜라이 2세의 팔짱을 끼고 무도회장에 입장한 젊은 공주에게는 감격적인 순간이었다. 핑크색 실크와 시폰 드레스를 입은 그녀는 황제의 직계가족, 대공들, 대공녀들, 외국 귀빈들, 빛나는 견장을 자랑하는 근위 사관들에게 둘러싸였다. 16세가 된 올가는 결혼 적령기에 들어섰고, 발칸 지역에서 러시아의 영향력을 강화하기 위해 루마니아 왕자와 결혼하는 계획이 논의되고 있었다. 1945년 2월 4일 회담에는 왕족이

---

* 게오르기 주코프(Georgy Konstantinovich Zhukov) 제2차 세계대전이 발발하기 바로 직전인 1939년 5~9월까지 몽골과 만주국의 국경 지대에서 벌어진 노몬한 전투(할힌골 전투, Battles of Khalkhin Gol)에서 일본군을 격파했다. 제2차 세계대전 중에는 벨라루스 전선 담당 1군 사령관을 맡아 베를린까지 진격했다. 승리의 공로로 그는 독일의 항복문서를 직접 수령하는 영예를 부여받았고, 승전 기념 퍼레이드 열병을 했다. 니키타 흐루쇼프(Nikita Khrushchyov) 집권 시절에 국방장관과 정치국원을 역임했다.

얄타회담장 리바디아 궁전에서 얄타회담이 열렸던 곳이다. 직사각형의 무도회장으로 지금은 긴 테이블이 놓여 있고, 관광객을 위해 얄타회담 관련 안내판이 설치되어 있다.

전혀 없었고, 무도회장에 모인 군지휘관들은 어깨 장식을 달지 않았다. 스탈린의 어깨에 빛나는 금빛 대원수별과 금빛 소련영웅훈장만이 차르 시대의 화려함을 유일하게 회상시키는 장식이었다.

회담의 주최 측으로서 스탈린이 첫 번째로 발언할 권리를 가진 지도자였지만, 그는 이 권리를 루스벨트에게 양보하여 그가 개회사를 하게 했다. 루스벨트는 자신이 이런 역할을 맡아야 할 법이나 전통은 전혀 없고, 테헤란회담에서 본인이 이 역할을 수행한 것은 순전히 우연이었다고 겸손하게 말하며 이 영예를 받아들였다. 미국 대표단 사이에서는 루스벨트 대통령이 3거두중 가장 나이가 적기 때문에 그가 이 제안을 '큰 흥분'으로 받아들였다는 소문이 돌았다. 루스벨트는 다시 한 번 개회식에서 주도적 역할을 잘 수행하며 회담 의제와 토론 과정에 영향을 미칠 수 있는 위치를 선점했고, 처칠과 스탈린 사이에 중재자와 심판의 역할을 맡을 수 있었다.

미국이 회담에서 첫 성공을 거둔 것은 우연이 아니었다. 이는 1943년 열린 테헤란회담 후 루스벨트가 스탈린과 교환한 서신에서 취한 전략 및 얄타회담 개회식이 시작되기 바로 몇 분 전에 끝난 스탈린과의 첫 회동에서 취한 입장의 결과로 얻은 것이었다. 스탈린은 처칠을 만난 후 바로 리바디아 궁전으로 가서 루스벨트와 개인 면담을 가졌다. 미군 홍보부대가 찍은 영상을 보면 스탈린 일행은 차 두 대에 나누어 타고 도착했으며, 큰 외투를 걸친 스탈린은 군복을 입은 지휘관들을 대동하고 궁전으로 들어가면서 경비병들의 경례에 답례했다. 그는 건물 입구에서 기다리고 있던 수많은 사진사들의 카메라 플래시 세례를 받았다.

루스벨트 대통령은 전에 차르가 접견실로 쓰던 방에서 상감세공을 한 탁자 뒤에 있는 푹신한 소파에 앉아 손님을 기다렸다. 몰로토프와 스탈린이 가장 신뢰하는 통역사 블라디미르 파블로프(Vladimir Pavlov)가 스탈린을 수행했고, 통역관이자 참모인 찰스 볼렌이 루스벨트 옆에 있었다. 훗날 볼렌은 이 회동이 오래된 친구 사이의 만남 같았다고 회상했다. "대통령은 큰 웃음을 지으며 스탈린의 손을 잡고 따뜻하게 악수했다. 스탈린은 드물게 보이는 미소를 지으면서 대통령을 다시 만난 것에 대한 기쁨을 표현했다." 두 지도자는 소파에 앉아 예정된 30분을 넘겨 1시간 가까이 논의를 이어갔다. 루스벨트의 핵심 참모의 아들인 로버트 홉킨스(Robert Hopkins)가 상감 세공된 탁자 앞에서 두 사람을 찍은 유명한 사진의 장소가 바로 이곳이었다.

스탈린은 처칠에게 제안한 내용과 근본적으로 똑같은 제의를 루스벨트에게도 했다. 소련군이 오데르 강에서 독일군과 전투를 치르고 있고 실레지아(Silesia)(슐레지엔)를 점령했다는 사실을 말하면서, 만일 연합군이 루르와 자르

스탈린과 루스벨트의 사전 회동 2월 4일 공식 회담이 시작되기 전에 스탈린은 루스벨트를 방문했다. 해리 홉킨스의 아들 로버트 홉킨스가 찍은 사진이다.

지역을 점령하여 석탄 공급을 막으면 독일은 군사적 괴멸보다 경제적 붕괴를 먼저 맞을 것이라고 주장했다. 스탈린은 연합군이 서부전선에서 총공세를 펼치길 분명히 원했다. 미국 측이 반대할 것을 잘 알고 있었기 때문에, (처칠에게 제안한 것처럼) 연합군이 남쪽에서 공세를 펼쳐 빈 근처에 이르러 소련군과 합세하는 작전을 제안하지는 않았다.

이 회동에서 루스벨트가 긴급히 달성하고자 한 목표는 드와이트 아이젠하워 장군의 사령부와 소련군 사령부 사이에 직접 통신 라인을 설치하는 문제였다. 연합군이 독일에 가까이 진격하고, 영미 공군의 폭격 목표 중 일부가 소련군의 작전지역 안에 있는 상황이었다. 미국 지휘관들은 이 문제를 루스벨트가 스탈린에게 직접 거론해주기를 요청했다. 이 요구는 큰 문제가 되지 않았다. 스탈린은 군사 지휘부 상호 간 직접 통신의 중요성을 인정했다. 스탈린은 서부전선의 군사작전 계획에 대한 루스벨트의 반응에 불만을 나타내지 않았다. 2월 8일 크지 않은 작전 계획이 잡혀 있었고, 나흘 뒤 또 다른 작전이 수행될 예정이었지만, 대규모 타격은 연합군이 라인 강을 건너는 3월에 가해질 예정이었다.

1943년 12월 스탈린과 회동한 후 다시 만난 첫 미팅에서 루스벨트는 군사작전의 세세한 부분을 조율하는 것 이상을 원했다. 루스벨트는 스탈린과 개인적 관계를 다시금 새롭게 형성하고 테헤란에서 만들어진 신뢰 분위기를 계속 살리길 원했다. 그는 얄타로 오는 길에서 목격한 독일군의 야만성에 대한 혐오감을 스탈린과 공유했다. 또한 독일이 빼앗아간 모든 것을 소련에 돌려주는 것을 지지했다. 소련이 독일의 일부 영토를 흡수하는 데 동의했고, 다른 영역은 네덜란드가 차지할 수도 있다고 제안했다. 루스벨트는 테헤란에서 스탈린이 독일 장교들을 처형하자며 건배를 제안했던 말을 다시 듣길 원한다고 말했다. 그러나 처칠은 독일의 군국주의가 되살아나는 것을 막기 위해 5만 명의 독일 장교를 대량 학살해야 한다고 제안한 스탈린의 건배에 격분했었다.

루스벨트는 자신이 의도적으로 처칠과 거리를 두려고 했던 에피소드를 언급하면서 스탈린의 신뢰를 얻으려고 했다. 루스벨트는 서부전선에서 취할 전략을 두고 두 사람 사이에 이견이 있었음을 숨기지 않고 말했다. 영국군은 네덜란드에서 그들이 맡고 있던 구역을 중심으로 공세를 펴려고 했지만, 루스벨트는 미국이 유럽에 영국군보다 네 배 많은 병력을 투입했으므로 영국과 다른 계획을 주장할 권리가 있다고 스탈린에게 말했다. 루스벨트는 독일 점령 구역을 나누는 문제에서 표출된 이견도 언급했다. 영국은 미국이 독일의 남서부 지역을 장악해서 프랑스를 통해 연결 통로를 만들기를 바랐지만, 미국은 독일 북서부를 장악해서 발트해의 항구를 통해 병력을 투입하길 원했다. "영국인들은 이상한 사람들이라서 자신들이 케이크를 자르고, 또한 그것을 직접 먹기까지 바라고 있어요."라고 루스벨트는 불평했다. 루스벨트의 이 말은 아마 자국민들을 놀라게 했을 것이다. 특히 『타임』은 2월 5일자에서 루스벨트가 3거두의 회담 장소로 가면서 알프레드 로우즈(Alfred L. Rowse)가 쓴 『영국 정신(The English Spirit)』을 읽었다고 보도했다. 이 책에서 저자는 "영국적인 것에 대한 긍지 이상의 깊은 사랑"을 이야기했다. "루스벨트 대통령도 영국인들의 자긍심에 대해 같은 느낌을 받았을 것이다."라고 『타임』의 기사는 지적했다.

스탈린을 달래고 이후의 협상에서 자유로운 입장을 갖기 위해 회담 첫 며칠 동안 루스벨트는 몰타에서 그랬듯이 처칠과의 개인적 만남을 피했다. 이에 당황한 영국 측은 해리 홉킨스에게 도움을 청했다. 그러나 홉킨스도 대통령에게 직접 의견을 전달하는 일이 쉽지 않았다. 2월 3일 애나 베티거가 홉킨스의 방을 찾았을 때 그는 "애간장을 태우고 있었다. 그는 나에게 장황한 설명을 하면서 대통령이 아침에 처칠 수상과 긴 회동을 가져야 한다고 말했다....... 그는 대통령이 자신에게 이러한 역할을 맡도록 했다는 다소 모욕이 섞인 말을 하고, 이 일을 좋아하건 그렇지 않건 자신은 이 일을 해야 하며, 회담이 시작되기 전에 대통령이 처칠 수상과 사전 조율을 하는 것이 절대적으로 필요하다고 말했다."라고 일기에 적었다. 그러나 홉킨스의 설득은 애나에게 큰 영향을 미치지 못했다. 그녀는 대통령이 스스로 자주 말한 것처럼 "이런 식의 진행은 우리 러시아 형제들에게 불신을 불러일으킬 수 있다."고 지적했다.

스탈린의 신뢰를 얻으려는 루스벨트의 노력은 영국 측 제안에 대한 전적인 반대를 의미하지는 않았다. 오히려 첫 회담에서 루스벨트는 영국 측이 강하게 지지하는 아이디어를 스탈린으로 하여금 받아들이도록 설득했다. 그 아이디어란 독일에 프랑스가 점령하는 별도의 지역을 설정하는 것이었다. 루스벨트는 마지못해 프랑스의 힘을 복원하는 데 동의하는 입장인 것처럼 보이려고 노력했고, 미래에 분쟁이 발생하면 20만 명의 프랑스 군대가 영국이 자국 군대를 소집할 때까지 독일을 저지하는 역할을 할 수 있다고 말했다. 루스벨트는 영국 측과 그들의 대리인인 샤를 드골(Charles de Gaulle) 장군을 조롱하면서 영국 측 안을 스탈린에게 설득하는 이중 플레이를 했다. "드골은 자신을 영적인 지도자로는 잔 다르크와 비교하고, 정치 지도자로는 클레망소(Georges Clemenceau)*와 비교하지요."라고 루스벨트는 비꼬듯이 스탈린에게 말했다. 스탈린은 독일 점령에 프랑스가 참여하는 문제에 대해서는 회의적이었으나 드골에 대해서는 동의했고, 그런 와중에도 루스벨트의 반영국적 언사를 놓치지 않았다. 루스벨트의 발언, 즉 "영국 측이 케이크를 자르고, 또한 그것을 직접 먹으려고까지 한다"는 말은 소련 측의 회담록에 기록되었다.

스탈린은 리바디아 궁에서 루스벨트가 베푼 환대를 감사하게 생각했다. 스탈린은 다음 날 200개의 레몬이 달린 레몬나무를 배달함으로써 자신의 사려 깊은 배려를 과시했다. 이 행위는 두 사람의 만남 중 루스벨트가 좋은 마티니는 레몬을 짜 넣어야 한다는 말에 대한 스탈린의 반응이었다(루스벨트는 드라이 마티니를 스탈린에게 대접했었다). 스탈린은 손님을 초대한 주인의 역할을 했고, 이 배역을 즐겼다. 후에 스탈린은 일부 손님에게는 선물과 배려를 주지 않고 또 다른 손님에게는 그것을 쏟아붓는 식으로 협상력을 높이려고 했다. 루스벨트는 스탈린이 끝까지 배려하는 대상으로 남았지만, "당신의 주머니에서 1코페이카 동전도 훔쳐가는" 처칠은 그렇지 못했다.

---

* **조르주 클레망소** 1906~1909년과 1917~1920년까지 두 번에 걸쳐 프랑스 수상을 역임했다. 제1차 세계대전을 승리로 이끈 후 독일로부터 알자스-로렌 지역을 양도받아 합병했고, 독일의 재무장을 막는 조치를 취했다.

얄타회담 전체 회의 원탁 첫 줄에 앉는 인물은 회의 주제에 따라 달라지는데, 세 나라의 지도자와 외무장관, 통역관은 늘 원탁의 앞자리에 앉았다. 스탈린의 왼쪽에 외무차관 이반 마이스키, 그 옆에 안드레이 그로미코가 앉아 있고, 그 옆이 윌리엄 레이히 제독이다. 루스벨트의 오른쪽에는 스테티니어스, 왼쪽에는 찰스 볼렌이 앉아 있다. 오른쪽에 서 있는 사람(고개를 약간 숙임)은 영국 외무장관 앤서니 이든이다.

얄타회담 개회식에서는 이후 회의 진행 계획이 세워졌다. 외무장관이나 실무팀의 회담과 다르게 모든 공식 회담에는 3거두가 참여했다. 이들 사이의 논의를 위한 공동 토론의 장도 마련되었다. 매일 회담은 오후 늦은 시간인 4시에 통상 시작되어 초저녁까지 이어졌고, 루스벨트가 항상 사회를 맡았다.

직사각형의 무도회장 끝에 마련된 원탁은 3국 대표단에게 거의 같은 면적을 제공했다. 테이블의 첫 줄 좌석 뒤로 둘째, 셋째 줄 좌석들이 마련되어 보좌관들이 각 지도자의 뒤편에 자리를 잡았다. 때로는 특별 세션의 회담 의제에 따라 첫 줄에 앉는 인물이 바뀌기도 했지만, 외무장관과 통역관을 위한 자리는 항상 배치되었다. 미국 측 통역은 국무부의 오랜 '러시아 전문가'인 찰스 볼렌이 맡았고, 영국 측은 모스크바 영국대사관의 무관인 아서 허버트 버스 소령이 맡았다. 소련 측은 외무차관인 이반 마이스키가 통역을 맡았는데, 때로 몰로토프의 보좌관이자 통역사인 블라디미르 파블로프가 도움을 주었다.

레이히 제독, 번스 대법관, 알렉산더 카도간, 소련 외무부의 또 다른 차관인 안드레이 비신스키(Andrey Vyshinsky), 워싱턴과 런던 주재 소련대사인 안드레이 그로미코와 표도르 구세프(Fedor Gusev), 모스크바 주재 영국대사 아치볼드 클라크 커 경과 미국대사 애버럴 해리먼도 원탁에 앉았다. 각국 대사들은 외무장관들의 오찬 미팅에도 참석했다. 회담 둘째 날부터 외무장관 오찬 미팅이 본회의 전에 열렸고, 그 자리에서는 3거두가 외무장관들에게 논의를 맡긴 주제가 토의되었다.

통역관들은 다른 대표단 일원들과 함께 본회의, 외무장관 회의, 3거두 간 개별 미팅의 대화를 기록했지만, 얄타회담의 공식 회의록은 존재하지 않는다. 각국 대표단의 회의 기록을 조율하려는 노력은 최소한에 그쳤고, 회담 시작과 종료 시간 기록에 대한 합의만 이루어졌다. 오늘날 우리가 회담 진행 상황과 회담 참가자들의 실제 발언 내용에 대해 알고 있는 것은 찰스 볼렌, 앨저 히스(Alger Hiss), 프리먼 매튜스(H. Freeman Matthews)가 광범위하게 기록하여 1955년 처음 출간한 책에 의존하고 있다. 소련 측은 이보다 덜 자세한 회담 기록을 1960년대부터 출간하기 시작했다. 영국 측의 회담 기록은 원고로 보관되어 있는데, 이 원고의 축약본이 회담 후 소량 출판되었다. 각국 대표단이 기록한 회담 내용을 비교해보면 우리는 얄타에서 실제로 일어난 일에 대해 좀 더 나은 그림을 그릴 수 있다. 하지만 이 기록에는 각국 통역관과 상관들의 입장에서 발생하는 오해도 자주 드러난다.

3거두가 리바디아 궁전의 무도회장에 동시에 모임으로써 각국 대표단 멤버들은 외교관으로서 지도자의 능력과 협상가로서의 스타일을 평가할 수 있는 기회를 갖게 되었다. 영국 측은 루스벨트의 악화되는 건강 상태가 지도자로서 그의 능력에 어떤 영향을 미치는지에 큰 관심을 가졌다. 휠체어를 탄 루스벨트 대통령은 늘 제일 먼저 회담장에 들어왔다. 그를 원탁 의자에 옮겨 앉게 하는 일은 쉽지 않은 과정이었고, 그는 늘 다른 참가자들이 입장하기 전에 이 일을 마치려고 의식적인 노력을 기울였다. 카메라맨들은 루스벨트의 신체적 장애를 보여주는 부분을 찍지 않기로 묵계를 정했으며, 이에 따라 세상 사람들은 세계 최강대국의 지도자가 얼마나 큰 신체장애를 겪고 있는지 알 수 없었다.

첫날 회담이 끝나고 모랜 경은 "만찬 후 대통령의 숙소에서는 회담에 관한 많은 얘기가 오갔다."라고 일기에 적었다. "모든 사람은 루스벨트 대통령이 체력적으로 많이 쇠약해졌다는 생각을 하는 듯했다....... 그는 토의에 거의 끼어들지 않았고, 입을 벌린 채 앉아 있었다. 때로 그는 논의되는 내용을 제대로 파악하지 못하는 경우가 있더라도 기민하게 그 상황을 무마했는데, 이제는 그 같은 기민성도 사라지고 아무것도 남지 않았다고들 얘기했다." 그러나 이와 반대로 카도간은 지난번 보았을 때보다 대통령이 좀 더 건강해 보였지만 "이전보다 말하는 것이 뚜렷하지 않았다."고 기록했다.

반면, 처칠은 그 어느 때보다 활동적이고 에너지가 넘쳐 보였다. 첫 회담이 시작될 때쯤 그는 몰타에서 좋지 않던 건강을 완전히 회복했다. 첫날 오후 진행된 회의 내내 그는 적극적으로 토의에 참여하면서 여러 가지 문제에 대해 미국과 영국의 공동 입장을 제기했다. 그는 수십 년 동안 의회에서 논의한 경험으로 갈고닦은 토론 실력과 비상한 수사적 기법으로 무장한 채 토론에 바로 뛰어들 준비가 되어 있었다. 처칠이 자주 논의에 적극적으로 개입하는 모습은 영국 대표단의 일부 일원에게 큰 인상을 남겼다. 앤드루 커닝햄(Andrew Cunningham) 제독은 회담 첫날 처칠의 긴 발언을 "멋진 연설"이었다고 회고록에 썼다.

　이에 비해 다른 사람들은 처칠로부터 그렇게 큰 인상을 받지 못했다. 미국 대표단은 처칠이 너무 길게 얘기한다는 느낌을 받았다고 캐슬린 해리먼은 기록했다. 또 "체스판 같은 원탁에서 수상이 무언가를 얘기하고 다른 사람들은 들었지만, 일반적인 대화에 불과했다."라고 회고했다. 찰스 볼렌은 처칠의 주장이 "늘 논리 정연했으며 종종 감정적 호소를 기반으로 했지만" 스탈린에게는 큰 영향을 끼치지 못했다고 회고했다. 카도간은 처칠의 주치의인 모랜 경에게, 스탈린이 처칠의 "연극배우 같은 연설 방식"을 좋아하지 않는 것 같고, 처칠이 큰 제스처를 써가며 "눈에 눈물을 머금고" 얘기할 때 그의 말에 동의하지 않는다는 표정으로 처칠을 쳐다보았다고 했다. 카도간의 상관인 앤서니 이든은 "처칠은 말하기를 좋아한다. 그는 남의 얘기 듣기를 좋아하지 않고, 자신이 말할 차례가 돌아올 때까지 기다리지를 못한다. 외교 게임에서 전리품은 열심히 토론하기를 좋아하는 사람에게 꼭 돌아가지는 않는다. 스탈린은 때로 그가 하고 싶은 대로 하도록 내버려두었다."라고 회고록에 적었다.

　결과적으로 첫날 회담에서 주도적으로 부상한 인물은 스탈린이었다. 카도간은 스탈린의 건강 상태가 좋고 사기도 충만했다고 회고했다. "스탈린은 좋아 보였어요. 머리는 좀 더 허옇게 센 듯했지만 건강은 아주 좋아 보였어요."라고 그는 보론초프 궁전에서 아내에게 보내는 편지에 적었다. 미 공군의 로런스 쿠터(Laurence S. Kuter) 소장처럼 스탈린을 처음 만나 본 미국 대표들은 "높지 않은 목소리 톤과 강압적 인상이 없는 평범한 어조로 이야기하는 것을 듣고" 놀랐다. 쿠터는 스탈린에 대해 훗날 이렇게 회상했다. "단순하고 명료하게 말했다. 그를 보고 그가 말하는 것을 듣고 있으면 권위가 넘치는 인물이라는 데 의문의 여지가 없지만, 그가 어떻게 그런 권위를 얻었을까 싶어 그의 자세와 행동거지를 살펴보아도 실마리를 찾을 수 없었다."

스탈린의 협상 기술을 오래 지켜본 사람들도 쿠터의 말에 동감했다. 앤서니 이든은 "그는 단어 하나도 낭비하지 않는다. 절대 흥분하는 법이 없고, 초조해하는 경우도 거의 없었다."라면서 "그는 눈을 내리깔고, 차분하게, 절대 목소리를 높이는 법이 없이, 듣고 있으면 부아가 치미는 몰로토프식의 반복적 부정 어법을 피했다. 좀 더 교묘한 방법으로 고집이 센 것처럼 보이지 않으면서 자신이 원하는 것을 얻었다."라고 썼다. 이든은 오랜 외교관 생활을 통해 만난 사람들 중 스탈린이 가장 힘든 협상가라 생각했고, 자신이 협상팀을 꾸린다면 스탈린을 첫 번째로 선택할 것이라고 말했다.

스탈린은 분명히 인상적인 인물이지만, 모든 공로를 그의 협상 기술 덕으로 돌릴 수는 없다. 소련의 첩보 능력 덕분에 그는 전쟁 중인 동맹국 지도자들을 만날 때 언제나 준비가 잘 되어 있었다. 1월 23일과 28일 소련의 첩보 책임자인 베리야는 스탈린에게 미국과 영국의 협상 전략에 대해 브리핑했다. 두 번째 브리핑에서는 영국 측의 계획에 대해 설명했음이 틀림없다. 왜냐하면 그 전날, 외국 정치 정보를 다루는 비밀경찰이 얄타회담에서 영국 대표단의 협상 전략을 담은 문서의 러시아어 번역본을 스탈린에게 제출했기 때문이다.

런던에서 활동 중인 소련 비밀경찰이 획득한 문서 덕에 베리야는 스탈린에게 처칠의 의도를 완벽히 설명할 수 있었다. 이 문서는 독일 분할, 폴란드 문제, UN에서 채택될 표결 방식, UN에 소련공화국들이 회원국으로 참가하는 문제 등 모든 논점에 대한 영국 측의 입장을 담고 있었다. 스탈린은 마음만 먹으면, 1944년 11월 27일 앤서니 이든이 표지에 서명을 한 독일 분할 문제에 대한 영국 측 문서 전체를 낭독할 수 있었는데, 얄타회담 준비를 위해 영국 외무부가 준비한 수많은 다른 문서도 마찬가지였다. 스탈린은 영국 측에서 어떤 문제를 중시하는지, 그 문제를 어떤 방식으로 제기할지, 또 미국 측이 어떤 문제를 제기할지에 대해서도 미리 알고 있었다. 소련 측은 미국과 영국이 어떤 문제에서 의견이 일치되고, 어떤 문제에서 이견이 있는지도 다 파악하고 있었으며, 나아가 모든 의제에 대해서 그들이 어떤 식으로 스탈린에게 접근할지도 꿰뚫고 있었다.

제2차 세계대전 중 소련의 첩보 수집은 소련 첩보기관의 활동 가운데서 가장 성공적인 작전으로 평가된다. 침투자들은 수백 종의 비밀문서를 탈취해가며 몇 년간 발각되지 않고 일했다. 1944년 런던 경찰은 행동이 의심스러워 보이는 두 명의 남자를 주목했다. 한 명은 대형 가방을 들고 있었다. 순찰을 돌던 경찰은 가방 안에 훔친 물건이 들어 있을 수 있다고 생각하여 가방을 열어보라고 했다. 그러나 가방에는 경찰의 관심을 끌 만한 물건은 없고 온통 종이 뭉치로 가득 차 있었다. 경찰은 그들에게 계속 회합을 하도록 허락했다. 대형 가방을 들고 있던 사람은 영국 외무부의 공보 부서에서 직원으로 일하는 가이 버제스(Guy Burgess)였다. 그리고 그와 함께 있던 사람은 소련 외교관으로 위장하여 근무하던 비밀경찰 장교 보리스 크로텐실트(Boris Krötenschield)(가명 크로토프Krotov)였다. 그때 가방 안의 서류는 버제스가 다른 부서에서 빌린 문서들이고, 사진 촬영을 위해 비밀경찰에게 전달되던 중이었다. 1945년 전반 그는 수백 종의 외무부 문서들을 소련 정보 요원들에게 전달했고, 이 가운데 389개의 문서는 '일급비밀'로 분류된 것이었다.

가이 버제스는 이른바 '케임브리지 5인방' 중 한 명이다. 이 그룹은 소련을 돕는 일을 함으로써 파시즘을 막을 수 있고 마침내 세계혁명의 기치를 세울 수 있다고 믿은, 이상주의에 취한 젊은이들로서 모두 케임브리지대학교 졸업생이었다. 이 그룹의 모든 멤버들, 즉 버제스, 도널드 매클린(Donald Maclean), 해럴드 에이드리언 러셀 킴 필비(Harold Adrian Russell "Kim" Philby, 앤서니 블런트(Anthony Blunt), 존 케인크로스(John Cairncross)는 정보

가이 버제스
케임브리지대학교 출신으로 영국 외무부
에서 근무하며 소련을 위해 첩보 활동을
했다. 그를 포함하여 이른바 '케임브리지
5인방'은 소비에트연방을 돕는 첩보 활동
을 함으로써 세계혁명의 기치를 세울 수
있다고 믿었다. 사진은 1935년 24세 때의
모습이다.

기관이나 외무부에 근무하면서 소련에 영국의 군사·정치 기밀을 전달할 수
있는 위치에 있었다.

1934년부터 영국 외무부에서 근무한 매클린은 1944년 봄 워싱턴의 영
국대사관에 1등서기관으로 부임한 뒤 소련 요원들에게 기밀 정보의 황금 광
맥을 제공했다. 그는 해방된 유럽의 정치·경제 문제를 다루는 미영합동위원
회의 사실상 주무 외교관 역할을 하면서 전쟁의 종결과 관련된 가장 예민한
문서의 일부에 접근할 수 있었다. 그는 1944년 퀘벡에서 루스벨트와 처칠이
협의한 내용의 요약본과 함께 스탈린이 큰 관심을 갖고 있는 문제에 대해 두
사람이 교환한 편지의 사본도 소련 요원들에게 전달했다. 그뿐 아니라 서부
전선에서 펼칠 군사전략을 둘러싸고 미국과 영국 사이에 발생한 이견에 대
해서도 보고했다.

제2차 세계대전 중 소련 첩보기관의 수장 가운데 한 사람인 파벨 수도플

라토프(Pavel Sudoplatov)는 훗날 회고하기를, 소련 비밀경찰이 획득한 정보를 얄타회담 전에 분석한 소련 측은 연합국이 전후 유럽에 대한 포괄적인 계획을 갖고 있지 않으며 폴란드와 체코슬로바키아 망명정부가 권력을 잡아야 한다는(수도플라토프는 연합국의 이런 생각을 순진하다고 여겼다) 것 외에는 유럽에 대한 공통된 입장도 없다고 결론을 내렸다 한다. 그래서 소련은 런던으로 피신한 망명정부의 일부 인사가 고국에 돌아와 소련이 구성해놓은 정부에서 몇몇 자리를 맡도록 한 자신들의 유연한 정책이 해방된 유럽에서 "영향권의 공정한 분할"을 보장한다고 전제했다. 소련의 정보 관리들은 협상 테이블에 앉은 지도자들의 개인적 특성을 분석하는 데도 열을 올렸다. 수도플라토프는 스탈린이 기밀 정보보다 그쪽에 더 관심이 많았다고 회고했다. 3거두는 서로 다른 이상과 목표, 상대의 목적에 대한 추정과 정보를 가지고 얄타에 도착했다.

Chapter 06

겨울 공세

루스벨트 대통령은 2월 4일 오후에 개최된 개회식에서 기분이 들떠 있었고 낙관적이었다. 그는 스탈린이 베푼 따뜻한 영접에 먼저 감사하다고 전하면서 연합국 사이에 상호 신뢰와 이해가 증진되고 있음을 강조했다. "소련군이 독일 영내로 25km를 진격했을 때 소련 국민이 미국민이나 영국민보다 더 기쁨을 느꼈다고 말하기 힘들 정도로 우리 역시 기뻤습니다." 바야흐로 연합국 사이의 관계에 새로운 장이 열리고 있었다. 훗날 처칠은 향수에 젖어 이렇게 회상하기도 했다. "우리는 세계를 우리 발아래 두고 있었다. 2,500만 명의 병사들이 우리의 명령을 받고 땅과 바다에서 전진하고 있었다. 우리는 서로 친구가 된 것처럼 느꼈다."

얄타회담의 1차 전체 회의는 군사 문제만 집중 논의하기로 예정된 특별한 회의였다. 그에 따라 이 회담에는 많은 군지휘관들이 참석했는데, 이들은 처음이자 마지막으로 전체 회의에 참석했다. 처칠이 가장 총애하는 장군인 해럴드 알렉산더 육군 원수, 합동참모본부의 유능한 의장인 앨런 브룩 육군 원수(알렉산더에 대해 개인적으로 아주 비판적이었다), 영국 공군 사령관이며 야간 독일 폭격 전술을 강력히 지지하는 찰스 포털(Charles Portal) 공군 원수, 1943년 이탈리아 해군의 항복을 받아낸 해군 사령관인 앤드루 커닝햄 해군 제독이 처칠과 함께 자리에 앉았다.

　미군 대표단은 미군 총사령관인 조지 마셜 원수가 이끌었다. 그는 전쟁 중 미 병력의 획기적 강화와 현대화를 설계했고, 가장 중요한 전략가였다. 영국 동맹군에 대해 늘 회의적 태도를 보이는 해군 사령관인 어니스트 킹 제독과 합참 부의장인 로런스 쿠터 공군 소장도 회의에 참가했다. 마셜 원수는 레이히 제독을 제외하면 얄타에서의 경험을 회고록으로 남긴 유일한 군지휘관이다. 두 연합군 대표단은 동료들을 외교 전투로 이끈 자신들의 공식·비공식 사령관*과 함께했다. 캐슬린 해리먼은 군지휘관들 중에서 마셜과 포털이 두드러져 보인다는 소문이 돌았다고 기록했다.

　소련군 대표단에는 최고위 군지휘관이 포함되어 있지 않았다. 서방에 잘 알려진 게오르기 주코프, 콘스탄틴 로코솝스키(Konstantin Rokossovsky), 이반 코네프(Ivan Konev), 알렉산드르 바실렙스키(Aleksandr Vasilevsky)는 독일 전선에서 소련군의 공격을 지휘하느라 바빴다. 소련 군사대표단은 소련군 합동참모본부의 부위원장이며 뛰어난 군사전략가인 알렉세이 안토노프(Aleksei Antonov)가 이끌었다. 소련 공군 부사령관인 세르게이 후댜코프(Sergei Khudyakov)와 소련 해군 담당 인민위원인 40세의 니콜라이 쿠즈네초프(Nikolai Kuznetsov) 제독이 안토노프를 수행했다. 이 두 사람은 1930년대 말 벌어진 소련군 수뇌부 대숙청 덕분에 고속 승진을 하게 되었다. 이들에게 얄타회담은 서방의 파트너를 만나고 본인의 능력을 가늠해볼 수 있는 처음이자 유일한 기회였다.

　정치 문제 보좌관들은 첫 회의에서 제외되었다. 처칠은 루스벨트에게 자

---

* **공식·비공식 사령관**　공식 사령관은 루스벨트, 비공식 사령관은 처칠을 가리킨다. 미국은 대통령인 루스벨트가 군 통수권자이지만, 영국은 국왕이 군대의 수장이므로 처칠을 비공식 사령관이라고 칭한 것이다.

신은 주로 군지휘관들을 데려올 것이라고 통고하면서 "군사 기밀이 논의될 것이기 때문에 회의가 소규모로 열릴 필요가 있다"고 덧붙였다. 루스벨트 대통령도 해리 홉킨스와 제임스 번스를 제외하기로 했다. 번스는 전쟁동원부 장관이기는 했지만 정치 자문관으로서 얄타에 왔다. 육필로 작성된 미국인 초청 명단에 번스의 이름은 괄호 안에 들어가 있었고, "예비(on polit)"라고 적혀 있다가 가위표가 쳐졌다. 이는 '군사 기밀'에 대한 논의가 끝난 뒤 정치적 의제가 전면에 부상하면 번스를 회의에 부른다는 의미였다. 회의가 시작되고 45분 후에 회담장으로 오라는 연락을 받은 번스는 문 앞에서 호출되기를 기다렸다. 그는 거기서 선 채로 45분을 기다렸지만 허탕을 쳤고, 화가 나고 모욕감이 든 나머지 자기 방으로 돌아가버렸다.

그날 늦게 번스는 대통령의 딸에게 불만을 쏟아놓았다. "그의 눈에서 불길이 뿜어져 나오고 있었다. 만약 국내였다면 그는 군사 문제와 정치 문제 모두에 자문을 했을 것이다. 그러나 여기서 그는 그렇게 중요하게 여겨지지 않았다. 그는 대통령에게 일하러 이곳에 왔지 자동차 여행하러 온 것이 아니라고 말했다."라고 애나는 일기에 적었다. 번스는 대통령의 만찬 초대를 거절하고 비행기를 불러 귀국하겠다고 어깃장을 놓았는데, 해리먼이 그에게 생각을 바꾸라고 설득했다. 해리먼은 장차 대통령을 꿈꾸고 있는 그에게 다음과 같이 경고했다. "만일 지금 귀국한다면 당신은 쫓겨난 사람 취급을 받을 것입니다. 미국 국민들은 당신을 될 대로 돼라 식으로 처신하는 사람이라 여길 거예요." 번스는 회고록 『솔직히 말한다(Speaking Frankly)』에서 이 사건을 언급하지 않았다. "이것은 내 식으로 표현하자면, 회담의 열기가 달아올랐을 때 벌어진 극적인 한 사례다. 모든 사람이 모든 회의에 참가하고 싶어 했다. 그래야 자신이 중요한 존재라고 느낄 수 있기 때문이다."라고 해리먼은 기록했다.

전쟁 중의 외교에서는 지상에 가장 많은 병력을 둔 나라가 제일 큰 목소리를 갖게 되는 법이다. 소련군의 신속한 진격으로 스탈린은 얄타에서 특별히 우월한 입장에 설 수 있었다. 서방 연합군이 아르덴 전선의 실패를 만회하고 베를린에서 600km 정도 떨어진 라인 강 도하작전을 계획하고 있을 때, 소련군은 강력한 겨울 공세를 시작하여 나치 수도의 지근거리까지 진격했다. 1월 12일 공세를 시작한 후 소련군은 독일군의 방어선을 뚫고 일부 지역에서는 500km를 진격했다. 그 결과 베를린에서 불과 70km밖에 떨어지지 않은 오데르 강 서안에 교두보를 구축했다. 소련군은 독일군 45개 사단을 격파하고 10만 명 가까운 독일군 포로를 잡았다.

전황을 보고하던 안토노프 장군은 일반적으로 벌지 전투(Battle of the Bulge)로 알려진 아르덴에서 큰 희생을 치른 연합군의 부담을 덜어주기 위해 소련군이 예정보다 일주일 앞당겨 공세를 시작했다고 주장했다. 원래 소련군의 겨울 공세는 1월 말로 예정되어 있었다. 그러나 독일군의 반격을 받은 연합군을 돕기 위해 소련군은 1월 말까지 날씨가 좋아지기를 기다리지 않고 악천후에도 불구하고 작전을 개시했던 것이다. 쿠즈네초프 제독은 회고록에서 "연합군에게 우리의 공세가 미군의 패배를 막아주었다는 점을 상기시켜 줄 필요가 있었다."라고 썼다. 이것은 소련 측이 협상 테이블에서 주도권을 잡기 위해 사용한 논리였다.

처칠이 소련군의 "막강한 전력과 성공적인 공세"에 대해 감사를 표하자, 스탈린은 재빨리 공치사를 받아들였다. 그는 "처칠과 루스벨트 누구도 소련군이 공격해주기를 내게 직접적으로 요청하지 않은 것에 대해 이해합니다." 라면서 "서방 연합군의 전술을 존중하지만, 연합군 측이 소련군의 공격을 필요로 한다고 생각했습니다. 더욱이 소련군은 이 공세를 예정된 시간보다 앞당겨 시작했지요. 소련 정부에게는 그렇게 할 책임이 없지만 공세를 감행하는 것이 우리의 의무이며 동맹으로서 의무라고 생각합니다."라고 말했다. 그

벌지 전투 1944년 12월 16일~1945년 1월 27일까지 연합군과 나치 독일군이 벌인 전투로, 아르덴 공세로 불리기도 한다. 독일군이 벨기에 아르덴 숲을 진격하여 기습해옴으로써 미군이 큰 피해를 입었다. 12월 23일 날씨가 좋아지면서 연합군도 공중폭격으로 반격을 시작하여 독일군에 결정적인 패퇴를 안겼다. 사진은 벌지 전투 당시 미군이 참호에서 독일군의 포격을 피하고 있는 장면이다.

리고 "이것을 언급하는 이유는 공식적 의무를 수행하는 일 그 이상을 하고, 스스로 생각하는 도덕적 의무를 수행한 소련 지도자들의 정신을 강조하기 위해서"라고 덧붙였다. 처칠과 루스벨트는 선의를 베푼 소련의 지도자에게 사의를 표해야 할 의무를 느꼈고, 자신들이 왜 직접 도움을 요청하지 않았는지를 설명했다.

소련군 총참모본부가 1944년 11월부터 준비한 총공세는 원래 1945년 1월 20일로 예정된 작전이었다. 그러나 이 작전은 기상 조건이 극히 좋지 않은 가운데 1월 12일 시작되었다. 소련군 제1전선군 사령관인 이반 코네프 원수의 말에 따르면, 제1전선군은 비스와 강(Vistula) 우안의 산도미에스

(Sandomierz)에 구축한 교두보에서 공세를 준비했는데, 1월 9일 안토노프 장군으로부터 예정보다 앞당겨 공세를 시작하라는 연락을 받았다고 했다. 그에게 전달된 명령 수정 이유는 "아르덴에서 심각한 상황에 봉착한" "연합군의 요청"이었다. 같은 명령이 독일군과 대치하고 있던 다른 전선의 군사령관들에게도 전달되었다. 그들 중 한 명인 제2전선군 사령관 콘스탄틴 로코솝스키 원수의 회고록에 따르면, 사령관들은 갑작스런 작전 계획 변경에 놀랐지만 공세 준비를 서둘러서 보충 병력이 도착하기를 기다리지 않고 공격을 감행했다. 그래서 원래의 작전 계획보다 포병의 포격에 과도하게 의지해야만 했다. 하지만 이 도박은 좋은 결실을 거두었다. 700km나 펼쳐진 전선의 일부 지역에서 맞는 악천후는 오히려 공격하는 부대에 유리하게 작용했다. 왜냐하면 눈폭풍이 공격하는 소련군을 엄호하는 격이라 독일군의 눈에 거의 띄지 않기 때문이다.

안토노프가 내린 명령의 문제점은 공세를 앞당겨달라는 연합군 측의 요청이 없었다는 점이었다. 처칠은 1월 6일 스탈린에게 쓴 전보문에서 "서부전선의 전투 상황이 심각하기 때문에 최고사령관은 언제든 큰 결정을 내려야 할 수도 있습니다."라고 밝혔다. "당신은 스스로의 경험을 통해 공세에서 패배한 후 넓은 전선을 방어하는 것이 얼마나 힘든 일인지 잘 알 것입니다. 아이젠하워 장군은 당신이 어떤 계획을 세웠는지를 알고 싶어 하고, 또 알 필요가 있습니다. 왜냐하면 여기에 그와 우리의 주요 결정이 달려 있으니까요······. 우리가 1월 중 비스와 강 쪽의 전선이나 다른 곳에서 소련군의 주공세를 믿고 있어도 되는지 알려주시고, 그 외 언급하고 싶은 사항을 알려주시면 감사하겠습니다. 나는 상황이 아주 긴박하다고 생각합니다."

이 글은 도움을 요청하는 내용이 아니라 작전 계획에 대한 문의였고, 스탈린도 그 점은 얄타에서 인정했다. 1월 6일에 연합군은 독일군의 반격을 아르덴에서 저지하는 데 성공했고, 몽고메리 원수가 반격을 개시한 지 사흘째였다. 처칠의 메시지가 1월 7일 저녁 스탈린에게 전달되었을 때, 히틀러는 이미 아르덴에서 독일군 병력을 철수하라고 명령을 내린 상태였다. 스탈린은 소련군이 1월 하순 전에 주공세를 펼칠 것이라고 알렸다. "우리는 공격을 개시할 것입니다. 그러나 기상 상황이 좋지 않습니다."라고 스탈린은 1월 7일 처칠에게 보낸 전보에서 말했다. "서부전선에서 연합군이 당면한 상황을 고려하여 소련군 총참모본부는 공격 준비를 가속화하고, 날씨에 관계없이 1월 하순 전 중부 유럽의 전 전선에 걸쳐 총공세를 펼칠 것입니다."

스탈린은 예정대로 1월 20일 또는 그 이후에 공세를 펼치는 것에 대해 연합군에게 제공하는 호의로 포장할 준비가 되어 있었다. 처칠은 스탈린의 답신에 만족했다. "당신이 보내준 소식은 아이젠하워 장군에게 큰 격려가 될 것입니다. 왜냐하면 독일군 증원 병력이 불타오르는 두 전선으로 나뉠 것이라는 확신을 갖게 되었으니까요."라고 처칠은 회답을 보내며 "서부전선의 전투 상황은 그렇게 나쁘지 않습니다."라고 언급했다. 이렇게 해서 문제는 일단락된 것처럼 보였다. 그러나 이러한 메시지 교환은 스탈린 측에서 벌이는 치밀한 선전 공세의 시작으로 드러났다.

소련 지휘관들의 회고록을 통해 판단하건대, 1월 7일에서 9일 사이에 스탈린은 공격 날짜를 1월 12일로 앞당기기로 결정했다. 학자들은 스탈린이 이런 결정을 내리게 된 배경을 두고 의견이 엇갈린다. 스탈린이 얄타회담 시작 전에 최대한 많은 영토를 점령하려고 했다는 설부터 날짜를 앞당기지 않고 원래 예정대로 할 경우 따뜻한 날씨에 비라도 내리면 도로가 진창이 되어 진격로로 쓸 수 없으므로 소련군의 진공을 더디게 할 우려가 있기 때문이라는 설까지 다양하다. 일부 학자는 소련군이 1월 10일경 이미 공세 준비를 기본적으로 완료해놓았다고 보며, 로코솝스키 같은 지휘관은 갑작스런 작전 변경에 불만을 토로하기도 했지만, 코네프 등 다른 장군들은 훗날 "이 작전 변경에는 우리에게 초래한 어려움을 축소하거나 과장하려는 의도가 없었다."

라고 한 사실을 지적한다. 주코프는 좀 더 이른 날짜에 공세를 시작한다고 해도 아무 문제가 없다고 보았다. 아마도 일부 부대는 다른 부대보다 먼저 공격 준비를 마친 상황이었을 터다. 모든 사실을 종합해 볼 때 스탈린은 일을 서두르기로 결정했다. 새로운 공격 날짜에 대해 불평하는 사람들을 잠잠하게 만들고 소련군의 사기를 북돋우기 위해 스탈린은 연합군이 도움을 청한다는 사실을 언급하며 장군들에게 거짓말한 것이다.

스탈린의 결정을 촉진한 것은 처칠의 전보만이 아니었다. 1944년 여름 스탈린은 바르샤바를 점령하지 않고 서방 연합국 측이 여러 번에 걸쳐 폴란드인들을 도와달라는 요청을 무시한 채 독일군이 폴란드 저항군을 살육하도록 방치했다. 1월 7일 처칠이 쓴 편지를 받은 스탈린은, 소련이 바르샤바 봉기를 지원하지 않음으로써 손상된 연합국 측과의 신뢰 관계를 개선시킬 기회라고 생각했다. 소련군의 겨울 공세가 시작되고 사흘 후, 스탈린은 모스크바를 방문 중인 연합군 부사령관이자 영국의 공군 사령관 아서 테더(Arthur Tedder) 원수에게 자신이 왜 그 같은 결정을 내렸는지 설명했다. "우리는 아무런 동맹 조약을 맺지 않았지만 동지입니다. 서로 어려울 때 돕는 것은 당연한 일이고, 스스로에게도 이로운 정책이지요. 내가 옆으로 물러서서 독일군이 당신들을 괴멸하는 상황을 방관만 하는 것은 바보 같은 일입니다. 독일군이 당신들을 해치운 다음에는 우리에게 총부리를 겨누겠지요. 이와 마찬가지로 독일 놈들이 우리를 멸망시키는 것을 막기 위해 당신들도 가능한 한 모든 일을 해야 합니다." 이러한 논리는 1년 뒤 몰로토프도 반복해서 사용했다. "히틀러가 연합군을 아르덴에서 괴멸하려고 할 때 우리는 독일군이 그렇게 하도록 놔두지 않았지. 연합군의 괴멸은 우리에게도 이롭지 않아."라고 친구에게 말했다. 스탈린이 실제로 서방 연합군을 자기가 구원했다고 믿었다는 것은 있을 법한 얘기다. 스탈린이 모종의 대가를 원한다는 것은 의심할 수 없는 사실이었다.

얄타회담 첫 회의에서 스탈린은 서방 지도자들과 군지휘관들에게 자신이 무엇을 더 도와야 하는지를 물었다. 그는 테더 원수가 요구한 사안을 언급한 것이었다. 테더는 스탈린에게 "3월 중순부터 5월 중순까지 훈족(히틀러)을 불안에 떨게 만드는 것이 가능한지요?"라고 물은 적이 있다. 그 당시 스탈린은 제한된 소련 병력을 투입하여 전술적 공격을 하겠다고 약속했다. 지금 그는 기상 조건이 허락하는 한 계속 공격할 것이라고 말하며, 이전의 입장을 수정했다. 이는 소련군의 기본 전략이었지만, 스탈린은 마치 연합군에 대한 선물처럼 제시한 것이다.

스탈린은 자신에게 더 요청을 하도록 밀어붙였다. 결국 커닝햄 제독이 이 미끼를 물었다. "그는 소련군이 전력을 기울여 도움을 주길 바란다면 연합군은 그것을 요청하기만 하면 된다고 말했다."라고 커닝햄은 회고록에 썼다. "그러나 아무도 우리가 필요한 것을 소련 측에 요청만 하면 된다는 사실을 깨닫지 못했다. 그래서 내 발언 순서가 왔을 때 나는 U보트 문제를 제기했다. 나는 용맹스런 소련군이 계속 밀어붙여 단치히(Danzig)(현 폴란드의 그단스크)를 점령한다면 해상에서 벌어지는 전쟁에 놀라운 기여를 할 수 있다고 스탈린에게 말하고 발언을 마쳤다." 커닝햄은 순진하게 계속 이어나간다. "이 제안은 큰 웃음을 불러일으켰고, 처칠 수상도 쾌활하게 웃었다." 루스벨트가 소련군의 포격이 단치히에 도달할 수 있겠냐고 연이어 묻자, 스탈린은 아직 포격 사정권 안에 있지 않지만 곧 그렇게 될 것이라 믿고 있다고 답했다. 스탈린은 이 도시가 소련군 수중에 떨어지게 되면 연합군에게 또 하나의 선물을 준 공로를 차지할 준비를 한 것이다. 단치히의 조선소는 연합군의 해상 작전에 큰 걸림돌인 독일 잠수함 건조의 30%를 담당하고 있었다.

스탈린은 서방 지도자들을 돕기 위해 전략적 이익이 없어도 소련의 병력을 희생할 준비가 되어 있는 동맹으로 자신을 보여줌으로써, 그 대가로 서방 측의 양보를 요구할 수 있는 위상을 확보했다. 이 회의에서 스탈린의 주목표는 연합군으로 하여금 서부전선에서 최대한 빨리 대공세를 펼치게 하는 것이었다. 이 목표는 안토노프 장군의 보고에도 분명하게 드러나 있다. 안토노프는 독일군이 이탈리아에 배치된 사단을 동부전선으로 이동시키는 것을 연합군이 막아주고, 연합군이 독일군의 보급선과 병력 이동을 막기 위해 베를린과 라이프치히의 주요 교통로에 공중폭격을 해주길 요청했다.

이 요청은 처칠이 마지막으로 한 번 더 영국군과 미군이 공동으로 류블랴나 계곡을 통해 아드리아해에서 빈(비엔나) 방향으로 진격하는 아이디어를 제시할 기회를 주었다. "연합군이 동부전선을 강화하는 것과 이탈리아에 남아 있는 것, 아니면 아드리아해를 통해 발칸반도로 진입하는 것 중에서 어느 쪽이 큰 도움이 될 수 있는지를 검토하는 작업이 중요하다고 생각합니다."라고 처칠은 말했다. 그러나 앨런 브룩 원수를 비롯한 어느 지휘관도 그의 질문에 반응을 보이지 않았다. 서부전선에서 어디를 다음 공격의 방향으로 삼아야 하는지에 대해 몰타에서 치열한 논쟁을 거친 영국군 수뇌부는 무리하지 않기로 했다. 스탈린은 회담 전 처칠과 회동할 때 아드리아해 방면의 작전 가능성을 제기받았지만 침묵을 지켰다. 처칠만 외롭게 남겨졌다. 아드리아해에서 새로운 전선을 결성하는 아이디어는 이렇게 공식적으로 사장되었다.

스탈린이 얄타에서 결정해야 했던 중요한 전략적 문제는 소련군이 베를린까지 계속 진격을 해야 하는 것인지, 아니면 오데르 강에서 진격을 멈추고 자신들이 점령한 지역의 지배권을 확실하게 만들어야 하는지였다. 안토노프 장군은 소련군의 전공戰攻에 대한 인상 깊은 보고를 했지만, 앞으로의 계획에 대해서는 자세한 설명을 하지 않았다. 앨런 브룩 원수는 일기에 "안토노프는 뛰어나게 명료한 보고를 했지만, 우리가 알고 있지 못하던 새로운 사실은 별로 없었다."라고 적었다. 알렉산더 카도간도 같은 인상을 받았다.

소련군은 진격하면서 그때그때 계획을 세웠기 때문에 회담에서 자신들의 계획을 말하고 싶어도 딱히 해줄 수 있는 말이 많지 않았다. 스탈린과 군지 휘관들은 회의가 끝난 뒤에는 밤늦도록 긴 토론을 했다. 쿠즈네초프 제독은 아침 10시 유수포프 궁전에 도착하여 해군 작전 상황에 대해 안토노프에게 보고했으며, 그리고 나면 안토노프가 11시에 스탈린에게 보고했다고 회고했다. 그는 두 번째 일일 보고를 밤 9시나 10시쯤에 했다. 그런 다음에 스탈린은 지휘관들과 전장 상황을 논의하고 필요한 명령을 내렸다.

소련군 작전 수립자들이 당면한 가장 큰 문제는 동프로이센과 포메라니아(Pomerania)에 있는 독일군의 계속된 저항이었다. 공세를 시작하기 전 소련군은 독일군을 속이는 데 성공하여 주공격이 동프로이센과 헝가리 방향이라고 믿게 만들었다. 그러나 실제로 소련군 주력 부대는 중앙 부분에 집결하여 베를린 방향으로 주공세를 펼쳤다. 주코프는 이 성공한 전략의 수혜자이자 희생자가 되었다. 로코솝스키 원수가 이끈 벨라루스 제2전선군은 동프로이센과 포메라니아에서 독일군의 거센 저항을 받아 주코프의 벨라루스 제1전선군과 같은 속도로 진격할 수 없었다. 1월 25일 스탈린은 보안이 된 고주파 전화기로 주코프에게 전화를 걸어 현 위치에서 진격을 멈추고 주코프 부대의 우측방에 있는 로코솝스키의 부대가 따라잡을 때까지 기다리라고 명령했다. 그러나 주코프는 공세를 계속해야 한다고 주장했다. 그렇게 해야만 독일군에게 기습을 가할 수 있고, 독일군이 오데르 강을 따라 방어선을 구축하기 전에 도하할 수 있다고 주장했다. 마침내 스탈린도 이에 동의했다.

전쟁이 진행되는 동안 소련군 최고사령관으로서 소련군의 성공과 실패 모두를 책임져야 했던 스탈린은 주코프와 다른 지휘관들의 조언에 귀를 기울이고, 그들의 제안을 진지하게 받아들이는 법을 배웠다. 독소전쟁 초기에 장군들의 조언을 무시한 것은 그와 소련에 엄청난 대가를 치르게 만들었다. 1941년 9월에만 소련군은 40개 사단 이상을 상실했고, 주코프의 조언을 무시했다가 독일군의 키예프 포위로 50만 명 가까운 병력이 고립되는 상황을 맞았다. 그때 스탈린은 키예프를 계속 방어할 것을 고집했다. 그는 교훈을 깨달았다. 소련군 총참모장으로 전쟁을 시작한 주코프는 1941년 6~7월의 패배 이후 사령관직에서 해임되었다가 그해 10월 다시 복귀했다. 스탈린은 거침없이 의견을 말하는 이 장군에게 레닌그라드와 모스크바 방어 책임을 맡겼다.

　스탈린의 대리인이자 소련군 지휘의 전권을 갖게 된 주코프는 1943년의 주요 전투에서 주도적이며 중요한 역할을 했다. 레닌그라드 봉쇄* 해제, 스탈린그라드에서 독일군 제6군의 포위,** 쿠르스크 전투***의 승리가 모두 그의 작품이었다. 1944년 그는 벨라루스를 해방시키는 눈부신 작전을 펼치고 소련군이 동부 폴란드에 진입하도록 만들었다. 다음 목표는 베를린이었다. 스탈린은 물론이고 그가 가장 신뢰하는 군지휘관인 주코프 역시 거침없이 베를

* **레닌그라드 봉쇄**　1941년 9월부터 1943년 1월까지 약 900일간 독일군에 의해 레닌그라드 포위가 계속되면서, 소개되지 않고 봉쇄에 갇혀 있던 330만 명의 주민 중 63만 명이 기아와 질병 등으로 사망했다.

** **스탈린그라드 전투**　1941년 6월 독소전쟁이 시작되면서 히틀러는 주요 산업도시이자 캅카스 지역의 유전 지대를 연결하는 스탈린그라드를 장악함으로써 전략적 요충지로 삼으려 했다. 그리하여 1942년 7월 17일부터 스탈린그라드 전투가 시작되었고, 독일군은 이 전투에 제6군 소속 33만 병력을 투입했다. 그러나 그해 11월부터 소련군의 반격이 이어지면서 독일군은 보급로가 차단되고 22개 사단이 역포위되는 상황에 이르렀다. 독일 제6군은 2개월간 저항한 끝에 1943년 2월 2일 소련군에 항복했다. 이 전투에서 독일군은 22만여 명이 전사하고 약 9만 명이 포로가 되었으며, 소련군도 47만여 명의 전사자와 65만여 명의 부상자가 발생했다.

*** **쿠르스크 전투**　독일군은 스탈린그라드 전투 패배 후 다시 승기를 잡기 위해 1943년 7월 약 80만 명의 병력과 2,700대의 전차, 1,800대의 공군기를 투입하여 쿠르스크 공략에 나섰다. 그러나 소련군의 성공적 방어와 반격으로 독일의 공격은 좌절되었다. 소련은 이 전투의 승리로 하리코프, 벨고로드, 오룔 등을 탈환했다.

스탈린그라드 전투 1942년 8월 23일~1943년 2월 2일까지 스탈린그라드(현 볼고그라드) 시내와 그 근방에서 독일과 소련이 벌인 전투이다. 제2차 세계대전의 전환점을 이룬 전투이며, 가장 참혹한 전투로 기록되었을 정도로 많은 인명이 부상을 입거나 죽었다. 사진은 1943년 독일군으로부터 탈환하여 해방되었지만 전쟁으로 폐허가 된 도시의 모습이다.

린으로 계속 진격하기를 원했다. 얄타회담장으로 향하기 전인 1월 27일과 29일 스탈린은 주코프의 베를린 공격작전을 승인했다. 주코프 원수가 지휘하는 제1전선군은 회담이 시작되는 시점인 2월 1~2일 오데르 강을 건너 베를린을 북쪽에서부터 포위하며 진격하도록 명령받았다. 코네프 원수가 지휘하는 우크라이나 제1전선군은 남쪽에서부터 진격하여 2월 25~28일 엘베 강에 도착한 후 주코프 부대와 같이 베를린을 점령할 예정이었다. 해빙된 도로가 소련군 기계화부대의 진격에 장애가 되기 전인 3월 첫 주에 모든 작전은 끝나게 되어 있었다.

  스탈린이 얄타에 도착했을 때 주코프로부터 도움을 요청하는 전보가 왔다. 1월 30일 주코프 부대는 오데르 강에 도착했다. 이 부대는 진격을 멈추지 않고 바로 도강하여 강 서안에 교두보를 구축했다. 그런데 문제는 주코프 부대의 우측방과 좌측방이 독일군의 반격에 노출된 것이었다. 주코프의 우익 부대는 150km에 걸쳐 있었으며, 사실상 무방비 상태였다. 주코프는 스탈린에게 자신의 좌·우측방 부대인 코네프와 로코솝스키 부대로 하여금 진격 속도를 올리게 해달라고 요청했다. 그러나 스탈린은 이 도움 요청에 서둘러 답을 하지 않았다. 동프로이센 쪽 전선에서 소련군의 진격 속도를 빠르게 하기 위해 스탈린이 할 수 있는 일은 거의 없었다. 로코솝스키가 이끄는 벨라루스 제2전선군과 소련군의 떠오르는 별인 38세의 이반 체르냐홉스키(Ivan Chernyakhovsky)가 이끄는 제3전선군은 동프로이센에서 독일군의 저항을 분쇄하지 못하고 수렁에 빠져 있었다.

얄타회담 첫날 소련 신문들은 벨라루스 제3전선군의 동프로이센 란츠베르크(Landsberg)(현 폴란드의 구로보 이와베츠키Górowo Iławeckie)와 바르텐슈타인(Bartenstein)(현 폴란드의 바르토시체Bartoszyce) 점령을 축하하는 스탈린의 메시지를 보도했다. 철도와 도로의 교차로에 위치한 란츠베르크는 독일군이 방어의 핵심 요새로 삼은 곳이었다. 수 세기 동안 이곳은 서부 유럽 국가들과 싸우는 러시아군이 동유럽을 장악하기 위해 통과하던 길목이었다. 1807년 2월 이 도시에서는 나폴레옹 군대와 제정러시아군의 치열한 전투가 벌어졌다. 제1차 세계대전 초기인 1914년 8월에 러시아군이 이 도시를 점령했으나, 며칠 뒤 마수리안 호수(Masurian Lake) 지역에서 큰 패배를 당한 뒤 철수했다.

1945년 1월 제3전선군은 마수리안 호수 인근의 독일군 방어선을 돌파함으로써 1914년 패배의 복수를 했다. 이 전투로 독일군 방어선이 뚫린 결과, 빌헬름 2세(카이저)가 제정러시아군을 물리쳤던 바로 그 장소에서 소련군의 진격을 막을 히틀러의 희망이 사라져버렸다. 격앙된 히틀러는 마수리안 방어선을 맡고 있던 프리드리히 호스바흐(Friedrich Hossbach) 장군을 해임했지만, 그렇다고 상황을 반전시킬 수단을 갖고 있지는 못했다. 2월 2일 밤 표트르 샤프라노프(Pyotr Shafranov)가 지휘하는 소련군 31군은 란츠베르크를 점령하여 얄타회담이 시작되는 시점에 신문의 헤드라인을 장식했다.

란츠베르크 점령 관련 기사는 신문에서 곧 사라졌지만, 이 도시를 둘러싼 공방전은 이제 막 시작되었다. 기습 작전에 당해 도시를 내준 독일군은 바로 반격을 개시하여 도시를 포위했다. 이후 얄타회담이 진행되는 7일 동안 소련군이 독일군의 반격을 물리치고 도시를 장악하고 있었다. 어떤 날은 소련군이 독일군의 여덟 차례나 이어진 연속 공격을 물리치기도 했다. 포위된 소련군 지휘관들은 적과 싸우기 위해 여성 의무 요원을 포함한 휘하의 모든 병력을 동원했다. 소련군은 독일군 탱크를 한 대 부술 때마다 훈장을 받았다. 젊은 군간호사들도 독일군의 포로가 되는 것보다 전사하는 것을 덜 두려워하면서 총을 들고 용맹스럽게 싸웠다. 1주일간의 치열한 전투 끝에 독일군은 포위를 풀고 퇴각했지만 도시 근교에서는 전투가 계속되었다.

소련군의 탱크부대 주력이 전선 중앙부에 집중 배치되었기 때문에 프로이센 전선에서 싸우는 소련군은 야포를 공격 무기로 삼아 전투력을 보강했다. 소련군의 사상자 수는 엄청났다. 독일군 탱크를 파괴한 전공으로 훈장을 받은 우크라이나 출신 포병 병사인 바실 부를라이(Vasyl Burlay)는 다음 달 다른 탱크와 무방비 상태로 대결했을 때는 전처럼 운이 좋지 못했다. 3월 4일 독일군 방어선에 포격할 포탄을 장전하던 그와 동료들은 독일군 탱크에서 발사된 포탄에 맞았다. 부를라이는 부상을 입었지만 다행히 목숨은 건졌다. 그러나 그의 동료들 대부분은 그렇지 못했다. 이 충돌은 신문에 란츠베르크 점령 보도가 나오고 한 달 뒤 시 외곽에서 벌어졌다. 제3전선군 사령관 체르냐홉스키 장군도 2월 18일 쾨니히스베르크(Königsberg)(현 칼리닌그라드 Kaliningrad)에서 적군의 총탄에 맞아 전사했다. 동프로이센의 수도는 4월 9일까지 소련군 수중에 떨어지지 않았다. 독일군이 봄까지 동프로이센과 포메라니아의 해안에서 항전했기 때문에 소련군의 겨울 공세 작전 계획은 여러 번 수정되어야 했다.

안토노프의 보고가 끝나자 마셜 장군이 서부전선의 상황과 연합군의 향후 공격 계획을 설명했다. 마셜 장군은 자신의 64번째 생일을 2주 앞둔 1944년 12월 16일 미군 총사령관에 임명되며 미군 최초로 5성 장군이 되었다. 그는 20만 명에 불과한 미국 병력을 800만 명으로 증원시킨 기획자이자 실행가로서 연합군의 프랑스 진공 작전을 이끌 당연한 인물로 여겨졌다. 그러나 루스벨트는 그를 백악관 근처에 붙잡아두고 싶어 했다. "자네가 워싱턴을 떠나면 나는 편히 잠을 이룰 수가 없을 듯싶네."라고 대통령은 말했다.

대통령에게서도 크게 존경받은 이 지휘관을 감히 성姓을 뺀 이름으로 부를 수는 없었다. 마셜은 능력과 권위의 화신처럼 보였다. "아르덴에서 독일군의 반격은 격퇴되었으며, 연합군은 일부 지역에서 원래 진출했던 선을 넘어 진격했습니다. 지난주 아이젠하워 장군은 병력을 재조직하여 스위스 북부전선의 남쪽 지역에서 적의 돌출부를 제거하는 작전을 수행 중입니다."라고 마셜은 보고했다. 그리고 서방 연합군의 작전을 브리핑했다. 2월 중 두 차례의 소규모 공세가 있을 계획이지만 라인 강을 도하하는 것은 3월 이전엔 단행되지 않을 전술이었다. "라인 강에 도달하는 대로 도강 작전을 준비할 터이지만, 3월 1일 전에는 유빙으로 인해 도강이 위험할 것으로 판단하고 있습니다."라고 말했다.

마셜의 보고는 서방 측 지휘관들에게 좋은 인상을 남겼다. 반면 소련 측 지휘관들은 큰 감흥을 받지 못했다. 그들은 자신들의 군사적 전공을 연합군 측의 미미한 전과와 비교하지 않을 수 없었다. 나중에 쿠즈네초프 제독은 다음과 같이 기록했다. "마셜 장군은 아르덴의 독일군 돌출부가 제거되었고 연합군이 이전에 유지하던 전선으로 복귀했다고 말했다. 이것은 그들이 원래의 전선을 회복했을 뿐 더 전진하고 있다는 것을 의미하지는 않는다." 쿠즈네초프의 이 같은 회의적인 시각을 당시 소련 언론들도 공유했다. 한 신문은 "소련군이 부다페스트에서 세운 수훈만으로도 지금까지 서부전선에서 이룬 전공을 무색하게 만들었다."라고까지 썼다.

소련의 선전을 떠나 마셜 장군의 보고는 스탈린으로 하여금 서방 연합군이 2월 중에 독일 방어선에 대한 공격을 심각하게 고려하고 있지만 3월까지는 이 공세를 시작할 자원이 부족하다는 확신을 갖게 만들었다. 스탈린은 연합군에게 루르 지방을 공격하도록 하고 이탈리아 전선의 병력을 아드리아해 북부로 돌려달라고 하려던 요구를 잠시 내려놓고, 소련 대표단은 "자신들의 희망 사항을 연합군 측에 설명했지만, 이 토론을 통해 이러한 희망이 이미 반영되었음을 알게 되었습니다."라고 품위 있게 언급했다.

스탈린은 2월 6일 주코프 장군에게 연락하여 공격을 멈추고 병력을 북쪽으로 돌리라고 지시했다. 오데르 강의 교두보가 확장되고 방어되어야 했으며, 베를린 공략은 좀 더 기다려야 했다. 주코프의 군대를 오데르 강에서 정지시킨 결정은 큰 논란이 되었다. 스탈린그라드 전투의 영웅이고, 주코프 휘하의 장군 중 한 명인 바실리 추이코프(Vasilii Chuikov)는 훗날 베를린으로 진격을 계속하도록 스탈린을 설득하지 않은 주코프를 비판했다. 독일군은 베를린을 방어할 병력이 없고, 따라서 소련군이 베를린을 함락하면 전쟁을 조기에 끝낼 수 있으며 수십만 명의 생명을 구할 수 있었다. 추이코프는 회고록에서 1945년 1~2월 동프로이센 전선에서의 소련군 작전을 1914년 8~9월 마수리안 호수 지역에서의 러시아군 작전과 비교한 후 소련군의 합동작전을 잘 기획했더라면 승리를 장담할 수 있었다고 기록했다.

주코프는 회고록에서 추이코프의 평가에 동의하지 않는다고 하면서, 1945년 소련군의 베를린 진격을 1920년 적군赤軍의 바르샤바 공격과 비교했

게오르기 주코프 1945년 5월 8일 베를린에서 게오르기 주코프가 독일의 항복문서를 직접 수령했다. 가운데 서 있는 사람이 주코프이다. 사진을 바라볼 때 주코프의 왼쪽에 앉아 있는 사람은 안드레이 비신스키(안경 쓴 사람), 오른쪽은 바실리 소코롭스키(Vasily Sokolovsky)이다.

다. 당시 적군 기병대가 너무 빨리 진격하는 바람에 두 전선에서 조율이 이루어지지 못했고, 그런 상태에서 적군이 패배하는 결과를 가져왔다. 결국 그 때문에 서부 우크라이나와 서부 벨라루스를 잃고 말았다. 주코프는 만일 소련군이 1945년 2월 베를린으로 진격했다면 똑같은 역사가 반복되었을 것이라고 생각했다.

1920년의 쓰라린 기억은 주코프뿐만 아니라 스탈린에게도 영향을 미쳤을 가능성이 매우 크다. 폴란드인들이 "비스와 강의 기적"이라고 부르는 바르샤바 방어 작전의 성공은 군사전략가로서 스탈린의 젊은 시절 경로에 직접적인 영향을 미쳤다. 폴란드로 진격하는 두 적군 부대 중 한 부대의 정치위원이던 스탈린은 휘하의 병력을 바르샤바 공략에 집중시키는 대신 르비프

(Lviv)를 공격하도록 명령했다. 당시 이 계획은 소련의 떠오르는 지휘관인 미하일 투하쳽스키(Mikhail Tukhachevsky)의 동의를 얻어 제안된 것이었다. 르비프의 점령자로서 영예를 얻으려던 스탈린의 야망은 폴란드군이 선제공격을 퍼부으며 적군을 처음에는 바르샤바 입구에서, 다음에는 훨씬 동쪽으로 몰아붙이면서 군사적·정치적 재앙으로 끝났다. 스탈린은 1920년의 치욕을 결코 잊지 않았다. 1937년 7월 대숙청을 시작하면서 그는 투하쳽스키를 총살시켰지만, 자신이 배워야 할 교훈을 제대로 배웠던 것 같다. 그의 군대는 같은 실수를 두 번 반복하지 않으려고 했다.

서쪽으로 향한 소련군의 진격을 비록 2월에 멈추도록 했지만, 스탈린에게 베를린은 최종 목표였다. 얄타에 온 소련 군사대표단의 일원은 베를린 점령 계획을 비밀로 하지 않았다. 첫날 회의에서 안토노프 장군은 도시의 이름을 직접적으로 언급하지는 않았지만 소련군의 주공격이 그 방향으로 향하고 있다는 점을 분명히 했다. 2월 4일 루스벨트가 스탈린을 맞이했을 때 러시아군이 베를린을 먼저 점령할지 미군이 마닐라를 먼저 점령할지를 놓고 내기를 걸었다는 뉴스를 전하자, 스탈린은 미군이 먼저 목표를 달성할 것이라고 장담하면서도 베를린을 점령하려는 소련의 욕망 또한 숨기지 않았다.

연합군이 아르덴의 패배에서 아직 회복하고 있는 동안 누가 독일의 수도를 먼저 점령할지에 대해 의문을 갖는 사람은 없었다. 로버트 홉킨스는 회담 중 스탈린에게 다가가 자신이 소련군 부대와 같이 이동하여 베를린에 입성하는 첫 미국 카메라맨이 되고 싶다는 의사를 밝혔다. 스탈린은 이에 동의해주고 마셜도 반대하지 않았지만, 로버트의 아버지인 해리 홉킨스의 강력한 반대로 그 바람은 실현되지 못했다. 소련군이 가장 먼저 베를린에 도달하리라는 것을 의심하는 사람은 없었다. 얄타에 있는 모든 사람은 소련군이 베를린을 점령하는 것은 시간문제라고 생각했다. 3월 7일 마침내 아이젠하워 장군의 부대가 라인 강을 건너자, 스탈린은 아이젠하워에게 베를린의 전략적 가치가 상실되었다고 설명하면서 연합국을 속이려고 했다. 그사이에 그는 소련 지휘관들에게 독일 수도에 대한 최후 공격 준비를 서두르라고 명령했다.

스탈린은 회담 첫날에 자신의 주목적인 2월 중 서부전선에서 대공세를 시작한다는 약속을 받아내지는 못했지만, 그의 모든 노력이 헛수고로 돌아간 것은 아니었다. 그는 토론에 적극 참여하여 서부전선의 연합군 작전에 대해 날카로운 질문을 던졌고, 루스벨트와 처칠을 훨씬 뛰어넘는 전략과 전술에 대한 지식을 과시하고, 군사 문제에 대한 조언을 내놓았다. 마셜 장군조차 곤란한 상황에 처하기도 했다. 총 몇 개의 연합군 기계화 사단이 앞으로 있을 서부전선 공세에 동원될 것이냐는 스탈린의 질문에 마셜 장군은 추측으로 대답할 수밖에 없었다. 스탈린은 토론을 주도하면서도 허세를 부리거나 너무 튀는 태도를 보이지 않았다. 그는 서방 측 대표단 멤버들 사이에서 큰 흥행 성공을 거두었다.

회담 후 카도간은 모랜 경에게 사적으로 이렇게 털어놓았다. "나는 스탈린이 자기네가 할 일을 다했고 이제 더 할 것이 없다고 말할까 염려했으나, 그런 일은 일어나지 않았습니다. 스탈린은 연합군 측이 그에게 어떠한 군사 작전 의무도 떠맡기지 않았지만 자신은 동지적 정신으로 공세를 시작했다고 말했어요. 이 작전도 원래 1월 말로 계획되어 있었지만 그는 서부전선의 사정을 고려하여 실행을 앞당겼다고 합니다. 작전 시기를 앞당겼음에도 불구하고 결과는 기대 이상이었지요. 이제 그는 자기가 어떻게 연합국 측을 도울 수 있는지를 물었습니다." 스테티니어스는 스탈린의 말을 액면 그대로 받아들일 준비가 되어 있었지만, 연합군 측의 직접적인 요청이나 압박 없이 공세를 시작했다는 스탈린의 말을 어떻게 받아들여야 할지 몰랐다. 최종적으로

1945년 2월 5일 자 『타임』의 표지
성공적인 겨울 공세를 기념하기 위해
『타임』은 표지에 스탈린의 얼굴을 실었다.

그는 스탈린이 기록에 남기기 위해 이런 말을 했으며, 그가 너무 자주 루스 벨트와 처칠에게 양보한다는 소련 정치국의 비판에 대한 대응책으로 이렇게 말한 것으로 상정했다.

서방에서 스탈린의 인기가 얄타회담 때만큼 높았던 적이 없다. 2월 5일 자 『타임』은 겨울 공세의 성공을 기념하는 기사를 쓰고 표지에 스탈린의 얼굴을 실었다. "12월 룬트슈테트 독일 원수가 아르덴 방어선을 돌파했을 때 서부전선의 연합군 위에는 짙은 구름이 드리웠다. 그러나 지난주 조지프(이오 시프) 스탈린의 군대가 독일 동부를 돌파해 들어가면서 시계추는 다시 장밋빛 낙관주의 쪽으로 돌아왔다. 그러나 아마도 이것은 한 번 더 너무 한쪽으로 가버렸을 수도 있다."

Chapter 07

독일 문제

2월 5일 둘째 날 회의가 오후 4시에 시작되자 루스벨트는 의전적인 의장 역할을 버리고 좀 더 실질적인 문제에 집중하기로 작정했다. 그는 앞으로 이어질 토론의 의제를 정하려고 했다. 3거두가 전날 군사 문제를 다루었으므로 다음 논의 주제로 독일 점령 지역에 대한 합의가 이루어져야 한다고 제안했다. 루스벨트가 마음에 두고 있는 사안은 하루 전 스탈린과 개인적으로 만나 언급한 문제로, 독일을 점령하는 데 프랑스를 참여시킬 것인가였다.

아무도 반응할 틈을 주지 않은 채 루스벨트는 스탈린에게 점령 구역 구분이 표시된 독일 지도를 건넸다. 스탈린은 이 지도를 무시하고 루스벨트의 제안을 직접적으로 반대하지는 않으면서 자신의 의제를 제안했다. 그가 루스벨트 대통령의 의제 리스트에 '추가'해야 한다고 생각한 것은 독일 분할, 새 정부 수립, '무조건항복'이라는 용어의 실질적 의미에 대한 이해, 배상 문제였다. 이 리스트는 몇 시간 전 몰로토프가 서방 측 외무장관들에게 제안한 것과 같았다. 이것은 프랑스를 세 강대국에 끼워 넣어 점령된 독일을 통치하는 체제에 관여하도록 할 여지를 남겨두지 않으려는 것이었다.

루스벨트는 타협안으로 보일 수 있는 제안을 했다. 즉, 스탈린의 관심 사항은 점령 지역에 대한 논의의 맥락에서 다루어질 수 있을 거라고 했다. 그러나 스탈린은 이 타협안을 받아들이려고 하지 않았다. 그는 중간에 끼어들어서 연합국 지도자들이 이전에 내놓은 독일 분할 관련 발언의 입장을 계속 유지하고 있는지에 대해 알고 싶다고 했다. 스탈린은 루스벨트와 처칠이 먼저 독일 분할을 제의했으며 구체적 계획도 제안했다고 주장했다. 그에 따르면 루스벨트는 독일을 5개국으로 분할하는 안을 제시했고 처칠은 2개국으로 분할하는 안을 제시했다는 것이다. 스탈린은 당시 루스벨트의 안에 동의했다고 언급했다. 하지만 처칠이 1944년 10월 모스크바에 제안한 3자 분할안도 '가능'하다는 말을 추가했다.

스탈린은 외교 참모들이 작성하여 제출한 서류철에 독일을 4개국, 5개국, 7개국으로 나누는 안을 갖고 있었다. 이 문제에 대해 스탈린의 입장은 유연한 듯 보였다. 그에게 중요한 것은 분할의 원칙이었다. 이어 벌어진 토의에서 스탈린은 협상가적 능력을 발휘했다. "루스벨트 대통령과 처칠 수상이 분할 원칙을 고수하고 있는지"를 물으면서, 서방 지도자들에게 분할 약속을 지키든지 아니면 이전의 입장을 바꾸었다면 무슨 이유로 그랬는지를 설명해달라고 했다. 이것은 어떤 경우에도 당황스런 상황이었다. 루스벨트와 처칠은 회담장 밖에서 논의하고 싶었던 문제를 여기서 토의할 수밖에 없는 상황이었다.

정확히 한 달 후인 1945년 3월 5일 『타임』은 휘태커 체임버스(Whittaker Chambers)가 쓴 「지붕 위의 유령들(The Ghosts on the Roof)」이라는 정치 우화를 실었다. 과거 공산주의 운동가였다가 반공산주의 전사가 된 작자는 이 글에서 리바디아 궁전의 전 주인이었던 니콜라이 2세가 얄타에서 스탈린이 이룬 업적을 보고 칭찬했을 것이라고 했다. 실제로 제2차 세계대전 말기 스탈린의 유럽 정책 중 상당 부분은 제정러시아의 전임자로부터 가져온 것이었다. 스탈린의 영토 변경과 획득은 제1차 세계대전 개전 시기에 차르가 만든 전략적 목표와 상당히 유사했다. 러시아 황제는 1914년 11월 21일 프랑스대사인 모리스 팔레올로그(Maurice Paléologue)에게 "큰 변화가 일어나는 것은 기본적으로 독일이다."라고 말한 바 있다.

내가 이미 말한 대로 러시아는 이전의 폴란드 영토와 동프로이센의 일부를 병합할 것이다. 프랑스는 당연히 알자스-로렌 지역을 회복하고 라인(Rhine) 지역을 획득하는 것도 가능하다. 벨기에는 엑스라샤펠(Aix-la-Chapelle)(현 독일의 아헨Aachen) 지역의 상당 부분을 얻어야 한다. 벨기에는 그럴 만한 자격이 있다. 독일의 식민지에 대해 말한다면 프랑스와 영국이 합당한 방법으로 이것을 나누어야 한다. 그리고 덴마크는 킬 운하(Kiel Canal)를 포함한 슐레스비히(Schleswig) 지역을 회복해야 한다. 하노버 공국을 부활시키는 것이 현명하지 않을까? 프로이센과 네덜란드 사이에 작은 독립국을 세움으로써 미래의 평화를 좀 더 단단한 기초 위에 확립할 수 있다. 결국 무엇이 우리의 사고와 행동을 이끄는가의 문제이다. 위대한 도덕적 사고와 앞으로의 오랜 기간 동안 세계 평화를 확립하겠다는 확고한 신념 없이는 우리의 과업이 신과 역사 앞에서 정당한 평가를 받을 수 없다.[1]

스탈린은 신을 생각할 시간이 별로 없었겠지만 얄타에서 결정되는 사항은 역사의 시험을 견뎌내야 한다는 데 동의했을 것이다. 그 역시도 세계 평화에 깊은 관심을 갖고 있었으며, 독일이 동유럽에서 소련의 지배권을 위협해서는 안 된다는 것을 확신했다. 이 목표를 달성하기 위해 그는 로마노프 왕가의 전임자가 사용했던 것과 똑같은 일련의 수단을 가지고 있었다. 니콜라이 2세는 자신의 계획을 실현할 기회를 갖지 못했지만, 스탈린은 전장을 완전히 장악한 상태였다. 러시아는 제1차 세계대전에서는 패배했지만 지금은 승리자였다. 스탈린은 세력균형을 완전히 다시 짤 의도를 갖고 있었다.

스탈린은 차르가 타던 열차에 올라 크림으로 왔으며, 차르의 짐 가방도 잔뜩 가지고 왔다. 러시아혁명은 제1차 세계대전의 결과로 일어났고, 스탈린의 사고와 심지어 차림새도 그 시대로부터 유래한 것이 많았다. 제2차 세계대전 때 처음 불린 〈성스러운 전쟁(The Sacred War)〉이라는 노래의 가사는 제1차 세계대전 당시의 애국적 노래와 비슷한 점이 많았다. 스탈린은 차르와 달리 수도를 거의 떠나지 않았지만, 차르와 마찬가지로 자신을 '최고사령관'이라고 불렀으며 자신의 사령부도 스타브카(Stavka)라고 불렀다. 소련군에 견장과 장교 서열을 다시 도입한 일 역시 제1차 세계대전 때로 돌아간 것이었다.

반대 사실을 여러 번 주장하기는 했으나 연합국 측에 독일 분할 문제를 처음 꺼낸 사람은 스탈린이었다. 그러나 이것은 누구도 전혀 예상치 못한 시기인, 독일군이 빠른 속도로 모스크바를 향해 진격해오던 1941년 11월에 제안되었다. 이 당시 연합국 대사관들과 소련 정부 기관들은 볼가 강변의 쿠이비셰프(Kuibyshev, 현재의 사마라Samara)로 철수해야 했다. 1941년 11월 21일 독일군이 모스크바로부터 65km 가까운 지점까지 도달했을 때 몰로토프는 영국 주재 대사인 이반 마이스키에게 다음과 같은 내용의 전보를 보냈다. "스탈린은 앞으로 유럽 국가들의 평화를 보장하기 위해 오스트리아가 독립국으로 독일에서 분리되어야 하고, 프로이센을 포함한 독일은 여러 개의 독립국으로 분할되어야 한다고 생각한다."

이 메시지는 영국에 있는 공산주의자들에게 보내진 것이지만, 같은 달 모스크바의 훈령에 따라 마이스키는 앤서니 이든과 함께 독일 분할 문제를 논의했다. 영국 외무장관은 독일의 분할 가능성을 배제하지는 않았지만, 독일인들이 재통합을 원할 것이기 때문에 분할만으로 문제를 풀 수 있을지에 대해서는 회의적이었다. 처칠은 앤서니 이든 외무장관보다 이 문제에 좀 더 개방적이었다. 독일군이 모스크바 근방 25km까지 접근한 1941년 12월 5일, 몰로토프는 마이스키로부터 처칠이 프로이센을 나머지 독일과 분리시키는 안을 선호한다는 전보를 받았다. 다만 이든처럼 처칠도 나치의 전의를 강화시킬까봐 이 문제가 공표되는 것을 꺼렸다. 연합국들도 스탈린의 생각에 동조하기 시작했음이 분명했다.

모스크바 공방전은 몰로토프가 마이스키의 전보를 받은 날 전기를 맞았다. 1941년 12월 5일, 일본의 공격에 대비하여 극동에 배치했던 병력을 이동시켜 지원군을 얻은 소련군은 지치고 추위에 떨고 있는 독일군에게 반격을 가했다. 앤서니 이든이 스탈린과 함께 전쟁 중 협력과 앞으로의 평화 정착 계획을 논의하기 위해 모스크바에 도착한 12월 15일에는 소련군이 이미 독일군을 모스크바에서 격퇴하고, 모스크바에서 각각 85km와 150km 떨어진 클린(Klin)과 칼리닌(Kalinin, 현재의 트베리Tver)을 해방시켰다. 이든이 곧 깨달은 대로 이 순간 스탈린은 좀 더 과감한 상태가 되었다. 그는 동프로이센의 서부 지역을 폴란드에 넘기고 동부 지역은 독일의 전쟁배상금 지급에 대한 담보로 20년간 소련이 지배하는 안을 내놓았다. 오스트리아는 다시 독립국이 되고, 바이에른(Bayern)(바바리아Bavaria)과 마찬가지로 라인 지역도 별도의 정치체가 될 예정이었다. 이 모든 조치로 프로이센을 극히 약화함으로써 '베를린 국가'로 축소케 할 것이다.

이든은 개인적으로 동프로이센을 폴란드에 넘기는 것을 반대한다고 했다. 그는 라인 지역과 바이에른을 독일의 다른 영역과 분리시키는 것은 가능하지만, 독일 분할은 영토분리주의운동에 의해 성취될 때 지속 가능하며, 또한 분리주의운동은 고무되어야 한다고 생각했다. 그렇지 않으면 영토회복운동이 조만간 독일을 재통합시킬 수 있었다. 영국 정부는 독일의 분할 가능성을 고려할 준비가 되어 있었지만, 이든은 내각에서 이 문제가 논의될 때까지 어떤 약속도 할 수 있는 입장이 아니었다. 스탈린은 자신의 손님이 소련 측의 제안을 수용하길 바랐으나, 이든은 꿈쩍하지 않았다. 스탈린은 기다리는 방법 외에 다른 수가 없었다.

소련은 독일 분할을 위한 계획을 계속 만들었지만 이것을 연합국 측에 내놓지는 않았다. 이 문제는 1943년 9월 몰로토프의 전임 외무인민위원이자 최근 워싱턴에 대사로 간 막심 리트비노프가 이끄는 특별위원회의 심의 안건이 되었다. 그달 말 이 위원회는 독일을 3개나 4개 또는 7개 영역으로 분할하는 내용의 긴 보고서를 소련의 저명한 학자인 예브게니 바르가(Evgenii Varga)를 수장으로 한 경제학자팀으로부터 제출받았다. 그 후 몇 달 동안 리트비노프는 미래에 독일의 침략을 막는 가장 효과적인 방법으로 독일 분할을 주장하는 메모를 수없이 몰로토프에게 보냈다. 그는 이 아이디어가 영국과 미국에서 제한된 범위의 지지를 받을 것이라고 믿었다.

이러한 예측은 이 문제를 1943년 10월 모스크바에서 열린 외무장관 회담의 안건으로 제기하지 않도록 하는 데 기여했다. 얄타회담이 진행되는 동안 루스벨트와 처칠은 이 아이디어를 강하게 지지했다. 스탈린과 몰로토프 역시 같은 생각을 갖고 있으면서도 다른 게임을 벌였다. 회담에서 몰로토프는 소련이 이 문제를 논의할 준비가 되었다고 말했다. 그는 소련의 여론이 독일 분할을 지지한다고 했다. 소련 대표단에 내려진 훈령과 회담에서 몰로토프가 발언한 내용을 고려해보면, 그의 가장 큰 염려는 비밀 유지였다. 독일 분할과 전쟁배상금에 대한 협상이 진행되고 있다는 정보가 새나가면, 이것은 "단지 독일 국민의 전쟁 지속 의욕을 북돋고, 국민들이 히틀러의 손아귀에 놀아나게 될 것"이라는 게 몰로토프의 의견이었다.

스탈린이 자신의 계획을 가장 알리고 싶지 않았던 대상은 히틀러가 아니라 소련군에 포로로 잡힌 독일군 장교들이었다. 그는 이 장교들을 1943년 여름부터 나치를 상대로 한 전쟁의 선전 도구로 이용하고 있었다. 만일 소련의 입장이 공개적으로 알려진다면, 1943년 가을부터 가장 유명한 독일 지휘관들이 포함되어 활동을 시작한 독일장교연맹(League of German Officers)이 협조를 계속할 가능성은 거의 없었다. 이 장교연맹은 독일제국의 문양을 사용하면서 히틀러 군의 장교들을 대상으로 선전 활동을 했으며, 1937년 이전의 독일제국 국경 회복을 요구하고 있었다. 그러나 자신들의 '동맹'이 독일 분할을 계획하고 있다는 사실을 알게 되면 장교연맹은 경악할 것이 틀림없었다. 장교연맹은 스탈린이 히틀러와 연합국을 상대로 하는 카드게임에서 포기할 수 없는 트럼프 카드였다.

1945년 2월 12일 자 『타임』은 "3거두가 독일을 어떻게 할 것인가라는 가장 중요한 문제를 다룰 때, 루스벨트와 처칠이 바라보고 부러워할 에이스 카드는 스탈린이 가지고 있었다."라고 하면서, 이어 "두 지도자는 이런 카드를 전혀 갖고 있지 못했다. 독일 민간인과 장교들의 완전한 조직, 스탈린이 원하기만 하면 정복된 제3제국에 들어갈 수 있는 이런 조직을 말이다."라고 썼다. 1943년 가을이 되자 스탈린은 손에 쥔 카드를 보여주지 않은 채 독일 분할 계획을 연합국 측에 설득하는 정책을 결정했다.

테헤란회담에서 독일 분할 문제를 거론한 이는 스탈린이 아니라 루스벨트였다. 그러나 일단 이 아이디어가 나오자 스탈린도 이에 동의한다고 언명했다. 그는 루스벨트와 처칠에게 구체적 계획을 마련해줄 것을 부탁했다. 루스벨트는 자신을 제어할 국무장관이 테헤란에 없었고, 처칠은 이든이 자신을 통제하는 것을 싫어했기 때문에, 두 지도자는 기꺼이 유럽의 지도를 다시 그리는 일을 손수 했다.

루스벨트는 젊은 시절의 독일 여행을 회상하면서 이 나라는 107개의 공국으로 나뉘어 있을 때가 훨씬 행복했었다고 언급했다. 처칠은 모든 악의 근

테헤란회담 1943년 11월 28일~12월 1일까지 이란의 테헤란에서 열렸다. 이 회담에서 독일 분할 문제가 거론되었다. 얄타회담에서는 독일에 대해 미국, 영국, 프랑스, 소련의 네 국가가 분할 점령한다는 원칙을 세웠다. 처칠 뒤에 앤서니 이든이 서 있고, 그 옆에 제복을 입은 사라 올리버도 보인다. 스탈린 뒤의 맨 왼쪽부터 오른쪽 방향으로 해리 홉킨스, 몰로토프, 애버럴 해리먼(약간 뒤에 있음)이 서 있다.

원인 프로이센을 따로 떼어내야 할 필요성을 강조했다. 스탈린은 승자와 패자를 고를 수 있는 입장이 되었다. 그는 좀 더 극적인 조치를 선호할 수 있음을 암시하기도 했지만, 독일을 5개국으로 나누는 루스벨트의 안을 지지했다. 그는 바이에른, 오스트리아, 헝가리로 구성된 다뉴브 연방을 제안한 처칠의 안을 좋아하지 않았는데, 그렇게 할 경우 더 큰 독일을 다시 만드는 디딤돌이 될 것으로 생각했기 때문이다. 이 문제는 최종적으로 1944년 1월 전후에 유럽의 정치 문제 해결에 대한 임무를 띠고 구성된 3개국 협의체인 유럽자문위원회(European Advisory Commission)로 넘겨졌다.

1944년 늦은 겨울과 봄, 막심 리트비노프는 상세한 계획을 세우기 위해 모스크바에서 쉴 틈 없이 일했다. 리트비노프는 독일을 7개 지역으로 나누고, 남부의 작센(Saxony), 바이에른, 뷔르템베르크(Württemberg), 바덴(Baden)이 별도의 국가를 이루는 안을 선호했다. 이 지역을 독립국가로 만드는 안을 가지고 연합국을 설득하지 못하면, 이 지역들은 상당한 자치권을 갖고 연방국가에 합류할 수도 있다고 몰로토프에게 보내는 메모에 밝혔다.

1944년 10월 처칠이 모스크바를 방문하자, 스탈린은 이 문제를 다시 꺼낼 때가 되었다고 생각했다. 스탈린의 전략은 이전과 같았다. 자신의 제안을 먼저 제시하지 않고 서방 측의 계획을 촉구하는 것이었다. 이번에는 영국 측이 이 문제를 거론하길 꺼려 했다. 앤서니 이든은 문제의 복잡성을 설명한 뒤 넓은 관점에서 독일을 나누는 세 가지 방법을 제시했다. 첫째 새로운 경계선을 그리는 것, 둘째 역사적 경계선을 따르는 것, 셋째 산업 지역을 국제적인 통제 아래 두는 것이다. 처칠은 1944년 9월 미국의 재무장관 헨리 모겐소(Henry Morgenthau)가 제안한 안을 선호했다. 그것은 독일을 정치적으로 분할할 뿐만 아니라 농업국가로 전환시키는 안이었다. 그렇게 된다면 유럽 시장에 영국의 산업 제품을 판매할 수 있는 문이 열릴 것이라고 생각했다. 또 처칠이 생각하기에 이 안을 따른다면 독일의 중공업 시설을 가장 큰 전쟁 피해 지역인 서부 우크라이나로 이전할 수 있다.

스탈린은 영국이 독일의 전쟁배상에 동의한 것을 기뻐하면서도 자신이 생각하기에 가장 중요한 문제인 독일 분할에 처칠이 계속 집중하기를 바랐다. 처칠은 독일 영토를 폴란드와 소련에 할양하는 안과 독일 산업을 국제적 통제하에 두는 안에 대해 논의할 준비가 되어 있지만, 정작 독일을 어떻게 여러 개의 국가로 나누어야 하는가에 대해서는 충분한 생각을 하지 못했다고 말했다. 그는 프로이센을 고립시켜야 한다는 점을 반복해서 주장했으나 자세한 내용은 말하려 하지 않았다. 스탈린은 예리한 질문을 계속 던졌고, 처칠과 이든은 결국 이에 말려들었다.

소련 측이 만든 지도에는 독일을 세 부분으로 나누는 방법이 표시되어 있었다. 프로이센은 공업 중심지인 라인란트(Rheinland)를 포함하여 국제 통치를 받는 지역이 되고, 다음으로 루르와 자르 지역, 그리고 남부 독일의 지방들을 포함하는 오스트리아—바이에른의 셋으로 분할하는 안이었다. 스탈린은 이 계획을 추켜세우며 루스벨트가 테헤란회담에서 제안했던 5개 지역 분할안보다 좋다고 평가했다. 이것은 테헤란에서 스탈린이 취했던 입장을 완전히 뒤집은 발언이었다. 영국 측 안은 스탈린의 참모진이 만든 7개 지역 분할안과 상충했다. 이제 스탈린은 영국 측으로 하여금 분할안에 동의하도록 설득하는 일이 최우선의 고려 사항이라고 결론 내렸다. 아무 계획도 없으니 이러한 계획이나마 있는 편이 낫기 때문이었다.

그러나 이 방식은 일부만 효과를 보았다. 모스크바를 떠난 처칠은 초조해지기 시작했다. 얄타회담이 시작되기 직전 그는 두 가지 생각을 하게 되었다. 한편으로는 독일의 분할, 특히 프로이센을 분리시키는 것은 그의 오랜 목표이고, 테헤란회담 이후 영국 정부의 정책이 되었다. 다른 한편으로는 내각 내부로부터 점점 커지는 반대 목소리를 듣게 됨에 따라 생겨난 고민이었다. 이든은 독일 분할안을 드러내놓고 반대하지는 않았지만 늘 신중했다. 1944년 여름, 독일 분할에 반대하는 사람들은 전쟁장관인 제임스 그리그(P. James Grigg) 경의 강력한 지원을 받았다. 그는 강제적 분할은 저항을 불러올 것이며 영국이 제공할 수 없는 추가적인 인력과 자원을 공급해줘야 할 의무를 지게 될 것이라고 논박했다.

1945년 1월 4일 처칠은 이든에게 "다가오는 회담에서 어떠한 최종 결론이 날 것이라고 생각하지 않네."라고 말했다. 그는 정책의 결과와 영국 국민의 반응은 예측할 수 없다고 생각했다. 다가올 의회선거—총선거는 전쟁 중 중단되었고, 종전하면 곧바로 실시될 예정이었다—를 고려하면 자신을 변화무쌍한 상황의 인질로 만들고 싶지 않았다. "싸움이 끝나고 차가운 냉기가 뜨거운 발작을 대신하는 순간에, 분노하고 치를 떠는 세계의 거대한 감정이 어떻게 될 것인가를 작은 종이 조각에 끄적거리는 것은 큰 실수이다." 얄타로 향하는 처칠의 마음에는 총선에 대한 생각으로 가득 찼고, 패배한 독일에 대한 처리 문제는 크게 신경 써야 할 문제였다. 처칠 수상은 자신의 베팅에 안전판을 만들기로 했다.

얄타회담이 시작되는 시점에 루스벨트는 더 이상 폴란드계나 발트계 또는 다른 소수민족의 표를 염려하지 않아도 되었다. 그는 여전히 광범위한 여론을 잘 인식하고 있었다. 1944년 가을, 언론이 독일의 분할뿐만 아니라 공업을 파괴하여 "전원화田園化"하는 모겐소의 안을 보도하자, 루스벨트는 자신이 신뢰하던 재무장관과 거리를 두었다. 1943년 3월 그는 독일을 세 부분으로 나누는 문제를 두고 이든과 함께 논의하기를 즐겼고, 12월 테헤란에서 나온 5개국 분할 방안은 자신이 생각해낸 안이라고 공표했다. 그러나 1944년 중반 루스벨트는 자신의 열정을 자제했는데, 그 주된 이유는 국무부의 반대 때문이었다. 독일 분할은 장기간에 걸친 점령과 미군의 주둔을 의미하는데, 이것은 루스벨트가 생각하기에도 너무 큰 대가를 치러야 할 문제였다. 루스벨트가 얄타로 향발할 때, 국무부는 "민족주의적 선동가들에게 이미 만들어진 프로그램을 제공할" 분할 대신, 독일의 사회·경제 문제를 해결할 정부의 능력을 제한할 수 있는 권력 분산을 제시하라고 그에게 권고했다.

2월 5일 스탈린이 서방 지도자들에게 입장을 밝힐 것을 요구하자, 그들은 난처한 입장에 빠졌다. 영국 측 회의록에 따르면 처칠은 "원칙적으로 우리 모두는 독일의 분할에 동의합니다."라고 선언했다. "그러나 실제적 방법은 이곳에서 5~6일 만에 결정하기에는 너무 복잡합니다. 역사적·인류학적·

경제적 사실에 대한 깊이 있는 연구를 해야 하고, 특별위원회가 오랜 시간 검토해야 할 문제이며, 또한 이 위원회는 이 문제들에 대해 다른 제안과 조언을 할 수도 있습니다." 이 문제에 대한 포괄적인 연구는 전쟁이 끝날 때까지 당연히 이어질 것이고, 더욱 중요한 사실은 의회선거가 끝난 한참 후에도 이어질 것이라는 데 있었다.

미국 측 회의 기록에 따르면 처칠은 이렇게 덧붙였다. "우리는 독일의 항복과 관련된 계획과 사고 면에서 바로 앞의 미래에 대해서는 잘 준비하고 있습니다." 그러나 스탈린은 만족할 수 없었다. 그는 바로 이어진 무조건항복에 대한 논의를 다시 분할 문제로 전환시켰다. "연합국은 무조건항복의 조건을 제시할 때 분할 문제를 제기할 것인가요?"라며 순진하게 물었다. "세세한 사항은 언급하지 말고 독일이 분할될 것이라는 말을 항복 조건에 넣는 것이 현명하지 않겠습니까?"

처칠이 이에 반대했다. 그는 시간이 더 필요했다. 이 상황은 루스벨트가 끼어들 수 있는 신호였다. 둘째 날 전체 회의가 시작되기 직전, 외무장관들이 보론초프 궁에서 아직 점심 식사를 하고 있는 동안 루스벨트 대통령은 두 명의 국무부 관리를 대동한 해리 홉킨스를 한 시간 반가량 만났다. 그러고서도 이후 며칠 동안 홉킨스와 루스벨트는 점령 지역, 전쟁배상금, 독일의 분할 가능성을 논의했다. 마지막 사안에 대해서 홉킨스는 루스벨트에게 영국의 입장을 채택하고 결정을 연기하라고 조언했다. 다만, 루르와 자르 지방에 대해서는 나머지 독일과 분리하여 연합군의 통제 아래 둘 것을 제안했다. 루스벨트는 이 안을 좋아했다. 루스벨트는 국무부의 권고에도 불구하고 독일의 분할을 선호했다. 논의에서 그가 간섭하는 방식을 보면 이것을 의심할 여지가 거의 없다.

루스벨트는 타협안을 제시했다. 그가 볼 때 처칠 수상과 스탈린 원수는 결국 같은 얘기를 하는 셈이었다. 루스벨트는 테헤란에서 그랬듯이 옛날 자신의 독일 여행을 회상하면서 그때로부터 40년 전의 작은 국가들로 이루어진 시절이 더 좋았다고 말했다. 그는 독일을 다섯 개나 일곱 개의 국가로 나누자는 원래의 계획을 제시했다. 처칠은 "좀 더 적게"라는 말로 끼어들었다. 루스벨트는 확실히 분할하는 국가의 숫자에는 유연했다. 그가 거부할 수 없는 것은 분할이라는 아이디어였다. 처칠은 후퇴하지 않을 수 없었다. 그가 요구한 것은 단지 "독일인들에게 우리의 미래 계획을 알리지 않는 것"이었다. 루스벨트도 "독일의 분할에 대한 어떤 공개적 토론도 큰 실책이 될 겁니다."라면서 동의했다. 스탈린은 아무 말도 안했다. 세 지도자는 자세한 사항에 대해서는 외무장관들이 논의하여 다음 날 그 결과를 보고받기로 하는 데 동의했다.

스탈린과 처칠의 입장 사이에 아무 이견이 없는 것처럼 하면서 두 사람을 화해시키려는 루스벨트의 노력에 일부 사람은 당황했다. 루스벨트가 자신의 젊은 시절 독일 여행을 언급하자, 대통령의 참모들조차 그의 비논리적 언설에 당황했다. 볼렌에 따르면 루스벨트의 "앞뒤가 서로 맞지 않는 장황하고 불분명한 말을 소련 지도부는 무관심한 태도로 받아들였고, 영국 측은 지루하게 받아들였다. 처칠은 시가를 만지작거렸고, 이든은 멍하니 먼 곳을 바라보았다." 영국 측은 루스벨트의 간섭에 큰 감흥을 보일 이유가 없었다. 그러나 이번 경우 루스벨트의 초점은 처칠이 아니라 스탈린에게 맞춰져 있었다. 볼렌은 반대로 얘기했지만, 소련 측은 루스벨트가 한 말의 의미를 충분히 이해했다. 이들의 회의 기록을 놓고 보면 스탈린과 마찬가지로 루스벨트도 독일 분할 문제를 바로 결정하길 원했다.

외무장관들은 2월 6일 리바디아 궁의 태양홀(sunroom)에서 오찬을 하며 이 문제를 논의했다. 스테티니어스가 이 미팅의 주최자로서 오찬 메뉴를 정해야 했는데, 이것은 간단한 문제가 아니었다. 미국 대표단은 소련 요리사들이 불분명한 영어로 번역한 프랑스 메뉴를 보고 음식을 골라야 했다. "블레니(blenie)와 크림을 곁들인 캐비아"라는 메뉴에는 "블레니는 얇은 팬케이크이고, 이 음식은 특히 캐비아를 곁들일 때 아주 맛있는 러시아 요리이다."라는 설명이 붙어 있었다. 요리사들이 미국 음식이라고 생각한 것에도 설명이 써 있었다. "미국식으로 구운 철갑상어 필레"라는 메뉴에는 "소스를 넣어 그릴에 구운 철갑상어"라는 설명이 붙었다. "캘리포니아식 탐볼레(Tambole)"는 "크림을 넣은 사과 디저트"라고 영어 설명이 붙어 있었다.

오찬에서 논의된 가장 중요한 문제는 단어의 선택과 의미였다. 스테티니어스는 독일 항복의 조건에 '분할(dismemberment)'이라는 단어를 넣자고 했다. 몰로토프는 이에 동의했지만, 이든은 '해체(dissolution)'라는 단어를 사용하자고 주장했다. 소련 측이 연합국에 독일의 분할을 약속하는 분명한 표현을 밀어붙이고 있었기 때문에, 몰로토프는 이든의 주장에 반대했다. 이든이 제시한 "단일 독일 국가"의 "해체"라는 표현은 단지 연방을 의미할 수도 있었다. 소련 외무장관은 분할을 유럽의 평화 및 안보와 연결 짓는 새로운 공식으로 제안했다. 이든은 이에 반대했다. 이든은 결국 스테티니어스의 공식을 받아들였으나, 몰로토프는 자신의 새 제안을 포기하려 하지 않았다. 그는 이것을 전체 회의에 보고해야 한다고 했다.

이든은 그날 일기에 "나는 러시아인들과 언쟁을 벌였다."라고 적었다. "스테티니어스는 문제의 핵심을 바로 파악하지 못한 듯했고, 몰로토프는 본격적인 논의가 시작되기 전부터 분할에 우리의 손과 발을 묶어놓으려고 했다." 이든은 매우 화가 났다. 소련 외무차관인 이반 마이스키가 이든에게 다가와서 당신은 우리 외무장관의 태도를 제대로 이해하지 못했다고 말하자, 이든은 더 이상 참지 못했다. "나는 우리가 아직 독자적인 개별 강대국이라는 사실을 상기시키며 그를 물어버렸다."라고 그는 일기에 썼다.

마이스키는 이런 비난을 들을 필요가 없었다. 영국이 강대국의 지위를 잃고 있는 것은 미국과의 관계에 적용되는 것이지 소련과의 관계가 아니었다. 그럼에도 불구하고 소련 측은 말을 알아듣고 타협하기로 결정했다. 몰로토프는 자신의 계획을 포기하기로 했다. 그날 오후 스탈린은 이든을 따뜻이 맞이하면서 "당신이 한 번 더 이겼군요."라고 말했다. 이든은 기분이 좋았다. "내 고집이 그 나름대로 역할을 했다고 생각한다."라고 적었다. 소련 측은 자신들이 원하는 것을 얻었고, 영국 측은 기분이 좋아졌다. 처칠은 몰로토프가 제안을 철회한 것에 사의를 표하고, 항복 조건에 분할 조항을 추가하는 문제에 대해서는 자신이 전시 내각과 논의할 기회를 아직 갖지 못했지만 영국 정부를 대신하여 수정안을 받아들인다고 했다.

전투는 끝났다. 아니, 그렇게 보였다. 누가 이기고 누가 졌는가? 스탈린과 몰로토프는 자신들의 전략적 기교를 유감없이 발휘했지만, 연합국 측으로부터 구체적인 계획이 아니라 원칙적인 약속만 받아냈다. 긴 관점으로 보면 이 논쟁에서 가장 많은 것을 얻은 사람은 회담에서 성실한 중재자의 모습을 보여준 미국 대통령이었다. 스탈린과 처칠은 주요 논점에서 적수로 떠올랐고, 루스벨트는 이들 사이의 중재자 역할을 맡았다. 루스벨트는 사안의 성격과 논쟁의 방향에 따라 스탈린 또는 처칠의 뒤에서 영향력을 발휘하며, 자신을 장황한 연설가보다 훨씬 효과적인 중재자로 만들었다.

Chapter
08

전리품

"**멋진** 날이다!" 이반 마이스키는 2월 5일 일기에 이렇게 적었다. 마이스키의 전문 분야는 독일의 전쟁배상금인데, 스탈린은 그날 늦게 이 문제가 논의될 가능성이 있다고 그에게 환기시켰다. 스탈린의 의제에는 분할 문제 다음에 배상 문제가 들어 있었다. 그러나 스탈린은 연합국의 희망 사항을 고려해야 했다. 이제, 독일의 분할 조건에 대한 논의를 시작하면서 루스벨트는 프랑스가 독일 점령에 참여하는 문제를 다시 논의하길 원하고 있었다. 마이스키는 기다려야 했다.

"내가 스탈린 원수를 통해 이해한 바와 같이, 프랑스는 라인까지의 독일 영토를 합병하려는 것이 아닙니다."라고 루스벨트가 말했다. 이 말은 1944년 스탈린이 샤를 드골과 협상한 결과를 루스벨트에게 보낸 전문 및 그 전날 루스벨트와 가진 예비 회동에서 말한 내용과 정면으로 배치되는 것이었다. 스탈린은 루스벨트의 중대한 실수를 지적하는 것을 잊지 않았다. 드골은 모스크바에서 스탈린에게 프랑스가 별도의 영토를 원한다고 분명히 말했다. 루스벨트는 놀란 표정을 지었다. 3거두가 아직 파악하지 못한 상황이지만, 바로 그날 드골은 국민들에게 라인 강 좌안을 분리할 것과 프랑스군이 강가를 따라 주둔하는 것을 요구하는 라디오 방송을 했다. 이 소식은 다음 날 얄타의 미국 측 뉴스 게시판에 나붙었다. 그러나 이 정보가 없었어도 개막식 축포는 희망적이지 않았다.

처칠이 서둘러 도움을 주려고 나서서 논의의 주제를 국경이 아니라 점령 지역으로 바꿨다. 그는 소련 측을 만족시킬 만한 문제 해결 방식을 제안했다. 즉, 영국 점령 지역의 일부 및 아마도 미국 점령 지역을 잘라서 프랑스 점령 구역을 설정할 예정이기 때문에 소련 점령 구역에는 영향을 주지 않을 것이라는 의견이었다. 처칠은 단지 영국과 미국 측이 프랑스와 자세한 사항을 논의하는 것에 대해 소련 측에서 동의해주기를 원했다. 스탈린은 반대했지만, 처칠은 계속 설득했다. 처칠은 이 논의가 "유럽에서 미래의 프랑스 역할이라는 문제 전체를 제기하는 것이며, 개인적으로 프랑스가 중요한 역할을 해야 한다고 생각한다."라고 주장했다.

연합국은 독일 점령을 상당 기간 지속시키려면 프랑스의 도움이 필요했다. 프랑스인은 독일인을 다루는 데 많은 경험을 가지고 있으며, 프랑스 군대는 앞으로 있을지도 모를 독일 침공에 대한 방어벽이 되어야 했다. 소련이 동부에서 폴란드를 독일에 대항하는 동맹국으로 갖겠다고 한다면, 영국은 서쪽에서 프랑스를 원했다. 처칠은 발언을 계속했다. 스탈린은 영국 측이 통치 구조에서 폴란드를 위한 별도의 구역과 역할을 고려할 수 있는지에 대해 물었다. 처칠은 1년 전의 제안을 철회하며 "아니오"라고 조심스럽게 답했다. 친서방과 친소련, 두 임시정부가 소련이 점령한 폴란드의 통치권을 놓고 싸우는 상황에서 처칠은 폴란드에 점령 구역을 내줄 수 없었다. 그러나 프랑스를 위해서는 점령 구역을 제공해주고 싶었다.

패권적인 단일국가의 부상을 막고 유럽에서 세력균형을 유지시키려는 영국의 전통적 정책을 따르면서 처칠은 강력하고 독립된 프랑스의 부활을 도모하기 위해 자신이 할 수 있는 일을 다했다. 처칠이 생각하기에 프랑스는 독일의 경제적·군사적 부활을 막을 수 있는 나라였다. 그는 이러한 전략을 추진하기 위해 드골 장군과 동맹을 맺었다. 처칠은 프랑스 군지휘관에서 정치인으로 변신한 드골을 일찍부터 지지하며 무슨 대가를 치르더라도 독일의 공세를 막기 위한 결의를 그와 공유했다. 1940년 6월, 갓 임명된 처칠 수상은 프랑스 임시정부가 독일과 전쟁을 계속할 수 있도록 지원했으며, 드골은 그런 영국과 일시적 연합 선언을 주장했다. 처칠은 독일군에게 점령된 프랑스에 드골이 라디오 방송을 할 수 있게 도왔고, 프랑스가 점령당한 후 드골이 피신해 온 영국에서 프랑스군의 핵심부를 구성할 수 있도록 도왔다.

샤를 드골은 여러 장점을 지닌 인물이었다. 제1차 세계대전에 참전한 군인으로서 독일군에게 잡혀 포로 생활도 했고, 1919~1921년 소련–폴란드 전쟁에서는 무공을 세웠다. 이 전투에서 그는 폴란드군의 자문관 역할을 하여 폴란드 훈장을 받았다. 직업군인으로서 프랑스군의 기계화를 강력히 주장했고, 양차 대전 간 기계화전투를 치르면서 최고의 이론가가 되었다. 독일이 프랑스를 침공했을 때, 그는 독일군을 상대로 손에 꼽힐 만큼 몇 안 되는 성공적인 반격을 펼친 주인공이었다. 그는 프랑스해방위원회를 이끌고 처음에는 영국에서, 다음에는 1943년 5월 알제리로 이동하여 자유프랑스군을 육성하며 독일군의 프랑스 점령에 대한 저항을 펼쳤다. 드골의 프랑스 제1사단은 노르망디 상륙작전 후 연합군이 프랑스를 해방시키는 것을 도왔다.

1944년 9월 드골은 프랑스 임시정부의 대통령이 되었고, 연합국과의 협상에서 프랑스의 주권 수호를 위해 온 힘을 기울였다. 그의 튀는 인간성과 행동은 많은 미국인을 짜증나게 했는데, 특히 루스벨트가 그렇게 느꼈다. 처칠도 그 나름의 불안감을 갖고 있었다. "이 친구에게는 관용이 눈곱만치도 없다는 점을 기억하게."라고 외무장관에게 경고했다. 처칠은 드골을 얄타로 초청하는 것에 반대했다. 만일 그가 회담에 온다면 "이미 상당히 어려운 모든 논의 진행을 망칠 것"으로 생각했다. 그러나 처칠은 드골을 대신할 인물을 찾지 못했다. 특히 프랑스 국가, 군대, 세계에서의 위상을 다시 세우는 데 그를 대체할 만한 사람은 더더욱 없었다.

전후 유럽에서 프랑스의 역할에 대한 자신의 계획을 실현하기 위해 처칠은 유럽자문위원회와 앞으로 구성될 UN 안전보장이사회에 프랑스가 포함되도록 적극 나섰다. 다음 단계는 독일 점령 구역에 프랑스 몫을 할당하고, 점령행정부에 프랑스 대표를 포함시키는 일이었다. 이 목표는 미국의 동의 없이는 이루어질 수 없었다. 처칠은 루스벨트를 동참시키는 데 성공했다. 얄타회담이 시작되기 전까지 비시(Vichy) 정부의 일부 인사와 드골의 라이벌인 앙리 지로(Henri Giraud) 장군과 특별한 관계를 수립하는 데 일부 성공하고 일부 실패하기도 했던 루스벨트는 미국이 드골을 지지하는 것 외에 다른 방법이 없다고 결론을 내렸다. 프랑스를 강대국 클럽에 다시 복귀시키려는 영국의 시도는 미국의 이해와도 맞아떨어졌다.

얄타로 떠나기 전 루스벨트는, 미국 언론의 반反식민주의 기사로 화가 난 처칠과 가톨릭교회에 대한 소련의 대접에 불만이 있는 교황 비오 12세(Pius XII)뿐만 아니라 얄타회담에 초청되지 않은 것에 모욕을 느낀 드골을 무마하기 위해 해리 홉킨스를 유럽으로 보냈다. 프랑스 외무장관인 조르주-오귀스탱 비도(Georges-Augustin Bidault)는 드골과의 만남을 앞둔 홉킨스에게 "드골은 프랑스 사람이 대화를 나누는 상대방을 즐겁게 하기 위해 늘 노력하지만, 그것이 도를 좀 넘는다고 생각하여 다른 태도를 취하기로 했습니다. 그는 상대를 즐겁게 하려고 하지 않을 것입니다."라고 말했다. 그러나 이 말도 너무 부족한 표현이었다. 드골은 미국이 1920년이나 1940년에도 독일군이 침공했을 때 프랑스를 돕지 않았다고 홉킨스에게 말했다. 그리고 지금은 도움을 주고 있지만, 이 또한 "압력을 받아 마지막 순간에 마지못해" 돕고 있는 것이라 했다. 만일 프랑스가 다시 강대국이 되지 못하면 미국의 정책이 옳았다고 할 수 있지만, "만일 프랑스가 다시 일어나 스스로 자립하고 최종적으로 강대국 반열에 들어가면 당신들이 틀린 겁니다."라고 덧붙였다.

미국인들은 영국이 프랑스를 다시 유럽 열강으로 복원시키려는 것을 도울 준비가 되어 있었지만, 이 일은 여러 이유에서 쉽지 않은 과제였다. 군사적 관점에서 보면, 1945년 1월 해리 홉킨스를 수행하여 파리로 간 찰스 볼렌이 본 것처럼 프랑스는 작은 난쟁이에 불과했다. 프랑스는 기껏해야 3개 사단을 동원할 능력밖에 없었다. 루스벨트는 스탈린에게 추가로 프랑스의 8개 사단을 무장시킬 무기를 공급하고 있다고 말했다. 그래야 프랑스가 점령국으로서 의무를 수행할 수 있지만, 이것으로는 프랑스가 세 강대국과 함께 얄타회담의 테이블에 앉을 자격이 있다는 점을 스탈린에게 설득할 수 없었다.

스탈린은 1940년에 군사적으로 붕괴한 프랑스를 경멸했다. 그가 볼 때는 프랑스가 무너지는 바람에 히틀러가 다음 해 소련을 침공할 수 있었다. 스탈린은 드골을 "어색하고 다루기 힘든 친구"라고 생각했다. 앞으로의 협력 가능성을 보고 스탈린은 드골의 독립성을 좋아했지만, 1944년 12월 새로운 프랑스–소련 조약에 서명하기 위해 모스크바에 온 드골이 소련의 지원을 받는 폴란드 정부를 인정하지 않자 그에 대한 기대가 사라져버렸다. 크렘린 만찬에서 스탈린은 루스벨트와 처칠을 위해 건배를 제안하면서도 자신이 부른 손님에 대한 건배는 의도적으로 빠뜨려서 프랑스 지도자에게 망신을 주려고 했다. 그리고 새벽 6시 30분, 프랑스의 제안이 반영되지 않은 조약에 서명하자며 드골을 크렘린으로 불러들였다. 드골이 이를 거부하자, 술이 덜 깬 독재자는 양측이 동의할 만한 수정안을 만들었다. 얄타에서 두 사람 사이의 우호 관계는 더 잃을 것도 없었다.

프랑스의 점령 지역 문제를 놓고 벌어진 스탈린과 처칠 사이의 논쟁은 의제에 대한 이견뿐만 아니라 정치 문화의 차이도 노정했다. 프랑스가 연합국통제위원회(Allied Control Commission)에 들어올 수 없다는 스탈린의 주장은 "전쟁에 패배한 국가는 승리를 쟁취하기 위해 독일에 굳건히 맞서 싸워서 큰 희생을 치른 국가의 통치를 받아야 한다."는 논리에 근거를 둔 것이었다.

영국 측 회의 기록에 따르면 처칠은 프랑스가 "굴복을 했고 그래서 큰 도움을 줄 수는 없었지만" 영국의 여론은 프랑스를 제외하는 것을 이해하지 못할 거라고 했다. 미국 측 기록에 따르면 "강대국의 운명은 인위적 장치(technical apparatus)의 일시적 상황에 따라 결정되는 것이 아니다."라고 했다. 전쟁의 승자든 패자든, 프랑스는 이웃 국가들의 눈에 강대국이고 2등 국가로 대우할 수는 없었다. 처칠은 구세계 정치체제를 존중하지 않는 혁명적인 신참 국가에 대항하여 구질서를 보호하고 있었다. 그러나 그가 영국의 장래에 대해서도 생각하고 있었는지는 의문이다.

스탈린을 설득하여 프랑스에 별도의 점령 지역을 할당하는 문제는 이미 3국이 모두 동의하여 만들어져 있는 점령 지역 지도로 인해 복잡해졌다. 프랑스의 점령 구역을 상정하지 않은 이 지도는 영국이 주도하여 만든 것이었다. 1944년 1월 영국이 이 안을 제안했을 때 소련 측은 일부 작은 수정을 한 후 서둘러 받아들였다. 영국 측도 이 결과에 만족한 듯했다. 3국에 점령 구역을 할당하는 역할을 맡은 유럽자문위원회의 일부 멤버는 소련의 전쟁 노고를 고려하면 스탈린은 영국에서 할당해준 영역보다 더 많은 지역을 요구할 권리가 있다고 생각했다.

소련 측은 이 안에 만족할 이유가 따로 있었다. 영국 측에는 알려지지 않았지만, 소련이 요구한 원제안 중 하나는 실제로 소련이 얻은 것보다 적은 지역이었다. 그 안은 서방 측과 소련 사이의 경계를 엘베 강으로 잡고, 소련이 차지하는 구역은 남쪽으로 드레스덴 이하로 내려가지 않았다. 후에 서독과 동독의 국경이 된 훨씬 서쪽의 경계를 제안한 측은 영국이었다. 영국 측의 제안은 소련이 기대했던 것보다 더 많은 영토를 소련에 제공했다. 그런데 이보다 더 중요한 것은 소련이 점령하는 구역을 독일 동부에 두어 프로이센을 통제할 수 있고, 앞으로 그어질 독일과 폴란드의 경계를 포함하고 있다는 점이었다.

스탈린이 보기에 영국의 제안에서 한 가지 문제는 점령 지역을 배타적 책임 구역이 아니라 우선적 책임 구역으로 다뤘다는 점이다. 이 방식으로 하면 미국군과 영국군이 소련 구역에 들어올 수 있고, 그 반대의 경우도 가능했다. 배타적 통제안은 서방 연합국에게도 매력적으로 받아들여졌다. 소련 측은 베를린과 오스트리아가 공동 관리 구역이 되는 것에 동의했다. 영국 측 제안의 또 하나 거북한 점은 동프로이센을 폴란드에 넘긴 것이다. 몰로토프는 "현재의 소련과 폴란드의 관계를 고려하면 독일의 어떠한 영토, 특히 동프로이센이 폴란드군에 통제되는 것은 받아들일 수 없다."라고 1944년 2월 런던 주재 소련대사에게 썼다. 그는 런던에 있는 폴란드 임시정부가 일부 지역을 통제하는 것을 원치 않았다. 영국 측은 이 문제에 대해서는 양보했다. 소련은 좀 더 많은 요구를 할 수 있었는데도 불구하고 결국 영국이 제안한 것의 대부분을 수용했다.

미국은 런던과 모스크바에서 진행되는 협상에 반대할 준비가 되어 있지 않았다. 1944년 봄 미국의 군사전략가들은 연합군이 라인 강에서 소련군을 만날 것으로 예상하여, 소련이 이미 점령한 지역을 영미 측에 양보할 것이라고 기대하는 것은 너무 순진하다고 생각했다. 미 합동참모본부가 내놓은 안은 런던의 유럽자문위원회 모두를 크게 놀라게 했다. 그 제안에 따르면 미국 점령 구역은 베를린까지 이르는 북서부 지역이었다. 이것은 소련의 점령 지역이 겨우 독일 국토의 22%를 차지한 것에 반해, 미국은 독일의 인구 절반 이상과 국토 46%를 차지했다.

이 제안에는 아무 설명이 부가되어 있지 않았다. 당시 유럽자문위원회의 미국 대표단 일원인 조지 케넌은 이를 받아보고 놀라서 안건 자체를 아예 논의에 부치기를 거부했다. 다른 대표들도 케넌만큼 회의적이었지만 이 안을 제출하는 것 외에 다른 방법도 없었다. 코넬리우스 위커샴(Cornelius W. Wickersham) 장군은 "우리는 싸워야 해, 친구. 싸워야 한다니까."라며 낙담한 케넌을 격려했다. 그러자 케넌은 "상식에 맞지 않고, 스스로도 이해되지 않는 것을 가지고 어떻게 싸웁니까?"라고 대꾸했다. 케넌과 위커샴은 좀 더 정보를 얻기 위해 워싱턴으로 날아갔다.

케넌이 최종적으로 이 문제를 논의하기 위해 대통령을 만났을 때, "그것은 내가 언젠가 봉투 뒷면에 그린 그림에 불과하다네."라며 웃어넘겼다. 케넌은 회고록에 "대통령은 유럽의 전후 해결 과정에서 앞으로 자신을 옭아매거나 행동의 자유를 제한하는 것을 극히 싫어했다."라고 썼다. "그는 분명히 이런 위원회가 없는 편이 차라리 낫다고 생각했다." 케넌이 나선 다음에야 미국 대표단에게 보낸 첫 훈령이 철회되고 영국이 만든 소련 점령 구역안이 승인되었다.

길고 복잡한 협상 과정에서 프랑스 문제가 의제에 끼어든 것은 이 시점이었다. 2월 4일 회담이 시작되기 전의 사전 회동에서 이 문제를 스탈린에게 제기하는 과제는 루스벨트에게 떨어졌다. "대통령 각하는 프랑스가 점령 지역을 가져야 한다고 생각하나요? 그 이유는요?"라고 스탈린이 물었다. 루스벨트는 그것이 괜찮은 생각 같다고 하면서 꼭 그렇게 해야 할 이유는 없지만 "선의로" 한다고 말했다. 몰로토프는 반대했지만, 스탈린은 이 문제를 회담에서 논의할 수 있다고 동의했다.

다음 날 루스벨트는 이 문제를 의제로 내놓았고, 처칠과 스탈린이 놀라게도 미군은 유럽에 2년 이상 주둔하지 않을 것이라고 선언하며 자신이 제기한 의제에 긍정적 결의를 이끌어냈다. 미군 주둔 기간에 관한 언급은 협상용이 아니었다. 루스벨트는 미 의회에서 미군의 해외 장기 주둔을 동의해

주지 않을 것이라고 믿었다. 처칠은 경악했다. 미군의 조기 철수란 곧 점령된 독일을 통제하기 위해서는 영국에게 프랑스의 도움이 그 어느 때보다 절실하다는 것을 의미했기 때문이다. 그렇지 않으면 상황은 걷잡을 수 없게 될 수도 있다. 이것은 스탈린에게도 입장을 바꾸게 만든 결정적 요인이 되었다. 루스벨트가 몇 마디 한 뒤 스탈린은 "미국과 영국 구역 내에" 프랑스 구역을 만드는 데 동의했다. 독일은 한 나라가 통제하기에는 너무 크다고, 소련만큼 크다고 했다. 미국의 철수는 유럽 중앙부에 누군가 채워야 할 진공을 만들어 놓을 텐데, 그렇다면 아무도 없는 것보다는 드골이 나았다.

연합국통제위원회는 다른 문제였다. 스탈린은 이 문제만큼은 양보하려 하지 않았다. 그는 프랑스 점령 구역 수용을 지렛대 삼아 프랑스를 독일 통치 기구의 참여자로 인정할 수 없다는 단서를 강변했다. 처칠은 스탈린의 양보를 출발점으로 보고 위원회의 중요성을 축소하며 계속 밀어붙였다. "통치위원회는 각국 정부의 지시를 받는 비상 기구에 불과합니다. 이 위원회가 독일과 관련된 기본 정책을 만들 것이라고 염려할 필요는 없습니다."라고 말했다. 그래도 스탈린은 확신이 서지 않았다. 그는 서로를 대립시키려는 자신의 노력에도 불구하고, 때때로 합심하여 자신과 대결하는 두 자본주의국가를 이미 여러 번 상대했었다. 소련의 동맹이 아닌 프랑스를 추가하는 것은 앞으로의 협상을 더욱 힘들게 할 것이 분명했다.

루스벨트는 본인이 나설 차례가 되었다고 생각했다. 해리 홉킨스는 다음의 내용이 담긴 메모를 내밀었다. "① 프랑스는 이미 유럽자문위원회에서 활동하고 있으며, 이 위원회는 현재 독일 문제를 검토하는 유일한 기구임. ② 점령 구역을 약속할 것. ③ 통치위원회에 대한 결정은 미룰 것." 루스벨트는 그의 조언을 따랐다. 그는 다른 지도자들에게 "유럽자문위원회는 이미 프랑스를 포함하고 있으며, 프랑스가 요구하는 점령 구역을 받아들이는 것이 좋다고 생각되지만...... 다른 국가들이 프랑스의 참여를 원하지 않는다면 스탈린 원수가 말한 대로 프랑스는 통치 기구에 참여하지 않는 안을 선호합니다."라고 밝혔다. 처칠은 분명히 격앙되었지만 대놓고 반대하지는 않았다. 대신 그는 이든의 지지를 끌어냈다. 그러자 몰로토프도 스탈린 편을 들었다. 처칠이 할 수 있는 최상의 일은 프랑스 관할구역의 행정 문제를 외무장관들 회의에서 검토하게끔 하는 것이었다.

이날 회의는 루스벨트가 내놓은 또 하나의 타협안으로 종결되었다. 루스벨트는 스탈린이 부차적이라고 생각하는 문제에 대해 그에게 영향력을 행사하는 능력이 늘어나면서 권위도 높아졌다. 독일 점령에 프랑스를 참여시키는 문제도 그런 범주에 들어갔다. 그러나 독일의 전쟁배상금 지불 문제는 그렇지 않았다.

소련 외무차관인 이반 마이스키가 일기에 썼듯이, 점령 지역 문제가 해결되자 스탈린은 자신의 왼쪽에 앉아 있는 이반 마이스키를 돌아보며 "다소 퉁명스럽게" 말했다. "보고하게." 방심하고 있던 마이스키는 당황했다. 그는 스탈린이 주로 말하고 자신은 후에 논의에 참여하게 될 줄 알았다. 독일의 전쟁배상에 대한 상세한 계획을 가지고 있기는 했으나, 최종안은 아직 몰로토프나 스탈린의 승인을 받지 않은 상태였다. 마이스키는 이 상황이 위험하다는 것을 알아챘다. 그의 상관은 얼마 전 별 이유 없이 그를 꾸짖었다. 이날 마이스키가 전체 회의에 나타나자, 스탈린은 짜증이 묻어난 얼굴로 그에게 물었다. "자네는 왜 1차 회의에 참석하지 않았나?" 마이스키는 초청받지 못했다고 답했다. 스탈린은 이 대답이 불만스러웠다. "통보를 받지 못했다고? 무슨 말인가, 통보를 받지 못했다니. 자네는 군기가 빠져 있는 거야. 마음대로 행동하고 있어."

스탈린 정부의 많은 관리들이 그렇듯이 마이스키도 인종적으로 러시아

이반 마이스키
1922년부터 외교관 생활을 시작하여 런던, 도쿄, 헬싱키 등에 파견되었다. 1941년 독일의 소련 침공 이후 마이스키는 서방 연합군과의 관계 정상화를 담당했다.

인이 아니었다. 러시아 제국에 거주하던 폴란드 가족에서 1884년 얀 라초베츠키(Jan Lachowiechki)라는 이름을 가지고 태어난 그는 1903년에 러시아사회민주노동당에 가입했다. 그의 '죄'는 혁명 전까지 당의 잘못된 분파에 속해 있었다는 점이었다. 그는 레닌의 볼셰비키파와 자주 충돌한 멘셰비키파에 소속되어 있었다. 마이스키에게 있는 또 하나의 '단점'은, 그가 스탈린이나 다른 동료들과 다르게 좋은 교육을 받았다는 점이다. 그는 상트페테르부르크대학교에서 역사학 학위를 취득했고, 서부 유럽에서 정치 망명자로 10년 가까이 살며 영어와 프랑스어를 통달했다. 이런 재능은 스탈린이 통치하는 소련에서는 위험한 능력이었다. 1953년 마이스키는 스탈린의 비밀경찰에 의해 간첩 혐의로 체포되었다. 스탈린이 죽자 그는 '영국 스파이'인 라브렌티 베리야와 공모했다는 혐의를 받았다. 베리야는 크렘린 내부에 쿠데타가 일어나면서 1953년 6월 체포되어 크렘린에서 처형당했다. 마이스키에게 씌워진 죄는 1955년에 모두 사면되어 석방되었다. 그는 운 좋게도 위기를 넘기고 살아남았다.

마이스키는 1922년 소련 외교관 생활을 시작했고, 핀란드와 일본 주재 대사를 지낸 다음 마지막으로 영국 주재 대사를 역임했다. 11년간 런던에서 대사로 복무한 뒤 1943년 가을에 귀환한 그는 부외무인민위원으로 임명되어 전후 처리 문제를 계획하는 위원회의 책임자가 되었다. 전쟁배상 문제가 마이스키의 업무이므로 소련 대표단에 뽑혀 얄타회담에 참석한 것은 당연한 듯했지만, 그로서는 실상 기대하지 않았다가 일어난 일이었다. 그는 스탈린과 가깝지 않았다. 그가 몰로토프에게 올린 보고서는 종종 또 다른 부외무인민위원인—역시 폴란드인이면서 이전에 멘셰비키였던—안드레이 비신스키를 거쳤다. 그가 얄타에 초대될 수 있었던 것은 1945년 1월 20일 애버럴 해리먼을 만난 일을 상관들에게 보고하면서 존재감을 드러낸 결과였다. 해리먼의 말에 따르면 마이스키는 "소련 외무부의 다른 어느 외교관보다 일차적 의견을 교환할 준비가 되어 있기" 때문에 방문해서 만났다고 한다.

마이스키는 정보의 보고寶庫로 부각되었다. 독일의 미래에 대해, 그는 독일이 분할되어야 하며 라인란트와 남부 가톨릭 지역은 별도의 국가가 되어야 하고, 군사력의 부활을 막기 위해 중공업을 박탈해야 한다고 했다. 또 전쟁배상금을 10년에 걸쳐 상품과 노동력으로 받아야 한다고 했다. 그는 소련이 수백만 명의 독일인들을—대부분이 남자이지만 여자도 포함되어 있다—징용하여 강제노동에 투입할 계획을 갖고 있음을 넌지시 알려주었다. 먼저 징용될 대상은 경범죄자, 나치 활동가, 실업자들이었다. 소련에서 노동은 징벌인 동시에 사회적 재활 과정이었다. 해리먼과 만날 때 갓 출간된 마이스키 회고록은 그들의 대화 소재가 되었고, 해리먼은 그의 회고록을 몰타로 가져가서 루스벨트 대통령에게 증정하겠다고 말했다. 마이스키는 자신이 얄타에 간다고 생각하지 않았기 때문에 해리먼의 제안이 좋은 아이디어처럼

처칠과 이반 마이스키의 만남 1941년 8월, 런던 주재 러시아대사관에서 만찬이 열린 모습으로, 처칠과 마이스키(오른손에 잔을 들고 있는 사람)가 건배를 하고 있다.

보였다. 다음 날 그는 "어제 당신이 제안한 것을 기꺼이 수락합니다. 좋은 여행과 행운을 빕니다. 이반 마이스키."라는 메모와 함께 회고록을 해리먼에게 보냈다.[1]

몰로토프와 그의 보좌진을 위한 보고회에서 마이스키는 자신의 회고록을 해리먼에게 선물한 사실을 언급하지 않았다. 마이스키는 해리먼이 자신에게 관심을 보인 이유가 미국이 전쟁배상 문제를 중요하게 생각하기 때문이라며, 얄타에서 미국이 가장 중요하다고 여기는 두 개의 의제 중 하나가 바로 이것이라고 설명했다. 다른 하나는 UN 창설 문제였다. 해리먼은 '탐색전' 목적으로 소련 외무차관의 사무실에 들른 이유를 설명하기 위해 이런 말을 한 듯했지만, 마이스키로서는 이를 통해 본인이 담당하고 있는 문제의 중요성을 강조해야 이익이 될 것이 분명했다. 마이스키는 상관들의 환심을 사기 위해 진지한 노력을 기울이면서 전쟁배상 문제에 대한 본인의 견해와 해리먼의 반응을 설명했다. 이 보고는 "스탈린 동지, 나를 얄타로 데려가세요."라고 큰소리로 호소하는 거나 마찬가지였다.

해리먼이 다녀간 지 닷새 뒤인 1월 25일, 마이스키는 들뜬 기분으로 일기에 이렇게 적었다. "오늘은 나에게 아주 좋은 날이다." 몰로토프는 스탈린이 영국 의회의 대표를 만날 때 행사를 주도하고 통역을 맡도록 마이스키를 초청했다. 이는 틀림없이 신임의 신호이고 얄타회담의 대표단으로 가라는 뜻이었다. 몰로토프는 그에게 이 여행에 가지 못할 이유가 있는지를 물었다. 흥분한 마이스키는 "아닙니다. 절대 아닙니다. 분부대로 따르겠습니다."라고 대답했다. 그는 일기에 "내가 감히 어떻게 거부하겠는가?"라고 적었다. 사흘 후인 1월 28일 그는 크림반도행 기차에 몸을 실었다.

마이스키는 모스크바를 떠나기 전부터 계속 다듬어온 전쟁배상안을 가지고 갔으며 얄타회담 첫날 이것을 몰로토프에게 보고했다. 그는 100억 달러의 가치가 있다고 평가되는 독일 공업 시설의 75%를 분해한 뒤 이를 독일 침략 때문에 가장 큰 피해를 본 국가들로 옮겨야 한다고 주장했다. 전쟁배상금 지불은 10년에 걸쳐 이루어지지만, 이에 관한 작업 자체는 2년 내에 완료되어야 했다. 소련은 분해되는 공업 시설의 75~80%를 얻어낼 생각이었다. 이 수치는 독일 전체 공업력의 60%에 해당한다. 징용할 인력에 대해서는 500만 명의 노동자를 원했다. 독일의 침공으로 소련이 입은 피해액은 대략 500억 달러로 추산되었다.

마이스키는 모스크바에서 이러한 추정치를 몰로토프와 스탈린이 함께 있을 때 논의했지만, 독일 배상금 중 얼마를, 혹은 어느 정도의 액수를 소련이 가져가야 하는지에 대해서는 최종 결정을 내리지 않았다. 2월 5일 회담에서 전쟁배상금 문제가 의제로 제기되었을 때 몰로토프와 스탈린 모두 마이스키의 최종안을 읽어보지 못한 상태였다. 겁을 먹은 마이스키는 "원수께서는 제 최종안을 아직 보지 못하셨습니다."라고 조용히 말했다. 그러나 스탈린은 "상관없어. 노동문제는 빼고 보고하게."라고 말했다. 그날 마이스키는 일기에 이 상황을 써놓았다. "스탈린의 오른쪽에 앉은 몰로토프도 걱정이 컸던지 나에게 몸을 기울이며 '숫자도 언급해야 할까?'라고 물었다. 스탈린은 '숫자도 얘기하게.'라고 말했다. '어느 숫자를 말할까요?'라며 모스크바에서 우리 사이에 있었던 논의를 언급했다. '50억 달러? 아니면 100억 달러요?' '100억 달러!' 스탈린이 대답했다. 모든 문제가 단숨에 해결되었다." 그간 문제된 '숫자'는 소련 측이 요구하는 배상금의 액수였는데, 스탈린이 현장에서 100억 달러라고 결정했다.

루스벨트가 소련이 원한 노동력 문제를 꺼내자, 스탈린은 이 문제를 논의할 준비가 되지 않았다고 답했다. 마이스키는 놀랐다. 왜? 준비가 덜 되지는 않았다. 아마도 스탈린은 위험을 감지하고 '노예노동'을 의제에서 제외하기를 원한 것 같았다. 그는, 전체 회의 전에 홉킨스가 이 문제가 제기되면 "우리는 마지못해서가 아니라 기꺼이 이에 동의할 겁니다."라고 말한 것을 알지 못했던 듯하다. 루스벨트는 스탈린에 반대하기 위해서가 아니라 자신의 호의를 보여주려고 이 문제를 꺼낸 것이었다.

"제가 영어로 바로 얘기해도 될까요?"라고 마이스키가 물었다. "그렇게 하게."라고 스탈린이 답했다. 마이스키는 능숙하지만 액센트가 강한 영어로 말했고, 그의 발언은 좌중에 강한 인상을 남겼다. 스테티니어스는 이때를 이렇게 회상했다. "짧게 깎았지만 앞으로 튀어나온 턱수염을 하고 학자 분위기를 풍기는 마이스키는 역동적이고 능력 있는 인물이었다....... 그는 강한 어조로 자신의 안을 얘기했고, 아마도 스탈린과 몰로토프의 전적인 지지를 받은 듯했다." 마이스키도 자신의 보고에 처칠과 다른 사람들이 집중하는 모습을 보고 연합국 측에 좋은 인상을 남겼다고 생각했다. 그는 각국에 할당되는 배상금의 액수는 두 가지 요인에 의해 결정되어야 한다고 했다. 그것은 대독일전에서 승리에 기여한 정도와 독일 침공으로 입은 피해의 정도였다.

마이스키는 준비된 서면을 바탕으로 보고했지만, 스탈린이 50억 달러가 아니라 100억 달러의 배상액을 요구하도록 결정한 것에 자극받아서 발표할 때는 독일 공업 시설에 대한 요구를 75%에서 80%로 올리기로 했다. 그는 소련이 받을 배상액이 "100억 달러 이하가 되어서는 안 되며", 이 액수는 독일 침공으로 소련에 가해진 직접적 손실의 일부만 메울 수 있다는 말도 덧붙였다. 배상금 문제에 관해 "매력 있고 유능한" 마이스키는 '매파'였다. 사실 전해 12월에 그는 배상액이 150억 달러 이하는 안 된다고 제안한 바 있었다.

마이스키가 보고하는 동안 처칠은 기묘한 눈빛으로 소련 외무차관을 쳐다보았다. 처칠은 100억 달러에 대해 말도 안 되는 액수라고 말했다. 지난 제1차 세계대전에서 승전국은 단지 10억 파운드를 독일에서 받아냈는데, 이 금액도 미국이 독일에 빌려준 돈이었다. 영국도 제2차 세계대전 중 막대한 피해를 입었고, 전쟁 부채만 30억 파운드에 달한다고 말했다. 영국 측 회담 기록자는 처칠의 말을 다음과 같이 요약했다. "만일 독일의 배상금으로 우리의 경제가 큰 혜택을 받을 수 있다면, 그는 기꺼이 그렇게 할 것이다. 그러나 '자라 보고 놀란 가슴 솥뚜껑 보고 놀란다'는 말처럼 그는 이 문제에 큰 회의를 느끼고 있었다."

처칠 수상은 너무 과도한 배상 부담으로 인해 독일인들이 굶어 죽을 수 있는 사태를 막아야 할 책임이 영국인에게 떠맡겨지는 상황을 걱정했다. 처칠이 마지막으로 "만일 말이 당신 마차를 끌기를 원한다면, 먼저 말에게 건초를 주어야 합니다."라고 말하자, 스탈린은 "말이 돌아서서 당신을 걷어차지 않을까 주의를 해야겠지요."라고 응수했다. 처칠은 말에 비유한 것이 맞지 않을 수도 있는데 차를 예로 들자면 먼저 기름을 넣어야 달릴 수 있다고 했다. 그러자 스탈린은 독일인들이 기계가 아니기 때문에 그 또한 좋은 비유가 아니라고 되받아쳤다. 스탈린은 처칠과 정면으로 맞부딪치며 나오고 있었다.

결국 루스벨트가 다시 한 번 끼어들었다. 이번에도 그는 소련 측 입장을 거들었다. 얄타에서 배상금에 대한 루스벨트의 태도는 파리강화회의에서 윌슨이 견지한 입장과 큰 차이를 보인다. 전쟁 말기 14개조 평화원칙과 무병합, 무출연금, 징벌적 손해배상 없음의 원칙을 고집한 윌슨은 영국 수상 데이비드 로이드 조지(David Lloyd George)와 의견 충돌을 일으켰으나, 결국 패전국의 배상금 지불을 고수한 영국 수상의 요구에 굴복했다. 지금 상황은 그때와 극적으로 뒤바뀌었다. 과도한 배상금에 반대하고 나선 것은 제1차 세계대전에서 교훈을 얻은 영국이고, 미국은 소련과 같은 입장을 취하려고 했다. 미국은 스스로를 위한 배상금을 원하지는 않았지만 다른 국가가 이것을 현금 아닌 다른 형태로 받길 원하는 것에도 반대하지 않았다.

루스벨트는, 미국인들은 독일의 수도나 공업 시설을 원하지 않지만 독일인이 굶는 것도 원하지 않는다고 말했다. 그러나 독일이 소련보다 더 나은 생활 조건을 가지고 전쟁에서 회복하는 것도 원하지 않는다고 했다. 그는 위험한 길을 걷고 있었다. 해리 홉킨스는 루스벨트에게 스탈린의 입장에 동조하지 말 것을 경고하면서, 미국은 소련이 배상을 통해 무엇을 원하는지 정확히 알아야 한다고 말했다. 루스벨트는 전쟁으로 인한 큰 피해를 입은 크림반도를 여행한 후에도 집단화와 대숙청, 전면전의 트라우마를 겪은 소련의 생활수준을 거의 상상할 수 없었다. 얄타회담이 진행되는 시점에 동프로이센으로 진입한 소련군은 독일 농부들과 도시민들의 높은 생활수준을 보고 충격을 받았다. 유럽 전체를 착취한 제국주의 자본가들이 만들어놓은 이상향을 보고 있다고 생각한 소련 병사들은 독일 주민을 공포에 떨게 만들며 "도둑들이 가진 것을 도둑질"하는 짓을 서슴지 않았다.

스탈린은 마이스키로 하여금 처칠에게 논박하도록 했다. 마이스키는 다시 한 번 사실과 숫자에 대한 완벽한 지식으로 참석자들에게 인상을 남겼다. 그는 100억 달러가 1944~1945년 회계연도 미국 예산의 10%밖에 안 되는, 크지 않은 금액이라고 지적했다. 스테티니어스는 "정확히 맞습니다!"라고 말했다. 마이스키는 전쟁 기간에 매년 독일이 60억 달러 가까운 군사 예산을 썼다고 말했다. "좋아요. 그 사실은 아주 중요한 고려 사항이네요!"라고 처칠이 소리쳤다. 그러나 마이스키의 뛰어난 언변에도 불구하고 처칠은 비현실적으로 큰 전쟁배상액에 반대하는 입장을 굽히지 않았다.

이제 스탈린의 차례였다. 그는 먼저 독일의 배상금을 받는 나라의 숫자에 선을 긋기를 원했다. 그는 유고슬라비아나 폴란드보다 적은 사단을 참전시킨 프랑스는 연합국의 전쟁 노력에 기여한 바가 거의 없다고 지적했다. 그러면서 전쟁 노력에 기여한 정도가 배상액을 정하는 결정적 요인이라고 주장했다. 처칠이 이에 항의하고 나섰다. 그는 "각자의 필요와 각자의 능력에 따라서"라는 사회주의 원칙을 선호했다. 그러자 스탈린도 자신의 고유 영역에서 지려고 하지 않았다. "각자의 공적에 따라서"라며 퉁명스럽게 되받아쳤다. 스탈린은 영국의 반대에 적잖이 당황했다. 그날 저녁 늦게 참모들과 함께한 회의에서 스탈린은 소련의 배상금 몫을 70억 달러로 줄이라고 지시했다. 그러면 서방 연합국은 80억 달러를 요구할 것이라고 했다. 그는 회담에서 소련이 연합국들의 적이 되는 상황을 피하고 서로 합의에 이르기를 원했다. 마이스키는 반대했지만, "스탈린에게 결정권이 있으니까 그렇게 고려할 수밖에 없었다."라고 일기에 적었다.

이날 전체 회의는 전쟁배상액에 대한 합의를 이끌어내지 못한 채 끝났다. 다른 의제와 마찬가지로 이 문제에 대한 추후 논의는 외무장관 회담으로 넘겨졌다. 다만 배상특별위원회를 모스크바에 만든다는 데는 모두 동의했다. 소련 측이 이 결정을 점령 지역에서 배상금을 끌어낼 수 있는 수단으로 본 데 반해, 영국과 미국은 배상금에 대한 소련의 욕심을 제어할 수 있는 수단으로 보았다. 지금까지의 과정을 보면 스탈린의 전술은 썩 성공적이지 않았다. 일부 학자가 본 대로, 스탈린이 분할 문제에서 양보하는 대신 그 대가로 거대한 배상 금액에 대한 서방 측의 동의를 원했다면, 그는 실패했음이 분명하다. 전쟁배상 문제에 대한 결정이 연기된 상황에서, 2월 5일 스탈린의 성과는 반반이었다. 그는 '분할'이라는 용어를 독일 항복의 조건으로 삽입하는 데 서방 측이 동의하도록 만든 대신, 프랑스의 강대국 지위 회복을 원하지 않으면서도 프랑스의 점령 구역 설정에는 동의했다.

소련의 역사학자들은 얄타회담 초기 스탈린의 주도권 장악 실패를 처리하느라 애먹었다. 소련 측 편집자들이 스탈린의 발언과 언급의 일부를 삭제하고 손질한 회담 회의록의 주요 주제는 두 가지였다. 하나는 독일의 분할 문제이고, 다른 하나는 점령 구역 문제 논의에 프랑스를 포함한 것이었다. 1960년대에 소련 측 회의록이 처음 발행되자, 소련 지도부는 독일 분할의 책임을 서방 측에 돌리면서 당시 프랑스에 일고 있는 반미 외교정책의 분위기를 자신들에게 유리하도록 활용하려 했다. 모스크바는 훨씬 뒷날의 회고에서조차 자신들이 강력한 프랑스의 부활에 반대한 것처럼 보이지 않기를 바랐다. 소련 측은 깔끔한 기록을 보유하고 있지만, 이는 자신들의 필요에 맞게 '수정'한 것이다.

알타회담의 시간과 장소는 제2차 세계대전을 통틀어 가장 철저하게 보안에 부쳐진 비밀이었다. 루스벨트, 처칠, 스탈린이라는 3거두가 회담을 통해 획득해야 할 전리품은 세계를 삼켜버린 전쟁의 종식 방안을 찾는 것이었다. 세 사람은 머리를 맞대고 20세기의 가장 비밀스런 평화회담을 진행했다. 그들은 수백만의 병력을 이동시켰고 자신들에게 필요한 대로 전승국의 정의를 분배했다. 이 과정에서 평화의 지속을 위해 필요하다는 이유를 내세워 국가들의 운명을 결정하고, 수백만 명의 난민들을 동쪽과 서쪽으로 보냈다. 지정학적 야망과 자존심, 가치 체계의 경쟁, 자신들의 국가가 보유한 가장 영민한 협상가들 사이의 권력 경쟁이 1945년 2월의 여드레 동안 알타에서 펼쳐졌다. 회담은 참가자들에게 끊임없는 도덕적 딜레마를 제공했고, 연합국의 지도자들뿐만 아니라 자국의 이익과 자신들이 모시는 지도자를 위해 분투한 참모들에게도 감정적 롤러코스터의 무대가 되었다. 어느 전쟁과 마찬가지로 어느 평화도 단막극이 아니다. 거기에는 시작이 있고 끝이 있으며, 좋을 때가 있고 나쁠 때가 있으며, 영웅이 있고 악당이 있다. 그리고 거기에는 대가가 따른다. 알타가 보여주듯이 민주국가 지도자들이 아무리 노력한다고 해도 독재체제 및 전체주의 정권과 동맹을 맺는 데 따르는 대가가 있다. 동맹이 공통의 가치와 원칙에 기반하지 않는 한, 일단 처음의 갈등이 끝나고 나면 적군의 적은 당신의 적이 될 수도 있다. 민주주의는 오직 민주주의와 동맹을 맺어야 하고 공동의 가치가 앞으로의 동맹에 유일한 기초가 되어야 한다는 생각을 유지하기에는 세계는 너무 복잡하고 위험한 곳이다. 그러나 알타는 민주국가들의 단합이 공동의 목표를 달성하는 데 필수적이라는 것을 보여준다. 알타에서 보았듯이 적과의 사이에서뿐만 아니라 동지와의 사이에서도 이념적·문화적 차이가 있기 마련이다. 이러한 차이의 인정은 과도한 기대를 피하는 데 필수적이다.

Yalta

(크림 회담은) 일방적 행동, 배타적 동맹, 영향권, 세력균형, 그리고 몇 세기 동안 시도해왔지만 늘 실패했던 모든 다른 편의주의적 방법의 시스템을 종결시키고, 또 그 종결을 의미해야 한다.

—프랭클린 루스벨트

Chapter 09

UN 안전보장이사회

2월 6일 화요일 아침, 사라 올리버는 어머니에게 편지를 쓰기 위해 자리에 앉았다. 그녀는 깊은 인상을 받은 보론초프 궁전의 경관에 대해 이렇게 서술했다. "바다를 내려다보는 테라스에 서서 우리는 멋진 경치를 보았어요. 물고기 떼들이 하늘과 바다로부터 공격을 받고 있어요. 바다에서는 돌고래 떼들이, 하늘에서는 수백 마리의 갈매기들이 공격을 하자 불쌍한 물고기들은 좀 더 가까이 떼를 지어 몰려다녔는데, 이런 사냥은 세 시간가량 지속되었어요." 사라 올리버가 함께 있던 해럴드 알렉산더 원수에게 "흩어지지 않고 바보같이 함께 있네요."라고 말하자 그는 이렇게 대답했다. "같이 붙어 다니는 편이 훨씬 낫습니다."

사라의 아버지도 딸과 같은 생각을 가지고 있었다. 그는 오랜 정치 경험을 통해 집단적 행동의 이익을 크게 믿지 않는 사람이었다. 그날 아침, 처칠은 미래의 전쟁을 피할 수 없다는 생각에 골몰해 있었다. "다음번에는 이념 전쟁이 될 거야." 그는 방 침대에서 아침을 먹으며 주치의에게 그렇게 말했다. 전날 중요한 문제들 전체에 걸쳐 스탈린과 이견을 보인 후 처칠 수상은 동부의 공산주의국가와 서방의 자본주의국가들 사이의 향후 관계를 낙관적으로 볼 수 없었다.

그날 아침 프랭클린 루스벨트도 미래에 대해 생각하고 있었다. 그러나 그의 생각은 좀 더 희망적인 주제에 다가가 있었다. 그는 국제연합 결성 문제를 이날 의제로 올리려 했고, 국무장관에게 이 문제에 대한 발제를 맡으라고 말했다. 스테티니어스는 기뻐했다. "저에게 아주 중요한 순간이 될 것입니다. 저는 무기대여 담당에서 국무부로 자리를 옮긴 후 밤낮을 가리지 않고 이 문제에 집중해왔습니다. 러시아 측이 표결 방식에 동의하도록 우리의 설득이 성공한다면, 국제연합의 소집 및 평화와 안보를 위한 세계기구 창설이라는 우리 계획이 현실화될 것입니다."[1] 스테티니어스는 UN에 대한 열정을 국무부 내 '윌슨주의자'의 리더였던 전임자 코델 헐로부터 물려받았다.

국제연합에 대한 첫 구상안은 미 국무부 차관보였던 섬너 웰스(Sumner Welles)가 국제연맹의 규약을 바탕으로 만들었다. 파리강화회의의 결과로 탄생한 국제연맹은 1920년 11월 제네바에서 첫 총회를 열었고, 1946년 4월 마지막 회의를 열어 회원국들이 해체를 결의했다. 국제연맹의 활동은 사전에 막지 못한 전쟁이 발발함으로써 1939년 사실상 중단되었다. 국제연맹은 제2차 세계대전 발발에 대한 전반적 비난을 받았다. 국제연맹의 문제는 결정을 내리거나 시행할 수 없었다는 데 있다. 모든 결의안은 이사회에서 만장일치로 통과되어야만 했다. 총회와 마찬가지로 강대국들은 이사회의 상임 회원으로 참가하지만 작은 국가들은 임시 회원으로 참가했다. 만장일치 결의 원칙은 국제연맹 규약에 금과옥조처럼 자리를 잡고 있었다. 규약 5장에는 "총회와 이사회의 모든 결정은 회의에 참석한 모든 국가의 만장일치로 채택된다."라고 규정되어 있다. 만일 결정해야 할 문제가 강대국의 이해와 관계되는 경우, 그 결정은 실제로 거의 이루어질 수 없었다.

미국은 국제연맹에 가입하지 않았다. 우드로 윌슨은 국제연맹을 창설한 공로로 1919년 노벨상을 받았지만, 점점 더 고립정책으로 기우는 미 의회에서 공화당의 반대를 극복하지 못하고 미국의 국제연맹 가입을 전제한 베르사유조약을 비준하도록 설득하는 데 실패했다. UN헌장 초안을 작성하는 미국 전문가들은 미국을 구속하는 기구라면 어떠한 국제기구라도 미 의회가 반대할 수 있다는 사실을 염두에 두었다. 그들은 또한 1933년 독일과 일본이 국제연맹을 탈퇴한 뒤 이들 국가에 아무런 영향력도 끼치지 못한 국제연맹의 나쁜 전례도 극복해야 했다. 1937년에는 이탈리아가 독일과 일본을 따라 국제연맹에서 탈퇴했다. 이 3개국은 1940년에 추축국 동맹을 결성했지만 국제연맹으로부터 아무런 제재도 받지 않았다.

새 평화기구가 좀 더 나은 결과를 가져오려면 이전 기구의 실책에서 교훈을 배워야 했다. UN헌장의 기안자들은 많은 사람들이 생각하기에 서로 공존할 수 없는 것들을 공존시켜야 하는 극히 어려운 과제를 떠맡았다. 1943년 8월 이후 국무부에서 UN헌장 기안의 핵심 역할을 맡은 인물은 비공식 의제팀의 수장이자 코델 헐 국무장관의 전 상임보좌관 레오 파스볼스키(Leo Pasvolsky)였다. 우크라이나에서 이민 온 유대인인 50세의 파스볼스키는 국제평화기구에 대한 전문가였다. 1919년 그는 『뉴욕 트리뷴(New York Tribune)』의 기자로 파리평화회의를 취재했고, 소련식 사회주의를 싫어했지만 나중에 소련의 국제연맹 가입을 위해 노력했다.

헐 국무장관이 UN헌장 초안의 기안자로서 파스볼스키를 임명한 것은 섬너 웰스가 처음 기초를 잡은 구상에 대한 헐의 승리라고 볼 수 있다. 웰스는 강대국들이 각각의 지역에서 핵심적 안보 책임을 맡는 안을 내세운데 반해, 헐 장관은 중앙 집중적 구조를 선호했다. 전후 평화기구를 구상하는 데 웰스는 '네 경찰관'─미국, 영국, 소련, 중국─의 역할을 내세운 루스벨트의 생각을 따랐다. 1943년 가을 동성애 스캔들에 휩싸인 웰스가 사임하자 루스벨트는 중앙 집중적 모델을 선호했다. '네 경찰관'이 UN 안전보장이사회의 상임이사국이 된다는 사실도 루스벨트의 결정에 도움을 주었다.

강대국이 지역적 책임을 맡는다는 웰스의 안이 폐기된 후 파스볼스키는

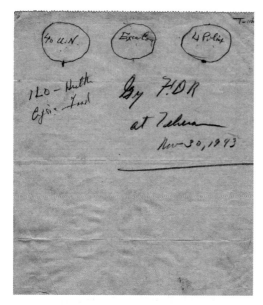

루스벨트의 메모

1943년 11월 30일 루스벨트가 UN 기
구에 대한 구상을 스케치한 메모이다.
왼쪽에서부터 오른쪽 방향으로 40개
회원국으로 구성되는 총회(40 UN),
집행부(Executive), 그리고 네 경찰
관(4 Police: 미국, 소련, 영국, 중국)이
다.

UN의 구속력을 지닌 결정 권한을 훼손하지 않으면서도 강대국들에게 새로
운 기구에 가입하는 것이 매력적으로 보이는 안을 찾아내야 했다. 이 딜레마
를 해결하는 핵심적 열쇠는 UN의 핵심 집행 기구인 안전보장이사회에 달려
있었다. 파스볼스키는 만장일치 원칙을 치워버렸다. 그 대신 거부권을 설정
했는데, 이는 안전보장이사회의 상임이사국에 부여되기는 하지만 모든 사항
에 적용되지는 않는다. 얄타회담 개최 몇 달 전부터 상임이사국들이—미국,
영국, 소련, 중국, 나중에 프랑스 포함—자국과 관련된 문제에 거부권을 갖
는 것은 합의 과정에 심각한 걸림돌이 되었다. 이 사안은 1944년 8월 21일
부터 10월 7일까지 진행된 덤버턴오크스회의(Dumbarton Oaks Conference)에
서 해결하지 못한 몇 안 되는 문제 중의 하나였다. 새로운 평화기구를 창설
하는 데 관련된 대부분의 문제는 그 회담에서 이미 해결된 상태였다.
　덤버턴오크스회의에 파스볼스키가 제출한 미국 측 안은 안전보장이사회

덤버턴오크스 미국 워싱턴 D.C 조지타운에 소재한 역사적 유산으로 저택과 정원으로 이루어져 있는데, 현재 도서관과 미술관으로 사용되고 있다. 이곳에서 1944년 8월 21일부터 10월 7일까지 UN 창설의 기초가 된 회의가 진행되었다.

의 상임이사국이 투표 거부권, 즉 자국과 관련된 문제에 거부권을 행사할 수 있도록 만들어졌다. 영국과 소련이 이에 반대했다. 이해 10월 처칠이 모스크바를 방문하기 전 루스벨트에게 이 문제에 대한 우려를 전달하자, 루스벨트는 그의 반대 의사를 스탈린에게 언급하지 말아달라고 부탁했다. 12월 루스벨트는 안전보장이사회의 모든 상임이사국이 절차상의 의제와 분쟁의 평화적 해결을 위한 권고안을 제외하고는 자국과 관련된 모든 문제에 거부권을 행사할 수 있도록 한 내용의 타협안을 제시했다. 미국 측은, 만일 군소 국가들이 UN에서 강대국에 대한 자국의 불만을 제기할 권리를 갖지 못하고, 분쟁을 평화적으로 해결하는 조치에 대한 논의조차도 할 수 없다면, 새 국제기구에는 미래가 없다고 생각했다. 그러나 스탈린은 입장을 바꾸지 않았고, 처

덤버턴오크스 비공식 회의 이 사진은 공식 회담은 아니고 실무진이 비공식적으로 따로 모인 것이다. 앉아 있는 사람들은 왼쪽에서 오른쪽 방향으로 피터 럭슬리(Peter Loxley), 알렉산더 카도간, 에드워드 스테티니어스, 안드레이 그로미코, 아르카디 소볼레프(Arkadii A. Sobolev), 발렌틴 베리시코프(Valentin M. Berezhkov)이다. 뒤쪽의 두 사람 중 왼쪽은 제임스 클레멘트 던(James Clement Dunn), 오른쪽에 안경 쓰고 파이프를 물고 있는 사람은 레오 파스볼스키이다.

칠도 마찬가지였다.

스탈린은 이 안에 반대하는 공식적인 이유를 담은 편지를 12월 27일 루스벨트에게 보냈다. 그는 루스벨트의 안에 대해 "어느 단계에서 하나 또는 여럿의 상임이사국이 투표에 참가하는 것을 막으려고 시도할 수 있으며……이는 국제 안보의 보존이라는 대의에 치명적 결과를 초래할 수 있습니다. 이러한 상황은 네 강대국의 합의와 만장일치의 원칙에 모순되고, 일부 강대국이 다른 강대국들과 대치하는 상황을 초래할 수 있으며, 결국 보편적 안보 대의를 훼손할 수 있습니다."라고 지적했다. 스탈린은 만장일치의 원칙이 강대국뿐만 아니라 약소국에게도 궁극적으로는 이익이 되는 미래의 평화를 보

미·영·소의 참모진과 덤버턴오크스회의 팸플릿 왼쪽 사진은 덤버턴오크스회의에 참석한 미국-영국-소련의 관리로, 왼쪽부터 소련의 안드레이 그로미코, 미국의 스테티니어스, 영국의 알렉산더 카도간이다. 오른쪽 사진은 덤버턴오크스회의를 위해 제작된 미 국무부의 팸플릿이다.

장해준다고 보았다.

다음 날 해리먼은 워싱턴으로 보낸 편지에서 스탈린의 입장에 대한 좀 더 심도 있는 설명을 했다. 그는 루스벨트에게 양차 대전 간의 기간에 소련이 겪은 쓰라린 경험을 상기시켰다. "세계의 많은 나라들이 소련이라는 국가 자체와 소련의 목표에 대해 적대적이거나 의심스러워합니다." 하면서 소련은 평화기구의 역할에 좀 더 제한적인 시각을 갖고 있다고 설명했다. 처칠과 루스벨트가 국제기구의 목적을 분쟁 중재에 있다고 보는 데 반해, 스탈린은 일단 분쟁이 발생하면 다른 나라들이 그 분쟁을 해결하려는 데 관심이 없다고 믿으므로 국제기구의 역할은 단지 미래의 공격을 막는 데 있을 것이라 본다고 했다.

"그들은 모두 자신들에게 반대하는 사람들로 마당이 찼다고 생각합니다."라고 해리먼은 썼다. 이 점에서 스탈린이 틀린 것은 아니었다. 미국과 영국 모두 안전보장이사회에 그들의 대리인을 가입시키려고 했다. 영국은 프랑스가 한 자리를 차지하도록 밀고 있었고, 미국은 중국이 비록 점령되고 분열된 상태에 있기는 하지만 그럼에도 불구하고 상임이사국이 되도록 밀었다. 게다가 두 국가는 브라질도 강대국 클럽에 포함되기를 원했다. 스탈린이 루스벨트의 의도를 의심하는 데는 충분한 이유가 있었다. 해리먼은 소련 측이 이미 입장을 굳혔으며 그들의 입장을 바꾸게 하는 유일한 방법은 미국과 영국이 같이 "결연하고 확고한 자세"를 보이고 약소국들로부터 지원을 얻어내는 것이라고 했다.

몰타에서 스테티니어스는 이든에게 미국 측의 제안을 지지하도록 설득했지만, 처칠은 확실한 태도를 보이지 않았다. 프랑스가 안전보장이사회 상임이사국이 되고, 영국의 지배령인 캐나다·인도·오스트레일리아·뉴질랜드가 총회에 들어올 가능성이 큰 상황에서 처칠은 약소국의 권리를 지켜주는데 적극 찬성했지만, 만일 영국이 거부권으로 보호되지 않으면 미국의 지원을 받은 약소국들이 영국이 가지고 있는 식민지들을 빼앗아 갈 것으로 염려했다. 그는 안전보장이사회의 표결 방식에 대해 어떤 입장을 취해야 할지 정하지 못한 상태로 얄타로 왔다. 1월, 영국 정부는 루스벨트 대통령의 타협안에 호의적이지만 아직 몇몇 규정에 대해서는 의구심을 갖고 있다고 워싱턴에 연락했다.

1월 8일 백악관에서 스테티니어스는 루스벨트에게 안전보장이사회 상임이사국의 거부권 문제가 3거두 회담에서 결정되어야 한다고 말했다. "그렇지 않으면 UN 창립은 오랫동안 지연될 것이고, 그 결과 이해관계가 느슨해지며 반대 의견이 커질 수도 있습니다."라고 말했다. 루스벨트 대통령도 지체되는 상황을 피하고 싶기 때문에 얄타에서 이 문제의 해결을 위해 적극 나서겠다고 말했다. 그러나 그는 자신이 주장하는 안이 미국의 이익에 해를 끼치는 것은 아닌지 염려했다. 대통령은 만일 미국과 멕시코 사이에 분쟁이 일어나면 미국이 제안한 표결 방식으로 인해 어떤 일이 벌어질지 걱정된다고 털어놓았다. 그는 스탈린의 반대를 고려하여 소련 측을 만족시킬 다른 방식도 고려할 의사가 있었다.

백악관 회의에 참석한 레오 파스볼스키는 미국이나 소련은 현재의 안에 대해 염려할 것이 하나도 없다고 루스벨트를 안심시켰다. 그는 루스벨트에게 "우리는 분쟁의 조사 및 그 해결 방법과 과정에 대한 결정을 내릴 때 투표권 행사를 자제할 것입니다. 우리의 찬성표 없이 어떤 행동의 결정도 내릴 수 없습니다."라고 말했다. 그래도 루스벨트는 확신이 서지 않았다. 그는 석유를 둘러싼 미국과 멕시코의 분쟁이 일어날 경우 안전보장이사회의 해결 방법에 대해 연이은 질문을 했고, 마침내 미국의 이익이 보호될 수 있다는 확신을 했다. 파스볼스키는 루스벨트에게 UN 안전보장이사회는 우리의 동의 없이 미국에 대항하는 행동을 취할 수 없다고 설명했다.

얄타에서 강대국의 특권 문제를 먼저 거론한 사람은 스탈린이었다. 그는 회담 개막 날 루스벨트 대통령이 주최한 만찬에서 "알바니아가 전쟁에서 승리한 세 강대국들과 동등한 목소리를 가져야 한다고 믿는 것은 바보 같은 일입니다."라고 말했다. 미국 측의 회의 기록에 따르면, 그는 "일부 해방된 국가들이 강대국은 자신들을 해방시키기 위해서 당연히 피를 흘려야 한다 생각하고, 또 지금은 이 약소국들의 권리를 고려해주지 않는다고 강대국들을 비난하고 있습니다."라고 말했다.

스탈린이 여기서 언급한 강대국이란 세 강대국을 지칭한 것이지 UN 안전보장이사회 상임이사국을 말한 것은 아니었다. 안전보장이사회에서 소련은 미국과 영국뿐만 아니라 프랑스와 중국의 반대를 받아 4대 1의 수세에 몰릴 수도 있었다. 강대국이 수행한 역할을 정의하면서 그는 전쟁 노력을 척도로 삼았다. 즉, 세 강대국이 적을 패퇴시키는 데 가장 크게 기여했고, 좀 더 작은 다른 국가들은 강대국이 희생한 덕을 보았다는 뜻이었다. 루스벨트도 이 생각에 동의하는 듯했다. "강대국이 좀 더 큰 책임을 졌지요....... 그리고 평화는 이 자리에 있는 세 강대국에 의해 보장되어야 합니다."

처칠은 다른 생각을 가지고 있었다. 그가 볼 때는 "약소국이 강대국을 좌지우시하는 문제가 아니라, 세계의 큰 나라들은 자신들의 도덕적 의무와 지도력을 이행하고 스스로 힘을 절제해서 사용해야 하며 약소국의 권리를 존중해야 하는 것이었다." 처칠 수상은 셰익스피어의 희곡 『타이터스 앤드 러니커스(Titus Andronicus)』의 한 구절을 바꾸어 말했다. "큰 새들은 작은 새들이 노래하게 놔두어야 하고, 그들이 왜 노래하는지 신경 쓰지 말아야 한다."(원작에서 로마 황제 사투르니누스(Saturninus)의 부인 타모라(Tamora)는 시민들의 반란을 염려하는 남편에게 이렇게 말한다. "큰 새는 작은 새들이 노래하는 것으로 고통받지요. / 그러나 그들이 무엇을 의미하는지는 신경 쓰지 않아요. / 그의 날개의 그늘을 보면 이것을 알 수 있지요. / 큰 새는 작은 새들의 멜로디를 아까워하지요.")

아이러니하지만, 논쟁에도 불구하고 처칠은 소련 측의 입장에 안도감을 느꼈다. 저녁 식사 후 처칠은 이든에게 자신의 생각을 전했는데, 이든은 이에 날카롭게 반응했다. 얼마 전 몰타에서 스테티니어스와 이 문제를 논의한 이든은, 스탈린의 제안을 받아들인다면 약소국들은 새 국제기구에 가입할 이유가 없어지고, 국내의 여론도 악화될 것이라고 말했다. 그는 이 문제를 영국 하원에 제출하여 표결에 부칠 필요가 있다고도 딱딱거렸다. 그러자 처칠은 문까지 따라온 미 국무부의 러시아 전문가인 찰스 볼렌에게 도움을 청했다. "늘 그래왔듯 습관대로 씩씩대며" 처칠은 볼렌에게 미국 측 제안을 제대로 읽어볼 시간이 없었으니 주요 내용을 설명해달라고 요구했다.

볼렌은 회고록에 이렇게 적었다. "훌륭한 저녁에 곁들여 술도 한 잔 마신 나는 대담해져서 미국의 타협안은 남부 농장의 주인을 연상시킨다고 처칠 수상에게 말했다. 농장 주인은 흑인 노예에게 크리스마스 선물로 준 위스키가 마음에 드는지 물었다. 흑인 노예가 완벽한 위스키였다고 답하자, 주인은 그 말이 정확히 무엇을 뜻하냐고 물었다. 그는 위스키가 좀 더 좋았더라면 주인이 선물하지 않았을 것이고, 좀 더 나빴더라면 자신은 그것을 마시지 않았을 것이라고 했다." 볼렌이 말한 '흑인 노예'란 약소국들이었다.

2월 6일 루스벨트는 자기가 수행해야 할 분명한 과제를 가지고 있었다. 그가 제시한 공식 없이는 UN의 결성이 불가능하다고 본인은 물론 참모진도 믿고 있었다. 그러나 가장 중요한 동맹의 지지를 확보하지 못한 상태였고, 그럼에도 회담에서 이 중대한 의제를 제기하려고 했다. 루스벨트는 독일 분할, 전쟁배상금, 독일 점령 행정을 담당할 연합국통제위원회에 프랑스를 참여시키는 문제와 관련하여 스탈린의 입장을 지지했기 때문에, 스탈린으로부터 이에 상응하는 지원을 받을 자격이 있다고 생각했다. 그러나 루스벨트가 가장 중요하게 생각하는 문제에 과연 스탈린이 지지해줄 것인가가 관건이었다.

또 하나 염려되는 문제는 날로 악화되는 루스벨트의 건강이었다. UN 안전보장이사회에서 표결해야 할 최소한 여섯 가지 종류의 의제가 있었다. 루스벨트 대통령은 이것을 단순하면서도 포괄적인 방식으로 제안할 수 있을 것인가? 일부 참석자들은 회의적이었다. "그는 오랫동안 집중해야 할 문제가 있으면 화를 잘 내고 초조해졌다." 미국의사협회장인 로저 리(Roger Lee)의 편지를 인용하여 모랜 경은 일기에 이렇게 적었다. "생각을 집중해야 할 문제를 가져가면 그는 화제를 바꾸려고 했다." 이런 상황에서 이날 논의의 결과는 예측하기 어려웠다.

전체 회의는 사진 촬영과 함께 오후 4시에 시작되었다. 루스벨트가 사회를 맡았다. 그는 평소 입던 양복과 넥타이를 맸고, 스탈린은 원수 복장이었으며, 처칠은 영국 육군 대령의 옷차림이었다. 처칠이 군에서 맡은 가장 높은 계급은 중령이었지만 1941년 자신이 복무했던 제4경기병연대의 명예대령이 되었고, 이를 아주 자랑스럽게 여겼다. 루스벨트의 뒤에는 늘 보이는 인물들이 자리 잡았다. 스테티니어스는 대통령의 오른쪽에 앉았다. 뒤에는 해리 홉킨스, 국무부 유럽 담당인 프리먼 매튜스가 앉고, 대통령의 바로 뒤에는 국무부의 UN 전문가인 앨저 히스가 자리 잡았다. 대연회장 안의 벽난로가 활활 타올랐다. 스테티니어스는 발언 준비가 되어 있었다. 사진사들에게 자리를 뜨도록 요청한 뒤 본격적인 회의가 시작되었다.

첫 순서로 전날 외무장관 회담에 회부된 주제에 대한 보고가 발표되었다. 외무장관 회담의 의장을 맡은 스테티니어스가 간략히 보고를 끝내자, 루스벨트는 이날의 주안건인 UN 창설 문제로 논의의 방향을 돌렸다. 그러나 처칠은 프랑스 문제를 논의하고 싶어 했다. 미군이 유럽에 오래 주둔할 수 없다는 루스벨트의 언급이 이미 있었던 까닭에 처칠은 프랑스 문제의 중요성을 지적했다. 그는 독일을 견제하기 위해 영국은 강력한 프랑스군이 필요하다고 말했다. 루스벨트도 이 문제로 돌아왔다. 미국 여론은 세계평화기구의 창설을 지지하지만, 이러한 기구가 창설되고 나면 이후에는 유럽에 대규모 군대를 배치하는 문제로 여론이 집중될 것이라고 했다. 영국과 소련 모두 독일에 미군이 주둔하기를 원하는데, 이것은 UN 주제로 논의를 돌리는 좋은 방법이었다.

루스벨트는 UN 안전보장이사회의 표결 방식에 대해 미국 측이 제안한 안으로 논의를 진행하자고 말했다. 스탈린과 처칠 모두 반대하지 않았다. 표결권 문제가 UN의 미래에 핵심적 사안이므로 루스벨트는 이것을 3거두가 얄타에 모인 주된 이유인 세계 평화를 유지하는 문제와 연계시켰다. 미국 측 회의 자료를 보면, 그는 "세계의 모든 국가가 최소한 50년간 전쟁을 막고자 하는 공통의 희망"을 서로 공유하고 있다고 말했다. 그리고 "영구 평화에 대해 낙관하지는 않지만, 50년간의 평화 유지는 실현 가능하다고 믿는다"고도 했다. 처칠은 이 말을 크게 반겼고, 새로운 전쟁이 발발할 가능성을 달갑게 여기지 않은 스탈린도 이 말에 수긍하는 것 같았다. 이반 마이스키는 소련이 전쟁의 피해를 회복하려면 최소한 10년이 필요하다고 생각했다. 스탈린의 목표는 소련이 유럽과 아시아에서 가장 강한 국가가 되고, 유럽 대륙이 사회주의를 수용하게 만들기 위해 20~50년 동안 평화를 보장하는 합의를 만드는 것이었다. 이렇듯 각자의 필요에 따라 3거두는 50년간의 평화에 대한 공통된 의견을 갖게 되었다.

이제 스테티니어스가 발제할 차례가 되었다. 미 국무장관은 표결 방식에 대한 미국 측 제안을 읽고, 주요 조항에 대해 설명했다. 미국 정부는 평화를 유지하는 데 강대국들의 특별한 역할을 인정하며, 군사적·경제적 조치의 결정과 관련된 UN 안전보장이사회에 대해 만장일치 원칙을 선호한다고 했다. 이는 안전보장이사회 상임이사국이 자국과 그 동맹을 겨냥한 행동을 막기 위해 거부권을 행사할 수 있다는 뜻이었다. 그러나 만장일치의 원칙은 분쟁의 평화적 해결을 가져오기 위한 조치에까지 적용되지는 않았다. 즉, 안전보장이사회에서 상임이사국에 대한 불만을 자유롭게 토론할 수는 있지만, 그 국가를 겨냥한 결정은 막을 수 있다는 의미다. 스테티니어스는 문제의 심각성을 청중에게 강조하기 위해 "안보리에서 토론의 자유를 보장하지 않으면, 우리가 또 다른 전쟁으로부터 세계를 구하기 위해 이렇게 진지하게 원하는 세계기구의 창설은 위험에 처할 수 있습니다."라고 말했다. 그는 자기 역할을 훌륭히 해냈다. 찰스 볼렌은 스테티니어스가 얄타회담에 참석한 어느 누구보다 뛰어난 발표를 했다고 평가했다. 그러나 그의 발표는 모든 세부 사항을 샅샅이 훑어보아야 하는 길고도 지루한 설명회였다.

　루스벨트는 스테티니어스에게 미국의 제안이 안전보장이사회의 결정 과정에 어떤 영향을 미치는지 설명하라고 했다. 국무장관은 또 한 번 긴 설명을 했고, 이 발표는 통역으로 인해 더 길어졌다. 제안을 명확하게 하기 위해 미국 측은 주요 조항을 정리한 서류를 배포했다. 이 문건에 따르면 원안은 스탈린과 처칠의 제안을 수용하기 위해 수정되었다. 늘 의심이 많은 스탈린이 어떤 수정이 이루어졌는지 알아야겠다고 하면서 예상치 못한 문제가 발생했다. 스테티니어스는 수정된 부분이 중요하지 않다는 점을 최선을 다해 설명했다. 여기서 통역관들이 실수를 하는 바람에 분위기가 더 어색해졌다. 훗날 스테티니어스는 "러시아인들이 우리가 그들에게 뭔가를 생략하고 넘어가려 한다고 생각한, 불쾌했던 순간이었다."라고 회고했다. 소련 대표단 중 누구보다도 문안에 대해 잘 알고 있던 안드레이 그로미코는 수정된 부분이 정말 중요하지 않다는 점을 스탈린에게 설득하며 돕고 나섰다. 정회 시간에 안드레이 그로미코는 앨저 히스에게 자기도 UN헌장의 모든 부분을 완전히 이해하지 못해서 상관들에게 설명하는 일이 쉽지 않다고 털어놓았다.

　기세는 꺾여버렸다. 몰로토프는 미국이 제안한 수정안을 검토하기 위해서는 소련 대표단에게 좀 더 시간이 필요하다고 말했다. 그는 다음 날 논의를 계속하자고 제안했다. 루스벨트가 그렇게 큰 기대를 걸고, 스테티니어스가 오랜 시간을 공들였으며, 볼렌이 아주 잘됐다고 평가한 미국 측의 발표는 원하는 효과를 얻는 데 실패했다.

도움은 전혀 기대하지 않았던 곳에서 왔다. 이 주제에 별로 관심을 보이지 않았던 처칠이 토론에 끼어들어 루스벨트 편을 들고 나섰다. 처칠은 루스벨트와 사적인 점심 식사 후에 초대자의 환대를 받으며 리바디아 궁전의

루스벨트와 처칠 얄타회담 중 루스벨트와 처칠이 오찬을 함께하면서 논의하고 있는 모습이다.

객실에서 꿀 같은 낮잠을 잤다. 이제 그는 전의로 충만해진 듯했다. 그가 토론에 적극 참여하기로 결정한 것은 미국뿐만 아니라 영국 대표단에게도 놀라움으로 다가왔다. 알렉산더 카도간은 부인에게 보내는 편지에 이렇게 썼다. "수상이 무슨 말을 할지 몰라 나는 두려움에 싸여 있었소. 그는 이 문제에 대해 아는 것이 전혀 없었고 이 문제를 들여다보길 거부했었지요. 그런데 그가 갑자기 토론에 끼어들다니!"

처칠은 덤버턴오크스회의에서 거론된 원래의 표결 방식에 회의적이었지만 루스벨트 대통령의 새로운 제안을 보고 나서 이 정도면 영국의 이익을 적절히 보호할 수 있다는 결론을 내렸다고 말했다. 또한, 평화는 실제로 강대국에 달려 있지만 약소국에게 불만을 제기할 기회를 허락하지 않는 것은 정당하지 않다고 했다. 영국 측의 회의 기록을 보면 "이러한 규정이 마련되지 않으면, 마치 세 강대국이 세계를 지배하려 한다고 볼 것입니다. 오히려 세 강대국이 바라는 바는 세계에 봉사하고 세계 각국의 주민들에게 닥칠 수 있는 무서운 공포가 다시 시작되는 경우 세계를 보호하는 것이지요."라고 말했다. 카도간은 안도의 한숨을 쉬었다. 외무부에서 취해주기를 원하는 노선을 처칠은 잘 견지했다. 처칠에게 늘 비판적 시각을 갖고 있던 비서는 부인에게 "수상은 처음에는 좀 허둥거렸으나 결국 잘해냈어요."라고 편지를 썼다.

처칠이 미국의 새 수정안에서 강대국의 이익을 어떻게 보호할 수 있는지에 대해 특정한 예를 들자 스탈린은 다시 토론에 참여했다. 처칠의 논거는 미국 회의록에 잘 기록되어 있다. 그는 "만일 루스벨트 대통령의 안에 의거해 중국이 홍콩 반환을 제안하면, 이 논란의 해결 과정에서 중국과 영국 모두 표결에서 제외되는 것입니다."라고 말하며 이 제도가 어떻게 작동하는가를 설명했다. 하지만 스탈린은 처칠의 설명에 마음이 크게 움직이지 않았다. 몇 달 전 모스크바에서 처칠은 자신이 왜 미국 안에 반대하는지를 설명하면서 홍콩 문제를 예로 든 바 있다. "만일 이 문제의 결정 과정에서 영국과 중국을 방에서 나가라 하고 소련과 미국이 이 문제를 결정하면, 영국은 결코 이에 승복하지 않을 것입니다." 처칠은 10월 9일 이렇게 스탈린에게 말했었다. 그러나 이제 그는 자신이 인정할 수 없는 사안에 대해 거부권을 행사할 수 있다는 미국 측 안에 설득되었고, 이 시나리오에 아무 문제점을 느끼지 않는 것 같았다.

소련 지도자는 이집트가 UN 총회의 회원국이 되는가를 물은 뒤 수에즈 운하 문제에 대해 논의할 것을 제안했다. 처칠은 사례로 든 홍콩 문제를 먼저 마무리 짓기를 원했다. 영국은 안전보장이사회가 자신들의 이익에 거슬리는 행동을 한다면 거부권을 행사하여 이를 막을 수 있고, "만일 홍콩을 반환하는 것이 적절치 않다고 생각하는 한 홍콩 반환을 할 의무가 없을 것이다. 그럼에도 불구하고 중국은 이 문제에 대해 말 할 권리가 있으며, 이집트가 수에즈운하 문제에 불만을 가질 경우 이와 똑같은 논리가 적용될 수 있을 것이다." 토론은 계속 이어졌는데, 이때 아무도 중국이 이집트처럼 약소국이 아니며 안전보장이사회의 상임이사국 후보라는 사실에 주의를 기울이지 않았다.

스탈린은 약소국들이 불만을 제기할 권리에 대해 문제 삼는 것이 아니라 처칠의 전제, 즉 중국이나 이집트가 단순히 그 문제의 토론에만 만족할 것으로 전제하는 점이 잘못되었다고 했다. 이 국가들은 자신들에게 유리한 결정을 선호할 것이 분명했다. 스탈린은 처칠의 논리에는 강대국들이 세계를 지배하길 원한다는 인상을 줄 위험이 들어 있다면서 비웃었다. 이것이 미국이 원하던 바인가? 스탈린이 이렇게 말하자 좌중에서 웃음이 터졌다. 루스벨트 대통령은 몸짓으로 이를 부정했다. 그러면 영국이 원하는가? 아니다. 그럼 소련인가? 아마도 중국이? 웃음소리가 계속 났다. 처칠은 어느 특정 국가를 지칭한 것이 아니라고 설명했다. 그러나 스탈린은 신경 쓰지 않고 비꼬듯이 이렇게 말을 계속 이어갔다. "이미 두 강대국은 이런 비난을 피할 수 있는 문서를 승인했고, 세 번째 강대국은 아직 동의를 표하지 않은 것 같군요." 스탈린은 이 문서를 좀 더 검토하겠다고 약속했다. 그는 미국과 영국이 손을 잡고 소련을 밀어붙인다고 생각했으며, 두 국가가 이렇게 하는 것을 비난했다.

스테티니어스의 발표가 혼란을 가져오고 끝났다면, 처칠의 간섭은 스탈린을 완전히 적대적으로 만들었다. 이제 소련 지도자는 약소국이 자신의 의견을 표현하는 것보다 더 중요한 문제가 있다고 사람들에게 말하려고 했다. 그것은 세 강대국의 단결이며, 이것만으로 지속된 평화를 보장할 수 있다. 미국 측 회의록에는 스탈린의 발언이 이렇게 기록되어 있다. "세 사람이 살아 있는 동안에는 어느 누구도 자국이 침략 행위에 나서게 하지 않을 테지만, 결국 10년 뒤에는 이 가운데 누구도 살아 있지 않을 것입니다. 오늘날과 같은 전쟁의 공포를 모르는 새로운 세대가 나타날 것입니다." 소련의 독재자는 이날 아침 처칠이 주치의에게 했던 말을 그대로 반복했다. 이것이 단순한 우연의 일치였는지, 아니면 소련 측의 도청 기술 덕이었는지는 확실하지 않다. 이런 말이 스탈린에게 전혀 어울리지 않는다고 생각한 제임스 번스는 회고록에 이 언급을 처칠의 말로 기록했다.

"우리는 지금 앞으로 최소한 50년간의 세계 평화를 만드는 것을 목표로 세우려고 하는 듯한데, 아마 이것은 나의 순진한 생각에 지나지 않겠지요?"라고 스탈린은 도전적으로 말했다. 그리고 자리에 모인 모든 사람에게 이렇게 덧붙여 말했다. "세 강대국 사이의 충돌을 예방하는 헌장이 만들어져야 합니다." 그는 독일의 군국주의 부활을 막는 강대국의 능력에 대해 염려하는 듯했지만, 그 방에 있는 사람 중 독일의 위협이 부활되는 가능성과는 별개로 세 강대국 사이의 충돌 자체가 얼마나 위험한 일인지를 알아차리지 못한 사람은 없었다. 루스벨트와 처칠이 자신을 상대로 연합 전선을 펴고 있다고 생각한 스탈린은 소련의 참여 없이는 어떠한 평화 정착 제도도 지속될 수 없다는 점을 참석자들에게 상기시킨 것이다. 이러한 암묵적 위협을 던진 다음, 그는 미국 측의 제안을 상세히 검토할 시간을 갖지 못한 것에 대해 양해를 구했다.

스탈린의 말은 얄타에서 논의되고 있는 평화가 연합국과 추축국 사이의 문제가 아니라 승전국들 사이의 문제라는 점을 상기시켜주었다. 루스벨트가 대통령 4기 취임식에서 "정의롭고 지속적인 평화"를 위해 노력하겠다고 말했을 때 이미 그 문제를 염두에 두고 있었다. 마찬가지로 바로 그 문제로 인해, 처칠은 다음에 전쟁이 일어난다면 이념 전쟁이 될 것이라고 예언했고, 스탈린은 미국이 주도하는 UN에서 소련이 장차 고립될 것이라 생각하고 있었다. 스탈린의 감정 폭발은 미국과 영국이 자기네가 보호하는 국가들을 이용하여 소련에 외교 공세를 펼 것이라는 염려에 기반했다. 그가 루스벨트의 안이 영국에게 위험한 상황을 초래할 수 있다고 말했을 때 바로 그 점을 암시한 것이다. "중국이나 이집트가 영국에 대항하면, 이 국가들은 총회에서 우방이나 보호자를 갖지 못하게 될 것입니다."라고 스탈린은 말했다. 처칠은 스탈린의 염려를 누그러뜨리려고 했다.

　루스벨트가 끼어들고 나서야 논쟁은 끝났다. 그는 기대하지 않았던 동맹이 논의 내내 모든 일을 하는 동안 조용히 앉아 있었다. 이제 그도 논쟁에 끼어들었다. 그는 UN에서 한 국가를 추방하는 것은 안전보장이사회의 만장일치 결정에 의해서만 가능하다고 스탈린을 설득하며 처칠을 지원하고 나섰다. 이 말은 몰로토프도 진정시켰는지, 그는 소련 대표단은 이 말을 처음 들었다고 했다. 그러자 루스벨트는 세 강대국의 단합이 미국 정부의 첫 목적이라고 설명하고, 만일 세 강대국 사이에 분쟁이 일어나면 안전보장이사회의 토의와 상관없이 전 세계가 알게 될 것이라고 말했다. "안전보장이사회에서 이루어지는 전반적이고 우호적인 토론은 전혀 단결을 저해하지 않을 것이고, 오히려 반대로 강대국들이 서로 자국의 정책 정당성에 대한 신뢰를 보여주는 데 기여할 것입니다."라고 그는 결론을 내렸다. 스탈린은 누그러지지 않고 다음 날 논의를 계속 이어가야 한다고 말했다. 루스벨트 대통령은 이에 동의할 수밖에 없었다. 그는 스탈린의 동의 없는 UN이 출범할 수 없고, 또한 이 기구 없이는 항구적인 평화를 이룰 수 없음을 잘 알고 있었다.

　미국 대표단은 실의에 빠졌다. 제임스 번스는 회고록에서 다음과 같이 술회했다. "안전보장이사회의 표결 방식에 대한 우리 측 제안이 12월 5일 외교 행낭을 통해 스탈린에게 전달되었는데도 불구하고, 그가 우리의 제안을 심사숙고하거나 심지어 읽지도 않았다는 사실에 나는 큰 충격을 받았다." 모랜 경은 스탈린의 입장에 대한 홉킨스의 반응을 기록했다. "저 인간은 평화기구에 깊은 관심이 없군." 영국 대표단의 일부 인사도 똑같이 실망했다. 모랜 경은 "스탈린은 자유에 대한 약소국들의 흐릿한 감정과 희미한 열망이 왜 중요한지를 알지 못한다."라고 하면서 "그는 오직 폴란드의 국경, 전쟁배상금, 극동에서 무엇을 얻을 수 있는지에만 관심이 있다. 루스벨트가 세계를 위한 처방을 내리려는 데 반해, 스탈린은 소련이 삼킬 수 있는 것이 무엇인지를 명확히 함으로써 만족을 얻으려고 한다."라고 기록했다.

Chapter
10

독일 총통의 그림자

2월 6일 3거두는 이튿날 발표될 회담의 첫 공동 언론발표문을 재가했다. 공동 발표문은 "전쟁의 마지막 단계에서 나치 독일에 대한 합동군사작전을 수행하는 것과 관련하여 완벽한 합의가 이루어졌다."라고 선언하면서, 독일 점령 계획과 UN 창설에 대해서도 언급했다. "평화를 보장하기 위한 문제의 논의도 시작되었다. 독일의 점령과 통치, 해방된 유럽의 정치·경제 문제와 평화 유지에 이바지할 영구적인 국제기구를 가급적 빠른 시일 안에 창립하기 위한 공동의 계획도 논의되었다."

스탈린이 UN에 대해 갖고 있는 의구심은 국제연맹에서 얻은 쓰린 경험에 기인한 부분이 많았다. 스탈린은 루스벨트와 처칠에게 "모스크바의 동료들은 1939년 12월의 사건을 잊을 수가 없습니다. 핀란드 전쟁 중, 영국과 프랑스의 부추김으로 소련은 국제연맹에서 추방되었으며, 십자군까지 거론하면서 소련에 대한 세계 여론을 악화시켰습니다."라고 말했는데, 이는 1939년 12월 14일에 내려진 국제연맹 이사회의 마지막 결정을 언급한 것이다. 이 조치는 독일군이 폴란드를 침공한 지 3개월 후인 11월 30일에 시작된 소련의 핀란드 침공에 대한 여론이 한창 들끓고 있던 시점에 취해졌다.

소련의 핀란드 침공은 스탈린이 1939년 8월 서명된 몰로토프–리벤트로

몰로토프-리벤트로프 조약 서명식
몰로토프–리벤트로프 조약은 1939년
8월 23일 소련의 몰로토프와 독일의
리벤트로프가 서명한 독소불가침조약
이다. 앉아서 서명하고 있는 사람이 몰
로토프이고, 뒤쪽에 서 있는 사람은 왼
쪽에서 오른쪽 방향으로 리하르트 슐
체 코센스(Richard Schulze-Kossens:
리벤트로프의 부관), 보리스 샤포슈니
코프(Boris Shaposhnikov: 소련 군지휘
관), 요아힘 폰 리벤트로프, 스탈린, 블
라디미르 파블로프(소련 측 통역관)이
다. 몰로토프 바로 옆에서 허리를 굽히
고 있는 사람은 알렉세이 시크바르제
프(Alexey Shkvarzev: 베를린 주재 소
련대사)이다.

프 조약에 따라 소련의 '영향권'으로 간주되는 지역으로 세력을 넓히기 위
해 시작되었다. 이 협정으로 동유럽은 독일과 소련에 의해 분할되고, 제2차
세계대전이 촉발되었다. 처칠이 주최한 얄타회담의 마지막 만찬에서 스탈린
은 책임의 일부를 서방 연합국 측에 돌리기는 했지만 전쟁 발발 직전에 히
틀러와 협조했던 일에 대해 사과 비슷한 것을 하려고 시도했다. "뮌헨회담과
1934년의 폴란드–독일 협약이 없었다면 소련 정부는 1939년 독일과의 협정
에 결코 서명하지 않았을 것입니다."라고 그는 말했다. 스탈린은 1938년의
뮌헨협정과 이보다 4년 앞선 폴란드–독일의 관계 정상화가 독일의 동부 침
략을 고무시켜 그 결과로 히틀러가 소련을 침공했다고 생각했다. 소련과 독
일 간 체결되었던 조약에 대해서는 얄타회담 공식 회의 중에 상세히 다루어
진 적이 없지만, 소련 지도자들은 얄타 궁전들의 복도와 회의장에 히틀러의
그림자가 늘 따라다니는 것을 느끼지 않을 수 없었다.

2월 6일 히틀러는 소련의 겨울 공세가 시작된 이래 처음으로 즐기며 쉴 수 있는 날을 맞았다. 에바 브라운(Eva Braun)이 33번째 생일을 맞은 것이다. 댄스파티가 열리고 손님들이 초대되었다. 히틀러의 개인 비서이자 나치당의 간부인 마르틴 보르만(Martin Bormann)의 회고에 따르면, 히틀러는 "아주 기분이 좋은 상태"였다. 사흘 전 연합군의 베를린 집중 공습으로 히틀러의 숙소, 새 수상 집무실, 국민법원, 나치당 본부 할 것 없이 온통 폭격을 당해 파손되었다. 약 3,000명의 주민이 화염에 휩싸인 도시에서 사망했다. 그러나 히틀러와 그의 측근들은 지하 8m 깊이에 만들어놓은 방공호로 피신해 아무 피해를 입지 않았다.

히틀러는 1월 16일 구 수상 사무실의 정원 아래에 만들어진 시설로 옮겨갔다. 여기가 그의 마지막 집이 되었다. 나치 지도자들은 이미 자결을 생각하고 독극물을 구할 방법을 생각하고 있었다. 아르덴과 동부 방어선에서 반격이 실패하자 충격을 받고 눈에 띄게 낙담한 총통은 전쟁 후 은퇴하여 린츠(Linz)의 고향으로 돌아가 사는 꿈을 꾸며 위안을 삼았다. 고향이 연합군의 공습으로 파괴되자 히틀러는 건축가 헤르만 기슬러(Hermann Giesler)에게 명령을 내려 마을 복원을 서두르게 했다. 이 마을의 복원 모형은 2월 9일 히틀러의 방공호에 전달되었다. 이때부터 총통은 이것을 보고 꿈을 꾸면서 몇 시간씩 보내곤 했다.

연합국 사이에 균열이 일어날 것이라는 전망도 낙담한 총통에게 심리적 위안을 주었다. 그의 선전장관인 요제프 괴벨스(Joseph Goebbels)는 히틀러에게 계속 프리드리히 대왕을 상징하는 '브란덴부르크 궁의 기적'*을 상기시

---

* **브란덴부르크 궁의 기적** 이른바 '브란덴부르크의 기적'은 두 번 있었다. 첫 번째는 1756년으로, 당시 프로이센의 프리드리히 대왕은 러시아–오스트리아 연합군의 공격을 받아 크게 패했지만 보급선이 길어지는 것을 염려한 러시아군의 철병으로 살아남을 수 있었다. 두 번째는 그로부터 5년 뒤인 1761년의 일이다. 프로이센은 또 한 차례 러시아와 프랑스, 오

컸다. 프리드리히 대왕은 히틀러가 가장 존경하는 역사적 인물로, 히틀러의 지하 서재에는 그의 초상화가 걸려 있었다. 1762년 프로이센이 프랑스-러시아 제국의 막강한 동맹과 치른 전쟁에서 패하여 거의 붕괴될 시점에 프리드리히 대왕의 끈질긴 저항이 결실을 맺었다. 러시아의 엘리자베타(Elizabeth Petrovna) 여제가 갑자기 죽으면서 반(反)프로이센 동맹이 와해된 것이다. 토머스 칼라일(Thomas Carlyle)이 쓴 프리드리히 대왕의 전기를 히틀러에게 증정한 괴벨스는 역사가 반복될 것이라 믿고 있었다. 또한 히틀러와 괴벨스는 스탈린의 공산주의와 서방 민주주의가 양립 불가하다는 데 희망을 걸고 있었다. 그러나 얄타 공동성명은 이러한 균열이 조만간 발생하리라는 징조를 조금도 보이지 않았다.

나치는 이미 패색이 짙은 전쟁임에도 독일뿐 아니라 유럽 문명 전체를 공산주의의 위협과 아시아적 야만주의로부터 지키려는 투쟁을 하고 있다고 선전해댔다. 그러나 지금 베를린으로 다가오고 있는 그 '야만족'의 지도자와 히틀러가 동맹을 맺음으로써 제2차 세계대전을 일으켰다는 사실에 대해서는 언급하지 않았다. 소련의 프로파간다도 '독일 야만인들'과 동맹을 맺은 사실을 전혀 언급하지 않았다. 소련 지도자들은 자신들이 나치와 거래를 했다는 사실이 상기되는 것을 원치 않았다. 테헤란회담에서 앤서니 이든이 1941년 이전의 소련 국경을 몰로토프-리벤트로프 라인이라고 지칭하자, 몰로토프는 그의 말을 끊고 커즌 라인(Curzon Line)이라고 명명했다. 이든은 둘 사이에 아무런 차이가 없다고 되받아쳤다. "당신이 원하는 대로 부르세요. 우리는 이것이 백 번 맞고 정당하다고 생각할 테니까요."라고 스탈린은 퉁명스럽

스트리아의 공격을 받아 10만 명 이상의 병사를 상실하는 위기에 처했다. 그러나 러시아의 엘리자베타 여제가 1762년에 갑자기 죽고, 프리드리히 대왕을 숭배하는 표트르 3세가 즉위하면서 더 이상의 전쟁 없이 평화협정을 맺을 수 있었다.

게 말했다.

　몰로토프는 외무인민위원이 된 지 몇 달 지나지 않았을 때 앞으로 여러 세대 동안 자신의 악명을 떠올리게 하는 불가침조약에 서명했다. 스탈린이 보기에 1939년 몰로토프가 대신한 인물인 막심 리트비노프는 몇 가지 '약점'을 가지고 있었다. 그는 런던과 파리에서 존경을 받는 반면, 베를린에서는 격분을 일으켰다.

　리트비노프는 1876년 당시 러시아 제국에 속했던 벨라루스의 국경도시 비아위스토크(Białystok)의 부유한 유대인 가정에서 태어났다. 아명이 마이어 헤노흐 모이스체바이츠 발라흐–핀켈슈타인(Meir Henoch Mojszewicz Wallach-Finkelstein)이며, 1898년 러시아사회민주노동당이 태동하자 여기에 가담했다. 1903년 볼셰비키가 된 뒤 당국에 체포되었으나 키예프의 감옥에서 극적으로 탈출한 다음 러시아를 떠났다. 그는 러시아 혁명가들에게 총을 공급하는 무기거래상이 되었다. 1908년에는 돈세탁 혐의로 프랑스에서 다시 한 번 체포되었다. 스탈린과 그 일당이 1907년 캅카스에서 은행 강도 행각으로 탈취한 엄청난 액수의 돈을 그가 세탁하려고 시도했기 때문이었다. 이 모든 일은 레닌의 지시에 따라 진행되었으며, 이때 리트비노프는 스탈린과 처음으로 같이 일했다. 1917년 볼셰비키 혁명 전 10년간 영국에 있으면서 훗날 아내가 되는 부유한 유대인 가문의 후손인 아이비 로웨(Ivy Lowe)를 만났다. 러시아에서 볼셰비키가 정권을 잡자, 그는 영국에 파견된 혁명정부의 첫 대표가 되었다.

　1930~1939년까지 외무인민위원을 지낸 리트비노프는 소련과 미국의 외교 관계 수립에서 핵심 역할을 맡았다. 그는 집단 안보 정책 및 영국·프랑스와 우호적 관계 지향에 대한 소련의 상징이 되었다. 그러나 뮌헨회담 후 그

의 경질은 소련이 의도적으로 영국·프랑스와 거리를 두는 신호로 해석되었다. 스탈린은 소련에 대한 서방 민주국가의 태도에 실망했고, 히틀러를 상대하는 인물로 유대인 외무인민위원을 기용할 수 없었다. 결국 몰로토프가 리트비노프의 자리를 차지하게 되었고 외무부 내의 유대인을 숙청하는 역할을 맡았다.

히틀러와 협력하는 길은 이제 활짝 열렸다. 몰로토프-리벤트로프 조약은 동유럽을 독일과 소련이 분할하는 비밀의정서를 포함했다. 비밀의정서 2항은 "폴란드를 영토적·정치적으로 재조정할 경우 독일과 소련의 영향권은 대략적으로 나레프 강(Narev R.)—비스와 강(Vistula R.)—산 강(San R.)을 경계로 삼는다."라고 규정했다. 히틀러는 9월 1일 서쪽에서부터 폴란드를 침공함으로써 "영토적·정치적 조정"을 촉발했다. 소련군은 9월 17일 폴란드 동부 국경을 넘었다. 8월 23일 만들어진 소련과 폴란드의 국경은 리벤트로프가 두 번째로 모스크바를 방문한 9월 28일에 다시 조정되었고, 1941년 1월 10일 소련과 독일의 비밀의정서로 최종 확정되었다. 이 비밀 협정으로 소련은 한 해 전 나치 독일에 공급해주기 시작한 석유·망간·구리·곡물을 포함한 천연자원의 양을 늘릴 수 있었다. 이 모든 문서를 소련 측에서는 뱌체슬라프 몰로토프가 서명했다.

전쟁 중 소련 외교정책이 수행될 때마다 자주 그랬듯이 스탈린은 외무인민위원 뒤에 숨어 있었다. 몰로토프와 스탈린을 여러 차례 만난 유고슬라비아의 공산당 지도자 밀로반 질라스(Milovan Djilas)는 "몰로토프의 경우에는 그의 생각뿐만 아니라 그 세대의 사고 과정도 뚫고 들어갈 수 없었다. 이와 마찬가지로 그의 정신세계는 굳게 봉합되어 있고 불가해했다....... 몰로토프는 무엇을, 누구를 고려 대상으로 삼고 있든지 다양성의 그림자는 거의 보여주지 않고 언제나 똑같았다."라고 기록했다. 질라스는 "생동력 있고, 거의 안정성이 없는 성정"을 지닌 스탈린을 더 좋아했다. 몰로토프보다 스탈린으로부터 원하는 답을 듣는 경우가 많았던 서방 외교관들도 같은 생각을 가지고 있었다.

그러나 이것은 스탈린이 즐겨 하는 게임에 불과했다. 소련 지도자는 "아니요"라는 말은 외교 참모를 통해 하고, 본인은 좋은 소식을 전하기를 좋아했다. 국외에서 몰로토프가 스탈린에게 보낸 전보들을 보면, 누가 소련의 외교정책을 주도하는지 잘 알 수 있다. 몰로토프의 통역관인 발렌틴 베레시코프(Valentin Berezhkov)는 자신의 상관이 스탈린 밑에서 일하는 다른 어느 외무인민위원보다 자유를 누렸지만 스탈린의 영향력에서 벗어나지 못했다고 기록했다. 그는 회고록에 이렇게 썼다. "몰로토프가 자신의 제안이 스탈린의 동의를 받지 못할 때마다 얼마나 신경이 예민해졌는지를 여러 번 보았다. 그는 며칠 동안 우울하고 초조해했다."

동부 유럽을 독일과 소련 사이의 '영향권'으로 나눈 것은 특이한 현상이었다. 큰 국가들이 주변의 약소국을 지배하는 형태의 영향권 행사는 19세기와 20세기 초 유럽과 세계 외교의 통상적 관행이었다. 그러나 몰로토프–리벤트로프 조약은 이 영향권이 결국 점령 지역이 되도록 개념을 확장시켰다. 두 국가는 현지 정부와 같이 일하는 데는 관심이 없었다. 그들은 영토를 정복하길 원했다. 몰로토프–리벤트로프 조약이 서명된 지 단 일주일 만에 독일은 폴란드를 침략함으로써 먼저 시범을 보였다. 소련도 이를 따라 우선 동부 폴란드를 점령했는데, 그즈음 독일이 파리를 함락함으로써 유럽의 세력균형이 독일에 유리한 쪽으로 재편되자, 이에 질세라 곧이어 자신의 영향권 아래 있는 나라들을 차례로 점령했다. 먼저 발트 3국인 에스토니아, 라트비아, 리투아니아를 점령하고, 다음으로 그때까지 루마니아에 속해 있던 베사라비아(몰도바), 북부 부코비나(Bukovyna)를 점령했다.

핀란드는 소련의 영향권 내에 있으면서도 유일하게 독립을 유지했는데, 소련에 저항을 했기 때문이다. 핀란드는 1939~1940년 겨울 전쟁에서 국토가 축소되고 큰 피해를 입었지만 주권을 지켜냈고, 남쪽의 붉은 거인에 대항하여 존립을 계속 지켜나갈 결의를 굳건히 세웠다. 여기서 교훈을 얻은 스탈린은 전쟁 후 핀란드를 사회주의국가로 만들려고 시도하지 않았다. 겨울 전쟁의 결과를 검토한 히틀러는 소련이 진흙으로 만들어진 발을 가진 거인이라는 증거로 보았다. 그는 몰로토프–리벤트로프 조약과 같이 소련에 유리한 거래는 더 이상 하지 않기로 했다.

몰로토프는 1940년 11월 베를린을 짧게 방문했을 때 분위기의 변화를 감지했다. 방문의 주목적은 독일의 불가침조약 위반에 항의하기 위해서였다. 스탈린은 불가침조약에서 소련의 영향권으로 지정한 핀란드에 독일군이 들어간 일, 1940년 8월 독일이 루마니아와 협정을 맺으면서 소련과 상의하지 않은 것에 화가 났다. 소련은 독일이 핀란드에서 철수하고 루마니아와 맺은 상호원조조약은 취소하기를 원했다.

스탈린은 수 세기 동안 러시아가 집착해온 흑해 해협들에도 눈독을 들였다. 오스만 제국이 소유했던 지역에 대한 지배권을 둘러싸고 19세기에 벌어진 유럽 국가들의 외교 쟁탈전을 지칭하는 동방문제는 주로 런던(영국)과 파리(프랑스)에 의해 해결되어왔고, 러시아는 이 쇠망하는 제국에서 자신이 원하는 것, 즉 두 해협을 획득하지 못했다. 보스포루스 해협과 다르다넬스 해협을 장악하지 못하면 소련은 흑해에서 안전하다고 보기 힘들었고, 소련의 남부함대는 흑해에 갇힐 수밖에 없었다. 독일과 협정을 맺어 동부 유럽을 분할한 뒤 스탈린은 남부 유럽 분할에도 참여할 준비가 되어 있었다. 그는 흑해 해협 인근에 소련 군사기지를 설립하고, (현재 독일 진영인 루마니아와 함께) 불가리아를 소련의 영향권으로 만들고 싶어 했다.

독일과의 협상이나 후에 연합국과의 협상에서 소련은 자신들의 영향권 설립과 확장을 안보의 필요성 때문이라고 내세웠다. 흑해의 해협들은 역사적으로 "영국이 소련을 침공하는 관문"이 되었다고 몰로토프는 주장했다. 이것은 크림전쟁과 러시아혁명 직후 외국의 간섭을 간접적으로 지칭하는 말이었다. 그는 "영국이 그리스에 발판을 마련한 지금, 상황은 이전 어느 때보다 위협적입니다."라면서 "소련은 흑해 해협을 통한 공격으로부터 안전을 보장받고 이 문제를 터키와 함께 해결하고자 합니다."라고 히틀러에게 말했다. 그는 또 침략에 대응한 상호원조조약을 체결함으로써 불가리아를 소련의 영향권으로 포함시키는 계획을 언급하며 "불가리아에 대한 보장은 상황을 누그러뜨릴 것입니다."라고 덧붙였다. "흑해를 둘러싼 열강 중 한 국가로서 소련은 이러한 안전보장을 추구할 권리가 있고, 이 문제에 대해 터키와 상호 이해에 다다를 수 있다고 믿습니다."

스탈린과 몰로토프가 동부 유럽에서 소련의 안전한 국경을 확립하고 발칸에서 영향력을 확대하려고 한 반면, 히틀러는 대영제국을 격파하는 데 소련이 도움을 주기를 바랐다. 히틀러는 동부 유럽에서 소련과 독일 사이의 긴장을 대수롭지 않게 여겨, 소련을 이 지역에서 밀어낸 뒤 아시아에서 영국과 맞붙게 하려고 노력했다. 그는 석 달 전 독일·이탈리아·일본이 서명한 3추축국 동맹에 가담하고, 전 세계를 그들의 영향권으로 나누는 데 동참하도록 몰로토프를 초대했다. 히틀러가 짠 거대한 계획은 이러했다. 즉, 이탈리아는 북아프리카를 차지하고, 독일은 사하라 사막 이남의 이전 식민지를 회복하며, 일본은 동남아를 소유하고, 소련은 이란과 인도에서 행동의 자유를 갖는 것이었다.

몰로토프는 소련이 아시아로 진출하는 데는 관심이 없다고 하면서도 이야기가 계속될수록 동유럽에 대한 요구는 커졌다. 소련과 국경을 접한 국가들에서 독일군의 철수를 주장했을 뿐만 아니라 핀란드에 대한 암묵적 위협도 내보였다. 베를린에서 리벤트로프와 마지막 회동을 할 때 몰로토프는 소런 영향권 밖에 있는 여러 나라에서 일어나는 일에도 소련은 관심이 크다고 말했다. "루마니아와 헝가리의 운명도 소련의 관심사이며, 어떠한 경우에도 이것은 무시할 수 없는 문제입니다."라고 그는 말했다. "추축국들이 유고슬라비아와 그리스에 대해 어떤 생각을 하고 있는지, 또한 마찬가지로 폴란드에 대해서는 독일이 어떤 의도를 가지고 있는지도 소련이 알고자 하는 관심사입니다."라고 했다. 더 멀리 북쪽 지역에서는 스웨덴과 전략적 통로인 스토레 벨트(Store Belt), 릴레 벨트(Lille Belt), 외레순트 해협(Öresund), 카테가트(Kattegat) 해협, 스카게라크 해협(Skagerrak)의 중립성을 계속 유지하는 것도 관심사라고 했다. 이것이 스탈린이 보낸 전보에 담긴 의제였다. 몰로토프는 종종 스탈린의 의사를 하나도 틀리지 않게 그대로 전달했다.

베를린의 협상은 아무 결과도 만들어내지 못했다. 몰로토프는 큰 환영을 받으며 베를린에 도착했지만 떠날 때는 최소한의 예우만 받았다. 히틀러는 몰로토프의 건방진 태도와 전혀 타협을 모르는 자세에 격노했다. 나중에 처칠이 몰로토프를 현대적 로봇이라고 말했는데, 아마 히틀러도 그 생각에 동의했을 것이다. 몰로토프는 손님을 맞이한 주인으로부터 신호를 잘못 읽은 채 독일이 소련과의 관계 강화를 원한다고 확신하면서 모스크바로 돌아갔다. 열흘 후 그는 독일대사를 불러 소련의 추축국 가담 조건이 담긴 서류를 건넸다. 이것은 그가 베를린에서 제시했던 요구를 그대로 반복한 것에 지나지 않았다. 이 가운데 일부는 후에 소련 지도부가 테헤란과 얄타에서 영국·미국과 협상할 때 내세운 주장의 기초가 되었다.

소련은 4국 추축국 동맹에 참여하는 조건으로 독일군이 수개월 내 핀란드에서 철수할 것을 내걸었다. 또 소련의 육상·해상 기지가 흑해 해협에 설치되어야 하고, 불가리아는 모스크바와 상호원조조약을 체결해야 했다. 그뿐만 아니라 소련은 캅카스 남부에서 인도양에 이르기까지 행동의 자유를 가져야 하며, 일본은 사할린 북부에 대한 이익을 포기해야 했다. 독일은 이에 대해 아무 반응도 보이지 않았다. 소련의 팽창을 인도양 쪽으로 돌리는 것은 히틀러의 생각과 맞아떨어졌지만, 그 외 다른 제안은 언어도단이라고 판단했다. 그 전해에 쉽게 영토를 획득한 것에 크게 고무된 스탈린은 너무 많은 것을 요구하는 대신, 너무 적은 것을 내놓으며 지나치게 무리한 패를 썼다.

히틀러와 동맹을 맺은 스탈린은 과거 차르들이 가졌던 거대한 제국적 비전에 대한 희망을 갖게 되었다. 제1차 세계대전이 발발한 지 얼마 지나지 않은 1914년 11월, 니콜라이 2세는 새로운 발칸 질서에 대한 비전을 프랑스 대사인 모리스 팔레올로그와 공유한 바 있다. 콘스탄티노플은 중립도시가 되고, 터키인들은 유럽에서 추방당해야 했다. 유럽 대륙에 있는 터키의 영토는 러시아와 불가리아가 차지하게 되어 있었다. "서부 트라케(Thrace)에서 에노스–미디아(Enos-Midia) 라인은 불가리아가 차지해야 하며, 콘스탄티노플 인근을 제외하고 그 라인에서부터 흑해 해협의 해안까지는 러시아가 차지해야 한다."라고 차르는 제안했다. 니콜라이 2세는 발칸반도 전체가 러시아의 영향권이라 생각하고 이곳의 영토 변경을 계획했다. "세르비아가 보스니아, 헤르체고비나, 달마티아와 북부 알바니아를 병합해야 한다. 그리스는 이탈리아에 제공되는 발로나(Valona)를 제외한 남부 알바니아를 병합해야 한다. 불가리아가 제대로 된 행동을 보이면 이에 대한 보상으로 세르비아에게서 마케도니아를 얻을 수 있다." 이것이 최고 정점을 향해 가려 했던 러시아 제국의 정책이었다.

영토를 상실하고 무너진 제국을 물려받은 스탈린은 이제 잃은 것을 회복하려 했다. 그는 제국의 폐허를 물려받았지만 제국의 꿈은 그대로 이어받았다. 콘스탄티노플과 흑해 해협을 통제하겠다는 목표는 차르들이나 공산주의자 후계자들 모두를 고무시켰을 것이다. 소련이 추축국 측에 가담하는 문제에 대한 몰로토프와 독일대사 프리드리히 폰 슐렌베르크(Friedrich von Schulenberg)의 대화를 통역했던 발렌틴 베레시코프 같은 젊은 소련 관리도 이 문제에 예민했다. "스탈린은 러시아 귀족들의 오랜 꿈을 실제로 실행할 수 있을 것인가? 그를 현명하고 위대하다고 추켜세울 이유는 바로 여기에 있다." 베레시코프는 슐렌베르크를 크렘린으로 데려가면서 이렇게 생각했다. "나는 강대국이라는 말에 도취되고 압도당했다." 그는 훨씬 훗날 소련 말기에 이렇게 기록했다. "이러한 계획을 실행하는 데 얼마나 많은 고뇌를 하고 피와 눈물을 흘려야 할지 나는 상상할 수 없었다."

몰로토프의 베를린 방문으로 스탈린은 몇 달 지나지 않아 흑해 해협을 차지하게 될 것이라는 환상을 갖게 되었다. 스탈린이 히틀러의 비위를 맞추는 것만큼 스탈린의 비위를 맞추고 있던 영국인들은 이런 가능성을 전혀 열어두지 않았다. 영국은 몰로토프의 베를린 방문을 사전에 알고 있었다. 몰로토프가 리벤트로프와 마지막 회담을 하는 날 영국은 베를린을 공습함으로써 자신들이 보기에 더욱 밀접해지는 소련-독일의 동맹에 대한 태도를 확실히 보여주었다. 이 폭격은 몰로토프로 하여금 '패배한' 대영제국을 같이 나누어 갖도록 확신시켜야 하는 독일 측을 당황시켰다. '영국은 끝났다'는 리벤트로프의 주장에 대해 몰로토프는 지금 베를린에 누가 폭탄을 떨어뜨리는 것이냐고 물었다고 한다.

베를린 공습은 영국이 소련 측에 예민한 외교적 제안을 하는 것과 동시에 이루어졌다. 10월에 모스크바 주재 영국대사인 스태퍼드 크립스(Stafford Cripps) 경은 영국이 동부 폴란드 병합을 포함한 소련의 1939~1940년 영토 획득을 인정하는 대신, 소련은 영국에 대해 중립을 유지하고 인도양 국가들에 대한 불간섭에 동의하는 내용의 제안을 했다. 이 제안은 히틀러의 제안만큼 매력적이지 않았고, 당시 소련 정부의 주요 관심사를 포함하고 있지도 않았다. "문제는 스태퍼드 경의 실수라기보다 영국 정부의 실수이다."라고

1940년 11월 25일 자 『타임』은 논평했다. 이 기사는 다음과 같이 주장했다. "영국 정부는 영국대사보다 더 소련의 예민성을 제대로 이해하지 못했다. 영국 정부가 모스크바에서 양국의 우정을 확신시키는 와중에 다른 한편으로는 영국에 있는 발트 3국의 은행 구좌를 동결하고, 영국 항구에 정박해 있는 리투아니아·라트비아·에스토니아의 선박을 내주려고 하지 않았으며, 심지어 이 배들 중 일부를 징발했다. 이 모든 조치가 서양인인 영국인들에 대한 스탈린의 동양적 불신을 강화시켰다." 실제로 그런 셈이었다.

히틀러는 이 불신을 이용하여 무언가를 하려고 했다. 몰로토프를 만난 자리에서 히틀러는 "무슨 일이 일어난 건가요? 조그만 섬나라인 영국이 전 세계의 절반을 소유하고, 이제는 전체를 집어삼키려 하고 있습니다. 이는 그냥 좌시할 수 없는 문제이며, 부당한 일입니다."라고 말했다. 몰로토프도 "이것은 정상이 아닙니다."라고 대꾸했다. 몰로토프는 훗날 "히틀러의 기분이 좋아졌다."라고 회고했으며, 1970년대 초반 지인에게는 기묘한 미소를 지으면서 "그는 나를 설득하려 했고, 실제 그렇게 했지."라고 말했다. 노년에 몰로토프는 나치 지도자가 자신에게서 아무것도 얻어내지 못한 것을 자랑스럽게 생각했다. "히틀러는 우리를 위험한 일에 끌어들이려고 했다. 우리가 남쪽에 발이 묶여 있었다면 그는 훨씬 좋았을 것이다. 만약 그랬다면, 영국이 우리와 전쟁을 하려고 할 때 우리는 그의 신세를 지지 않을 수 없었을 것이다. 당신은 이를 깨닫지 못할 만큼 순진하지는 않을 것이다."라고 말했다. 스탈린이나 몰로토프 두 사람 다 자기가 순진하다고 생각하지 않았다. 그들의 반제국주의적 성향은 먼 곳에서 식민지를 얻을 생각을 갖지 않도록 만들었다. 그러나 그들은 소련의 안전보장을 위해 꼭 필요한 유럽을 영향권으로 나누는 데는 기꺼이 참여하려고 했다.

베를린 협상 후에 히틀러는 동맹임에도 불구하고 소련과 대립할 수밖에 없다는 확신이 섰다. 소련은 아시아에서 영국을 상대로 군사작전을 세우

바르바로사 작전을 발표하는 괴벨스
요제프 괴벨스가 1941년 6월 22일 소련을
침공하는 바르바로사 작전을 개시했다고
발표하는 모습이다.

려 하지 않고, 유럽에서 취할 것에 너무 탐욕을 부렸다. 몰로토프가 베를린
을 방문한 지 한 달도 채 지나지 않은 1940년 12월 18일 히틀러는 소련 공
격 계획을 승인했다. 제3차 십자군 원정을 시작했으나 성지에 도착하기 전
사망한 12세기 신성로마제국 황제의 이름을 딴 바르바로사 작전(Operation
Barbarossa)은 1941년 5월 개시하기로 결정되었다. 작전 수립자들은 410개
사단과 50만 명의 병력을 투입하여 3,000km에 걸쳐 기습 공격을 실시하는
계획을 짰다. 그러나 기상 악화 및 4월에 예정에 없었던 유고슬라비아와 그
리스에 대한 공격 등 여러 이유로 연기되다가 6월 22일 새벽에 작전이 시작
되었고, 소련 지도부는 예상치 못하고 있다가 기습을 당했다.

　　1940년 11월 몰로토프가 히틀러와 차를 한 잔 마실 때, 전에 와인 거래
상이었던 요아힘 폰 리벤트로프는 와인 종류를 설명하면서 몰로토프와 히틀
러를 즐겁게 했고, 얄타 외곽에 있는 마산드라(Massandra) 포도원에 대한 질
문을 몰로토프에게 던졌다. 베를린에서 차담회茶談會를 가진 지 1년도 채 지

나지 않아 독일군은 마산드라 포도원을 차지했다. 1941년 11월 독일군은 소련군을 세바스토폴로 몰아넣은 채 크림반도를 차지하고, 키예프를 점령했으며, 레닌그라드를 포위하고 모스크바로 접근했다.

독일의 소련 침공은 유럽의 역학 관계를 극적으로 바꾸어놓았다. 1940년 6월 프랑스가 항복한 뒤 외롭게 나치 독일과 싸우고 있던(이때 미국은 공식적으로 전쟁에 참전하지 않은 상태였다) 영국은 기대하지 않았던 동맹을 얻게 되었다. 처칠은 반공산주의 입장을 재빨리 내려놓고 새로운 상황에서 이익을 취했다. 훗날 그는 "만일 히틀러가 지옥을 침공했다면, 나는 최소한 의회에서 악마에 대해 좋은 말을 했을 것이다."라고 말했다. 7월 8일 그는 스탈린에게 서한을 보냈다. 나흘 뒤 모스크바에서 몰로토프는 스태퍼드 크립스 대사와 마주 앉아 소련-영국의 군사동맹협약에 서명했다. 7월 말 스탈린은, 소련 지도자가 어떤 인물인지 판단하기 위해 아르한겔스크(Arkhangelsk)를 거쳐 모스크바에 날아온 해리 홉킨스를 만났다. 9월 말 미국과 영국 정부를 각각 대리하는 애버럴 해리먼과 비버부룩(Beaverbrook) 경은 모스크바로 와서 소련군이 전투를 지속할 수 있도록 군사 장비를 제공하는 문제를 스탈린과 논의했다. 이렇게 해서 새로운 동맹이 탄생했다. 반대편에서 전쟁을 시작한 국가의 지도자들이 지금은 파트너가 된 것이다.

얄타에서 스탈린이나 몰로토프 모두 히틀러 및 리벤트로프와 거래했던 사실을 손님들에게 상기시키려고 하지 않았다. 그러나 나치와의 협상 경험과 그들이 차지한 영토는 현재의 전술과 야망에 계속 영향을 미치고 있었다. 진영을 바꾸었을 때 소련 측이 가장 큰 관심을 기울인 점은 몰로토프-리벤트로프 조약으로 얻은 것에 대해 다시 권리를 주장하고, 1940년 몰로토프가 베를린을 방문했을 때 스탈린이 요구했던 사항을 최대한 많이 얻어내는 것이었다. 1941년 12월 앤서니 이든과 협상할 때 스탈린은 폴란드와의 새로운 국경뿐만 아니라 소련이 핀란드·불가리아와 '상호 원조' 협정을 체결할 권리를 주장했다. 흑해의 해협과 불가리아를 보호국으로 삼는 문제는, 터키가 중립을 지키고 독일 측에 가담하여 도발을 하지 않도록 모두가 신경 쓴다는 조건으로 더 이상 주장하지 않았다. 소련에게는 이웃 나라인 루마니아의 전략적 중요성이 흑해 해협 통제와 연관되어 있는 불가리아보다 중요했다.

소련의 외교 언어는 새로운 동맹 관계에 맞춰 조정되었다. 몰로토프는 영향권이라는 관점에서 요구 사항을 제기하지 않고 '집단 안보'와 '상호 원조' 협정을 주로 언급했다. 소련이 핀란드와 루마니아에 군사기지를 건설하는 대가로 영국이 네덜란드 및 벨기에와 유사한 관계를 갖는 것을 제안했다. 그 근거로는 두 국가 모두 앞으로 있을지 모를 독일의 침공을 물리치기 위해 이런 전진기지가 필요하다는 주장을 내세웠다. 소련은 이 같은 주고받기 식의 보상을 1942년 5월에도 제안했으나 뜻을 이루지 못한 바 있다.

1943년 가을에 소련은 영향권 외교를 포기하는 공동성명을 발표하자는 영국의 제안을 거절한 바 있다. 이 제안은 1943년 10월과 11월 외무장관 회담 직전에 제안되었다. 미국이 발칸에 대한 연합 공격작전을 전개하리라는 희망을 포기한 영국은 소련이 이 지역에 영향권을 확립하는 문제에 대해 예민했다. 놀란 몰로토프는 막심 리트비노프에게 영국이 도대체 무엇을 비장의 무기로 숨기고 있는지를 알아보라고 요구했다. 리트비노프의 외교관 생활은 독일의 소련 공격으로 살아났다. 서방 민주국가들과 형성한 그의 네트워크가 다시금 소중해진 것이다. 그는 반은퇴 상태에서 다시 불려 나와 워싱턴에 소련대사로 파견되었고, 1943년 5월 몰로토프 밑에서 부인민위원의 역할을 하도록 귀국 조치되었다. 지적이고 사교성 좋은 전임자에 대한 의심을 거두지 않았던 몰로토프는 리트비노프가 소련 외무부 내에서 영향력을 거의 행사하지 못하도록 조치를 취하려고 했다. 그러나 리트비노프의 전문성이 필요했고, 그가 낸 제안은 꼭 반영되지는 않아도 스탈린과 몰로토프 모두 읽었다.

리트비노프가 가장 잘할 수 있는 일은 서방 언론을 분석하는 것이었다. 몰로토프에게 올린 보고서에서 그는 1943년 3월 9일 자 런던의『타임스(Times)』신문 사설이 유럽을 영국과 소련의 공동 책임 지역으로 다룰 것을 제안한 글을 언급했다. 만일 영국의 경계가 라인 강이라면 소련의 경계는 오데르 강이 되어야 한다고 이 신문은 주장했다.『타임스』의 사설은 이 합의에 의해 흡수될 국가의 대표들로부터 항의를 받았는데 특히 폴란드인들의 반발이 심했다. 리트비노프는 영국의 제안이 여론을 무마하기 위해 작성되었을 수도 있다고 생각했다.

소련은 영국이 영향권을 비난하면서 벌이는 어떤 게임에도 참여하지 않기로 했다. "우리의 재량권이 이 선언으로 묶이는 것은 바람직하지 않다고 사려한다. 이 선언의 유일한 목적은 동유럽에서 우리의 영향력을 두려워하는 폴란드인, 터키인들과 다른 민족들을 만족시키기 위한 것이다."라고 모스크바회담에 참가한 소련 대표단에게 내린 훈령은 명시하고 있다. 이 회담에서는 국제기구의 창설을 위해 연합국이 공동으로 노력하고, 종전 후 해방된 지역에서 군사력을 사용하지 않는다는 4개국 공동성명을 채택했다. 문서에는 영향권이라는 단어는 들어가지 않았다. 소련은 이것을 자신들의 승리로 간주했다.

그 회담에서 몰로토프는 소련 국경에 작은 동유럽 국가들의 연합을 설치하자는 영국의 아이디어를 거절했는데, 그것이 소련 국민들에게 소련에 반대하는 새로운 완충지대를 만드는 것으로 받아들여질 수 있다는 이유 때문이었다. 이는 1919년 조르주 클레망소 프랑스 수상이 공산주의의 확산을 막기 위해 소련 국경에 국가동맹체를 만들자고 제안했던 일을 지칭한 것이다. 몰로토프는 동유럽 국가연합 계획을 거절하는 대신, 소련 외교정책의 수단으로서 영향권을 포기하는 데까지 나아가지는 않았다. 영향권이 공산주의혁명의 확산을 기다리고 있는 세계를 조직하는 데 도움을 준다는 것이 제2차 세계대전 기간 중 소련이 세운 정책의 핵심이었다. "만일 공산주의국가들과 자본주의국가들이 합의에 이르려면, 이것은 당신의 영향권이며 이것은 우리의 영향권이라는 분할이 있어야 합니다."라고 몰로토프가 히틀러에게 말했다는 이야기가 전해온다.

Chapter 11

발칸반도의 분할

3거두의 테헤란회담 직전에 모스크바에서 열린 외무장관 회담 보고서에 코델 헐은 "과거 불행했던 시절에 국가들이 자국의 안전을 보장하고 이익을 증진시키기 위해 사용한 영향권, 동맹, 세력균형, 그리고 어떠한 개별적인 동맹도 더 이상 없을 것이다."라며 낙관적으로 썼다. 헐의 발언은 「영향권에 대한 미국의 정책」이라는 논문에 인용되었고, 미 국무부가 만든 얄타회담 설명 책자에도 실렸다. 루스벨트가 얄타회담을 의회에 보고하는 문안에서도 똑같은 말을 발견할 수 있다. 이것은 선의와 희망적 사고가 결합된 윌슨식 이상주의의 고전적 예다.

미국의 지도자들은 다른 어느 강대국 지도자들과 마찬가지로 세력균형과 영향권에 의한 세계 분할을 확고히 믿으며 20세기를 시작했다. 라틴아메리카에 대한 미국 이익의 우선권을 주창한 먼로독트린은 미국 외교정책의 신조가 되었다. 영향권과 세력균형을 확고하게 신봉한 시어도어 루스벨트 대통령은 1908년 일본의 한국 점령에 대한 양심의 가책을 전혀 느끼지 않았다. 한국은 스스로를 지키기에는 너무 약했고, 어떠한 법이나 협정도 이 나라가 좀 더 강력한 이웃 국가에 의해 병합되는 상황을 막을 수 없었다.

우드로 윌슨 대통령은 이 모든 것을 바꾸었다. 그는 제1차 세계대전 말기에 이 전쟁의 발발에 책임이 큰 국제정치의 옛 원칙에 실망했다며 강력한 목소리를 냈다. 월슨의 원칙은 섬너 웰스가 지역에 기반하여 제창한 세계평화기구안을 코델 헐이 물리침으로써 다시 한 번 승리했다. 1943년 가을이 되자 영향권에서 벗어난 새로운 세계질서를 세우려는 월슨의 비전이 국제 문제에 대한 미국의 사고를 지배했다. 문제는 이것을 과거의 유산으로 돌려야한다는 점을 세계에 어떻게 확신시킬 것인가로, 특히 대연합에서 미국의 상대 국가들을 설득하는 일이 관건이었다.

미 국무부가 만든 얄타회담 브리핑북은 미국이 세계안보기구의 청사진을 놓고 열심히 노력하는 동안 동맹국들은 유럽의 분할 문제에 정신이 팔려 있는 모습을 여실히 보여준다. 이 책자의 지은이는 "지난 몇 달간 사건의 추이를 보면 영국과 소련 정부는 실제로는 영향권의 분할 조정을 위해 노력해왔다. 이것은 그리스 문제에 대한 소련의 관용과 유고슬라비아 문제를 둘러싼 공동 작업에서 주로 나타났는데, 영국은 자신들이 불리한 상황에 처했다고 느끼고 있었다. 우리가 아는 바로는 알바니아에서는 어떠한 조정도 이루어지지 않았다. 영국은 소련의 입장을 조금 앞서 나가려고 했다. 헝가리에서는 소련 정부가 군사적으로 우위를 점해 주도적인 입장에 섰고, 영국은 어쩔 수 없이 이를 받아들일 수밖에 없었다. 그리스에서 조금 '우세'를 차지한 것을 제외하고는 영국이 이 책략으로 영향권을 대등하게 분할하지도 못했고 지중해에서 영국의 입장을 보호하지도 못했다고 느끼는 것은 당연하다."라고 분석했다.

1945년 1월 12일 막심 리트비노프와 이반 마이스키는 미국대사관에서 열린 연회에 참석하여, 미국의 흥행작인 〈그의 집사의 여동생(His Butler's Sister)〉을 관람했다. 이 영화는 디아나 더빈(Deanna Durbin)과 캐슬린 해리먼의 출연했는데, 캐슬린은 훗날 언니 메리에게 "더빈이 부른 세 곡의 러시아 노래는 모든 사람을 포복절도케 했으며, 그녀의 발음은 많은 웃음을 자아냈어."라고 말했다. 그리고 "내 옆에 앉은 리트비노프와 마이스키 모두 감정을 자극하는 부분에서 울거나 훌쩍거렸어. 나는 이런 반응에 호감이 갔어."라고 덧붙였다.

캐슬린 해리먼의 옆에서 훌쩍거린 두 사람은 소련의 새로운 외교정책 설계자였다. 1943년 봄 스탈린은 경험이 부족한 예스맨인 안드레이 그로미코와 표도르 구세프(Fedor Gusev)를 각각 워싱턴과 런던 주재 대사로 파견하면서 서방과의 관계를 직접 관리하기로 결심했다. 전쟁 초기 단계에 두 연합국의 수도에서 대사로 일하던 막심 리트비노프와 이반 마이스키는 모스크바로 귀환하여 소련의 전후 계획을 만드는 두 위원회를 맡았다. 그들은 독일의 분할과 전쟁배상 문제뿐만 아니라 유럽과 기타 지역에서 소련의 전략적 이해와 진출에 관한 수십 개의 보고서를 작성했다.

스탈린그라드와 쿠르스크에서 거둔 승리, 그리고 1941년의 국경에 대해 사실상 인정을 받아낸 테헤란회담으로 소련의 전략가들은 자신들의 지정학적 미래에 낙관적 견해를 갖게 되었다. 테헤란회담 이후 미국 관측가들이 보기에 소련의 야망은 명확했다. 1943년 12월 『타임』은 「완충지대(Cordon sanitaire)」라는 기사에서 워싱턴의 정책 입안자들이 갖고 있는 염려를 표현했다. "이렇게 러시아는 러시아와 서구 사이의 비우호적인 국가들로 만들어진 완충지대의 부활에 결연히 반대한다는 신호를 보냈다. 서구 정치가들이 우려해야 하는 점은, 이것의 실현을 불가능하게 만들기 위해 러시아가 중부와 동부 유럽에 자신들의 경계선 형태로 '완충지대'를 만드는 것이다."

1944년 여름, 7년간 떠나 있던 모스크바의 미국대사관으로 돌아온 조지 케넌은 9월에 완성한 35쪽 분량의 보고서 「러시아—7년 뒤」에서 이와 유사한 우려를 표명했다. 차르 시대의 야망에 큰 영향을 받은 1939년의 소련은 외교 목표를 실현할 준비가 되어 있다고 주장했다. "이 프로그램은 핀란드와 발트 3국, 폴란드 동부, 북부 부코비나와 베사라비아에 러시아의 세력을 다시 확립하는 것을 의미한다. 또한 폴란드 서부는 보호령으로 만들고 러시아 제국이 동프로이센에 해상 접근로를 확보하는 것을 의미한다. 중부 유럽과 발칸의 슬라브인들에게 러시아가 지배적 영향력을 행사하고, 가능하면 오스트리아와 헝가리 국경을 따라 서슬라브인 지역으로부터 남슬라브인 지역으로 통하는 통로를 만드는 것을 목표로 한다. 마지막으로 다르다넬스 해협에 러시아 기지를 건설하여 이 해협을 통제하는 목표도 가지고 있다."라고 예측했다. 이것은 몰로토프가 베를린에서 히틀러에게 제시한 프로그램과 근접하다. 그는 "이 지역이 '공산주의적'이어야 하는가, 아닌가는 모스크바의 관심거리가 아니다."라면서 "그러나 핵심적인 사안은 이 지역이 모스크바의 영향권에 들어와야 하고, 가능하다면 모스크바의 지배를 받는 것이다."라고 분석했다.[1]

소련이 차르의 정책을 계속 이어나갈 것인가, 아니면 세계혁명에 대한 희망 및 공산주의가 세계를 지배하는 비전에 고무될 것인가? 이것이 루스벨트와 그의 참모들이 전쟁 중 스스로에게 던진 질문이다. 하지만 쉽게 대답할 수 없는 문제였다. 그 이유 중 하나는 크렘린의 주인과 그의 핵심 전략가들이 서로 상충하는 목표로 인해 편이 갈렸기 때문이다. 즉, 소련의 지정학적 목표를 추구하는 것과 세계 공산주의운동의 책임을 떠맡는 것이 그것이다.

1944년 1월 마이스키가 작성한 긴 보고서는 스탈린, 몰로토프, 베리야와 소련의 다른 지도부 인사들에게 전달되었다. 그는 소련이 유럽과 아시아에서 지배적인 육상 세력이 되고 유럽에서 사회주의의 승리를 도모하도록 노력해야 한다고 주장했다. 소련군의 군사적 성공과 나치가 점령한 유럽 지역에서 공산주의자들이 주도한 저항운동의 흥기는 그로 하여금 큰 꿈을 갖도록 했다. 유럽의 사회주의혁명은 마이스키가 세운 계획의 핵심 목표였고,

각 지역에서 전개되는 공산주의운동은 이 목표를 달성하는 데 도움이 될 터였다. 그럼에도 불구하고 소련의 지정학적 이익이 그의 전략을 규정지었다. 1943년 12월 12일에 서명된 소련과 체코슬로바키아의 상호원조협정은 마이스키에게 이 모델을 제공해주었다. 이 협정은 앞으로 20년간 두 나라가 독일의 침략을 받을 경우 상호 군사원조를 제공하도록 의무를 지웠다. 폴란드 같은 다른 나라들도 이 협정에 가입하도록 권유받았다. 마이스키는 이 협정의 체결이 "체코슬로바키아가 중부와 남동부 유럽에서 영향권 행사의 중요한 행위자가 될 수 있다는 것"을 보여준다고 판단했다.

마이스키는 발칸 지역에서 루마니아뿐만 아니라 유고슬라비아, 불가리아, 그리스와도 상호원조조약을 체결할 것을 제안했다. 제3국의 침략에 대한 조약 상대국의 보호를 제공하는 이 조약은 소련이 이 지역에 진출하여 영향력을 행사할 수 있는 법적 근거를 마련해주었다. 마이스키는 이러한 조약의 체결을 불가리아에서 친그리스 정권을 제거하고, 그리스와 유고슬라비아에서 공산당의 영향력을 증대시키는 수단으로 보았다. 그리스로 인해 마이스키는 잠시 주저했다. 영국의 외교정책에 정통한 그는 "그리스 문제는 좀 더 복잡하다. 소련은 발칸 지역의 국가들 중 그리스에 대한 관심이 덜하지만, 영국은 이와 반대로 그리스에 큰 관심을 가지고 있다."라고 썼다. 협정 체결을 제안하면 그리스인들은 이를 거부하지 않겠지만, 영국이 협정의 공동 서명자가 되어야 했다.

만일 영국이 유고슬라비아와 불가리아가 소련과 협정을 맺는 것에 반대한다면 영국을 제3의 서명자로 초청할 수 있다고 마이스키는 주장했다. 그러나 결국 지리적 인접성이 소련의 영향력을 강화하게 되어 있었다. 마이스키는 헝가리와 터키를 약화하기 위해 모든 노력을 기울여야 한다고 제안했다. 소련이 이란 북부에 영향력을 강화하고, 이란 남부의 항구를 통해 인도양으로 나가는 통로를 확보해야 한다고도 했다. 마이스키의 계획은 1940년 베를린 회동에서 스탈린과 몰로토프가 히틀러에게 제안한 것이나 제1차 세계대전 이후 러시아 전략가가 제안한 계획보다 훨씬 더 야심 찬 제안이었다. 1914년에 러시아가 가지지 못했던 초국가적 이념이 공산화된 러시아에 추가적 우위를 제공해주었다.

1944년 10월 9일 스탈린과 처칠은 외무장관과 통역관만 대동한 채 스탈린의 크렘린 집무실에서 만났다. "미국인들이 그(영국 수상)가 얼마나 노골적으로 얘기했는지를 알면 큰 충격을 받을 것이다. 스탈린 원수는 현실주의자다. 이든이 불쾌하게 해도 스탈린은 감상적이지 않았다." 처칠이 스탈린에게 말한 이 내용은 영국의 공식 회의록에는 빠졌지만 소련 측 회담 기록에서 확인된다. 처칠은 영국과 소련이 발칸 지역을 나누는 안을 제안했다. "영국과 소련의 이해와 관련하여, 당신들이 루마니아에 90%의 지분을 갖고, 그리스에서는 우리가 90%의 지분을 가지며, 유고슬라비아에서는 반반씩 갖는 것을 어떻게 생각하십니까?" 처칠은 스탈린에게 건넨 말을 나중에 이렇게 회고했다. 이것은 발칸반도를 영향권으로 분할하자는 제안이었고, 분명히 반反히틀러 연합 전선의 한 주체를 제외하고 내놓은 안이었다. 애버럴 해리먼은 루스벨트의 요청에도 불구하고 이 회담에 초대받지 못했다. 이 회담의 주도권은 영국 측이 갖고 있었으며, 스탈린은 단지 이에 따랐을 뿐이다.

영국은 오래된 강대국이었다. 수 세대 동안 영국의 지도자들은 세계를 조직하고 해외에서 영국의 이익을 수호하는 가장 자연스러운 방식이 영향권이라고 생각했다. 1938년 네빌 체임벌린(Neville Chamberlain)은 히틀러에게 유럽에서 영토 병합뿐만 아니라 아프리카에서의 영향권도 양도할 준비가 되어 있었다. 이러한 세계관은 체임벌린이 사퇴한 뒤 처칠이 수상이 되었을 때도 변하지 않았다. 그러나 처칠은 미국과의 밀접한 관계를 소중히 여겼으므로 해외에서 사용하는 영국의 언어를 바꿀 필요가 있었다. 1943년 가을, 영국이 외교정책의 수단으로서 영향권을 포기하는 공동성명을 발표하자고 제안하자, 소련 지도부는 의아해했다. 영국은 분명히 소련이 동유럽에 영향권을 갖는 것을 원하지 않기는 했어도 소련의 지도자들과 마찬가지로 원칙 자체가 잘못되었다고 생각하지는 않을 것이기 때문이다.

1944년 봄, 소련군이 전쟁 전의 소련 국경으로 진격하고, 유고슬라비아·그리스·이탈리아에서 공산당과 공산 계열 파르티잔들이 세력을 확장해나가면서 영국에게는 소련과 협상할 시간이 없어지고 있었다. 이 세 국가는 지중해 북부에 면해 있으며, 대영제국에게 전략적으로 중요한 국가였다. 또 세 나라 모두에는 전쟁 기간 중 영향력과 지지자를 크게 늘린 강력한 공산당이 있었다. 그들의 권력 쟁취욕은 이 지역에서 영국이 수행하려는 계획에 큰 장애가 되었다. 처칠은 모스크바와 직접 거래를 해서 이 문제를 풀 수 있다고 생각했다. 1944년 5월 4일 그는 이든에게 "우리는 이탈리아, 유고슬라비아, 그리스에서 공산주의의 음모로 인해 러시아인들과 대결해야 하는 상황을 맞고 있음이 분명하다."라고 썼다. 2주 후 이든은 처칠이 제기한 문제를 논의하기 위해 영국 주재 소련대사인 표도르 구세프를 불러들였다. 처칠의 생각은 영국이 소련에게 루마니아에서 행동의 자유를 주는 대신, 영국은 그리스에서 행동의 자유를 갖는 것이었다.

영국은 그리스를 통제하는 데 큰 관심을 기울였다. 처칠은 워싱턴 주재 영국대사인 핼리팩스 경(Lord Halifax)에게 쓴 편지에서 그리스를 "우리가 1941년 4만 명의 생명을 희생한" 영국의 동맹으로 지칭했다. 이것은 독일 침공 방어 작전에 영국이 참여한 것을 가리키는 말이었다. 이 작전은 실패로 끝났고, 이후 영국에서 큰 비난을 받았다. 지중해에 면한 그리스는 대영제국이 중요한 운송 라인을 통제하는 데 필요한 전략적·핵심적 위치에 자리했다. 만일 영국이 인도를 계속 보유하는 것을 진지하게 생각하고 있다면 그리스나 기타 지중해 국가에 대한 다른 나라의 통제를 막아야 했을 것이다. 루마니아는 지중해가 아니라 흑해에 면해 있기 때문에 영국으로서는 이 나라에 대한 영향권이 없다 해도 단지 '서류상의 상실'에 지나지 않았다. 처칠은 결국 소련이 이 나라를 점령할 것이고, 영국의 동의가 있든 없든 이 나라를 통치할 것이라고 믿었다.

소련 지도자들은 영국의 제안에 당연히 관심이 쏠렸지만, 스탈린은 미국도 같이 서명해야 한다고 주장했다. 처칠은 루스벨트의 동의를 구할 수밖에 없었다. 루스벨트 대통령에게 보내는 편지에서 처칠은 미국을 놀라게 하지 않기 위해 가급적 모호한 언어를 사용했다. 1944년 5월 31일, 처칠은 다음과 같이 편지를 썼다. "최근에 발칸 지역의 국가들, 특히 그리스를 둘러싸고 우리와 소련 간에 상이한 정책이 감지되는 불안한 신호가 있습니다....... 그래서 우리는 영국 주재 소련대사에게 소련 정부가 루마니아 문제에서 주도권을 행사하고, 우리는 그리스 문제에서 주도권을 행사하는 실질적 문제에 대해 상호 합의하여 두 국가가 각국에 도움을 제공할 것을 제안했습니다....... 나는 각하가 이 제안에 동의해주기를 희망합니다. 물론 우리는 발칸 지역을 영향권으로 나누는 것은 아니며, 이러한 조정에 합의하는 것은 전쟁 상황에만 적용된다는 점을 명백히 밝힙니다."

처칠의 메시지는 영국이 이 문제를 소련에 앞서 미국과 협의하는 것처럼 행동한 핼리팩스를 믿고 있던 루스벨트의 참모들을 격앙시켰다. 영국이 먼저 이 문제를 소련과 협의한 상태였다니! 자신의 메시지에 대한 워싱턴의 반응을 들은 처칠은 유럽을 영향권으로 나눌 계획이 없음을 다시 한 번 핼리팩스에게 통보했다. 하지만 그와 동시에 미국이 라틴아메리카를 영향권으로 두고 있다는 사실도 지적했다. 핼리팩스로 하여금 미국 측에 알리도록 처칠이 지시한 이러한 메시지는 상황을 더 악화시켰다. 루스벨트는 이 제안이 "언명한 의도와는 다르게 발칸을 영향권으로 나누는 결과를 초래할 것"이라고 처칠에게 답신을 보냈다.

처칠은 이번엔 라틴아메리카를 언급하지 않고 자신의 논리를 한 번 더 핼리팩스에게 알렸다. 그는 이 방법 외에는 문제를 해결할 다른 길이 없다고 하면서 어떠한 자문적 기구도 시의적절한 행동을 방해할 것이라고 했다. 영국은 그리스에서 활동 중인 공산주의 게릴라들을 중립화시키고, 이 나라를 내전에 빠져들지 않게 하기 위해서 신속하고 결연히 행동해야 한다고도 썼다. 이어 1941년 영국이 그리스에서 치른 희생에 대해 말하고, 그리스 국왕과 전쟁 전 정부가 영국에 망명 중인 사실을 언급했다. 그가 보기에 소련은 서방 측을 고려하지 않고 루마니아에서 하고 싶은 대로 할 것이 분명했다. 처칠은 그리스에서 영국이 취하는 행동을 루스벨트에게 알리겠다고 약속했다.

1944년 6월 13일 루스벨트는 최종 수락 의사를 보내면서도 영국의 일방주의적 행태에 불만을 표했다. 처칠은 이 거래가 3개월 후에 다시 검토될 것이라고 했다. 루스벨트가 볼 때 영향권이라는 구시대적이고 포기해야 마땅할 원칙을 되살리는 데 결정적 책임이 있는 사람은 처칠이었다. 그러나 처칠은 회고록에서 이를 인정하지 않았다. 그는 영향권 거래를 "러시아와의 정치적 조정"이라는 말로 조심스럽게 표현했다.

1944년 10월 처칠과 스탈린이 5월에 합의된 이든-구세프 협정을 발칸 지역에 대한 포괄적 분할로 전환하면서 루스벨트의 가장 큰 의심은 사실로 확인되었다. 처칠은 미국을 격앙시킬 언어를 피하기 위해 할 수 있는 일을 다했다. 그는 해당 국가에서 각각의 영향력을 퍼센트를 이용하여 정의했고, 훗날 자신의 내각에 "엄격한 영향권 체제"를 수립하기 위한 것이었다고 설명했다. 이에 덧붙여 "전쟁 중 미래에 대한 임시적 가이드"를 의미한다고 했다. 하지만 자본, 상품, 정치적 이념의 이동을 막을, 통과 불가능한 경계선이란 존재할 수 없다.

1944년 9월 캐나다 퀘벡 시에서 루스벨트와 영미 관계를 논의한 후 다음 3거두의 회동까지 기다리고 싶지 않았던 처칠은 이제 미국의 대통령선거와 취임식이 끝나기를 기다려야 했다. 처칠은 모스크바로 가서 스탈린을 만나기로 결정했다. 폴란드와 발칸 문제는 처칠의 가장 시급한 관심사였다. 그가 제일 크게 우려하는 점은 공산주의자들이 동유럽을 집어삼키는 것이었다. "연합국 동맹의 승리가 단지 시간문제가 된 이상 소련의 야심은 커질 수밖에 없다."라고 그는 회고록에 기록했다. "요란한 러시아의 전선 뒤에서 공산주의가 머리를 들고 일어섰다. 러시아는 구원자이고, 공산주의는 러시아가 가져오는 복음이었다."

루마니아의 수도 부쿠레슈티가 1944년 8월 23일 소련군 수중에 떨어졌다. 9월 8일 항복한 불가리아도 같은 운명을 맞았다. 9월 24일 소련군은 부다페스트와 베오그라드를 목표로 독일 전선 남부 지역에 대한 공격을 재개했다. 소련군과 그리스 사이에 남아 있는 것은 몇 달 전 합의되었지만 지금은 거의 무효가 된 이든-구세프 협정뿐이었다. 만일 그리스에 영국군이 없으면 소련군은 이 협정을 준수할 의무가 없다고 느낄 것이다. 시간에 쫓긴 처칠은 영국군 공수부대를 그리스 남부의 본토 지역으로 파견했다. 이 침공은 처칠이 모스크바로 떠나기 며칠 전인 10월 5일에 발표되었다.

이러한 작전이 벌어진 동기를 잘못 이해할 사람은 거의 없었다. "어제 영국의 그리스 '침공'은 공격이라기보다는 정치·군사적 목표의 실현을 위한 '점령'이라고 보는 편이 더 적합하다."라고 핸슨 볼드윈(Hanson W. Baldwin)은 『뉴욕 타임스』에 썼다. 이제 발칸 상황을 바라보는 시각은 많이 개선되었다. 처칠 수상이 모스크바로 날아간 10월 9일, 『타임』은 "지난주 소련군은 다뉴브 강을 넘어 유고슬라비아로 밀고 들어갔다. 알바니아 해안과 달마티아 섬에 상륙한 영국군은 그리스로 진입하고 있다. 발칸 단층 지대의 양쪽으로부터 유럽의 두 강대국이 발칸반도의 한 접점을 향해 접근하고 있다."라고

처칠과 스탈린의 만남 1944년 10월 처칠은 폴란드와 발칸 문제를 논의하기 위해 모스크바로 날아갔다. 사진은 크렘린에서 찍었으며, 앉아 있는 순서대로 왼쪽부터 처칠, 스탈린, 그리고 앤서니 이든이다.

썼다.

발칸반도 전체의 운명이 경각에 달렸으므로 처칠은 시간을 허비할 수 없었다. 모스크바에 도착한 날 밤 10시에 스탈린과 가진 첫 회담에서는 먼저 폴란드가 주제에 올랐다. 그리고 나서 처칠은 발칸 문제를 꺼냈다. 이제 루마니아와 그리스에 대한 거래는 더 이상 효력이 없었다. 처칠이 루스벨트에게 약속한 대로 3개월이 지난 지금 이 합의는 다시 검토되어야 했다. 루마니아를 완전히 손에 넣은 소련은 이 합의를 쉽게 무시할 수 있었다. 그리스 땅에 겨우 상징적으로 영국 공수부대가 진입한 상황에서 처칠은 합의가 무효화되는 결과를 막기 위해 외교에 의존할 수밖에 없었다.

처칠은 소련이 루마니아와 맺은 휴전협정을 추어올리는 말로 이야기를 시작하며, 그 나라에서 일어나는 일은 소련의 문제라고 했다. 영국 측 회담 기록에 따르면 처칠은 "그러나 그리스는 다릅니다."라고 말하며 "영국은 지중해에서 주도적인 국가가 되어야 하며, 스탈린 원수가 루마니아에 대한 발언권을 가진 것처럼 영국이 그리스에서 발언권을 갖도록 해주어야 합니다."라고 강조했다. 스탈린은 반대하지 않았다. 처칠이 크게 안도할 수 있게 스탈린은 공산주의 복음 전도사라기보다는 현실적 제국주의 전략가처럼 행동했다. "독일이 지중해 해상 보급선을 장악하면서 대영제국은 많은 것을 잃었습니다."라고 스탈린은 말을 시작했다. "해상 보급선의 안전이 보장되지 않으면 대영제국은 큰 손실을 겪게 됩니다. 그리스는 이 보급선의 안전을 보장하는 데 아주 중요한 지점이지요."라고 했다. 스탈린은 "영국이 그리스에서 결정권을 갖는 데" 동의했다.

처칠은 이보다 더 긍정적인 결과를 기대할 수 없었다. 그는 회고록에 이렇게 썼다. "말을 꺼내기에 아주 좋은 타이밍이었다. 그래서 나는 이렇게 말했다. '발칸에서 우리가 당면한 문제를 해결하도록 하지요.'" 그는 유럽이 영향권에 의해 나뉘는 것을 미국이 염려하지 않도록 일을 해결하기 위한 목록을 준비해왔다고 스탈린에게 말했다. 루스벨트는 모스크바에서 이루어지는 모든 회담에 해리먼이 참석해야 한다고 주장해왔고, 처칠은 대부분의 회담에 해리먼이 참석할 수는 있지만 꼭 두 사람 사이의 모든 회담에 참석할 필요는 없다고 말했다. 스탈린은 더할 나위 없이 친절했다. 루스벨트는 너무 많은 것을 요구했지만 정작 영국과 소련을 위해 제공하는 것은 거의 없었다. 게다가 소련은 영국과 상호원조협정을 체결했지, 미국과 체결한 것이 아니었다.

이 새로운 관계를 단단히 다지기 위해 처칠은 스탈린에게 미국이 제안한 UN 안전보장이사회 표결 방식을 좋아하지 않는다고 은밀히 털어놓았다. 이것은 둘 사이의 사적인 대화였다. 처칠은 스탈린에게 이 문제가 모스크바에서 논의되었다는 사실을 밝히지 말라고 부탁했다. 스탈린은 미소로 답했다. 두 지도자는 각자의 입장을 명확히 했고, 서로 비밀을 지키기로 약속했다.

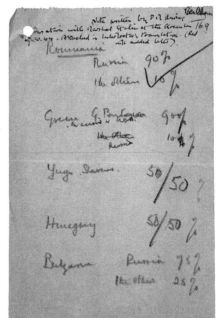

퍼센트 거래
1944년 10월, 모스크바로 날아간 처칠은 4차 모스크바회담에서 유럽에 대한 영향권 설정을 놓고 스탈린과 퍼센트 협상을 벌였다. 처칠이 쓴 목록의 루마니아 위에 스탈린이 체크한 ✔ 표시가 보인다.

이제 그들은 자신들의 파트너 모르게 같이 일할 수 있었다.

처칠은 스탈린에게 목록을 마련하여 제안을 밝혔다. 루마니아에서 소련은 90%의 영향력을 갖고, 영국은 10%를 갖는다. 그리스에서는 이 비율이 정반대가 된다. 유고슬라비아에서는 영향권이 50:50으로 나뉘었다. 다음으로 목록에 있는 헝가리도 50:50이었다. 불가리아에서는 소련이 75%, 영국이 25%를 차지했다. "나는 이 목록을 탁상 위로 스탈린에게 밀어주었다. 그는 이미 통역을 통해 내용을 파악했다. 잠시 침묵이 흘렀다. 그리고 나서 스탈린은 파란 색연필을 집어 표 위에 체크 표시를 한 다음 나에게 다시 밀어 보냈다. 이것은 내가 자리에 앉기도 전인 짧은 시간에 마무리되었다."라고 처칠은 회고했다.

1950년 11월 처칠은 이 회담에 대해 회고했는데, 이 회고는 기억이 잘못

되었거나 아니면 그가 독자들에게 농간을 부린 것이라고 할 수 있다. 스탈린이 표시한 ✔ 체크는 루마니아 위의 숫자 퍼센트에만 있다. 즉, 그는 루마니아와 그리스에 대한 이든-구세프 협정만 찬성하고, 나머지는 수용하지 않는다는 뜻이었다. 사실인즉 스탈린은 즉각 반대 제안을 했다. 그는 불가리아에 대해서 처칠이 제안한 75%가 아니라 90%의 영향력을 원했다. 회담에 배석한 이든은 루마니아에서 영국은 단지 옵서버에 지나지 않지만 불가리아에서는 이보다 큰 지분을 원한다며 끼어들었다. 처칠이 훗날 회고한 바와 다르게 그 자리에서는 즉각적인 합의가 이루어지지 않았다.

몰로토프는 처칠과 스탈린의 대화에 끼어들어 1940년 베를린에서 제기되었던 문제를 다시 꺼냈다. 곧, 영국이 터키 문제를 논의할 용의가 있는지 물어보았다. 소련 지도자들의 마음속에 불가리아는 여전히 흑해 해협이 연계되어 있음이 분명했다. 처칠은 터키 문제를 다루고 싶지 않지만 나머지 문제에 대해 양국이 합의에 이른 것이 기쁘다고 했다. 그러자 이번에는 스탈린이 나섰다. 스탈린은 터키에게 해협 관할권을 인정한 1936년의 몽트뢰협약(Montreux Convention)을 개정하자고 처칠을 설득하고 나섰다. 처칠은 방어적 자세를 취했다. 그는 소련의 선박이 지중해 접근권을 갖는 데 호의적이었으나, 이 문제에 대해 분명한 약속을 취할 준비는 되어 있지 않았다.

처칠은 터키를 관여시키고 싶지 않은 한편 이탈리아에서 영국의 입장은 방어하고 싶어 했다. 그는 이탈리아가 배타적인 영향권에는 들지 않지만 서방의 일부라고 생각했다. 처칠은 말썽만 일으키는 이탈리아의 공산주의자들을 스탈린이 제어해주기를 바랐다. 이탈리아 북부에서 준동하는 공산주의자들은 연합군 병력과 충돌했다. 스탈린은 이 말에 따르고 싶지 않았다. 그는 이탈리아 공산당 지도자인 에르콜리(Ercoli, 팔미로 톨리아티Palmiro Togliatti) 동지에게 영향력이 미치지 못한다고 말했다. 게다가 이탈리아에는 소련군도 없었다. 그래서 불가리아의 공산주의자들에게 명령을 내리듯이 이탈리아 공

소련과 영국의 퍼센트 거래 비율 변화

국가	소련	영국
불가리아	75% → 80%	25% → 20%
그리스	10%	90%
헝가리	50% → 80%	50% → 20%
루마니아	90% → 100%	10% → 0%
유고슬라비아	50%	50%

산주의자들에게 명령을 내릴 수 없었다. "만일 그가 에르콜리에게 명령을 내리면 에르콜리는 스탈린 동지가 이탈리아의 국내 사정을 너무 모른다며 콧방귀도 뀌지 않을 것이다."라고 소련 측 회의록은 기록했다. 스탈린은 불가리아에서 행동의 자유를 얻는 대가로 이탈리아 문제에 대해 거래할 생각도 있었다. 그가 직접적으로 그렇게 말한 바는 없지만, 이탈리아 북부의 공산주의자들을 제어해달라는 처칠의 반복된 부탁에 답하면서 불가리아에 대한 지분 퍼센트를 변경하고 싶다는 생각을 전했다. 처칠은 시간을 끌었다. 그는 몰로토프와 이든으로 하여금 이 문제를 먼저 논의하게 하자고 제안했는데, 불가리아에 대해서는 크게 신경 쓰지 않았다.[2]

10월 10일 몰로토프는 이든에게 헝가리에서 소련의 영향권을 50%에서 75%로 늘려야 한다고 말했다. 그러자 이든은 그 대신에 전날 스탈린이 문제를 제기한 불가리아에서의 지분 비율을 75 : 25로 지키고 싶어 했다. 그는 독일을 대상으로 연합국통제위원회를 두는 것처럼 발칸에 그 모델과 같은 삼자위원회를 만들 것을 제안했다. ─얄타회담에서는 프랑스를 점령된 독일에 대한 연합국통제위원회에 참여시키는 문제를 두고 큰 논란이 일었다. 몰로토프는 불가리아가 독일처럼 3국에 의해 점령되지 않았다면서 이 제안을 거부했다. 그는 불가리아를 서방 연합국이 모든 것을 결정하는 이탈리아와 비교했다. 똑같은 논리로 소련은 불가리아를 책임져야 한다는 뜻이었다. 두 사람은 퍼센트를 놓고 끝없이 논쟁했다. 다음 날인 10월 11일 양측은 불가리아와 헝가리에서는 80 : 20으로, 유고슬라비아에서는 50 : 50의 비율로 확정했다. 소련 측은 불가리아에서 5%의 지분을 늘린 데다 영국이 자기의 '지분'을 위해 싸울 수 없는 내륙국인 헝가리에서 30%의 지분을 늘렸지만, 이든은 이 결과에 크게 만족했다. 그는 일기에 "어제 회담이 거칠었던 데 반해 모든 일이 매끈하게 진행되었고, 우리는 모든 사안에서 원하는 것을 얻었다. 전체적으로 목표의 90%는 달성했다고 스스로 평가한다."라고 적었다.

처칠과 이든은 할 만큼 다한 셈이었다. 스탈린이 모든 카드를 쥐고 있었기 때문이다. 회담 직전, 발칸을 둘러싼 영국의 불안한 입장은 10월 9일 자 『타임』의 휘태커 체임버스가 쓴 기사에 선명하게 묘사되어 있다. 외교 전문 기자인 그는 "현재 소련군에 의해 점령된 발칸반도의 국가들에 소련 측이 공산 정권을 수립하는 일을 자제하고 있는 것은 바람직한 정책이다."라고 썼다. "그러나 영국의 경우 냉혈적인 정치 용어로 말하건대, 발칸반도가 소련의 영향권이 되었다는 것을 영국인이 인식하지 못한다면 제국 건설자라고 할 수 없다. 이렇게 해서 영국은 국가로서 수백 년간 진행해온 일을 해체시켰고, 소련은 대영제국의 동맥인 수에즈 위에 거대하게 자리 잡은 지중해 강국이 되었다."

모스크바에서 이루어진 거래는 최소한 지중해에 관해서는 처칠의 걱정을 덜어주었다. 그리스는 보호되었고, 유고슬라비아에서는 최소한 50%의 지분을 확보했다. 협상이 진행될 때 어느 순간 소련은 만일 영국이 발칸에서 소련의 주도적 입장을 받아들이면 아드리아해에서 멀리 떨어져 있겠다고 했다. 영국의 관점에서 보면, 이는 낙관적으로 생각할 여지가 있었다. 대영제국은 전쟁 전의 세력 분포를 유지할 수 있고 해상 보급선도 훼손시키지 않은 채 안전하게 둘 수 있다. 발칸의 나머지 지역의 운명은 영국에 직접적인 영향을 끼치지 않을 것이었다.

처칠은 유럽에서 점점 커가는 소련의 영향력에 맞설 다른 방법이 없었다. 동부 유럽에서 처칠을 염려하게 만든 것은 소련군의 위력이었다. 남부 유럽에서는 모스크바로부터 지속적으로 명령을 받는 현지 공산당의 위협이 무서웠다. 본부를 모스크바에 두고 모스크바의 조종을 받는 코민테른이 (서방의 압력으로) 1943년 5월 공식적으로 해체되기는 했다. 처칠은 모스크바 협상의 결과에 대해 보고하겠다고 루스벨트를 안심시켰지만, 미국 측은 퍼센트 거래에 대해 전혀 알지 못했다.

1945년 2월 6일, 미 국무부는 얄타에 가 있는 스테티니어스에게 전보를 보내서 전해 12월 소련의 외교정책 기관지 『전쟁과 노동계급(War and the Working Class)』에 말리닌(G. Malinin)이라는 가명의 기고자가 투고한 글의 내용에 대한 국무부의 입장을 설명했다. 기고자는 '안보 지역(security zones)'이라고 칭하는 개념을 국제평화기구 설립 아이디어와 조화시키려고 노력했다. 그는 블록의 형성이 전쟁을 불러오는 원인이 된다고 비난하면서, 한 나라에 대한 다른 나라의 지배를 전제하는 '영향권(spheres of interests)'에 대해 반대하는 입장을 취했다. 말리닌이 제시한 해결책은 세계기구 내에 '안보 권역(security of spheres)'을 설정하는 것이었다. 그는 소련이 인접 국가들과 협정을 체결하는 권리를 갖는 대신 영국이 벨기에나 네덜란드와 협정을 체결하는 것을 지지한다고 했다.

이 논문은 영어로 번역되어 워싱턴으로 보내졌고, 장래 국제연합에 잠재적 위협이 될 것으로 간주되었다. 미 국무부 전문가들은 '안보 권역'을 신뢰하지 않았다. 이들의 판단은 옳았음이 판명되었다. '말리닌'이라는 가명 뒤에 숨은 필자는 다름 아닌 바로 부외무인민위원인 막심 리트비노프였다. 그는 1월에 몰로토프와 안드레이 비신스키에게 제출한 보고서에서 이 논문에 제시한 아이디어를 요약했지만, '영향권'과 '안보 권역' 용어를 혼용해 사용했다.

리트비노프는 1944년 11월 영향권에 대한 소련의 사고에 크게 기여하는 보고서를 만들었다. 처칠과 스탈린이 퍼센트 거래를 한 지 몇 주 후, 그는 유럽이 소련과 영국의 영향권으로 분할되어야 한다는 주장을 담은 보고서를 제출했다. 리트비노프는 이반 마이스키에 비해 세계 공산혁명의 비전에 대한 영향은 덜 받았지만, 지정학적 사고의 영향은 좀 더 컸다. 리트비노프는 전쟁 중, 전후 서방 연합국과 긴밀한 협력 관계를 유지해야 한다는 점을 시종일관 주장했던 유일한 사람이다. 소련 외교정책 전문가들 중 일부는 그의 아이디어가 훗날 소련이 채택한 냉전정책의 대안이 되었다고 평가했다. 서방에서는 소련의 전후 정책에 대한 그의 이견을 잘 알고 있었으며, 1951년 의심스러운 상황에서 그의 사망 사건도 이것과 연관시키고 있다. 리트비노프가 전쟁 중에 작성한 보고서들은 그가 전후 협력에 관한 가장 특이한 관점을 지녔다는 사실을 보여준다.

리트비노프의 보고서는 스웨덴·핀란드·폴란드·체코슬로바키아·헝가리·루마니아, 그리스를 제외한 발칸 지역 전체, 그리고 터키를 소련의 '안보 권역'으로 지정했다. 영국의 권역은 서부 유럽이고, 덴마크·독일·오스트리아·이탈리아는 중립 지역이 되어야 한다고 보았다. 리트비노프의 욕망은 스웨덴·폴란드·헝가리·터키를 포함했다는 점에서 열 달 전 마이스키가 작성한 리스트보다 더 광범위했다. 이는 또한 케넌이 우려한 최악을 넘어선 것이며, 처칠과 이든에게 무서운 공포를 안겨줄 수 있었다. 리트비노프는 1944년 11월 폴란드 대부분을 장악하고 헝가리에 진입한 소련군의 군사적 성공에 더욱 대담해졌음이 분명하다. 그러나 소련군의 어떠한 성공도 스웨덴과 터키를 왜 포함했는지는 설명할 수 없었다. 이들 두 국가는 계속 중립을 지켜왔으며 독일군이 그 영토에 진주하고 있는 것도 아니기 때문에, 소련군은 이들 국가를 침공할 어떠한 계획도 갖고 있지 않았다.

1945년 1월 11일 얄타회담을 준비하던 리트비노프는 몰로토프와 비신스키에게 1944년 11월의 보고서와 그해 말 『전쟁과 노동계급』에 기고했던 논문의 주요 내용을 반복한 보고서를 보냈다. 그는 소련의 '안보 권역'이 핀란드·노르웨이·스웨덴·폴란드·헝가리·체코슬로바키아·루마니아·유고슬라비아·불가리아와 터키를 포함해야 한다고 거듭 주장했다. 리트비노프는 영국이 유고슬라비아와 터키가 소련 권역에 포함되는 것에 반대할 것이라고 예상했다. 또한 미국 언론이 '안보 권역' 아이디어에 부정적 태도를 보일 것이 분명하므로 이 문제를 미국 측과 논의하는 것은 현명한 일이 아니라고 생각했다. "현실주의자인 루스벨트는 아마도 개인적으로는 유럽에 권역(spheres)·지역(zones)·블록(blocs)이 형성되는 것이 불가피하다고 생각할 수 있지만, 여론을 고려하면 그는 어떠한 형태로든 이 아이디어에 동의하지 않을 것이다."라고 썼다.

1939년의 몰로토프–리벤트로프 조약과 마찬가지로 리트비노프의 계획은 문제가 되는 국가들의 의사와 관계없이 세계를 두 권역으로 나누는 것이며, 일단 협정이 체결되면 이 국가들로 하여금 강압적으로 여기에 따르도록 만드는 것을 전제하고 있다. 아무리 과장하지 않는다고 한들 이것은 아주 야망이 큰 계획이지만 리트비노프는 일정한 한계를 받아들여 남부 유럽을 지배할 욕망을 표현하지는 않았다. 소련은 흑해를 내해로 만들기 위해 흑해 해협을 통제하기를 원했지만 지중해를 지배할 생각은 없었다. 러시아의 정교회 전통 및 콘스탄티노플 장악을 전제한 예카테리나 2세의 '그리스 프로젝트'를 고려하면 그리스는 제정러시아의 사고에서 특별한 위치를 차지하고 있던 셈이다. 실상 20세기에는 그리스가 러시아나 소련의 지정학적 목표에서 높은 순위에 오른 적이 없었다. 그러나 육로로 흑해 해협에 도달할 수 있는 위치의 루마니아는 불가리아와 함께 그 반대 상황이었다.

몰로토프와 스탈린은 리트비노프의 권고를 받아들여 영향권 문제를 얄타회담의 의제에 포함하지 않았다. 얄타회담에서 유고슬라비아와 터키에 대한 논의는 상당히 많았지만, 영향권 문제는 공개적으로 논의되지 않았다. 미국 대표단은 이 문제를 공식 토의 주제가 될 수 있다고 생각하지 않았을 것이다. 미국 관리 중 이 문제를 토론 주제로 여길 만한 유일한 인물인 조지 케넌은 해리먼 대사가 자리를 비운 사이 대사관 운영을 책임지기 위해 모스크바에 있었다. 이때 이미 케넌은 소련이 동유럽을 그들의 영향권으로 확보할 결심을 굳혔다고 확신했다. 그리고 그 같은 소련의 의도를 수용하는 것이 미국의 이익에 최선이라고 믿었다. 그는 미국이 UN 아이디어를 "가능한 한 빠르고 조용하게" 포기하기를 바랐다.

찰스 볼렌이 얄타에 도착해서 받은 조지 케넌의 편지에는 이런 내용이 있었다.

> 나는 이 전쟁의 현실과, 우리 힘만으로 이 전쟁에서 이기기에는 힘이 부족하다는 사실을 잘 인식하고 있네. 나는 러시아의 전쟁 노력이 대단하고 효과적이었으며, 동부와 중부 유럽의 다른 국민들 희생을 감수하더라도 러시아가 어느 정도는 보상을 찾아야 한다는 것을 인정하네. 그러나 이 모든 것과 함께, 대서양 공동체 전체의 이익에 해가 될 뿐만 아니라 우리가 유럽에서 지켜야 한다고 생각하는 모든 것에 위험이 되는 정치적 프로그램에 우리를 연관시켜야 할 이유를 알 수가 없네. 왜 우리는 유럽을 솔직히 영향권으로 나눈다는, 즉 우리는 러시아의 영향권에서 물러나고 러시아는 우리의 영향권에서 물러난다는 아이디어와 품위 있고 결연하게 타협하지 못하는지를 모르겠네.

볼렌은 케넌의 생각이 비현실적이라고 보았다. 그래서 친구에게 보내는 답장에 "그런 종류의 외교정책은 민주주의에서는 불가능하고, 오로지 전체주의적 국가만이 그런 정책을 만들고 실행할 수 있네."라고 써 보냈다. 그는 공식적인 국제 합의가 유럽에서 소련의 팽창을 저지할 수 있을 것이라고 믿지 않았다. "우리의 친구들은 자제할 의도가 없거나, 그렇게 하고 싶지 않을 것이네. 영국인들이 말하는 식대로, 나는 답이 아직 분명하지 않다고 말하고 싶네. 그러나 분명한 점은 소련이 세계 정치를 결정하는 주요한 국가로서 엄연히 존재한다는 사실이지. 그들과 말다툼하는 것은 쉽지만, 이 사실을 항시 잊지 말아야 한다고 생각하네."[3]

케넌과 볼렌이 주고받은 의견은 서방 측 대표단이 얄타회담에서 부닥친 도덕적 딜레마의 핵심을 드러내고 있다. 동부 유럽에서 소련의 군사적 우위를 현실로 인정하고 소련이 그 지역에서 행사하는 일에 대해 정치적·도덕적으로 거리를 두는 것이 나을지, 아니면 암묵적으로는 그들의 지배를 인정하지만 소련을 설득하여 상황에 영향을 미치려고 노력하는 것이 좋을지를 판단해야 하는 딜레마였다. 볼렌은 소련과 우호적 관계를 유지함으로써 더 많은 것을 얻을 수 있다고 생각했다. 얄타에 있는 미국 대표단도 전반적으로 같은 분위기였다. 루스벨트와 그의 참모들은 소련과 계속 동맹을 유지하는 데 필요한 대가를 치를 준비가 되어 있었다. 볼렌과 마찬가지로 그들은 다른 선택지를 골라 사용할 시간이 늘 있을 것이라 생각했다.

Chapter
12

폴란드 쟁탈전

　"대통령 각하, 지금 많은 나라의 운명이 각하와 처칠 수상의 손에 달려 있습니다."라고 시작되는 편지가 얄타에 있는 루스벨트에게 전보로 전달되었다. 이 편지는 1945년 2월 3일 작성되었고, 폴란드 망명정부의 수상인 토마시 아르치셰프스키(Tomasz Arciszewski)가 서명을 했다. 아무도 3거두의 회담이 열리는 날짜를 정확히 알지 못했는데, 아르치셰프스키는 미 국무부에 자신의 편지를 '지급'으로 대통령에게 전달해달라고 당부했다. 조국에 대한 운명적 결정이 곧 내려질 상황이고, 시간이 없다는 점도 그는 잘 알았다. 아르치셰프스키는 이와 유사한 편지를 처칠에게도 보냈다.

　폴란드인들의 이 지도자는 영국에 망명 중이지만 미국 대통령에게 자신의 나라를 구해달라고 요청했다. "전 세계가 이 중요한 논의로 미래 평화의 기초가 놓일 것으로 기대하고 있습니다. 각 민족들에게 양심과 언론의 자유, 공포와 궁핍으로부터의 자유를 가져오는 그런 평화를 기대합니다."라고 그는 루스벨트가 마음에 소중히 담고 있는 대서양헌장의 언어를 인용했다. "나는 이 근본적 자유들이 위대한 미국과 영국의 민주주의 편에 서서 자유의 실현을 위해 굴하지 않고 싸워온 우리 민족에게도 주어질 것으로 믿고 있습니다. 특히 나는 각하가 폴란드의 정당한 권리와 독립을 위험하게 만드는 결정

폴란드 망명정부 내각 인사들 폴란드 망명정부는 1939년 나치 독일이 폴란드를 침공하면서 폴란드 제2 공화국이 무너진 뒤 형성된 정부이다. 망명정부는 프랑스 파리에 있다가 1940년 영국 런던으로 소재지를 옮겼다. 사진은 1944년 영국에 있는 망명정부 내각 인사들이다. 가운데 앉아 있는 사람이 토마시 아르치셰프스키 수상(재임: 1944. 11. 29~1947. 7. 2)이다.

을 허락하지 않고, 폴란드에 대해 어떠한 기정사실도 인정하지 않으리라고 굳게 믿습니다." 이것은 자신의 나라가 곧 배신당할 것이라는 사실을 알고 있는 한 동맹국의 편지였다.

얄타에서 3개국 참가자들은 폴란드 문제가 회담에서 가장 어려운 의제가 될 것이라고 생각했다. 지정학적으로 모든 껄끄러운 문제들, 즉 강대국과 약소국 사이의 관계, 세계평화기구와 영향권 사이의 긴장 관계, 영토 획득의 합법성 문제가 폴란드에 대한 논의에 포함되어야 했다.

보론초프 궁전에서 보낸 첫날 밤, 처칠은 오랜 비행과 자동차 여행에도 불구하고 활력이 넘쳐서 밤늦도록 이든 외무장관, 주치의 모랜 경, 그리고 딸 사라와 이야기를 나누었다. "만일 대통령이 이곳에 닷새만 머문다면, 시간을 낭비해서는 안 되네. 우리는 정치 문제, 특히 폴란드 문제로 토론을 시작해야 해. 나는 러시아인들에게 동쪽에서 어떻게 더 빨리 진격해야 하는지를 말해줄 수 없네. 러시아와 우호적 관계를 맺는 데 큰 관심을 갖고 있는 영국 사람들이 누구보다 폴란드에 대한 염려가 크다는 점을 스탈린은 알아야 하지. 우리의 동맹과 미래의 우호 관계가 걸려 있는 문제야. 우리는 폴란드가 스탈린에게 동의하지 않는 사람이 제거된 러시아의 괴뢰국가가 되는 것을 원치 않아. 미국은 폴란드 문제에 대해 아는 것이 너무 없어. 내가 몰타에서 미국 측에 폴란드 독립 문제를 이야기하자 그들은 이렇게 응수하더군. '그건 큰 문젯거리가 아닙니다.'"라고 처칠은 말했다.

이 중요한 대화를 기록한 모랜 경은 처칠이 이런 말을 한 것은 처음이 아니라고 했다. "수상이 폴란드에 대한 이야기를 시작하면 나는 얘기가 어떻게 진행될지 잘 알았다. 만일 그가 말을 더듬으면 내가 그를 도울 수 있었다." '아는 것이 너무 없다'는 미국인들에 대한 처칠의 말은 틀렸다고 할 수 없지만, 완전히 맞는 말도 아니었다. 사실 이든과 스테티니어스는 몰타에서 만났을 때 폴란드에 대한 공동의 전략에 합의를 해놓은 상태였다. 처칠은 그 회동 후에 이든이 보고한 내용을 부분적으로 반복해서 얘기했을 뿐이다. "만일 소련이 현재의 정책을 고수하면, 소련과 같이 일하고자 하는 우리 두 나라의 모든 노력은 허사가 되고 말 것입니다."라고 이든은 보고했다.

폴란드의 운명은 처칠과 루스벨트 사이에 기본적 이해가 이루어진 몇 안 되는 문제 중 하나였다. 미국 입장에서 폴란드는 소련의 선의와 UN에 대한 미국의 꿈이 현실로 이루어질 수 있는지를 테스트할 만한 시금석 같은 문제였다. 영국은 폴란드 때문에 제2차 세계대전에 참전했기 때문에, 폴란드의 독립은 영국인들에게 큰 상징적 의미가 있고 동유럽에서 소련의 팽창을 견제할 수 있는 마지막 희망이었다. 서방 연합국이 폴란드 문제를 진지하게 다룰 준비가 되어 있는 반면, 소련은 그렇지 않았다. 2월 4일 사전 회동에서 이든이 몰로토프에게 폴란드 문제를 의제에 올려야 한다고 제안하자, 몰로토프는 그 문제는 건드리지 않는 편이 낫다고 답했다.

소련은 폴란드가 영유하던 우크라이나와 벨라루스 지역을 몰로토프-리벤트로프 조약에 따라 획득한 뒤 그 영토를 그대로 유지하고 싶어 했으며, 폴란드 정부를 통제하고자 했다. 리트비노프는 1월에 작성한 소련의 외교정책과 목표를 상술해놓은 보고서에서 폴란드를 서방과 함께 그 운명을 논의해야 할 국가 명단에 포함하지 않았다. 그가 영국과 미국의 입장을 몰라서 그렇게 한 것이 아니고, 폴란드의 미래는 이미 크렘린에 의해 결정되었기 때문이다. 그 나라는 소련의 직접적인 통제를 받아야 했다. 소련과 국경을 접한 가장 큰 나라가 자신들의 영향권 내 일부가 되지 않는다면 소련의 영향권에 대한 어떠한 논의도 의미가 없어져버린다.

"나는 아주 먼 곳에서 왔기 때문에 문제를 멀찌감치 떨어져서 볼 수 있는 이점이 있습니다."라고 2월 6일 루스벨트는 스탈린과 처칠에게 말했다. 폴란드에 대한 논의를 시작하면서 그는 자신을 공정한 관찰자이자 사심 없는 재판관으로 내세웠다. 폴란드의 운명은 영국의 의제 중 가장 중요한 것이지만, 3거두는 이 문제를 소련과 미국의 가장 중요한 의제인 독일과 UN 문제 다음으로 논의하기 시작했다. '폴란드 문제'에는 두 개의 핵심 요소가 있었다. 하나는 미래의 폴란드 국가의 국경 문제이고, 다른 하나는 정부 구성 문제였다.

루스벨트는 국경 문제로 발표를 시작했다. 루스벨트의 발언을 기록한 찰스 볼렌은 그가 "테헤란회담에서 미국 국민들은 전체적으로 폴란드의 동부 국경을 기준으로 커즌 라인에 좋은 여론을 가지고 있지만, 만일 소련 정부가 르보프(Lwow)와 르보프 주의 석유 매장 지대를 양보하는 것을 고려한다면

이는 아주 유익한 효과를 가져올 것입니다."라고 말했다고 적었다. 이해관계가 첨예한 곳은 우크라이나인들이 주로 거주하는(전쟁 전에는 유대인도 포함) 폴란드 소수민족 거주지인 르비프(Lviv: 폴란드어로 르부프Lwów, 러시아어로 리보프Lvov) 시와 드로호비치(Drohobych: 폴란드어로는 드로호비치Drohobycz)의 유전 지대였다. 루스벨트는 르비프와 드로호비치가 폴란드에 속하는 방식으로 소련-폴란드의 국경을 삼을 것을 스탈린에게 요구했다. 루스벨트는 미국에 600만~700만 명의 폴란드인들이 있다고 말했다. 만일 소련 측이 그들의 조국에 호의를 베푼다면 미국 내에서 루스벨트의 입지가 좋아질 터였다. 루스벨트는 "중국인들과 마찬가지로 모든 폴란드인은 체면을 차릴 수 있게 되기를 원합니다....... 나는 단언하는 것은 아니지만"라고 말한 뒤 곧이어 "스탈린 원수가 이 방향으로 문제를 해결해주길 희망합니다."라고 했다.

　루스벨트는 스탈린에게 테헤란에서 자신과 처칠이 동의한 국경선을 대폭 변경하도록 설득에 나섰다. 테헤란에서 스탈린과 몰로토프는 몰로토프-리벤트로프 조약에서 확립된 소련과 폴란드의 경계선을 지키려고 했다. 그 근거로는 이 경계선이 단지 폴란드인과 우크라이나인의 민족 거주 경계에 바탕을 둔, 이른바 커즌 라인을 따르고 있을 뿐이라는 점을 내세웠다. 이 라인은 1919년 12월 연합국 최고회의가 발표한 선언에서 처음으로 폴란드 정부 통치권이 미치는 동부 국경으로 제안했다. 이보다 몇 달 앞서 폴란드인들은 서부우크라이나민족공화국(Western Ukrainian People's Republic) 군대를 패퇴시키고, 르비프를 수도로 하는 이전 오스트리아령 갈리치아(Galicia) 지방에 대한 통제권을 확보했다. 연합국 최고회의의 전문가들은 우크라이나인이 주민의 대부분을 차지하는 동부 갈리치아가 폴란드에 포함되는지 아닌지에 따라 두 개의 경계선을 마련했다. 하나의 안은 르비프를 폴란드령으로 상정했고, 다른 안은 우크라이나령으로 상정했다.

　1920년 여름, 영국 외무장관 조지 너새니얼 커즌(George Nathaniel Curzon)

경은 르비프가 우크라이나 쪽에 속하는 경계선을 제안했다. 이 경계선은 폴란드군과 당시 바르샤바로 진격하던 적군赤軍의 경계선이 되기도 했다. '커즌 라인'이라고 불리는 이 경계선은 당시 소련과 폴란드 모두 거부했지만 국제 관계에서 매우 중요한 역할을 수행하게 되었다. 세계혁명을 촉발시킬 큰 희망을 품은 소련 측은 혁명의 전진을 가로막는, 인종에 기반한 경계선에 관심이 없었다. 폴란드인들은 바르샤바 코앞에서 벌어진 전쟁, 이른바 '비스와 강의 기적'이라 일컬어지는 전투에서 승리하여 소련군의 진격을 막아냈다. 폴란드는 곧바로 반격을 시작하여 소련 영토로 진격해 들어가 우크라이나인들과 벨라루스인들이 거주하던 지역을 병합함으로써 커즌 라인 동쪽으로 국경을 이동시켰다. 제2차 세계대전에서 핵심적 역할을 한 세 지도자는 이 사건들과 직접적인 관련이 있다. 당시 소련 군사 조직 중 한 곳에서 정치위원으로 있던 스탈린은 병력을 쪼개 바르샤바로 계속 진격하는 대신 르비프 공격을 명령함으로써 패배를 자초한 바 있다. 드골은 당시 폴란드 군의 군사고문으로 일했고, 미래에 폴란드 수상이 되는 스타니스와프 미코와이치크(Stanisław Mikołajczyk)는 그의 휘하에서 복무했다.

　바르샤바 전투에서 패배하고, 자신들의 영토 깊숙이 후퇴한 소련 측은 1921년 리가(Riga) 강화회담에서 새로운 국경선을 받아들이는 것 이외의 다른 선택을 할 수 없었다. 그럼에도 불구하고 소련 측은 커즌 라인 동쪽의 지역이 민족적 경계 원칙을 위반하고 폴란드에 점령되었다는 주장을 지속적으로 해왔다. 이 논리에 따르면 우크라이나와 벨라루스의 모든 영역은 소련의 일부가 되어야 했다. 몰로토프–리벤트로프 라인은 소련에 좀 더 적은 영토를 배당한 커즌 라인에 아주 가까웠다. 독일에게 침공을 당한 후 소련 지도부는 몰로토프–리벤트로프 라인에 대한 주장을 포기하고 일부 영토를 양보하여 커즌 라인을 받아들일 준비가 되어 있었다. 아마도 소련 측은 나치 외무장관의 이름보다는 영국 귀족의 이름을 딴 경계선이 서방의 인정을 받을 가능성이 더 높다고 생각했을 수도 있다.

서방 측에서는 소련이 결국 르비프를 차지하고 이 지역을 보유하기 위해 어떤 대가든 치를 것이라 의심하지 않았으므로, 소련 지도부의 이 전술은 먹혀들었다. 서방 지도자들은 폴란드인을 적대시하지 않으면서 소련 측을 만족시킬 수 있는 방식을 찾아내기 위해 노력했다. 1944년 11월 루스벨트 대통령과 여러 긴급한 현안을 논의하기 위해 워싱턴을 방문한 해리먼은 대통령이 공상적인 기분에 빠져 르비프 문제를 풀려고 하는 모습을 발견했다. "대통령은 스탈린이 우크라이나 농민들 거주 지역에 섬 같은 지역인 르비프 시를 국제위원회의 관할하에 두고 그 미래의 운명은 주민투표에 부치는 조건으로 이 도시를 소유하는 데 동의할 것이라 믿고 있었다. 나는 자본주의적 폴란드 도시가 사회주의적 우크라이나 농촌 가운데 존재하는 것은 불가능하다고 말했다. 대통령은 문제될 것이 없다는 태도였다. 그는 농민들이 도시로 와서 폴란드 주민들에게 루블화를 받고 농산물을 팔면 되지 않겠느냐고 했다."라고 해리먼은 기록했다. 루스벨트는 상업이 세상의 모든 문제를 풀 수 있다고 생각했다.

루스벨트는 얄타에서 스탈린에게 마지막 제안을 하기로 했는데, 요청을 하는 방식에 큰 주의를 기울였다. 찰스 볼렌의 기록에 따르면 "그는 숙고할 대상을 제안하는 것뿐이며 반드시 그래야 한다고 고집하는 것은 아니라고 했다." 르비프 문제에 대해서는 서방 연합국 사이에 제대로 된 합의가 없었기 때문에 루스벨트는 더욱 조심스러워 했다. 1945년 2월 1일 몰타에서 가졌던 회동에 대한 스테티니어스의 보고서에 따르면 이든은 처칠에게 다음과 같이 말했다. "폴란드의 동부 국경에 대해서 대영제국 정부는 리보프(Lvov)가 소련 영역에 들어가는 커즌 라인을 따라야 한다고 러시아 측과 이미 합의를 하여 공표했습니다. 그러나 미국 측은 리보프를 폴란드에 넘겨주는 쪽으로 계속 소련을 압박할 수도 있습니다." 실제로 거의 같은 시점에 작성된 폴란드 문제에 대한 미 국무부 보고서는 "우리는 폴란드 동부 국경 획정에서 북쪽과 중앙 부분은 커즌 라인을 따르되, 남부 지역은 전체적으로 리보프 주 동쪽을 경계로 하는 합의를 이끌어내기 위해 모든 노력을 경주해야 한다."라고 명시했다.

2월 6일 르비프(Lviv)에 대한 루스벨트의 호소를 듣고 나서 처칠은 미국 대표단을 놀라게 하는 의견을 내놓았다. 처칠은 당 내에서 자신과 이든이 커즌 라인과 르비프에 대한 소련의 입장을 지지한다고 비난을 받아왔지만, 대독일전과 폴란드를 해방시키는 과정에서 소련이 치른 희생을 고려하면, 소련의 주장은 세력이 아니라 권리에 바탕을 두고 있는 것이라 생각한다고 말했다. "그러나 만일 소련같이 강력한 국가가 훨씬 힘이 약한 폴란드에 대해 루스벨트 대통령이 제안한 것과 같은 관용적 조치를 취한다면, 소련의 행동을 우리가 얼마나 존경하고 감사해 할지는 직접 말하지 않아도 충분할 것이다."라고 미국 측 회담록에 기록되어 있다.

이 의견은 1월 22일 영국 전시 내각에서 르비프 문제를 논의할 때 처칠이 취한 입장과 유사하다. 내각 장관 중 한 사람은 3거두 회담 직전 스탈린이 르비프를 폴란드에 넘기는 큰 양보를 하고, "우크라이나에 대한 선물로 커다란 도시를 건설한다"는 소문에 대해 보고했다. 이든은 르비프 양도에 대해서는 회의적으로 생각했지만 우크라이나 국가 설립에 대해서는 그렇지 않았다. 회의록에는 그가 다음과 같이 얘기했다고 기록되어 있다. "스탈린이 우크라이나가 하나의 국가가 되어야 한다고 생각하는 것은 진심이고, 그럴 경우 그 중앙에 수도가 필요할 것입니다." 처칠은 조심스럽게 폴란드에 대한 관용적 조치를 기대했다. "그간 회담에서 스탈린은 리보프 문제에 관한 한 더할 나위 없이 완강했지만, 평화회담 석상에서는 관용적 조치를 취해 리보프를 폴란드에 양도할 수도 있습니다."라고 말했다. 그는 소련군이 최근에 거둔 큰 군사적 성공으로 인해 이런 관용적 조치가 가능할 수 있는데, 다만 현 상황에서 영국이 취할 최선의 조치는 스탈린에게 "끊임없이 압박하는 것"을 자제해야 한다라고 말했다.

루스벨트는 국경 문제를 가지고 폴란드에 대한 발표를 시작했지만, 그의 가장 큰 관심사는 폴란드가 독립을 유지하는 것이었다. 이 문제는 새로운 폴란드 내각의 구성과 밀접한 관련이 있다. 3거두는 두 개의 다른 폴란드 정부를 인정한 상태에서 얄타에 왔다. 미국과 영국은 토마시 아르치셰프스키가 이끄는 런던 망명정부를 인정한 반면, 소련은 헤움(Chełm: 우크라이나어로는 홀름Kholm)에서 활동을 시작하여 루블린(Lublin)으로 옮겨 온 정부를 인정했다. 루블린 정부는 얄타회담이 시작되는 시점에 바르샤바 근교에 설립되어 있는 상태였다. 이 문제는 3거두가 서로의 이견을 좁혀 타결하는 능력을 시험하는 분열적 이슈였다. 몰타에서 만난 이든과 스테티니어스가 생각한 해결책은 "상황이 허용하는 대로 가능한 한 빨리" 자유선거를 치르기로 약속하는 새로운 임시정부를 설립하는 데 달려 있다고 보았다. 새 정부의 구성과 이에 이은 선거는 폴란드에 대한 영국과 미국 정책의 주춧돌이었다.

2월 6일, 국경 문제에서 폴란드 정부의 미래로 논의 주제를 바꾼 루스벨트는 공산주의자를 포함하여 5개 주요 정당의 대표로 구성되는 정부를 지명하기 위한 대통령위원회를 설치할 것을 제안했다. 스테티니어스가 루스벨트에게 제안한 안에 따르면 새 정부는 루블린 정부를 대표하는 볼레스와프 비에루트(Bolesław Bierut), 미래의 교황 카롤 유제프 보이티와(Karol Józef Wojtyła)(요한 바오로 2세)의 멘토인 아담 스테판 사피에하(Adam Stefan Sapieha) 크라쿠프 대주교를 비롯한 주요 정파의 대표들로 구성된다. 루스벨트는 폴란드 사정에 대해 깊은 지식은 없지만 이 아이디어를 마음에 들어 했다. 얄타에서 루스벨트는 "폴란드인들에게는 왕이 없기 때문에 섭정위원회를 구성할 필요가 있다."라고 말했다. 18세기 이래 폴란드에는 왕이 존재하지 않았지만, 폴란드인들은 양차 대전 기간에 왕 없이도 행복한 생활을 영위했다. 그러나 섭정위원회 아이디어는 그 나름의 매력이 있었다. 이 위원회에서 공산주의자인 비에루트는 4:1로 열세에 놓일 것이 분명하기 때문이다.

루스벨트는 자신의 제안을 소련 측에 좀 더 어필하기 위해 "한 가지 분명히 해야 할 것은, 폴란드는 소련과 가장 우호적이고 협력적인 관계를 맺어야 합니다."라고 말을 시작했다. 점점 더 초조해진 스탈린은 이렇게 끼어들었다. "폴란드는 소련뿐만 아니라 다른 연합국들과도 우호적인 관계를 유지해야 합니다." 그는 비공산주의자들이 주도하는 연립정부가 소련과 어떻게 좋은 관계를 유지할 수 있는지를 상상할 수 없었다. 비공산주의자 지도자 중에 몰로토프–리벤트로프 조약을 용서하거나 잊을 수 있는 사람은 없었다. 루스벨트는 다른 문제에 정신이 분산되는 상황을 원치 않았다. 그는 "저의 제안을 그대로 제시하고 우리가 폴란드 문제를 해결하면, 이것은 우리 모두에게 큰 도움이 될 것입니다."라고 말했다.

처칠은 루스벨트의 제안에 전적으로 동의한다고 말한 뒤 폴란드가 "소련을 적대시하는 계획이나 음모"를 만들어서는 안 된다고 덧붙였다. 영국 측회의 기록에는 처칠의 말이 이렇게 기록되어 있다.

> 우리는 분명한 국경선을 가진 강하고 자유로우며 독립된 폴란드를 만드는 데 더 많은 관심을 가지고 있다. 그(처칠)는 폴란드인들이 자유롭게 살면서 그들의 방식으로 생활을 유지하길 원했다. 그것은 그가 늘 들어온, 스탈린 원수가 확고한 의지를 가지고 천명한 주제였다. 그는 스탈린이 선언한 주권·독립·자유에 대해 신뢰하고 있기 때문에 국경 문제는 크게 중요한 의제가 아니라고 생각했다. 이것은 영국 국민의 마음뿐만 아니라 대영제국에게도 너무 중요한 문제이다. 폴란드가 자유롭고 주권이 지켜져야

한다는 것이 우리가 독일에 대항하여 전쟁에 참여한 이유다. 우리가 제대로 준비되지 않은 상태에서 1939년 전쟁에 참여할 때 얼마나 큰 위험 부담을 갖고 있었는지 모두가 알았다. 이것은 제국으로서만 아니라 한 국민으로서 우리의 생명 전체를 대가로 치를 뻔했다.

미국 측 회의록에 따르면 처칠은 폴란드가 "자기 집의 안주인이 되고 자기 영혼의 선장이 되어야 한다"고 말했다. 그는 영국인들이 런던의 폴란드 망명정부와 '밀접한 관계'를 맺고 있지 않았음을 지적한 뒤, 영국과 좋은 관계를 유지하고 있으면서 소련-폴란드의 새로운 국경을 인정할 준비가 된 스타니스와프 미코와이치크, 스타니스와프 그랍스키(Stanisław Grabski), 타데우시 로메르(Tadeusz Romer)를 포함한 구정부 인사들이 참여하는 새로운 정부의 즉각 설립을 지지한다고 말했다. "이 정부는 자신들의 헌법과 행정부를 결정하는 자유선거를 치를 준비에 대한 의무를 가져야 합니다."라면서 "만일 이것이 이루어진다면 앞으로 중부 유럽의 평화와 번영을 향한 거대한 한 걸음을 내딛는 것입니다."라고 역설했다.

영국은 궁극적 목표인 새 정부 설립을 촉진할 수 있다면 대통령위원회 아이디어를 지지할 준비가 되어 있었다. 1월 26일 전시 내각 회의에서 처칠은 장관들에게 "곧 개최될 정부 대표들이 모이는 회담에서 소련 대표단이 루블린 정부를 폴란드의 정부로 인정하도록 요구할 것입니다."라고 언급했다. 그는 싸울 준비가 되어 있었다. "정부 인정에 관한 문제는 우리 손에 쥔 패 중에 하나라는 사실과, 우리가 얻을 만한 것을 대가로 받지 않는 한 이 문제를 포기해서는 안 된다는 생각을 굳게 하고 있어야 합니다."라고 말했다. 이든은 몰타에서 처칠에게 제안하기를 "만일 소련이 새 정부 구성에 반대하면 현재의 교착 상태가 지속될 것입니다. 이것은 좋지 않은 상황이지만, 영국이 루블린 정부를 단순히 인정해버리는 것은 더 나쁜 일입니다."라고 했다.

폴란드 문제에 대한 연합국 사이의 이견이 나타난 것은 이들이 서로 반대편 진영에 속해 있던 제2차 세계대전 초기로 거슬러 올라간다. 영국이 참전 선언을 하게 만든 사건은 독일의 폴란드 침공이었다. 폴란드의 방어가 실패로 돌아가자 폴란드 망명정부에 안식처를 마련해준 것은 영국이었다. 한편, 소련은 독일과 손을 잡고 폴란드 국가의 희생을 바탕으로 공격적인 영토 획득을 시작했다. 그런데 독일 침공의 다음 희생양이 된 소련이 반히틀러 전선에 가담하자, 관계국 모두가 새로운 문제에 봉착했다. 영국은 폴란드인들에게 모스크바와 상호원조협정을 체결하도록 압박을 가했지만 폴란드의 국경 문제는 해결되지 않은 상태로 남았고, 소련의 새로운 국경을 국제적으로 인정받는 데 런던의 폴란드 망명정부가 가장 큰 장애가 된다고 보았다.

소련군이 전선에서 승리를 거두자 소련의 지도자는 폴란드 망명정부에 대한 적대적 태도를 강화했다. 소련군이 스탈린그라드에서 독일 제6군을 포위한 지 열흘도 채 지나지 않았을 때 소련 당국은 모스크바에 주재하는 망명정부 대표들에 대한 공격을 시작했다. 1942년 11월 31일 스탈린은 서부 우크라이나와 서부 벨라루스에서 소련 내부로 강제 이주되거나 철수한 폴란드인들을 관할하는 소련 내 폴란드대사관의 36개 영사 사무실을 철폐했다. 여기서 일하던 직원들은 스파이 혐의로 체포되었다. 1943년 1월 16일 소련은 폴란드 망명정부에게 1939년 9월 이후 소련 영토에 있게 된 폴란드인들의 폴란드 시민권을 인정하는 조약의 조항을 파기한다고 통보했다.

폴란드 정부는 이에 항의하고 영국과 미국 정부가 이 문제에 개입해주기를 요청했다. 그러나 독일군이 스탈린그라드에서 항복한 후 어떤 것도 스탈린을 막을 수는 없었다. 1943년 2월 17일 소련 정부는 폴란드 시민권 문제에 대해 협의하기를 공식적으로 거부하고, 이틀 후 폴란드 정부를 상대로 프로파간다 공격을 시작했다. 소련의 프로파간다와 폴란드 망명정부 언론 사이에 말의 전쟁이 격화되자 영국 외무부는 폴란드대사에게 폴란드인들로 하여금 소련의 도발에 대응하지 말도록 할 것을 요청했다. 그런 대응은 "새로운 상대에 대한 신랄한 공격만 야기할" 뿐이므로 모스크바와 외교적 협상을 하는 편이 더 생산적이라고 충고했다. 폴란드대사는 이에 동의했지만, 폴란드 정부는 그렇지 않았다. 폴란드 정부는 3월 5일, 커즌 라인은 휴전을 위한 경계선이지 국가 간 경계가 아니라는 성명을 내며 반발하고 나섰다.

4월 중순, 독일 라디오방송은 스몰렌스크 인근의 카틴(Katyn) 숲에서 수천 명에 이르는 폴란드군 장교의 유골이 묻힌 대규모 무덤을 발견했다고 보도했다.* 1939년 가을 소련군에 포로로 잡힌 폴란드군 장교들은 1940년 봄에 처형되었다. 소련 측은 범행을 부인하고 1941년 이 지역을 차지한 독일군이 폴란드 포로들을 죽였다면서 독일 측을 비난했다. 폴란드 정부는 국제적십자사가 주도하는 조사를 요구하고 나섰다. 격앙된 소련 지도자들은 이를 두고 런던의 폴란드 망명정부가 나치 독일 편을 드는 증거라고 비난했다. 소련 측은 이 사건을 폴란드 정부와 외교 관계를 단절하는 구실로 삼았다. 외교 관계 단절 서류에 서명한 몰로토프는 폴란드 정부가 우크라이나, 벨라루스, 리투아니아의 희생을 바탕으로 영토적 양보를 받아내기 위해 선전 공세를 펴고 있다고 주장했다.

폴란드 망명정부와의 외교 관계에서 또 다른 최악의 시기는 1944년 여름에 이르러 스탈린이 별도의 폴란드 정부를 구성하면서 시작되었다. 7월 하

---

* **카틴 숲 학살 사건** 1943년 4월 13일 독일군은 러시아의 스몰렌스크 근교에 있는 카틴 숲에서 소련 비밀경찰에 의해 학살된 뒤 집단 매장된 4,100여 구의 시신을 발견했다. 희생자들은 소련의 폴란드 침공 때 포로로 잡힌 폴란드군 장교가 대부분이고, 경찰·지식인·의사도 포함되었다. 나치 독일은 이 학살의 현장을 반소反蘇 선전 자료로 이용했고, 이에 대해 소련 측은 1941년 독일군이 자행한 학살이라고 주장했으나, 결국 1940년 봄에 소련이 행한 학살임이 입증되었다. 학살 70주기를 맞은 2010년 4월 10일 폴란드의 레흐 카친스키(Lech Kaczyński) 대통령이 추모 행사에 참석하기 위해 정부 주요 관리들과 함께 비행기를 타고 가다가 스몰렌스크 공항 착륙 도중 추락하여 탑승자 전원이 사망하는 비극이 일어났다.

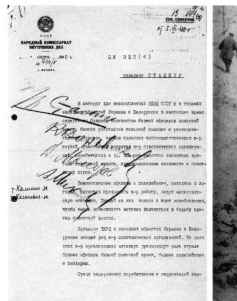

카틴 숲 학살 사건 왼쪽 문서는 1940년 3월 라브렌티 베리야가 폴란드 군인과 경찰을 처형하자는 제안
서로, 스탈린에게 보내졌다. 스탈린은 이 제안을 승인했다. 결국 제2차 세계대전 중인 1940년 봄, 소련은
폴란드인 대량 학살을 자행했다. 오른쪽 사진은 1943년 카틴 숲에서 집단 매장된 시신을 발굴하는 모습
이다.

순 모스크바에서 서둘러 소집된 폴란드민족해방위원회(Polish Committee of
National Liberation: 이 명칭은 샤를 드골의 프랑스민족해방전선을 모방한 것이다)는
소련-폴란드의 새로운 국경을 인정했고, 이는 즉각 소련 당국에 의해 승인
되었다. 이 위원회의 지도자는 비교적 잘 알려지지 않은 사회주의자인 에드
바르트 오숩카-모라프스키(Edward Osóbka-Morawski)이지만, 실제로는 2인
자인 소련군 대령 완다 바실레프스카(Wanda Wasilewska), 그리고 오랜 기간
소련 군사정보 요원으로 활동한 볼레스와프 비에루트가 통제했다. 1944년 7
월 22일 모스크바 라디오방송은 이 위원회의 설립을 전 세계에 알렸다. 이제
스탈린은 단지 이름으로서가 아닌 실제적으로 자신이 통제하는 폴란드 정부

소련을 방문한 미코와이치크 1944년 8월 13일 폴란드 망명정부의 수상 미코와이치크가 스탈린과 협상하기 위해 소련에 도착한 모습이다.

를 갖게 된 것이다.

이제 스탈린은 런던의 폴란드 망명정부와 협상을 다시 시작할 자신감을 갖게 되었다. 루스벨트의 주장을 받아들여 8월 3일 스탈린은 폴란드 망명정부의 수상인 스타니스와프 미코와이치크를 모스크바에서 만났다. 몸집이 크고 대머리인 43세의 이 정치인은 폴란드 망명 인사들 사이에서 영향력 있는 인물이었다. 그는 바르샤바 방어전에 두 번이나 참전한 경험을 갖고 있다. 첫 번째는 1920년 소련 적군赤軍의 침공 때였고, 두 번째는 1939년 독일군의 침공에 맞서 전투에 나섰다. 당시 그는 폴란드 농민당의 당수임에도 사병으로 군에 가담했다. 스타니스와프 미코와이치크와 그의 동지들은 1920년의 소련군 침공은 막아냈으나, 1939년에는 독일군에게 패배했다. 그는 전임자 브와디스와프 시코르스키(Władysław Sikorski)*가 1943년 7월 지브롤터에

* **브와디스와프 시코르스키(1881~1943)** 제1차 세계대전 전부터 러시아 제국으로부터 폴란드

서 비행기 사고로 사망한 후 폴란드 정부의 수상이 되었다. 미코와이치크는 1922년 처음으로 폴란드 수상을 지낸 시코르스키 같은 카리스마나 권위는 갖고 있지 못했다. 영국 지도자들과 외무부 관리들 사이에서 '미크(Mick)'로 불린 새 수상은 폴란드 정부의 요구와 영국·미국의 이익, 그리고 패배한 폴란드의 현실과 미래의 영광을 조화시키기 위해 노력했다.

미코와이치크는 불리한 역사의 조류를 뒤바꾸기 위해서는 폴란드인들이 스스로의 힘에 의존하는 것 외에는 다른 방법이 없다고 깨달았다. 모스크바로 떠나기 전 그는 런던의 망명정부와 긴밀하게 협력해온 지하 조국군대(Home Army)가 주도하는 반나치 바르샤바 봉기를 승인했다. 봉기는, 소련군이 바르샤바로 접근해오고 모스크바 방송에서 폴란드인들의 봉기를 선동하는 가운데 1944년 8월 1일 다소 이른 시점에 시작되었다. 그러나 바르샤바로 다가오는 소련군과 반란군 사이에 작전 조율은 이루어지지 않았다. 반란군 지도자들은 스스로의 힘으로 바르샤바를 해방시켜서 망명정부가 귀환할 수 있는 여건을 만들길 희망했다. 두 달이 넘은 기간의 영웅적 투쟁 후에 봉기는 진압되었다. 독일군은 바르샤바를 초토화했고, 독립 폴란드 국가의 잠재적 지도자들을 모두 소탕했다. 희생된 폴란드인은 최대 15만 명에 이르는 것으로 추산된다.

봉기를 승인할 때 미코와이치크가 염두에 둔 것은 이 봉기의 성공 시 스탈린과의 협상에서 유리한 위치에 서 있을 것이라는 점이었다. 하지만 그가 스탈린을 만났을 때, 봉기는 이미 난관에 봉착한 상태였다. 반란군은 곧바로 강력한 시 방어선을 구축하는 목표를 달성하지 못했다. 반란군이 여기저기

의 독립을 쟁취하기 위해 무장투쟁을 벌였으며, 폴란드 정부 초기에 수상(1922~1923)과 국방장관(1923~1924)을 지냈다. 제2차 세계대전 중에 다시 폴란드 망명정부의 수상(1939~1943)과 폴란드군 사령관을 맡았으나 1943년 7월 지브롤터에서 비행기 추락 사고로 사망했다.

흩어져 있는 까닭에 그들만의 힘으로 바르샤바를 해방하는 것은 사실상 불가능했다. 봉기의 성공과 실패는 궁극적으로 스탈린에게 달려 있었다. 헤움에 스탈린이 인정하는 정부가 세워진 지 며칠 후, 런던의 망명정부가 바르샤바에 본부를 설치할 가능성이 생기자 스탈린은 반란군을 지원할 생각이 사라졌다. 결과적으로 스탈린은 미코와이치크에게 한 약속과 다르게 반란군에게 아무 지원도 하지 않았다.

이렇게 된 데는 군사적 이유와 정치적 이유가 있었다. 바르샤바 외곽에 도착했을 때 소련군은 비스와 강 너머로 계속 진격할 자원을 가지고 있지 못했다(소련군은 수많은 독일군 기계화사단의 강력한 저항을 받았다). 스탈린은 폴란드 봉기군에게 식량과 탄약을 공급하는 연합군 공군기가 재급유를 위해 소련 영토에 착륙하는 것을 반대했는데, 이는 그가 봉기의 성공을 원하지 않았음을 명백히 보여준다. 그는 폴란드를 독차지하길 원했다.

1944년 8월 초 미코와이치크를 만날 때 스탈린의 당면 목표는 새로 구성되는 정부에 런던 망명정부의 인사뿐만 아니라 폴란드민족해방위원회의 지도자들을 포함하는 것이었다. 스탈린은 또한 미코와이치크가 커즌 라인을 소련-폴란드의 새로운 국경으로 인정하기를 원했다. 그는 미코와이치크에게 새로 만들어진 민족해방위원회를 만날 것을 종용했다. 두 정부가 인정받기 위해 서로 경쟁하는 상황에서 스탈린은 폴란드 내부 파벌 간의 합의를 옹호하는 역할을 맡았다. 서방 동맹국들은 자신들이 생각할 때 폴란드 국민들의 이익에 가장 부합하는 해결책을 인정하길 거부하는 미코와이치크의 '비현실적인' 런던 망명정부를 후원해야 하는 상황에 처해졌다.

처칠과 이든은 1944년 상당 시간 동안 '미크'와 그의 동료들을 계속 만나면서 그들에게 새로운 현실을 받아들이도록 설득했다. 그들의 마지막 시도는 1944년 10월 처칠이 모스크바를 방문하는 동안에 이루어졌다. 처칠의 주장에 따라 모스크바에 초청된 미코와이치크는 결국 커즌 라인을 폴란드 국경의 새로운 기준으로 받아들였다. 이로써 이제 스탈린이 런던의 폴란드 망명정부와 타협에 이를 수 있을 것이라고 그들은 희망을 품었다. 그러나 미코와이치크는 동료들에게 이 거래를 인정하도록 만드는 데 실패했다. 그는 사임할 수밖에 없었고, 이 일은 내각의 와해를 가져왔다. 1944년 11월 말 미코와이치크의 사임으로 처칠과 서방 연합국은 폴란드 망명정부의 지도부 중 신뢰할 만한 사람이 없는 상태가 되었다. 1944년 7월 폴란드에서 빠져나온 사회주의자 토마시 아르치셰프스키의 새 정부는 서방 연합국 측과 좋은 관계를 맺는 데 실패했고, 서방 연합국은 폴란드 상황에 대한 평가에서 계속 미코와이치크에게 의존했다.

1944년 새해 전날, 모스크바의 통제를 받는 민족해방위원회는 폴란드 공화국 임시정부로 명칭을 바꾸었다. 공산주의자인 브와디스와프 고무우카(Władysław Gomułka)가 두 명의 부수상 중 한 명으로 임명되었다. 새 정부는 서방 연합국의 반대에도 불구하고 1945년 1월 5일 소련에 의해 공식 인정되었다. 얄타회담이 열리는 시점에 임시정부는 바르샤바에 자리를 잡았고 소련군이 점령한 지역에서 지방 통제를 담당했다.

소련은 다른 국가들이 루블린 정부를 인정하도록 설득하는 데 큰 노력을 기울였다. 스탈린은 12월 모스크바를 방문한 드골에게 엄청난 압박을 가했고, 드골은 마침내 스탈린의 뜻에 따라 루블린 정부와 사절을 교환하기로 했다. 연합국에 파견된 드골의 대사인 모리스 드장(Maurice Dejean)은 1월 3일 영국 외무부에 이 사절이 "외교적 신분을 갖지 않는다는 상호 이해"하에 이루어진 일이라고 해명했다. 체코슬로바키아가 소련의 다음 대상이 되었다. 1월 29일 다음과 같은 보고가 영국 전시 내각에 들어왔다. "소련의 압력을 받은 체코슬로바키아가 루블린 정부를 즉각적으로 승인할 예정이다. 에드바르트 베네시(Edvard Beneš) 체코슬로바키아 대통령은 내각에 내일 소련의 뜻을 수용하라는 지시를 내렸다." 처칠은 장관들에게 "우리는 체코슬로바키아가 루블린 정부를 인정하는 것을 막을 수 없습니다. 우리의 분명한 입장은 당연히 자유선거를 수반한 자유·독립·주권이 폴란드에 보장되어야 한다는 것입니다."라고 말했다.

서방 연합국은 루블린 정부를 어떻게 상대해야 할지, 또 어떤 전략을 써야 할지를 정하지 못했다. 루스벨트는 미코와이치크와 루블린 정부가 타협을 이룰 수 있으리라 믿었다. 1월 6일 루스벨트를 만난 워싱턴 주재 영국대사 핼리팩스 경은 "대통령은 아직 미코와이치크가 루블린 당과 함께 단일 정부를 구성할 수 있다는 희망을 가지고 있는 것 같다."라고 본국에 보고했다. "모든 폴란드인은 스탈린의 호의에 의해서만 자신들이 존재할 수 있음을 잘 알아야 한다. 베네시 대통령은 이를 현명하게 깨닫고 일 처리를 잘한 것 같다."라고 루스벨트는 말했다. 영국 외무부는 루블린 정부에 미코와이치크가 가담하기만 해서는 문제를 풀 수 없다고 보았다. 1월 5일 작성된 「폴란드–러시아 문제 해결책」이라는 보고서는 "미코와이치크와 그의 지지자들로 하여금 소련과 협정을 맺을 수 있는 위상이 되도록 만드는 것만으로는 부족하다. 왜냐하면 이런 협정은 지속적인 효과를 발휘할 수 없기 때문이다. 폴란드 입장에서 보면, 폴란드의 모든 정파가 책임을 지는 협정을 맺는 것이 필수적이다."라고 주장했다.

이런 프로그램은 만들기는 쉽지만 실행하기란 훨씬 어렵다. 우선 망명 중인 서로 다른 '폴란드 정파' 간의 통일성이 없다. 루스벨트와 마찬가지로 처칠과 이든은 현재 권력에서 물러난 미코와이치크가 교섭 상대이기를 원했다. 그러나 외국에 있는 폴란드인들의 합법적 지도자는 토마시 아르치셰프스키였다. 그와 그의 지지자들은 국경 문제와 정부 구성에서 소련 측과 어떠한 타협도 하지 않으려 했다. 1월 내내 이든과 그의 참모들은 문제를 해결하기 위한 여러 가지 시나리오를 논의했다. 하나의 안은 미코와이치크를 정부에 복귀시킨 다음 런던의 망명정부와 폴란드의 루블린 정부 사이에서 타협을 시도해보는 일이었다. 그러나 미코와이치크와 아르치셰프스키가 함께 움직일 수 있다는 데는 아무 근거도 없기 때문에, 이 아이디어는 결국 폐기되었다.

옴 사전트(Orme Sargent) 경은 영국 외무부의 여러 동료들 의견을 대변하여 1월 8일 런던에 새로운 대표 정부를 구성하는 안에 반대한다는 생각을 표명했다. "이는 스탈린에게 도전장을 내미는 일과 마찬가지이며, 이것이 우리가 찾고 있는 타협안에 가까이 가게 만든다고 전혀 볼 수 없다."라고 주장했다. 그는 루블린 정부의 합법적 대표성에 대해 전혀 환상을 갖고 있지는 않지만, 루블린 정부가 소련의 지원과 소련 비밀경찰의 전술적 도움을 받아 새로운 지지자들을 끌어들이는 데 성공할 것이라고 보았다. "그러므로 이에 대항하는 정부를 런던에 새로 구성할 것이 아니라, 폴란드-소련의 우호조약을 맺을 각오가 선 미코와이치크와 다른 지도자들을 루블린 정부가 받아들일 준비를 하는 동안 루블린 정부에 '침투'시키는 것을 시도해서는 안 된다...... 이는 현재의 런던 정부를 강화시키는 대신 해산시키는 것을 준비해야 한다는 점을 의미한다."

1월 21일 미코와이치크는 현 상황에 대한 견해를 담은 보고서를 이든에게 제출했다. 보고서에서 그는 폴란드 서부 국경과 동부 국경 문제를 동시에 해결해야 한다고 주장했다. 서부 국경에서 어떠한 보상도 없이 동부 국경을 양도하는 것은 불가능하기 때문이라고 했다. 그는 동부 국경이 커즌 라인보다 폴란드에 좀 더 유리하게 정해지기를 희망했다. 폴란드의 독립 문제가 걸린 미래 정부의 구성에 관해서는 5대 정당이 내각에서 각각 20%의 지분을 가져야 한다고 생각했다.[1] 1월 22일 외무부를 방문한 자리에서 그는 "런던 정부와 루블린위원회를 합치는 것은 아무 이득이 없습니다."라고 말했다.

그의 방문에 대한 영국 측 기록에 따르면, 미코와이치크는 "해방된 폴란드의 폴란드인들뿐만 아니라 루블린 정당을 포함하고, 확실히 이에 기반한 정부와 협력할 가능성을 배제하지 않는다."라고 말했다.

며칠 전 아르치셰프스키와 그의 동료들은 다가오는 3거두 회담에서 폴란드 국경 문제를 논의하면 안 된다고 선언한 문서를 영국 정부에 제출한 바 있다. 그들은 정부 구성에 관해 연합국 간 위원회의 구성을 제안했다. 외무부는 이 제안을 드러내놓고 반대하지는 않았지만 회의적인 태도를 보였다. 1월 26일 알렉산더 카도간은 폴란드 외무장관인 아담 타르나프스키(Adam Tarnawski)에게 "이 문서는 그다지 현실적이지 않을 뿐 아니라 현재 상황에서 문제 해결을 별로 진척시키지 않는군요."라고 말했다. 타르나프스키는 이 요구가 "고려 대상이 되지 않을 정도로 그렇게 비이성적이지 않습니다."라고 응수했다. 카도간은 경멸적 태도를 굳이 감추지 않고, 폴란드 정부는 이 외에 일의 진행과 관련하여 다른 아이디어를 갖고 있는지 물어보았다. 타르나프스키는 다른 대안을 제시하지 못한 채 소련군이 폴란드 지하저항군을 체포하고 살상하는 상황에 대한 폴란드 측 보고를 브리핑하면서 이 사태가 "중단되어야 합니다."라고 요구했다.

카도간은 회담 기록에 "그러나 나는 소련군이 폴란드를 점령하고 있고 소련 당국이 실질적 통치권을 행사하는 상황에서 '이것이 중단되어야 한다'고 말하는 것은 아무 소용이 없다고 지적했다. 우리는 이러한 위험을 미리 예상했으며, 그래서 지난 1년 또는 1년 반 동안 문제 해결을 위한 타협안 도출을 설득해왔다. 그렇게 한 까닭은 타협안 도출에 실패할 경우 발생할 위험을 잘 알고 있기 때문이다."라고 적었다. 타르나프스키는 이전 정부에서 소련의 요청을 수용하기 위해 무리를 했음에도 불구하고 결국 아무것도 이룬 것이 없다고 쏘아붙였다. 카도간은 "그들이 폴란드 정부는 가능한 한 모든 일을 했다고 하면서, 폴란드와 폴란드 주민들이 받는 고통에 대한 모든 비난은 우리에게 떠넘기는, 이런 식의 대화를 빨리 끝내길 바랄 뿐이었다."라고 기록했다.

다음 날 이든은 얄타회담에 참석하는 영국 대표단이 소련 정부에게 안전 보장을 요청할 폴란드 지하저항군 지도자들의 명단을 폴란드 망명정부로부터 제공받으라고 외무부에 지시했다. 타르나프스키는 폴란드 지하저항군 지도자들과 협의 없이는 명단을 제출할 수 없다고 거절했다. 런던의 폴란드인들은 이 명단이 소련 측 손에 들어가는 것을 염려한 듯하다. 영국 주재 폴란드대사 에드바르트 베르나르트 라친스키(Edward Bernard Raczyński) 백작은 폴란드의 모든 비공산주의 정당의 멤버들, 조국군대의 장교와 병사들을 대신해서 영국이 나서줄 것을 요청했다. 영국 대표단은 두 개의 보고서를 가지고 얄타로 향했다. 그중 하나는 런던의 망명정부 지도자들이 만든 문서가 아니라 미코와이치크가 제출한 건의서였다.

1월 28일 이든은 처칠에게 이렇게 썼다. "우리는 자유롭고 독립적인 폴란드를...... 원합니다. 스탈린은 우리 앞에서 이를 약속했지만 지키지 않고 있습니다. 만일 우리가 자유롭고 독립적인 폴란드를 실현시키지 못하면, 앞으로 폴란드와의 협력은 이에 따른 영향을 크게 받을 수밖에 없습니다." 모스크바 주재 미국대사관 전문가들은 스탈린의 약속 이행 여부에 대해 극히 회의적이었다. "위의 상황을 고려할 때, 소련 정부는 폴란드 상황이 이미 기정사실화되었으며 런던의 망명정부나 정치인들과 바람직하고 가능한 타협안을 만들 수 없다는 입장에 서 있다. 이렇게 된 상황에서 소련 정부는 미국과 영국 정부에게 새 임시정부를 인정하거나 최소한 대표를 파견하라고 요구할 것으로 예상된다. 만일 이 일이 일어나지 않는다면, 소련 측은 자신들의 시간을 기다릴 가능성이 크다."라고 대사관 보고서의 글쓴이는 분석했다.

Chapter
13

"우크라이나인들은 무엇이라 말하겠는가?"

2월 6일 오후 루스벨트와 처칠이 발언하는 동안 스탈린은 점점 더 초조해지기 시작했다. 스탈린은 말 중간에 두 번 끼어들었고, 10분간 정회를 요청한 뒤 회의가 속개되자 첫 발언자로 나섰다. "스탈린은 갑자기 자리에서 일어나(지금까지 그는 늘 자리에 앉은 채 발언했다), 오른팔로 큰 제스처를 취했다." 스탈린을 잘 아는 이반 마이스키는 그의 거친 반응에 놀라서 이렇게 기록했다. "그는 회담 테이블을 떠나 방 한구석에서 다른 쪽 구석으로 왔다 갔다 하기 시작했다. 본인 사무실에서 자주 이렇게 하기는 했지만, 곧 행동을 멈추고 다시 자리로 돌아오곤 했다. 이 같은 행동은 3거두의 회담에서는 적절치 않았다. 스탈린은 의자를 뒤로 밀쳐서 공간을 확보한 뒤 전에 볼 수 없는 열정적 태도로 이야기를 하기 시작했다."

스탈린은 처칠의 언급 가운데 폴란드 문제의 해결은 영국인들에게 명예가 달린 문제라는 말을 냉소적으로 인용하면서 말을 시작했다. 그는 이 문제가 "과거에 폴란드에 큰 죄를 지은" 러시아인들에게도 명예가 달린 문제이지만, 이에 더해 안전보장의 문제가 크다고 했다. 폴란드는 소련과 국경을 접하고 있을 뿐만 아니라, 지난 30년 동안 독일은 두 차례나 폴란드 영토를 통과해 러시아를 공격했기 때문이다. 스탈린은 폴란드라는 회랑(corridor)이

"단지 러시아에 의해 기계적으로 외부에서 봉쇄될 수는 없습니다. 오히려 폴란드인들이 내부에서 봉쇄해야 합니다. 폴란드가 자유롭고, 독립적이고, 강해져야 하는 것은 당연히 필요합니다. 그러나 소련에게는 명예뿐만 아니라 죽느냐 사느냐의 문제가 걸려 있습니다. 바로 이 점이 폴란드를 제거한 차르의 정책에 현재 소련이 반대하는 이유입니다. 그래서 우리는 이러한 비인간적인 정책을 완전히 수정하여 폴란드와의 우호와 독립 정책을 추구하고 있습니다."

스탈린은 제정러시아와 다르게 소련이 폴란드의 생존권을 문제 삼는 것은 아니지만, 그렇다고 폴란드의 완전한 독립을 허용하지도 않는다는 점을 실제적으로 말하고 있었다. 이는 국경에 영향권을 확보하려는 데 있지 않고, 독일이 폴란드를 징검다리로 소련을 위협했기 때문이라는 것이다. 소련은 강력한 폴란드 국가를 창설할 준비가 되어 있지만 안보상의 이유로 완전히 통제해야만 했다. 소련의 입장을 방어하기 위해 스탈린은 커즌 라인의 기원을 다시 언급했다. 그는 영국 대표들이나 여러 폴란드 정파 대표들과의 협상에서 이 논거를 즐겨 사용했고, 1944년 폴란드 망명정부 지도자인 미코와이치크와 회담할 때도 이를 인용했다. 커즌 라인은 소련 사람들이 만들지 않았으며 1919년 파리평화회의에서 영국·프랑스·미국의 대표단이 만든 기준이라고 그는 말했다. 레닌은 폴란드에 막심 리트비노프의 고향이기도 한 비아위스토크(Białystok)를 넘겨주는 이 안을 수용하길 거부했다. 이 지역은 몰로토프-리벤트로프 조약에서 행동의 자유를 보장받은 소련이 다시 차지했다.

소련 측의 회담록에는 이렇게 기록되어 있다. "소련은 이미 레닌의 입장에서 벗어났다. 스탈린은 연합국 측에 소련 지도자들이 커즌이나 클레망소보다 덜 러시아적이 되길 원하는지를 물었다....... 만일 소련 지도자들이 연합국의 제안을 받아들이면 우크라이나인들은 무엇이라 말하겠는가? 아마도 우크라이나인들은 스탈린과 몰로토프가 러시아인들이나 자기네를 보호하는 데 커즌이나 클레망소보다 덜 신뢰할 만한 사람이라고 생각할 것이다. 스탈린은 모스크바에 돌아가면 어떤 조명을 받으며 서 있을 것인가? 아니다, 독일과의 싸움을 좀 더 길게 끄는 것이 나을 뻔했지만, 소련은 폴란드에게 독일의 희생하에 서부 국경을 보상해줄 용의가 있었다.” 스탈린이 할 수 있는 유일한 양보는 폴란드를 위해 커즌 라인에서 8km를 벗어나는 것이었다.

스탈린은 런던의 폴란드 망명정부가 소련군 전선의 후방에서 반소련 행동을 선동하고 있다며 비난하면서 서방이 요구하는 폴란드 내의 새로운 민주정부 구상에 반격하고 나섰다. 그는 '바르샤바의 폴란드인들'이 '런던의 폴란드인들'과 대화를 나누는 데 문제가 있고, 전선 후방에서 안정이 필요한 소련군은 런던의 폴란드 정부 요원들에게 공격을 받아 이미 212명의 장교와 병사가 사망했다고 주장했다. 간단히 말해, 바르샤바의 폴란드 정부는 소련군이 독일군을 패퇴시키도록 돕고 있는데 반해, 런던의 폴란드 정부는 이런 전투를 방해하고 있다고 했다. 스탈린의 발언을 제지시키거나 부정할 방법이 없었다. 소련의 보안부대가 런던 정부에 충성하는 폴란드 조국군대를 공격하고 무장해제시키는 과정에서 소련군이 입은 피해는 수백 명에 달할 수 있었다.

스탈린의 대응은 완전히 선동적인 발언으로 나타났다. 그는 새로운 정부가 얄타회담에서 구성되어야 한다는 처칠의 제안에 공격을 집중했다. “당신의 제안은 완전히 말실수라고 생각합니다. 폴란드인들의 참여 없이는 폴란드 정부 구성이 불가능합니다. 나는 독재자라고 불리지, 민주주의자라고 불리지 않습니다. 그러나 나는 폴란드인들과 협의 없이 폴란드 정부를 구성하자는 데는 반대할 만큼 충분히 민주적인 감정을 가지고 있습니다.”라고 주장했다. 그리고 이어서 이렇게 물었다. “우리가 바르샤바의 폴란드인들을 이곳이나 아니면 모스크바로 초청해야 하지 않겠습니까?” 이 질문에 아무도 답하지 않았다.[1]

소련의 독재자는 비록 자신이 민주적으로 선출되지는 않았지만 마음대로 행동할 수 없고 모든 권력 구성원의 의견을 존중해야 한다는 점을 보여주려고 꽤 애를 썼다. 루스벨트가 미국 여론과 유권자들에 의해 본인의 행동이 제약된다는 점을 강조하고 처칠이 전시 내각과 당 내에서 받을 수 있는 비판을 부각했다면, 스탈린은 자신 역시도 압력을 받기는 마찬가지이며 커즌 라인 이하의 양보를 한 상태에서 모스크바로 돌아갈 수 없다고 주장하는 것이었다. 소련 내에서 체제 반대파의 마지막 잔재는 1930년대에 이미 제거되었고, 스탈린이 공산당 정치국과 내각은 물론이고 형식적 소련 의회인 최고회의를 장악한 상태에서 이 독재자의 행동에 이의를 제기할 사람은 모스크바에 한 사람도 없었다. 소련이 주장하는 유권자는 소련의 모든 주민들로 구성되어 있지만 이들은 전부 공산당에 복종해야만 했다.

스탈린은 소련에서 러시아인 다음으로 많은 민족을 구성하는 우크라이나인들을 대신하여 르비프와 그 주변 주역에 대한 영유권을 주장했다. 르비프시는 13세기 중반 키예프 루스의 공후 다닐로(Danylo)가 창설했고, 그의 아들인 레프(Lev)의 이름을 딴 도시이다. 르비프 주변 지역에는 스스로를 루테니아인(Ruthenian)이라고 부르는 우크라이나인들이 주로 거주했지만 14세기 상반기에 폴란드의 지배 아래 들어오면서 이제 르부프(Lwów)라 불렸고, 인종 구성 또한 극적으로 변했다. 독일인, 폴란드인, 유대인 상인들과 수공업자들이 이 도시에 거주하면서 우크라이나인들은 소수민족이 되었다. 오스트리아의 마리아 테레지아(Maria Theresia) 여제가 18세기 마지막 10년에 이 지역을 자신의 소유 중 하나로 추가했을 때는 독일어를 사용하는 관리들이 렘베르크(Lemberg)로 호칭하는 이 도시로 이주해 들어왔다.

차르들은 오스트리아령 갈리치아를 고대 루스의 영토 중 일부로 생각했고, 제1차 세계대전 중 러시아군이 이 도시에 진입했을 때 이를 근거로 도시의 영유권을 주장하고 도시 이름을 리보프(Lvov)로 바꿨다. 똑같은 열정으로 그들은 그곳에 사는 사람들을 1709년 폴타바 전투에서 표트르 대제를 '배반'하고 스웨덴 편을 들어 러시아군과 전투를 벌인 코자크 족장 이반 마제파(Ivan Stepanovich Mazepa)의 이름에서 딴 '마제피스트(Mazepist)'라고 낙인찍고, 폴란드인들과 우크라이나인들의 영유권 주장을 물리쳤다. 당시 러시아군은 갈리치아 우크라이나인들이 넓은 의미에서 러시아 민족의 일부라고 여기는 우크라이나 문화·정치운동을 펼치던 갈리치아의 이른바 친러주의자들로부터 지지를 받았다.

1920년 스탈린은 세계혁명과 프롤레타리아의 단결이라는 명분을 내세우며 자신이 지휘하는 기병대를 이 도시에 접근시켰다. 소련 정부가 커즌 라인을 러시아 혁명정부와 부활한 폴란드 정부의 경계선으로 받아들이길 거부하면서 소련은 서부 우크라이나를 일시적으로 상실했다. 동부 우크라이나에서 볼셰비키 정부는 우크라이나소비에트사회주의공화국(Ukrainian SSR)을 설립했다. 1939년 몰로토프−리벤트로프 조약으로 르비프를 다시 장악하자 소련 정부는 서부 우크라이나를 우크라이나공화국에 포함했다. 이 시기 이전에 우크라이나 정당들은 남아 있던 친러주의자들을 대체해서 갈리치아의 지배 세력으로 부상한 상태였다.

1944년 소련군은 해방과 고대 우크라이나 땅의 재통합이라는 명분을 든 기수로 다시 돌아왔다. 그들은 모든 우크라이나 인종 거주 지역의 통합을 위해 싸우는 우크라이나 반란군을 모방했다. 우크라이나 민족주의자들처럼 소련은 우크라이나 문화의 발전을 옹호했지만, 그들의 적과는 상반되게 독립 우크라이나를 목표로 내세우거나 정치적 독립운동을 시도하지 않는 아주 특이한 형태의 문화를 염두에 두었다. 그뿐만 아니라 우크라이나와 폴란드의 서로 간 적개심을 이용하여 폴란드인들을 르비프에서 서쪽의 폴란드 영역으로 이주하게 만들었다.

얄타회담이 시작될 때 소련을 구성하는 공화국들은 스스로 국방·외교 인민위원회를 가질 권리를 얻어서, 스탈린은 이를 근거로 UN에 각 공화국의 독립적 회원권을 요구했다. 독자적인 외교정책의 수행자로서 각 공화국의 지위는 1944년 초 스탈린이 시행한 헌법 개정의 결과로 획득되었다. 소련에서 두 번째로 인구가 많은 우크라이나연방공화국은 동부 유럽을 장악하려는 스탈린에게 중요한 카드가 되었다. 우크라이나인의 대부분은 소련에 거주했지만 폴란드·루마니아·체코슬로바키아에도 수백만 명이 살았다. 여러 나라에 흩어져 살고 있는 우크라이나인들이 자신들의 국가 안에 함께 모여 살고 싶은 민족적 열망은 스탈린이 폴란드 정치인들에게 커즌 라인을 미래의 소련–폴란드 국경으로 받아들이도록 설득하는 작업에 능숙하게 이용되었다.

프로파간다 전쟁은 스탈린이 가장 아끼는 극작가이자 우크라이나 작가동맹 회장인 올렉산드르 코르네이추크(Oleksandr Korniychuk)가 써서 큰 대중적 인기를 끈 『볼셰비키 땅에서 페르킨 씨의 임무(Mr. Perkin's Mission in the Land of Bolsheviks)』로 시작되었다. 1944년 모스크바의 풍자예술극장에서 초연되고 『타임』에도 작품 평이 실린 이 희곡은 소련을 방문한 미국 백만장자의 이야기를 담고 있다. 애버럴 해리먼은 얄타를 떠나기 전 딸 캐슬린과 함께 이 연극을 보았다. 두 사람은 이 희극을 좋아했고, 훗날 페르킨 씨 역을 맡은 배우와 친구가 되었다. 그 배우는 국외를 여행하거나 미국 사람을 만나본 적이 없지만, 소련을 방문한 미국 대표단을 보도하는 두 편의 뉴스를 보고 본인의 배역을 준비했다. 캐슬린은 언니 메리에게 "그는 자기 역할을 아주 잘 해냈어."라고 썼다.

1943년 2월 19일 우크라이나의 가장 영향력 있는 신문 『우크라이나 프라우다(Pravda Ukraïny)』는 「자신의 국가 안에서 우크라이나 민족의 재통합」이라는 제목이 달린 코르네이추크의 사설을 실었다. 스탈린과 밀접한 관계로 유명한 이 극작가는 해외에 거주하는 폴란드인들이 발트해부터 흑해까지 이어졌던 17세기의 폴란드 국경을 복원하려는 열망을 가지고 있다고 비난했

올렉산드르 코르네이추크와 완다 바실레프스카
코르네이추크는 우크라이나 작가동맹의 회장이
며, 소련의 프로파간다를 이끌었다. 그의 부인 완
다 바실레프스카는 작가이자 정치인이며 소련군
의 대령이고, 소련이 통제하는 폴란드 정부인 폴
란드민족해방위원회의 실권자였다. 이 사진은 소
련군 제복을 입은 부부의 모습이다.

다. 그는 전쟁 전에 반폴란드를 주제 삼아 쓴 희곡에서 1648년 보흐단 흐멜
니츠키(Bohdan Khmelnytsky)의 봉기와 19세기 르비프의 문화부흥운동을 회
상하며 소련이 서부 우크라이나에 대해 가지고 있는 역사적·민족적 기반을
독자들에게 상기시켰다. 며칠 후 이 기사는 약간 다른 제목으로 『이즈베스
티아(Izvestia)』와 소련의 주요 신문에 실렸다. 이 기사는 소련의 미디어 독점
뉴스 에이전시인 『타스(TASS)』를 통해 해외에 배포되었다. 폴란드 정부에 대
한 소련의 공격이 시작된 것이다.

코르네이추크는 얼마 지나지 않아 몰로토프의 참모로 임명되고 슬라브
민족국가들과의 관계를 담당했다. 폴란드 문제도 그의 관할 업무였다. 우크
라이나인이면서 폴란드 정치인이자 작가인 완다 바실레프스카와 결혼한 코
르네이추크는 스탈린이 보기에 이 업무에 최적임자였다. 그는 외무위원회의
간부 회의에서 거의 침묵을 지켰다. 몰로토프는 코르네이추크가 동료들의

토론을 경청한 다음 모든 사람을 그의 희곡에 올릴 것이라고 농담하곤 했다. 새로운 직책을 맡은 코르네이추크는 『볼셰비키 땅에서 페르킨 씨의 임무』를 쓰는 데 필요한 자료를 충분히 모았다. 크렘린의 지원 속에서 코르네이추크의 부인은 새로이 친소련 폴란드 정부로 조직되는 폴란드애국주의자동맹(the Union of Polish Patriots)의 회장으로 선출되었다. 평상시 군복을 즐겨 입고 강한 의지를 지닌 그녀는 승마 바지를 입은 모습이 마치 남자 같아 보였으며, 이런 외양으로 인해 소련군 장교들 사이에서 '코르네이추크의 남편'이라고 우스갯소리가 떠돌았다. 완다와 코르네이추크는 스탈린의 무기고에서 중요한 병기 역할을 했다.

폴란드 망명정부의 지도자들은 코르네이추크의 사설 뒤에 누가 있는지를 분명히 알았다. 1943년 2월 25일 그들은 반격을 개시했다. "폴란드가 드네프르 강과 흑해를 동부 국경으로 삼을 의도를 품고 있다거나 동부로 국경을 이동하려 한다고 의심하는 것은 완전히 터무니없다."라고 공표했다. 폴란드 망명정부가 채택한 결의안은 1939년의 동부 국경을 고수한다는 사실을 다시 한 번 천명했다. 크렘린은 『타스』 통신을 통해 런던의 폴란드 정부가 우크라이나인 동포들끼리 결합할 권리를 부정하고 있다며 비난했다.

『타스』의 기사에는 새로운 중요 논거가 등장했다. 폴란드인들이 우크라이나인들의 인종적 영토에 대한 권리를 갖지 못한다고 이해한 조지 커즌(George Curzon) 경을 최초로 언급한 것이다. 스탈린그라드에서 군사적 성공을 거둔 이후 소련의 독재자는 정치적 배당을 요구할 수 있다고 생각했다. (망명 중인 폴란드 정치인들과 다르게) 스스로 정치적 책임을 지는 정치인에 투영하며 스탈린은 더 이상 몰로토프-리벤트로프 협상에서 정해진 국경을 주장하지 않았다. 이제 스탈린은 미래의 폴란드 국가에 유리한 조정을 해서, 인종적 원칙에 기반을 두고 대영제국의 지도자 중 한 사람이 승인한 커즌 라인에 따라 국경을 획정할 준비가 되어 있었다.

얄타회담이 시작되기 전 영국 외무부의 조사분석국은 「폴란드 내의 소수민족 우크라이나인들」이라는 제목의 보고서를 작성했다. 이 보고서는 모리스 포윜(Maurice Powicke) 경의 손녀이고 리처드 패어스(Richard Pares)의 딸이며, 훗날 옥스퍼드대학의 저명한 역사학자인 로버트 아서 험프리(Robert Arthur Humphreys) 경의 부인이 되는 엘리자베스 패어스(Elisabeth Pares)가 초안을 썼다. "폴란드의 동부 국경 문제는 러시아—폴란드 사이의 이슈일 뿐 아니라 폴란드의 소수민족들이 제3자가 되는 3각 상황을 야기한다. 이 소수민족 중 가장 중요한 민족인 우크라이나인과 폴란드인의 관계는 아주 바람직했었다. 우리가 폴란드의 이익에 대해 너무 깊은 우려를 하면 이 사실을 모호하게 만들 가능성이 있다."라고 그녀는 주장했다.

보고서에서 그녀는 독일군 점령 기간 중 우크라이나인과 폴란드인 사이의 적대감이 심화되었고, 커즌 라인 동쪽에 거주하는 폴란드인들은 공식적인 주민 이동을 예상하고 루블린 정부가 통제하는 지역으로 이주하고 있다는 사실을 지적했다. 그녀는 우크라이나인들 대부분이 폴란드에 남아 있기를 원한다고 믿는 것에 대해 경고했다. 이러한 선호를 보여주는 아무 증거도 없다는 사실을 그 근거로 내세웠다. 그녀가 생각하기에 모든 우크라이나인들을 하나의 정치 단위에 통합하는 유일한 가능성은 서부 우크라이나를 소비에트 우크라이나공화국에 통합시키는 것이었다. 그녀는 독립된 우크라이나 국가를 창설하는 것은 "동부 유럽 역사의 가장 최근 단계에서는...... 상상하기 아주 어려운 일이다."라고 지적했다.

엘리자베스의 상관 중 한 사람은 이 보고서에 짧은 논평을 달아 수정했다. 그에 따르면 르비프에는 우크라이나 계몽회(Prosvita)*와 셰브첸코 연구회

---

* **우크라이나 계몽회(Prosvita)** 1860년대~1940년대까지 우크라이나 서부 지역에서 대중계몽운동과 문맹퇴치운동을 벌인 단체. 오스트리아-헝가리제국 지배 시절, 갈리치아 지역의 우

미하일로 흐루솁스키 우크라이나 수도 키예프에 세워진 후루솁스키의 동상이다. 그는 우크라이나 역사학의 아버지로 일컬어진다.

(Shevchenko Scientific Society)*의 본부가 있었을 뿐 아니라, 이 도시는 '가장 위대한 우크라이나 역사학자'이자 1917~1918년 우크라이나 정부의 지도자인 미하일로 흐루솁스키(Mykhailo Hrushevsky)**가 활동 근거지로 삼은 곳으

크라이나 문화보존운동에 주도적인 역할을 했다.

* **셰브첸코 연구회(Shevchenko Scientific Society)** 1873년 르비프에서 문예·학문 단체로 설립되었다가 1893년 과학아카데미로 변경되었다. 역사–어문학 분과, 철학 분과, 수학–의학–자연과학 분과를 두었다. 미하일로 흐루솁스키가 과학아카데미를 이끌면서 활동이 크게 강화되었다.

** **미하일로 흐루솁스키** 키예프대학교 역사학부에서 수학한 후 르비프대학교로 가서 우크라이나어학과장과 셰브첸코 연구회장직을 맡아 우크라이나의 문예부흥운동을 이끌었다. 제정 러시아 붕괴 후 1918년 우크라이나 중앙라다 의장직을 맡았다. 전 10권의 『우크라이나 역사』를 쓰는 등 많은 저술을 남겨서 우크라이나 역사학의 아버지로 불리고, 우크라이나 민족 정체성 확립에 큰 공헌을 했다.

로서 우크라이나의 문화적·민족적 중심이라고 지적했다. 1920년대 폴란드인들이 통제하는 르비프 대신 소련령 우크라이나에 거주하기를 선호했던 흐루솁스키를 우크라이나 민족주의자들이 폴란드가 통치하는 동부 갈리치아보다 우크라이나소비에트공화국에 살기를 선호했던 예로 들었다. 이 선호는 별도의 우크라이나 국방부와 외무부를 설치한 것으로 더욱 강화되었다.

영국 외무부 전문가가 흐루솁스키(Hrushevsky)의 철자를 우크라이나의 공산당 지도자인 니키타 흐루쇼프(Nikita Khrushchyov)의 성과 유사하게 '흐루솁스키(Khrushchevsky)'로 잘못 적은 것은 의미 있는 실수였다. 이것은 스탈린이 반농담으로 흐루쇼프가 폴란드의 스파이라고 놀릴 때 쓰는 이름이 되었다. 이미 머리가 벗겨지고 체중이 많이 나가지만 활력이 넘치는 50세의 흐루쇼프는 스탈린의 측근 중 주요 반폴란드 세력도 아니었으나, 당시 아무런 정치적 중요성이 없는 인물이었다. 남부 러시아에서 태어난 그는 열네 살 때 가족이 이사를 하면서 유년과 청년 시절 대부분을 우크라이나에서 보냈다. 그는 돈바스(Donbas)의 석탄 광산에서 노동자로 일하다가 혁명 기간 중 볼셰비키에 가담했다. 키예프에서 처음 공산당 경력을 쌓았고, 후에 고등교육을 받기 위해 모스크바로 가서 경력을 이어갔다. 그의 동급생 중에는 스탈린의 부인인 나제즈다 알릴루예바(Nadezhda Allilueva)가 있는데, 이 커넥션은 흐루쇼프의 출세 경력과 소련의 미래에 중요한 요소가 되었다.

지방의 공산당 관리로 있다가 고등교육을 받기 위해 모스크바에 온 흐루쇼프는 고등교육 과정을 다 마치지 못했지만, 1935년 6년 만에 모스크바 시 공산당 제1서기가 되어 모스크바의 지하철 건설 프로젝트를 감독했다. 1938년, 그는 우크라이나 공산당 제1서기이자 스탈린의 총독으로 키예프에 파견되었다. 그에게 맡겨진 책임은, 1939년 소련군이 폴란드 국경을 넘어 이 지역을 점령한 후 르비프와 서부 우크라이나의 기타 지역에서 소비에트화를 촉진시키는 과업으로 확장되었다. 1941년 독일군이 기습적으로 공격해오자

니키타 흐루쇼프 1938년 44세 때 중앙위원회 정치국원 후보가 되어 우크라이나 공산당 중앙위원회 제1서기로 키예프에 파견되었고, 스탈린그라드 전투 때는 정치위원으로 복무했다. 사진은 1942년 스탈린그라드 전선에서 군지휘관들과 작전을 논의하는 모습이다. 맨 왼쪽이 흐루쇼프이다. 스탈린 사후, 그는 소련 공산당 중앙위원회 제1서기로 선출되었다.

흐루쇼프는 소련군과 함께 우크라이나에서 철수했다. 그는 스탈린그라드 전투 당시 스탈린그라드 전선의 정치위원으로 복무했고, 반격을 시작한 소련군이 1943년 키예프를 탈환하자 다시 스탈린의 총독으로 임무를 맡았다. 스탈린은 흐루쇼프의 지도력과 조직 능력을 높이 평가했지만 종종 그를 궁정 광대로 취급하여 우크라이나 춤을 추게 하는가 하면 '흐루솁스키' 같은 별명을 붙여 부르면서 업신여겼다.

정치국의 모든 멤버와 다름없이 스탈린은 흐루쇼프도 과소평가했다. 스탈린으로부터 매일매일 감시받아야 하는 통제에서 벗어나 키예프의 주인으로 여러 해를 보낸 흐루쇼프는 중앙과 지방 공산당 및 지방의 정치 엘리트 사이에서 중재자 역할을 하며 자신만의 권력 기반을 만들었다. 수사적으로는 반反민족종파주의를 열렬히 내세운 정치 엘리트들은 실상 반대파로부터 우크라이나의 인종적·역사적 경계를 모두 포괄하는 대大우크라이나 건설의 비전을 물려받았다. 북쪽으로는 브레스트(Brest)와 핀스크(Pinsk), 서쪽으로는 프셰미실(Przemyśl, 우크라이나어로는 페레미실Peremyshl)과 헤움(Chełm, 우크라이나어로는 홀름Kholm)을 포함하는 영역이었다. 1939년 소련이 폴란드 동부 지방을 병합한 후 흐루쇼프는 스탈린의 명령에 따라 르비프뿐만 아니라 벨라루스공화국의 브레스트와 핀스크도 우크라이나공화국에 포함하려고 시도한 바 있다. 1944년 3월 우크라이나 최고회의의 연설에서 흐루쇼프는 르비프를 비롯하여 헤움 지역과 커즌 라인 너머의 인접 지역을 포함하는 커즌 라인 동부의 다른 지역에 대한 영유권을 주장했다. "우크라이나인들은 홀름(헤움) 지역, 흐루스베쉬프(Hrusbeshiv, 흐루비에슈프Hrubieszów), 자모스치아(Zamostia, 자모시치Zamość), 토마쉬프(Tomashiv, 토마슈프Tomaszów), 야로슬라프(Iaroslav, 야로스와프Jarosław) 같은 우크라이나의 원초적 땅을 우크라이나소비에트 국가에 포함시키려고 노력할 것이다." 이러한 그의 주장은 큰 박수갈채를 받았다.

흐루쇼프가 이 지역의 영유권을 주장한 데는 개인적 연고가 영향을 미쳤다. 그의 부인인 니나 쿠하르추크(Nina Kukharchuk)는 커즌 라인 서쪽 지역 출신의 우크라이나인이다. 좀 더 구체적으로는 그녀의 남편이 영유권을 주장하는 헤움 지역 출신이다. 1918년 이전 제정러시아 지역에 속했던 우크라이나와 폴란드의 경계가 되는 이 지역은 1917년에 일시 독립을 선언한 우크라이나공화국이 영유권을 주장했다. 그러나 양차 세계대전 사이에는 우크라이나공화국에 속하지도 않았고, 몰로토프-리벤트로프 조약에 따라 결정된 소련의 점령 지역에도 들어가지 않았다. 이 지역의 주민은 인종적으로 뒤섞여 있었는데, 이곳에 사는 우크라이나인은 자신이 큰 러시아 민족의 일부라고 생각하는 부류와 별도의 우크라이나 정체성을 가지고 있다고 생각하는 그룹으로 나뉘었다.

1944년 7월 흐루쇼프는 스탈린에게 우크라이나공화국 내에 홀름 주를 설치하자고 제안하는 글을 보내며 "역사적으로 이 지역은 우크라이나에 붙어 있었고, 과거에 이 지역의 일부는 러시아의 한 부분을 차지했다."고 지적했다. 1944년 7월 20일 자로 작성된 흐루쇼프의 보고서는 스탈린에게 때맞춰 전달되었고, 스탈린은 폴란드민족해방위원회와 '소련–폴란드 국경' 문제를 협의하면서 '홀름 카드'를 사용할 수 있게 되었다. 7월 25일 스탈린은 흐루쇼프가 제안한 요청을 폴란드인들에게 보여주었다. 다음 날 폴란드인들은 르비프를 소련령으로, 홀름을 폴란드령으로 배정한 커즌 라인에 바탕을 둔 국경 협약을 소련 측과 서명했다. 이제 폴란드의 혜움으로서 소련의 인정을 받은 홀름은 친소련 폴란드 정부의 중요한 지방이 되었다.

르비프는 이야기가 달랐다. 르비프는 소련과 폴란드 망명정부 간의 협상에서 걸림돌이 되었다. 흐루쇼프는 회고록에서 폴란드인들이 르비프 시 인구의 절대다수를 차지하고 있기 때문에 이 도시가 소련군 수중에 떨어진 직후인 1944년 7월 소련 행정 당국은 서둘러 르비프로 달려갔다고 기록했다. 폴란드 망명정부가 그곳에 행정 기반을 갖추기 전에 자신들이 먼저 행정권을 수립하기 위해서였다. "우리 쪽 사람들이 시를 장악하게 하기 위해 급히 서둘러야만 했다."고 그는 적었다. 독일군에 점령된 도시를 소련군이 해방시켜주기를 바랐던 폴란드 주민들은 곧 크게 실망했다.

모스크바에서 발송된 영국의 외교 전문에 따르면, 르비프의 폴란드인 지도층은 이 도시가 소련령이 된다는 사실을 쉽게 받아들이지 못했다. 주민들 중 유대인은 홀로코스트로 대량 학살되고, 우크라이나계 주민 대다수는 참혹한 전쟁으로 인해 농촌 지역으로 이주해가서 르비프는 그 어느 때보다 폴란드인의 도시가 된 상황이기 때문에 더욱 그랬다. 폴란드인들은 이제 다급해졌다. 러시아에서 혁명이 일어날 것이라는 둥, 르비프를 놓고 소련과 영국이 전쟁을 벌일 것이라는 둥, 또 전혀 반대로 영국이 폴란드를 볼셰비키에게 넘겨줄 것이라는 둥, 온갖 소문이 떠돌았다. 르비프에 거주하는 폴란드인들은 서방 연합국에 희망을 걸었다. 그들은 스탈린이 이 도시를 우크라이나인에게 넘겨줌으로써 우크라이나인들의 환심을 사기로 마음먹지 않았을까 염려하면서도 관용적 조치를 기대했다. 얄타회담 대표단의 일원이고 나중에 주소련 대사로 임명되는 영국 외무부의 프랭크 로버츠(Frank Roberts) 경은 모스크바에 주재하는 영국 외교관이 르비프 출신의 한 교수를 인터뷰하여 듣게 된, "폴란드는 리보프를 다시 돌려받지 못할 것이다."라는 말에 동감했다. 그는 우크라이나인에 대한 스탈린의 정책은 "유화책(리보프를 넘겨준 일)과 대규모 압제(처형과 강제 이주)가 결합된 것으로 보인다."라고 결론지었다.

1945년 5월에 작성된 영국 외무부의 보고서는 이 도시를 포위된 요새로 묘사했다. 야밤에 주로 활동하는 우크라이나 반란군은 소련군 장교와 사병들을 암살했다. 낮에는 체포된 이들의 동료들이 비밀경찰의 감시를 받으면서 도시를 청소하는 일에 투입되었다. 르비프는 소련 전선의 한 사령부가 되어 도시 병원에는 부상을 치료받는 상이병들로 가득 찼다. 작전 중 전사한 소련군 지휘관들도 이곳에 매장되었다. 이달에 르비프를 방문한 영국 무관은 도시에서 벌어지는 문화의 탈폴란드 과정에 주목했다. 연극은 러시아어나 우크라이나어로 공연되었다. 소련 당국은 폴란드인들을 떠나게 하는 대신 러시아인들로 하여금 그들이 떠난 자리를 메우도록 했다. 이렇게 도시로 들어온 러시아인들은 얀 소비에스키(Jan Sobieski)* 같은 폴란드의 역사적 인물 동상을 분해하여 폴란드로 보냈다. 그들은 리비프뿐만 아니라 키예프에

---

* 얀 소비에스키(1629~1696)　폴란드-리투아니아연방의 국왕으로, 얀 3세이다. 1674년부터 1696년까지 22년간 재위하며 폴란드-리투아니아의 전성기를 이끌었다. 뛰어난 군사지휘관으로 탁월한 능력을 보이며 1683년 빈 전투에서 폴란드군을 이끌고 오스만투르크군을 격파했다.

있는 폴란드 서적과 예술품도 반출시켰다.

1944년 가을 우크라이나 공산당은 루블린의 폴란드 정부 대표와 인구 교환에 관한 합의서에 서명했다. 전쟁 중 커즌 라인 양쪽에서 우크라이나인과 폴란드인 게릴라에 의해 자행된 인종 청소로 인해, 소련군이 이 지역을 점령하고 주민 강제 이주를 시작하자 민간인들은 자신들을 보호해줄 수 있는 진영으로 서둘러 이주하기 시작했다. 영국 외무부의 엘리자베스 패러스는 소련 점령 지역에서 도망가는 폴란드인들에 대해 보고한 반면, 소련의 보고서는 커즌 라인 서쪽에서 벌어지는 우크라이나 주민들에 대한 폭력 행위 및 우크라이나공화국이 관할하는 지역으로 철수하기 위해 우크라이나계 주민들이 몇 주씩 기차역에서 기다리는 상황을 보고했다.

얄타회담이 시작될 즈음 폴란드 쪽에서는 여러 형태로 강제 이주와 주민 이동이 어떤 식으로든 이루어질 거라는 인식이 점점 높아졌다. 런던의 『타임스』와 『뉴욕 타임스』의 모스크바 특파원인 랠프 파커(Ralph Parker)는 1월에 루블린을 방문한 후 모스크바 영국대사관의 총영사인 해럴드 밸푸어(Harold Balfour)에게 "최종적으로 100만 명의 폴란드인들이 동부 폴란드에서 이주해 들어오고, 우크라이나인들과 벨라루스인들이 떠남으로써 폴란드는 단일민족국가가 될 것입니다. 또한 유대인을 포함한 소수민족은 토착 주민으로 동화되리라는 것이 루블린의 폴란드 정부가 갖고 있는 일치된 의견입니다."라고 말했다. 밸푸어는 모스크바에서 본국으로 보내는 전보문에 "파커가 대화를 나눈 타르노폴(Tarnopol)과 르부프 지역의 폴란드계 농민들은 자신들의 땅이 소련 영토로 편입된다는 데 어떠한 관심도 없었다. 오히려 이 지역의 우크라이나인들 태도가 너무나 적대적이어서 폴란드 부락민들은 일반적으로 서쪽으로 이주하기 위해 몸이 달았다."라고 썼다.

커즌 라인 양쪽에서는 강제 이주에 대한 저항도 일어났다. 1945년 5월까지도 영국 외무부는 르비프의 폴란드계 주민들이 도시에서 떠나기를 거부하고, UN 창립총회 때 알타 합의를 재검토하여 이 도시를 폴란드에 귀속시킬 것이라는 희망을 계속 갖고 있다는 내용의 보고를 받았다. 이와 동시에 1939년부터 1941년까지 소련에 점령당했을 당시, 우크라이나 가톨릭교회 주교의 관구로 르비프 서쪽에 있는 프셰미실의 우크라이나계 주민들은 이 도시가 다시 우크라이나공화국에 귀속될 것이라는 희망을 가지고 이주를 거부했다.

소련 비밀경찰은 커즌 라인 동부에서 공포 정책을 무자비하게 시행하며 현지의 폴란드인들이 '올바른 선택'을 빨리 하도록 거들었다. 1944년에만 11만 7,000명 이상의 폴란드인들이 우크라이나공화국에서 폴란드로 강제 이주되었다. 소련 측의 통계에 따르면 1939년부터 1941년까지 이전에 폴란드 영역이었던 지역에서 40만 명 가까운 폴란드인들이 체포되거나 강제 이주당했기 때문에, 새로운 강제 이주는 이 지역 주민들에게 전혀 예상치 못한 일은 아니었다. 폴란드 망명정부는 강제 이주된 주민의 숫자를 90만 명으로 추산했다. 강제 이주당한 주민의 절대다수는 폴란드인이지만, 이들만 정부에 의해 강제 이주 대상이 된 것은 아니었다. 많은 수의 우크라이나인, 리투아니아인, 유대인이 같은 경험을 했다.

소련의 계획은 독일로부터 획득한 동부 지역의 폴란드인들을 서부 지역에 재정착시키는 것이지만, 강제 이주는 독일군이 점령했던 영토를 소련군이 완전히 확보하기 전부터 이미 시작되었다. 이렇게 한 독재 정권이 다른 독재 정권을 대체하면서 독일 강제수용소에는 소련군에 의해 해방된 지 얼마 지나지 않아 폴란드 난민들로 채워졌다. 르비프의 폴란드인들은 1941년 10월부터 1944년 8월까지 약 6만 명의 폴란드 유대인과 2만 명의 폴란드인이 처형당한 나치의 강제노동 캠프인 마이다네크(Majdanek)에 수용되었다. 1944년 9월 런던의 폴란드 정부가 입수한 보고문은 당시 상황을 이렇게 서술했다. "르부프 지역에서 폴란드 인구가 빠르게 사라지고, 대신 그 자리를 소련 시민들이 차지하고 있다. 나이 36세까지의 폴란드인들은 징용되어 (커즌 라인

마이다네크 나치 독일이 루블린 외곽에 세운 강제수용소이다. 소련은 이곳에 폴란드 난민들을 수용하고 강제 노역을 시켰다. 사진은 1943년경의 모습이다.

서쪽의) 야로스와프 지역으로 보내진 다음, 그곳에서 다시 마이다네크로 보내진다. 그곳에서 사람들은 믿기 어려울 정도로 곤궁하게 생활하며, 철조망과 소련군 경비병의 감시 아래서 굶어 죽고 있다."

소련은 자신들이 점령하고 통제하는 지역의 커즌 라인 동쪽과 서쪽에서 대규모 주민들을 이주시키는 데 열을 올렸다. 그러나 또 다른 한편으로는 당국의 허락 없이 아무도 이 지역에서 빠져나가지 못하게 했다. 빠르게 움직이는 전선으로 인해 소련 진영에 들어가 있는 미국 시민권 보유자들도 이 지역에서 빠져나오기가 쉽지 않았다. 1945년 2월 10일, 폴란드계 여성 스타샤(Stasia)는 우크라이나-폴란드 경계 지역인 프셰미실이 고향으로, 미국 시민권 보유자임에도 이곳에서 빠져나가지 못하고 고립되었다. 그녀는 미국에 있는 형제들에게 도움을 청하는 편지를 보냈다. 그녀는 독일인들보다 오히려 소련인들에 대해 더욱 불만이 컸다. 그녀 여동생의 남편은 전쟁 전 경찰이었으나 체포되어 시베리아로 강제로 보내졌다. 그 다음에는 여동생이 체포되었다. 스타샤의 여동생은 이라크까지 추방되었고, 그녀의 남편과 아들은 시베리아에서 사망했다. "모든 재산은 소련 당국에 의해 국유화되어버려서 아버지와 어머니는 더 이상 우리 재산의 소유자가 아니에요...... 나는 미국을 떠난 것을 후회하면서 우는 날이 너무 많아요. 나는 전쟁이 무엇인지 내 눈으로 직접 보기 전엔 몰랐어요. 내 행방에 대해 미국대사관에 문의한 적이 있나요? 그들은 나를 찾고 있나요? 모든 것을 버리고 미국으로 돌아갈 수만 있다면 좋겠지만, 소련인들은 내가 이제 그들에게 속했다면서 나에게 떠날 수 있는 허락을 해주지 않아요."라고 그녀는 편지에 썼다.

2월 6일 오후 스탈린은 서방 지도자들에게 루블린 정부가 폴란드에서 대단한 대중적 인기를 얻고 있으며 소련군은 폴란드 조국군대의 공격 대상이 되고 있을 뿐, 그 반대 상황이 아니라는 것을 설득하고자 노력했다. 폴란드 지하운동에 관한 보고를 통해 상황을 파악하고 있던 다른 사람들은 스탈린에게 화가 나지는 않았다 해도 그의 말에 회의를 품었다.

훗날 이든은 루스벨트와 처칠이 의견을 아주 잘 개진했던 반면 스탈린은 "우리에게 불분명한 대답만 내놓았다."라고 기록했다. 논쟁이 끝난 후 처칠은 이 지역에 대한 소련의 정책을 본인이 어떻게 생각하고 있는지 소련 측에게 분명히 알려주었다. 이날 처칠과의 대화를 일기에 기록한 마이스키에게 처칠은 "나는 큰 스트레스를 받았습니다. 스탈린은 전혀 양보하려 하지 않군요. 마지막 발언 때 나는 가능한 한 섬세하고 조심하려고 노력했습니다. 나는 '서로 다른 정보'에 대해 말했지요...... 그러나 솔직히 말하면 우리는 폴란드 내부의 상황이 아주 비관적이라는 정보를 매일 듣고 있습니다. 루블린 정부는 전혀 인기가 없고, 많은 사람이 이 정부를 싫어한다고 하더군요. 모든 반체제 인사들을 체포해서 대규모로 시베리아에 유형 보내고 있다지요? 모든 것은 당신들의 총검에 달려 있습니다."라고 말했다.

스탈린의 연설에 감명을 받은 사람들도 있었다. 소련 대표단은 스탈린의 애국심과 애매모호한 변증법을 높이 평가했다. 워싱턴 주재 젊은 소련대사 안드레이 그로미코는 40년 뒤 쓴 회고록에서 스탈린 연설의 한 부분을 인용했다. 번스 대법관은 스탈린의 간섭이 만든 효과에 대해 이든보다는 그로미코에 동의했다. 그가 쓴 회고록에는 "스탈린 원수는 열정적으로 발언했다. 이는 회담 중 처음 있는 일이었다."라는 기록이 있다. 번스에 따르면 스탈린은 "자신의 강한 감정을 너무 잘 표현해서 그 자리에 있던 다른 참석자들은 바로 그때의 감정적 흥분을 놓칠 수가 없었다."라고 표현했다. 볼렌은 "스탈린이 자신의 논점을 강조하기 위해 자리에서 일어나 의자 뒤에서 좌우를 오간 것은 문제의 중요성을 그만큼 입증해주는 행위다. 그가 지닌 최상의 논쟁 기법은 폴란드 문제에서 발휘되었다."라고 기록했다.

스탈린이 '폴란드 회랑'이라 일컫는, 독일과 소련 사이의 유럽 평원에 대한 전략적 지점을 봉쇄하는 것은 소련 측에게 굉장히 중요한 문제였다. 지정전략적 관점에서 이 문제는 독일의 최종 패배를 제외하고 얄타회담에서 논의된 모든 문제를 압도했다. 스탈린은 이 문제를 양보할 수 없었고 연합 전선을 상대해야 하는 처지였다. 루스벨트는 불편부당한 입장을 오래 유지하지 못하고, 자신이 처칠과 손을 잡고 스탈린에게 '대항한다는' 인상을 보이는 것에 개의치 않았다. 늘 차분하던 독재자는 이전엔 거의 사용하지 않았던 기법에 의존했다. 그것은 감정적 어필이었고, 확실히 성공을 거두었다. 모든 사람이 감정을 담은 발언을 할 사람으로 처칠을 예상했지만, 전혀 예기치 않게도 스탈린이 감정적 호소력을 발휘함으로써 자리에 있는 모든 이에게 큰 인상을 남겼다. 이 사건은 미국 대표단이 워싱턴에 귀환한 후 과장되어 아주 자세한 묘사와 함께 언론에 보도되었다.

당시 미국의 주도적 언론인 중 한 사람인 드루 피어슨(Drew Pearson)은 『워싱턴 포스트(Washington Post)』에 "얄타에서 프랭클린 루스벨트의 팔꿈치 옆에 앉아 있던 참모들은 폴란드에 대한 협상에서 루스벨트, 처칠, 스탈린 사이에 일어난 내부 이야기를 아주 생생히 전달하고 있다."라면서 다음과 같은 기사를 썼다.

> 그들은 스탈린에게 아주 큰 인상을 받았다. 단순하고, 직접적이며, 단정한 그의 태도에 감명을 받았다. 그는 대개 자리에 앉아 있었고 여간해서는 흥분한 모습을 보이지 않았다. 그 옆에 17사이즈의 꽤 넓은 칼라를 덧댄 옷차림을 하고 앉아 있는 통역관은 기교 있으면서도 효과적으로 통역을 했다. 스탈린은 폴란드에 관한 토론이 벌어질 때만 회의 탁자에서 일어나 열정적으로 주장을 펼쳤다.
>
> 지난 3년 동안 스탈린은 전 영국 외무장관 커즌 경이 획정하고 프랑스 외무장관 클레망소가 동의한 커즌 라인이 러시아와 폴란드의 새로운 경계선이 되어야 한다고 주장해왔다. 그는 이 이야기를 다시 반복하며, 미국 지리학자들은 커즌 경에게 이 라인이 폴란드와 러시아 주민을 나누는 최선의 경계선이라면서 추천했다는 사실을 루스벨트와 처칠에게 일깨웠다. 그런 다음 의자에서 일어나 연기를 하듯 말하기 시작했다. "당신들은 러시아 국민에게 내가 커즌보다 덜 러시아적이라고 말하기를 원하는 겁니까? 당신들은 러시아 국민에게 내가 클레망소보다 덜 러시아적이라고 말하기를 원합니까? 당신들은 그들이 러시아에게 제안한 것보다 적은 것을 내가 받아들이기를 원합니까?"라고 말했다.
>
> 스탈린은 다시 일어나 루블린 정부에 대해 말하기 시작했다. "우리는, 안전을 위해 영국으로 도망가서 그곳에 자리 잡은 정부를 우위에 두는 차

별적 결정을 할 것입니까? 아니면 폴란드에 남아서 지하저항운동의 위험을 무릅쓴 루블린 정부를 인정할 것입니까? 처칠 씨 당신의 군대가 폴란드를 해방시켰나요?"라고 그는 극적으로 물었다. "대통령 각하, 당신의 군대가 폴란드를 해방시켰나요?" 그는 루스벨트를 가리키면서 질문했다.[2]

실제로 스탈린이 이렇게 문제를 제기하지는 않았지만, 피어슨은 논쟁의 핵심을 잡아내어 그 나름대로 표현했다. 폴란드 문제에 대한 논쟁이 이어지는 동안 스탈린은 상황을 완전히 장악했다. 그는 정복에 대한 권리—회담에서 사용된 용어로는 '해방'—의 주인공 자신이 폴란드 정부를 선택할 권리 역시 가질 수 있다고 생각했다. 서유럽에서 새 정부들이 수립될 때 그는 간섭하지 않았다. 마침내 그는 루스벨트와 처칠의 발언에 대한 답으로 "나는 바르샤바 정부가 최소한 드골 정부에 버금가는 민주적 기반을 가지고 있다는 점을 말하고 싶습니다."라고 말했다.

스탈린이 말을 이어가는 동안 루스벨트와 처칠의 얼굴은 점점 더 어두워졌다. 서방 지도자들은 민주적 원칙뿐만 아니라 국내의 정치적 상황 때문이라도 물러나서는 안 되는 이슈에 대한 토론에서 밀리고 있었다. 폴란드 때문에 참전한 영국 정부는 폴란드의 독립을 보장하는 데 실패했다는 이유로 의회와 언론에서 이미 상당한 공격을 받는 중이었다. 폴란드의 젊은이들은 영국군과 나란히 독일군을 상대로 싸워왔다. 폴란드 이민자들은 미 의회에 강력한 막후교섭을 벌였고, 미국인들도 나라 안의 전반적인 친폴란드 정서로 인해 마음이 편치 않았다. 폴란드는 처칠이나 루스벨트가 스탈린에게 쉽게 양보할 수 있는 루마니아나 불가리아가 아니었고, 핀란드 같은 나라도 아니었다. 폴란드는 전쟁을 승리로 이끌고 있는 연합국의 일원이자, 독일의 침공에 처음으로 당당히 맞선 나라였다.

해리 홉킨스는 큰 말싸움을 하지 않고는 스탈린에게 반박할 길이 없는 이 논쟁을 계속해봐야 실익이 없다는 사실을 제일 먼저 깨달았다. 스탈린이 발언을 하는 동안 홉킨스가 루스벨트에게 메모를 건넸다. 거기에는 "스탈린이 말을 마치면 이것으로 오늘 논의를 끝내고, 내일 다시 논의를 이어가는 게 어떻겠습니까? 지금 7시 15분입니다."라고 적혀 있었다. 루스벨트는 홉킨스의 충언을 따랐다. 스탈린이 말을 마치자 루스벨트는 이미 시간이 늦었다면서 폴란드 문제에 대한 논의는 내일 이어가자고 제안했다. 그러나 처칠은 참지 못하고 스탈린에게 답을 하려고 했다. 처칠 수상은 "영국과 소련 정부는 폴란드에 대한 서로 다른 정보 출처를 가지고 있으며, 그래서 현지 사정에 대해서도 다른 견해를 가지고 있다는 점을 기록에 남겨야 합니다."라고 주장했다. 회의는 정회되었고, 루스벨트는 폴란드 문제가 지난 5세기 동안 전 세계의 두통거리였다고 말했다. 그러자 처칠과 스탈린도 상황을 변화시키기 위해 무언가를 해야 한다고 동의했다.

논쟁이 해결될 기미가 보이지 않자 그날 저녁 루스벨트는 스탈린에게 직접 호소하기로 했다. 그는 스탈린에게 개인적인 편지를 보냈다. 이 편지는 찰스 볼렌이 작성했는데, 그날 서방 대표단의 분위기를 이렇게 묘사했다. "회담 탁자를 떠날 때, 미국과 영국 대표단은 폴란드에 관한 무엇이라도 건져내야 하는 어려운 과제에 직면했다. 우리는 소련군이 이 나라의 대부분을 장악하고 있다는 단순한 사실을 직시해야 했다. 스탈린은 자신의 뜻을 실행할 힘을 가지고 있다. 그러나 루스벨트 대통령도 쉽게 포기할 리는 없다." 바로 단념하지 않는다는 점에서는 처칠도 마찬가지였다. 이든은 그날 일기에 "우리는 단단한 결심을 하고 이 문제를 다뤄야 한다. 나는 윈스턴과 저녁 식사를 함께 하면서 이 문제를 비롯하여 내일 취할 입장을 논의했다."라고 적었다. 애버럴 해리먼이 이든에게 루스벨트 편지의 초안을 보여주자, 이든은 편지 내용이 "제대로 작성되었지만, 충분히 강경하지는 않다"고 지적했다. 그는 수정할 내용을 제안했고, 처칠과 루스벨트는 이 수정을 인가했다.

"나는 오늘 오후의 회담에 대해 많은 생각을 했고, 내 의견을 솔직하게 당신에게 말하려고 합니다."라고 루스벨트의 편지는 시작되었다. "폴란드 문제에 관해 말하자면, 폴란드의 정치적 재건에 대해 우리 세 나라의 의견이 일치되지 않는 상황이 많이 걱정됩니다. 내가 생각할 때, 당신이 한 정부를 인정하고, 미국과 영국이 런던의 또 다른 정부를 인정하는 것은 우리 모두를 전 세계에 바람직하지 않은 모습으로 보이게 할 수 있습니다. 나는 이러한 상황이 지속되어서는 안 된다고 생각합니다. 만일 이 상황이 지속된다면 우리의 국민들은 우리들 사이에 균열이 발생했다고 생각할 수 있습니다. 이것은 사실이 아닙니다. 나는 우리와 소련 사이에 균열이 있어서는 안 된다고 생각합니다."

볼렌은 얄타회담에서 소련의 목표가 연합국과 균열을 일으키지 않으면서 폴란드에 대한 통제권을 확보하는 것이라고 생각했다. 그래서 그는 루스벨트가 균열을 언급한 부분이 급소를 찌를 것으로 생각했다. "우리는 현 상태의 루블린 정부를 인정할 수 없음을 당신에게 분명히 밝히는 바입니다. 만일 이 문제에 대해 우리 사이의 명백하고 미해결된 이견을 남긴 채 헤어진다면, 세계는 우리의 노력이 유감스러운 결과밖에 가져오지 못했다고 여길 것입니다."라고 편지는 계속되다가 하나의 해결책을 제시했다. 루스벨트는 미코와이치크가 제안한 대통령위원회 설치에 관한 아이디어를 포기하고, 대신 새로운 폴란드 정부를 얄타에서 구성하자는 처칠의 제안을 지지했다.

폴란드인들과 상의 없이 이러한 정부를 구성하는 것은 비민주적이라는 스탈린의 반대를 반박하기 위해 루스벨트는 스탈린의 말을 그대로 받아들여 폴란드 정치인들을 얄타회담에 부르자고 제안했다. 이에 따르면 루블린 정부의 인사들뿐만 아니라 런던과 폴란드의 정치인들이 초대될 예정이었다.

정치인 명단에는 영국이 추천하는 미코와이치크, 그랍스키, 로메르 외에도 루스벨트가 대통령위원회에 멤버로 제안한 사피에하 대주교와 다른 인사들도 포함되었다. 새 정부의 임무는 폴란드에서 자유선거를 치르는 것이었다. 루스벨트는 스탈린에게 "당신의 이익에 적대적인" 정부를 절대 지지하지 않을 것임을 확신시키기 위해 각별히 노력했다.

이든은 루스벨트가 사용하는 언어를 강한 어조로 만들려고 노력했다. 외무부 기록 문서로 보관되어 있는 편지 초안에 남겨진 그의 연필 자국을 보면 "우리는 현 상태의 루블린 정부를 인정할 수 없음을 당신에게 분명히 밝히는 바입니다. 만일 이 문제에 대해 우리 사이의 명백하고 미해결된 이견을 남긴 채 헤어진다면, 세계는 우리의 노력이 유감스러운 결과밖에 가져오지 못했다고 여길 것입니다."라는 구절이 추가되었음을 알 수 있다. 그는 미코와이치크를 폴란드 정부 구성 인사 명단에 포함했고, 영국 정부의 향후 의무에 대한 루스벨트의 공식을 수정했다. 즉, 루스벨트의 제안이 받아들여진다면 영국 정부는 "런던의 폴란드 정부와 거리를 두는 문제를 당신과 검토할 준비가 되어 있습니다."라는 말을 덧붙였다. 편지의 원안은, 스탈린이 루스벨트의 제안을 받아들이는 것과 영국 정부가 런던 망명정부를 지지하지 않는 것이 직접적으로 연관되어 있었다.

이 편지는 폴란드 문제에 대한 양해가 앞으로 중요한 합의를 이끌어낼 수 있는 가능성에 대한 시금석이 될 것이라고 언급했다. 또한 미국인들이 스탈린을 신뢰하도록 만들 수 있는 기회가 여기에 있다고도 강조했다. "전쟁이 중요한 시기에 다다른 시점에서 우리 사이에 이견이 있다는 점에 대해 미국 국민들이 비판적으로 바라볼 수 있다는 사실을 당신이 유념해주기 바랍니다. 우리가 지금 의견의 일치를 보지 못하면, 앞으로 양국 군대가 공동의 적을 무찔러서 서로 만나게 될 때, 이후 좀 더 중요한 문제에 대해 어떻게 서로 양해를 할 수 있는지 의심할 것입니다." 훗날 볼렌은 상황의 심각성을 스탈린에게 각인시키기 위해 이 문구가 추가되었다고 말했다. "돌이켜보면, 이 문장을 넣은 것은 실책이라고 생각한다. 스탈린은 대통령이 미국 여론을 언급한 부분에 대해 자신이 최고회의의 의사를 언급한 것과 마찬가지의 난센스라고 생각할 것이 틀림없었다."라고 회고록에 썼다.

스테티니어스는 몰타에서 이든에게 "해결책을 찾지 못한다면 미국 여론을 크게 악화시킬 터이고, 미국이 세계기구에 참여하는 것에 대한 잘못된 시각을 불러올 수 있습니다."라고 말한 바 있다. 이런 맥락에서 폴란드 문제와 UN 문제는 얄타회담에 참석한 서방 측 인사들에게 서로 밀접히 연관된 사안으로 여겨졌다. 이 두 문제는 같은 날 논의되었다. 두 문제 중 어느 하나에서도 서방 지도자들은 진전을 이루지 못했다. 루스벨트는 폴란드에 대한 해결책이 절실했지만, 길고 힘겨운 하루 끝에 결국 스탈린에게 개인적으로 호소하는 데 희망을 걸 수밖에 없었고, 그 외에는 아무것도 할 수 없었다. 이제 스탈린의 답을 기다리는 일만이 남았다.

Yalta

진지한 외교관은 말라버린 물이나 나무로 만든 다리미 같다.

—이오시프 스탈린

Chapter 14

UN의 표결 방식

'**얄타**'라는 이름의 체스 게임을 하는 사람은 일시적 동맹이 얼마나 중요한지(그리고 동시에 얼마나 위험한지)를 잘 안다. 이 게임은 얄타회담 후에 만들어졌고, 얄타에서 이름을 따왔다. 세 명이 하는 이 게임은 6각형의 판에서 진행된다. 일반적인 체스 규칙이 적용되지만, 몇 가지 중요한 예외가 있다. 모든 이견은 다수결로 결정된다. 한 참가자가 다른 참가자에 의해 체크를 당하면, 세 번째 참가자는 자신의 위치가 허락될 때 그를 도울 수 있다. 동맹은 전략적으로 유리한 상황을 만들어내지만, 게임을 해본 사람들은 이 동맹이 필연적으로 깨진다고 증언한다. 얄타 게임을 만든 사람들은 얄타에서의 교전 규칙에 대해 얄타회담을 연구한 많은 역사학자보다 더 잘 포착했다. 2월 7일과 8일보다 동맹 맺기가 변화무쌍했던 적은 없었다. UN, 폴란드와 그 연장선에서 동유럽의 운명, 소련의 대일본 전쟁 참전, 이 같은 모든 큰 이슈가 이 결정적인 이틀 동안 의제로 올라왔다.

미국의 시각에서 보면 긍정적 발전의 희망이 거의 없는 상태에서 2월 7일 여명이 밝아왔다. 폴란드 문제에 대한 위기가 있고, 전날 상세히 이루어졌던 스테티니어스의 설명에도 불구하고 UN에 대한 합의의 기미는 보이지 않았다. 게다가 당초 대엿새간으로 예상된 회담 일정이 벌써 나흘째에 접어

외무장관 회담 3거두 간 세밀한 논의에서 합의를 보지 못할 경우에 해당 의제는 외무장관 회담으로 넘겨졌다. 사진은 2월 7일 코레이즈 궁전(유수포프 궁전)에서 열린 외무장관 회담의 모습이다.

들고 있었다. 아침 식사 직후 해리 홉킨스와 제임스 번스는 상황을 논의하기 위해 국무부 전문가들을 소집했다. 그들은 UN 안전보장이사회의 표결 방식이 가장 중요한 문제이며, 또한 이는 12시에 코레이즈 궁전에서 열릴 예정인 외무장관 회담 때 다른 문제보다 선결적으로 해결되어야 한다고 스테티니어스에게 조언했다.

외무장관 회담은 몰로토프의 사회로 시작되었지만, 스테티니어스는 전날 자신이 발표한 제안에 무슨 의문점이 없냐는 질문을 던지면서 주도권을 잡았다. 그는 이 문제를 얼마든지 논의할 준비가 되어 있었다. 몰로토프는 의장 자격으로 UN 문제의 경우 외무장관 회담의 의제로 넘겨졌기 때문에 이날 정상들 간 회담의 의제가 되지 않는다고 대답했다. 의제를 가로채려는 스테티니어스의 시도가 실패로 끝나면서 미국의 고민은 깊어졌다. 만일 UN에 대한 합의 없이 회담이 종료된다면 중대한 정치적 재앙이자 대중 홍보의 참사가 될 수 있었다.

리바디아 궁에서 전체 회의가 시작되기 직전 루스벨트와 국무장관 사이의 구석에 자리를 잡고 앉은 처칠이 "엉클 조가 덤버턴오크스의 결정을 받아들일 거예요."라고 말했을 때 스테티니어스가 얼마나 놀랐을지는 짐작하고도 남는다. 이 말인즉슨 소련 측이 미국에서 제안한 표결 방식을 받아들인다는 것을 의미했다. 그런데 처칠은 어떻게 이를 알았으며, 왜 그가 메신저의 역할을 하게 되었는가? 이것은 사실인가, 아니면 단순히 희망적 바람인가? 바로 몇 시간 전 몰로토프는 스테티니어스와 이 문제에 대해 논의하기를 거부하지 않았던가? 루스벨트 대통령과 국무장관은 무슨 일이 벌어질지를 기다려보는 수밖에 다른 도리가 없었다.

루스벨트는 폴란드에 대한 발언으로 회의를 시작하면서 "나는 국경선을 긋는 문제보다 폴란드 정부 문제에 더 관심이 많습니다."라고 강조했다. 이 주제는 바로 어제 회의가 중단된 계기이기도 했다. 정해진 관행에 따르면 첫 의제는 외무장관 회담에 대한 보고였다. 몰로토프가 독일과 관련된 여러 문제, 즉 독일의 분할과 전쟁보상금 등 여러 문제를 망라한 보고를 끝마치자, 루스벨트는 폴란드 문제로 돌아가자고 제안했다. 아무도 이에 대해 반대하지는 않았지만, 스탈린이 나서면서 폴란드 문제에 관한 논의는 다시 한 번 미뤄졌다.

스탈린은 루스벨트의 편지를 받아 읽었다고 말하며, 바르샤바에 있는 폴란드 정부의 대표들과 연락을 취하려고 했지만 실패했다는 말을 꺼냈다. 그러고는 몰로토프가 루스벨트의 관심 사항에 대한 제안을 준비했으나 지금 타자를 치는 중이라고 했다. 이 일이 완료될 때까지 다른 주제, 즉 UN 문제를 다루자고 제안했다. 대표들은 기꺼이 이에 동의했다. 그들이 아주 중요하게 생각하는 문제를 스탈린이 직접 거론해주었으므로 홉킨스와 번스는 큰 감사를 느꼈을 것이다.

스탈린은 몰로토프에게 발언하도록 했다. "사안을 명쾌하게 정리한 스테티니어스 장관의 보고와 처칠 수상의 발언을 경청한 후, 소련 정부는 이 제안들이 평화 보존 문제에 대한 강대국들의 단합을 충분히 보장할 수 있다고 느꼈습니다."라고 몰로토프가 말했다. 소련은 안전보장이사회의 표결 방식을 전적으로 수용하며 "다른 코멘트는 없다"고 했다. 이반 마이스키는 일기에 "안도의 한숨이 영국과 미국 대표들 사이에서 흘러나왔다. 모든 사람의 입가에 미소가 돌았다."라고 적었다. 이것은 루스벨트가 거둔 큰 승리였다. 더군다나 기대하지 않았던, 완전한 승리였다.

그러나 이로써 몰로토프의 발언이 끝난 것이 아니었다. 그는 덤버턴오크스회의에서 논의되었지만 미결로 남은 문제로 돌아갔다. 그것은 소련을 구성하는 공화국들의 UN 참여 문제였다. 몰로토프는 덤버턴오크스에서 소련의 제안인 16개 공화국 모두 회원이 되어야 한다는 주장을 접고, 3개의 공화국 아니면 최소한 2공화국이 회원으로 받아들여져야 한다고 주장했다. 이에 놀란 루스벨트가 이 공화국들이 UN 총회의 회원으로 받아들여져야 한다는 것을 의미하냐고 되물었다. 몰로토프는 그렇다고 대답했다. 그는 "영연방 구성 국가들은 점차적으로 서서히 국제 문제에서 하나의 독립체로 위치를 잡아나갔습니다...... 소련 공화국 중 세 곳, 최소한 두 곳이 총회에서 마땅한 자리를 차지하는 것은 정당한 일입니다. 이번 전쟁에서 이 공화국들이 치른 희생과 기여한 성과는 당연히 이런 자리를 얻을 권리가 있습니다."라고 주장했다. 그는 바로 표결 방식에 대해 소련 측이 양보했다는 사실을 루스벨트 대통령에게 상기시켰다.

소련은 추가적 표결권을 확보하지 못한다면 안전보장이사회와 총회에서 완전히 무시되지는 않더라도 크게 열세에 놓일 것이라고 판단했다. 영국과 영연방 국가들은 총 여섯 표를 얻을 예정이었다. 미국은 라틴아메리카 6개국에 아일랜드와 이집트를 포함한 '국가 연합'을 밀고 나갔다. 아일랜드와 이집트는 독일이나 일본을 상대로 선전포고하지는 않았지만 연합국의 이상과 느슨하게 연합하고 있었다. 라틴아메리카 국가들은 사실상 클라이언트 국가이고, 중국은 안전보장이사회에서 대리인인 상태이므로 미국은 1국 1표 원칙을 깨뜨리지 않을 수 있다고 안심했다. 그러나 소련은 그렇지 않았다. 먼저 소련 측은 '국가 연합'이 UN의 창설 멤버가 되는 것에 반대했고, 누가 보아도 미국의 주州보다 독립성이 떨어지는 소련의 16개 공화국*이 회원이 되어야 한다고 주장했다. 이 문제는 덤버턴오크스회의에서 결국 미해결 과제로 남았다. 얄타회담의 미국 대표단에게 발행된 브리핑북은 안전보장이사회의 표결 문제에 대한 합의가 이루어지면 이 문제가 다시금 제기될 것이라고 예측했다.

소련 지도자들은 소련의 개별 공화국들에 주권이 결여되어 있다는 점이 가장 큰 장애물이라는 것을 잘 알고 있었다. 전체 회의에서 행한 연설에서 몰로토프는 1944년 2월 소련 내에서 헌법 개정이 실시되었다고 밝혔다. 테헤란회담 후 소련의 각 공화국에는 외무인민위원회(외교부)가 설치되었고, 이에 따라 각 공화국이 국제 문제에 개별적으로 참여할 수 있게 되었다. 몰로토프는 우크라이나, 벨라루스(당시 영어 표기로는 백러시아White Russia), 리투아니아

---

* **소련의 16개 공화국** 1922년 소비에트사회주의연방공화국을 결성한 뒤 새로운 공화국들의 가입에 따라 15개 공화국으로 중앙집권 연방을 결성해오던 소련은 1939년 독일과 몰로토프-리벤트로프 밀약을 체결하여 베사라비아를 얻으면서 이곳에 몰도바공화국을 설립해 16개 공화국이 되었다. 얄타회담 당시 소련은 16개 공화국으로 이루어져 있었다. 그러나 1956년 카렐리아-핀란드공화국(Karelo-Finnish Republic, Karelo-Finnish SSR)의 지위를 자치공화국으로 낮춤에 따라 다시 15개 공화국이 되었고, 이 15개 공화국은 1991년 12월 소련이 해체되기 전까지 유지되었다.

가 UN에 가입하는 후보 국가로 선택되었다고 설명하며, 그 이유는 "세 국가가 전쟁에서 가장 큰 희생을 치렀고, 독일군에게 가장 먼저 침공을 당한 국가이기 때문"이라고 했다. 그러면서 "우크라이나의 크기, 인구, 중요성은 따로 설명할 필요도 없습니다."라고 했다.

우크라이나는 러시아 다음으로 서방에 널리 알려진 소비에트연방 중 하나였다. 그래서 소련은 우크라이나가 가장 강력한 후보가 될 수 있다고 생각했다. 소련 측은 또 하나의 결정적 주장을 내세웠다. 회담 중간의 정회 시간이나 회담 후에 스탈린은 "우크라이나에 대한 내 입장이 어렵고 불안합니다. 소련의 통합을 위해서는...... 우크라이나에 표결권이 꼭 필요합니다."라고 루스벨트에게 말했다. 루스벨트로부터 이 이야기를 전해 들은 스테티니어스는 이 말을 액면 그대로 믿고, 회고록에도 그렇게 기록했다. "아무도 우크라이나 문제의 복잡성을 충분히 가늠하기 힘들다. 그러나 워싱턴에서는 독일군이 진격해올 때 우크라이나가 당연히 소비에트연방에서 벗어날 수도 있다는 얘기를 들었다."라고 그는 회담이 끝나고 몇 년 뒤 쓴 회고록에서 밝혔다.

우크라이나의 상황은 스탈린에게 정말 문젯거리였다. 얄타회담이 시작되기 전 몇 달 동안 라브렌티 베리야로부터 보고받은 첩보는 서부 우크라이나에서 우크라이나해방군(Ukrainian Insurgent Army, UPA)*의 활동과 이에 대한 비밀경찰의 공작에 관련된 정보로 넘쳐났다. 스탈린은 니키타 흐루쇼프가 이끄는 우크라이나공화국 지도부를 통제하는 데는 아무 문제가 없었다. 오

---

* **우크라이나해방군** 일명 우크라이나민족해방군이라고도 불린다. 제2차 세계대전 중 독일군이 점령한 우크라이나 서부 지역에서 독일군을 상대로 게릴라전을 펼쳤으며, 소련군이 진주하자 소련군을 상대로 전투를 벌이고, 갈리치아 종주권을 주장하는 폴란드군과 교전하기도 했다. 우크라이나민족주의연합(Organization of Ukrainian Nationalists)의 강경파인 스테판 반데라(Stepan Bandera) 계열 분파(OUN-B)가 주류를 이루었고, 서부 우크라이나가 소련군에 점령된 1950년대 초반까지 산발적인 전투를 벌였다.

히려 스탈린이 1944년 2월에 자신이 가장 좋아하는 극작가인 올렉산드르 코르네이추크를 몰로토프 밑의 부인민위원에 이어 우크라이나의 외무인민위원으로 임명한 것은 그 개혁이 순전히 상징에 지나지 않았음을 잘 보여준다.

비밀경찰의 보고에 따르면 소련에서 문제의 본질을 잘못 이해하고 있는 사람은 거의 없었다. 당시 비밀경찰의 밀착 감시를 받고 있던 저명한 영화감독 알렉산드르 도브젠코(Alexander Dovzhenko)*는 코르네이추크와 소련의 '헌법 개정'에 대해 아주 비판적인 태도를 취했다. 비밀경찰 요원이 작성한 보고서에는 도브젠코가 "몰로토프가 보기에 러시아인으로서 코르네이추크만큼 우크라이나적인 사람이 없었으므로, 그는 외무인민위원으로 가장 이상적인 인물이었지."라고 지인에게 말한 내용이 적혀 있다. 도브젠코는 또 다른 이에게 "근본적으로 바뀐 것은 아무것도 없어."라고 말하기도 했다. 그는 "모든 결정과 지침은 모스크바에서 하달되기 때문에 우크라이나 외무인민위원회는 어떠한 독자적 결정도 내릴 수 없다. 이것은 소설이다."라고 말했다.[1]

얄타회담 전 몇 해 동안 이른바 우크라이나의 독립은 소련–폴란드 국경 문제를 놓고 폴란드 정파들과 협상할 때 소련의 입장을 강화시켜주는 데 활용되었다. 이러한 전술은 여러 번 성공했다. 폴란드의 친공산주의자 그룹은 헤움에 대한 영유권을 동시에 주장하는 우크라이나 정부를 상대하면서 르비프에 대한 영유권 주장을 포기했다. 그러나 서방의 관측가들은 키예프 소비에트 정부의 상대적 독립성을 믿게 되었다. 모스크바 당국이 폴란드 임시정부를 인정하는 날, 영국 특파원 랠프 파커는 비밀경찰 요원인 지인에게 이렇게 묻기도 했다. "우크라이나와 흐루쇼프도 폴란드 임시정부를 인정할까요?"

---

* **알렉산드르 도브젠코(1894~1956)** 우크라이나 출신으로, 소련 초기의 무성영화 시대를 대표하는 영화감독이자 시나리오 작가이다. 우크라이나 농민의 삶과 풍경을 서정적 영상에 담아낸 거장으로 손꼽힌다. 대표작으로 〈즈베니고라(Zvenigora)〉(1928), 〈대지(Earth)〉(1930) 등이 있다.

효과는 스탈린이 처음에 기대한 것보다 훨씬 컸다. 1944년 여름 스탈린은 코르네이추크를 대신하여 국제공산당의 비서로 일하던 국제 문제 전문가인 드미트로 마누일스키(Dmytro Manuilsky)를 외무인민위원으로 임명했다. 주요 업무는 코르네이추크의 전문 분야였던 프로파간다 활동에서 마누일스키가 자신의 보스인 몰로토프보다 더 전문성을 가지고 있는 국제 정치로 옮겨갔다. 스탈린은 우크라이나가 UN의 확실한 회원국이 되도록 큰 신경을 썼다. 이렇게 되기 위해서는 외무부가 우크라이나공화국의 새로운 입지를 모스크바의 이익에 부합하도록 십분 활용할 수 있는 전문가가 외교 업무를 이끌 필요가 있었다.[2] 알렉산드르 도브젠코는 이 모든 작업이 미국으로부터 압박을 받고 있는 스탈린에 의해 꾸며졌다고 믿었다. 그는 지인에게 "이 조치들에 대해 미국은 어떻게 생각할까?"라고 물었다. 그리고 이렇게 말했다. "결국 모든 일은 너무 명백할 뿐이다."

얄타회담에 참석한 어느 누구도 소련 공화국들의 독립성을 믿지 않았다. 그럼에도 불구하고 루스벨트는 어려운 상황에 처했다. 안전보장이사회의 표결 방식에서는 돌파구가 열렸지만, 양보의 대가를 요구하는 청구서가 제출된 것이다. 몰로토프가 소련 공화국들의 회원 자격을 호소하는 발언을 하는 동안, 루스벨트는 스테티니어스에게 "이것은 별로 좋지 않네."라고 쓴 메모를 건넸다. 소련에 한 표를 더 준다면, 이는 '1국 1표'라는 근본 원칙을 훼손하기 때문에 부담이 너무 컸다. 루스벨트는 먼저 안전보장이사회의 표결 방식을 확정하는 것으로 논쟁을 시작하려고 했다. 그는 이에 대해 "전 세계 국민들이 환영할 거대한 한 발자국입니다."라고 운을 뗐다. 다음 과제는 세계기구 설립을 위한 총회를 소집하는 일이었다. 루스벨트는 3월 말이나, 이보다 이르기는 하지만 지금으로부터 4주 안에 개막 총회를 소집하길 원했다.

루스벨트는 추가 투표권을 요구하는 몰로토프의 주장에 대한 논의를 보류시키려고 했다. 그는 소련의 공화국을 영연방 소속 국가들과 비교하는 몰로토프 주장의 근거를 약화하기 위해 다양한 국가들의 전통과 국가 구조의 차이점에 대해서 장황하고도 다소 혼란스러운 발언을 이어갔다. 그는 UN 창립총회의 시기와 장소를 외무장관 회담에서 논의하게 하자고 제안했다. 지금까지는 3거두의 세밀한 논의가 합의를 이루지 못한 경우에만 해당 의제를 외무장관 회담으로 넘겼다. 그러나 이번에는 본격적 논의가 시작되기 전인데도 외무장관 회담으로 의제를 넘기려 한 것이다.

한 나라에 한 표 이상의 투표권을 주는 것에 완강히 반대했던 제임스 번스는 루스벨트 대통령의 대응에 만족스러워했다. 얄타로 떠나기 전 소집된 미 상원 외교위원회에서 루스벨트는 소련의 모든 공화국이 독립적으로 UN에 가입해야 한다는 소련 측의 주장을 비웃으며, 만약 그렇게 된다면 자신은 미국의 모든 주를 UN에 가입시킬 수 있다는 주장을 하겠다고 했다. 소련 측의 수정 제안은 총회나 안전보장이사회에서 힘의 균형을 변화시키지는 않지만 UN의 온전성을 훼손하는 것이었다. 완전한 독립국이 되는 방향으로 가고 있는 반╪독립적인 영연방 회권국은 대표권에 대한 합법적 기반을 가지고 있다. 그러나 소련의 공화국들은 고도로 중앙집권화된 국가의 자치적 단위일 뿐이었다.

전날 스탈린이 전혀 예상치 못하게 UN에 대한 토론에서 루스벨트 대통령의 편을 들었다면, 오늘은 처칠이 스탈린의 입장을 지지하고 나섰다. 미국과 다르게 영국 측은 즉석에서 현실을 못 본 척할 용의가 있었다. 영국 측 회의록에 따르면 처칠은 "스탈린 원수와 소련 정부가 안전보장이사회 표결 방식을 놓고 루스벨트 대통령의 견해에 맞춰 큰 걸음을 떼주어서 심심한 사의를 표합니다. 그날 오후에 세 강대국이 이룬 합의는 전 세계 모든 국민에게 큰 안도와 만족을 줄 수 있습니다. 세계기구의 회원 자격에 대해 몰로토프가 제안한 내용은 이전에 소련 정부가 제안했던 내용과 큰 차이가 있습니다. 여기 있는 모든 사람은 전체적인 합의를 위한 큰 진전이 이루어졌다고 믿을 것입니다."라고 말했다.

"우리는 자치적인 영연방 회원국이 이미 사반세기 동안 합법적으로 누려온 지위를 배제하는 제도에 절대 동의할 수 없습니다."라고 처칠은 말하며, 미국과 다르게 영연방은 4개 자치국이 국제연맹에 이미 회원국으로 가입되어 있다는 사실을 지적했다. "이러한 이유로 우리는 소련 정부의 제안에 대해 깊은 공감을 갖고 듣지 않을 수가 없습니다."라고 말했다. 처칠의 발언은 점점 더 감정적이 되어갔다. 영국 측 기록자는 "그의 가슴은 상처로 피를 흘렸지만, 독재자를 무찌르고 있는 강력한 러시아에 동지애를 느끼고 있다."라고 적었다. 또 "그는 1억 8,000만 명의 인구를 가진 국가가 총회에서 한 표 이상의 표결권을 지닌 영연방의 구성에 대해 의구심을 품을 수도 있다는 것을 인정했다."라고 했다. 처칠은 루스벨트 대통령이 몰로토프의 제안에 부정적 답을 주지 않은 것에 감사를 표했고, 자신은 아직 전시 내각과 이 문제를 상의하지 않았기 때문에 바로 지지 의사를 밝히지 못한다며 스탈린에게 양해를 구했다.

루스벨트는 이 문제에 대한 논의를 보류하기 위해 한 번 더 시도했다. 그는 이 문제가 외무장관 회담에서 논의되어야 한다는 종래 주장을 되풀이했지만, 처칠은 이미 외무장관 회의에서 다루어야 할 사안이 너무 많다는 이유를 들어 이를 받아들이려고 하지 않았다. 처칠은 UN 창립총회를 3월에 개최하자는 루스벨트의 제안에도 이의를 제기했다. 그때까지도 전쟁이 지속될 것이기 때문에 영국 정부는 국제 문제와 국내 문제 모두를 다루어야 하는 부담을 안고 있다고 했다. 다른 나라들, 특히 유럽 국가들은 창립총회 참석이 어려울 터이고, 이들의 대표단도 완전한 대표성을 갖기 어렵다고 했다.

루스벨트는 이 총회가 UN을 설립시키는 역할만 하고 UN의 본격적인 업무는 3~6개월 뒤부터 시작될 것이라며 영국 파트너를 진정시키려고 했다. 그러나 이 말은 효과를 거두지 못하여, 처칠은 3월 총회 소집을 거듭 반대했다. 처칠은 자기 말에 귀를 기울이는 동지를 만났는데, 바로 스테티니어스였다. 그는 루스벨트에게 건넨 메모에서 전쟁장관인 헨리 스팀슨(Henry Stimson)도 처칠과 같은 의견을 가지고 있다고 했다. 홉킨스는 처칠에게 그다지 동조하지 않았다. 그는 루스벨트에게 건넨 메모에서 "이렇게 말하는 배경에는 무언가 있는 듯하니 오늘 밤까지 기다려서 처칠이 마음속으로 무슨 생각을 하는지 알아보는 것이 좋겠습니다."라고 했다. 루스벨트는 한 번 더 이 문제를 외무장관 회담에 부의하자고 제안했고, 처칠도 결국 이에 동의했다. 내내 조용히 앉아 있던 스탈린도 루스벨트의 말을 따랐다. "외무장관들은 결정을 내리지 말고, 단지 논의 결과를 전체 회의에서 보고하게 하도록 합시다." 이렇게 해서 교착 상태가 풀리고, 짧은 정회가 선언되었다.

루스벨트와 처칠 사이에 긴장이 노출되기는 처음이었다. 미국 대표단의 많은 이들이 처칠의 간섭을 못마땅하게 여겼다. 레이히 제독은 회고록에 "다른 이유는 둘째 치고, 러시아어로 일일이 통역해야 하는 번거로움 때문에라도 이런 긴 연설은 지루할 수밖에 없다."라고 토로했다. 소련의 공화국에 대한 처칠의 입장은, 스탈린이 그 문제를 영연방의 회원국과 연계시켰다는 점과 함께 찰스 볼렌의 말대로 "인도를 UN에 가입시키려는 그의 의도"를 미국 측이 알아챘다는 점을 감안하면 예상치 못한 일은 아니었다. 그러나 처칠이 UN 창립총회의 조기 소집에 반대한 것은 영국 대표단도 예측하지 못한 일이었다.

알렉산더 카도간은 아내에게 보낸 편지에서 처칠의 발언에 대해 이렇게 썼다. "수상은 선로에서 이탈했어요. 그는 앤서니 이든이나 나에게는 일언반구도 없이 세계기구에 대한 장광설를 시작했는데, 그 스스로 무슨 내용을 얘기하는지도 모르고 일 전체를 그르치는 말을 했어요. 가장 좋지 않은 것은 그가 말한 내용이 미국과 이미 동의해놓은 사항에 완전히 상반된다는 점이 에요. 그러나 나는 미국 친구들에게 이것을 너무 나쁘게만 받아들이지 말라고 사적으로 얘기해줬습니다. 이것은 큰 의미가 있지도 않을뿐더러 우리는 나중에 이 문제를 바로잡을 수 있다고 말했어요." 앤서니 이든도 미국 대표단의 놀라움과 불안에 대해 일기에 적었다.

처칠이 발언하는 동안 루스벨트는 홉킨스에게 건넨 메모에 "이건 당치도 않은 소리야!"라고 썼다가 '당치도 않은 소리'라는 구절을 지우고, 대신 '지역 정치'라고 적었다. 홉킨스도 같은 생각이었다. 대통령에게 보내는 메모에 홉킨스는 "그가 영국에서 치러질 다음 선거를 많이 의식하고 있다고 확신합니다."라고 썼다. 미국 측과 영국 측의 회담록에는 기록되지 않았지만, 소련 측 회담록에는 루스벨트가 이런 전제를 가지고 처칠에게 논박하는 내용이 들어 있다. 루스벨트는 본인 역시 처칠과 마찬가지로 국내에서 어려움을 가지고 있다면서, 다만 전쟁 중에 창립총회가 열리면 상원에서 2/3의 동의를 얻는 일이 좀 더 쉽다고 말했다. 이것은 도움을 요청하는 말이었다. 처칠도 실상 다가오는 의회선거가 마음에 걸린다고 털어놓았다.

처칠의 예상치 못한 반항에는 여러 이유가 작용했다. UN에 대한 미국의 입장과 영국의 입장 사이에는 큰 차이가 있었다. 처칠은 자신의 관점을 전시내각에서 동의하는지 알아보기 위해 2월 8일 이른 아침 시간에 부수상인 클레멘트 애틀리(Clement Attlee)에게 편지를 보냈다. 그 편지에서 처칠은 소련이 UN 총회의 의석수를 16개 공화국에서 2개 공화국, 즉 우크라이나와 벨라루스로 줄인 사실을 설명했다. 그는 세 번째 후보인 리투아니아는 단지 협상용 카드에 지나지 않는다고 제대로 생각했다. 이 두 공화국은 전쟁에서 가장 큰 피해를 입었으며 "잘 싸웠다"고 설명했다. 그는 미국 측이 이 문제를 3월 UN 창립총회 때까지 미루는 입장을 갖고 있다고 보았다. "우리의 입장은 이와 다소 다르다고 생각합니다. 우리는 4~5개의 투표권에다가 인도가 들어온다면 6개의 투표권을 갖는 상황입니다. 그런데 러시아가 단지 1표만 갖게 된다면 총회에서 그들이 요구하는 것이 도에 지나치다고 할 수 있을까요? 현재 이미 해결되었거나 논의 중인 사안에서 그들이 중요한 양보를 했던 조치를 고려하면, 나는 이 문제에 대해 러시아에게 우호적 태도를 취할 수 있다고 봅니다. 자기네가 갖는 1표 외에 추가로 2표를 요구하는 것은 크게 과도하지 않습니다. 내가 판단하기에, 이렇게 되는 쪽이 우리만 여러 표를 갖는 것보다 더 나은 상황이 될 수 있습니다."라고 설명했다.

이런 이유로 처칠은 루스벨트 대통령에게 반대하는 입장을 취한 것이다. 처칠은 회담이 시작될 때 양국 간의 입장을 조율하자는 자신의 제안을 루스벨트가 거절한 것에 대해 불만을 가질 정당한 이유가 있었다. 모랜 경은 "윈스턴은 당황하고 실망했다. 수상이 보기에 루스벨트 대통령은 더 이상 전쟁에 대해 지적인 관심을 가지지 않는 것 같았다. 그는 종종 수상이 넘겨준 보고서도 제대로 읽지 않았다. 어떤 때는 그가 미 의회와의 문제 이외에 다른 것에는 아무런 깊은 생각이 없는 듯이 보이기도 했다."라고 2월 7일 일기에 적었다.

그러나 처칠은 왜 하필 이 시점에 반격을 가하고, 루스벨트에게 공개적으로 반대하는 입장을 취했을까? 토론에 거의 끼어들지 않다가 처칠의 감정 폭발을 기다렸다는 듯이 이용한 스탈린은 이러한 상황을 만드는 데 일조했다. 그 전날 스탈린은 폴란드 문제뿐만 아니라 안전보장이사회의 거부권과 관련해 영국과 미국이 공조 체제를 갖추는 데 분명히 짜증이 났다. UN 문제에 관해서는 소련의 입장이 영국의 입장과 좀 더 가까웠고, 이에 스탈린은 루스벨트에게 무시를 당하고 점점 더 고립감을 느끼는 처칠 편을 들어줌으로써 공동전선에 균열을 내기로 작정한 듯했다.

처칠은 스탈린으로부터 소련이 취할 양보 조치에 대해 미리 정보를 얻는 특별 대우를 받았다. 전체 회의에서 표결 절차에 대한 처칠의 설명 덕분에 소련 측이 미국의 계획을 이해하는 데 큰 도움이 되었다는 몰로토프의 발언도 처칠은 잊지 않았다. 다음 날 아침 일찍 애틀리 부수상에게 쓴 편지에서 처칠은 "덤버턴오크스에서 나온 미국의 모든 제안은 소련 측에 받아들여졌는데, 그들이 전체 운영 방안을 진심으로 받아들일 수 있게 된 것은 우리의 설명 덕분이라고 합니다."라고 적었다. 크렘린에서 순진한 부하들끼리 서로 싸움 붙이기를 좋아한 스탈린은 똑같은 방법을 두 서방 지도자에게 성공적으로 써먹은 것처럼 보였다.

정회 후 속개된 회의에서 루스벨트가 이란 문제에 대해 길게 연설을 하자 처칠은 굳이 짜증을 감추지 않았다. 처칠은 가까운 친구이자 동맹에 대한 존경을 갖고 있는 한편으로, 루스벨트가 자신 대신에 스탈린 쪽으로 기우는 것을 본 테헤란회담 이후 점점 더 실망을 느끼면서 힘들어 했다. 모랜 경은 그날 저녁 일기에 "윈스턴이 마라케시(Marrakech)의 정원에서 루스벨트에 대해 '나는 이 친구를 좋아한다네'라고 말한 후 많은 일이 일어났지만, 여전히 그는 비판적 태도를 보이는 것을 조심스러워했다."라고 적었다. "그는 스스로의 의지와 무관하게 그런 태도를 보인 것 같았다. 만일 조금만 기회가 주어졌다면 그날 저녁을 먹으면서 그는 특정 전장에서 우리의 몇 안 되는 사단에 비해 미국은 몇 개의 사단을 보유했는지, 작전에서 그들의 사상자 수는 우리를 얼마나 압도했는지 등등의 얘기를 할 뻔했다."라고도 적었다. 처칠과 루스벨트 사이에 편안한 친근감이 돌던 시기는 지나가버렸다.

전체 회의에서 루스벨트와 처칠 사이에 생긴 균열을 스탈린은 이후 교묘하게 활용했다. 그는 토론이 진행되는 동안은 조용히 앉아 있다가 나중에 루스벨트에게 별도로 다가가서, 소련의 공화국을 추가로 UN에 가입시켜야 한다는 견해를 내비치고, 자기가 우크라이나인들뿐 아니라 모스크바에서도 반대에 직면할 수 있다고 얘기했다. 또, 정치국에서는 소련이 추가의 회원권을 얻는 조건으로 UN 가입에 동의해줄 것이라고 설명했다. 그날 늦게 루스벨트와 사적으로 대화를 나눌 기회를 가진 스테티니어스는 대통령이 우호적 분위기로 바뀌었음을 알아차렸다. 그는 회고록에서 "이날은 가장 생산적인 날이었다. 우리는 세계기구 창설 앞에 놓인 가장 어려운 길에서 한 걸음 더 나간 것에 대해 모두 대단히 고마운 생각을 가져야 했다."라고 회상했다. 루스벨트는 스테티니어스에게 "지리와 인구를 기준으로 삼는다면 2표를 더 갖겠다는 러시아의 제안이 아주 터무니없다고 생각하지는 않네."라고 말했다.

번스와 홉킨스의 완강한 반대에도 불구하고, 미국 대표단 내에서는 양보를 해야 한다는 생각이 지배적이었다. 나중에 해리먼은 "스탈린은 자신이 수적 열세에 놓여 있다 생각했고, 우리는 그가 16표에서 추가 2표로 요구를 낮춘 것에 안도했다."라고 회상했다. 해리먼은 우크라이나와 벨라루스가 스스로 외교정책을 직접 수립할 정도로 얼마나 독립적인지의 문제는 제쳐두기로 했다. 몰로토프가 국제 무대에서 단계적으로 자리를 잡아가는 영연방 회원국들의 예를 들기는 했지만, 이 두 공화국이 완전히 독립적이라는 주장을 편 적은 없었다. UN 총회에는 약 50개의 자리가 배정되었는데, 소련 공화국이 2~3개 추가된다고 해서 UN의 성공과 실패를 좌지우지할 수는 없을 것이다. "실제 권력은 안전보장이사회에 있고, 여기에 참가한 국가는 크든 작든 국가의 규모를 떠나 모두 1표만을 갖게 되네."라고 루스벨트는 국무장관에게 상기시켰다. 스테티니어스는 대통령이 이미 마음을 굳혔다고 이해했다.

2월 8일 점심 식사 직후 스탈린이 루스벨트와의 약속 때문에 리바디아 궁전에 도착했을 때, 루스벨트는 스테티니어스와 그날 오전의 외무장관 회담 결과를 검토하던 중이었다. 스테티니어스가 자리를 뜨려는 순간, 루스벨트는 스탈린을 향해 이렇게 말했다. "외무장관들이 만나서 오늘 의제에 대해 합의했습니다." 그러자 스탈린은 합의했다라는 말이 곧 소련의 두 공화국에 대해

UN 가입을 허용했다는 뜻인지를 물었다. 대통령은 그렇다고 대답했다. 그의 대답 타이밍은 더할 나위 없이 좋았다. 왜냐하면 이날 회의는 루스벨트가 가장 중요하게 생각하는 두 개의 의제 중 하나인 소련이 대일전에 참전하는 문제를 논의하기로 예정되어 있기 때문이다. 스탈린은 폴란드에 대한 루스벨트의 태도를 누그러뜨리기 위해 안전보장이사회 표결 방식과 관련하여 소련 측이 수용하겠다는 사실을 적절한 시간에 맞춰 발표하도록 몰로토프에게 지시한 바 있다. 이번에는 루스벨트가 극동 지역에서 스탈린의 입장에 영향을 주기 위해 소련 공화국들의 UN 가입에 대한 발표 시점을 계산했다.

문제는 루스벨트가 '그렇다'라고 대답했으나 실제로는 외무장관들이 소련 2개 공화국의 가입에 합의를 이루지 못했다는 점이다. 합의에 가장 큰 걸림돌이 된 것은 흥미롭게도 미국 국무장관이 취한 입장 때문이었다. 스테티니어스는 이 문제가 앞으로 열릴 UN 총회에서 "호의적으로 검토될 것"이라고 말하며, 이것이 루스벨트 대통령의 새로운 입장인 듯 암시했다. 문제는 덤버턴오크스회의에서 결정한 '1국 1표' 원칙이었다. 몰로토프는 이러한 결과에 실망했다. 그는, 만일 소련 측의 입장이 반영되지 않으면 소련은 회원 자격 문제 전반에 대해 문제 삼을 수 있다는 점을 시사했다. "어느 폴란드 정부가...... 초대되어야 하겠습니까?"라는 것이 그의 첫 질문이었고, 소련과 외교 관계가 없는 나라도 창립총회에 초대되어야 하는지를 물었다. "만일 회원 자격의 문제에 대한 합의에 이를 수 없다면, 이 문제는 당연히 전체 회의에 보고되어야 합니다."라고 말했다. 몰로토프는 UN과 관련된 문제를 공개화할 수 있다고 연합국 측을 위협하면서 말을 마쳤다.

이 위협은 바로 효과를 나타냈다. 스테티니어스는 "첫 UN 총회가 열리기 전까지 소련의 요청에 대해 적절하게 고려할 수 있는 방법을 찾아보겠습니다."라고 말했다. 이든은 이 문제를 전체 회의의 의제에 다시 포함하자고 제안했다. 몰로토프가 이 틈을 타서 더 세게 몰아붙였다. 그는 이든의 제안에 대해 외무장관들은 "2~3개의 소련 공화국이 UN에 가입하는 것이 바람직하다는 데 동의했다."라고 '수정'하자는 제안을 했다. 그러나 이 의견은 받아들여지지 않았다. 스테티니어스는 시간을 끌기로 했다. 그는 "오늘 아침에 이 문제를 대통령과 협의할 시간을 갖지 못했으며, 그래서 자신으로서는 분명한 약속을 할 수 없는 입장"이라고 말했다. 그러나 아주 낙관적으로 생각하고 있으며, "오늘 중으로 미국이 호의적인 답을 줄 수 있을 것으로 희망하고, 동시에 기대한다."라고 했다.

이는 많은 참석자들을 혼란스럽게 만들었다. 그는 '예스'라고 한 것인가 '노'라고 한 것인가? 소련 측 회담록은 사안이 해결되었다고 기록했다. 그러나 미국 측 회담 기록자인 앨저 히스는 다르게 생각했다. 공식 회의록의 타이핑 책임을 진 영국 측이 전체 회의에 가져온 회담 기록에는 세 외무장관 모두가 동의했다고 작성되어 있었다. 히스는 이의를 제기하고 나섰다. 그는 이든에게 핀잔을 당했다. "자네는 오늘 무슨 일이 일어났는지 잘 모르나보군."라고 말했다. 전날 히스는 미국 대표단에게 「소련 공화국이 창립 멤버로 참가하는 것에 대한 반론」이라는 보고서를 회람케 했다. 자신의 충언이 무시되었음을 알아챈 그는 매우 놀랐다. 결국 영국 측 인사가 망연자실한 히스에게, 다른 사람이 아닌 스테티니어스로부터 회의록의 수정 허락을 받았다는 사실을 알렸다.

미 국무장관은 자신이 회의록 수정에 대해 명시적 지시를 내린 적이 없다고 부인했다. 스테티니어스는 진퇴양난의 상황에 처했다. 그는 타협할 의향을 갖고 있는 루스벨트 대통령과 완강히 반대하는 참모들 사이에 끼어 이러지도 저러지도 못할 판이었다. 2월 8일 아침 외무장관 회담으로 향하는 스테티니어스는 히스가 작성한 「반론」 보고서를 가지고 갔다. 보고서는 소련 공화국들이 연합국공동선언(United Nations Declaration)에 서명하지 않았으며, 이로 인해 그들은 영연방 회원국들과 달리 회원 자격이 없고, 국제법상

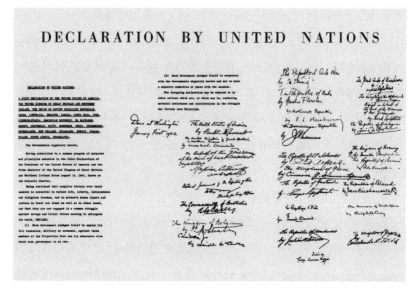

연합국공동선언(Declaration of The United Nations) 1942년 루스벨트 대통령의 제안에 따라 연합국 26개국 대표가 워싱턴에 모여 결의한 선언이다. 이 선언은 대서양헌장의 원칙에 동의하고 연합국이 추축국(독일, 일본, 이탈리아)에 항전할 것을 맹세하고 있다. 이 선언에서 'the United Nations'라는 말이 국제적으로 처음 사용되었다. 이 선언에 소련은 이른바 'Big 4'(중국, 소련, 영국, 미국)로서 서명했으나, 소련의 개별 공화국은 서명에 참여하지 않았다.

주권국가로 인정되지 않는다는 사실을 강조했다. 스테티니어스는 토론 중에 이 보고서를 이용하거나 거기 담긴 제안을 제시하지는 않았지만, 최종적으로 소련 측의 주장을 막고 나섰다. "전날 밤 대통령은 소련의 요청에 대해 '문제 없다'고 말하기는 했지만, 나는 다시 한 번 이 문제를 점검하기 위해 외무장관 회담에서 종전의 미국 입장을 고수했다."라고 스테티니어스는 회고록에 썼다. 그날 오후 루스벨트가 스탈린을 만나기 직전, 스테티니어스는 이 문제를 다시금 대통령과 상의할 기회가 생겼다. 루스벨트는 이 제안을 받아들여야 할 것 같다고 언급했다.

스테티니어스는 1949년에 발간한 회고록에서 소련의 두 공화국을 UN에

샌프란시스코회의 얄타회담이 끝난 뒤, 국제기구 설립을 위한 연합국 회의(United Nations Conference on International Organization)가 샌프란시스코에서 개최되었다. 이 회의는 1945년 4월 25일 개막하여 6월 26일 각국이 UN헌장에 서명하는 것을 끝으로 폐막했다. 덤버턴오크스회의에서 처음 UN 창설에 대해 논의한 이후 얄타회담에서 안전보장이사회의 표결 절차에 관한 치열한 논의 끝에 합의되었다. 샌프란시스코회의에는 벨라루스와 우크라이나까지 초청되어 총 50개국이 참가했다.

받아들이기로 결정한 사람은 대통령이지 자기가 아니라는 사실을 설명하기 위해 공들였다. 이것은 2년 먼저 발간된 번스의 회고록에 스테티니어스가 외무장관 회담에서 소련의 요청에 동의했고 그 후 대통령에게 보고했다는 서술에 대해 반박한 것이다. 얄궂게도 1945년 7월 저명한 언론인이며 반공산주의운동의 선구자인 이삭 돈 러바인(Issac Don Levine)은 루스벨트와 스탈린의 사적 회동에 동석한 것으로 추정되는 히스가 우크라이나와 벨라루스를 UN 회원국으로 받아들이도록 루스벨트를 설득했다고 주장했다. 그러나 이 회동 자체가 있었는지를 알려주는 증거는 없다. 실제로 히스는 소련의 주장에 반대하는 주동자였다.

2월 8일 전체 회의는 예정보다 15분 늦은 4시 15분에 시작되었는데, 바로 전에 루스벨트와 스탈린이 극동 쪽 전쟁에 대한 논의를 하고 있었기 때문이다. 루스벨트 대통령은 소련 공화국의 UN 총회 회원권 문제에 대한 돌파구가 열렸다는 말로 오후 회의를 시작했다. 그는 자신이 이해한 바에 따라, "외무장관들이 완전한 성공을 거두었습니다. 그들의 업무에 대해 축하를 하는 바이며, 이든 장관이 그 내용을 전체 회의에서 보고해주기 바랍니다." 라고 말했다. 이든은 두 개의 소련 공화국이 UN에 가입될 것이지만, 이 가입 권고는 3거두가 아니라 앞으로 UN 창립총회 대표단에 의해 제안될 것이라고 말했다. 소련의 제안에 반대하던 번스와 미국의 다른 대표들은 이 보고를 듣고 크게 놀랐다. 번스는 "내가 생각할 때는 아주 현명하지 못한 합의이기에 크게 놀랐다."라고 회고록에 썼다. 번스가 보기에 루스벨트 대통령의 사려 깊지 못한 양보 조치는 스탈린이나 몰로토프에게는 받아들이기 힘든 어중간한 조치였다.

스탈린은 UN 창립총회에 초청된 국가 중 10개국은 소련과 외교 관계가 없다는 사실을 지적하면서 논쟁을 시작했다. 세계의 안보를 논의하는 총회에 어떻게 소련이 이 국가들과 함께 참석할 수 있겠는가? 다음으로, 독일에 선전포고를 하지 않은 아르헨티나와 터키 같은 국가가 왜 초대되어야 하는가? 문제가 발생할 것을 감지한 루스벨트는 바로 끼어들었다. 그는 라틴아메리카 국가들이 즉각 선전포고를 하도록 권고하지 않았던 전 국무장관 대리 섬너 웰스의 실책을 비난했다. 웰스는 라틴아메리카 국가들에게 나치 정부와 외교 관계를 단절하는 것으로 충분하다고 조언했었다. 루스벨트는 최근에 라틴아메리카 국가들의 대통령에게 독일에 선전포고를 하도록 권하는 서한을 보냈고, 그들이 이 권고를 따를 것을 확신한다고 말했다. 루스벨트는 UN 창립총회 주제로 다시 돌아와, 2월 말까지 선전포고를 하는 국가들만 초청되어야 한다고 말했다.

스탈린은 이에 동의했지만, 이것으로 끝나지 않았다. 그는 우크라이나와 벨라루스의 UN 총회 참석 문제로 화제를 바꾸어, 이 두 공화국의 국가명이 외무장관 회의록에 기록되었는지를 물었다. 모두가 '그렇다'고 인정했다. 루스벨트의 방어 전략에 틈새를 발견한 몰로토프는 틈의 균열을 더 벌리기 위해 뛰어들었다. "이 두 공화국이 3월 1일 이전에 연합국공동선언에 서명을 한다면 총회 멤버로 가입시키는 데 도움이 되지 않겠습니까?" 히스는 스테티니어스에게 제출한 보고서에서 소련 공화국들이 연합국공동선언에 서명하지 않은 사실을 이들 국가의 총회 참석을 반대하는 논리로 사용할 수 있다고 언급한 바 있다. 지금 몰로토프는 이 '형식적 문제'를 해결하려고 하는 것이다.

처칠이 다시 한 번 소련 측의 입장을 거들고 나섰다. 그는 UN 창립총회의 시기를 문제 삼지는 않았다. 그날 아침 외무장관 회담에서 창립총회를 4월 말 샌프란시스코에서 개최하기로 합의가 되었기 때문이다. 그는 두 공화국 문제를 얘기하려고 했다. 미국 측 회의 기록에 따르면 처칠은 "단지 선전 포고를 했다는 이유만으로 작은 나라들을 참가국에 넣은 반면, 소련의 두 공화국을 창립총회에서 제외하는 것은 옳지 않은 듯합니다."라고 했다. 그러면서 "나는 우크라이나와 백러시아가 치른 순교자적 희생을 마음에 새기고 있습니다."라고 덧붙였다. 그는 창립총회에 초청되는 국가들을 연합국으로 한정하고 싶지만 만약 다른 나라들이 추가된다면 소련의 두 공화국도 같이 초청하는 것이 맞다고 말했다.

균열의 틈을 발견한 스탈린은 "나는 루스벨트 대통령을 당혹스럽게 만들고 싶지는 않습니다만, 왜 그렇게 하면 안 되는지를 설명해주셨으면 합니다."라고 했다. 루스벨트는 코너에 몰렸으나 기가 죽지는 않았다. 그가 생각하기에 중요한 점은 국가 명단에 새로운 국가를 추가하는 문제가 아니라 "강대국 중 한 국가에게 1표가 아닌 3표를 주는 것이다." 그는 창립총회 전에 이 문제를 해결하고자 했다. 스탈린은 공세를 계속 폈다. "우크라이나와 백

러시아가 연합국공동선언에 서명하면 되는 것 아닙니까?" 그것으로는 문제를 해결할 수 없다고 루스벨트는 단호히 맞섰다. 결국 스탈린은 제안을 철회했다.

루스벨트가 결과에 만족하기에는 너무 일렀다. 회의 후 그는 자신의 진영 내에서 반발을 받았다. 레이히 제독은 국내에서 발생할 수 있는 어려움에 대해 경고했다. 제임스 번스는 만일 스탈린이 소련 공화국들의 가입을 주장하면 대통령은 미국 주州들의 가입을 주장하겠다고 상원의원들에게 말한 사실을 상기시켰다. 또한 26년 전 의회에서 미국의 국제연맹 가입이 부결 처리된 데는 영연방 국가들에게 투표권을 부여하도록 양보한 조치가 큰 영향을 미쳤다는 사실도 지적했다. 번스는 이제 같은 논리가 UN을 반대하는 데 사용될 수 있다고 경고했다.

번스는 홉킨스를 동원하여 둘이 같이 미국 역시 총회에서 3표를 얻지 않는 한 영국의 제안을 지지했던 루스벨트도 그 지지를 철회해야 한다고 주장하고 나섰다. 루스벨트 대통령은 마지못해 동의하면서 다른 기회에 스탈린에게 이 문제를 제기해보겠다고 했다. 루스벨트는 양 진영에서 동시에 공격을 받은 셈이었다. 이날 늦게 홉킨스는 모랜 경에게 "대통령은 아무 생각이 없는 것 같습니다."라고 말했다. 덧붙여 "그는 한 나라가 한 표 이상 갖는 것을 결단코 반대한다고 하면서 얄타에 왔는데, 수상이 스탈린의 제안을 강하게 옹호하자 루스벨트도 샌프란시스코에서 스탈린을 지지할 모양입니다."라고 말한 것도 회고록에 적었다.

그러나 미국 대표단 모두가 홉킨스의 의견에 동의한 것은 아니다. 일례로 스테티니어스는 루스벨트가 보인 유연성은 곧 매우 좋은 육체적·정신적 건강을 유지하고 있는 증거라고 판단했다. "특정 문제에 대해 국무성이 대통령에게 상세하게 브리핑한 적이 없다. 그러나 주고받는 협상 과정에서 그의 사고방식은 명석하고 정확하게 작동했다. 이는 그가 정신을 바짝 차리고 있으며, 업무를 잘 장악하고 있다는 좋은 증거이다."라고 회고록에 적었다. 홉킨스가 정책에 신경을 썼다면, 스테티니어스는 정치에 신경을 썼다. 루스벨트는 스탈린 및 처칠과 단합된 관계를 유지하고자 하는 욕망과 참모들을 진정시켜야 하는 두 길 사이에서 중도를 걸으려고 노력했다. 이 문제에 관해서만 보면 그는 아무도 만족시키지 못했다. 그러나 그는 자신이 가장 원하는 일을 해냈다. 바로 UN 기구의 탄생이었다.

Chapter 15

폴란드 문제의 교착 상태

2월 7일 아침, 루스벨트는 새 정부 구성을 위해 폴란드 대표들을 얄타에 오게 하자는 자신의 편지에 대한 스탈린의 답신을 초조하게 기다렸다. 정오에 열린 외무장관 회담에서 몰로토프는 편지를 보지 못한 것처럼 행동했지만, 루스벨트는 느긋하게 기다릴 수 있는 상황이 아니었다. 그는 전체 회의를 시작하면서 "폴란드 문제를 다루자"고 제안했다.

"어제 회담을 종결할 때 스탈린 원수는 본인의 견해를 밝혔습니다. 나로서는 어제 한 얘기에 특별히 더 보탤 말이 없습니다. 내가 생각하기에 폴란드의 정부 구성 문제를 해결하는 방안을 찾는 일이 매우 중요합니다." 루스벨트는 런던과 바르샤바에 있는 기존의 정부를 무시하고 새로운 정부를 구성하는 것이 필요하다고 말했다. "우리는 새로운 공기를 들이마시듯 무언가 새롭고 혁신적인 것이 필요합니다."라며 말을 맺었다.

스탈린은 루스벨트로부터 어제 한 말에 더할 말이 없느냐고 직접 질문을 받은 후에야 말문을 열었다. 그는 루스벨트가 보낸 편지를 "한 시간 반 전"에 받았다고 인정하는 말로 얘기를 시작했다. "나는 비에루트와 모라프스키, 이 두 사람과 전화하기 위해 바로 이들을 찾으라는 지시를 내렸습니다. 현재 그들은 바르샤바에 있지 않고 우치나 크라쿠프에 있지만, 수소문하면 곧 찾을 수 있습니다. 나는 그들에게 다른 진영의 대표들을 어떻게 찾을 것이며, 또 이쪽으로 데리고 올 수는 있는지, 그리고 온다면 얼마나 빨리 올 수 있는지를 물을 것입니다. 전 수상 빈첸티 비토스(Wincenty Witos)나 대주교 아담 스테판 사피에하가 이곳으로 올 수 있다면 해결 방법을 찾는 데 도움이 되겠지만, 나는 그들이 있는 곳을 모릅니다. 우리에게 시간이 부족하지 않을까 염려되는군요."

이 말은 루스벨트의 제안에 대한 반대나 다름없었다. 제안을 직접적으로 반대하지는 않았지만 답을 얼버무린 셈이었다. 그는 비밀경찰로 하여금 바로 소재를 찾을 수 있는 루블린(현재 바르샤바) 정부 대표들을 얄타로 데려오는 데는 반대하지 않았지만, 다른 폴란드 지도자들이 관여하는 것은 무슨 수를 써서라도 막으려고 했다. 현재로서는 시간을 끌 생각이었다. 소련 측 회의록에는 "참석자들은 폴란드인들이 크림에 오는 것을 기다릴 시간이 없다고 생각했다."라고 기록되었다.

스탈린은 다른 사안에서 양보를 하지 않은 채 시간만 끈다면 루스벨트를 더 짜증나게 할 수도 있다는 것을 알아챘다. "몰로토프가 대통령 각하의 제안을 일정 부분 수용하는 안을 만들어 왔습니다. 번역본이 만들어지는 대로 그 이야기를 들어보도록 하시죠. 그 사이에 우리는 덤버턴오크스의 결정 사항에 대해 논의를 할 수 있습니다." 이때 그는 안전보장이사회 표결에 관한 미국 측 방식을 수용할 의사가 있다고 내비쳤다. 폴란드에 대해 몰로토프가 작성한 새로운 제안은 6개 항목으로 구성되어 있는데, 괜찮아 보였다. 폴란드의 동부와 서부 국경을 확정 짓는 문제와 더불어 현재의 임시정부에 "폴란드 이민자(émigré) 사회의 몇몇 민주적 지도자들"을 포함하는 내용도 들어 있었다. 그 구성은 모스크바의 미국대사와 영국대사, 그리고 몰로토프가 함께 협의하는 것이었다. 연합국의 승인을 받기 위해 임시정부는 가능한 한 빠른 시일 안에 총선거를 실시할 예정이었다. 몰로토프는 자신의 동료들이 전화로 폴란드 정치인들을 연결시키는 일이 불가능한 데다 그들이 얄타로 올 충분한 시간도 없다고 말했다. 그는 자신의 제안이 "루스벨트 대통령의 희망에 부응하도록 만들어졌기" 때문에 폴란드 정치인들이 이곳에 꼭 와야 할 필요는 없을 것 같다고 덧붙였다.

몰로토프의 제안은 제대로 된 방향으로 한 걸음 전진한 듯이 보였다. 소련 측은 마침내 새 정부의 구성에 대해 논의하고, 거기에 비공산주의 정당의 대표를 포함할 준비가 되어 있는 것처럼 보였다. 루스벨트가 이 제안에 만족하기는 했지만, 승리를 단언하기에는 일렀다. 해리 홉킨스는 루스벨트에게 "외무장관 회담에서 세부 사항을 논의케 한 뒤 내일이나 모레쯤 그 결과를 보고하도록 하는 게 어떨까요?"라고 쓴 메모를 건넸다. 홉킨스의 건의대로 루스벨트는 사안에 진전이 이루어졌으며 새 제안을 연구할 시간이 필요하다고 말했다.

루스벨트를 거슬리게 한 것은 '이민자(émigré)'라는 단어였다. 폴란드에 있는 폴란드인들 중에도 그가 선택할 만한 사람이 많았기 때문이다. 이민자 사회 운운은 런던의 폴란드 정부를 지지하는 처칠까지도 아주 불편하게 만들었다. 처칠 수상이 발언을 시작하자, 루스벨트는 스테티니어스에게 "이제 우리는 반 시간 동안이나 그의 얘기를 들어야 할 거라네."라고 쓴 메모를 건넸다. 처칠은 앞으로 구성될 정부에 런던 망명정부의 인사들이 배제되어서는 안 된다는 말로 얘기를 시작했다. 그는 '이민자'라는 단어가 아주 잘못 선택된 용어라는 데 루스벨트와 의견을 같이했다. 이것은 프랑스혁명 때 만들어진 단어로, 영국에서는 동포들에 의해 추방당한 사람을 뜻한다고 했다. 런던에 와 있는 폴란드인들은 '이민자'가 아니라 '잠시 외국에 나와 있는 폴란드인들(Poles temporarily abroad)'이었다. 처칠이 다음으로 언급한 주제는 폴란드의 서부 국경이었다. 그는 이 문제에 대해 스탈린과 오랜 얘기를 나눈 끝에, 몰로토프의 제안을 검토할 시간을 달라고 했다. "그는 이 문제를 오늘 밤 동안 검토해서 내일 다시 논의해볼 테지만, 이것으로도 일종의 진전이 이루어졌음을 느낀다고 말했다."라고 찰스 볼렌은 기록했다. 바로 협상이 결렬되는 것은 피한 셈이었다.[1]

이날 밤 처칠은 오후 회담의 성과를 축하하고 다음 회의 전투를 준비했다. "오늘은 훨씬 괜찮은 날이었습니다." 그는 이렇게 쓴 전문을 아내에게 보냈다. 클레멘트 애틀리에게 보낸 전보에서는 좀 더 노골적으로 설명했다. "루스벨트의 편지에 대한 답을 러시아 사람들이 오늘, 수요일에 내놓았습니다. 이는 전반적인 의제들에 대해 원칙적으로 문제 삼지 않은 것입니다...... 그러나 문제가 해결된 것은 절대 아닙니다. 우리는 영국과 미국뿐 아니라 UN의 모든 국가가 인정할 수 있는 폴란드 정부를 만들기 위해 힘껏 싸울 것입니다. 그러자면 우리와 현재 관계를 맺고 있는 폴란드 정파가 의미 있고 효과적인 대표성을 발휘하게 해야 합니다. 특히 미코와이치크, 그랍스키, 로메르에 더하여, 아직 폴란드에 남아 있는 비토스, 사피에하 등 미국 측에서 명단에 올린 많은 인사가 포함되도록 해야 합니다. 이 사람들 중 8~10명이 루블린 정부에 포함되도록 하면 이 정부를 바로 인정하는 편이 우리에게 이익이 되겠지요." 그는 이 문제에 대해 전시 내각이 자신에게 전권을 줄 것을 요청했고, 전시 내각은 동의해주었다.

알렉산더 카도간도 처칠의 낙관론에 동감했다. 그는 다음 날 아내에게 이렇게 편지를 썼다. "어제 우리는 몇 가지 진전을 이루었소. 엉클 조는 덤버턴오크스회의의 결정 사항과 폴란드 문제 모두에 대해 수용하는 신호를 보냈소." 이든은 좀 더 조심스럽게 일기에 적었다. "다음에 폴란드 문제가 나오자, 러시아인들은 우리에게 일부 희망적인 양보를 했다. 그러나 우리가 원하는 곳까지 가려면 아직 멀었다." 그의 조심스러움이 훨씬 더 옳았던 것으로 증명되었다.

이튿날 아침, 영국과 미국 측은 자신들이 내놓은 수정 제안을 회람했다. 이든은 영국 측의 제안이 더 낫다고 생각했으나, 미국 측 안이 2월 8일 오후 전체 회의의 기본 자료가 되었다. 미국은 대통령위원회 안을 다시 꺼냈는데, 이번에는 1명의 공산주의자를 포함한 3인으로 구성하는 안이었다. 이 위원회의 책무는 폴란드 국내와 해외에 있는 폴란드인들과 협의하여 새 정부를 구성하는 일이었다. 그들을 모두 모스크바로 불러들여, 몰로토프와 서방 측 두 대사가 주재하는 논의에 참가하도록 하자는 제안이었다. 이렇게 구성된 정부는 폴란드에서 자유선거 실시를 책임질 예정이었다.

처칠은 즉각 약간의 수정을 가미한 미국 측 안을 수용한다는 의사를 밝혔다. 소련도 이에 따를 것으로 기대했던 연합국 측은 바로 실망할 수밖에 없었다. 소련 대표단을 대표하여 발언한 몰로토프는 현재 바르샤바에 있는 정부를 옹호하면서 여기에 서방 연합국 측의 추천 인사가 가담해야 한다고 주장했고, 새 정부 구성을 위해 바르샤바 정부를 해산하자는 안은 아예 거들떠보지도 않았다. 몰로토프는 대통령위원회 안을 거부하면서, 현재 폴란드에 있는 정부가 "폴란드인들을 잘 이끌고 있으며, 폴란드 내에서 큰 권위와 인기를 누리고 있다."고 주장했다.

처칠은 이 말을 그대로 들어 넘길 수 없었다. 그는 폴란드에 새로운 민주 정부를 수립해야 하는 필요성을 스탈린에게 설득하기 위해 모든 웅변 능력을 동원했다. 영국 측 회담록에는 처칠이 "우리는 이 회담의 가장 중요한 분기점에 와 있습니다."라고 말한 뒤 "전 세계가 이 문제의 해결을 기다리고 있으며, 우리가 각기 다른 폴란드 정부를 인정하는 상태에서 회의장을 떠난다면, 전 세계는 러시아 측과 영국–미국 측 사이에 근본적인 이견이 존재한다고 해석하게 될 것이고, 그 결과는 가장 통탄할 일이 되겠지요. 이는 이번 회담에 실패의 낙인을 찍는 일이 되고 말 것입니다."라고 발언한 것으로 기록되어 있다. 미국 측 회의록에 따르면 처칠은 "우리가 이곳에서 이룬 그 어떤

시코르스키와 처칠 영국은 전쟁 발발 후 5년 동안 폴란드 망명정부를 지원해왔다. 제2차 세계대전 초기에 폴란드 망명정부의 수상을 맡은 인물이 브와디스와프 시코르스키(1939~1943)이다. 그의 후임이 스타니스와프 미코와이치크이다. 위 사진은 1941년에 찍은 것이며, 왼쪽에서 두 번째가 브와디스와프 시코르스키이고, 가운데가 처칠, 왼쪽에서 네 번째가 샤를 드골이다.

일도 이것을 상쇄시킬 수는 없습니다."라고 덧붙였다.

영국 측 기록자가 적은 대로, 처칠은 루블린 정부가 폴란드인들의 지지를 얻고 있다는 소련 측 주장에 강한 의구심을 숨기지 않았다.

> 그들은 폴란드에 대한 가장 기본적인 사실, 아니면 최소한 일부 사실에 대해 다른 시각을 가지고 있었다. 대영제국의 정보에 따르면 새로운 루블린(현재 바르샤바) 정부는 폴란드인 대다수의 지지를 얻지 못하고 있는 상황이고, 해외에서도 폴란드를 대표하는 정부로 인정받지 못하고 있다. 만약에 이 회담에서 기존의 런던 정부를 무시하고 루블린 정부에 모든 무게를 싣는다면 전 세계는 거세게 반대할 것이다. 분명히 예측할 수 있는 점

은, 폴란드 밖에 있는 폴란드인들은 모두 연합하여 이에 반대할 것이다. 영국군은 폴란드 밖에 있는 폴란드인들로부터 모병된 15만 명의 병력을 지휘하고 있다. 이 폴란드 군대는 지금까지 아주 용감하게 싸워왔고, 현재도 그렇게 싸우고 있다.

처칠은 "이 군대가 루블린 정부와 화해한다는 것을 생각할 수 없고, 전쟁 발발 때부터 지지해온 정부를 버리고 다른 정부를 지지하는 영국의 행동을 배신행위로 간주할 것입니다."라고 말했다.

처칠 수상은 루블린 정부를 인정하게 되면 자신과 내각의 동료들이 어떤 상황에 처해질지를 이렇게 설명했다.

스탈린 원수와 몰로토프 장관이 잘 알듯이, 나 자신도 매 단계마다 현명치 않았던 런던 정부의 행동에 동의하지 않았다. 그러나 지금까지 인정해온 정부 대신에 새 정부를 인정하게 되면, 이는 엄청난 비난을 불러올 것이다. 이것은 대영제국이 동부 국경을 완전히 양보하고(실제로 그렇게 했다), 소련의 입장을 받아들이면서 나아가 이를 적극 지지하는 태도로 보일 것이다. 이것은 또한 전쟁 발발 후 5년간 지지해온 합법적인 폴란드 정부와 관계를 끊는 일이고, 영국 정부는 폴란드에서 실제로 무슨 일이 일어나고 있는지에 대해 전혀 알지 못한다는 말을 들을 것이다. 우리는 폴란드에 들어갈 수 없다. 우리는 여론이 어떠한지에 대해 보지도 듣지도 못하고 있다. 우리는 루블린 정부가 폴란드 주민들의 의견이라고 주장하는 것만 받아들이게 되고, 대영제국 정부는 폴란드의 정의를 저버린 것으로 의회에서 비난받게 될 것이다.

지금 처칠 수상은 과장을 하는 것이 아니었다. 그는 미코와이치크와 아르치셰프스키를 만날 때뿐만 아니라 자신이 속한 보수당의 의원들로부터도 이런 비난을 너무 자주 받았다. 그는 소련 측의 안을 받아들인다고 해도 이후 의회에서 진행될 논의는 "매우 고통스러운 과정이 될 것이며, 연합국의 통합을 해칠 것"이라고 스탈린에게 경고했다. 또한 몰로토프의 제안은 "너무 일방적이며, 소련 측에서 런던 정부를 포기한다 해도 루블린 정부와 대체적으로 평등한 조건에서 새로운 시작이 이루어져야 하고, 대영제국 정부는 새 정부가 폴란드 국민 전체를 진정으로 대표한다는 확신이 선 다음에야 런던 정부를 계속 인정해온 현재의 입장을 포기할 수 있다."라고 했다.

처칠의 호소는 스탈린에게 큰 영향을 끼치지 못했다. 스탈린은 새로운 정부를 만드는 것보다 기존의 정부를 재구성하는 편이 더 낫다며 몰로토프의 제안을 지지했다. 그는 바르샤바 정부가 폴란드 내에서 매우 큰 지지를 받고 있기 때문에 이 정부를 포기할 수 없다고 했다. 폴란드인들은 점령 기간 동안 자신들과 함께 있었던 지도자들을 지지한다고 주장했다. 미국 측의 회의록에 따르면 스탈린은 이렇게 말했다. "소련군이 독일군을 몰아낸 것은 폴란드인들에게 아주 큰 경축일과 같이 받아들여졌다는 인상을 주었으며, 폴란드인들은 런던 정부가 이 경축일 행사에 참여하지 않은 것에 놀라고 있습니다. 그들은 '민족해방위원회와 임시정부는 이 경축일 행사에 참여하고 있는데, 런던의 폴란드인들은 도대체 어디에 있는 것인가?'라고 묻습니다." 이 말은 서방 지도자들에게 아무 효과도 없었고, 특히 처칠은 소련이 점령한 폴란드에 정부를 세운 일이 국민들에게는 전혀 경축일이 아니라는 사실을 잘 알고 있었다.

그러나 이것이 스탈린의 논점은 아니었다. 그는 서방 국가들이 소련과 아무 상의 없이 끌어들인 프랑스를 예로 들었다. 1월 초, 폴란드민족해방위원회를 임시정부로 변신시키는 것에 대한 서방 측의 부정적 반응에 화가 난 몰로토프는 부하들에게 이런 쪽지를 보냈다. "폴란드는 아주 중요한 사안이

폴란드민족해방위원회 폴란드민족해방위원회는 1944년 7월 22일 홀름에서 선포되고, 7월 26일 루블린에 세워졌다. 사회주의자들이 설립했지만, 실제로는 스탈린의 통제하에 완다 바실레프스카와 볼레스와프 비에루트가 장악했다. 사진은 1944년 7월 22일 한 시민이 폴란드민족해방위원회 선언 벽보를 읽고 있는 모습이다.

다! 우리는 벨기에, 프랑스, 그리스 등지에서 어떻게 정부가 만들어지는지 알지 못하고 있다. 우리는 이 정부 중 어느 하나와도 나쁜 관계라고 말하지 않았는데, 우리에게 물어보는 사람이 없었다." 이제 스탈린은 바르샤바 정부의 입장을 드골 정부와 비교했다. "아무도 선거로 선출되지 않았고, 그 자신도 어느 정도의 지지를 받고 있는지조차 알지 못하지만, 우리는 드골을 파트너로 대했고 그와 협정을 맺었습니다. 왜 폴란드에 대해서만 우리가 다르게 행동해야 하며, 왜 확대된 폴란드 정부를 상대할 수 없단 말입니까?" 논쟁은 위험한 상태에 접어들고 있었다.

루스벨트는 다음 의제를 논의할 시간이 되었다고 판단했다. 그는 스탈린에게 폴란드의 선거 시기에 대해 어떤 생각을 갖고 있는지 물었다. 전선의 상황이 방해하지만 않는다면 한 달 내에 선거를 준비할 수 있다는 스탈린의 대답을 듣고 나서, 그는 폴란드 문제를 외무장관 회담에 부의하고 그 결과를 전체 회의에 보고하도록 하자고 제안했다. 그러나 스탈린은 서방이 서유럽과 발칸에 간섭하는 문제에 대해 그냥 포기하려 하지 않았다. 그는 "무엇이 유고슬라비아에 통합 정부 설립을 막고 있는지", "그리스에서는 무슨 일이 일어나고 있는지"를 알고 싶어했다. 그는 "영국의 정책을 비판하려는 의도가 아니라, 단지 무슨 일이 일어나고 있는지를 알고 싶을 뿐"이라고 덧붙였다.

폴란드 문제에 대한 서방 연합국의 태도에 분명히 불만을 품은 스탈린은 폴란드 사안을 "다른 문제와 연계 지으려고" 했다. 그는 몇 주 전 영국이 그리스에서 친공산 세력을 소탕한 사건에 대해 소련 측이 눈감아주었다는 사실을 처칠에게 상기시켰다. 그렇게 한 까닭은 그리스에서 영국의 주도권을 인정하기로 동의해준 이전의 약속을 준수한 것이다. 처칠은 스탈린에게 빛을 지고 있음을 인정하지 않을 수 없었다. 그는 영국이 "그리스에서 어려운 상황을 맞은 적이 있는데, 그때 소련이 그리스 문제에 크게 관심을 두지 않아준 것에 대해 스탈린 원수에게 사의를 표합니다."라고 말했다.

몰로토프가 제시한 6개 항목의 제안에는 향후 폴란드의 국경에 대한 조항도 포함되어 있었다. 서방 측은 커즌 라인을 이미 폴란드의 동부 국경으로 받아들인 상태였다. 서부 국경에 대한 몰로토프의 제안은 좀 더 논란의 여지가 많았다. 소련 측의 안에 따르면 "...... 폴란드의 서부 국경은 슈테틴(Stettin, 슈체친Szczecin)에서 시작되어 오데르 강을 따라 남하하다가 서西 나이세 강(Neisse)을 따라 가게 되어 있다."

스탈린은 폴란드에서 뺏기만 하는 것이 아니라 주는 것도 있음을 보여주려고 애썼다. 1941년 독일이 소련을 침공한 후 그는 동부 쪽 폴란드의 국토 상실을 서쪽에서 독일 영토를 취해 보상해주려고 했다. 실제로 그는 서방 연합국 측이 적당하다고 생각한 영역보다 폴란드에게 더 주려고 했다. 오데르 강과 나이세 강을 따라 폴란드 서부 국경을 획정한다는 것은 테헤란에서 대략적으로 논의가 된 상태였다. 당시에는 동쪽 나이세 강을 따라가는 국경선이 상호 이해 사항이었다. 그러나 얄타에서 스탈린은 서쪽 나이세 강을 새로운 국경으로 정하자는 제안을 했고, 이것은 폴란드-독일 국경의 남쪽 부분을 200km 서쪽으로 이동시킨다는 의미였다.

테헤란회담 이후 스탈린은 1914년 제1차 세계대전 때 러시아 제국의 전쟁 목표였던 오데르-동東 나이세 강 라인을 지지했다. 니콜라이 2세 황제와 외무대신 세르게이 사조노프(Sergei Sazonov)는 당시 독일 영토였던 실레지아(Silesia, 슐레지엔Schlesien)와 포즈난(Poznań)의 동부 지역을 폴란드에 넘겨줄 용의가 있었다. 실레지아에 대한 폴란드의 영유권 주장은 폴란드가 10세기에 이 지역을 통치했었다는 역사적 사실을 근거로 내세우는 것 외에는 없다. 20세기가 되었을 때 이 지역 주민의 대부분은 독일인이거나 독일에 동화된 사람들이고, 특히 브레슬라우(Breslau, 폴란드어: 브로츠와프Wrocław)가 중심 도시인 실레지아의 북서쪽 저지 지역(Lower Silesia)은 더욱 그랬다. 그럼에도 불구하고 1939년 소련이 획득한 영토를 지키고, 동프로이센의 쾨니히스베르크(Königsberg)(현 칼리닌그라드Kaliningrad)와 인근 지역에 대한 영유권을 주장하기 위해 독일을 희생시켜 폴란드에게 보상해주는 것이 스탈린에게는 이익이었다. 1944년 여름, 스탈린은 현재 러시아 문서보관소에 보관되어 있는 지도 중 하나에 독일과 폴란드의 경계선으로 오데르-동 나이세 강을 잇는 경계를 직접 그렸다. 이 지도는 스탈린이 생각하는 나이세 강이 동 나이세 강이라는 사실을 의심의 여지없이 보여준다.

스탈린은 자신의 의도대로 폴란드 정부를 세우는 데 성공하자 1944년 여름 또는 가을에 서 나이세 강으로 경계를 바꾸었다. 영국뿐만 아니라 그에게도 폴란드 서부 국경의 위치는 폴란드 정부의 구성과 밀접한 관련이 있었다. 스탈린의 관점으로 볼 때 추가적 영토를 획득하는 것은 앞으로 생길 폴란드 정부가 모스크바에 더욱 충성하게 만들 터이고, 이 충성스런 정부가 가급적 넓은 서부 지역을 관할하게 된다면 중부 유럽에서 소련의 입장을 강화시켜줄 것이며, 나아가 당시 스탈린이 가장 크게 염려하는 안보 대상인 독일을 더욱 약화시킬 것이었다. 여기에 더해 이 새로운 국경선의 제안은 스탈린을 폴란드 이익의 수호자처럼 보이게 만들 수도 있다. 폴란드의 국경이 서 나이세 강으로 확장된다는 소식을 듣고 미코와이치크가 기뻐했다는 사실을 스탈린은 서둘러 얄타에서 밝혔다.

이 아이디어는 루블린 정부가 이미 얼마 전부터 제기했던 터라 스탈린의 입장 변화는 완전히 의외의 일은 아니었다. 1945년 1월 2일 전시 내각의 회의록을 보면 이든은 동료 장관들에게 "루블린 정부가 너무 큰 욕심을 부려서 우려됩니다."라고 말한 바 있다. 그는 1월 22일 열린 각료 회의에서 "지금 루블린 정부는 더욱 과욕을 부리면서 포메라니아와 실레지아의 북서쪽 저지 지역을 요구하고 있습니다."라며 전에 동료에게 했던 말을 좀 더 다듬어 설명했다. 다음 날 그는 서 나이세 강을 경계로 한 폴란드 서부 국경에 반대하는 보고서를 제출했다. 전시 내각은 1월 25일 이 내용을 승인했다. "우리는 커즌 라인을 받아들일 준비가 된 루블린 정부의 요구를 처리해야 한다. 대영제국 정부는 다른 이유 때문에 우리가 알맞고 적정하다고 생각하는 것 이상으로 영토를 넘겨줄 필요가 없다…… 우리의 방침은 대영제국 정부가 폴란드 서부 국경에 대해 정해진 경계선을 받아들이는 모양새로 비쳐서는 안 된다는 것이다."

몰타에서 만나 논의를 할 때 이든과 스테티니어스는 만약 얄타회담 때 폴란드의 국경을 더 서쪽으로 옮기려 한다면 그것에 반대하기로 합의했었다. 폴란드의 국경선이 서쪽으로 더 옮겨질 경우, 그들은 이주시켜야 할 주민의 숫자에 크게 놀랐다. 처칠은 몰타에서 부인에게 쓴 편지에 이 우려에 대해 동감하면서 다음과 같이 썼다. "적군赤軍이 진격해오기 전에, 독일 여자들과 아이들이 어디에서나 길을 따라 40마일이나 되는 긴 행렬을 이루며 서쪽으로 도망하고 있다는 얘기를 듣고 내 마음이 얼마나 슬펐는지 당신에게 솔직하게 말하지 않을 수 없습니다. 나는 그들이 그렇게 하는 것이 맞다고 보지만, 그 모습에 눈을 뗄 수가 없습니다. 온 세상이 겪고 있는 불행에 충격을 받지 않을 수 없습니다. 나는 우리가 성공적으로 마무리한 일에서 새로운 투쟁이 시작될 수 있다는 사실에 점점 더 두려움을 느낍니다."

영국 측이 추산한 바로는 동프로이센과 실레지아의 남동쪽 고지 지역(Upper Silesia)을 폴란드에 넘기면 250만 명의 독일 난민이 발생하게 된다. 오데르 강을 새 경계선으로 삼을 경우에는 추가적으로 250만 명의 난민이 발생할 것으로 예상되었다. 여기에다가 서 나이세 강을 새로운 경계선으로 삼으면 또 다른 325만 명의 난민이 생겨난다. 미국 측은 이 문제에 특히 예민해서 동프로이센, 포메라니아의 일부 지역, 그리고 실레지아 남동쪽 고지 지역을 포함하여 추가적으로 그 어떠한 영토도 넘겨주는 것에 반대했다. "폴란드 국경을 오데르 강 라인이나 오데르-나이세 강 라인으로 확장하는 것에 대해 강력히 저지해야 한다."라고 몰타에서 작성된 미 국무부 보고서는 명시했다.

영국 측은 좀 더 수용적인 입장이었다. 영국은 1944년 10월 모스크바에서 열린 소련 및 폴란드 정부 대표들과의 협의에서 오데르 강 라인을 경계선으로 삼는 데 동의한 바 있다. 그러나 서 나이세 강 라인은 반대하기로 결정했고, 몰타에서 미국 측과 협의한 뒤에는 이전에 처칠이 모스크바에서 동의했던 오데르 강 라인도 이든이 취소할 것을 주장했다. 영국 측이 오데르 강 라인에 동의했던 까닭은 스타니스와프 미코와이치크가 동부 쪽 영토 상실에 대해 분노하는 동료들을 무마하는 데 도움을 주기 위해서였지만, '루블린의 폴란드인들'에게 이와 유사한 호의를 베풀 생각은 없었다.

"폴란드 거위에게 독일 음식을 너무 먹여서 소화불량으로 죽게 하면 안 됩니다."라고 처칠은 서방의 입장을 대표하여 스탈린에게 말했다. 그는 폴란드의 서부 국경을 서쪽 방향으로 이동시키는 데 찬성해왔으나, 그것은 동부쪽 영토 상실을 보상하기 위해 폴란드가 감당할 수 있는 만큼의 독일 영토를 취하는 것이었지 그 이상은 아니었다. 영국 측 회담록에 따르면 "그는 수백만 명의 주민을 강제 이동시키는 계획에 크게 충격받을 영국민 대다수의 여론에 신경 쓰고 있었다. 그 자신은 충격을 받지 않았지만, 이것은 영국에서 논란의 핵심이 될 사안이었다. 그는 제1차 세계대전 후 그리스와 터키 주민들을 해방시키는 데 큰 성공을 거두었고, 두 나라는 그 이후 좋은 관계를 유지하고 있다. 그러나 당시 200만 명에 가까운 주민들이 이동했다. 만일 폴란드가 동프로이센과 오데르 강까지의 실레지아를 얻게 되면 600만 명의 독일인이 독일로 돌아가야 한다. 이것은 그가 국민들과 함께 해결해야 할 도의적 문제를 제기할 것이다."라고 기록되었다.

처칠의 역사 지식, 아니 그의 기억은 매우 자의적이었다. 제1차 세계대전 후 그리스인들이 '소아시아의 재앙' 중 일부로 기억하고 있는 그리스인과 터키인의 '해방'은 인도적 견지에서 '큰 성공'이라고 부를 만한 것이 아니었다. 그러나 그가 영국 여론을 언급한 것은 허풍이 아니었다. 런던에서는 전시 내각이 다음과 같이 큰 우려를 표명했다. "엄청난 인구의 이동을 피할 수 없다. 폴란드가 이렇게 넓은 지역에 주민을 정착시키고 발전시킬 수 있을지 불분명하다. 한편, 독일의 식량 수입 의존도는 크게 증가할 것이다. 이런 상황에서 의회와 국가 내의 여론은 폴란드 루블린 정부의 과도한 영토 요구에 점점 더 비판적이 되어가고 있다."

처칠은 앞으로 있을 국경 이동을 영국 여론에서 받아들일 수 있도록 그 나름대로 최선의 노력을 기울였다. 1944년 12월 15일 의회 연설에서 그는 미래의 유럽 평화를 위해서는 인구 추방과 이동이 이롭다는 점을 강조했다. "수백만 명의 주민을 동부에서 서부 또는 북부로 이동시켜야 하고, 폴란드가 지배할 서부와 북부에서는 독일인들이 추방되어야 합니다. 우리가 예상할 수 있는 바로는 추방이 가장 만족할 만하고 영구적인 조치입니다. 알자스-로렌에서처럼 끝없는 문제를 일으킬 주민 혼합은 없을 것입니다. 완전한 주민 교체가 이루어질 것입니다. 나는 이 같은 대규모 주민 이동에 경악하지 않습니다. 현대적 방법으로 진행한다면 이전보다 성공할 가능성이 매우 크겠지요."

얄타에서 처칠은 "수백만 명의 주민을 강제 이주시키는 계획에 크게 충격받을" 영국 여론층 대다수와 거리를 두었다. 스탈린이 이 문제에 끼어들면서 토론은 다시 새로운 난항을 겪었다. 그는 앞으로 폴란드의 영토가 될 지역에서 독일인들을 이주시킬 필요가 없다는 듯이 "우리 군대가 진주하면 독일인들은 한 사람도 남지 않고 다 도망갈 것이기 때문에, 거기에 남아 있는 독일인은 없을 것입니다."라고 말했다. 처칠은 "그렇게 되면 문제가 간단해지겠군요."라고 인정했다. 그가 느끼기에 문제가 더 단순해진 것은, 전쟁 중 600만~700만 명의 독일인을 죽였기 때문에 연합국 측으로서는 서방에서 인구를 데려다가 채워야 할 공간이 만들어졌다는 점이다. 처칠은 양측의 적대 행위가 끝날 때까지 독일인 사망자가 100만 명가량 늘어날 것으로 예상했다. 스탈린이 100만 명인지 200만 명인지를 묻자, 처칠 수상은 "나는 그 숫자에 제한을 두려고 하지 않습니다."라고 대답했다고 미국 측 회의록에는 기록되어 있다.

스탈린이 처칠에게 소련군이 점령하려는 지역에서 독일 난민이 대규모로 탈주한다고 장담한 것은 소련군 최고사령관으로서 확신을 가지고 한 발언이었다. 탈출하지 못한 독일인들에게 무차별 살상, 강간, 약탈은 일상이 되었다. 1945년 봄 동프로이센에 진주한 소련군은 점령 지역에서 독일인의 자살률이 증가하고 있으며 특히 여성 자살률이 높다고 모스크바에 보고했다. 스탈린은 정복 군대의 규율을 서둘러 강화할 생각이 없었다.

1944년 가을 유고슬라비아의 공산당 지도자 밀로반 질라스는 소련군이 유고슬라비아 내에서 자행한 강간과 살인을 비난하며 소련군의 행동을 영국군의 행동과 비교했다. 이 때문에 그는 스탈린과 마찰을 빚게 되었다. "작가이기도 한 질라스는 인간의 고통과 인간의 마음이 무엇인지를 알지 못하는가? 피와 폭탄과 죽음을 뚫고 수천 킬로미터를 행군해온 병사가 여자와 재미를 좀 보고 장난을 치는 것을 이해할 수 없단 말인가?" 유고슬라비아에서 소련군이 저지른 범죄에 대해 스탈린의 반응이 이렇다면 독일인들에 대해서는 어떤 희망을 가질 수 있겠는가?

1945년 1월 소련 언론은 독일이 저지른 전쟁범죄와 독일인 전반에 대해 아주 공격적인 입장을 취했다. 당대 최고의 소련 선전가인 일리야 예렌부르크(Ilya Ehrenburg)가 공격의 선봉에 섰다. "독일을 증오하는 예렌부르크는 평상시보다 더욱 신중하게 글을 쓰고 프로그램의 개요를 짰다. 그것은 전쟁의 참화를 입은 지역을 독일인 노동자를 동원하여 재건하고, 범죄자들은 처형하고, 어린이들은 살려두는 것이다."라고 모스크바 주재 미국대사관의 소련 언론 점검팀이 기록했다.

스탈린이 보기에 예렌부르크는 검열을 받을 필요가 없는 소련의 유일한 언론인이었다. 1942년 8월 예렌부르크는 소련군 기관지인 『크라스냐 즈베즈다(Krasnaia zvezda)』('붉은 별Red Star'이라는 뜻)에 다음과 같은 사설을 실었다. "이제 우리는 독일인이 인간이 아니라는 것을 알았다. 이제 '독일'이라는 말은 가장 무서운 저주가 되었다. 말하지 말자. 화내지 말자. 죽이기만 하자. 만일 당신이 독일인을 죽이지 않으면, 독일인이 당신을 죽일 것이다. 그는 당신 가족을 데리고 가서, 그 저주받은 독일에서 가족을 고문할 것이다. 당신이 독일인 한 명을 죽였다면 또 한 명을 죽여라." 독일군이 소련 영토 내로 깊숙이 진격한 상황에서 이 사설은 독일군에 항전하라는 독려였지만, 소련군이 프로이센에 진입한 현재로서는 국민의 한 사람으로서 독일인을 말살하라는 요구로 변해버렸다.

"만일 당신이 크리스마스트리 옆에서 독일인을 발견한다면 어떻게 하겠습니까?" 1945년 1월 12일 애버럴 해리먼이 주최한 리셉션에서 예렌부르크는 이와 같이 물었다. 영국군 장교가 "그를 사살해야지요."라고 대답하자, 예렌부르크는 "그건 너무 착한 조치이군요. 그를 크리스마스트리에 매달아야 합니다."라고 말했다. 그러더니 그는 자신은 유아 살인에 반대한다면서 16세 이상만 교수형에 처할 것이라고 말했다.

몰로토프가 폴란드의 서부 국경이 서 나이세 강으로 확장되어야 한다고 말한 이튿날인 2월 6일, 독일의 소련군 점령 당국은 17~50세까지의 독일인으로 노역 부대를 구성하도록 명령을 내렸다. 탈출하지 못했거나 총살당하지 않은 사람들은 소련 동부 지역으로 보내졌다. 스탈린이 처칠에게 폴란드에 넘겨주기로 한 지역에 독일인이 남아 있지 않을 것이라고 한 말은 사실과 동떨어진 얘기가 아니었다. 이미 수많은 사례가 보고되었음에도 불구하고 소련 당국은 1945년 4월이 되어서야 무차별 살인, 강간, 약탈을 중지시키는 조치를 취했다. 스탈린은 예렌부르크도 제어할 때가 되었다고 판단했다. 때맞춰 공산당 기관지 『프라우다』는 무차별한 폭력을 부추긴다고 예렌부르크를 비난했다.

처칠은 잔인한 현실주의 정치를 논하는 데서 스탈린에게 뒤지지 않았지만, 폴란드 국경을 서쪽으로 더 옮기자는 소련의 제안에 대해서는 반대 의견을 포기하지 않았다. 영국이 제시한 수정안은 폴란드 국경으로 오데르 강 라인은 인정하지만 서 나이세 강 라인은 반대했다. 서 나이세 강 라인은 곧 경계선의 동쪽에 거주하는 독일인을 강제로 이주시키고, 독일에 거주하는 폴란드인들은 자발적으로 이 경계선 동쪽으로 이주하는 것을 전제로 삼는다. 미국 측에서도 오데르 강 라인은 받아들였지만 서 나이세 강 라인은 받아들이지 않았다. 2월 8일 전체 회의에서 몰로토프는 민주주의자인 양 행세하며 폴란드인들에게 어떤 생각을 하고 있는지 물어보자고 함으로써 연합국을 흔들려고 했다. 그는 런던과 바르샤바 정부 모두 서방 측의 제안보다 소련의 제안을 선호할 것이라고 확신했다.

2월 7일과 8일의 전체 회의 때 진행된 폴란드 문제에 대한 격렬한 논쟁에서 서방 연합국 측은 폴란드의 서부 국경 문제를 양보하려 하지 않는 반면, 소련 측은 새로운 폴란드 정부 구성을 거부했다. 두 문제가 서로 연관되어 있기 때문에, 만일 스탈린이 정부 구성 문제에서 양보를 하여 (처칠의 희망대로) 정부 대표자 수를 8~10명으로 늘리고 민주정당 지도자들을 포함한다면, 루스벨트와 처칠도 서부 국경에 대한 소련의 제안을 받아들일 수도 있었다. 그러나 스탈린은 서방의 요청을 거부했고, 루스벨트와 처칠은 공산당이 주도하는 바르샤바 정부에 좀 더 많은 영토를 넘겨주기 위해 수백만 명의 독일인을 강제로 이주시키는 도덕적·논리적 문제를 받아들일 수 없었다.

2월 6일 밤 루스벨트가 스탈린에게 보낸 편지에서 시작되어, 2월 7일 이 편지에 대한 몰로토프의 제안, 그리고 이를 두고 2월 8일 서방 측의 수정 제안으로 이어진 체스 게임은 이제 무승부로 끝나는 듯 보였다. 누군가가 뒤로 물러나야 했지만, 양측 어느 누구도 그렇게 하려고 하지 않았다. "별로 좋은 날이 아니었다. 폴란드 문제에 다시 발이 묶였다."라고 이든은 2월 8일 자 일기에 적었다.

Chapter 16

폭격선

2월 7일 이른 아침 사라 올리버는 차를 운전해 아버지를 전체 회의 장소인 리바디아 궁전으로 모시고 갔다. "오늘도 날씨가 아주 좋았어요. 태양은 아름다운 경치를 더욱 빛내고 화강암 바위산들을 덥히려고 애를 쓰는 듯했어요. 햇빛이 바다에 강렬하게 반사되어 눈이 멀 지경이었어요."라고 그녀는 집에 보내는 편지에 썼다. "아빠와 나는 경치에서 눈을 떼지 못했죠. 바로 그때 아빠가 '하데스의 리비에라!(Riviera of Hades)'*라고 말했어요." 전날 저녁 모두 비가 올 것이라 예상했지만 전혀 내리지 않았고, 그래서 영국 군지휘관들은 잠시 짬을 내 크림전쟁의 전장을 둘러보기로 했다. "총참모본부의 모든 장군이 오늘 휴가를 내서 발라클라바(Balaklava)** 전장을 둘러보기로 했

---

* **하데스의 리비에라** 하데스는 그리스신화에서 죽음을 관장하고 저승을 지배하는 신이며, 리비에라는 지중해에 속한 아름다운 해변으로 이탈리아령 라스페치아에서 프랑스령 칸에 이르는 해안이다. 처칠이 '하데스의 리비에라'라고 말한 것은 얄타 지역이 전쟁으로 인해 파괴되고 사망자가 많지만 아주 아름다운 곳이라 느끼고 있다는 비유이다.

** **발라클라바** 크림반도 남서부에 위치한 도시이며, 세바스토폴에 속해 있다. 이 도시는 고대 그리스인들이 정착하여 해상무역의 거점으로 사용되다가, 이후 비잔틴 제국과 제노바공화국의 지배를 받았다. 크림전쟁(1853~1856) 때는 영국 왕실경기병대가 작전을 잘못 수행하

습니다. 우리는 러시아 친구들과 대화할 때 이 부분을 강조하지는 않았습니다."라고 그날 저녁 처칠은 부수상 클레멘트 애틀리에게 썼다.

공식적으로 여행의 목적지는 최근 소련군과 독일군의 전장터였던 세바스토폴이었다. "우리는 오전 9시에 보론초프 도로를 따라 차를 달렸는데, 이 도로는 크림 총독을 역임했던 보론초프의 이름을 따서 건설된 것이다. 보론초프는 크림 총독으로 있으면서 우리가 지금 머무는 궁전을 지은 인물이기도 하다. 바다 위의 높은 산악 지대를 달리는 이 도로는 굉장히 아름다웠다."라고 영국 육군 원수 앨런 브룩은 일기에 적었다. 영국 최고의 전략가이자, 연합국의 노르망디 상륙작전 때 처칠이 연합군 총사령관 1순위로 점찍어둔 브룩은 처음엔 마셜 장군에게, 다음에는 아이젠하워 장군에게 그 타이틀을 넘겨주었다. 그는 일기에 동료들과 상관들에 대한 칭찬을 별로 쓰지 않았는데, 자신이 가장 상대하기 힘든 사람이라고 여긴 처칠도 그런 이들 중 하나였다.

사냥과 낚시를 즐기는 대단한 자연애호가인 브룩은 훗날 런던동물학회(Zoological Society of London)의 회장직도 맡은 인물로, 기꺼이 이 탐사 여행에 참여했다. 그는 발라클라바 전장터를 그린 스케치 그림책도 가지고 갔다. 일행이 목적지에 도착하자 그는 전투 장소를 찾는 데 몰두했고, 그 유명한 왕실경기병대*가 거의 전멸한 장소를 찾아내고는 흥분을 감추지 못했다. 그

는 바람에 러시아군의 포위 공격을 받아서 큰 피해를 입었다. 발라클라바는 천혜의 지리적 조건을 갖추고 있어 소련 시대 흑해함대의 잠수함 기지로 사용되었고, 오늘날에는 많은 요트가 정박해 있는 관광 항구로 유명하다.

* **왕실경기병대** 크림전쟁 중 영국군의 발라클라바 공격(1854. 10. 25)을 주도했다. 왕실경기병대의 발라클라바 전투는 영국군의 가장 중대한 군사적 실책으로 간주된다. 원래는 영국의 동맹군인 오스만투르크군의 러시아 공격을 위해 대포를 이동시키는 임무가 부과되었으나, 잘못된 명령 전달로 인해 러시아군 방어선에 공격 선봉으로 나서서 많은 희생자를 냈다. 알프레드 테니슨(Alfred Tennyson)이 이 작전을 소재로 「왕실경기병대의 돌격(The Charge of the Light Brigade)」이라는 서사시를 발표하여 화제가 되었다.

의 동료들은 좀 더 최근의 전투 흔적을 발견하고 놀랐다. 그들은 땅에서 사람 두개골을 발견했다. "이것이 러시아 사람의 두개골인지 독일군의 두개골인지 알 수 있나요?"라고 누군가 동행한 모랜 경에게 물었다. 그러나 주치의는 답을 줄 수 없었다. 브룩은 최근 전투의 흔적에 주의를 기울였다. "한편에는 무덤과 그 옆으로 파괴된 전투기가 있고, 다른 편에는 망가진 탱크의 잔해가 있으며, 포탄 자국의 흔적들도 줄지어 있다. 거마창拒馬槍(chevaux-de-frise),* 뒤엉킨 철조망, 괴상한 무덤들, 그리고 전장의 기타 쓰레기들이 눈에 띄었다. 역사가 어떻게 다른 모습을 하고 반복되는지 참으로 이상하다."

회담이 시작된 지 나흘째 되는 날 영국 지휘관들이 잠시 휴식을 취하며 관광에 나선 반면, 미국 대표단은 다음 의제의 주목표로 삼은 소련의 대일전 참전에 관한 문제에 진전이 없어서 점점 더 초조해했다. 태평양 전장에서 일본에 대항해 공동전선을 펴는 것이 루스벨트가 군수뇌부를 얄타회담에 데려온 주된 이유였다. 그러나 3국 군수뇌부의 첫 회담에서 태평양전쟁을 의제로 올리려는 미국의 시도를 소련 측이 계속 방해했다. 2월 7일, 미국의 집요함은 결국 보상을 받았다. 미국 지휘관들은 관광 기회를 놓쳤을지는 몰라도 소련과 미국의 군사회담을 다음 날 의제에 포함시키는 데 성공했다. 그리고 그들은 최종적으로 폭격선爆擊線(Bombline), 즉 중부 유럽에서 소련과 연합국 공군의 작전지역 경계에 대한 합의도 이루어냈다. 이 합의의 결과 얄타회담 종료 며칠 후 연합국 공군의 드레스덴 공습이 이루어졌다.

서방 연합국과 소련의 군사적 관계에도 정치 관계 못지않게 많은 갈등이 존재했다. 처음에 미국 측은 영국과의 관계에서 표출된 문제에 주로 관심

---

* **거마창** 기병의 공격을 막기 위해 배치한 방어용 목책.

을 기울였다. 몰타에서 마셜 장군은 서부전선 쪽의 주공격 방향을 놓고 영국
군 수뇌부와 논쟁을 벌였다. 2월 4일 아침, 마셜은 영국군과 새롭게 부딪히
는 논쟁점이 소련 지휘관들과의 통신 연락이라고 보고했다. 영국 측은 서부
전선의 지휘관들과 소련군 수뇌부의 어떠한 직접적 교신도 반대했다. 미국
측이 영국을 배제하고 소련 측과 직접 연락을 취하지 않을까 하는 염려가 이
반대의 원인 중 하나였다.

　1월 아이젠하워 장군이 아르덴 작전을 수립할 때, 그에게는 모스크바의
소련군 지휘부와 직접 연락할 권한이 없기 때문에 소련군이 언제 공세를 시
작할 계획을 가지고 있는지 알 길이 없었다. 미국 측이 계획한 새로운 조정
이 이루어진다면 아이젠하워는 모스크바에 있는 미국 무관부武官府를 통해
소련군 수뇌부와 직접 교신할 수 있게 될 것이다. 한편, 영국 측은 이 계획이
실현될 경우 처칠과 영국군 수뇌부가 전장에서 배제되지 않을까 우려했다.
이들은 통합 사령부, 즉 영국군·미국군의 합동 수뇌부와 소련군 수뇌부 사이
의 통신수단 설치를 선호했다. 그러나 미국 측은 이러한 교신 방법이 복잡하
고 효과적이지 않다고 보았다.

　마셜은 영국 측이 일으킬 만한 문제에 대해서는 잘 파악해놓은 반면, 소
련의 정치·군사 문화의 특수성으로 인해 일어날 수 있는 문제에 대해서는
준비가 덜 되어 있었다. 애버럴 해리먼은 2월 4일 아침에 루스벨트 대통령과
군사 참모들이 모인 회동에서 이런 문제에 대해 설명하려고 노력했다. 그는
스탈린이 사전에 양측 군대 수뇌부의 논의를 허락하지 않은 상태에서는 소
련군 수뇌부와 의미 있는 논의를 진행하기가 불가능하다는 점을 지적했다.
소련의 정치 문화와 관련된 많은 사안과 마찬가지로, 이 문제에 대해서 해리
먼은 모스크바 주재 미국대사관의 수석 무관인 존 딘(John R. Deane) 장군과
일치된 생각을 갖고 있었다.

　얄타회담이 시작되기 전, 딘 장군은 미국 대표단의 군지휘관들을 위해

「소련 군 당국의 방법, 절차, 특성에 대해」라는 보고서를 작성했다. "여태껏 핵심 의제에 대한 정부의 결정에 앞서 해당 문제와 관련해 소련의 군 당국과 포괄적 논의를 하는 일은 불가능했다. 간혹 외국인이 첫 회의 자리에서 결정을 받아낼 수 있는 유일한 사람이 있는데, 바로 스탈린 원수이다."라고 보고서는 언급했다. 미군 수뇌부는 아이젠하워와 소련 총참모본부 사이의 연락 채널 개설 문제를 루스벨트 대통령이 직접 스탈린에게 거론할 수 있는지를 물었다. 그들은 스탈린으로 하여금 자신의 총참모본부가 서방 측 군수뇌부와 '자유롭고 허심탄회한' 논의를 진행할 수 있도록 루스벨트가 나서서 요청해주기를 원했다.

루스벨트는 2월 7일 전체 회의 전, 스탈린과 사전 회동 때 이 두 문제를 모두 거론했다. 그는 연합국 지휘관들 사이의 협의 의제를 적은 메모를 스탈린에게 건넨 뒤, 서부전선과 동부전선이 가까워지고 있는 상황에서 아이젠하워가 런던과 워싱턴을 거치지 않고 곧바로 소련군과 직접 연락할 수 있는 방법을 갖도록 허락해야 한다고 제안했다. 스탈린은 "이 제안의 세부 사항을 군사 참모진에게 논의하도록" 하자며 동의했다. 스탈린의 반응에 루스벨트는 당연히 만족스러워했지만, 좀 더 경험이 많은 소련 관련 전문가들 사이에서는 의구심을 불러일으키기에 충분했다. 딘 장군이 경험을 통해 깨달았듯이, '원칙적' 동의는 큰 의미가 없다. "세부 사항을 만들어내는" 과정에서 소련 측은 이 합의를 아무 의미 없게 만들 수 있었다.

다음 날 소련 지휘관들은 공격의 세부 사항과 함께 서부전선에서의 서방 측 작전에 대한 요청도 활발하게 논의했다. 그러나 논의의 범위는 스탈린이 전날 명확히 정의해놓은 상태였다. 그 때문에 새로운 질문이 제기되거나 새 제안이 나올 때마다 그들은 더 나아가지를 못했다. 먼저 새 제안에 왜 바로 동의하지 못하는지에 대한 양해를 구한 다음, 그 문제는 스탈린 원수와 논의해야 한다고 말했다. 레이히 제독이 서부전선의 아이젠하워 사령부와 모스

알렉세이 안토노프 소련군 합동참모본부의 부참모장이며 뛰어난 군사전략가로, 얄타회담과 포츠담회담에 참석했다. 얄타회담의 군사 회의에서 폭격선 설정과 관련하여 소련 측 입장을 대변했다. 사진은 1945년경의 모습이다. 가운데 있는 인물이 안토노프이다.

크바 사이에 직접 교신 방법이 만들어져야 한다고 제안하자, 미국 측이 영국의 접근을 차단하려 한다는 의심을 늘 품고 있던 영국의 앨런 브룩 육군 원수가 그보다는 미국·영국·소련 총참모본부 사이의 교신 방법이 먼저 수립되어야 한다고 제안했다. 이와 함께 하급 지휘관들 사이에도 교신이 가능해져야 한다고 제안했다. 그의 제안대로 할 경우, 지중해의 연합군 사령관인 알렉산더 육군 원수는 발칸반도의 소련군 지휘관과 교신할 권한을 갖게 된다.

전선이 서로 접근하고 있으며 사고가 발생하기 시작하는 상황이라서 이러한 아이디어는 백번 합당했다. 일례로 발칸반도의 소련군 부대가 미 공군기에 의해 오폭을 당한 사건도 있었다. 미국은 이 아이디어를 수용했지만, 이제는 소련 측이 이를 반대했다. 소련의 입장을 개진하는 임무를 맡은 인물은 연합군 측이 뛰어난 전략가로 평가한 소련군 총참모본부 부참모장 알렉세이 안토노프(Aleksei Antonov) 장군이었다. 첫 전체 회의가 끝난 후 미군 측의 로런스 쿠터 장군은 안토노프에 대해 "그의 통수권자가 없는 상황에서 미국의 보수적 총참모본부장에게 기대할 수 있는 방식으로 발언하고, 행동하고, 반응했다."라고 적었다.

안토노프는 문제를 두 부분으로 구분했다. 첫 번째는 총참모본부 사이의 교신이고, 두 번째는 전선의 지휘관들 사이의 교신이었다. 그는 첫 과제의 경우 모스크바에 있는 연합국 대사관들을 통해 해결할 수 있는 문제이고, 두 번째 문제는 전선이 더 접근하면 검토할 수 있다고 했다. 원래 1월 18일 미국의 합참의장이 소련 측에 제안한 방식은 모스크바의 미국 무관부를 통해 아이젠하워 장군과 소련 총참모본부 사이의 교신 채널을 열자는 것이었다. 이는 곧 자신이 완전히 통제할 수 있는 또 하나의 교신 채널이 만들어지는 것이라고 생각한 스탈린이 이미 동의한 내용이었다.

마셜 장군은 크게 놀랐다. 그는 통신을 제한하는 이유를 이해할 수 없었다. 안토노프는 적절한 절차를 통해 문제가 해결될 것이라고 설명함으로써 자신의 제한된 권한을 암시했다. 마셜은 다시 한 번 밀어붙여, 발칸반도에서 소련군에 대한 미 공군의 오폭을 모든 사람에게 상기시켰다. 하지만 안토노프는 그 사건을 단지 항법상의 오류로 받아들였다. 마셜은 기상 조건이 양호한 상황에서도 연합국 공군이 후퇴하는 독일군을 폭격할 수 없는 사실을 지적했다. 따라서 폭격선이 사전에 모스크바에서 합의가 이루어져야 하며, 더욱이 이런 형식적 절차는 효과적인 작전을 불가능하게 만든다고 설명했다. 앨런 브룩 원수도 그의 말에 동의했다. 그러나 안토노프는 소련의 공군 작전은 모스크바에서 결정되고 조율되어야 한다면서 고집을 꺾지 않았다.

이때 찰스 포털 영국 공군 원수가 끼어들었다. 그는 전략적 폭격 작전이야 최고위급에서 조율되는 것이 맞지만, 지중해 전장의 알렉산더 원수와 연합국 공군은 발칸반도나 헝가리에 있는 소련군과 직접 교신할 수 있어야 한

기념촬영 속 군지휘관들 1945년 2월 9일, 얄타회담 참석자들은 리바디아 궁전에서 기념촬영을 했다. 위 사진은 그중 서방 측 군지휘관들이 보이는 것이다. ①은 영국 함참의장 앨런 브룩, ②는 영국 해군 사령관 앤드루 커닝햄, ③은 영국 공군 사령관 찰스 포털, ④는 미 공군 참모총장 로런스 쿠터이다. 루스벨트의 바로 뒤에 있는 사람은 미 육군과 해군 합동참모본부장 윌리엄 레이히이다.

다고 주장했다. 안토노프는 더 이상 댈 핑계가 없었다. 소련 공군 사령관인 세르게이 후댜코프 원수가 결국 회담 참가자들에게 내놓은 의견은 "알렉산더 원수와 소련군 좌군左軍(left wing) 사이에 직접 교신 채널을 만드는 문제에 대해 말하자면······ 이 문제는 스탈린 원수에게 보고되어야 할 사안입니다."라고 했다. 그때서야 모든 사람이 스탈린의 사전 허락이 없는 문제에 대해서는 소련 지휘관들에게 결정 권한이 없다는 사실을 깨달았다. 그리하여 이 문제는 당분간 논의 대상에서 빠졌다.

쿠터 장군은 훗날 '자유로운' 의견 교환에 대한 인상을 회고했다. "회담은 전반적으로 만족스러웠다. 이번 만남은 러시아인들이 자신의 견해를 표현한 최초의 회담이었다. 러시아인들은 의견을 제기하거나 질문에 답할 때면 자신이 하는 말은 어디까지나 개인적 의견일 뿐이며, 비형식적이고 비공식적이라는 말로 말문을 열었다. 이렇게 비공식적이고 개인적인 답을 한 다음에는 그날 늦게 '원수'를 만나고 난 뒤 이튿날 확실하고 공식적인 답을 줄 수 있다고 했다."

연합국 측의 제안에 동의하는 것은 결정 과정을 일원화하는 소련의 정책에 어긋나는 일이었다. 이런 정책 뒤에는 외국인에 대한 러시아인들의 전통적 의심, 불요불급한 경우가 아니라면 서방에 협조하기를 꺼리는 태도, 소련 시민을 서방의 영향에 노출시키는 것에 대한 두려움 등이 있는데, 이 모든 것이 딘 장군의 보고서에 표현된 소련의 정치·군사 문화의 특징이었다. 다음번에 열린 3국 군지휘관 회의에서 안토노프는 소련군과 연합군의 직접적 접촉이 없는 한 하위 단위의 교신 채널을 개설할 필요가 없다는 스탈린의 견해를 전달했다. 이것으로 토론은 끝났다.

그다지 중요하지도 않은 결정조차 직접 내리지 못하는 소련 군지휘부의 권한 결여는 훨씬 많은 자유를 누리는 연합국 군사 대표단 대부분에게 큰 충격으로 다가왔다. 딘 장군의 보고서가 그 이유를 설명하고는 있지만, 미국과 영국의 장군들이 새로운 현실에 적응하는 데는 시간이 필요했다. 그들은 결국 새로운 아이디어나 제안에 대한 답은 당일이 아닌 다음 날에야 나올 수 있다는 사실에 점차 적응해갔다. 서방의 군지휘관들은 편집광적인 독재자와 비밀경찰의 감시 밑에서 일하는 소련의 지휘관들이 매일매일 업무에서 겪는 심리적 압박감을 제대로 상상하기 어려웠다.

얄타회담에 참가한 소련 지휘관 중 가장 당당하게 말하고 호감이 가는 세르게이 후댜코프 공군 원수가 훗날 맞은 운명은 충격적이다. 소련의 공군 지휘부 대표로 회담에 참가한 후댜코프는 둥근 얼굴형에 명랑한 성격이

기념촬영 속 후댜코프　3거두의 뒷줄에 서 있는 사람들은 왼쪽에서부터 앤드루 커닝햄, 찰스 포털, 윌리엄 레이히(루스벨트 바로 뒤), 알렉세이 안토노프(눈 감고 있음), 세르게이 후댜코프(스탈린 뒤)이다.

며, 얄타에서 찍힌 여러 사진에 그 모습이 남아 있다. 그는 미국 공군 참모총장인 쿠터 장군과 강한 직업적 연대를 맺었다. 쿠터 장군은 그에게서 '자신만만한 조종사'에게 나타나는 모든 특징을 보았다. 나중에 쿠퍼는 후댜코프가 공군 지휘관들의 첫 회의를 "씩씩하고 즐거운 말로 시작해서 공군들끼리 모여 회담할 때 외교관들이 차리는 격식이나 육군·해군 지휘관들의 고전적이고 정제된 언어로 회의를 진행할 필요가 없었다."라고 회고했다. 후댜코프는 부정적 답을 할 때조차도 3국 공군 사령관 사이의 유대를 강화하는 방식으로 의견을 제시했다. "총참모본부는 전 세계 모든 조종사들의 목을 맷돌로 누르는 것처럼 압박합니다."라고 그는 공군 지휘관들의 마지막이자 좋은 결과를 이끌어내지 못한 회담의 말미에 말했다. "그는 유쾌하면서도, 에두르지 않고 다소 퉁명스럽게 말하는" 사람이고, "자신의 동료들보다 표현의 자유를 좀 더 누리는 것 같아 보였다."라고 쿠터는 훗날 회고했다.

당시 후댜코프는 43세, 쿠터는 40세로, 두 사람 모두 전쟁 중 초고속 승진을 한 경우이다. 쿠터는 2년 남짓 기간에 소령에서 중장까지 승진했으며 중간의 대령직은 아예 건너뛰었다. 후댜코프는 3년 남짓 기간에 네 계급을 뛰어올라 대령에서 소련 공군 원수가 되었다. 얄타회담 후 두 사람은 모두 극동으로 배치되었는데, 후댜코프는 일본과의 짧은 전쟁 기간 중 공군 사령관이 되었고, 쿠터는 태평양 주둔 미군의 부사령관이 되었다. 그러나 두 사람이 비슷하게 걸어온 생애와 경력은 거기까지였다.

아르메니아인 부모 밑에서 아르메나크 칸페랸츠(Armenak Kanferiants)라는 본명으로 태어난 후댜코프는 혁명 기간 중 미래의 소비에트 아제르바이잔공화국의 수도인 바쿠에서 붉은 근위대(Red Guards)를 조직했다. 후댜코프는 전투에서 죽은 러시아 친구를 기리기 위해 그의 이름을 따와 자신의 이름을 바꾸었다. 개방적이고 독자적인 후댜코프의 스타일은 스탈린이 감당하기에 정도를 넘어선 듯하다. 이 때문인지 그는 얄타회담 1년 뒤 추락해서 1945년 12월 14일 체포되었다. 바쿠에서 막 혁명 활동을 시작한 16세 때 영국의 첩자 노릇을 했다는 혐의가 씌워져 기소된 것이다. 당 지도부로부터 '보나파르티즘(Bonapartism)' 비난을 받은 게오르기 주코프 원수를 형사소추하기 위한 전 단계로 진행된 후댜코프의 체포는 스탈린의 개인적인 승낙 없이는 이루어질 수 없는 일이었다. 1949년 가을, 스탈린의 경호부 대장 니콜라이 블라시크(Nikolai Vlasik) 장군, 스탈린 개인 사무국의 수뇌 알렉산드르 포스크레비셰프(Aleksandr Poskrebyshev), 내각의 부수상 클리멘트 보로실로프(Kliment Voroshilov) 원수가 후댜코프의 체포를 논의하다가 그의 성을 기억하지 못하자, 스탈린이 곧바로 말해주었다. 후댜코프는 1950년 4월 총살형을 당했다.

스탈린이 군지휘관들을 숙청한 일은 이번이 처음이 아니다. 그는 최고의 전략가 미하일 투하쳅스키(Mikhail Tukhachevsky)를 비롯해 소련군의 최고 엘리트들을 1937~1938년 대숙청 때 제거했다. 최고 지휘관으로 손꼽히는 콘스탄틴 로코솝스키(Konstantin Rokossovsky)와 키릴 메레츠코프(Kirill Meretskov) 두 사람은 전쟁 중 감옥에서 풀려나와 군 지휘를 맡았다. 그러나 전쟁이 끝나자 스탈린은 휘하의 장군들을 처리하기 시작했는데, 그들에게 적용한 죄목은 소련군이 점령한 독일에서 예술품과 다른 귀중품들을 훔쳤다는 죄였다. 좋게 보자면 이런 기소는 근거가 아주 없다고 할 수 없지만, 실상 스탈린이 자행한 숙청운동의 주목적은 장군들의 군기를 잡고, 새로운 세대의 지휘관들에게 누가 최고 권력자인지를 보여주기 위함이었다.

자유로운 의사 표현은 한 사람이 오래 살아남을 가능성을 희박하게 만들었다. 그러나 자신만만한 태도 및 연합국과 맺은 좋은 관계는 스탈린 테러의 희생자가 된 유일한 이유는 아니었다. 얄타에 온 또 한 명의 소련군 수뇌인 해군 사령관 니콜라이 쿠즈네초프의 인생과 경력은 스탈린 밑에서 일하는 군 생활의 위험성을 보여주는 또 다른 사례다. 쿠즈네초프는 후댜코프와 다르게 서방의 군 장성들로부터 높은 존경을 받지 않았다. 쿠터는 그를 '정치적 제독'이라 생각했으며, "해군 작전에 대한 그의 지식과 관심은 보잘것없다."라고 결론지었다. 레이히 제독도 그에 대해 똑같이 낮은 평가를 했다. 회고록에 기록하기를 "그는 멋지게 만들어진 해군 제독 복장을 한, 체격이 큰 친구이다. 그는 우리와 대화를 나눌 수 있을 정도로 프랑스어를 잘 구사했다. 나는 그가 뛰어난 해군 지휘관인지에 대해서는 의구심을 가졌지만, 일에 대한 지식은 제대로 가지고 있었다."라고 했다.

1939년 쿠즈네초프가 43세의 나이로 소련 해군 담당 인민위원에 임명되었을 때, 그가 지닌 경력은 3년이 채 안 되는 순양함 함장 경험과 1년이 채 안 되는 기간에 소련 태평양함대 사령관으로 복무한 경험이 전부였다. 제2

차 세계대전 전 스탈린이 군수뇌부를 대거 숙청하는 가운데 쿠즈네초프는 눈부신 승진 가도를 달렸다. 그러나 전쟁 후 군지휘관들에게 가해진 공포 정책은 그도 비껴가지 않아, 거기서 그의 경력도 거의 끝날 뻔했다. 1947년 쿠즈네초프는 사령관직에서 면직되어 해군 중장으로 계급이 강등되었다. 그는 1944년 영국에 '비밀스런' 소련 어뢰 서류를 건넨 혐의를 받았는데, 이는 허무맹랑한 기소 이유였다. 왜냐하면 이 어뢰의 생산 허가는 소련이 1935년 이탈리아로부터 사들였기 때문이다.

1951년 스탈린은 겁에 질리고 수치를 당한 쿠즈네초프를 다시 옛 직책에 임명했지만, 그는 두 번 다시 해군 원수의 계급은 되찾지 못했다. 그래도 그는 행운아에 속했다. 얄타회담 후 후댜코프와 마찬가지로 쿠즈네초프의 추락은 소련 지휘관들이 왜 서방 연합국 파트너들과의 협상에서 책임질 일을 회피하는지 잘 설명해주는 이유가 된다. 2월 8일 유수포프 궁전에서 열린 만찬 때 스탈린은 "전쟁 중 우리 모두가 안전을 의뢰하고, 우리의 안전을 책임지고, 모든 여성의 영웅들, 전투가 계속되는 한 우리 모든 것의 중심이며, 전투가 끝나면 잊히고 망각의 대상이 될 우리의 모든 병사를 위하여"라면서 건배를 제의했다.

제2차 세계대전이 끝나고 몇 년 뒤 딘 장군은 태평양에서 소련과 미국의 합동작전은 군사동맹의 기능에 대한 각기 다른 이해 때문에 장애를 맞았다고 회고했다. 미국 측은 이것을 공동작전의 관점에서 이해한 반면, 소련 측은 각국이 독자적으로 임무를 수행하는 식으로 이해했다. 이러한 상이한 접근법은 "세부 사항을 논의할 때" 확연히 드러났다.

지상군 지휘관들 사이에 적절한 교신 수단이 없고 전선이 서로 접근하는 상황에서 공군이 할 수 있는 유일한 일이란 양측의 공군 작전 범위에 대한 확정, 곧 폭격선을 정하는 일이었다. 안토노프 장군은 소련군 전선에서 약 60km 거리를 폭격선으로 정하자고 제안했다. 미국과 영국 측은 이에 대해 좀 더 검토할 시간을 요구했다. 미국과 영국 두 나라는 소련 측의 제안이 마뜩지 않았다. 앨런 브룩 육군 원수는 이날 일기에 "안토노프는 베를린-라이프치히-빈(Vienna)-자그레브(Zagreb)를 연결하는 자의적인 폭격선을 만들어 왔는데, 우리는 이를 마땅하게 생각하지 않았다."라고 적었다.

밤새 이 문제를 검토한 서방 연합국 측은 결국 안토노프의 제안을 거절했다. 쿠터 장군이 미국과 영국의 입장을 전달했다. 그는 폭격선의 필요성 자체에 의문을 제기했는데, 이는 1월에 만들어진 합동참모본부의 안을 분명히 재고하는 것이었다. 새로운 폭격선이 설정되면 동부의 주요 산업 목표와 정유공장들은 영국-미국 공군이 폭격을 할 수 없는 지역에 들어간다. 쿠터는 안토노프의 안을 거부하는 대신, 그 대안으로 연합국 공군 지휘관들 사이의 교신을 개선하자고 제안했다. 그러자 이번에는 소련 측이 거부했다. 미국·영국·소련 공군기들의 독일 영토 폭격을 조율하는 문제도 논의되었으나, 소련 측이 다시 거부했다.

어느 순간 미국과 영국 측이 한편으로, 소련 측이 다른 한편으로 나뉘어 '폭격선'에 대해 각기 다른 이해를 하고 있음이 드러났다. 쿠터, 포털, 후댜코프는 2월 7일 영국 지휘관들이 관광을 하는 동안 해결책을 찾아냈다. 이들은 어느 쪽이든 폭격할 수 있는 지역이란 의미를 담아내기 위해 '제한 지역(zone of limitation)'이라는 새로운 용어를 생각해냈다. 언어적 수정을 떠나, 결국 폭격선의 개념은 남게 되었다. 서방 연합국은 소련군의 전선이 너무 가까이 접근하기 전에 자신들이 설정한 독일 목표물들을 서둘러 폭격하려고 했다. 그들은 대량 폭격의 목표 지점을 이미 선택한 상태였다.

드레스덴 도시가 얄타에서 열린 군사회담의 몇 안 되는 직접적 결과로 합의된 '제한 지역'의 주요 희생물이 되었다. 1945년 초까지만 해도 드레스

드레스덴 폭격
얄타회담이 끝나고 이틀 뒤인 2월 13일 밤 독일 남동부 작센 주의 드레스덴에 대한 공중폭격이 실시되었다. 이후 15일까지 세 차례에 걸쳐 영·미 공군의 대규모 폭격이 계속되었다. 이 공습으로 도시의 90%가 파괴되었다. 사진은 건물 잔해만 남아 있는 드레스덴의 모습이다.(시청에서 본 풍경)

덴은 연합군의 체계적 폭격을 피한 매우 소수의 주요 독일 중심지 중 하나였다. 이 도시 사람들은 처칠의 숙모가 이곳에 살고 있기 때문에 영국 수상의 개인적 제지로 폭격을 피했다는 소문을 편하게 믿고 있었다. 그러나 불행하게도 이것은 사실이 아니었다. 이 도시는 1945년 1월 연합국의 공중폭격 대상에 올랐다. 그 배경에는 처칠이 소련의 겨울 공격을 도울 방법을 찾고 있었다는 점과 함께, 당시 소련군이 생산한 어떤 무기보다 연합군 폭격기의 위력이 훨씬 우위에 있다는 것을 과시할 목적도 작용했다.

알타에서 연합군 지휘관들은 소련 측이 제시한 폭격선 상에 드레스덴이 있다는 사실을 알고 아마도 크게 놀랐을 것이다. 소련의 공격이 계속되면 불과 수일 내에 이 도시는 연합군의 폭격 대상에서 벗어나게 될 터였다. 영국의 찰스 포털 공군 원수는 안토노프 장군에게 소련 측의 요구로 연합군이 베를린과 라이프치히 외에 드레스덴을 폭격 표적에 추가하는 것으로 해달라고 설득했다. 2월 7일 딘 장군은 드레스덴이 독일의 다른 중심지와 함께 연합군의 폭격 대상이 된다는 사실을 상관들로부터 통보받았다. 정확한 폭격 날짜는 당시 정해지지 않았지만, 얄타회담이 끝난 다음 날인 2월 12일 딘 장군은 소련 총참모본부에 앞으로 실시될 폭격을 통지했다.

2월 13일 밤, 영국 공군은 드레스덴에 대한 첫 야간 공중폭격을 개시했다. 2월 13~15일 사이에 세 차례의 집중 폭격으로 '엘베 강의 피렌체'로 불리던 드레스덴은 돌무더기로 변해버리고 말았다. 총 1,300대의 영국·미국 폭격기가 3,000톤 이상의 폭탄을 떨어뜨렸다. 시내는 완전히 파괴되었고 2만 5,000명이 즉사하거나 화재 속에 타 죽었다. 폭격의 결과, 역설적이게도 교외에 자리 잡은 산업 지역은 역사적인 도시 내부보다 상대적으로 적은 피해를 입었고, 나치는 비교적 짧은 기간 안에 군용물자 생산을 재개할 수 있었다.

얄타회담이 종료된 지 불과 이틀 후에 시작된 드레스덴 폭격은 제2차 세계대전 중 자행된 '공포 폭격(terror bombing)'의 잔혹성, 끔찍함, 무분별성의 상징이 되었다. 드레스덴 폭격 전 영국 공군 조종사들에게 배부된 지침서에는 "폭격의 목적은 이미 부분적으로 무너진 방어선 후방에 적군이 가장 아프게 느낄 지점을 공격하고, 적군으로 하여금 향후 도시를 침략의 발판으로 쓰지 못하게 하며, 동시에 러시아인들이 이 도시에 진격해 들어왔을 때 폭격기 사령부가 어떤 일을 할 수 있는지를 보여주는 데 있다."라고 명시했다. 소련군은 나치 독일이 서부전선에서 괴멸된 날인 5월 8일까지 이 도시에 도착하지 않았다. 소련군은 '푸른 기적(Blue Wonder)'이라고 불리는 엘베 강의 다리

로슈비츠 다리(Loschwitz Bridge) 드레스덴에 있는 로슈비츠 다리는 이른바 '푸른강의 기적(Blue Wonder)'이라고 불린다. 엘베 강을 건너는 철제 교량으로 만들어졌는데, 제2차 세계대전 중 도시 전체가 파괴되는 속에서도 무너지지 않아 오늘날까지 이용되고 있다. 사진은 1901년의 다리 모습이다.

를 건너 시내에 들어왔는데, 19세기에 만들어진 이 철제 교량은 연합군의 드레스덴 공습 때 기적적으로 파괴되지 않았고, 소련의 진격을 막기 위해 나치가 파괴하려 했지만 실패했다.

Chapter 17

극동 기습

스탈린은 크렘린 집무실에서 하던 대로 유수포프 궁전의 서재를 왔다 갔다 했다. 그는 흥분을 억제할 수 없어서 "좋았어, 아주 좋았어."라고 연거 푸 말했다. 그의 손에는 전령이 전해준 루스벨트 대통령의 편지가 들려 있었 다. 공식 번역본이 만들어지기 전에 그는 워싱턴에 파견된 젊은 대사 안드레 이 그로미코를 불러들여 편지 내용을 바로 해석하도록 했다. 그로미코는 스 탈린에게 루스벨트가 남부 사할린과 쿠릴열도에 대한 소련의 영유권 주장을 수용할 의사가 있다고 보고했다. "이것은 중요한 편지야. 미국이 사할린과 쿠릴열도에 대한 우리 입장의 정당함(justice)을 인정했어. 이제 그들은 이에 대한 보상으로 우리가 대일전에 참전하기를 요구할 거야. 그러나 그것은 완 전히 다른 문제지."라고 스탈린은 말했다.

"자네는 루스벨트를 어떻게 생각하나? 그는 머리가 좋은가?" 스탈린이 그 로미코에게 물었다. 지금, 미래의 소련 외무장관은 전에 늘 하던 것처럼 루 스벨트의 자본가적 정책을 계급적 관점으로 분석함으로써 스탈린의 비위를 맞추지는 않기로 했다. 그는 주인의 기분을 파악했다. 루스벨트의 편지에 만 족한 스탈린은 편지를 쓴 사람에 대해 좋은 얘기를 듣고 싶어 했다. 그로미 코는 단어 선택에 신중을 기하며 답했다. "스탈린 동지, 루스벨트는 아주 지적 수준이 높고, 능력이 탁월한 사람입니다. 그가 세 번 연달아 대통령에 당선되고, 4선째 임기를 맞았다는 사실이 이를 말해주고 있습니다. 물론 그는 국제 정세의 도움을 많이 받았습니다. 또한 그의 이름을 인기 있도록 만든 민주당원들이 한 역할도 컸습니다. 그러나 그의 '노변담화爐邊談話'는 수백만 명의 미국인들에 큰 영향을 미쳤습니다."

"그건 그가 현명하게 잘한 일이야. 그래 그는 모든 일을 제대로 했지. 내가 단단한 만족의 미소라고 부르는 것을 그는 안면에 띠우지."라고 스탈린이 말했다. 그로미코는 회고록에 "이것은 내가 관찰한 바에 따르면 그가 기분이 좋고 호감을 가지고 있는 사람에 대한 이야기가 나올 때 쓰는 표현이다."라고 적었다.[1]

루스벨트의 편지는 스탈린이 소련의 태평양전쟁 참전 대가로 미국인들에게 제안한 '정치적 조건'에 대해 처음으로 공식 인정한 것이다. 스탈린이 지금 루스벨트에게서 인정받았다고 믿는 소련 측 요구의 '정당함'은 지정학적인 고려 못지않게 역사적인 고려에 기반을 두고 있다. 1905년 시어도어 루스벨트 대통령은 1년 반 동안 중국 북부와 한반도를 놓고 벌인 러시아와 일본제국 사이의 러일전쟁 종전 후 포츠머스조약 협상을 중재한 바 있다. 그러한 외교적 노력을 인정받아 시어도어 루스벨트 대통령은 노벨평화상을 수상했지만, 협상 결과에 모두가 만족했던 것은 아니었다. 바다와 지상에서 치른 여러 달의 전쟁에서 '열등한' 아시아인들에게 패배를 당한 러시아로서는 큰 치욕이었다.

이 조약에 따라 차르 정부는 사할린 남부를 일본에게 넘겨주기로 약속했고, 중국 북부 만주에서 군대를 철수하고 그곳에 건설해놓았던 철도를 포기했다. 러시아 해군기지로 임차된 뤼순旅順항이 있는 랴오둥반도를 일본이 조차하도록 허락하고, 한반도를 일본의 영향권으로 인정했다. 러시아가 태평양에서 부동항을 획득하려는 시도는 재앙으로 끝났다. 러시아 정부가 시어도어 루스벨트 대통령이 제시한 협상 조건을 받아들일 수밖에 없었던 하나의 이유는 내부에서 제국을 흔든 1905년 혁명 때문이었다. 이 혁명에 참여했던 스탈린은 러시아 제국의 이전 통치자들이 맛보았던 패배와 치욕을 자신이 복수해주려 하고 있었다.

소련이 태평양에서 달성할 전쟁의 목표는 1941년 겨울 모스크바 전투에서 독일군에게 패배를 안긴 직후 처음으로 작성되었다. 당시 몰로토프 밑의 부인민위원인 솔로몬 로좁스키(Solomon Lozovsky)는 스탈린에게 제출한 보고서에서, 소련은 일본이 소유한 쿠릴열도와 사할린 남부로 인해 태평양으로부터 차단되어 있는 소련 항구인 마가단과 블라디보스토크가 위치한 극동에서 지정전략적 입지를 향상시켜야 한다고 건의했다. "일본 군함이 어느 때건 우리를 태평양으로부터 차단시키고, 라페루즈(La Pérouse) 해협, 쿠릴 해협, 쓰가루津軽(Sangar, Tsugaru) 해협, 쓰시마 해협을 봉쇄할 수 있는 상황을 우리는 더 이상 방관해서는 안 됩니다."라고 로좁스키는 주장했다. 그의 판단으로는 "우리의 극동 경계선 및 소련의 항구들과 전 태평양의 다른 항구들 사이에 교통의 자유"를 생각해보아야 할 시점이었다.

1941년 12월 소련이 어떤 생각을 했든 간에 그것은 극비로 지켜지고 있었다. 1941년 4월 소련은 일본과 5년 기간으로 중립조약을 체결했고 그에 따라 일본이 소련을 공격하지 않기로 결정했기 때문에, 독일이 이해 6월 소련을 침공했을 때 스탈린은 극동의 온전한 사단들을 모스크바로 이동시켜 수도에 대한 독일군의 공격을 격퇴할 수 있었다. 미국의 무기대여 프로그램 물자들도 태평양의 항구를 통해 소련에 전달되었고, 소련이 전쟁 중 보급선을 계속적으로 유지하는 데도 일본의 호의가 핵심적으로 영향을 미쳤다. 스탈린그라드에서 소련군이 승리하자, 놀란 일본 정부는 소–일 관계를 증진시키기 위해 모스크바에 사절을 파견하겠다고 제안했으나, 스탈린은 이 제안을 거절했다. 스탈린은 두 나라가 중립을 지키는 상태로 남아 있기를 선호했다.

소련-일본 중립조약 1941년 4월 13일 모스크바에서 소련과 일본은 양국의 영토 보전과 불가침을 내용으로 하는 중립조약을 맺었다. 소련은 유럽 쪽 전선의 긴장 격화를 앞두고 일본과 우호 관계를 유지할 필요가 있었고, 일본은 북방 쪽 불안을 제거하려 했기 때문에 양국의 이해가 맞아떨어졌다. 사진은 일본의 외무대신 마쓰오카 요스케(松岡洋右)가 조약 문서에 서명하는 모습이다.

1943년 10월 스탈린은 모스크바를 방문한 미 국무장관 코델 헐에게 독일이 항복한 후에 소련은 일본을 패퇴시키는 연합국에 동참하겠다고 말했다. 테헤란회담에서 스탈린은 일본 주변에 연합국의 '강력한 거점(strong points)'(군사기지)을 만들자고 제안했으나, 처칠이 있는 데서 영토적 요구를 논의하지는 않았다. 스탈린은 루스벨트와 가진 사적 면담 자리에서 영토 요구 사항을 전달하고, 소련의 대일전 참전은 유럽에서 연합국의 행동에 달려 있다고 말했다. 그가 요구한 영토는 로좁스키가 주장했던 범위를 훨씬 넘어섰다. 루스벨트는 1944년 1월 테헤란에서 돌아오자마자 태평양전쟁위원회에 일본이 점령한 사할린 남부와 쿠릴열도를 소련에게 넘기고, 다롄大連항과 중국 북동쪽의 만주철도 조차권에 대한 소련의 권리를 인정하며, 그리고 한국에 대한 40년간의 신탁통치에 참여하는 것을 스탈린과 양해했다는 사실을 알렸다.

테헤란에 있는 동안 루스벨트는 스탈린에게 소련이 대일전에 참전하면 일본 공격에 사용할 수 있는 미국 공군기지를 소련 극동 지역에 설치할 권한을 달라고 요청하는 편지를 보낸 바 있다. 소련 측은 이에 별 흥미를 보이지 않았다. 스탈린은 미국과 영국에게 소련은 유럽에서 전쟁이 끝나면 서부전선의 병력을 이동시켜 극동의 소련군 병력을 세 배 늘린 뒤 대일전에 참가할 것이라고 약속했다. 테헤란회담에서 제안된 여러 계획처럼 이 약속은 구두 양해 사항일 뿐이라 어느 쪽도 의무를 질 필요가 없었고, 다만 후일 협상의 기초가 될 것이었다. 이 사항은 소련이 태평양전쟁에 참전하는 문제에 대해 미국과 소련 사이에 진행된 모든 논의에서 기본 전제가 되었다.

스탈린의 최고위 참모들조차 소련이 태평양전쟁에 참전한다고 약속한 사실을 제대로 알고 있지 못했다. 이반 마이스키는 1944년 1월 스탈린과 몰로토프에게 전후 세계기구에 대한 보고서를 제출했는데, 여기에서도 그가 이 합의에 대해 알고 있었다는 점은 전혀 드러나지 않는다. 그는 소련이 쿠릴열도와 사할린 남부를 합병해야 한다고 보았지만, 이것은 대일전에 참전하지 않고도 이룰 수 있는 일이었다. 마이스키는 사실상 대일전 참전을 반대했다. 그는 서방 연합국이 유럽에서 제2전선 수립을 질질 끌었기 때문에 그들 단독으로 일본과 싸우도록 내버려두어야 한다고 스탈린에게 건의했다.

1944년 9월 스탈린은 서방 연합국이 소련의 참여 없이 태평양 지역에서 공동작전을 수립하고 있는 것에 대한 놀라움을 해리먼과 아치볼드 클라크 커에게 표현했다. 그는 대일전에 참전하겠다는 자신의 결정을 분명히 확인시켜주었다. 그러나 다음 달 처칠이 모스크바를 방문했을 때 해리먼이 미국의 요청을 스탈린에게 다시 한 번 이야기하자, 소련의 지도자는 정치적 문제가 먼저 해결되어야 한다고 말했다. 1944년 늦가을과 초겨울 소련의 언론은 스탈린이 어떤 정치적 문제를 마음에 두고 있는지를 어느 정도 암시했다. 40년 전 일본과의 전투에서 상실한 뤼순항과 요새를 되찾는 일이 우선순위인 듯했다. "러일전쟁 당시 뤼순항의 포위를 다룬 책은 몇 년간 출판이 보류되었다가 출간되었고, 언론에서 좋은 평가를 받았다."라고 모스크바 주재 미국대사관은 보고했다.

1944년 12월 워싱턴의 훈령을 받은 해리먼이 스탈린에게 정치적 문제를 나열해달라고 하자, 스탈린은 테헤란회담에서 루스벨트 대통령과 논의했던 것과 동일한 요구 사항이 담긴 목록을 제출했다. 소련 지도자는 블라디보스토크와 태평양 사이의 자유항행을 위해 사할린 남부와 쿠릴열도의 소련 '반환'을 요구했다. "태평양으로 나가는 모든 길은 일본이 장악하고 있거나, 일본에 의해 봉쇄되어 있습니다."라고 스탈린이 말했다. 스탈린은 뤼순항과 다롄, 동중국 철도의 조차를 요구했다. 루스벨트와 스탈린 간에 이루어진 사적 미팅의 내용을 잘 알고 있던 해리먼은 태평양의 부동항에 대해서 루스벨트 대통령은 조차가 아니라 국제자유항을 생각하고 있다고 언급했다. 스탈린은 "그 문제도 논의될 수 있습니다."라고 답했다. 그런데 테헤란에서 제기되지 않았던 추가적 요구가 생겨났다. 스탈린은 양차 대전 기간 중 소련의 유일한 보호국이던 몽골의 현상 유지를 원했다. 이는 몽골이 중국으로부터 독립 상태를 유지하는 것을 의미했다.

루스벨트는 스탈린과의 논의 재개를 서두르지 않았다. 이전에 자주 그래왔듯이, 정부의 여러 다른 조직들은 이 문제에 대해서도 다양한 의견을 가지고 있었다. 군수뇌부는 가급적 빠른 시일 안에 소련이 대일전에 참전하기를 바란 반면, 국무부의 전문가들은 영토적 양보에 반대했다. 1944년 12월 미 국무부의 '극동지역 관련 부서간협의회(Inter-Divisional Area Committee on the Far East)'가 작성한 쿠릴열도에 대한 보고서는 쿠릴열도를 소련에 양도하는 것에 반대하는 논리를 펼쳤다. 뒤를 이어 이듬해 1월에 사할린 남부를 소련에 양도하는 것에 반대하는 보고서도 작성되었다. 두 보고서는 인종적·역사적·경제적·지정전략적 요인들을 감안했고, 쿠릴열도의 한 섬에 미국 군사기지를 설치하는 문제를 소련으로 보내는 답신에다 포함할 것을 제안했다.

쿠릴열도는 그 부속 도서 전체가 러시아에 귀속된 적이 없다. 쿠릴열도의 남쪽 섬들은 19세기 초반부터 일본에 속해 있었으며, 인종적으로 일본계 주민들이 그곳에 거주했다. 이 점은 1855년 러시아도 인정한 사실이다. 20년 후 제정러시아는 이미 소유하고 있던 쿠릴열도와 당시 일본에 속해 있던 사할린 남부를 모두 차지했다. 일본은 1905년 러일전쟁에서 승리한 후 사할린 남부를 다시 차지했고, 섬의 명칭을 가라후토樺太라고 새로 지었다. 15년 후 러시아가 내전에 휩싸여 있을 때 일본은 사할린 북부도 차지했지만, 1925년 이 섬들을 소련에 다시 반환해야 했다. 쿠릴열도는 그 전략적 위치로 인해 중요했다. 사할린 남부에는 40만 명이 넘는 일본 주민이 거주하고 있으며, 경제적·행정적으로 일본제국에 통합되어 있었다.

미 국무부 전문가들은 어떤 경우에도 사할린 남부와 쿠릴열도의 남쪽 섬들이 소련에 양도되어서는 안 된다고 주장했다. 스탈린은 정보원들의 활동 덕분에—쿠릴열도에 대한 미 국무부 보고서의 사본이 소련 붕괴 후 러시아 연방 대통령실 문서고에서 발견되었다—미 국무부의 입장을 잘 알고 있었다. 극동 영토 문제에 대한 미 국무부의 두 보고서가 얄타회담 브리핑북에 포함되지 않은 것은 신기한 일이다. 루스벨트 대통령이 이 보고서의 내용을 잘 인지하고 있었다는 증거는 없다. 어느 경우든, 루스벨트는 자신의 의견을 내세우기로 결정했다.

2월 4일 전체 회의 전 대통령과 가진 사전 미팅에서 해리먼은 소련의 대일본전 참전 대가로 스탈린이 사할린 남부, 쿠릴열도, 다롄 철도, 몽골의 현상 유지를 요구할 것이라고 보고했다. 루스벨트는 몽골 문제를 빼고 나머지 요구는 "받아들일 것"이라고 말했다. 몽골 문제는 장제스蔣介石와 협의하기 위해 남겨두었다. 스테티니어스 국무장관의 의견은 배제되었고, 국무성의 의견도 무시되었다. 극동 문제에 대해 루스벨트와 스탈린 간 논의가 시작되었음을 인지한 국무부는 해리먼에게 중재자로 대신 나서줄 것을 요청했다. 해리먼은 루스벨트 대통령에게 도움이 필요하지 않은지를 물었으나, 루스벨트는 필요 없다면서 "이것은 군사적 문제일세."라고 했다. 루스벨트는 이 사안이 "순전히 군사적 차원에만 머물기를" 원했다.

   스테티니어스는 훗날 회고록에 "얄타에서 나는 대통령이 소련을 극동 전장에 끌어들이고 싶어 하는 군지휘부의 엄청난 압력에 시달리고 있다는 사실을 알았다."라고 썼다. 극동 문제에 대한 보고가 포함된 브리핑북이 얄타에 배송되었는데, 이를 작성한 것이 합동참모본부라는 사실은 그다지 놀랍지 않다. 이 보고서는 "가능한 한 빠른 시일 안에" 소련이 대일전에 참전하기를 촉구했고, "대일전에 참전하는 소련군의 목표는 만주의 일본군을 격파하고, 동시베리아에 기지를 갖는 미 공군과 협조하여 일본 본토에 대한 폭격에 나서야 하며, 일본과 아시아 대륙 사이에서 일본인들의 해상 항행을 최대한 방해하는 것"이었다.
   미국 군사전략가들이 소련 측에 요청한 구체적 과제는 1944년 7월 합동참모본부가 승인한 일본 본토 침공 작전 계획의 직접적인 결과였다. 이 계획은 일본 본토를 침공하는 작전이 불가피하다고 생각한 마셜 장군에게 쉽지 않은 승리를 예고해주었다. 마셜의 계획은 일본 본토 봉쇄만으로도 승리를 거둘 수 있다고 믿는 어니스트 킹 제독과 미 육군 항공사령관 아널드(H. H. Arnold) 장군의 의견을 압도했다. 그들은 결국 두 단계로 진행하는 일본 공격에 동의했다. 1단계인 규슈 공격에서는 약 10만 명의 미군 사상자가 발생하고, 2단계인 혼슈와 도쿄 평원 지역 공격에서는 25만 명의 사상자가 발생

태평양전선 관련 미국의 군사 회의 1944년 7월 28일 루스벨트 대통령은 전쟁상황실에서 일본 본토 공격에 관한 보고를 받았다. 앉아 있는 사람은 왼쪽부터 더글러스 맥아더(Douglas MacArthur) 사령관, 루스벨트 대통령, 윌리엄 레이히 제독이다. 동아시아 지도에서 일본열도를 가리키며 서 있는 사람은 체스터 니미츠(Chester W. Nimitz) 해군 제독이다.

할 것으로 추산되었다. 11월 합동참모본부는 미국이 원하든 원하지 않든 간에 소련은 전략적 이해에 따라 결국 대일전에 참전할 것이라는 결론을 내린 보고서를 작성했다. 문제는 미국이 소련의 참전을 무한히 기다릴 수만 없다는 점이었다. 이 보고서는 소련이 가급적 빠른 시일 안에 참전해주기를 촉구하고 있었다. 그 목표는 미군의 일본열도 침공을 성공시키기 위해 소련군이 100만 명 정도의 일본군을 만주에 묶어두는 것이었다. 이런 내용이 1월 23일 루스벨트에게 제출되고 얄타회담의 브리핑북에 포함된 합동참모본부 보고서의 기본 줄기였다.

소련 측이 자신들의 정치적 요구가 달성되기 전에는 어떠한 구체적 사항도 논의하지 않겠다고 하자, 미국 군수뇌부는 지체하지 않고 루스벨트에게 요구 사항을 설명했다. 군수뇌부는 스탈린으로부터 태평양전쟁에 대한 논의를 하겠다는 동의를 받아내주길 촉구하는 첫 메모를 2월 3일 안토노프에게 보냈지만, 아무 답도 받지 못한 상태였다. 2월 5일 킹 제독이 다음 날 열릴 회의에서 태평양전쟁에 대해 보고하고 소련 측의 질문을 받겠다고 제안하자, 안토노프는 이 보고를 기꺼이 듣기는 하겠지만 "이 문제에 관한 한 소련의 총참모본부는 국가수반들이 극동 쪽 전쟁 문제를 논의한 다음에 진행되기를 원할 것입니다."라고 답했다. 이날 레이히 제독은 대통령에게 두 가지 구체적 문제를 거론하도록 요청했다. 하나는 태평양을 건너는 보급선 문제이고, 다른 하나는 소련 영토 안에 미국 공군기지를 설치하는 문제였다. 둘 다 아주 긴급한 문제였다. 이날 늦게 루스벨트는 두 문제에 대해 도움을 청하는 편지를 스탈린에게 보냈다.

그날 저녁 루스벨트는 가장 가까운 참모진을 초대하여 만찬을 베풀었는데, 이 자리에는 최고위 군지휘관 3인이 모두 포함되었다. 마셜 장군은 '일본 놈들'과의 전투에 대한 얘기로 참석자들을 즐겁게 했다. 만찬에 동석한 캐슬린 해리먼은 이틀 전 마닐라에 진입했던 미국 기병여단에 대한 이야기를 듣고 이 내용을 친구에게 보내는 편지에 썼다. "미군의 임무는 언덕에 숨어 있는 일본군 저격병들을 처리하는 일이었어. 병사들이 10명씩 분대를 이루어 산으로 올라갔는데, 사냥철과 마찬가지로 각 병사에게는 엄격한 사냥 제한이 있었다고 해. 즉, 미군 1명당 3명의 일본군만 처리할 수 있게끔 한 거야. 나중에는 사냥을 좀 더 스포츠처럼 하기 위해 미군 1명당 일본군 1명으로 바뀌었고, 일본군이 사용한 무기는 그들 스스로 분해하도록 했대. 그러나 마셜이 이를 너무 지나친 조치라면서 곧 중지시켰어." 필리핀에서 미군이 거둔 성공에 대한 인종차별적 자랑도 미국이 난관에 부딪쳤다는 사실을 감출 수는 없었다. 진격은 고통스러웠으며, 아주 천천히 진행되었다. 2월 3일 시작된 마닐라 전투는 이달 내내 계속될 전망이었다. 이미 미군 1,000명 이상이 전사했고, 5,000명 이상이 부상을 당했다. 이러한 희생을 치르는 상황에서 미국은 소련의 도움이 절실했고, 그것도 긴급히 필요했다.

다음 날도 소련 측의 입장에는 아무 변화가 없었다. 군사회담에서 킹 제독은 약속대로 발표를 했고, 안토노프는 전날 했던 말을 반복했다. 쿠즈네초프 제독만이 킹의 보고에 약간의 관심을 보이면서, 미 해군의 작전 계획에 쿠릴열도 섬들의 점령이 포함되어 있는지를 물었다. 킹은, 그 문제는 하나의 가능성이라고 답했다. 쿠즈네초프는 동해에서 미 해군의 잠수함 작전 계획이 있는지도 관심을 나타냈다. 소련 측은 태평양 무대에 대해 중요성이 떨어지는 곳이라 생각하고 있음을 암시했다. "유럽의 주전장에 집중하고 대일전에는 동원 가능한 추가적 병력을 배치하는 것이 전쟁을 빨리 종결시키는 방법이 아니겠습니까?"라고 안토노프가 앨런 브룩 원수에게 물었다. 이날 태평양에서 전개할 공동작전에 대한 논의는 없었고, 다음 회담에 대한 계획 없이 회담은 끝나고 말았다.

소련 지휘관 중에서 가장 개방적인 후댜코프를 관여시키려는 쿠터 장군의 노력도 결실을 맺지 못했다. 후댜코프는 미 공군의 C-54 스카이마스터 수송기와 B-24 리버레이터 중폭격기를 무기대여 프로그램으로 이동시켜야 한다고 주장할 때 소련의 참전 가능성을 암묵적으로 언급했다. 그러나 쿠터가 단도직입적으로 태평양전쟁에 소련이 참전할 것인가에 대해 묻자, "후댜코프 원수는 독일이 항복한 이후의 가능성에 대해서만 얘기했다. 약속에 대해서는 그로부터 단지 미소와 어깨를 으쓱대는 모습 외에 다른 것은 얻어내지 못했다."

스탈린도 루스벨트의 편지에 답하지 않았다. 소련 지도자는 쿠릴열도, 사할린, 중국 북동 지역에 대한 답을 얻기 전에는 아무 결정도 내리지 않을 것이라는 신호를 분명히 보냈다. 2월 6일 늦게 루스벨트는 다시 한 번 스탈린을 압박하길 청원하는 레이히 제독의 쪽지를 받았다. 루스벨트는 미군 수뇌부의 요구와 스탈린의 '정치적 문제' 사이에서 샌드위치가 되었다. 더 이상 미루는 것은 불가능했다. 그는 스탈린에게 에두르지 않고 직접적으로 말해야만 했다. 그는 스탈린이 무엇을 듣기 원하는지 잘 알고 있었다.

미국 군수뇌부는 2월 7일 저녁 소련의 태도에 변화가 생겼음을 감지했다. 영국 대표단이 발라클라바의 전장터를 돌아보는 동안 레이히 제독은 안토노프에게 다음 날 오후 3시에 미국과 소련의 군수뇌부들이 소련 측 숙소에서 '비밀 논의'를 갖자고 제안하는 메모를 보냈다. 안토노프는 이 제안에 동의했다.

그날 저녁 안토노프는 스탈린에게 군사 문제에 대한 정기 보고를 하기 위해 쿠즈네초프를 코레이즈 궁으로 불러들였다. 자정 무렵 보고가 끝났을 때, 스탈린은 군 참모진을 저녁 식사에 초대했다. 식사 자리의 대화는 독일 전선 상황을 평가하는 것으로 시작되었다. 그러더니만 스탈린은 쿠즈네초프에게 태평양 함대의 상황에 대한 보고를 하라고 지시했다. 쿠즈네초프는 발언하게 된 기회를 이용하여 예전에 스탈린에게 미국의 함정을 요구했던 사실을 다시 한 번 일깨웠다. 쿠즈네초프는 신속한 대일전 참전을 원하는 유일한 소련 지휘관이었다. 그는 미국 함정을 소련의 태평양 함대에 인도하는 문제에 대해 킹 제독과 논의하고 싶어 했다. 회담 초기에 그는 스탈린에게 도움을 청했지만, 아직 때가 되지 않았다는 답을 받았다. 이제 그는 다른 대답을 들었다. "그 요청을 잘 기억하고 있네. 오늘 이 문제를 루스벨트와 논의하겠네."라고 스탈린이 말했다.

2월 8일 오후 3시 30분, 스탈린은 극동 문제를 은밀히 논의하기 위해 몰로토프, 해리먼, 그리고 2명의 통역관을 대동하고 루스벨트의 서재에 들어섰다. 대통령은 스테티니어스와 논의 중이었다. 이 회동에 초청되지 않은 국무장관은 이전에 대화했던 주제인 극동 문제가 군사 영역이고, 자신의 업무 영역 밖에 있다는 것을 알았다. 스테티니어스는 방에서 나갔다. 두 지도자는 아주 복잡한 외교 게임을 시작했다. 루스벨트는 먼 주제부터 시작했다. 그는 동부 유럽에 대한 미 공군의 정찰비행을 위해 부다페스트 외곽에 기지를 설치할 수 있는지를 스탈린에게 물었다. 그런 다음에야 극동으로 화제를 돌렸다. 그는 마닐라를 일본군으로부터 탈환했기 때문에, 지상군을 보내지 않고 전쟁에서 승리하기 위해서는 일본 본토에 대한 폭격을 강화해야 하고, 따라서 미국으로서는 추가적인 공군기지가 필요하다고 말했다.

스탈린은 대화가 어느 방향으로 진행될지를 알았다. 루스벨트는 소련 극동 지역에 미 공군기지를 설치하길 원했으며, 2월 5일 스탈린에게 보낸 편지에 이 문제를 제기했으나 답을 얻지 못한 상태였다. 스탈린은 일본영사가 있는 캄차카에는 미 공군기지를 제공할 수 없지만, 중국과 가까운 곳인 아무르강 지역에는 2개의 기지를 제공할 수 있다고 말했다. 이것은 좋은 시작이었다. 여러 달 동안 미국 군수뇌부는 소련 극동 지역에 기지 설치를 요청하며 압박했고, 이제 문제가 해결된 듯 보였다. 늘 그렇듯이 답은 스탈린이 직접 했다. 그의 수하 중 어느 누구도 감히 소련 영토에 외국 군대를 허용하는 예민한 문제에 의견을 제시하려고 하지 않았다.

루스벨트는 계속 밀어붙였다. 그는 스탈린에게 지휘관들로 하여금 극동 쪽의 합동작전 계획 수립에 착수하도록 지시하기를 부탁하는 메모를 건넸다. 스탈린은 그런 명령을 내리겠다고 답했다. 드디어 돌파구가 마련된 것이다. 루스벨트는 크게 만족했다. 모든 군사적 의제가 몇 분 만에 해결된 셈이다. 그는 소련이 대일전에 참전한다는 분명한 암시를 받았다. 얄타에서 해야 할 그의 두 번째 목표는 완전히 달성되었다. 이제 한 가지 문제만 아직 해결되지 않고 남았다. 그것은 그 대가로 스탈린이 무엇을 원하는가였다.

"모든 것이 잘되었습니다. 그러나 소련이 대일본전에 참전하기 위한 정치적 조건은 어떻게 되나요?"라고 스탈린이 물었다. 모스크바에서 해리먼과 논의한 조건들을 가리킨 말이었다. 루스벨트는 "사할린 남부와 쿠릴열도가 종전 후 소련에 양도되는 것에는 아무 문제가 없습니다."라고 말했다. 그로미코의 회상에 따르면, 루스벨트의 편지 내용과 부합하는 이 말이 스탈린에게 그렇게 큰 기쁨을 선사한 내용이었다. 그러나 스탈린은 이번엔 아무 감정도 나타내지 않았다.

해리먼과 논의한 다른 문제들에 대한 대답은 불분명했다. 루스벨트는 테헤란에서 스탈린과 나눈 대화를 회고하며, 자신은 다롄을 하나의 가능성으로 삼아 소련이 남만주 철도 종착 지점의 부동항에 접근권을 갖는 데 찬성하지만, 아직 이 문제에 대해 장제스와 논의할 기회를 갖지 못했다고 말했다. 루스벨트는 다롄을 자유항구로 선포하는 안을 선호했다. 소련이 이 항구를 조차하게 되면, 이는 곧 처칠에게 홍콩을 중국에 반환하지 않아도 될 핑곗거리를 준다고 보았다. 루스벨트는 홍콩 반환을 원하고 있었다.

이때 스탈린은 체스판의 다른 구석으로 이동하기로 결정했다. 그는 외몽골의 현상 유지에 대해 루스벨트가 어떻게 생각하는지를 알고 싶어 했다. 루스벨트는 현상 유지가 지켜져야 한다고 믿지만, 이 역시 장제스와 아직 논의하지 못한 문제라고 말했다. 스탈린이 다롄, 뤼순항, 블라디보스토크까지 이어지는 만주 철도에 관한 소련의 통치권에 대해 묻자, 루스벨트는 거의 비슷한 답을 했다. 두 가지 방법이 가능한데, 하나는 직접적 조차이고, 다른 하나는 중국과 공동으로 운영하는 방법이지만, 그는 이 역시 장제스와 논의해야 한다고 말했다.

루스벨트는 일본의 영토를 소련에 넘겨주는 데는 동의했지만, 중국을 희생의 전제로 삼는 양보는 하지 않으려고 했다. 그는 중국을 이 지역의 강대국이자 미국의 동맹국으로 만들고 UN 안전보장이사회의 상임이사국으로 지

카이로회담 카이로회담은 두 차례에 걸쳐 진행되었다. 첫 번째는 1943년 11월 22~26일까지, 두 번째는 12월 2~7일까지 열렸다. 첫 회담은 루스벨트, 처칠, 장제스가 중심이 되었으며, 대일전에 서로 협력할 것을 협의했다. 루스벨트는 이때 1914년 이래 일본이 점령한 모든 영토를 탈환하여 중화민국에 반환한다고 장제스와 합의했다.

정하려는 속셈을 갖고 있었다. 스탈린은 분명한 실망의 기색을 나타냈다. 스탈린은 미국 측의 요청을 다 받아들였지만 그 대가로 얻기를 기대한 것은 훨씬 적었다. 능숙한 협상가인 그는 전술을 바꾸기로 했다. 소련 측의 주요 양보 사항인 대일전 참전을 취소할 수도 있다고 위협한 것이다.

　미국 측 회의록에 따르면 스탈린이 말한 내용은 이러했다. "만일 이 조건들이 충족되지 않으면 그와 몰로토프는 국민들에게 소련이 왜 대일전에 참전해야 하는지를 설명하기 어렵다고 했다. 국민들은 소련의 존재 자체를 위협한 독일과 전쟁을 치르는 것을 당연히 이해하지만, 소련과 큰 문제도 없는 나라와 전쟁을 벌이는 이유는 이해하지 못할 것이라고 했다...... 만일 이 정치적 조건이 충족되면 국민들은 국익이 걸린 문제라는 점을 이해할 것이고, 그렇게 되면 이 결정을 최고회의에 설명하기도 훨씬 수월해질 것이다."

루스벨트는 이제는 표준 정답처럼 된 말, 즉 아직 장제스와 논의할 기회를 갖지 못했다고 말을 꺼내며 "중국 측과 얘기하는 것의 큰 문제점 중 하나는 그들에게 말한 내용이 24시간 내에 전 세계가 다 알게 된다는 것입니다."라고 덧붙였다. 당시 통역을 맡은 볼렌은 회고록에 "그는 자신이 처한 상황에 짜증을 느끼고 있었던 게 분명하다."라고 기록했다. 루스벨트 대통령은 대일전에서 소련의 군사적 지원을 받는 것을 놓칠 수도 없지만, 중국 북동부에 소련의 영향권을 형성하는 것을 공개적으로 약속할 수도 없었다. 그럼에도 불구하고 그는 비밀 거래를 고려하고 있었다.

스탈린은 이 기회를 포착했다. 그는 루스벨트에게 "중국 측에 얘기하는 것은 필요하지만" 소련 최고회의에서는 절대 비밀이 새나가지 않을 거라고 루스벨트에게 확신시켰다. 그리고 나서 "이 문제는 세 강대국의 서면 동의를 작성하여 조건을 확정 짓는 선에서 일단 마무리하면 좋겠습니다."라고 덧붙였다. 루스벨트는 "그렇게 할 수 있겠군요."라고 답했다. 드디어 거래가 성사되었다. 소련은 대일전 참전 조건으로 일본 영토를 할양받고, 또한 그 대가로 중국 북동부에 소련의 영향권을 형성한다는 내용으로 거래가 이루어진 것이다. 중국 북부에 소련이 진출하는 것은 몽골이 독립을 유지하며 계속 존재하는 것을 전제로 했다.

루스벨트의 불만을 의식한 스탈린은 재빨리 자신이 장제스 정부와 좋은 관계를 유지하고 있다는 점을 그에게 확신시켰다. 그해 4월 장제스가 이끄는 국민당 대표단이 모스크바를 방문할 예정이고, 스탈린은 기꺼이 그를 맞을 예정이었다. 이 외에도 20~25개 사단을 독일 전선에서 극동으로 이동시키자마자 중국에 통보할 예정이었다. 게다가 소련은 중국 항구 한 곳을 완전히 임차하는 대신 국제화하는 데도 만족했다.

루스벨트는 이 합의를 이용하여 미국이 주도하는 아시아의 새 질서를 만드는 데 스탈린이 협조해주기를 원했다. 그들이 처음 둘만 만날 때, 루스벨트는 영국-미국의 공동 의제를 제안하는 상황에서도 의도적으로 처칠과 거리를 두려고 노력했다. 그리고 지금은 처칠 모르게 스탈린과 거래를 성사시키려고 하는 것이다. 루스벨트가 염두에 둔 아시아 의제 중 첫 항목은 한국이었다. 그는 스탈린에게 테헤란회담에서 한국에 대한 신탁통치를 제안했던 사실을 상기시켰다. 지금 그는 신탁통치 관리 국가로 미국, 중국, 소련을 제안하려 하고 있다. 스탈린은 이에 반대하지는 않았지만, 전통적으로 러시아 영향권으로 간주되는 한국을 사실상 미국이 통제하는 상황을 원치 않았다. 그들의 입장은 뒤바뀐 듯했다. 루스벨트는 강대국의 우위를 내세운 반면, 스탈린은 짐짓 약소국의 권리에 관심을 많이 갖는 척했다.

스탈린은 한국이 미국의 보호령으로 될 것이냐고 물었다. 루스벨트는 그렇게 되지 않는다고 스탈린을 안심시켰다. 그러자 스탈린은 신탁통치 기간의 단축을 제안했다. 20~30년간의 신탁통치 기간을 제안하는 루스벨트에게 스탈린은 "기간은 짧을수록 더 좋겠지요."라고 답했다. 그는 한국에 군대를 주둔시킬 필요가 있는지를 물었고, 그럴 필요가 없다는 루스벨트의 답을 듣자 만족해했다. 마지막으로 루스벨트는 "개인적 생각입니다만 영국을 한국의 신탁통치 관리 국가로 포함할 필요가 없다고 보는데, 영국은 이에 반발할 것입니다."라고 말했다. 그러자 스탈린은 다시 한 번 우려를 표명하는 척했다. "맞아요, 영국은 모욕감을 느끼겠지요. 아마도 처칠 수상은 우리를 죽이려고 할 거예요."라며 농담을 했다. 루스벨트는 타협안을 제시했다. 처음에는 세 국가가 신탁통치를 맡되, 영국이 거세게 이의를 제기하면 영국도 포함해주기로 했다. 스탈린은 동의했다. 이로써 한국에 대한 거래도 끝났다.

스탈린은 진중하게 행동했다. 그는 일본과 중국에 대한 소련의 요구를 수용해준 루스벨트 대통령에게 감사를 표하기 위해 이 미팅의 말머리로 언급된 문제로 돌아갔다. 그는 소련이 점령한 동부 유럽 지역에서 폭격 정찰 작전을 위한 미 공군기지를 부다페스트 인근에 마련하도록 군지휘관들에게 지시하겠다고 말했다. 이제 두 지도자 사이에는 상호 신뢰와 이해의 분위기가 조성되었다. 두 사람이 풀지 못할 문제는 없는 듯한 느낌이 커졌다.

그러면 중국에 대해서는 어떻게 할 것인가? 두 사람은 중국인들에게 좀 더 뛰어난 지도층이 필요하며 중국 국민당과 공산당은 일본에 맞서 공동전선을 펴야 한다는 데 의견을 같이했다. 그러면 인도차이나는? 루스벨트는 테헤란회담에서 취했던 입장, 즉 영국의 반대에도 불구하고 이 지역을 프랑스에 돌려주는 대신 신탁통치를 실시해야 한다고 일관되게 주장했다. 스탈린도 이에 전적으로 동의했다. 프랑스는 인도차이나를 방어할 처지가 못 되고, 영국은 버마(현 미얀마)를 다시 잃고 싶지 않다면 그대로 따를 것이므로, 스탈린으로서는 이에 동의할 수밖에 없었다.

회동이 종결되려는 시점에 스탈린은 자기 휘하의 제독이 간절하게 생각하는 문제를 하나 더 거론했다. "스테티니어스 장관이 몰로토프에게 미국이 여유로 보유하고 있는 함정들을 종전 후 소련에 판매할 수도 있다는 말을 했다고 합니다."라며 스탈린은 실제로 그런지를 조심스럽게 물어보았다. 루스벨트 대통령은 이에 아주 호의적이었다. 그는 미국의 법을 개정해서 이러한 판매가 가능하도록 만들고, 이 함정들을 무이자 신용으로 판매할 용의가 있었다. 루스벨트는 영국을 비난할 기회를 놓치지 않고 말했다. "그들은 상업적 이익 없이는 어떤 것도 팔려고 하지 않습니다."

스탈린은 함정 판매뿐만 아니라 무기대여 프로그램 전체를 가지고 루스벨트를 치켜세웠다. "이 프로그램이 없었다면 승리가 훨씬 지연될 뻔했던, 정말 뛰어난 발상"이라고 추켜세운 뒤, "과거 전쟁에서 일부 동맹국들은 다른 나라에 원조를 제공했지만 원조를 받는 쪽이 모욕감을 느끼게 함으로써 문제를 야기했습니다. 그러나 무기대여 프로그램은 이러한 불만을 전혀 일으키지 않았습니다."라고 말했다. 이 말을 들은 루스벨트는 아주 기분이 좋아졌고, 무기대여 프로그램을 만든 공을 전적으로 독차지할 준비가 되어 있었다. 그는 "4년 전 소형 요트에서 휴가를 보내며 이것을 생각해냈습니다. 동맹국을 지원하면서 신용 공여에 따르는 문제들을 어떻게 피할까 하고 그 방법을 찾다가 무기대여 프로그램을 생각해냈답니다."라고 설명했다.

회동은 끝났다. 모두가 회고하는 바로는 이 미팅은 30분을 넘지 않았다. 두 지도자는 그들의 일정에 맞추기 위해 시간을 조정한 전체 회의에 늦지 않으려고 서둘러 갔다. 두 사람은 많은 문제를 다루었고, 여러 사안에 관한 상호 이해에 도달했다. 이제 전쟁 수행의 구체적 계획을 논의하는 문제는 군지휘관들에게 넘겨졌다.

스탈린과 루스벨트가 개별 회담을 갖기 30분 전, 미국과 소련의 군수뇌부는 태평양 전장에서의 공동작전 수행을 논의하는 첫 회담을 가졌다. 안토노프 장군이 이 회동에 동의했다는 사실을 알게 된 미국 군수뇌부는 이 회담을 어떻게 활용해야 할지에 대해 확신을 가지지 못했다. 레이히 제독은 아주 비관적이어서 "소련 총참모본부와 길게 논의를 지속해나갈 희망을 갖기란 힘들 겁니다."라고 말했다. 이에 비해 마셜 장군은 낙관적인 편이었다. "소련 군수뇌부와의 회담이 열린다는 것은 우리가 관심을 갖고 있는 사안에 대해 소련 측이 진지하게 논의할 의향이 있음을 보여주는 좋은 징조입니다."라고 언급했다.

오후 3시에 코레이즈 궁에서 회담이 시작되자 레이히 제독이 첫 발언을 시작했다. 그는 단도직입적으로 문제를 파고들어가, 극동 문제를 논의하고 싶다는 의사를 밝히면서 전쟁 수행 계획이 어떻게 진행되는지에 대한 정보가 필요하다고 말했다. 소련 지휘관들은 이를 수용하면서도 조심스럽게 접근했다. 안토노프 장군은 레이히 제독에게 미국 측 요구를 큰 소리로 읽게 한 뒤, 자신이 할 발언은 단지 개인적 견해임을 전제했다. 그러면서도 이 문제를 "당일 스탈린 원수에게 보고하고...... 최대한 빨리 완전하고 책임 있는 답을 주겠다"고 약속했다.

안토노프는 소련의 전쟁 계획에는 변화가 없다고 설명했다. 이 말인즉슨 소련군은 만주의 일본군을 중국의 다른 지역에 있는 일본군 세력과 분리시키는 것을 목표로 만주 쪽에서 주공세를 펼쳐 밀고 들어가겠다는 것을 의미했다. 소련군은 개전 초기에 사할린 남부를 점령할 계획이었다. 소련 측은 캄차카와 동부 시베리아가 일본의 해상 공격을 당하지 않도록 미국이 엄호해주고 태평양의 공급선도 열어주길 바랐다. 이미 극동으로 쏟아져 들어오는 미국 측의 군사 장비, 식량, 탄약 외에 저장 시설 건설도 미국 측에서 도와주기를 원했다. 그러나 소련 극동 지역에 미 공군기지를 설치하는 문제에 대해서는 개인적 의견을 제시하는 데 주저했다. 그는 이 문제를 스탈린에게 보고하겠다고 약속했다.

1944년 가을 미국 군 당국은 태평양 전장 쪽의 공동작전 수립을 위해 작전 계획자 그룹을 모스크바에 파견했지만, 소련 측은 시간을 끌면서 작전 수립을 방해한 바 있다. 혁명 기간 중 서방의 군사개입을 떠올리면서 소련 측은 무슨 일이 있어도 외국 군대가 자국의 영토 안에 들어오는 것을 막으려 했다. 그러나 또 다른 한편으로는 미국 측으로부터 최대한 많은 군사 장비와 물자를 받아들이는 것을 조금도 주저하지 않았다. 이를 정당화하기 위해 그들은 소련군이 이 전쟁에서 가장 큰 부담을 안고 있으며 연합국의 군사적 성공은 소련 측 인명 손실의 대가로 이루어낸 것이라고 생각했다. 연합국이 할 수 있는 최소한의 일은 군사 장비와 물자를 소련에 공급하는 것이고, 이것은 쿠즈네초프 제독이 늘 주장하는 바였다. 쿠즈네초프는 소련 태평양 함대로 양도될 함정의 운항 병력으로 3,000명의 수병을 미국에 파견할 준비를 하고 있었다.

안토노프의 의견 보류와 미군 기지에 대한 논의 거부에도 불구하고 미군 지휘관들은 회담의 결과에 만족했다. 처음에는 이 회담에 매우 회의적이었던 레이히 제독도 나중에 쓴 회고록에는 회담 결과를 아주 긍정적으로 평가했다. "처음으로, 독일의 붕괴에 이어 시작할 대일전의 상세한 계획을 진행시키기 위해 우리는 가능한 한 빠른 시간 내에 듣기를 원했던 정보를 논의했다. 이 계획에는 소련 측 입장에서 볼 때 매우 중요한 원칙이 포함되어 있는데, 바로 러시아 영토 내에 미군의 작전을 수행할 기지를 제공하는 문제였다. 안토노프 장군과 그의 동료들은 우리의 계획이 아주 훌륭하고 자신들에게도 좋아 보인다고 말했다. 안토노프가 아무리 우리를 위해 배려를 하고 우리 입장에 동조한다고 해도, 그로서는 최고사령관인 스탈린의 허락을 받지 않고는 우리가 제기한 질문 중 어느 것에도 답을 내놓을 수 없다고 말했다. 나는 이렇게 말했다. '자, 신사 여러분, 이 문제는 아주 중요합니다. 우리는 바로 행동을 취하길 원합니다. 당신들은 스탈린으로부터 바로 필요한 권위를 위임받을 수 없나요?' 그러자 안토노프는 곧바로 행동을 취하겠다고 약속했다." '정치적 문제'가 해결된 상황에서 소련 측은 기꺼이 협조할 준비가 되어 있었다.

루스벨트는 스탈린으로부터 가장 중요한 대일전 참전 약속을 받아냈지만, 이 약속에 대한 대가는 상당히 컸다. 루스벨트는 전쟁이 끝나기도 전에 영토를 양도하기로 동의했다. 그러나 이것은 그가 여러 번 공개적으로나 사적으로, 특히 대서양헌장에서 비난하던 바로 그 정책이었다. 루스벨트가 제대로 인식했다시피, 일본의 경우처럼 공동의 적으로부터 영토를 빼앗아 스탈린에게 보상으로 제공하는 것과 중국의 경우처럼 우방과 동맹의 영토를 넘겨주는 것은 완전히 서로 다른 문제였다. 그러나 이러한 염려는 당시 그가 생각하기에 너무 절박한 국익에 묻혀버렸다. 그것은 종전을 앞당기고 미국인의 희생을 줄이는 것이었다. 회담 초기 소련 측이 대일전 참전에 대한 논의를 거부한 것은 루스벨트로 하여금 소련의 조건을 충족시켜주지 못할 경우 소련군과의 효과적인 협력이 불가능해진다는 생각을 갖게 만들었고, 심지어 극동에서 소련의 참전 자체가 불가능하게 될 것이라는 생각을 갖게 했다. 많은 이들은 중국이 치러야 했던, 최종적으로는 미국이 치러야 했던 대가가 너무 크지 않았는지에 대해 의구심을 갖게 되었다.

Chapter 18

"동맹국은 서로를 속이면 안 됩니다"

회담이 나흘째, 닷새째로 접어들면서 궁전의 생활과 일은 완전히 예측 가능하고 반복적인 일상이 되었다. 2월 8일 사라 올리버는 어머니에게 보내는 편지에 얄타와 테헤란을 비교하며 이렇게 썼다. "육체적으로는 이 회담이 작년 회담에 비해 그렇게 힘든 것 같지는 않아요. 오후 4시까지는 회담을 열지 않고, 그러다가 일단 회담이 시작되면 4~5시간 진이 빠지는 토론을 한 후 헤어져서 각자의 숙소로 돌아가요." 같은 날 아침 알렉산더 카도간도 "우리는 회담을 질서 있게 정해진 과정에 따라 진행하도록 만들어서 매일매일이 똑같았다."라면서 "우리는 외무장관 회담에서 11시 30분까지 일한 다음 점심 식사를 한다. 어제는 이 일정이 러시아 측 본부에서 진행되었다. 오늘은 우리가 호스트 역할을 할 차례. 그 다음에 3거두의 회담이 있는데, 통상적으로 저녁 식사 때까지 진행된다."라고 썼다.

사람들도 각자의 생활환경에 적응되어갔다. 보통 자주 짜증을 내는 카도간도 부인에게 보낸 편지에 "우리는 여기서 아주 편하게 지내고 있다오."라고 썼다. 영국 외무차관인 카도간은 영국 대표단 숙소의 조명을 조절하는 '리모컨' 시스템에 불평을 늘어놓기는 했지만, 그것은 짜증이라기보다는 소련 전기기술자들이 해놓은 일에 대해 재미있어 하는 말투였다. "앤서니 이든의 방, 화장실, 사무실의 전등은 모두 복도 끝에 있는 스위치로 켜거나 꺼야 했다. 러시아인 가정부나 손이 무거운 해병대 병사는 아침 6시면 전체를 깜깜하게 만들거나 모든 불을 켰다! 그러나 나는 그들의 그런 행동을 바로잡고 있는 중이다."

서방 손님들은 부족한 화장실 시설에도 적응을 해나갔다. 이는 그냥 웃자고 하는 소리가 아니라 그들이 화장실 문제를 체념한 상태로 받아들였음을 의미한다. "리바디아 궁전에서 화장실 문제에 대한 얘기는 단순히 침실 청소를 하는 가정부가 평상 시 대화하는 수준으로 끝나지 않았다. 전쟁에 대한 얘기를 빼고 나면 크림반도의 회담에서 화장실 문제가 가장 많이 사람들에게 회자된 대화 주제였을 것이다."라고 로런스 쿠터 장군은 회고했다. 사람들은 아침마다 화장실 앞에 길게 늘어선 긴 줄에 마침내 적응했다. 그들은 기다란 줄에 서서 차례를 기다리는 동안 전날 있었던 일들을 논의하고, 최근 뉴스와 곧 제기될 회담 의제에 대한 생각을 교환했다. "그래서 특히 아침 식사 전에 비공식적이고 참기 힘든 회담들이 아주 오랜 시간 동안 복도에서 진행되었다."라고 쿠터는 회상했다.

음식은 서방 대표들이 얄타에서 매일매일 생활하는 동안 적응해야 할 또하나의 문제였다. "음식은 러시아에서 늘 그렇듯, 단조롭기는 하지만 꽤 좋은 편이었다. 물론 아침 식사에 대해서는 좀 더 훈련을 받아야 했다. 캐비아와 다진 고기로 만든 파이는 아침 식사로 어쩌다가 먹으면 아주 맛있지만 매일 먹으면 금방 질려버린다. 그 때문에 우리는 오믈렛이나 이와 비슷한 아침 식사거리를 준비해놓도록 주방장들을 훈련시켰다."라고 알렉산더 카도간은 적었다. 그는 기분 좋은 투로 말을 맺었다. "그러나 달걀과 치즈는 부족함 없이 넉넉히 제공되었다." 쿠터는 리바디아 궁전에서 보통 아침 식사로 편육과 염소 치즈와 뜨거운 차를 제공받았는데 이런 식사 차림을 소련 주최 측은 "약간의 자부심을 가지고" 대접했다고 회고했다. "휘테나(wheatena)와 크림오브휘트(cream of whea)*의 두 가지 시리얼 중 선택을 할 수 있었다. 그리고 마늘로 살짝 양념한 뜨거운 버터를 이 시리얼들과 함께 내놓는 새로운 요리법이 개발되었다."라고 이 장군은 회상했다.

레이히 제독이 애나 베티거에게 말한 바와 같이 '알아듣지 못하는 말로' 웨이터에게 설명하느라고 진땀을 뺐던 처음 며칠에 비하면, 메뉴의 이 같은 변화는 영국과 미국 대표들에게 아주 기분 좋은 일이었다. 2월 4일 레이히 제독이 아침 식사로 달걀 하나, 토스트, 커피를 주문하자 웨이터는 알아들었다는 몸짓을 했다. 15분 후 그는 캐비아, 햄, 훈제된 생선에 보드카까지 챙긴 쟁반을 들고 왔다. "제발, 영어 좀 할 줄 아는 사람을 불러오세요. 이 친구랑 이 음식들은 다시 가져가고!" 루스벨트의 합참의장은 소리쳤다. 이 장면이 너무 재미있었던지 대통령의 딸은 일기에 이 일에 대해 적었다.

처칠은 식사를 거르는 방법으로 러시아식 아침 식사의 문제를 해결했다. 사라는 어머니에게 보내는 편지에 "아버지는 좀 늦게 일어나요. 그래서 아침과 점심 식사를 할 시간이 없이 일을 하신 다음에 오후 4시 전에 잠시 눈을 붙이세요. 11시 30분에 '브런치'로 오렌지 주스를 한 잔 마시고 나면 밤 9시까지 아무것도 드시지 않아요! 이건 너무 긴 공복인데, 아버지는 무척 정신이 맑고 이것이 가장 좋은 방식이라고 말씀하세요."라고 썼다. 카도간은 처칠이 음식이나 음료를 먹지 않지만 그에 대해 어떤 불평도 하지 않은 것으로 기록했다. "캅카스산 샴페인을 병째로 들이마시는 것은 건강에 좋지 않겠지만, 수상은 잘 지내는 것 같다."라고 그는 2월 9일 일기에 적었다. 소련 측은 술에 인색하지 않았다. "과일 바구니와 병에 든 광천수 외에도 보드카가 담긴

---

* **휘테나와 크림오브휘트** 'Wheatena'와 'Cream of Wheat'는 미국에서 아침 식사 대용으로 많이 먹는 시리얼의 상표명이다. 휘테나는 구운 밀로 만든 시리얼이고, 크림오브휘트는 보릿가루로 만든 시리얼이다.

큰 유리병이 이 방에 배달되었다."라고도 적었다.

2월 8일 코레이즈 궁전에서 스탈린이 주최한 만찬에는 보드카와 샴페인이 전혀 부족하지 않았다. 저녁 식사 요리에는 샴페인 소스에 절인 송어, 전통적인 러시아 캐비아와 파이, 양고기를 장작불에 구운 캅카스식 샤슐릭, 메추라기 고기가 들어간 중앙아시아식 필라프(pilaf)(볶음밥)가 포함되었다. 이 만찬은 회담 기간 중 베풀어진 가장 훌륭한 저녁 식사였다. 사라 올리버는 집에 보내는 편지에 이날 저녁 식사를 연회라고 표현했다. 약 30명의 손님이 테이블에 둘러앉았는데, 손님 중에는 이 자리에 참석한 것에 흥분을 느끼는 '소녀들'—애나 베티거, 사라 올리버, 캐슬린 해리먼—도 포함되었다. 이날 스탈린의 손님으로 초대되지 못한 앨저 히스는 얄타에서 보내는 매일매일의 생활에 이 젊은 세 여인이 미친 긍정적 영향에 대해 훗날 회고한 바 있다. "그들은 때때로 사람이 넘치는 시골 농장의 시끄러운 파티 같은 상황에서 손님들이 짜증스러워하지 않도록 좋은 분위기를 만드는 데 기여했다."

이날 저녁 스탈린은 아주 기분 좋은 모습이었다. "초대인인 '곰(Bear)'은 아주 컨디션이 좋았고, 친절하며 유쾌했어요."라고 사라는 어머니에게 편지를 썼다. 캐슬린 해리먼도 "그는 정말 대단했어."라고 언니에게 쓴 편지에서 비슷한 느낌을 드러냈다. 그리고 덧붙여 "그는 만찬을 즐기며 주인의 역할을 멋지게 해냈어. 세 번에 걸친 그의 연설은 한껏 폼을 쟀고, 통상적으로 내뱉는 미사여구를 넘어섰어. 러시아식 방식으로 그는 굉장히 긴 테이블의 중앙에 자리를 잡았고, 우측에는 루스벨트 대통령, 좌측에는 처칠이 앉았지. 몰로토프, 이든, 스테티니어스는 맞은편에 자리를 잡았어. 때때로 스탈린은 몸을 뒤로 젖히고 아주 자애로운 노인네처럼 미소를 지었는데, 예전엔 미처 상상하지 못한 모습이었지. 어쨌든, 나는 무척 감명을 받았어."라고 썼다. '소

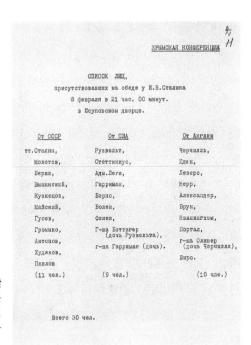

만찬 초대 명단
2월 8일 스탈린이 코레이즈 궁전의 만찬에 초청한 사람들의 명단이다. 소련 11명, 미국 9명, 영국 10명, 총 30명의 이름이 적혀 있다.

녀들'만 감명을 받은 것은 아니었다. 에드워드 스테티니어스는 스탈린이 "유머가 뛰어나고, 혈기 왕성하기까지 했다."라고 언급했다. 앨런 브룩은 일기에 "스탈린은 최상의 컨디션을 유지하고 재치와 유머를 남발하면서 만찬을 한껏 즐겼다."라고 적었다. 아마도 스탈린은 회담이 자기가 원하는 방향으로 진행된다고 생각했을 것이다.

회담의 끝이 보이는 닷새째 날, 3거두는 성공과 실패에 대한 예비적 평가를 할 수 있는 입장에 서 있었다. 그들은 힘든 일이 많았던 긴 하루를 보낸 후 만찬에 왔다. 만찬 시작 몇 시간 전 루스벨트는 소련으로부터 대일전 참전 약속을 받아낸 상태였다. 그러나 그 대가는 너무 컸다. 그 전날에 고무적인 징조가 보이기는 했지만, 폴란드를 둘러싼 협상은 교착 상태에서 아직 벗어나지 못했다. 독일을 통제하는 데 프랑스가 참여하는 문제나 전후 배상 문제에 대한 합의도 이루어지지 않은 상태였다. 이날 낮에 처칠은 자신이 읽은 영국 외무부의 건의를 요약해서 이든에게 알려주었다. "① 승리자 간의 유일한 유대는 공통의 증오이다. ② 영국을 안전하게 만드는 것은 다른 많은 약소국들의 안전을 책임지는 일이다." 하지만 처칠 수상은 이러한 사고를 거부했다. "우리는 이보다 더 나은 것을 생각해내야 한다."라고 그는 결론지었다.

동맹이 계속 유지되기 위해서는 공동의 기반을 발견해야 했다. 3거두 사이의 우호적인 인간관계는 어느 정도 이런 희망의 단초가 되었다. 처칠은 애틀리에게 "우리는 여기서 힘든 시간을 보내고 있습니다."라고 불평하기는 했지만, "모든 관계가 아주 좋습니다."라고도 썼다. 스테티니어스는 미리 정해진 회담 규칙이 없는 진행 방식이 오히려 더 좋은 분위기를 만드는 데 큰 역할을 했다고 보았다. 3거두는 어떤 문제에서 극복할 수 없는 장애를 만나면 다른 문제로 얼마든지 화제를 바꿀 수 있었다. 그들은 어려운 협상이 연속으로 이어진 힘든 하루가 끝난 다음에는 서로 편하게 함께 있는 시간을 즐겼다. 만찬은 긴장을 풀고 의제를 진척시키는 데 중요한 역할을 했다. 공식 회의 석상에서 시작된 논쟁은 좀 더 누그러진 분위기에서 계속되었다. 외교 게임은 한 번 시작되면 그 모멘텀을 잃지 않았다.

코레이즈 궁전의 만찬에서 스탈린은 "동맹을 맺은 동맹국들은 서로를 속이면 안 됩니다."라고 선언하며 건배했다. 그의 말은 처칠을 수행하여 만찬에 갔던 아서 허버트 버스 소령이 기록했다. "아마도 이 말이 순진하게 들릴 수도 있을 겁니다. 노련한 외교관은 이렇게 말하겠지요. '왜 동맹국을 속이지 말아야 합니까?' 그러나 나처럼 순진한 사람은 바보라는 소리를 들어도 동맹을 속이지 않는 것이 최고라고 생각합니다. 우리가 서로를 속이지 않기 때문에 우리의 동맹은 가장 견고할 수 있습니다. 혹은 서로를 속이는 것이 쉽지 않아서 그런가요? 나는 우리 세 국가의 견고한 동맹을 위하여 건배를 제안하는 바입니다. 동맹이 강하고 견실하기를! 우리가 가급적 서로에게 솔직하기를!"이라고 그는 말을 맺었다.[1]

소련의 지도자는 손님들을 기만하고, 자신의 흔적을 덮어버리려고 한 것인가? 아니면 그들이 자신을 속일까 두려워한 것인가? 만찬 요리가 서빙되기 전에 사라 올리버는 소련에서 가장 두려운 사람 중 하나와 얘기할 기회를 얻었다. 그의 이름은 라브렌티 베리야로, 공포의 대상인 내무인민위원회의 수장인데 회담장에 처음 나타난 것이다. "소련 OGPU의 수장이 거기 있었어!"라고 사라는 비밀경찰의 이전 약자를 편지에 썼다. "나는 내가 할 수 있는 러시아 말 다섯 문장 중 하나를 그에게 얘기했어. '따뜻한 물 한 병을 얻을 수 있을까요?' 그러자 OGPU는 이렇게 답했단다. '당신에게는 필요치 않을 듯한데요. 당신 안에는 분명 뜨거운 불꽃이 넘쳐납니다.' 우리 사이의 대화는 더 이어질 듯했지만, 바로 그 시점에 저녁 식사가 서빙되기 시작했어."

유명한 (강간범이자) 바람둥이인 베리야는 즐겨 유혹하는 말을 그녀에게 던졌다. 그날 늦게 그는 모스크바 주재 영국대사인 아치볼드 클라크 커 경과 물고기의 성생활에 대한 얘기를 나눴다. 베리야의 말 속에는 부드러운 암시 이상의 것이 있었다. 사라와 마찬가지로 스테티니어스 장관도 코레이즈 궁에서 그를 처음으로 만났다. 그는 베리야에 대해 "정치국의 막강한 실세......단단하고, 강압적이며 정신을 아주 바짝 차린 상태였다."라고 표현했다. 캐슬린 해리먼은 다음 날 베리야를 이렇게 기술했다. "작고 뚱뚱하며 두꺼운 렌즈의 안경을 끼고 사악한 인상을 풍겼지만, 무척 상냥했다."[2]

얄타회담은 베리야가 오랫동안 기다려온 국제 무대 데뷔였다. 테헤란회담에는 익명으로 참석했지만, 이번에는 러시아 대표단의 공식 일원으로 참석했다. 스탈린은 가장 가까운 오른팔인 46세의 베리야를 1938년 자신의 고향

라브렌티 베리야
스탈린의 고향인 조지아 출신이다. 비밀경찰
로 활약하고, 당 지도부로 옮겨 조지아 공산당
제1서기를 맡았다. 스탈린의 신임을 얻어 내
무인민위원회의 수장을 맡고, 악명 높은 강제
노동수용소의 감독도 맡았다. 사진은 1938년
경 그의 나이 39세 무렵이다. 얄타회담 때는
46세였다.

조지아에서 모스크바로 데려와 대숙청의 설계자인 니콜라이 예조프(Nikolai
Yezhov)의 자리를 맡게 했다. 전임자였던 겐리흐 야고다(Genrikh Yagoda)와
마찬가지로 예조프 또한 외국의 스파이라는 누명을 쓰고 총살당했다. 베리
야도 스탈린이 죽은 1953년에 같은 운명을 맞았다. 그는 스탈린에게 충성스
러웠을 뿐만 아니라 없어서는 안 될 존재가 되어 스탈린보다 조금 더 오래
살았다.

　　내무인민위원회의 수장으로서 베리야는 거대한 소련 보안 기구와 모두가
벌벌 떠는 강제노동수용소인 굴라크(Gulag)의 감독을 총괄했다. 그는 후에
미국의 정보망을 통해 수집한 정보를 이고리 쿠르차토프(Igor Kurchatov)가
이끄는 소련 과학자들에게 넘겨줌으로써 소련의 핵무기 개발과 핵실험의 책
임도 맡게 되었다. 스탈린은 그런 베리야를 견제하기 위해 국가안보특별위
원회(People's Commissariat of State Security, NKGB)를 만들고 브세볼로트 메

르쿨로프(Vsevolod Merkulov) 관리하에 두었다. 이 기구는 해외에서 수집되는 대부분의 정보를 책임졌다. 그럼에도 불구하고 비밀스런 소련의 정보 세계에서 베리야는 가장 영향력 있는 인물이었다.

이날 만찬에서 베리야를 처음 본 루스벨트는 스탈린에게 코안경을 걸친 사람이 누구인지 물었고, 스탈린은 "우리의 힘러(Himmler)"*라고 대답했다. 루스벨트는 이 농담이 언짢은 데다 베리야가 스탈린의 대답을 엿들은 것도 기분이 나빴다. 그러나 소련의 힘러는 옅은 미소만 보였다. 아치볼드 클라크 커 경은 "우리의 몸을 돌보는 사람"인 그를 위해 건배를 들었다. 베리야는 다시 한 번 침묵을 지켰으나, 처칠은 아마도 적절치 않은 농담에 화가 났는지 클라크 커에게 다가갔다. 캐슬린 해리먼의 기록에 따르면 처칠은 클라크 커에게 "잔을 부딪치는 대신, 손가락을 흔들며 '조심해, 조심해'—바꿔 말해 '입 닥쳐'라고 말했다."

서방 외교관들은 베리야를 조심할 이유가 충분히 있었다. 얄타회담이 열리기 직전 베리야의 부관 중 한 명인 파벨 수도플라토프(Pavel Sudoplatov)는 애버럴 해리먼에게 그의 딸 캐슬린이 모스크바의 몇몇 러시아 젊은이들과 위험한 관계에 있다는 소문이 떠돈다고 경고했다. 수도플라토프는 나중에 이를 두고 우정 어린 경고였으며 미국대사의 신뢰를 얻기 위한 시도라고 설명했지만, 이는 실상 베리야가 감시하고 있다는 사실을 일깨워준 것이었다. 루스벨트, 처칠, 해리먼은 모두 딸을 얄타에 데리고 왔다. 스탈린은 딸이나 아들과 같이 여행을 다니지 않았다. 아들을 데리고 얄타회담에 참석한 소련 인사는 베리야가 유일했다. 그러나 베리야의 아들 세르고(Sergo)는 특별

---

* **하인리히 힘러(Heinrich Himmler)** 나치 친위대인 SS(Schutzstaffel의 약칭)와 게슈타포의 사령관으로, 유대인 대학살의 실무를 주도한 최고 책임자였다. 인명 살상 등 잔혹 행위를 서슴지 않은 무장친위대(Waffen SS)를 확대시켰으며, 나치 강제수용소를 창설하고 600만 명 이상의 유대인을 학살했다. 주요 전범으로 연합군에게 체포되자 음독자살했다.

한 임무를 띠고 회담에 참석했다. 세르고 베리야는 만찬에 참석하지도 않았고, 얄타회담에 관한 인상을 담은 편지를 집에 보내지도 않았다. 그의 기록은 완전히 다른 성격으로서, 오직 한 사람의 독자만을 염두에 두고 쓴 것이었다. 그 독자란 바로 스탈린이다.

제2차 세계대전 중 정보장교이자 사관학교 학생인 세르고 베리야는 영어와 독일어에 능통했고, 전자 기술에 심취한 전기광電氣狂이었다. 어린 시절부터 세르고를 알던 스탈린이 1943년 직접 그를 선발하여 테헤란의 3거두 회담 중 소련대사관 내의 루스벨트가 사용하던 구역을 도청하는 전기 기술자와 통역관 그룹에 배치했다. 1945년 2월 레닌그라드에서 공부 중이던 그는 얄타에서 같은 일을 하도록 다시 한 번 선발되었다. 세르고 베리야는 자신과 같은 군 요원과 국가안보특별위원회(NKGB)의 정보 요원으로 구성된 그룹의 일원이 되었다. 이들은 사전에 외국인들과 접촉하지도 않았으며, 회담에 참석한 다른 소련 요원들과도 격리되었다. 이들은 별도의 방에서 식사를 했고, 얄타회담의 참가자 서열에서 낮은 자리를 차지했다.

대화를 엿듣고 기록하기 위해 모스크바에서 직접 날아온 일부 도청 전문가들은 소련 정보팀의 일원이 아니었다. 공식 정보팀은 영국과 미국의 동료들과 적극적인 친분을 맺도록 지시를 받았다. 간간이 벌어진 술 마시기 시합에서 두 연합국의 정보 요원들은 서로를 이기려고 노력했다. 세르고 베리야와 그의 동료들에게는 금주령이 내렸다. 그러나 술 파티가 벌어지면 미국과 영국의 정보맨들이 "자주 식탁 밑에 쓰러지는 바람에 그들을 침실로 데려가야 했다."라고 세르고 베리야는 회고록에 적었다. 루스벨트의 경호실장인 마이클 라일리는 크림반도에 도착한 후 수하들이 8대 1로 소련 친구들을 이겼다고 훗날 자랑했다. 이 말인즉슨 술 파티 다음 날 미국인 여덟 명이 제 스스로 발을 딛고 서 있는 동안, 소련 친구는 오직 한 명만 제 발로 나타났다는 의미였다. 라일리의 말을 빌리자면, 이 "고통스런 승리"는 "순전히 애국심"을 바탕으로 쟁취한 것이었다.

루스벨트가 도착하기 전에 리바디아 궁전의 도청 장치를 탐색한 미국 선발대는 정교한 도청 기구들은 찾아내지 못했다. 베리야에 따르면, 연합국 대표단 측이 예민한 문제를 실내에서 논의하지 못하도록 지시한 것은 별 효과가 없었다. 소련 측은 연합국 대표단이 머물고 있는 숙소와 시설뿐만 아니라, 지향성 마이크로폰(directional microphones)을 이용해 궁전 밖의 먼 거리에서 나누는 대화도 도청했다. 서방 지도자 두 사람이 사키 공항에 도착한 직후에도 소련 측은 이 마이크로폰을 작동시켰다. 베리야는 착륙 직후 처칠이 루스벨트가 탄 지프차를 따라가면서 두 사람이 나눈 짧은 대화도 엿들었다고 회고했다.

베리야는 루스벨트가 얄타에서 하는 얘기를 녹음하고 번역하는 책임을 맡았다. 번역한 문서는 소련군 총참모본부에 전달되었다. 학자들은 얄타에서 소련 정보기관이 도청하여 기록해놓은 문서를 전혀 보지 못했고, 베리야도 본인이 수집한 정보가 어떤 경로로 누구에게 보고되고 접수되는지 알지 못했다. 그러나 규모가 훨씬 작은 테헤란회담 도청팀에서 일했을 때는 그가 개인적으로 스탈린에게 직접 전달했다. 이 사실에 비춰 볼 때 얄타의 스탈린 집무실 문 뒤에서 무슨 일이 진행되었는지는 미루어 짐작할 수 있다.

1943년 11월 테헤란회담 직전 스탈린은 일대일 면접을 거쳐 직접 도청팀을 선발했다. 이때 그는 모든 작업의 도덕적 문제에 대한 우려를 갖고 있는 척했다. 스탈린은 세르고 베리야에게 말했다. "나는 외국인을 만나보지 못한 다른 젊은이 몇 명과 함께 자네를 이곳에 불렀네. 그 이유는 자네에게 예민하면서도 도덕적으로 염려가 되는 임무를 맡기기 위함이네. 자네들은 루스벨트가 처칠이나 다른 영국 관리들, 그 밖의 참모들과 나누는 대화를 엿들어야 하네. 내가 이 일을 부탁하는 이유는 우리가 지금 제2전선의 형성 문제를 확정해야 하는데, 처칠이 이에 반대하고 있기 때문이지. 이 문제에서 미국이 우리 입장을 지지하는 것은 매우 중요하네."

자신의 나라를 철저한 경찰국가로 만든 이 사람은 자녀들이 부모를 일러바치게 하고, 부부가 서로를 고발하도록 장려했다. 그는 미국과 영국의 손님들을 포함하여 그를 잘 아는 수많은 사람들을 농락한, 재능 있는 연기자였다. 젊은 베리야가 놀란 것은 동맹국을 도청한다는 사실이 아니라, 그가 대화를 녹음한 테이프에서 들은 내용이었다. 그는 알렉산더 카도간이 모스크바를 방문한 처칠과 전화 통화를 할 때 특히 카도간의 말하는 방식에 큰 인상을 받았다. 카도간은 처칠이 내각과 협의를 하지 않고 결정 내리는 방식을 책망했다.

베리야는 큰 충격을 받았다. "인민위원은 둘째 치고, 만일 부인민위원이나 정부 고위 관리, 정치국원이 스탈린에게 그런 식으로 말을 했다면……" 그는 회고록에 이 문장을 끝내 마무리 짓지 못한 채 남겨두었다. 스탈린이 지배하는 소련에서 그 같은 언행을 보인 관리에게 무슨 일이 일어날지 그는 상상조차 할 수 없었다. 그는 훨씬 경미한 죄를 지은 사람에게 어떤 일이 일어났는지를 잘 알았다. 인상 깊었던 이 일에 대해 그가 아버지에게 얘기하자, 라브렌티 베리야는 "그 나라에서 정부 관리들 사이의 관계는 우리와 완전히 다르단다. 정부 관리 모두가 자신의 견해를 방어할 권리와 수상의 의견에 이의를 제기할 권리가 있지."라고 말했다고 전해진다.

테헤란회담 중 매일 아침 세르고 베리야와 동료들은 스탈린에게 전날 도청한 내용을 1시간에서 1시간 반 동안 보고했다. 루스벨트와 처칠이 나눈 대화, 합참본부 수뇌부가 나눈 이야기기가 제일 먼저 보고되었다. 스탈린은 러시아어로 번역한 대화 내용을 주로 보았는데, 베리야와 동료들에게 특정 구절이 어떤 억양으로 말해졌는지도 자주 물어보았다. "그 사람은 이 문장을 확신을 가지고 말했나, 아니면 성의 없이 말했나? 루스벨트는 어떻게 반응했지? 그는 이것을 단호하게 얘기하던가?"

알타에서 세르고 베리야는 루스벨트의 대화 기록을 군 상관들에게도 보고했다. 라브렌티 베리야는 아들에게 스탈린이 예전보다 도청 내용에 관심을 덜 갖고 있다 말하면서, 이는 스탈린이 결국 자기의 계획대로 연합국을 끌고 갈 수 있을 것이라 생각했기 때문이라고 했다. 알타회담 전 라브렌티 베리야가 정보 수집과 평가 업무를 맡은 정보팀의 책임자로 자신을 임명했다고 주장하는 파벨 수도플라토프는 나중에 회고하기를, 스탈린은 정보 보고보다는 회담에서 만난 서방 참가자들의 개인적 특성에 더 관심을 보였다고 했다.

알렉산더 카도간은 코레이즈 궁에서 열린 스탈린의 만찬에 초대되지 않은 것을 다행으로 생각했다. 그는 다음 날 부인에게 쓴 편지에 이렇게 털어놓았다. "천만다행이에요. 나는 이 바보 같은 건배와 건배사에 질렸어요." 레이히 제독은 건배 수를 38번까지 셌다. 영국 육군 원수 앨런 브룩은 프랑스어를 더듬더듬 말하는 안토노프 장군과 자기가 싫어하는 애버럴 해리먼 사이에 앉았다. 계속 이어지는 건배에 앨런 브룩은 짜증이 났다. 잦은 건배 때문에 음식을 먹을 시간이 별로 없어서 먹기도 전에 요리가 식어버렸다. "건배사 수준은 아주 낮았다. 끈적끈적하고 질펀한 감상적 수준으로, 성의없는 말 일색이었다."라고 일기에 썼다.

스탈린은 조지아의 오래된 전통인 연회의 주인으로서 건배자의 역할을 즐겼다.* 코레이즈 궁에서는 몰로토프가 건배자 역할을 맡았다. 캐슬린에 따르면 몰로토프는 "때때로 아주 재미있었다." 그러나 그는 스탈린의 그늘에

---

* **조지아의 오래된 전통** 스탈린의 고향 조지아에서는 연회 때 사회를 맡은 사람이 행사를 진행하면서 건배사를 하는데, 이런 주연 사회자를 타마다(Tamada)라고 한다.

가렸다. 만찬 자리에서 "스탈린은 계속 자리에서 일어났는데, 한번은 자신을 '수다스러운 노인'이라고 말하기도 했다." 밤늦게 열리는 만찬을 아주 즐기는 스탈린은 부하들을 초대하여 술 취하게 만든 다음 그들을 조롱하곤 했다. 그는 얄타에서도 이 버릇을 버리지 못했다. 이날 만찬 자리에서는 베리야가 주로 험담의 대상이 되었고, 또 다른 대상은 런던 주재 소련대사인 표도르 구세프였다. "스탈린은 구세프가 늘 우울해 보이고 진지하다고 놀렸으며, 거의 극단적인 모욕의 수준까지 그에 대해 농담을 했다."라고 스테티니어스는 훗날 회고했다. 스탈린의 이 같은 즐기는 방식에 대해 손님들은 엇갈린 반응을 보였다. "가장 재미있었던 순간은 스탈린이 구세프를 놀리기 시작한 때였다…… 그는 이렇게 말을 맺었다. '그는 우울한 사람입니다. 그러나 때로는 우울한 사람이 호감 가는 사람보다 더 믿음직하죠.'"라고 캐슬린 해리먼은 썼다.

처칠은 그날 저녁 스탈린으로부터 다른 어느 누구보다 많은 건배사를 받았다. 영국 측 회담 기록에는 스탈린의 건배사가 이렇게 나와 있다. "나는 대영제국의 지도자를 위해 건배를 제의하는 바입니다. 세계의 수상들 중 가장 용기 있고, 정치적 경험과 군사적 지도력을 겸비했으며, 유럽 전체가 히틀러의 위협 앞에 납작 엎드렸을 때 그는 동맹 없이도 영국이 일어나서 독일에 대항하여 싸워야 한다고 선언한 사람입니다." 스탈린은 계속해서 "100년에 한 번 나올까 말까 한 분을 위해, 대영제국의 깃발을 용감하게 치켜올린 분을 위해 잔을 듭시다. 나는 내 마음속에 진정으로 느낀 것과 진지하게 생각한 것만을 말했습니다."라고 건배사를 이어갔다. 누가 이런 칭찬을 좋아하지 않을 수 있겠는가?

처칠은 스탈린의 칭송에 감동을 받았다. 모랜 경은 처칠이 만찬 후에 "감상적이고 감정적"이 되었다고 일기에 적었다. 처칠의 비서는 그가 코레이즈 궁에서 숙소로 돌아오는 길에 〈영광의 노래(The Glory Song)〉를 불렀다고 전했다. "우리의 우울한 경고와 예감에도 불구하고 이곳은 아직까지는 좋은 장소인 것 같습니다."라고 그날 밤 처칠은 애틀리에게 전문을 보냈다. 수년 후 냉전이 한창일 때 그는 스탈린의 건배사를 떠올리며 회고록에 실을 정도로 그날 기분이 한껏 고양되었다.

처칠도 스탈린에 뒤지지 않는 건배사를 했다. 그는 스탈린에게 답사를 하며 웅변력을 마음껏 발휘했다. 영국 측 회담록에는 처칠이 "스탈린 원수의 생애가 우리 모두의 희망과 가슴에 가장 소중하다고 말하는 것은 과장도 아니고 현란한 칭찬도 아닙니다."라며 건배사를 시작했다고 기록되어 있다. 처칠은 나중에 이 말을 회고록에도 인용했다. "역사적으로 정치인이 되지 못한 많은 정복자들이 있었습니다. 그들 대부분은 승리의 열매를 전쟁이 끝난 후 발생한 문제에 던져버렸습니다. 나는 원수께서 소련 국민들을 위해 계속 일하고 우리가 지금 거의 지나온 불행한 시간을 끝까지 헤쳐 나가게 도와주기를 바랍니다."라고 한 뒤 더욱 감상적인 말로 건배사를 마쳤다. "나는 그 명성이 러시아를 넘어 전 세계에 알려진 이 위대한 인물과 더불어 우정과 친근함을 유지할 수 있었기 때문에 더 큰 용기와 희망을 가지고 걸어가고 있습니다."[3]

이 말로, 의심이 많은 처칠도 스탈린을 신뢰한다는 것을 보여주었다. 그는 스탈린이 없었다면 크렘린의 강경파로 인해 대연합이 가능하지 않았을 것이라고 생각했다. 만찬에서 스탈린은 1939년 히틀러와 맺은 동맹에 대해 최대한 사과에 가까운 말을 했다. 그는 처칠에게 이렇게 말했다. "만일 영국과 프랑스가 1939년에 러시아와의 동맹을 진정으로 원하는 사절을 모스크바로 보냈다면 소련 정부는 리벤트로프와 협정을 맺지 않았을 겁니다." 이 말은 처칠의 회고록에도 기록되어 있다. 만찬 석상에서 귀에 달콤한 말은 쉽게 나왔지만, 모든 사람이 똑같이 받아들이지는 않았다. "목적에 부합하지 않으면 감정을 드러내지 않는 것이 스탈린의 전형적인 특징이다. 그는 회담 기간 중 처칠 수상과 상당히 거칠게 부딪쳤었다."라고 모랜 경은 기록했다.

미국 측 기록을 보면 그날 저녁, 동맹을 기다리고 있는 위험에 대해 처음 언급한 사람은 스탈린이었다. "전쟁 기간 동안 단합을 이루는 것은 모두에게 분명한 공동의 적이 있기 때문에 그렇게 어려운 일이 아닙니다. 어려운 과제는 서로 다른 이익이 동맹을 분열시키는 전쟁 후에 나타날 것입니다."라고 그는 한 건배사에서 말했다." 스탈린은 "우리의 동맹이 이 시험을 이겨낼 것이라 확신합니다."라고 말한 뒤, "이것이 실현되도록 하고, 평화 시 우리의 관계가 전쟁 때와 마찬가지로 견고하도록 만드는 일이 우리의 의무입니다."라고 말했다.

처칠이 이에 화답하고 나섰다. "이 전쟁에서 가장 어려운 때조차 이번 회담 중에 받은 것과 같은 중압감을 느낀 적이 없었습니다. 그러나 지금 원수께서 설명했듯이, 우리는 지금 산마루에 올라서서 눈앞에 펼쳐진 넓은 들판을 봅니다. 우리가 당면할 어려움을 과소평가하지 맙시다. 옛날에 전쟁을 치르며 동지였던 국가들은 5~10년간의 전쟁 기간 내에 서로 갈라지곤 했습니다. 그래서 수백만 명의 땀 흘린 국민들은 깊은 구렁텅이에 빠졌다가 희생을 딛고 다시 일어서는 악순환을 반복했습니다. 이제 우리는 과거 세대가 저질렀던 실수를 피하고 확실한 평화를 이룩할 수 있는 기회를 갖게 되었습니다. 사람들은 평화와 기쁨을 달라고 외치고 있습니다. 가족들은 다시 결합되어야 하지 않을까요? 병사들은 다시 집으로 돌아가야겠지요? 부서진 집들은 새로 지어야 하겠지요? 고생했던 사람들에게는 자신의 집을 보게 해야 하지 않겠습니까?'

이는 처칠의 긴 건배사 가운데 시작일 뿐이었다. 만찬에서 미국 측 기록을 맡은 찰스 볼렌은 건배사 내용을 이렇게 요약했다. "그는 현대 세계에서 지도자의 역할은 국민을 숲에서 끌어내 태양이 빛나는 평화와 행복의 평원으로 이끄는 것이라고 말했다. 역사에서 이러한 보상이 우리 손에 더 가까웠던 적은 없었으며, 타성이나 부주의로 인해 이 보상이 우리의 손아귀에서 빠져나가버린다면 역사는 절대로 우리를 용서하지 않는 비극이 될 것이라고 했다."[4]

스탈린 역시 동맹의 미래에 대해 염려했다. 그는 평화 공존의 시간, 소련이 전쟁에서 회복할 수 있는 '숨 돌릴 틈'을 필요로 하는 것 같았다. 그는 서방 연합국이 독일과 별도의 강화조약을 맺고 소련에 대항하지 않을까 걱정했다. 스탈린에게 그들은 모두 궁극적으로는 자본가였다. 그는 처칠보다는 루스벨트를 더 신뢰했고, 동맹을 유지하기 위해서 필요하다면 UN을 결성하고자 하는 루스벨트의 바람을 들어줄 준비가 되어 있었다. "나는 덤버턴오크스회의의 성공적 결말을 위해 건배를 제안합니다. 그리고 전쟁의 부담 속에서 시작된 우리의 동맹이 더욱 견고해지고 전쟁 후에도 이어지기를 희망하며 건배를 제안합니다."라고 스탈린은 루스벨트 편을 분명히 들면서 건배를 제의했다.

루스벨트는 만찬 내내 거의 조용히 앉아 있었다. 만찬 시작 때 스탈린이 그를 위해 건배를 제의하자, 루스벨트는 "오늘 만찬 분위기는 가족끼리 하는 것 같습니다."라고 응답한 후, "이 지구상의 모든 남자, 여자, 어린이에게 안전과 번영의 기회를 주기 위해" 동료들이 같이 노력해줄 것을 요청했다고 미국 측 기록은 적었다. 이 감정은 스탈린이나 처칠이 언급한 동맹의 단합과는 거의 관계가 없었다. 우리는 당시 루스벨트가 무슨 생각을 했는지는 알지 못하지만, 그의 충실한 국무장관 에드워드 스테티니어스는 이 연회를 "얄타회담 중 가장 중요한 저녁 식사"였다고 평가했다. 다음 날 아침 루스벨트 대통령은 스테티니어스에게 회담에서 가장 논란 많은 의제인 폴란드 정부 구성과 독일 배상 문제에 대해 미국의 입장을 유연하게 하라고 지시했다. 처칠이 말한 산마루에 올라 자신이 오랫동안 갈망해온 지속적 평화라는 포상을 바라본 루스벨트는 양보할 준비가 되어 있었다.

5부
타협의 바퀴

알타회담의 시간과 장소는 제2차 세계대전을 통틀어 가장 철저하게 보안에 부쳐진 비밀이었다. 루스벨트, 처칠, 스탈린이라는 3거두가 회담을 통해 획득해야 할 전리품은 세계를 삼켜버린 전쟁의 종식 방안을 찾는 것이었다. 세 사람은 머리를 맞대고 20세기의 가장 비밀스런 평화회담을 진행했다. 그들은 수백만의 병력을 이동시켰고 자신들에게 필요한 대로 전승국의 정의를 분배했다. 이 과정에서 평화의 지속을 위해 필요하다는 이유를 내세워 국가들의 운명을 결정하고, 수백만 명의 난민들을 동쪽과 서쪽으로 보냈다. 지정학적 야망과 자존심, 가치 체계의 경쟁, 자신들의 국가가 보유한 가장 영민한 협상가들 사이의 권력 경쟁이 1945년 2월의 여드레 동안 알타에서 펼쳐졌다. 회담은 참가자들에게 끊임없는 도덕적 딜레마를 제공했고, 연합국의 지도자들뿐만 아니라 자국의 이익과 자신들이 모시는 지도자를 위해 분투한 참모들에게도 감정적 롤러코스터의 무대가 되었다. 어느 전쟁과 마찬가지로 어느 평화도 단막극이 아니다. 거기에는 시작이 있고 끝이 있으며, 좋을 때가 있고 나쁠 때가 있으며, 영웅이 있고 악당이 있다. 그리고 거기에는 대가가 따른다. 알타가 보여주듯이 민주국가 지도자들이 아무리 노력한다고 해도 독재체제 및 전체주의 정권과 동맹을 맺는 데 따르는 대가가 있다. 동맹이 공통의 가치와 원칙에 기반하지 않는 한, 일단 처음의 갈등이 끝나고 나면 적군의 적은 당신의 적이 될 수도 있다. 민주주의는 오직 민주주의와 동맹을 맺어야 하고 공동의 가치가 앞으로의 동맹에 유일한 기초가 되어야 한다는 생각을 유지하기에는 세계는 너무 복잡하고 위험한 곳이다. 그러나 알타는 민주국가들의 단합이 공동의 목표를 달성하는 데 필수적이라는 것을 보여준다. 알타에서 보았듯이 적과의 사이에서뿐만 아니라 동지와의 사이에서도 이념적·문화적 차이가 있기 마련이다. 이러한 차이의 인정은 과도한 기대를 피하는 데 필수적이다.

Yalta

미국은 자신의 길을 100퍼센트 고집하지 않을 것이고, 러시아와 영국도 그럴 것이다. 우리가 이상을 향해 결연히 매진하더라도 복잡한 국제 문제를 해결하는 이상적인 답을 항상 얻을 수는 없다.

— 프랭클린 루스벨트

폴란드 포기

처칠, 루스벨트, 스탈린이 자신들의 참모 및 군지휘관들과 함께 찍은 유명한 얄타회담 사진은 리바디아 궁전의 이탈리아 정원에서 1945년 2월 9일 오후에 촬영되었다. 정원의 한쪽 끝에 펼쳐진 동양식 카펫 위에 세 개의 의자가 놓여졌다. 사진사와 촬영기사들은 반대편의 땅바닥이나 2층 발코니 난관에 자리를 잡고 촬영 준비를 했다. 루스벨트가 가운데 앉고, 그의 왼쪽에는 스탈린이 앉았다. 오른쪽에는 사진사와 촬영기사들이 다 모인 뒤 정원에 들어온 처칠이 앉았다.

사진 촬영이 시작되자, 처칠은 늘 들고다니는 시가를 물었고, 루스벨트도 담배를 한 대 피워 물었다. 스탈린은 자신의 파이프 담배를 피우기에는 날이 너무 춥다고 생각했던 것 같다. 처칠은 러시아식 모피 모자를 썼고, 손은 회색 코트 주머니에 넣은 상태였다. 루스벨트는 피곤한 듯 보였다. 그는 자신의 뒤에 선 사람들과 몇 마디 얘기를 나누었고, 스탈린도 한두 마디 농담을 던진 듯했다. 미국 측이 촬영한 영상을 보면, 처칠은 소련 측 통역사인 블라디미르 파블로프가 말을 건네자 모자를 벗었다. 3거두는 모두 웃는 모습을 보였다.

전날 코레이즈 궁에서 스탈린이 주최한 만찬 때 루스벨트는 분위기가

리바디아 궁전의 이탈리아 정원 얄타회담 대표단이 1945년 2월 9일 기념촬영을 했던 곳이다.

"가족끼리 하는 것 같다"라고 말했었다. 지금 가족사진을 찍기 위해 포즈를 취할 시간이 온 것이다. "나는 3거두와 3국 대표단이 그때까지 성취한 결과에 대해 일종의 자기만족에 취해 있음을 느꼈다."라고 로버트 홉킨스는 훗날 회상했다. "그들의 얼굴은 긴장된 협상에서 해방된 모습이었고, 웃음과 흥겨운 농담이 이어졌다." 당시 23세이고, 본인의 표현대로라면 "그곳에 있는 모든 사람이 자기의 상관인" 홉킨스는 우연찮게 사진 촬영을 책임져야 하는 상황에 처했다. 해리 홉킨스의 아들로, 이미 3거두 모두를 개인적으로 알고 있던 그는 1943년 카사블랑카회담 당시 루스벨트와 처칠의 사진을 찍은 경험이 있다. 그는 독일 전선에 있다가 다시 호출되어 몰타로 날아갔고, 거기서 크림반도로 향하던 부친과 미국 대표단을 만났다. 그는 얄타에서 기회를 잡아 루스벨트와 스탈린의 첫 사적 회동이 시작될 때 사진을 찍도록 허락받은

3거두와 세 외무장관 3거두의 바로 뒤에 세 외무장관이 서 있다. 처칠 뒤에는 이든이, 루스벨트 뒤에는 스테티니어스가, 스탈린 뒤에는 몰로토프가 서 있다.

유일한 사진사가 되었다.

　"로버트, 자네는 어떻게 사진을 찍을 작정인가?" 마당에서 홉킨스를 발견한 루스벨트가 묻자, "먼저 대통령이 자리를 잡은 뒤 각하의 뒤에 스테티니어스 장관을 세우고, 몰로토프는 스탈린 뒤에, 이든은 처칠 수상 뒤에 서게 하고서 사진을 찍고, 그 다음에는 회담에 참석했던 다른 사람들도 같이 서서 회담 기록사진을 다 함께 찍도록 할 계획입니다."라고 대답했다. 훗날 그는 "최고위 외교관 3명은 내가 요청한 대로 자리를 잡았지만, 다른 사람들은 내가 바라던 대로 비켜나지를 않았다."라고 회상했다. 외교관들이 천천히 군지휘관들을 위해 자리를 만들어주고, 또 그 반대로 하느라 마당에는 적잖은 혼선이 일었다. 앨런 브룩 원수는 이 사진 촬영에 대해 "여러 군인과 정치인 그룹을 자기 자리에 제대로 자리 잡게 만드는 사람이 아무도 없는 가장 혼란스러운 과정이었다."라고 기록했다.

　로버트 홉킨스는 이때를 이렇게 떠올렸다. "내가 회랑 지붕 아래에 있는 스탈린과 몰로토프의 사진을 찍으려고 하자, 스탈린은 내게 가까이 오라는 손짓을 했다. 그는 미소를 지으며 나와 악수한 후, 지난번에 만난 이후 무슨 일을 하며 지냈는지를 물었다. '나는 베를린에 들어가는 최초의 미국 사진사가 되고 싶지만, 불가능할 듯합니다. 소련군은 이미 시 외곽까지 진출했지만, 미군은 125마일이나 떨어져 있기 때문이지요.'" 회고록에는 스탈린과 젊은 홉킨스의 대화가 계속 이어진다. "'자네는 우리 적군赤軍과 같이 갈 생각은 없나?'라고 스탈린이 물었다. '그러면 자네는 베를린 함락을 촬영하는 최초의 미국인이 될 수 있지.'라고 제안했다. 나는 이 말을 듣고 숨이 막힐 것 같았다."라고 홉킨스는 적었다. "나는 두 번 생각할 틈도 없이 '정말 그렇게 할 수 있습니까?'라고 바로 물었다. 난 그가 소련이 장악한 지역에서 하지 못할 일이 없다는 것을 잠시 잊었다. '자네는 자네 쪽에서 해야 할 일을 처리하게, 나는 내가 할 일을 하도록 하지.'라고 스탈린이 말했다."

　홉킨스가 스탈린으로부터 전혀 기대하지 않았던 제안을 받고 정신을 차리는 동안, 그의 소련 측 동료요, 소련군 대위인 전문 사진사 사마리 구라리(Samary Gurary)도 숨이 멎는 것 같았다. 그러나 구라리는 두려움 때문에 그런 거였다. 흥분한 그는 사진 촬영이 끝난 뒤 필름을 되감는 것을 잊고 카메라 뒷면을 열었다. 곧바로 다시 닫았지만, 이미 너무 늦었다고 생각했다. 소련의 핵심 신문 『이즈베스티아』의 사진기자인 그는 당시 29세로, 나치의 수용소 마이다네크를 최초로 사진 찍은 기자였는데, 지금은 자신이 살날이 얼마 남지 않았다고 확신했다. "필름을 현상하는 10분 동안 내 목숨이 아슬아슬하게 느껴졌다."라고 그는 훗날 회상했다. "스탈린은 직접 사진들을 검사한 다음에 어느 사진을 어디로 보낼지를 결정했다. '사마리, 자넨 왜 그렇게 표정이 창백한가?'라고 경호원이 물었다. 나는 단지 피곤해서 그렇다고 대답했지만, 필름이 빛에 노출되어 제대로 나오지 않으면 내게 무슨 일이 닥칠지에 대해 온통 생각이 가 있었다." 사진 촬영이 시작되기 전 안드레이 비신스키는 "조심하게, 사마리. 자네는 소련 기자단 중 유일한 사진사야."라고 경고한 바 있다. 다행스럽게도 리바디아 궁전 앞에 앉은 3거두의 사진은 빛에 노출되지 않았다. 그러나 두 프레임 뒤부터 필름은 못 쓰게 되었다. 구라리의 사진은 소련의 당 기관지 『프라우다』에 실리는 행운을 얻었다.

사진 촬영은 30분 가까이 진행되었다. 대표단은 다음 협상을 진행하기 위해 리바디아 궁전으로 들어왔다. 오후 4시 15분, 선별된 참모들과 외교관들이 차르의 전 무도회장에 3거두와 같이 자리를 잡았다. 카메라 앞에서 미소와 농담으로 시작된 이날 만남은 회담이 시작되자 전체 회담 중 가장 격렬하게 대립한 논쟁으로 진행되었고, 전체 회담의 전환점이 되었다.

전체 회의는 이전과 마찬가지로 외무장관 회담의 결과 보고로 시작되었다. 이날 외무장관 회담을 주재한 스테티니어스는 미국이 폴란드 대통령위원회 안을 철회한다고 발표했다. 그가 다음 주제로 넘어가려는 순간 처칠이 그의 말을 제지하고, 폴란드 문제에 대한 논의가 바로 시작되어야 한다고 제안했다. 그리하여 스테티니어스는 보고를 중단했다가 이 논의가 끝난 뒤에 보고를 마저 끝낼 수밖에 없었다. 처칠로 하여금 폴란드 문제에 대한 논의를 바로 시작하도록 만든 것은 그날의 외무장관 회담에서 이뤄낸 주요 진전 덕분이었다. 스테티니어스는 처칠이 처음부터 회의적으로 생각한 대통령위원회 안을 미국에서 철회했음을 밝히고, 이어서 폴란드 정부 구성에 대한 새로운 제안을 내놓았다. 여러 면에서 새 제안은 영국과 미국이 오랫동안 견지해온 입장을 포기하는 것과 마찬가지였다.

미국의 새로운 전략은 이날 아침 루스벨트와 스테티니어스의 회의 때 만들어졌다.[1] 두 가지의 핵심 성과, 즉 소련의 UN 가입과 대일전 참전을 이미 손에 쥔 루스벨트는 소련 측이 분명히 원하지 않는 것을 하도록 강요하다가 손에 얻은 성과를 잃어버리는 모험을 하고 싶지 않았다. 그것은 진정으로 민주적이고 대표성이 있는 폴란드 정부의 구성이었다. 처칠과 달리 루스벨트는 더 이상 협상을 한다고 해서 서방의 의견이 받아들여지리라고 생각하지 않았다. 그는 폴란드 문제를 두고 소련과 공개적으로 충돌하면 미국을 UN에 참여시키고자 한 자신의 노력도 물거품이 될 수 있다고 생각했다. 루스벨트에게 필요한 것은 국내 유권자들을 만족시키면서 동시에 스탈린도 받아들일 수 있는 문서였다. 아마도 그는 전날 저녁 스탈린이 동맹의 미래에 대해서 한 말을 심각하게 받아들였던 것 같다. 회담의 마지막 이틀인 2월 8일과 9일은 미국 국내 여론과 미래의 국제 평화를 만족시킬 수 있는 타협안을 찾는 데 시간을 보냈다.

정오에 열린 외무장관 회담에서 스테티니어스가 제안한 미국의 새로운 안은 "현재의 폴란드 정부를 폴란드의 모든 민주 세력에 기반을 둔 완전한 대표성을 가진 정부로 재조직하고, 외국에 있는 폴란드의 민주적 지도자들을 포함하여 '민족 통합 임시정부(The Provisional Government of National Unity)'라고 이름을 붙이는 것"이었다. 그 임시정부는 모스크바에서 몰로토프와 두 서방 국가 대사들의 협의를 거쳐 '재조직'되도록 할 생각이었다. 새로운 정부의 핵심 과제는 "자유롭고 제약이 없는" 선거를 "실제적으로 최대한 가장 빠른 기간 안에" 치르는 것이었다. 바르샤바에 주재하는 연합국 대사들은 "자유롭고 제약이 없는 선거의 실행 약속이 이행되는지에 대해" 각자의 정부에 보고하도록 했다. 미국은 '재조직'이라는 용어를 사용함으로써 폴란드의 새로운 정부가 현재 존재하는 정부를 기반으로 구성되어야 한다는 소련 측의 요구에 사실상 굴복한 것이었다. 그리고 영국도 원했듯이, 새 정부는 얄타에서가 아니라 모스크바에서 구성되어야 한다는 소련 측의 요구도 받아들인 셈이었다. 미국의 제안은 논쟁의 초점을 임시정부의 형태가 아니라 미래의 선거로 옮겨갔다. 이것이 이제 폴란드에 대한 외교 게임의 핵심 이슈가 될 터였다.

몰로토프는 미국 측의 갑작스런 입장 변경에 놀라서 어떻게 반응해야 할지를 몰랐다. 그는 잠시 말할 시간을 갖기 위해 미국 측 제안을 러시아어로 번역해달라고 부탁했다. 개인적으로 그는 자신의 강경한 자세가 보상을 받았다고 생각해서 기뻐했을 것이 틀림없다. 소련 지도부 중에는 라브렌티 베리야처럼 공산주의자들과 부르주아 대표들로 임시 연합을 먼저 구성하고 나서 나중에 공산주의자들이 정부를 차지하는 안을 주장한 사람들도 있었지만, 몰로토프는 그런 의견을 거부했다. "우리는 폴란드 문제에 대한 우려가 매우 컸다. 그들은 우리의 이익을 침해하기 위해 모든 방법으로 노력했지만 우리는 결국 원하는 것을 얻었다. 그들은 제국주의의 앞잡이가 분명한 부르주아 정부를 강요하려고 했으나, 우리, 스탈린 동지와 나는 우리의 국경 옆에 적대적 폴란드가 아닌 독립적인 폴란드를 가져야 한다고 주장해왔다."라고 그는 훗날 회고했다.[2]

그날 늦게 처칠이 3거두가 폴란드 문제를 논의해야 한다고 제안하자, 몰로토프는 바로 제동을 걸면서 "소련 대표단은 합의를 만들고 싶은 열망이 큽니다."라고 분명히 말했다. 그는 이 합의가 "스테티니어스의 제안에 일정한 수정을 가한 뒤 가능"하다고 제안했다. 스테티니어스의 제안을 검토한 뒤 스탈린과 몰로토프는 자신들이 결국 상대편을 지치게 만드는 데 성공했다는 것을 안 듯 했다. 최소에 그쳤다고는 하지만 그들이 제안한 수정 부분은 의미하는 바가 아주 컸다. 몰로토프는 '재조직된' 정부를 서술하는 대목에서 "완전한 대표성을 가진"이라는 표현이 빠지기를 바랐다. 또한 앞으로 있을 선거에 민주정당들이 참여한다는 표현에서도 "비파시스트적이고 반파시스트적인"이라는 구절이 추가되어야 한다고 제안했다. 그는 선거의 진행 과정에 대해 대사들이 보고한다는 말도 삭제되어야 한다고 했다. 공개적인 국제적 감시는 폴란드인들에게 모욕감을 줄 것이라고 했다. 각국 대사가 자신이 주재하는 나라에서 일어나는 일을 본국 정부에 보고하는 것은 자명하다며 그는 주장을 굽히지 않았다.

몰로토프는 자신의 수정 사항이 미국 측 안에 작은 변화를 주었을 뿐이라고 설명했다. 이후 바로 그는 유고슬라비아의 선거 문제로 주제를 바꾸려고 했지만, 처칠은 이에 끌려가지 않았다. "합의의 전반적 분위기로 볼 때, 우리는 발을 등자에 제대로 걸치지도 않은 채 말을 달리는 꼴입니다. 이렇게 할 수는 없습니다."라고 처칠이 말했다. 처칠은 스테티니어스의 제안과 몰로토프의 수정안도 마음에 들지 않았음이 분명하다. 그는 아무리 시간이 걸리더라도 그것들을 물리칠 준비가 되어 있었다. 루스벨트는 제안을 검토하기 위해 30분의 시간을 갖자고 했지만, 미국 측 회의 기록에 따르면 처칠은 이렇게 되받아쳤다. "나는 그 이상의 시간이 필요합니다. 우리가 핵심적인 문제를 미결 상태로 남겨놓거나 급하게 결정을 내린 상태로 크림반도를 떠나서는 안 된다고 생각합니다. 이 문제들은 우리가 앞으로 살아나가는 동안 가장 중요하게 남을 일들입니다. 물론 당신들은 모두 떠나고 나만 이 멋진 장소에 남겨질 수도 있습니다. 그러나 나는 토론을 만족스럽게 마무리 짓기 위해 우리가 좀 더 머물러야 한다고 주장하고 싶군요." 스탈린과 루스벨트는 이에 아무 대답도 하지 않았다.

휴회 후 루스벨트가 다시 사회를 맡아 의견을 말했지만, 그의 말은 처칠을 전혀 만족시키지 못했다. 영국 측 기록에는 이렇게 적혀 있다. "루스벨트 대통령은 휴회 시간 중 비공식적으로 폴란드 문제에 대한 서류를 검토한 후, 우리와 러시아인들 사이의 차이는 주로 단어 사용의 문제라는 결론에 도달했다고 말했다. 양측은 전에 없이 서로 근접해 있으며, 이 문서를 모두가 합의할 수 있는 형태로 만들어서 선거가 실시될 때까지 폴란드 문제를 해결할 수 있다고 발언했다." 루스벨트는 몰로토프와 몇 마디 나눈 후 자신이 "미국에 있는 600만 명의 폴란드인들을 대신해서 선거가 진지하고 자유롭게 실시되도록 보장해야 한다는 점을 요구했다." 그는 외무장관들이 이날 늦게까지 계속 논의하여 폴란드 문제를 해결하기 위한 문구의 언어를 다듬어주길 원했다.

처칠은 외무장관들이 또다시 회동하는 것에 반대하지 않았다. 지금 그는 완전한 대표성을 가진 폴란드 정부 구성에 대한 모든 희망을 거의 포기해야 했다. 대신, 폴란드 선거에 초점을 맞춰 자신의 입장을 양보하지 않으리라고 마음먹었다. 그는 몰로토프의 수정안을 좌절시키겠다고 작정했다. 그리하여 미국 측 안의 마지막 구절, 즉 선거에서 대사들에게 특별한 임무를 부여해야 한다는 점의 필요성을 계속 주장했다. 전날 이든은 몰로토프와 스테티니어스에게 루블린 정부가 공정한 선거를 수행할 것으로 믿지 않는다고 말했다. 서방 연합국이 폴란드의 기존 정부를 '재조직'하는 데 동의한 마당에 선거감시단을 구성하는 방안만이 선거를 공정하게 치를 수 있는 그들의 유일한 희망이었다.

영국 수상은 서방 국가 대사들의 선거 참관을 허락하도록 스탈린에게 부탁했다. "그는 스탈린 원수가 인내와 배려를 가지고 영국 측 입장의 고충을 고려해주기를 바랐다."라고 영국 측 회담 기록에는 나와 있다. "영국 정부는 용감한 대원들을 낙하산으로 투하해 지하운동 대원들을 빼내 오는 일 말고는 폴란드 내에서 무슨 일이 벌어지는지를 알지 못했다. 그들은 정보를 수집할 다른 방법이 없었지만, 그렇다고 낙하산 부대를 활용하여 정보를 수집하는 방식은 원하지 않았다." 처칠은 유럽의 다른 지역 선거를 소련 측이 참관하는 데 아무 장애가 없음을 스탈린에게 확인시켰다. 미국 측 회의록에는 처칠이 "개인적으로, 세 강대국의 참관단이 어느 지역을 참관하기를 원하든 모두 환영합니다."라고 말했다고 기록되어 있다. 그의 생각에 "티토(Tito)는 유고슬라비아에서 실시되는 선거에 외국 참관단의 입회를 반대하지 않을 것이고, 영국은 그리스에서 실시되는 선거에 미국과 소련 참관단이 들어오는 것을 환영하며, 이탈리아에서도 마찬가지다." 이것은 괜한 요청이 아니었다. 처칠은 "이집트에서는 어느 정부가 선거를 진행했든, 그에 상관없이 이길 거라는 사실을 알고 있었다."

스탈린은 상대의 공격에서 약점을 찾으려고 했다. 처칠이 이집트를 언급한 것에 대한 응수로, 스탈린은 자기가 알기에 이집트의 유명한 정치인들은 서로를 매수하면서 시간을 보낸다고 했다. 또한 폴란드는 높은 문자 해독률을 자랑하지만 이와 반대되는 이집트를 고려한다면, 이집트와 폴란드를 비교하는 것은 아무런 근거가 없다고 비판했다. 스탈린의 발언은 1월에 실시되던 이집트 선거에 대한 소련 측 언론의 평가를 반복한 것이었다. 소련 언론은 이집트의 정치판에 대해 원칙이 아니라 인물이 지배하고 있으며 정당은 어떠한 정치 프로그램도 가지고 있지 못하다고 했다. 처칠은 이집트와 비교한 것을 철회했지만, 스탈린의 간섭에도 불구하고 자신이 말하고자 하는 핵심 주제인 폴란드 선거의 공정성에서 벗어나지 않았다. "미코와이치크가 폴란드로 돌아가서 선거를 위해 정당을 조직하는 일이 가능합니까?"라고 처칠은 단도직입적으로 스탈린에게 물었다. 이에 스탈린은 미코와이치크가 비파시스트 정당의 일원으로서 선거에 참여할 권리를 가질 수 있을 것이라고 말했다.

루스벨트도 논쟁에 끼어들어 처칠의 견해를 전적으로 지지했다. "나는 폴란드 선거가 논쟁의 여지가 없는 최초의 선거가 되기를 바랍니다."라고 똑똑히 밝혔다. "이는 카이사르의 부인의 경우와 마찬가지입니다. 나는 그녀에 대해 알지 못하지만, 사람들은 그녀가 순결했다고 합니다."라고 덧붙였다. 연합국의 기대 수준을 낮추기 위해 애쓴 스탈린은 이렇게 되받아쳤다. "사람들이 그녀에 대해 그렇게 말하지만, 사실 그녀에게도 죄가 많았습니다." 선거와 선거민주주의에 대한 스탈린의 공격은 우연히도 괴벨스*의 견해와 같았는데, 민주 정부의 금권정치적 성격에 대한 불신에 바탕을 둔 생각이었다. 사진 촬영 때의 우호적 분위기로 시작된 이날 전체 회의는 교착 상태를 맞은 채 끝났다.

루스벨트가 기대했던 바와 다르게 이날 두 번째로 열린 외무장관 회담에서는 폴란드 문제를 거의 해결하지 못했다. 이든은 전시 내각으로부터 "토론의 이전 기초가 만족스럽지 못하다."는 전보를 받았다는 말로 회담을 시작했다. 논의의 방향을 바꿔보려는 영국 외무장관의 막판 시도는 실패로 끝났다. 이날 앞서 열린 지도자들의 회담과 마찬가지로 외무장관들은 앞으로 있을 선거에서 외국 대사의 역할에 대한 합의를 만들어내지 못했다. 밤 10시 30분에 시작된 회의는 자정을 넘겨 끝났지만 해결의 기미는 보이지 않았다.

이든은 이날의 결과에 대해 분명히 화가 났다. 이날 일기에 "러시아인들은 우리가 만든 초안을 검토하지도 않고 왔다. 그래서 다시 이것을 그들에게 제대로 전달하고, 영국의 의견에 대해 설명했다. 나는 그들이 원하는 것에 동의하느니 차라리 텍스트 없이 돌아가는 편을 택하겠다고 말했다."라고 적었다. 그는 미국인들에 대해서도 똑같이 화가 났다. "루스벨트 대통령은 우리와 러시아 사이의 차이는 주로 단어 사용의 문제에 있다고 했다. 그는 스스로를 속이고 있다. 우리는 치열한 논쟁을 거쳐 용어에 대한 합의를 이끌어

---

* **요제프 괴벨스(Paul Joseph Goebbels, 1897~1945)** 나치 독일의 선전장관으로 나치 세력이 정권을 잡는 데 큰 역할을 했고, 나치즘의 상징인 '하켄크로이츠' 문양과 독특한 제복을 만들었다. 라디오의 위력을 깨닫고 '국민라디오(Volksempfänger)'를 대량생산하여 노동자들에게 싼 가격으로 보급한 뒤, 인기 프로그램인 〈라디오 아워〉의 저녁 7시 뉴스에 '오늘의 목소리'라는 코너를 신설하여 히틀러의 활동을 선전했다. 제2차 세계대전 중에는 언론 매체와 대중 연설을 적극 활용했는데, 실상을 왜곡하는 방식보다는 역사적인 사례를 들어 비교하는 방법으로 독일 국민에게 희망을 불어넣으려 애썼다. 1945년 5월 1일 연합군이 베를린으로 가까이 진격해오자 벙커에서 가족과 함께 자살했다.

냈지만 의도의 차이는 전혀 다루지 못했다. 이를 깨닫는 데는 긴 시간이 필요 없었다."라고 회고록에 기록했다.

카도간은 다른 의견을 가지고 있었다. 그는 다음 날 아침 부인에게 보내는 편지에 이렇게 썼다. "우리는 일부 진전을 이루었어요. 우리는 밤에 회의를 하기도 하는데, 어젯밤에는 러시아 측 숙소에서 외무장관 회담을 자정 너머까지 계속 했답니다. 그러나 그럴 만한 가치가 있었어요. 폴란드 문제에서 꽤 괜찮은 조율을 이뤄내는 데 거의 성공했어요. 우리는 오늘 회담의 마지막 장애물을 뛰어넘으리라고 희망했었지요. 이것을 이루는 일이 가장 중요합니다. 우리가 폴란드 문제에서 그럴듯한 해결을 이루지 못하면, 세계기구에 대해 호언장담했던 것들과 이에 관련된 일들이 아무 의미를 갖지 못해요." 그는 미국 동료들처럼 "크게 생각하고" 있었다. 진정한 보상은 전후의 협력이었다. 폴란드에 대해 그가 원하는 것은 단지 그럴듯해 보이는 조정이었다.

2월 10일 아침, 처칠의 기분은 최상이 아니었다. 그는 침대에 머물면서 방문자(카도간 등)를 맞으며 오후 서너 시까지 서류를 검토했다. 그는 부인에게 "지난 며칠간 긴장이 최고조였어요."라고 전보를 보냈다. 처칠의 비서인 매리언 홈즈(Marian Holms)는 일기에 "수상은 좀 화가 난 상태였다."라고 적었다. 그날 아침 처칠은 침실 창문의 커튼을 가지고 그녀에게 짜증을 냈다. "조금 내려. 아니야, 너무 내렸지. 조금 올려."

처칠은 눈에 문제가 있어서 햇빛에 예민했다. 그러나 단지 그 이유만으로 그의 기분이 좋지 않은 것은 아니었다. 회담은 그가 원하는 대로 진행되지 않았고, 미국 측은 계속 소련에 양보를 하면서 새로운 문제를 만들어내고 있었다. 2월 10일 아침에 미국 측은 폴란드 선거에서 서방 국가 대사들이 참관하는 안을 포기했다. 처칠이 서류를 보는 동안 외무장관들은 보론초프 궁의 바로 옆방에서 회의를 진행하고 있었다. 그래서 이든은 스테티니어스가 폴란드 선거에 대해 서방 대사들로 하여금 보고하도록 한 문구를 삭제했다는 사실을 곧바로 처칠에게 알릴 수 있었다. "미국 측이 사전에 아무 언질도 주지 않았기 때문에 저로서는 그들의 조치에 동의한다고 말할 수 없었습니다."라고 이든은 메모를 적어 보냈다. "분명히 반대하게!"라고 처칠도 답신을 보냈다. 처칠은 미국의 지원이 있든 없든 싸워보기로 작정했다.

미국의 새로운 양보는 루스벨트가 주도했다. 2월 10일 아침, 루스벨트는 남아 있는 의제를 논의하기 위해 스테티니어스 국무장관과 만났다. "대통령은 폴란드 문제를 마음에 크게 담아두고 있었고, 나는 폴란드 정부 문제에 대한 미국 측 입장에 대해 다시 설명했다. 우리는 그날 다른 두 정부와 합의할 수 있기를 매우 원했다."라고 스테티니어스는 회고록에 적었다. "우리가 제시한 안의 마지막 문장을 고집함으로써 폴란드 문제의 해결을 막고 싶지는 않습니다."라고 스테티니어스는 연합국 대사들에게 선거에 참관하는 권리를 주는 조항에 대해 언급했다. 루스벨트는 스테티니어스에게 "만일 합의서의 이 부분이 정말 소련 측을 신경 쓰게 만든다면 우리는 그 조항을 포기할 수 있지만, 결국 선거를 관찰하고 보고해야 한다는 우리의 결연한 의지를 그들에게 이해시키도록 해야 하네."라고 말했다.

스테티니어스는 대통령의 지시를 문서화했다. 그날 열린 외무장관 회담에서 그는 루스벨트 대통령이 폴란드 안에 대한 변경을 원하지 않지만, "합의를 이끌어내고 싶은 열망이 강해서" "이 양보를 할 용의가 있다"며 미국 측의 새로운 안을 제시했다. 몰로토프는 더 밀어붙였다. 그는 소련이 이미 그렇게 했듯이 서방 정부들도 폴란드 정부와 외교 관계를 수립할 것을 제안했다. 이는 곧 현재의 루블린 정부와 미래의 폴란드 정부가 동일하다는 뜻을 함의했다. 이에 대해서는 스테티니어스와 이든이 한목소리를 냈다. 그들은 폴란드에 새 정부가 만들어질 것이고 세 강대국은 이를 인정해야 한다고 말했다.

　논쟁의 결과를 보고받은 처칠은 단호하게 행동하기로 결심했다. 그는 이른 오후에 애틀리에게 보낸 전보에서 폴란드 문제의 해결은 미래의 선거 및 폴란드에서 진행되는 일에 대해 정확한 정보를 확보하는 데 달려 있다고 언급했다. 이것은 아직 해결되지 않은 유일한 문제이며 "오늘 싸워야 할 문제"라고 했다. 전보를 작성한 후 처칠은 루스벨트와 만나기로 한 약속을 취소하고 코레이즈 궁으로 향했다. 폴란드 문제의 열쇠를 쥐고 있는 사람은 루스벨트가 아니라 스탈린이었다.

　이든을 대동하고 목적지에 도착한 처칠은 전투적 기분에 휩싸여 있었다. 소련 측 기록에 따르면, 처칠은 스탈린에게 "매우 불쾌한 문제"를 논의하러 왔다고 말했다. 그는 폴란드 문제에 관한 마지막 구절에 대해 얘기하려고 했는데, 바로 직전에 이든으로부터 소련이 새로운 요구를 해왔다는 말을 들었다. 그 자리에 있던 몰로토프는 폴란드 정부 구성에 대한 새로운 수정안을 설명했다. 이 수정안에서는 현재의 루블린 정부와 미래의 폴란드 정부를 동일화하지 않았기에 처칠은 다소 진정이 되었다. 그는 새로운 안을 인정했고, 긴박한 긴장은 풀렸다.

　그제야 처칠은 코레이즈 궁에 찾아온 주된 이유인, 선거에서 서방 국가의 대사들이 맡을 역할에 대한 논의로 넘어갈 수 있었다. 전과 마찬가지로 그는 폴란드에 대한 독자적인 정보가 부족한 것에 불만을 토로하며, 바로 그런 이유로 대사들의 보고가 필요하다는 점을 더욱 강조했다. 그런데 스탈린은 이런 처칠의 주장을 영국이 루블린 정부와 외교 관계를 맺도록 하는 기회로 이용하려고 했다. "드골은 루블린에 그의 대표를 파견했습니다. 영국도 이와 같은 대표부를 루블린에 파견할 수 있지 않을까요?" 처칠은 새로운 정부가 구성된 후에야 이것이 가능할 것이라고 말했다.

　대화가 겉돌자 이든은 자기네가 방문한 목적으로 대화를 이끌려고 했다.

그는 스탈린에게, 자신과 처칠 수상은 "합의가 진행되는 과정을 보고할 연합국 측 대표단이 폴란드에 있어야 한다는 조건을 합의서에 추가"하기를 원한다고 말했다. "그것은 두말할 필요도 없지요. 영국 정부는 사절과 관리들을 폴란드에 파견할 수 있습니다."라고 스탈린이 대답했다. 이든은 더 밀어붙였다. "사절단이 이동의 자유를 누릴 수 있을까요? 소련군은 사절단의 행동을 방해하지 않겠지요?" 그러자 스탈린은 "폴란드 정부와 관련된 일이라면 폴란드 정부와 협상하면 됩니다."라며 손님들을 안심시켰다. 이것으로 스탈린은 앞으로 행동의 자유와 빠져나갈 구멍을 갖게 되었다.

이때 이든은 새로운 안을 제시했다. 폴란드 정부가 구성되자마자 연합국은 "대사를 서로 교환하여 각 정부가 폴란드에서 벌어지는 상황에 대해 보고를 받도록" 하자고 했다. 그는 선거 진행에 대해 대사들로 하여금 보고하게한다는 내용의 안을 철회했다. 스탈린은 이에 만족했고, 새로운 안에 동의했다. 소련 측 회의록에 따르면, 처칠과 이든은 이에 대해 스탈린에게 사의를표했다. 미국 측이 철회했음에도 불구하고, 폴란드에서 일어나는 일을 대사들이 보고한다는 문구는 합의서에 포함되었다. 그러나 선거에 대한 언급은없었다. 이는 당시 상황에서 처칠이 얻을 수 있는 최선이었다.

처칠과 스탈린 모두 전체 회의에 늦었다. 리바디아 궁전의 무도회장에 들어서면서 처칠은 루스벨트에게 사과했고, "상황을 되돌리는 데 성공했다고 생각합니다."라고 말했다. 그러나 이 말은 부분적으로만 사실이었다. 그날 오후 승인된 폴란드에 대한 연합국 선언의 최종안은 소련에게 항복한 행위나 다름없었다. 다양하게 해석될 여지가 있는 문안의 언어는 얄타에 온 소련과 영국-미국 대표단 사이의 긴장을 역력히 반영했다. "폴란드의 임시정부(Provisional Government of Poland)"라고 표현되었던 친소련정부는 루스벨트의 요구를 반영하여 "현재 폴란드에서 활동하는 임시정부(Provisional Government which is now functioning in Poland)"로 바뀌었고, 스탈린의 요구를 수용하기 위해 "완전한 대표성을 가진 정부(fully representative government)"라는 표현은 삭제되었다. 다소 변경이 되기는 했지만 반파시스트 정당이라는 표현이 추가되었고(원래는 "반나치 정당"), 대사들의 역할을 서술해놓은 문안은 수정되어 그들이 "자유롭고 제약이 없는 선거"를 보장한다는 조항 대신에 폴란드의 상황을 보고하는 것으로 바뀌었다. 소련 측은 폴란드와 해외의 정치인들을 추가하여 현재의 정부를 '재조직'한다는 데 동의했으나, 누구를, 얼마나 많이, 어떤 권한을 가진 사람을 포함하느냐는 모스크바에서 몰로토프, 해리먼, 클라크 커가 결정해야 될 문제로 남았다.

이든이 새 결의안을 전체 회의에서 낭독할 때 처칠은 아무런 이의를 제기하지 않았다. 영국 정부가 동맹을 배신했다는 피할 수 없는 비난을 면하기 위해, 영국 측은 폴란드 영토의 완전한 해방이 이 나라에 새로운 상황을 만들어냈다는 짧은 문안을 넣자고 주장했다. 처칠 수상은 폴란드 정부나 폴란드 선거, 어느 것도 더 논의하고 싶은 생각이 없었다. 그러나 해결해야 할 문제가 하나 남아 있었다. 그것은 폴란드의 서부 국경이었다. 정부 구성에 대한 전투에서 완전히 패배한 처칠은 새로운 폴란드가 서쪽으로 너무 확장되는 것을 꺼렸다. 그럼에도 불구하고 회담의 최종 문서에는 서부 국경에 대한 언급이 들어가기를 바랐다.

루스벨트는 이 문제를 새로운 폴란드 정부와 협의가 진행될 때까지 미루기를 바랐다. 동시에 그는 서부 국경에 대한 안은 처칠이 초안을 작성해주길 원했다. 3거두는 폴란드가 이전 국경 너머의 북쪽과 서쪽 영토를 얻는다는 데 합의했으나, 새 국경은 새로운 폴란드 정부와 협의를 해서 나중에 결정하기로 했다. 몰로토프가 "동프로이센과 오데르 강의 고대 국경"을 폴란드에게 돌려준다는 문장을 추가하자고 제안하자, 루스벨트는 폴란드가 얼마나 오랫동안 이 국경을 유지했었는지를 물었다. "아주 오래전부터"라고 몰로토프가 대답하자, 루스벨트는 영국도 똑같은 논리로 미국을 돌려달라고 할 수 있을 것이라며 농담으로 맞받아쳤다. 스탈린은 대서양 때문에 그렇게 되지는 않을 거라고 했다. 결국 이 문제는 철회되었다.

전반적으로 미국 측은 새 국경의 획정에 대한 책임을 지지 않으려고 아주 조심했다. 루스벨트는 커즌 라인에 대한 명시적 언급을 하지 말라는 해리 홉킨스의 조언을 무시했다. 그러나 서부 국경에 대한 자신의 언급을 정부의 공식 입장이 아닌 3거두의 견해 표시로 나타나도록 수정했다. 이는 그 나름대로 신중한 접근이었다. 워싱턴에서 미국에 대한 저항을 강화하고 있던 폴란드 외교관들은 법률적으로 이러한 결정이 단지 의사 표시에 지나지 않는다는 사실을 알고 실망했다. 이렇게 하면 미국 측은 의회의 승인을 얻을 필요가 없었다.

얄타회담에서 논의된 주제 중 가장 복잡한 문제인 폴란드를 둘러싼 협상은 드디어 2월 10일 저녁에 마무리되었다. 얄타에 있는 서방 대표단은 소련의 힘이 우세하다는 현실을 받아들이는 일 외에 다른 선택은 할 수 없었다. 루스벨트는 스탈린에게 압력을 더 가한다 해도 아무런 성과를 얻을 수 없을 것이라고 판단했다. 처칠은 이에 동의하지 않고 좀 더 토론하기를 원했다. 그러나 스탈린이 폴란드 문제에 대해 양보할 것이라는 조짐은 전혀 없었다. 그의 계획상 폴란드는 너무나 중요한 나라이기 때문에 그 나라에 대한 장악을 절대 느슨하게 할 리 없었다.

루스벨트는 남아 있는 이견을 미봉책으로 가릴 수 있는 언어를 선택해서 소련과의 공개적인 마찰을 피하는 데 성공했다. 스테티니어스는 루스벨트에게 건넨 메모에서 "대통령 각하, 루블린 정부를 확대하지 말고 모종의 새 정부를 구성한다고 하십시오."라고 썼다. '모종의'라는 단어는 적절하게 쓰인 표현이 되었다. 폴란드에 대한 미국 측 안의 작성을 도운 찰스 볼렌은 "이 합의는 서방 측이 원하던 바는 아니지만, 다소 의구심을 가지고 우리가 받아들일 만한 것이었다."라고 했다. 다른 사람들은 덜 낙관적이었다. 애버럴 해리먼은 나중에 "새로운 정부를 만들지 않고, 기존의 임시정부를 재조직한다는 스탈린의 언어를 수용한 것"에 대해 루스벨트를 비판했다. 그는 당시 볼렌이 품었던 의구심의 본질도 설명했다. "당시 우리가 대사관에서 사용하던 표현이 있었다. ─ 러시아인들과 장사를 하다보면 똑같은 말(馬)을 두 번 사게 된다...... 나는 폴란드에 대한 합의에서 이런 느낌을 받았고, 그 느낌을 그대로 볼렌에게 전달했다."

늘 현실주의자의 입장을 취한 모랜 경은 테헤란회담과 1944년 가을 모스크바에서의 처칠─스탈린 회담의 결과, 그 이후로 폴란드에 대해 염려하는 것은 너무 늦었다고 생각했다. 그는 일기에 "지난 10월 모스크바에서 스탈린은 분명히 폴란드를 코자크의 전초기지로 만들려고 했다. 그리고 그는 여기서 자신의 의도를 바꾸려고 하지 않았다."라고 썼다. "스탈린의 언어를 수용"했다고 루스벨트를 비난한 해리먼은 포기한 듯 보였다. 협상에 직접 참여하지 않았던 레이히 제독이 루스벨트에게 "대통령 각하, 이것은 마음껏 늘일 수 있는 것이라서 러시아인들은 이것을 자르지 않고도 기술적으로 얄타에서부터 워싱턴까지 죽 늘일 수 있겠습니다."라고 말하자, 루스벨트는 "빌. 잘 아네, 잘 알아. 그러나 이것이 내가 폴란드에 대해 할 수 있는 최선이야."라고 답했다.

독일의 운명

"**이것이** 내가 낳은 알입니다." 2월 9일 저녁에 처칠은 루스벨트와 스탈린에게 이렇게 말했다. 이것은 처칠이 1943년 가을에 초안을 작성한 1943년 모스크바 선언을 염두에 두고 한 말이다. 이 문서는 나치 전범들을 그들이 범죄를 저질렀던 국가로 송환하는 내용을 담고 있다. 그는 이제 자신이 주요 전범이라고 부른, 한 국가 이상에서 죄를 저지른 제3제국 지도자들의 문제를 거론하고 싶어 했다. 벌써 저녁 8시가 되었고, 전체 회의는 3시간 반 이상 진행되고 있었다. 루스벨트는 논의를 마무리하길 바랐다. 그는 얄타에서 이 문제를 해결하기에는 너무 복잡하기 때문에 외무장관 회담에 부의한 다음 3~4주 후에 보고서를 제출하도록 하자고 제안했다. 그러나 처칠은 계속 고집을 부렸다. 처칠은, 체포되어 신분이 확인되는 대로 처형해야 할 나치 전범 명단에 대해 3거두가 합의하기를 원했다.

스탈린은 이 문제에 약간의 관심을 기울였다. 1941년 5월 히틀러의 측근 루돌프 헤스(Rudolf Hess)가 영국으로 날아가 평화 협상을 진행하려고 했으나, 영국 당국에 체포되어 계속 구금 중인 상태였다. 영국이 헤스를 나치와의 단독 강화 교섭에 도구로 쓸 것을 염려한 스탈린은 헤스가 처칠의 처형 명단에 있는지를 물었다. 그리고 전범들이 재판에 회부되는지도 물었다. "헤

뉘른베르크 군사재판에 회부된 괴링과 헤스 제2차 세계대전의 전범으로 헤르만 괴링(Hermann Göring)과 루돌프 헤스 등이 체포되어 1945년 11월 20일에서 1946년 10월 1일 사이에 진행된 군사재판에 회부되었다. 앞줄 맨 왼쪽 끝부터 오른쪽 방향으로 헤르만 괴링, 루돌프 헤스, 요아힘 폰 리벤트로프, 빌헬름 카이텔(Wilhelm Keitel)이다.

스는 다른 사람들과 같은 길을 갈 겁니다."라고 처칠은 스탈린에게 말했다. "전쟁범죄를 저지른 자들은 언제든지 재판에 회부될 수 있습니다."라고 처칠은 말했지만, 주요 전범들이 처형당하기 전에 먼저 재판에 회부되어야 하는지를 묻는 스탈린의 의도를 제대로 이해하지 못했다. 스탈린은 처칠의 이 말이 "정치적 행위보다 사법적 행위"가 되어야 함을 의미한 것인지는 불확실했지만 그것이 바로 자기가 마음에 두고 있던 생각이라고 말했다. 테헤란회담에서 독일군 장교 5만 명의 처형을 제안해서 처칠을 경악하게 만들었던 사람이 이제는 주요 전범을 재판에 회부하는 것을 선호하고 있는 셈이다.

갑자기 얘기가 바뀌는 것에 신경이 쓰인 루스벨트는 이 과정이 너무 사법적이 되어서는 안 된다는 의견을 표명했다. 그리고 어떤 상황에서도 기자와 사진기자는 재판에 회부되어서는 안 된다고 했다. 처칠은 재판이 전체적으로 정치적 판단이 되어야 한다는 데 동의했다. 그는 논의에 경계를 긋기 위해 주요 전범 명단을 작성하자는 의견을 철회했다. "우리는 단지 서로의 견해를 나누었을 뿐입니다. 나는 물론 이것을 절대 공개적으로 언급하면 안 된다고 생각합니다. 우리 포로들에 대한 보복이 발생할 수 있기 때문입니다."라고 그는 말했다. 루스벨트가 이 문제를 외무장관 회담으로 넘기자고 하자, 처칠은 이의를 제기하지 않았다.

두 서방 지도자는 여론 조작용 재판(show trials)에 대한 경험이 없었다. 앵글로-색슨식 사법제도에 대한 지식을 바탕으로 두 사람은 나치 지도자들의 운명을 법률만 따지는 법관들에게 맡기기를 꺼려 했다. 스탈린은 다른 생각을 가지고 있었다. 1930년대 후반 소련의 여론 조작용 재판은 수백은 아니더라도 수십 명의 정적을 죽음으로 몰았고, 불법 재판(kangaroo courts)의 프로파간다 가치를 보여주었다. 그리고리 지노비예프(Grigorii Zinoviev), 레프 카메네프(Lev Kamenev) 같은 혁명 영웅들이 이런 재판의 희생양이 되었다. 만일 루스벨트와 처칠이 좀 더 구체적인 조언을 원했다면, 스탈린은 1930년대 모스크바 재판 당시 검찰총장인 안드레이 비신스키를 바로 부를 수 있었다. 스테티니어스의 브리핑북에도 그의 경력이 간단하게 실려 있다. "1933년 지하철 건설 회사 메트로-빅커스(Metro-Vickers) 재판 및 1936년과 1938년의 트로츠키주의자-지노비예프-부하린(Bukharin) 재판으로 명성을 날렸다." 첫 번째 경우에는 소련에서 일하던 영국 기술자들이 간첩 혐의로 기소되었고, 두 번째 경우는 이와 유사한 죄목이 10월 혁명 지도자들에게 씌워졌다.

스탈린에게는 정치적 재판과 사법적 재판 과정 사이에 아무런 차이도 없었다. 그가 모스크바를 떠나 얄타로 올 때, 소련 신문에는 불가리아에서 벌어지는 나치 부역자들에 대한 공개재판 기사가 넘쳐났다. 얄타회담 후 소련의 공식 국영뉴스사인 타스는 연합국 깃발이 그려진 라이플총 개머리판에 밀려서 철창 뒤로 수감되는 히틀러와 그의 부하들을 그린 포스터를 발행했다. 그림 아래에는 이런 글이 쓰여 있었다. "피할 수 없는 날. 전범들. 크림반도의 연합국 회담에서 이루어진 확고부동한 결정의 실현. 독일에서 전투 소리가 점점 더 커진다. 파시스트 범죄자들은 종말에 다가가고 있다." 스탈린은 얄타에서 거론된 전범에 대한 예비적이고 결말을 내지 않은 논의를 "확고부동한 결정"으로 표현했다.

두 가지 '독일' 문제가 회담 말미까지 해결되지 않은 채 남아 있었다. 하나는 연합국통제위원회이고, 다른 하나는 독일 배상 문제였다. 영국은 프랑스를 연합국통제위원회의 정식 멤버로 만들 희망을 버리지 않았으며, 소련은 독일에게서 전쟁배상금으로 100억 달러를 받아야 한다고 벼르고 있었다. 이것은 서로 상충되는 의제였다. 처칠은 독일에 대한 좀 더 많은 통제를 원하면서 동시에 소련의 과도한 배상 요구로 인해 독일의 출혈이 너무 커지지 않도록 적은 배상을 원했다. 스탈린은 통제위원회에서 영국의 대리인을 원하지 않았고, 나치의 침공으로 황폐화된 소련의 재건을 위해 독일이 배상을 해야 한다고 생각했다. 루스벨트는 두 문제 중 어느 것도 최우선적으로 중요하다고 생각하지 않았다. 그는 합의를 이끌어내기 위해 두 문제에 대해 유연한 입장을 취할 준비가 되어 있었다.

2월 9일, 루스벨트 마음에는 프랑스가 큰 비중을 차지하고 있었다. 루스벨트는 처칠과 함께 주재한 미국-영국 군지휘관들의 공동 회의를 마무리하면서 농담처럼 이렇게 말했다. "윈스턴, 당신이 파리로 돌아가서 영국이 25개 프랑스 사단을 미국 무기로 무장시키겠다는 말만 다시 하지 않는다면 이 회담은 아주 좋게 마무리될 것입니다." 루스벨트는 처칠이 1944년 11월 11

일 파리가 해방된 후 처음 기념하는 1918년 종전 기념일 행사에 파리를 개선장군처럼 방문했을 때 행한 연설을 언급한 것이다. 처칠은 처음에는 그런 말이 한 적이 없다고 부인했다. 그런 다음 이렇게 말했다. "파리에서 무슨 말을 하든지 간에 나는 프랑스어로 말했습니다. 프랑스어로 말할 때는 나도 무슨 말을 하는지 모르니, 거기에 신경 쓰지 마세요."

그날 늦게 루스벨트는 프랑스가 '유럽해방선언(Declaration on Liberated Europe)'의 서명 국가로 추가되어야 한다는 영국의 제안에 제한적 지지를 표했다. 스탈린은 타협할 의사를 보이지 않고 "3국이 4국보다 낫습니다."라고 말했다. 찰스 볼렌이 받아 적은 기록에 따르면 루스벨트는 "이전 초안에는 프랑스가 포함되어 있었는데 지금은 빠졌군요."라고 말했다. 루스벨트의 발언을 지지의 증거로 받아들인 처칠은 "프랑스에게 해방선언에 관여해주기를 요청하는 것은 가능합니다."라고 말했다. 루스벨트 대통령의 입장은 변하고 있었고, 영국은 이를 좋은 신호로 받아들였다.

이것은 해리 홉킨스의 작품이었다. 영국 측은 유럽에서 프랑스가 해야 할 역할을 그가 지지하고 있다는 사실을 알았다. 모랜 경은 2월 5일 일기에 다음과 같이 적었다. "루스벨트 대통령은 스탈린 편을 들었다. 그는 프랑스를 좋아했지만, 드골은 그의 신경을 건드렸다. 한편 홉킨스는 처칠 수상의 입장을 지지했다. 홉킨스는 유럽을 제대로 보는 감각을 갖고 있는데, 즉 강하고 힘이 넘치는 프랑스 없이는 안정된 유럽이 불가능하다는 것을 알고 있었다." 홉킨스는 회담이 시작될 때부터 영국의 입장을 지지했다. 국무부 관리인 찰스 볼렌과 프리먼 매튜스(그는 프랑스 주재 미국대사관에서 근무했었다)의 지원을 받은 홉킨스는 2월 5일 대통령에게 프랑스의 연합국통제위원회 참가 문제에 대한 입장을 바꾸도록 건의했다. 루스벨트는 이 문제를 진지하게 생각해보겠다고 약속했다.

"홉킨스는 물론 중요한 동지이다. 특히 루스벨트 대통령의 의견이 바람

독일을 점령한 연합국의 네 사령관 얄타회담에서는 프랑스를 독일 점령 국가로 포함하는 데 합의했다. 사진은 베를린에서 1945년 6월 5일 영국, 미국, 소련, 프랑스의 최고사령관이 함께 찍은 것이다. 오른쪽부터 왼쪽 방향으로 프랑스의 장 드 라트르 드 타시니(Jean de Lattre de Tassigny), 소련의 게오르기 주코프, 미국의 드와이트 아이젠하워, 영국의 버나드 몽고메리이다.

에 흔들리는 지금은 더욱 그렇다. 그는 집안 분위기를 아는 부인처럼 대통령의 기분을 잘 파악했다. 그는 고양이처럼 눈을 반짝이면서 자신의 의견을 개진하기에 가장 좋은 순간을 포착하기 위해 몇 시간이고 기다릴 줄 안다. 만약 때를 놓치면 다음 기회로 기꺼이 미룬다."라고 모랜은 일기에 적었다. 2월 8일 홉킨스는 애버럴 해리먼, 제임스 번스, 찰스 볼렌이 함께 참석한 회의에서 이 문제를 다시 한 번 거론했다. 세 명의 고위 참모는 모두 같은 입장을 취했다. "프랑스도 위원회에 참가해야 합니다. 프랑스는 그런 대표성도 없이 단지 점령 지역만 차지하려고 하지는 않을 겁니다...... 이 외의 다른 조치는 프랑스에게 큰 모욕이 될 것입니다."라고 번스가 주장했다. 그들의 이런 공

탈나치화(Denazification)
연합국은 독일을 점령한 뒤 연합국통제위원회가 주도한 과거사 청산의 형식으로 정치·경제·교육 분야
에서 탈나치화를 실시했다. 사진은 탈나치화 정책의 일환으로, 트리어(Trier)에서 1945년 5월 12일 '아돌
프 히틀러 거리(Adolf Hitler-Straße)'라는 표지판을 제거하는 모습이다.

동전선을 마주하고 마지막 주장에 수긍한 루스벨트 대통령은 행동을 취하기
로 동의했다.

2월 9일 전체 회의에서 스탈린이 타협할 기색을 보이지 않자, 루스벨트
는 처칠이 있는 자리에서 이 문제로 압박을 지속하지 않기로 결정했다. 그는
이전에 했던 발언을 얼버무리며, 지금으로서는 서명국을 세 강대국으로 제한
하고 이 문제를 이날 저녁 다시 열리는 외무장관 회담에 부의하자고 제안했
다. 전체 회의가 끝난 후 그는 해리먼을 스탈린에게 보내서, 자신은 프랑스
에 대한 생각을 바꾸어 프랑스가 통제위원회의 정식 멤버로 참석하기를 원
한다고 말했다. 스탈린은 마지못해 받아들였다. 그는 이 문제에 대한 루스벨

트 대통령의 새로운 입장을 알았으니 미국의 제안에 동의하겠다고 말했다.

스탈린은 약속을 지켰다. 2월 10일 전체 회의에서 루스벨트가 생각을 바꿔 연합국통제위원회에 프랑스가 참여해야 한다고 단언하자, 스탈린은 두 손을 들어 항복한다는 신호를 보냈다. 최소한 유럽이라는 맥락에서 프랑스는 이제 강대국으로 인정된 것이다. 스탈린이 마음을 바꾼 것은 볼렌을 포함한 미국 대표단의 많은 사람에게 큰 놀라움으로 다가왔다. 영국 대표단 대부분도 비슷한 반응이었다. 프랑스 문제를 두고 처칠에게는 완강히 반대했던 스탈린이 루스벨트에게는 기꺼이 동의하자, 모랜 경은 몹시 불만스러웠다. 그는 일기에 "대통령은 다시금 마음을 바꾸었다. 그러나 아무도 놀란 것 같지는 않다. 이제 그는 프랑스가 통제위원회의 일원이 되어야 한다는 처칠 수상의 주장에 동의했다. 스탈린은 다시 한 번 루스벨트의 뜻이라면 이것을 받아들이겠다는 생각을 명백히 보여주었다. 회담 내내 스탈린이 루스벨트 대통령의 의견을 존중하는 태도를 눈치채지 못할 수가 없다. 이러한 사고 체계가 스탈린에게 자연스럽게 생긴 것은 아니다."라고 적었다.

처칠은 그렇게 깐깐하게 굴지 않았다. 스탈린의 양보는 곧 유럽 정책의 중요한 부문에서 영국의 승리를 의미했다. 영국이 주도하여 드골에게 통제위원회의 일원이 되어달라는 전보를 보냈다. 그러나 이 소식은 콧대 높은 이 프랑스 지도자의 기분을 가라앉히는 데 큰 역할을 하지 못했다. 프랑스 주재 미국대사인 제퍼슨 캐퍼리(Jefferson Caffery)는 회담 공동선언이 발표된 후 드골이 "뚱한 기분을 보였다. 그는 아마도 더 큰 역할을 기대했고…… 라인란트에서 프랑스의 역할에 대해 구체적인 무엇을 기대하고 있었다."라고 전했다. 루스벨트는 며칠 후에 드골이 마음을 바꿔 얄타회담 뒤 북아프리카에서 만나자는 자신의 제안을 거절했다는 소식을 듣고, 마지막 순간에 프랑스를 지지한 일을 후회했는지도 모른다. 드골은 얄타에 초대되지 않은 것에 대해 모욕을 느꼈다. 스탈린은 자신의 '항복'을 후회할 필요는 없었다. 그로서는 그날 훨씬 의미가 큰 문제인 독일의 전쟁배상 문제에서 대통령이 자기편을 들 때 자신이 가진 프랑스 칩을 현금으로 바꿀 수 있었다.

배상 문제에 대한 최종 협상은 2월 9일 오전에 시작되었다. 스테티니어스와 회동한 자리에서 루스벨트는 폴란드 문제뿐 아니라 배상 문제에 대해서도 양보를 하겠다고 말했다. 이 문제는 루스벨트에게 이차적 중요성을 가진 문제였다. 그가 가장 신뢰하는 참모들 중 일부가 재무장관 모겐소처럼 독일의 '전원국가화田園國家化'를 주장하는 상황에서 루스벨트는 배상 문제가 회담을 질질 끌게 하는 또 하나의 걸림돌이 되게 하고 싶지 않았다.

스테티니어스는 잠시 후 열린 외무장관 회담에서 두 가지 양보를 제시했다. 폴란드에 대한 미국의 새로운 안처럼 배상 문제를 정리하는 언어도 영국과 소련의 입장 사이에서 다듬어졌지만, 주요 사항에서는 소련 측에 사실상 양보하는 것이었다. 배상은 대독일전 승리에서 가장 크게 기여한 나라에 먼저 제공되어야 한다는 소련의 주장과, 독일의 공격으로 가장 피해를 많이 입은 국가에 제공되어야 한다는 영국의 입장이 모두 반영되었다. 여기에는 배상을 두 범주로 나눈 소련의 문구가 글자 하나 바뀌지 않고 반영되었는데, 그 하나는 2년 동안 산업 장비의 형태로 반출되어야 한다는 것이고, 다른 하나는 10년 동안 매년 받아야 할 상품과 물자였다. 배상위원회는 총 배상액이 200억 달러가 되어야 한다는 소련의 제안을 고려 사항에 포함하겠다는 것도 명시되었다.

이반 마이스키는 스스로 일궈낸 최종 성과에 매우 자부심을 느꼈다. 그는 소련 측에서 100억 달러의 배상액을 주장한 핵심 인물이었는데, 이제는 스탈린뿐만 아니라 미국도 그의 주장을 지원하는 상황이 되었다. 2월 5일 저녁 늦게 스탈린이 배상액을 70억 달러로 축소하자, 마이스키는 일기에다 "나는 '나의' 100억 달러를 쉽게 철회할 수 없다."라고 썼다. 그는 머지않아 자신의 주장을 다시 제기할 기회를 얻었다. 2월 7일 외무장관 회담에서 몰로토프와 마이스키는 소련이 받아야 할 배상액을 100억 달러로 놓아둔 채, 이 액수를 제외하고 별도로 80억 달러는 영국과 미국에, 나머지 20억 달러는 독일 침공으로 피해를 입은 기타 국가에 배정하는 안을 주장했다.

2월 9일 스테티니어스가 회의 참석자들에게 미국은 200억 달러를 논의의 출발점으로 삼을 용의가 있다고 말하자, 마이스키는 미국 안의 첫 두 단락에 대한 지지를 표명했다. 그는 배상위원회가 200억 달러를 논의의 기본으로 받아들이도록(단순히 고려하는 것이 아니라) 하기 위해 마지막 단락을 수정하길 바랐다. 이든은 배상 액수를 구체적으로 정하는 것에 강하게 반대했다. 몰로토프는 더 많은 액수를 요구할 수 있다고 위협했다. 그는 마이스키와 다른 전문가들이 소련의 배상금으로 100억 달러를 산정한 것을 두고 "훌륭한 작업을 했지만 하나의 결점이 있는데, 그것은 최소주의 원칙으로 했다는 점이다."라고 말했다. 배상금 확대를 염려한 스테티니어스는 마이스키의 액수가 합리적인 것 같다고 말했다. 이것은 소련이 거둔 큰 승리이지만, 이든의 저항으로 망쳐버렸다. 이든 외무장관은 본국 정부로부터 훈령을 기다리겠다고 말했다.

2월 10일, 전시 내각에서 보내온 전문이 도착했다. 전문에는 다음과 같이 적혀 있었다. "현장에서 적절하게 가능성을 조사하지 않은 상태에서 독일 배상 금액을 언급하는 것은 받아들일 수 없다고 생각한다. 200억 달러(매년 5억 파운드에 해당)는 너무 큰 액수라고 본다. 이 금액은 전쟁 전 독일의 매년 수출액 전체(수입을 전혀 허용하지 않는)에 해당한다. 폭격을 당하고, 패배하고, 국가가 분해되고, 수입 물자에 대한 대금을 치를 수 없는 독일이 이 금액을 지불할 수 있으리라고 생각하지 않는다."

그날 정오에 열린 외무장관 회담에서 이든은 문제의 금액에 대한 결정을 연기하고 이 안건을 배상위원회에 넘기려고 하였다. 몰로토프는 짜증을 내면서 "이든 장관이 동의할 부분은 전혀 없는 것입니까? 이런 상황에서는 배상위원회가 작업을 한 근거도 없어질 겁니다."라고 말했다. 이든이 물러서지 않자 몰로토프는 실망이 크다고 말했다. 소련 측의 회담 기록자는 "이든이 말하는 내용의 핵심은 독일로부터 가능한 한 적게 받아내자는 것이다."라고 썼다. 이든 장관은 사뭇 양보하려 들지 않았다. 그는 전시 내각에서 보내온 전문을 읽고 자신의 제안을 내놓았다. 그는 배상이 독일의 경제적 생존 및 수입 대금을 지불하기 위해 상품을 수출하는 능력을 위태롭게 만들면 안 된다는 점을 강조했다. 영국 측은 끝까지 싸울 준비가 되어 있었다.

스탈린은 그날 오후 전체 회의 전에 열린 처칠과의 회동에서 배상 문제를 직접 거론했다. 그는 영국 측이 소련의 요구에 "겁을 먹었는지"를 물었다. 처칠은 자신을 겁쟁이로 몰려는 스탈린의 으름장을 무시하고, 자신은 배상 합의에서 배상액을 거론하지 말라는 전문을 전시 내각으로부터 받았다고 얘기했다. 스탈린은 처칠에게 독일을 동정하는 것이냐며 계속 압박했다. 그러자 이든이 그것은 동정의 문제가 아니라, 제1차 세계대전 후 배상 문제를 겪은 영국의 경험으로부터 알 수 있는 문제라고 말했다. 처칠은 이 논리를 더 발전시켜, 소련은 원하는 만큼 다 받아낼 수 있는지에 대한 의구심을 제기했다. 그러면서 영국의 기대는 제한적이라고 말했다. "우리는 독일인들의 노역을 원하지 않습니다. 우리는 독일의 교역 일부를 떠맡고, 탄산칼륨이나 원목 등 천연자원은 받아낼 수 있습니다. 그러나 완제품을 원하지는 않습니다. 그렇게 되면 우리 국내에 실업이 발생할 수 있기 때문이지요."라고 말했다.

스탈린은 대독일전 결과의 전리품으로 연합국을 매수하고 영국이 더 많은 것을 원하길 바랐다. 그는 처칠에게 '독일 프로젝트의 지분'을 제안했으나, 처칠은 이 미끼를 물지 않았다. 그러나 처칠은 소련이 독일의 산업 시설을 가져가는 것에 반대하지 않았다. "독일의 공장과 장비를 가져간다면 소련은 우리에게 서비스를 하는 것이나 마찬가지입니다. 왜냐하면 소련이 그렇게 할 경우 독일의 수출을 가로막는 셈이고, 이 과정에서 영국 상품으로 대체될 수 있기 때문이지요."라고 말했다. 스탈린은 소련이 독일 공장들을 확보하는 대로 기꺼이 기계 설비를 반출할 것이라고 말했다. 두 사람의 대화는 다른 주제로 넘어갔고, 이 문제는 미해결로 남았다.

이날 오후 전체 회의에서 처칠은 전시 내각으로부터 받은 훈령을 다시 한 번 언급했다. 스탈린은 침묵을 지켰지만, 루스벨트가 예상치 않게 처칠 편을 들면서 논쟁에 참여했다. 루스벨트는 "구체적 액수가 언급되면 미국 국민들이 이것을 현금 지급으로 인식할까봐" 염려된다고 했다. 당황한 스탈린은 소련이 제안한 액수는 단지 배상의 가치를 언급했을 뿐이라고 말했다. 그리고 배상의 상당 부분은 물자로 받을 것이라고 했다. 그는 그로미코에게 고개를 돌려 조용히 물었다. "내가 루스벨트를 어떻게 이용해야 하나? 그는 정말 처칠과 의견이 다른가? 아니면 단지 술책인가?" 아주 미묘한 질문이었다. 그로미코의 대답은 스탈린의 의심을 의도적으로 확증시켜주었다. 그는 은밀히 말했다. "두 사람 사이에는 이견이 있습니다. 그러나 루스벨트는 영국 수상에게 제대로 행동하고 있습니다. 그렇다고는 해도 이런 바른 행동이 처칠에게 암묵적으로 압박을 가하는 모양새가 지속될 것이라 봅니다. 설령 그가 이렇게 하지 않았다고 해도, 저는 이것이 우연이라고 생각하지 않습니다."

스탈린은 불쾌감을 감추려고 하지 않았다. "이것은 회담 전체를 통해 스탈린이 불쾌감을 드러낸 유일한 경우였다."라고 프리먼 매튜스는 미국 측 회의 기록에 적었다. 스탈린은 2월 6일 폴란드에 대한 감정이 고조된 발언을 할 때와 마찬가지로 자리에서 일어났다. 그날 저녁 홉킨스는 이 모든 광경을 모랜 경을 위해 다시 재연했고, 모랜은 이에 대해 일기에 그대로 기록했다. "스탈린은 자리에서 일어나 의자를 너무 꽉 쥐어 그의 갈색 손가락 관절이 하얗게 변했다." 홉킨스는 스탈린을 이렇게 기억했다. "마치 그는 자신이 말하는 단어들이 본인의 입을 태우는 양 힘차게 뱉어냈다. 그는 자신의 광활한 나라가 황폐화되고 농민들은 칼을 들어야 했다면서 배상은 가장 큰 고통을 당한 나라에 지급되어야 한다고 말했다."

미국 측 회담 기록에 따르면 스탈린은 "만일 영국이 소련은 아무 배상도 받지 않아야 한다고 생각한다면 그렇게 솔직히 말하는 편이 낫습니다."라고 말했다. 처칠은 그런 추측을 부정한 다음, 단지 배상위원회가 이 문제를 검토하길 원한다고 했다. 스탈린은 모두가 원칙적으로 독일이 배상해야 한다는 점에 동의했으므로 배상위원회는 미국-소련 안인 200억 달러의 금액과 그중 절반이 소련에 지불되어야 한다는 점을 반영해야 한다고 주장했다. 스탈린은 미국이 이전의 제안을 철회했냐고 루스벨트에게 물으면서 감정적인 호소를 마쳤다.

"우리의 동맹들이 아마도 소련 경제는 그렇게 빨리 회복되어서는 안 된다고 생각하는 겁니까?" 그로미코는 나중에 이와 같은 잠재적인 우려를 나타내며 물었다. 3거두가 이 문제를 논의하는 동안, 신중한 그로미코가 자신의 불만을 소련의 요구에 긍정적인 루스벨트의 오른팔 해리 홉킨스에게 전달한 것은 스탈린의 지시에 따랐음이 분명하다. 홉킨스는 루스벨트에게 건넨 메모에 이렇게 적었다. "방금 그로미코가 제게 말하기를, 스탈린 원수는 배상 문제에서 각하가 스테티니어스의 의견이 아니라 영국 편을 들었다 생각하고, 이로 인해 기분이 상했다고 합니다. 나중에 각하가 스탈린에게 사적으로 얘기하면 좋겠습니다." 이 간섭은 효과가 있었다. 전날 저녁 스탈린은 프랑스 문제와 관련하여 루스벨트의 요구를 받아들였었다. 이제 그는 배상 문제에서 도움이 필요하다는 신호를 보내오고 있는 것이다. 루스벨트 대통령은 '노'라고 대답할 수 없었다.

스탈린이 발언을 끝내자, 루스벨트는 소련의 요구에 "완전히 동의"한다면서 서둘러 그를 안심시켰다. 그러면서 자기가 염려하는 유일한 문제는 '배상액'이라는 단어로 인해 동맹국들이 현금을 원하는 것처럼 미국인들에게 인식되지 않을까 하는 점이라고 덧붙였다. 루스벨트는 "배상액"을 "손실에 대한 보상"으로 바꾸자고 제안했다. 이것은 프랑스를 통제위원회에 받아들인 것에 대한 정당한 보상처럼 보였다. 스탈린은 프랑스 칩으로 현금을 챙겼고, 그날 승리를 거머쥔 듯했다. 루스벨트 대통령은 스탈린 원수의 편에 섰고, 처칠 수상은 배상액으로 100억 달러를 요구하는 소련의 주장에 홀로 맞서야 했다.

처칠은 전시 내각으로부터 받은 전문을 다시 언급하며 그 핵심 내용을 읽었다. 그는 미국 입장이 다시 한 번 바뀌도록 루스벨트를 설득하기 위해 모든 웅변력을 동원했고, 거의 성공한 듯 보였다. "그의 우아한 문장을 듣는 것은 늘 즐거운 일이다."라고 스테티니어스는 회고록에 썼다. "멋진 구절들이 흐르는 물처럼 흘러나왔다." 루스벨트는 또 한 번 흔들렸다. 토론은 다시 길게 늘어졌다. 스탈린은 마침내 배상위원회에 배상액 결정을 맡긴다는 데 동의하고, "우리는 우리가 원하는 액수를 배상위원회에 제출할 테니, 당신들도 원하는 액수를 제안하세요."라고 처칠에게 말했다. 처칠은 "미국의 입장은 어떻습니까?"라고 루스벨트에게 물었다. "답은 간단합니다."라고 대통령이 대답했다. "루스벨트 재판관은 이를 승인하고, 문서는 접수되었다."

루스벨트는 결과에 만족했다. 그는 영국과 소련 사이의 관계에서 성실한 중재자 역할을 하고 싶어 했지만, 참모들에 의해 소련 쪽으로 밀려갔다. 홉킨스는 "독일이 자생력을 가져서는 안 되며 수입에 의존하게 만들어야 합니다."라고 그에게 조언했고, 모겐소 장관은 독일의 분할과 산업 기반의 완전한 파괴를 옹호했다. 국무부의 압력과 언론을 무마하기 위해 루스벨트는 모겐소의 계획을 포기했지만, 소련을 무마하기 위해 문서상으로는 아니더라도 기분상으로는 그 기본을 담은 조항으로 쉽게 돌아갔다.

처칠은 분위기를 장악했으면서도 실망감을 떠안았다. 그날 저녁 처칠을 본 모랜 경은 그가 소련의 과도한 요구에 화가 났다고 일기에 적었다. 미국 측은 처칠의 완강함을 이해할 수 없었다. 모랜은 해리 홉킨스에게 "수상은 제1차 세계대전 후 발생한 일에 온통 마음이 가 있어요. 그는 러시아의 요구가 거의 미친 수준이라 생각하고 있습니다. 독일이 굶어 죽게 되면, 누가 그들을 먹여 살려야 하냐고 화가 나서 따져 물었지요."라고 설명해주었다. 그러나 이런 말도, 루스벨트에게 소련의 요구를 받아들이라고 조언한 홉킨스에게는 큰 영향을 미치지 못했다. 그는 모랜에게 "러시아인들은 이번 회담에서 많은 것을 양보했어요. 이제 우리가 무언가를 줄 차례입니다. 늘 그들이 무릎을 꿇으리라고 기대할 수는 없지요."라고 말했다.

배상에 대한 영국의 입장은 곧 다가올 총선의 영향을 받지 않을 수 없었다. 여론은 독일에 광범위한 기아를 가져올 경제정책을 용인하지 않을 것이 분명했다. 영국의 경제 부흥은 서유럽과 중부 유럽으로의 수출 증가를 전제로 했다. 영국의 지정전략적 이익은 서유럽 동맹의 창설과 연계되어 있었다. 이 두 가지 목표가 모두 약화되기는 했지만, 경제적으로 붕괴되지 않은 독일을 필요로 했다. 처칠과 이든은 이런 이해관계를 잘 파악하고 있었기에 얄타에서 이를 지키기 위해 강경한 입장을 취했다.

세 지도자 중 스탈린이 가장 불만이 많았다. 서방 연합국이 그의 항복을 받아들이자, 그는 신랄하게 다음과 같이 말했다. "당신들은 내일 다시 이 문제를 거론하지는 않겠지요?" 회의가 끝날 무렵 그는 소련 대표단 일원들이 들을 정도의 큰 소리로 중얼거렸다. "미국과 영국이 이 문제에 미리 입을 맞췄을 가능성이 충분히 있어." 스탈린은 그날 저녁 처칠이 주최하는 만찬에서 배상 문제를 다시 꺼낼 생각이었다.

1917년 정권을 잡은 볼셰비키는 '제국주의자들의 전쟁' 막바지에 세계의 모든 국가들에게 영토 병합이나 배상 없이 끝내는 평화협정을 맺을 것이라고 약속한 바 있다. 그러나 스탈린은 완전히 다른 의제를 내세웠다. 독일 영토 병합에 대한 연합국의 동의를 얻어낸 다음, 소련 지도부는 패배한 독일에 부과할 배상의 제일 큰 몫까지 요구하고 나선 것이다. 역설적이게도 전리품에 대한 '프롤레타리아' 국가의 욕구를 제한하려고 나선 것은 '제국주의' 정부들이었다. 1943년 가을 모스크바회담에서 제기된 미국과 영국의 우려에 반응하여 소련 지도부는 먼저 현금 배상에서 장비·원자재·노동력으로 배상의 형태를 바꾸고, 배상 기간도 10년에 한정하기로 동의했다.

1945년 2월 소련 신문들은 소련군이 점령한 지역에서 소련 정부가 독일 공장 시설과 장비를 소유할 권리가 있다고 주장하는 사설을 싣기 시작했다. 정부의 통제를 받는 소련 언론은 얄타의 합의를 역사적 정의의 승리로 치켜세웠다. 내부에서 일어난 유일한 도전은, 소련에 포로로 잡힌 독일군 장교들을 전선에서 반나치 선전에 활용하기 위해 조직한 '독일장교연맹'으로부터 나왔다. 비밀경찰의 보고에 따르면 장교연맹의 멤버들은 이런 뉴스에 "아주 큰 적대감"으로 반응했다. 장교연맹의 지도자인 발터 폰 자이들리츠(Walther von Seydlitz) 장군은 "불변의 원칙과 민족자결권은 어디로 갔는가? 러시아인들은 우리에게서 빼앗아간 것으로 폴란드인들에게 생활공간을 제공할 권한이 없다. 점령으로 안보는 확실히 보장된다. 이것은 강제적인 정책이다. 우리는 아직 레닌−스탈린 인간중심주의에서 배울 것이 많다."라고 항변했다.

다른 사람들은 회담 결정에서 새로운 '붉은(공산주의) 제국주의'의 발현을 보았다. 장교연맹의 활동가인 한스 귄터 판 호벤(Hans Günther van Hooven)은 얄타의 결정이 독일인들의 항전 의지를 강화할 것이라고 예측했다. 그는 "노예화와 손실에 대한 배상 사이의 어디쯤 경계선이 있는지를 알고 싶을 뿐이다. 얄타공동선언은 독일인에 대해 긍정적인 내용을 하나도 담고 있지 않기 때문에, 히틀러가 최후까지 저항을 호소하기란 어렵지 않을 것이다."라고 했다. 독일 방송을 모니터하는 서방 요원들은 얄타회담 종결 후 전선의 병사들에게 나가는 독일 나치 방송이 '정치적 장광설'로 채워졌음을 발견했다.

승리를 눈앞에 둔 상황에서 스탈린은 자신의 요구가 독일장교연맹과 제3제국 장교들에게 끼칠 영향을 무시할 수 없었다. 2월 10일 처칠이 "러시아가 포로로 잡고 있는 독일 장군들을 선전 목적 이외에 다른 용도로 활용할 것인지"를 스탈린에게 묻자, 그는 "절대 그럴 리 없습니다!"라고 답했다. 독일 침공으로 인한 엄청난 피해를 감안하여 소련 정부는 독일의 재산을 최대한 많이 뺏어올 생각을 했다. 마이스키의 계산에 따르면, 이 불확실한 금액은 단지 전쟁으로 인한 피해의 20%에 해당할 뿐이었다. 소련 경제는 고도로 중앙화되어 있어서 실업을 발생시키지 않고 상품과 노동력을 거의 무제한으로 흡수할 수 있었다. 내수 시장도 충족시키지 못하는 상태에서 소련 정부는 독일과 같은 외국 시장의 구매력을 확대하는 데는 관심이 없었다. 지정전략적 관점에서 서부 유럽과 중부 유럽의 부흥은 소련에게는 최상의 이익에 부합하는 것이 아니었다.

결국 소련은 처칠이 스탈린에게 경고한 함정에 빠졌다. 제1차 세계대전 후 독일은 영국에 낡은 선박들을 배상으로 지불하고 그 대신 새로운 현대적 해군을 건설했던 것이다. 나중에 몰로토프는 미국과 영국이 서독의 재건을 돕는 상태에서 소련은 동독으로부터 너무 많은 배상을 취할 수 없었다고 말했다. 그는 배상이 "하찮다"고 하면서 "우리나라는 거대하다. 그런데 배상으로 받은 것은 오래되고 쓸모없는 장비였다."라고 불평했다. 소련은 독일에서 징발해온 장비를 1980년대까지 사용했다.

얄타회담의 마지막 사흘간 진행된 독일의 미래에 대한 토론은 엇갈린 결과를 만들어냈다. 3거두는 나치 전범을 재판에 회부한다는 데 원칙적으로 합의했으나, 이 결정은 회담의 공동성명에서 누락되었다. 프랑스를 연합국 통제위원회에 포함한다는 합의는 프랑스인들을 기쁘게 하지는 못했다. 또한 배상위원회를 설치한다는 데는 합의가 되었지만, 여기에 어떤 지시를 내려야 할지에 대해서도 합의를 보지 못했다. 이 문제들에 큰 관심이 없었던 루스벨트는 동료들의 상반된 요구를 조화시키려는 노력만 했다. 그는 프랑스에 대해 갖고 있던 원래의 입장을 번복했고, 배상 문제에 대해서도 두 번이나 의견을 바꿈으로써 궁극적으로 '재판관 루스벨트'라는, 자신이 가장 원하는 역할을 다시 맡는 데 성공했다.

처칠은 대승을 자축할 수 있었지만, 과도한 배상에 대한 소련의 집요한 요구로 침울한 기분을 떨쳐버릴 수 없었다. 처칠이 연합국통제기구에 프랑스가 참여해야 한다고 끈질기게 주장하고 배상 액수를 정하는 논의를 거부한 것은 긍정적인 결과를 가져왔다. 미국은 그를 지원했고, 스탈린은 어쩔 수 없이 영국 측 입장을 받아들일 수밖에 없었다. 서방 연합국의 공동 반대에 부딪친 소련의 독재자는 프랑스의 참여를 인정하고, 100억 달러 배상을 요구한 데서 일시적으로 후퇴할 수밖에 없었다.

만일 영국-미국이 폴란드와 동유럽에 대해서도 공동전선을 폈더라면 유사한 결과를 얻어냈을까? 소련 자료를 보면 그렇게 될 가능성은 거의 없었다. 스탈린에게 서부 유럽의 운명은 이차적인 문제인 반면, 소련과 국경을 맞댄 동부 유럽을 장악하는 일은 정말 중요했다. 독일을 일어서지 못하게 만들고 독일로부터 배상을 받아내기 위해서는 연합국의 협력이 필요했지만, 소련군이 완벽하게 장악한 동부 유럽에서 스탈린은 양보할 필요가 없었다. 이론적으로는 분명히 루스벨트와 처칠이 스탈린의 정책으로부터 거리를 둘 수 있었지만, 실제적으로는 폴란드의 미래와 같은 중요한 문제에서 공개적으로 관계를 그르칠 수는 없었다. 그렇게 될 경우에는 루스벨트의 UN 프로젝트를 무산시키고, 전후에 치러질 영국 총선거에서 처칠의 승리 기회를 방해할 수 있었다. 동부 유럽 문제에서 연합국의 발언권을 조금이라도 가지려면 소련과 우호적 관계를 유지해야만 했다.

Chapter

21

해방된 유럽과 발칸 거래

2월 9일 아침, 미국 측은 '유럽해방선언'이라는 제목이 붙은 짧은 문서를 제출했다. 이날 오후 스탈린이 제일 먼저 토론을 제안하고, 다음 날 승인된 이 문서는 다양한 해석을 낳을 수 있는 특이한 문서였다. 3거두가 승인한 문서는 회담 직후나 이후 장기간 지속된 차가운 냉전 시기에 중요하게 다루어지지 않았고, 실제 심의하는 과정에서도 큰 주목을 받지 못했다. 이 선언은 나치로부터 해방된 나라들을 다루는 데 지켜야 할, 3거두가 모두 동의한 원칙을 제시했지만, 이 문서에 서명이 이루어질 당시 영국은 그리스에서, 소련은 폴란드에서 이 원칙을 공공연히 위반하고 있었다.

루스벨트는 선한 의도로 선언을 제안했으나, 그렇다고 미국 군대를 활용하여 이것을 지원할 생각은 없었다. 그는 UN에 대한 국내의 지지를 끌어모으기 위해 대연합의 민주적 약속을 담은 선언이 필요하다고 생각했다. '유럽해방선언'은 당시에는 그 목적을 달성하여 얄타 합의에 대한 전반적 흥분과 연합국 간 미래의 협력에 대한 서구의 기대를 증폭시키는 데 기여했다. "훗날 미국은, 미국 지도자들과 국민이 이해하는 한 스탈린이 얄타에서 한 약속을 어겼다는 데 근거를 두어, 소련의 팽창주의에 조직적으로 대항하기로 결정했다."라고 헨리 키신저(Henry Kissinger)는 말했다.[1]

이 선언은 유럽이 영국과 소련의 영향권으로 나뉘는 것을 막기 위해 유럽위원회(European Commission)의 설치를 주장하는 미 국무부 보고서의 서문에 처음 등장했다. 세 강대국, 여기에 만일 프랑스가 포함되면 네 강대국의 대표들로 구성되는 이 위원회는 해방된 유럽 국가에 임시정부의 수립과 자유선거의 시행을 돕는 것이 목적이었다. 이 문서를 만든 사람들이 특별히 걱정한 것은, 그리스와 폴란드에서 한 진영으로부터 공격적인 지원을 받는 해방된 권력이 국제적으로 큰 문제를 일으키는 상황이었다.

해방된 지역에 유럽위원회를 설립하는 계획은 미 국무부에서 한동안 논의가 진행되었고, 이 분야 주요 전문가들의 지원을 받았다. 유럽국 부국장인 존 히커슨(John Hickerson)은 1945년 1월 8일 스테티니어스 국무장관에게 보낸 편지에서 특별위원회가 왜 필요한지를 설명했다. 히커슨의 제안은 1월 18일 스테티니어스가 루스벨트 대통령에게 제출한 건의안의 기초가 되었다. 이 건의에서 그는 유럽최고위원회(European High Commission)가 독일의 이전 위성국들 및 독일이 점령했던 국가들의 정치 문제와 긴급한 경제 문제를 다루도록 제안했다. 이 제안에는 두 가지 문서가 첨부되었다. 하나는 네 강대국(프랑스 포함)이 서명하는 '유럽해방선언'이고, 다른 하나는 유럽위원회의 조직 원칙과 기능을 담은 실제적 조직 계획이었다.

스테티니어스는 이 아이디어의 확고한 신봉자로, 몰타에서 이에 관해 이든의 지지를 받아냈다. 그러나 큰 장애물이 있었는데, 그것은 바로 루스벨트 대통령 자신이었다. 2월 1일 스테티니어스가 이든에게 말했듯이, 루스벨트는 위원회의 설립이 "세계기구의 가능성을 왜곡"할 수 있다고 생각했다. 이것은 세계기구에 대한 최고 권위자인 레오 파스볼스키의 의견과 정반대되는 생각이었다. 파스볼스키는 제안된 위원회가 UN에 대한 국내의 심화되는 반대 여론을 무마할 처방이 될 수 있다고 생각했다. 그러나 루스벨트 대통령은 유럽의 지역 기구에 대한 의구심을 버리지 못했다. 그가 보기에 이러한 기구는 유럽 대륙에서 미국이 행사하는 영향력을 가로막을 수 있었다. 그는 과거에 유럽자문위원회(European Advisory Commission)를 성공적으로 좌절시킨 경험이 있고, 앞으로 자신이 우회해 나가야 하는 또 다른 유럽 기구를 원하지 않았다.

루스벨트는 퀸시호 선상에서 이 문제를 제임스 번스와 논의했고, 위원회의 창설을 막기 위해 적절한 논리를 가지고 스테티니어스와 대결하는 일은 번스의 과제가 되었다. 번스가 편 논리 중 하나는 미 의회가 독자적 권위를 가진 미국인 유럽위원장을 지명하는 것을 달가워하지 않을 거라는 점이었다. 이에 더해 미국 국민들은 미군이 가급적 빨리 유럽에서 철수하기를 원했고, 미국 정부는 유럽 내부 문제에 대한 책임을 지고 싶어 하지 않았다. 이러한 상황에서 유럽위원회에 미국이 참여하는 것은 상식에 맞지 않았다. 번스가 루스벨트 대통령 대신 이런 의견을 말하는 것이 틀림없었으므로 스테티니어스는 이 아이디어를 포기하는 것 외에는 다른 선택의 여지가 없었다.

이런 상황에도 불구하고 이 제안은 계속 살아남았다. 번스와 얘기를 나눈 다음 날인 2월 5일 스테티니어스는 이 제안으로 어떤 일을 할 수 있는지 논의하기 위해 앨저 히스를 만났다. 얄타회담에 참여한 일로 인해 훗날 미국 정치계와 사회 전반에 엄청난 논란을 불러일으킨 히스는 이전 제안의 일부를 담아내면서, 이 선언에 담긴 원칙을 집행하기 위해 특별한 기구의 설치를 요구하지 않는 새로운 선언문의 초안을 작성했다. 새 문서는 이전 문안을 95% 그대로 담았고, 관련 당사국들이 목표를 이루기 위해 공동보조를 취할 것을 명시했다. 이것은 새로 독립한 국가들이 내부 질서를 확립하고 비상 경제계획을 실행하며, 모든 민주적 요소를 폭넓게 대표하는 정부를 구성하고, 마지막으로 가장 중요한 자유선거 시행을 돕는다는 내용을 포함했다. 위원회 대신 강대국들의 대사가 이러한 문제를 다룬다는 점을 빼면 두 문서는 거의 같았다.

히스가 작성한 문서는 편집을 거쳐 중요 사항 위주로 요약된 후 2월 9일 루스벨트가 다른 정상들에게 제시했다. 새 문서에는 세 가지 주요한 변화가 나타난다. 첫째, 프랑스를 강대국에 포함하는 것을 철회했다. 둘째, 자유선거 실행에 대한 보조는 '필요한 경우'만으로 한정하고, 셋째, 대사들에 관련된 문구는 공동 책임을 수행할 적절한 기구를 설치하는 약속으로 대체되었다. 선언에 대한 시빗거리가 모두 제거된 이상 소련 측이 수용할 가능성이 커졌다. 만일 이것이 전략이었다면, 이 전략은 잘 들어맞았다.

2월 9일 전체 회의에서 스탈린은 공동선언 문제를 거론하며 해방된 유럽에서 나치즘과 파시즘의 잔재를 제거할 필요성을 언급한 점에 대해 높이 평가했다. 몇 분 전 그는 폴란드 정치 지도자들 가운데 파시스트 요소에 대해 언급했는데, 이 말은 처칠을 격분시켜서 "나는 파시스트와 비파시스트의 구별을 좋아하지 않습니다. 왜냐하면 아무나 아무를 아무것으로 부를 수 있기 때문이지요. '파시스트'라는 말은 폴란드에서 공산주의 정부에 반대하는 모든 사람을 의미하는 것으로 해석될 수 있기 때문에 '반파시스트'라는 용어는 너무 폭이 넓습니다."라고 말했다고 볼렌은 회고록에 기록했다. 스탈린이 선언문으로 돌아가 나치즘의 잔재를 청산하는 것과 관련된 문구를 읽자, 루스벨트는 틈새를 타고 이렇게 말했다. "이것이 선언문 사용의 첫 번째 사례이군요." 그는 스탈린이 읽은 요약문이 매우 중요하다면서, 대표성을 가진 정부와 자유선거를 다룬 부분의 다음 단락을 계속 읽어달라고 요청했다. 스탈린은 선언의 두 부문을 모두 승인한다고 재빨리 대답했다.

조짐이 아주 좋은 출발이었다. 그런데 루스벨트가 몇 분 후 선언문을 공식적으로 논의하자고 제안했을 때, 선언문의 내용을 따지고 든 사람은 예상치 않게도 처칠이었다. 그는 선언문이 "폴란드뿐 아니라 이것이 필요한 어느 지역이나 국가를 막론하고 적용"되어야 한다는 루스벨트의 언급에 불안감을 느꼈다. 이 선언문은 "모든 국민이 정부의 형태를 선택할 권리"를 인정한 대서양헌장을 인용하고 있는데, 그렇다면 그리스와 나아가 대영제국 영역에까지 적용될 수 있고, 이로 인해 해외에서 영국의 통치에 어려움을 초래할 수 있기 때문이다.

처칠 수상은 선언문의 문구에 반대하는 것이 아니었다. 그는 1941년 의회에 제출한 대서양헌장에 대한 해석 문장을 회의록에 포함해주기를 원했다. 자신의 입지를 강화하기 위해 처칠은 대서양헌장에 대한 해석 문구를 1940년 미국 대통령선거 당시 공화당 후보이자 루스벨트의 경쟁자였던 웬들 윌키(Wendell Wilkie)에게 보냈다고 언급했다. 웬들 윌키는 선거 패배 후 루스벨트가 펼친 대외 정책의 강력한 지지자가 되었다. 루스벨트는 웃음을 터뜨렸다. "그것이 그를 죽였던 건가요?" 루스벨트는 예전 공화당 경쟁자를 희생물 삼아 농담하는 것을 자제하지 못했다. 이 농담은 동시에 처칠을 희생물로 삼은 것이기도 했다. 왜냐하면 처칠 수상은 민족자결주의가 표상된 대서양헌장을 완전히 수용하지 않았기 때문이다.

처칠은 수세에 몰렸다. 그는 대서양헌장 해석문의 사본을 회담에 제출하겠다고 약속했다. 그다음의 도전은 프랑스를 선언문의 공동 서명자로 참여시키자는 이든의 제안이 거부되면서 찾아왔다. 스탈린은 이 변화에 반대하면서 "3국이 4국보다 낫습니다."라고 말했다. 루스벨트는 스탈린의 의견을 지지하고 당분간은 서명국을 세 강대국으로 제한하는 것이 좋다고 했다. 그리고 "지원은 독일 침략군에 맞서 투쟁에 적극적으로 참여한 나라들의 정치 지도자들에게 제공되어야 한다."는 몰로토프의 덧붙인 문장에도 반대하지 않았다. 이 조항은 모스크바의 통제 아래에 있는 국가에서 공산주의에 대한 그들의 지원을 합리화할 수 있도록 해주었다. 처칠은 몰로토프의 마음속 생각을 정확히 알아차렸다. 어느 순간 몰로토프는 공산주의자들이 가장 뛰어난 게릴라가 된 것은 자신의 잘못이 아니라는 말까지 했다. 처칠은 문제를 철저히 검토하기 위해 시간을 더 달라고 요청했다.

"수상께서는 몰로토프가 첨가한 문장이 그리스에 적용되기 위해 만들어 졌다는 염려를 하실 필요가 전혀 없습니다."라고 스탈린은 신랄하게 말했다. 그러자 처칠은 염려하는 것이 아니라 "단지 모든 사람이 공정한 기회를 갖 고 의무를 이행하길 바랄 뿐입니다."라고 되받아쳤다. 그는, 그리스에서 영국 은 연합군 합동 지휘부가 필요하지 않지만 참관단은 환영한다고 발언했다. 그리고 그리스에 평화가 수립되면 영국군은 그리스를 떠날 것이라고 선언했 다. 스탈린은 "그리스에 대한 영국의 정책을 완전히 신뢰합니다."라고 언명 하면서 논의를 종결시켰다. 이 말은 그리스에 관해서는 처칠이 그에게 빚진 것이 많고, 소련군이 점령한 유럽 국가들에서는 행동의 자유를 기대한다는 점을 상기시키는 것이었다.

그리스에서 영국의 입장은 매우 불안했다. 그리스는 영국의 이해가 가 장 크게 걸려 있으면서도 현지 상황에 영향을 줄 수 있는 힘은 매우 약했다. 1944년 5월에 타결된 이든-구세프 협정은 영국에게 그리스에서의 행동의 자유를 주었다. 1944년 10월 13일 처칠·이든이 모스크바에서 스탈린·몰로 토프와 회담할 때 그해 여름의 거래를 항구적인 것으로 만들기 위해 영국군 공수부대를 아테네에 진입시켰다. 그때 독일군은 그리스의 대부분 지역에서 철수한 상태였고, 이 지역들은 친공산주의자들인 그리스인민해방전선(Greek People's Liberation Army, ELAS)의 통제하에 들어가 있었다. 약 5만 명의 병 력을 가진 인민해방전선은 그리스에서 가장 강력한 군사 조직이었다. 인민 해방전선이 영국의 관여를 수용하고 또한 그리스 공산당 지도자들이 영국의 지원을 받는 게오르기오스 파판드레우(Georgios Papandreou)의 정부에 참여 한 것은 순전히 소련 측의 강한 주장 때문이었다.

그러나 소련도 인민해방전선의 자발적인 무장해제는 보장해줄 수 없었

데케므브리아나(Dekemvriana) 1944년 12월 3일~1945년 1월 11일까지 아테네에서 그리스인민해방전선과 영국의 지원을 받는 정부군이 시가지에서 전투를 벌인 사건이 벌어졌다. 이른바 '데케므브리아나'라고 불리는 이 사건은 한 달 동안 이어져서 많은 유혈 사상자를 냈다. 사진은 소녀들이 무릎을 꿇고 총격전에 항의하며 시위하는 모습이다.

다. 12월 초 공산주의자들은 정부에서 탈퇴했고, 인민해방전선을 무장해제시키려는 시도로 인해 아테네 거리에서는 유혈 충돌이 벌어졌다. 영국은 정부군 편을 들고 사태에 개입하여 포병과 공군으로 지원했다. 한 달 이상 지속된 투쟁에서 인민해방전선이 아테네와 피레우스에서는 우위를 점했으나 영국군과의 전투에서는 패했다. 그들의 패배는 모스크바와의 관계를 놓고 벌어진 내분의 탓이 컸다. 그리스 공산당 대표들이 상황을 논의하기 위해 1945년 1월 모스크바를 방문했을 때 스탈린과 몰로토프 모두 그들을 만나줄 시간이 없었다.

1944년 크리스마스 날, 처칠과 이든은 상황을 장악하기 위해 그리스로 날아갔다. 몇 주 전 처칠은 3거두의 회담 장소로 얄타보다 훨씬 낫다고 여긴

로널드 스코비 1944년 12월 5일 스코비 장군은 처칠 수상으로부터 유혈 사태를 감수하고라도 아테네를 점령하라는 전문을 받았다. 가운데 앉아 있는 사람이 로널드 스코비이다.

아테네를 루스벨트에게 추천한 바 있다. 그런데 지금 그는 시가전으로 엉망이 된 시내에 들어섰다. 『타임』은 처칠의 방문을 다음과 같이 묘사했다. "큰 비행기가 쌀쌀한 크리스마스 날 아테네에 착륙했다. 거리에서는 영국군이 인민해방전선의 전투원들을 가스공장으로부터 몰아내기 위해 사격을 가하고 총검을 휘둘렀다. 아테네 시민들은 집에 온기를 유지하기 위해 가구를 불태웠다. 영국 공군 특공대 군복을 입은 뚱뚱한 인물이 차에서 내리자 그리스 시민 몇 명이 그를 알아보고 박수를 보냈다. 분홍색 벽토로 칠해진 건물 앞에서 처칠은 잠시 멈춰 서서 손을 흔들며 미소를 보냈다. 이러는 중에도 전투는 계속되었다."

1943년 10월, 교전이 끝나자 이든은 점령 당국의 무력 행사를 비난하는 4개국 공동성명에 서명했었다. 그러나 독일군과 이탈리아군이 철수한 지 오

영국군의 아테네 점령 아테네에서 영국 공수부대와 그리스인민해방전선의 총격전이 한 달 이상 벌어졌다. 사진은 아테네에 진입한 영국 제5낙하산 부대 및 제2낙하산 부대 소속의 탱크이다.(1944. 12. 18)

래된 시점에서 이제 영국군은 그들 자신의 정부를 수립하기 위해 그리스에서 가장 강력하고 대중적 인기가 높은 반나치 저항 세력과 전투를 벌였다. 처칠은 흔들리지 않았다. 사실 그는 이 투쟁을 오랫동안 준비해왔다. 1944년 11월 7일 상황이 진정되고 공산주의자들이 영국에 협조할 신호를 보내고 있을 때, 그는 이든에게 이렇게 썼다. "내 의견으로는 우리가 그리스에서 행동의 자유를 얻기 위한 대가를 러시아에 치른 지금, 파판드레우가 이끄는 그리스 왕실 정부(Royal Hellenic Government)를 지원하기 위해서는 영국군 투입을 주저하면 안 되오." 처칠은 발칸 지역 대부분을 스탈린의 영향권으로 인정한 '퍼센트 거래'를 염두에 두었던 것이다.

12월 5일 처칠은 아테네의 영국군 사령관 로널드 스코비(Ronald Scobie) 장군에게 다음과 같은 전문을 보냈다. "지역 반란이 일어나고 있는 점령된 도시에서처럼 행동하기를 주저하지 말기 바라오...... 우리는 아테네를 확보하고 점령해야 하오. 가능하다면 유혈 없이 이 작전에 성공하는 것이 귀관에게 위대한 일이 되겠지만, 필요하다면 유혈도 무릅써야 하오." 처칠은 스코비에게 전문을 보낼 때, 1880년대 수석 장관인 아서 제임스 밸푸어(Arthur James Balfour)가 아일랜드 문제와 관련하여 영국 관리들에게 보낸 전문을 염두에 두었다고 훗날 인정했다. 그 전문에는 "사격하는 것을 주저하지 말라."는 표현이 들어 있었다. 그 같은 잔인한 조치로 인해 당시 수석 장관은 '유혈의 밸푸어(Bloody Balfour)'라는 별명이 붙었다. 처칠은 공식 발표 때는 그러한 무자비함을 피했다. 실제로 그는 자신의 제국주의적 본능과 자유를 사랑하는 수사修辭 사이에서 조화시키려고 그 나름의 최선을 다했다.

"지중해에서 주도적 역할을 담당해야 할 책무가 영국에게 떨어졌습니다. 우리는 위대한 책임을 맡았고, 지중해에 많은 노력을 쏟아부었습니다."라고 처칠은 1945년 1월 18일 영국 하원에서 선언했다. "우리는 해방된 나라들과 과거를 반성하는 독일 위성국가에 대해 한 가지 원칙을 가지고 있습니다. 우리는 능력과 자원이 허용되는 한 최대한 이 원칙을 위해 노력할 것입니다. 이것이 그 원칙입니다. 나는 가장 의미가 넓고 친숙한 용어로 이것을 요약하겠습니다. 보통선거·비밀선거와 아무런 위협이 없는 선거로 구성된 국민의, 국민에 의한, 국민을 위한 정부입니다. 이것이 모든 국가에서 이루어지기를 바라는 것이 우리 정부의 원칙이었고, 현재의 원칙입니다. 이것은 단지 우리의 목표나 이익이 아니라, 우리가 관심을 갖는 모든 것입니다. 이것이 우리가 모든 어려움과 장애와 위험이 가득 찬 긴 길을 뚫고 나와 달성하려는 목표입니다. 국민을 신뢰하십시오. 그들은 어느 한쪽에서 위협을 받거나 분열되지 않은 상태에서 자신의 운명을 정할 충분한 기회를 가지고 있음을 분명히 인식하십시오. 이것이 우리가 이탈리아, 유고슬라비아, 그리스에 대해 가지고 있는 원칙입니다. 우리가 추구하는 다른 이해관계는 없습니다. 오직 그것뿐입니다."

처칠 수상은 완전히 솔직하지는 않았다. 민주주의가 그의 어젠다 중에서 높은 자리를 차지하고 있는 것은 사실이지만, 제국의 이익은 더 높은 자리를 차지했다. 지중해에서 대영제국의 이익을 수호하는 것은 당시 가장 큰 대중적 인기를 누리고 있던 반나치 저항 조직에 대한 공개적·비공개적 전투를 벌이는 것을 의미했다. 영국은 전에 이 저항 조직을 지원하고 무장도 시켜주었다. 그러나 이제 처칠은 자신이 그리스에서 수행하는 영국의 작전 및 이탈리아 문제에 간섭하는 뜨거운 자리에 앉아 있음을 발견했다. 이 지역에서 영국은 정부와 사회 전반에 공산주의가 영향을 미치지 못하도록 제어하려고 노력하는 중이었다. 얄타회담 몇 주 전 처칠 수상은 국내와 해외에서 압박을 받고 있었다. 영국 의회에서는 큰 소란이 일어났고, 미 국무부는 아테네에서 벌이는 영국의 행동에 대해 의문을 제기하는 성명을 발표했다. 처칠이 스코비 장군에게 지시한 내용이 언론에 노출되었고, 그 때문에 루스벨트는 처칠에게 여론의 지원을 제공하기 어렵다는 사실을 통보했다. 1월 6일 루스벨트를 만난 미국 주재 영국대사 핼리팩스 경은 같은 날 루스벨트가 그리스에서 전개한 처칠의 작전을 칭찬하면서도 "영국이 미국 여론에 야기한 어려움을 이해하지 못한다."고 말했다고 보고했다.

암묵적 지원은 기대하지 않았던 곳에서 왔다. 모스크바로부터 아무런 비판이 나오지 않은 것이다. '퍼센트 거래'가 제대로 작동한 셈이었다. 스탈린은 그리스의 공산주의운동에 대한 영국의 압제에 대해 마치 아무것도 듣지 못한 듯이 행동했다. 8년 뒤 처칠은 회고록에서 스탈린에게 사의를 표했다. "스탈린은 10월의 우리 협정을 엄격하고 충실하게 지켰다. 아테네 거리에서 공산주의자들과 싸우는 길었던 오랜 기간 동안 『프라우다』나 『이즈베스티아』 신문에서는 한마디의 비난도 나오지 않았다."라고 썼다. 실상 소련 언론은 공산 반군들이 공산주의국가를 건설하려 계획하고 있다는 처칠의 발언을 기사화하기까지 했다. 스탈린은 아주 세심하게 언론을 통한 여론에 초점을 맞춰야 할 때는 언제인지, 또 자신의 불만을 드러내지 말아야 할 때는 언제인지를 선택했다. 소련 측은 공개적으로는 침묵을 지켰지만 사적 회동과 대화에서는 분노를 억제하지 않았다. 그리스에서 일어난 일은 소련으로 하여금 국내와 대외 정책에 대한 비난을 영국에 되갚아줄 기회를 주었다.

모스크바 주재 미국대사의 관저인 스파소 하우스(Spasso House)에서 1945년 1월 12일에 열린 리셉션에서 당시 소련의 대표적 저널리스트 일리야 예렌부르크(Ilya Ehrenburg)는 영국 기자 마저리 쇼(Marjorie Shaw)가 소련의 검열제도를 비판하자 곧바로 그리스에서의 영국 행동을 꼬집었다. 쇼가 그리스에서 벌어지는 일에 자신은 책임이 없다고 하자, 예렌부르크는 "당신과 영어로 말하는 일이 어렵군요. 당신은 페트로프(Petrov: 소련의 검열관)가 단어 두 개를 삭제한 것을 가지고 나를 비난하는데, 당신은 당신을 불편하게 만드는 영국 정부의 행동을 결코 인정하지 않는군요." 이 소련 저널리스트는 이 문제를 계속 물고 늘어졌고 얼마 뒤 수사적 질문을 던졌다. 그것은 1824년 그리스 독립투쟁 중에 죽은 조지 고든 바이런을 지금의 영국군 지휘관들과 비교한 질문이었다. "좋은 영국 사람도 있고, 나쁜 영국 사람도 있습니다. 그런데 당신은 어느 쪽을 택하겠습니까? 바이런입니까, 스코비 장군입니까?"

알타회담이 열릴 당시 그리스 위기의 가장 심각한 국면이 종결된 뒤라 처칠은 기분 좋게 안정된 그리스 상황을 스탈린에게 얘기할 수 있었다. 1945년 2월 8일 스탈린이 처칠에게 그리스 상황에 대해 브리핑을 해달라고 요청하자, 처칠은 브리핑으로 인해 저녁 식사 전 스탈린 원수의 식욕을 떨어뜨리게 하고 싶지 않다며 회피했다. 스탈린은 아테네에서 스스로 행동을 자제한 사실을 처칠에게 계속 상기시키려 했고, 회담 기간 중 몇 번에 걸쳐 그렇게 했다. 스탈린은 분명히 폴란드 문제에서 상응하는 보상을 기대하고 있었다.

처칠은 1944년 10월의 퍼센트 거래 대상이 아니었던 나라에서 협박에 못 이겨 소련의 입장을 지지하지는 않았다. 얄타에서 처칠과 이든은 루마니아를 거론하지 않았다. 그러나 영국이 20%의 지분을 갖는 것으로 마지못해 동의한 불가리아에서는 소련이 사전 협의 없이 연합국통제위원회를 대신하여 말하고 행동하는 것을 원하지 않았다. 두 사람은 종전 후 이 위원회에서 결정되는 사안은 만장일치로 채택되기를 바랐다. 그들은 사실상 거부권을 행사한 셈인데, 이것은 소련이 보기에 80 : 20 합의를 무용지물로 만드는 일이었다.

영국과 소련이 반반씩 영향력을 갖기로 한 유고슬라비아는 상황이 특히 미묘했다. 얄타회담 전 지속적으로 발칸연방의 창설을 지지해왔던 영국은 입장을 바꾸어 불가리아와 유고슬라비아 사이의 연방 창설 가능성에 대한 회담을 반대했다. 반면, 동부 유럽에서 연방을 줄곧 반대해왔던 소련은 현재 자신들 통제하에 있는 불가리아를 통해 유고슬라비아에 영향력을 행사할 심산으로 유고슬라비아-불가리아 합의를 선호를 했다. 그러나 이는 중요한 문제가 아니었고, 얄타에서 영국과 소련 사이의 가장 첨예한 쟁점은 새로운 유고슬라비아에 정부를 설립하는 문제였다.

테헤란회담 때 3거두는 요시프 브로즈 티토(Josip Broz Tito)와 공산주의자들이 이끄는 파르티잔 그룹을 유고슬라비아의 주도적인 반나치 세력으로 인정했다. 1944년 6월 영국은 티토 측 인물들과 런던에 망명 중인 페타르 2세(Peter II)의 망명정부 인사들로 구성된 공동 정부의 구성을 지원했다. 영국은 또한 파르티잔이 간절히 필요로 하는 보급 물자를 정기적으로 공수해줌으로써 티토의 부대를 지원했다. 그러나 새 정부 구성에 대한 티토-슈바시치(Tito-Šubašić) 합의(티토와 페타르 2세 정부의 대표인 이반 슈바시치가 서명)는 얄타회담 개최 전 몇 달 동안 제대로 이행되지 않았다. 새 정부의 수상직

유고슬라비아에 대한 영국의 정책 영국에는 유고슬라비아의 페타르 2세가 망명 중이었으나, 영국은 반나치 활동을 활발히 벌여 승리를 거두고 있던 유고슬라비아의 파르티잔을 지지하면서 페타르 2세와 이반 슈바시치가 그들과 공동 정부를 구성하길 원했다. 왼쪽 사진은 티토를 만나고 온 슈바시치(오른쪽 인물)가 1944년 6월 21일 페타르 2세와 상의하는 모습이다. 오른쪽 사진은 1944년 8월 12일 독일군에 대한 작전을 논의하기 위해 이탈리아 나폴리에서 만난 티토와 처칠이다.

을 맡기로 한 슈바시치는 영국에 계속 머물렀다. 그가 유고슬라비아에 입국하지 않으면 세계 다른 나라들의 눈에 티토 행정부는 합법성을 결여할 수밖에 없었다. 영국은 티토-슈바시치 합의를 변경하여 슈바시치가 유고슬라비아에서 티토와 그의 부하들을 만나기 전에 공산주의자들의 영향력을 축소하고자 했다.

2월 8일 앤서니 이든은 티토-슈바시치 합의에 몇 가지 수정을 제의했다. 영국은 티토의 지지자들이 장악하고 있는 유사類似 의회인 유고슬라비아의 반나치민족해방의회(Anti-Fascist Assembly of National Liberation)에 전쟁 전 의회 의원들을 추가하여 확대하기를 원했다. 그리고 앞으로 이 의회의 결정은 광범위한 저변을 바탕으로 구성되는 제헌의회에 의해 추인되기를 원했다. 소련은 수정안 자체에 대해서는 반대하지 않았지만, 다음 날 영국의 제안을 거부했다. 소련 측은 영국 정부가 망명 중인 페타르 2세와 연계를 맺고 그를 대신해서 행동한다고 의심했다. 이러한 논리에 따라 슈바시치가 유고슬라비아로 귀환하지 않는 이유도 그와 티토가 망명 중인 왕을 대신하여 섭정위원회를 구성하는 것을 막기 위한 데 있다고 해석했다.

유고슬라비아를 둘러싼 짧지만 치열한 논쟁은 2월 9일 전체 회의에서 최고조에 달했다. 논전은 양측이 만족할 만한 선에서 해결되었다. 최소한 영국이 왕과 손잡았다는 소련 측의 의심은 지나친 억측으로 일단락되었다. 양측은 자신들이 원하는 것을 얻었다. 소련 측은 날씨가 허락되는 대로 슈바시치가 곧 유고슬라비아로 귀환한다는 약속을 받았다. 영국 측은 유고슬라비아에서 새로운 정부가 기능하는 대로 원합의에 대한 수정이 수용된다는 스탈린의 약속을 받아냈다. 다음 날 슈바시치는 영국을 떠나 유고슬라비아로 향했다. 티토-슈바시치 정부를 지지한다는 문구가 얄타회담 회의록에 추가되었다. 쟁점은 일단락되었지만, 논쟁은 앞으로 있을 문제를 예고했다. 정부의 균형을 잡기 위해 슈바시치가 더 이상 지체하지 말고 유고슬라비아로 귀환해야 한다고 스탈린이 말했을 때, 처칠은 "티토는 독재자이고 무엇이든 원하는 대로 할 수 있기 때문에" 슈바시치가 유고슬라비아에 없다는 점이 정부에 아무 영향도 주지 않는다고 답했다. 스탈린은 이를 부정했지만, 처칠의 발언은 누가 유고슬라비아의 주인인지를 알고 있다는 뜻이었다. 이만큼이 50 : 50 거래의 결과였다.

이론적으로 유럽해방선언은 연합국이 점령 국가에서 일방적인 행동을 할 수 없도록 종지부를 찍게 되어 있었다. 그리스와 유고슬라비아가 이 선언이 적용되어야 할 첫 국가들이었다. 더욱 시급한 곳은 폴란드였다. 그러나 얄타에서 서명된 이 선언문은 그 원칙들을 실행할 장치를 가지고 있지 못했다. 미국은 어떤 것에도 관여할 준비가 되어 있지 않았다. 영국도 모든 국민이 정부를 선택할 수 있다고 밝힌 대서양헌장을 위험하게 언급한 이 선언에 큰 열정을 보이지 않았다. 스탈린은 원칙의 선언이 아니라 군대의 배치를 더 믿었다.

몰로토프는 스탈린이 이 선언을 "처음부터 조심스럽게" 다루었다고 회고했다. 또 회상하기를 "미국이 이 초안을 만들었고, 내가 이것을 스탈린에게 가져와서 '이것은 너무 나갔습니다!'라고 염려하자, 스탈린은 '걱정하지 말고, 잘 마무리하게. 우리는 이것을 우리 식으로 요리할 수 있네. 핵심은 군사적인 상관관계라네.'"라고 했다. 몰로토프는 명령을 따랐다. "독일 침략군에 맞서 투쟁에 적극적으로 참여한⋯⋯ 정치 지도자들"이라는 문구가 들어간 그의 수정안은 소련으로 하여금 선언문의 다른 규정을 무시하고 자신들이 점령한 국가의 내정에 무한정 간섭할 수 있는 기회를 주었다. 그러나 처칠의 반대로 이러한 일은 일어나지 않았다.

몰로토프는 2월 9일 저녁 외무장관 회담에서도 이와 유사한 제안을 제출했지만 다시 한 번 거부당했는데, 이번에는 스테티니어스가 반대했다. 이튿날 외무장관 회담에서 몰로토프는 새로운 수정안을 제안했다. 루스벨트의 문안은 서명국들이 위기에 처한 국가들에 대한 책임을 이행하도록 적절한 장치의 마련을 요구했다. 반면, 몰로토프의 수정안에서는 강대국들이 단지 자문을 제공할 의무만 졌다. 몰로토프가 생각한 것처럼, 선언문이 소련의 이익을 반영하지 않는다면 그 원칙들을 실행할 장치도 만들 필요가 없었다. 스테티니어스와 이든은 원래 유럽최고위원회가 될 뻔했던 기구의 마지막 잔재를 제거하는 데 기꺼이 동의했다. 이런 과정을 거쳐 수정안은 마침내 수용되었다.

미국의 입장에서 보면 선언문은 성공작이었다. 미국은 아무런 의무를 지지 않는 대신, 소련과 영국에게는 그 원칙에 따라 행동할 책임을 지게 했다. 이 선언문은 유럽에서 무언가 잘못 진행되는 일이 있을 경우에 보험이 될 만한 대중 홍보 장치였다. 불행하게도 이것 말고도 많은 일들이 그랬다.

Chapter 22

이란, 터키, 제국

2월 9일 오후 에드워드 스테티니어스가 외무장관들의 건의 사항을 막 읽기 시작하자, 처칠이 "나는 절대 반대합니다."라고 소리쳐서 그를 깜짝 놀라게 했다. 스테티니어스는 식민 지역을 다루는 장치가 UN헌장에 포함되도록 하기 위해 안전보장이사회가 UN 총회에 앞서 신탁통치 지역에 대한 자문을 해야 한다고 제안했다. 제임스 번스가 작성한 노트에 따르면, 처칠이 "나는 영국 영토의 한 조각도 이 영역에 포함되도록 하지 않을 것입니다."라고 항의했다. "우리가 이 전쟁에서 싸우는 데 최선을 다하고 누구에게도 범죄를 저지르지 않은 상황에서, 대영제국이 피고석에 올려 세워진 채 우리가 했던 일이 자기들 기준에 맞는지를 모든 사람이 조사하게 만들 수는 없습니다. 내가 수상으로 있는 한, 우리를 피고석에 올려놓고 우리가 구원하려고 노력한 세계에서 살 권리가 있는지를 묻는 회의에 대영제국의 대표를 절대로 파견하지 않을 것입니다."[1]

처칠의 말은 몰타에서 크림으로 떠나기 전날 부인에게 보낸 편지에 전한 생각을 반영하고 있었다. 베벌리 니컬스(Beverly Nichols)가 쓴 『인도에 대한 평결(Verdict on India)』을 읽고 크게 감명받은 그는 부인 클레먼타인에게 이렇게 말했다. "점점 거세지는 비판에 둘러싸이고 세계와 우리 국민의 비난,

인도 국민들의 증오 속에서 우리는 아무것도 얻지 못하는 이렇게 거대한 제국을 유지하고 있군요." 처칠은 헌신적으로 몸담은 투쟁이 헛되다는 것을 알고 있었지만, 수상직에 있는 한 끈기 있게 버텨보기로 작심했다. 그는 편지에 이렇게 썼다. "어둠 속에서도 될 수 있는 한 싸움을 오래 계속할 것이라는 새로운 의지가 샘솟고, 내가 운전대를 잡고 있는 동안에는 절대 깃발을 내리지 않을 것을 확신합니다."

훗날 레이히 제독은 "영국 지도자의 용감한 발언"을 듣고 기분이 좋았다고 썼지만, 그는 소수파였다. 그날 늦게 해리 홉킨스는 모랜 경에게 처칠 수상이 "너무 빠르게 말을 하는 바람에 그의 얘기를 거의 알아듣지 못했습니다."라고 전했다. 영국 대표단 전체로서는 당황스런 순간이었다. 수상의 감정 폭발은 전적인 오해에서 비롯된 것이었다. 대영제국에 대한 위협이라고 처칠이 간주한 것은 실제로는 일본에 속해 있거나 일본이 경영했던 지역을 의미했다. 스테티니어스는 한자리에 함께 있던 앤서니 이든과 알렉산더 카도간의 전적인 지지를 받은 합의에 대해 단순히 보고하던 중이었다. 스테티니어스가 신탁통치에 대한 조항은 대영제국을 훼손하려는 의도가 아니라는 설명을 한 다음에야 처칠은 흥분을 가라앉혔다. 처칠은 합의 조항이 대영제국에 적용되지 않는다는 명백한 언급이 있어야 한다고 주장했다.

그 자리에 있던 사람 중 처칠의 감정 폭발을 공개적으로 환영한 사람은 스탈린이 유일했다고 훗날 이든은 기억을 떠올렸다. "그는 의자에서 일어나 앞뒤로 왔다 갔다 하면서 환한 웃음을 보이며 간간이 박수를 쳤다. 루스벨트는 이에 당황했는데, 이런 상황은 어쩌면 스탈린 외에는 어느 누구에게도 유익하지 않았다. 스탈린은 매우 즐거워하면서 연합국 사이에 균열이 일어난 것을 지적했다." 처칠이 스탈린 쪽으로 얼굴을 돌려 도덕적 지지를 구하면서 소련 지도자는 아마도 크림반도를 국제화하는 데 반대할 것이라고 말했다. 그러나 스탈린은 그에게 조금도 만족의 여지를 주지 않았다. 스탈린은 처칠의 논리와 본인의 생각, 즉 강대국은 약소국에 대한 특별한 권리가 있다는 생각이 매우 닮았음에도 불구하고, 처칠 수상의 난처한 상황을 최대한 이용하려고 했다. 회담 개막 날 밤의 만찬에서 스탈린이 전쟁에서 수행한 역할이 있으므로 강대국은 특별한 권한을 갖는다는 논리를 내세웠을 때 처칠은 이에 강하게 반대했다. 그런데 지금 처칠은 대영제국를 방어하기 위해 똑같은 논리를 사용하고 있는 것이다. 그렇게 함으로써 그는 폴란드에 대한 소련의 정책을 비판한 사람으로서 자기의 입지를 약화시켰던 셈이다.

루스벨트는 처칠의 감정 폭발에 대한 스탈린의 반응을 보고 매우 당황했고, 또 한편 식민주의 문제를 놓고 처칠이 모욕을 당하는 모습을 보고 그다지 불쾌하게 느끼지는 않았을 것이다. 그날 저녁 미국 군지휘관들을 위해 베푼 만찬 자리에서 루스벨트는 처칠을 대상으로 몇 마디 농담을 날리는 즐거움을 포기할 수 없었다. 루스벨트의 리셉션에 참석했던 쿠터 장군은 "루스벨트는 컨디션이 좋지 않은 윈스턴으로 인해 큰 골치를 앓았다고 했다. 처칠은 아마도 낮잠을 설쳤음이 분명했다. 처칠 수상은 테이블에 앉아 깊은 잠에 들었다가 갑자기 깨어나서 먼로독트린에 대한 연설을 시작했다. 대통령은 그에게 아주 좋은 연설이었다고 여러 번 말해주었지만 지금 논의 중인 주제는 아니라고 했다."라고 적었다. 라틴아메리카에서 미국의 영향권을 정당화하는 데 일조한 먼로독트린은 영국 제국주의에 대한 미국의 공격을 맞받아칠 때 처칠이 주로 인용하던 소재였다. 루스벨트는 그날 계속된 논쟁에서 자신이 득점을 했다고 분명히 믿었다.

처칠의 감정 폭발은 영국이 제국을 포기할 준비가 되어 있을 것이라는 루스벨트의 기대를 앗아가버렸다. 이든의 말에 따르면 "처칠 수상의 흥분은 미국 측에 경고 신호가 되었다." 처칠은 영국의 제국적 소유를 계속 유지할 의지가 확고했고, 가능하면 전략적으로 중요한 지역에 영국의 영향력을 확대할 생각을 했다. 이런 생각은 특히 이란에 적용되었다. 영국은 세계에서 가장 큰 정유 시설을 가진 이란에 1941년 여름부터 군대를 주둔시키며 영향력 확보와 석유 채굴권을 놓고 소련과 미국 모두와 경쟁하고 있었다.

스테티니어스는 3거두를 위한 외무장관 회담 결과 보고에서 이란 문제에 대해 아무 진전을 이루지 못했다고 말했다. 이날 이든은 외무장관 회담에서 영국·소련·미국 군대가 빠른 시간 안에 이란에서 철수하고, 석유 채굴권에 대한 협상을 연기하자고 제의했다. 몰로토프는 군대 철수에 관한 제안은 새로운 안건이라 검토할 필요가 있다는 이유를 들면서 이든의 제안을 거부했다. 3거두 중 누구도 이 문제에 대해 발언하지 않았다. 이란은 이들 관계를 복잡하게 만드는 요인 중 하나였으며, 심지어 더 악화할 잠재력을 가지고 있었다.

영국은 소련을 더 위험한 적으로 생각했다. 19세기 이후 러시아는 이란과 중앙아시아에 대한 영향력을 놓고 영국과 경쟁해왔다. 1907년 러시아와 영국은 1935년 전까지 공식적으로는 페르시아라고 불린 이란을 양측의 영향권으로 양분하기로 했다. 러시아가 북부 지역을 통제하고, 영국은 전략적으로 중요한 도시인 아바단(Abadan)을 포함한 남부 지역을 통제했다. 이 합의는 러시아혁명으로 무효화되었지만, 1941년 소련군과 영국군이 제2차 세계대전 중 최초의 연합작전으로 이란을 점령하면서, 이란은 양국의 새로운 공유지가 되었다. 영국군은 남쪽으로부터 진입하고, 소련군은 북쪽에서 진입하며 이란의 정유공장과 횡단철도를 장악했다. 소련이 나치 정권에 우호적인 지도부가 있는 이란을 침공한 주목적은 바로 이란의 석유와 공급 루트를 장악하기 위해서였다.

이 침공은 연합국 최초의 성공적 합동군사작전이지만, 처칠과 루스벨트가 1941년 8월 14일 일반에게 공개한 대서양헌장의 고귀한 원칙을 처음으로

연합군의 이란 점령 1941년 8월 영국-소련 연합군이 이란을 침공했다. 두 국가의 이란 점령은 제2차 세계대전 중 최초의 연합작전으로 일컫지만 대서양헌장의 원칙을 훼손한 사건이었다.

훼손한 사건이었다. 연합군의 침공이 있고 나서 11일 뒤에 이란의 군주 레자 샤 팔레비(Reza Shah Pahlavi)는 루스벨트에게 위기에 관여해달라고 청원했다. 그는 루스벨트 대통령에게 "각하께서 몇 번이나 천명한 국제적 정의와 자유를 향한 국민들의 권리를 수호하는 원칙"의 필요성을 상기시켰다. 그리고 "각하께서 이 침략 행위를 종결시킬 효과적이고 긴급한 인도적 조치를 취해주기를 청원합니다."라고 덧붙였다.

　몇 주를 끌다가 루스벨트는 이란 국왕에게 이 문제에 간섭할 수 없다는 답신을 보냈다. "이 문제를 전체적으로 보면 폐하가 언급한 핵심적 문제뿐만 아니라 히틀러의 세계 정복 야욕으로 인해 발생한 문제에 따른 다른 기본적 고려가 필요합니다." 그러나 전쟁이 종결되면 철수한다는 선언을 하게끔 영국·소련과 협의하겠다고 약속했다. 이듬해 페르시아만 항구를 통해 아제르

루스벨트와 이란 국왕의 만남 1941년 영국과 소련이 이란을 침공했을 때 왕위에 있던 레자 샤 팔레비가 강제 퇴위당한 뒤 그의 아들 모하마드 레자 팔레비가 즉위했다. 그는 아버지가 강제 퇴위당하고 이란이 쉽게 무너지는 모습을 보면서 큰 충격을 받았다. 1943년 이란에서 루스벨트, 처칠, 스탈린이 만난 테헤란회담 중 팔레비 국왕이 루스벨트 대통령과 잠간 만났다.

바이잔으로 이어지는 무기대여 공급 루트의 효율적 작동을 위해 미군과 고문단이 이란에 있는 소련군과 영국군에 합류했다.

1943년 11월, 이란은 세 강대국의 군대에게 점령당한, 사실상 연합국의 보호국이 되었기 때문에 테헤란은 3거두가 만나기에 이상적인 장소가 되었다. 독일과 일본을 상대로 한 군사작전 논의 외에도 연합국 지도자들은 루스벨트가 오랫동안 주장해온, 즉 종전 후 군대를 철수한다는 약속인 이란에 대한 선언도 논의했다. 그러나 선언문의 수사는 이란을 실질적으로 군사점령한 사실을 감추고 있었다. "미국·소련·영국 정부는 이란의 독립, 주권, 영토적 통합성의 유지를 열망하는 이란 정부와 의견을 같이한다."라고 선언문은 언명했다. 그러나 선언문은 특이한 약속으로 끝맺는다. "4개국 모두 지지한 대서양헌장의 기본 원칙에 따라 종전 후 국제 평화, 안보와 번영을 확립하는 데 이 국가들은 평화를 사랑하는 모든 국가와 함께 이란의 참여를 기대한다."

테헤란회담 후 루스벨트 대통령은 불행을 당한 국가들 중에서 이란을 미국의 자비慈悲의 모델로 만들기로 정했다. 이란을 떠나기 직전 공항에서 그는 이란의 특별 대표를 맡고 있는 패트릭 헐리(Patrick J. Hurley) 장군과 함께 이란을 소생시키는 계획을 논의했다. 훗날 헐리는 이날 논의된 이란에 대한 미국의 향후 정책에 기초하여 특별보고서를 작성했다. 루스벨트는 헐리의 보고서를 승인하는 편지를 코델 헐 국무장관에게 보내서 이란에 대한 "사심 없는 미국의 정책"이라 칭한 계획의 수립을 지시했다. 그는 이란에서 벌인 영국의 제국주의적 정책에 대한 비판에도 불구하고(아니면 이 때문에) 이 보고서의 사본을 처칠에게 보냈다.

보고서를 받은 처칠은 몹시 언짢았다. 그는 석 달 동안 답신을 보내지 않고 있다가 결국 루스벨트에게 답장을 썼는데, 거기에 헐리를 언급하면서 "영국 제국주의에 대해 갖고 있는 몇 가지 생각을 읽고 나는 내 눈을 의심했습니다."라고 했다. 처칠은 제국주의와 민주주의 사이에 충돌은 없다고 말했다. 그리고 이렇게 썼다. "나는 감히 역사 이래 다른 어느 정부 체제보다 영국 제국주의가 민주주의를 확산시켰으며, 또한 확산시키는 중이라고 말하는 바입니다...... 우리는 이란의 독립, 정치적 효율성, 국가적 개혁을 촉진시키는 데 미국만큼 관심이 많습니다."

얄타회담 직전 이란은 연합국 3국의 대결장이 되었다. 3각 경쟁의 대상은 석유였다. 영국은 1908년 이란에서 석유를 발견한 뒤 훗날 영국석유회사(British Petroleum, 약칭 BP plc) 기업인 회사를 곧바로 설립했다. 영국은 1941년 남부에 있는 아바단 정유공장을 비롯하여 자국의 석유 자산을 보호하기 위해 소련과 함께 이란을 침공했다. 미국의 석유 사업가들도 1943년 석유

영국의 이란 침공 영국은 1941년부터 이란에 군대를 주둔시키며 석유 채굴권과 영향력을 확보하고자 했다. 사진은 아바단의 정유공장에 진입하는 영국군 지휘하의 인도군이다.

게임에 뛰어들었다. 그들은 석유 채굴권을 확보하기 위해 이란 정부에 로비를 펼쳤고, 영국도 곧 뒤따랐다. 곧 이러한 채굴권을 획득할 가능성이 크다는 징조가 여기저기에서 보였다.

영국과 미국 석유회사의 활동은 소련을 자극했다. 전쟁이 가장 어려운 고비를 맞고 있던 1941년 가을, 소련은 이란에서 군대를 철수하여 독일 전선에 투입하자는 영국의 제안을 거절했다. 1944년 가을, 스탈린은 오랜 지기이자 감옥 생활을 하다가 1939년에 풀려난 세르고 카브타라제(Sergo Kavtaradze) 외무차관이 이끄는 사절단을 테헤란에 보냈다. 카브타라제의 임무는 이란 북부에서 석유 채굴권과 정유권을 얻어내는 일이었다. 소련 대표 단은 고삐 풀린 망아지마냥 행동하며 목표를 이루기 위해 압박과 위협을 휘둘렀다. 이란은 영국에 항의하고 영국은 미국에 불만을 토로했지만, 소련은 부담해야 할 로열티를 지불하려 하지 않았다. 소련은 이미 이란을 점령하고 있는 국가이자 연합국의 일원이기 때문에, 이란 정부로서는 소련의 요구에 응하는 방법 이외의 다른 선택을 할 수 없었다.

서방 연합국은 강경한 입장을 취했다. 미국의 격려로(미국 석유회사들에게 는 실망이었지만) 이란 정부는 전쟁이 종료될 때까지 신규 석유 채굴권에 대한 모든 협상을 중지하고 외국 군대의 철수를 요구하는 발표를 했다. 루스벨트 행정부는 종전 후에도 이란에 남아서 경제발전 원조 프로그램의 추진을 계획했다. 이 경쟁에서 가장 큰 승리자는 아바단 정유 시설을 계속 보유하게 된 영국이고, 가장 큰 패배자는 일단 군대가 철수될 경우 이란에서 석유 노다지 사업에 끼어들 기회를 잃는 소련이었다.

카브타라제는 자신이 아는 유일한 방법인 억압을 통해 상황을 반전시키려고 했다. 당시 이란에는 영국과 소련의 간섭으로 강제 퇴위당하여 망명한 부왕 대신 젊은 샤(shah)(페르시아어로 '왕'이라는 뜻)인 모하마드 레자 팔레비(Mohammad Reza Palavi)가 왕위에 있었는데, 카브타라제는 그를 알현한 자리에서 위협을 가했다. 소련군은 이란군의 이동을 방해하고 친공산주의 투데당(Tudeh Party)을 동원하여 이란 정부에 압력을 가함으로써 1944년 11월 이란 수상 무하마드 사에드(Muhammad Sa'ed)가 사임하게 했다. 그러자 이란 의회는 곧바로 전쟁 중의 석유 채굴권 허가에 대한 금지 법령을 발표했다. 몇 달간 상황을 뒤집기 위해 노력했지만 카브타라제는 빈손으로 모스크바에 돌아갈 수밖에 없었다.

이 일은 훗날 스탈린이 이든에게 말했듯이 개인적으로 큰 타격이었고, 몰로토프에게도 역시 마찬가지였다. 얄타회담이 시작되기 전 소련은 이란 북부에서 석유 채굴권을 얻으려는 계획을 포기하지 않았다. 모스크바 주재 미국대사관의 소련 언론 분석은 얄타회담 직전 소련의 입장을 잘 요약했다. "소련은 자신들의 관점으로 사에드 수상과 그가 이끄는 내각을 파시스트 정부라고 비난했다....... 논쟁이 치열한 시기에 『이즈베스티아』는 미군이 이란에 주둔할 아무런 법적 근거가 없다고 주장했다."

연합국 간의 싸움 한가운데에 서게 된 이란 정부는 테헤란회담이 열렸던 좀 더 좋은 시기를 회상하고 그런 상황이 반복되기를 희망했다. 1945년 1월 18일 워싱턴에서 미국 주재 이란대사는 스테티니어스 국무장관을 방문하여 본국 정부의 훈령에 따라 3거두가 다음 정상회담을 이란에서 갖기를 희망한다는 의사를 전달했다. 이란대사는 소련이 최근 이란 정부에게 취한 행동에 우려를 표하고, 연합국 간 차기 정상회담에서 미국이 강하고 독립적인 이란에 대한 더 강력한 지지를 보여주길 희망했다. 스테티니어스는 "곧 있을 처칠과 스탈린과의 회담에서 (루스벨트 대통령은) 이란의 이익을 마음에 새겨둘 것입니다."라면서 그를 안심시켰다.

얄타회담 전 처칠은 루스벨트에게 이란 문제를 스탈린과 회담할 때 의제로 올리도록 촉구했다. 2월 7일 전체 회의에서 이란 문제가 제일 먼저 논의 주제로 떠올랐을 때, 루스벨트는 이란의 열악한 경제 상황과 국민들의 고통에 대해 동정을 가득 담은 발언을 했다. "페르시아는 외국 상품을 살 구매력을 가지고 있지 않습니다. 세계무역이 확대되면 페르시아처럼 구매력을 갖지 못한 나라를 돕는 조치를 강구해야 합니다." 그는 '새로운 세계기구'의 활동에서 이란이 이상적 대상이 될 수 있다고 생각했다.

폴란드와 UN을 둘러싼 치열한 논쟁의 외중에서 루스벨트가 이란 문제에 보인 열의는 다른 정상들에게 아무 인상을 남기지 못했다. 이반 마이스키에 따르면 처칠은 "공손하게 루스벨트의 말을 경청했지만 얼굴에는 지루함과 감춰진 빈정거림이 묻어났다. 스탈린은 조용히 앉아 노트에 숫자를 적었다." 루스벨트의 호소는 쇠귀에 경 읽기였다. 마이스키도 이 문제에 대해서는 극도로 회의적이라, 루스벨트 대통령의 말을 들으면서도 자신의 귀를 의심했다고 일기에 적었다. 마이스키가 보기에 이란 문제는 군대의 주둔과 석유 자원에 대한 접근권이 핵심이었다. 그는 루스벨트가 순진하게 이란의 가난을 원조해야 한다고 호소했음에도 불구하고 미국인들도 이런 요인을 가장 중요하게 마음에 담아두고 있을 거라는 점을 의심하지 않았다. 루스벨트의 발언에 유일하게 흥분한 사람은 에드워드 스테티니어스였다. 그는 회고록에서 부유한 국가가 불행한 국가들을 도울 의무가 있다는 대통령의 확신을 칭송하고, "불행한 사람들의 운명을 개선하는 데 깊은 관심을 가진 사람들에게 이러한 특권을 제공하는 것은 대통령이 지닌 비전이었다."라고 언급했다.[2]

새로운 이란에 대한 루스벨트의 열정적 발언을 들은 처칠은 미국의 진정한 의도는 이상주의에 의해서만 그 일부가 전달될 수 있다는 생각을 했다. 제국에 대한 루스벨트의 경멸은 반제국주의와 자유무역의 증진을 세계에서 미국의 영향력을 확대하는 수단으로 사용하려는 그 자신의 계획과 궤를 같이했다. 루스벨트는 자유로운 국민들의 이해와 미국의 이해 사이에 아무 모순을 발견하지 못했고, 이 둘을 상호 보완적이라고 여겼다.

스탈린도 회의적 시각을 가질 그 나름의 이유가 있었다. 테헤란회담에서 루스벨트가 스탈린에게 미국도 참여하는 신탁통치안을 제안하고 이란 남부에 새로운 항구를 건설하여 이란 철도를 공동으로 운영하자는 제안을 했을 때, 스탈린은 흥미로운 제안이라며 공손하게 논평했다. 그는 이란에 대한 2각 경쟁 구도를 3각 경쟁 구도로 바꿀 의향이 없었다. 영국이 반대하고, 소련이 지지하지 않는 상황에서 스테티니어스와 그의 참모들은 이 안을 철회할 수밖에 없다는 생각을 굳히게 되었다. 그들은 이 지역에서 영국의 이익에 보조를 맞추는 편이 더 낫다고 생각했다.

영국은 테헤란회담에서 정한 시기보다 앞당겨 이란에서 모든 외국 군대를 철수시키는 안을 밀어붙였다. 테헤란회담에서는 종전 6개월 이내(이 시점에는 소련에 대한 보급로가 더 이상 필요 없게 된다)에 모든 군대를 철수하기로 결정된 바 있다. 몰타에서 스테티니어스는 이든에게 자신이 이 제안을 받아들일 준비가 되면 무기대여 공급로를 다르다넬스 해협으로 변경하는 것을 고려하겠다고 했다. 그는 소련으로 하여금 정해진 시간표보다 앞당겨 군대를 철수하도록 하는 것을 미국이 지원하겠다는 약속도 했다. 이렇게 되면 영국은 이란 남부에 대한 영향력을 되찾게 된다. 미 국무부의 전문가들은 "대영제국이 어느 정도 합리적인 힘을 유지하는 것은 미국의 전략적 이해와 일치한다."고 믿었다.

스테티니어스는 얄타에서 이란에 대한 영국의 입장을 강력히 지지하는 인사로 떠올랐다. 소련은 이를 수용할 아무 기색도 보이지 않았다. 이란 문제는 2월 8일 외무장관 회담의 첫 의제로 논의되었다. 이든이 이란 주권의 보호자 역을 자청하며 공세를 주도하고 나섰다. 그는 이란 정부가 자국 내에서 자유롭게 결정을 내리는 주인이 되어야 한다고 주장했다. 그러고서 암묵적 위협이 이어졌다. "그렇지 않으면 연합국은 이란 문제에서 서로 경쟁하는 상황을 맞게 될 것이고, 이는 어느 누구도 바라는 바가 아닙니다." 이든은 소련이 석유 채굴권을 얻을 권리를 문제 삼지는 않았지만, 연합국이 이란에 군대를 주둔시키고 있는 한 채굴권을 얻어내기 위해 압력을 행사하지 않는다는 것을 공개적으로 선언하기를 제안했다. 그는 이란을 통한 무기대여 공급이 중지되자마자 가급적 빠른 시간 내에 군대를 철수시킬 것을 제안했다.

몰로토프는 꿈쩍도 하지 않았다. 군대 철수 문제는 먼저 검토가 필요하며, 이를 위해 시간이 필요하다고 했다. 이 문제는 또한 이란 영토 내 연합국 군대의 주둔에 대한 합의를 필요로 한다고 덧붙였다. 석유 채굴권에 대해서는, 이란 정부 대표들이 채굴권을 제공할 의향을 표시한 다음에야 소련이 테헤란에 사절단을 파견했다고 주장했다. 하지만 이란은 이후 마음을 바꾸었다. 몰로토프는 위기가 이미 해소되었다고 강력히 주장하면서 "카브타라제는 이미 귀국했고, 그가 사용한 강압 정책은 진작 완화되었습니다."라고 말했다. 그는 이 문제를 얄타회담에서 논의할 필요가 없다고 주장했다. 그리고 상황은 "저절로 진행될 것"이라고 말을 맺었다.

소련의 석유 채굴권 획득을 원칙적으로 반대하지 않는다는 스테티니어스와 이든의 확언은 아무 효과도 발휘하지 못했다. 그들이 주장한 군대 철수에 대한 공동선언도 협상의 재개에는 도움이 되지 않았다. 군대를 조기에 철수하는 문제는 협상안의 수정이 필요 없다는 이든의 제안도 쇠귀에 경 읽기였다. 몰로토프는 이란 문제에 대해 얄타에서 어떤 공식 문서도 채택되지 않도록 작정을 했다. 그가 유일하게 한 양보는 카브타라제를 얄타로 불러들여 이란에서 취한 행동에 대해 해명하도록 한 것뿐이다. 서방 연합국은 모르고 있었지만, 사실 카브타라제는 벌써 얄타에 와 있었다. 그는 1월 30일 얄타에 도착한 상태였다.

2월 8일 이든은 몰로토프가 말한 내용을 고려하여 새로운 공식을 만들겠다고 약속하면서 논의를 종결했다. 사실, 새로운 공식은 없었다. 그는 이전 주장을 고집했고, 다음 날 영국의 원안과 거의 같은 선언문 초안을 미국과 소련 대표단에게 제출했다. 그는 연합국이 이란에서 군대를 조기 철수할 것을 약속하고 이 과정이 끝날 때까지 석유 채굴권 관련 협상의 연기를 주요 내용으로 하는 공동선언문을 발표하고 싶어 했다. 제안을 검토할 시간이 더 필요하다는 몰로토프의 발언도 전체 회의에 보고되었다. 처칠과 루스벨트는 이 소식에 아무 반응을 보이지 않았다.

소련 측은 이란 문제에 논의 자체를 거부했다. 2월 10일 마지막 날 온종일 진행된 회의는 소련 측이 제기한 이의로 인해 얄타에서 가장 어색한 외교 협상의 귀결로 기록되었다. 이든이 몰로토프에게 "이란에 대한 영국 측 문서를 검토해보았습니까?"라고 묻자 몰로토프는 "며칠 전 내가 얘기했던 사안에 아무것도 덧붙일 말이 없습니다."라고 대답했다. 이든은 다른 형태로 질문을 던졌다. "이란에 대한 공동성명을 발표하는 것이 좋지 않겠습니까?" "그렇게 하지 않는 편이 좋겠습니다."라는 답이 돌아왔다. 스테티니어스는 상황을 되살리기 위해 "크림 회담 중 이란 문제가 논의되고 해명되었다"는 문구를 공동성명에 추가하자고 제안했다. 몰로토프는 "이 제안에 반대합니다."라고 말했다. 이든은 타협할 준비를 하고 "이란에 대한 선언이 이 회담에서 다시 한 번 확인되고 재검토되었다"는 문안을 제안했다. 미국 회담록에는 "몰로토프는 이 제안에 반대했다."라고 기록되어 있다.

회의 후 스테티니어스는 이든에게 "이런 시도로는 아무것도 얻지 못하고, 단지 사태를 악화시킬 뿐입니다."라고 말했다. 스테티니어스는 이 문제를 포기하려고 했으나, 이든은 포기하기를 거부했다. 훗날 회고록에 썼듯이, 이든은 "너무 많은 것이 이에 달려 있다"고 생각했다. 마음씨 좋은 주인장 역할을 한 소련 지도자는 한 번은 이든에게 자신의 부하들과의 사이에서 문제가 생기면 바로 찾아오라고 초청했다.

이든이 이 초청에 응하기로 결정하자 스탈린은 갑자기 웃음을 터뜨렸다. "당신은 몰로토프와 절대로 이란에 관한 얘기를 하면 안 됩니다. 당신은 그 사람이 그곳에서 외교적으로 큰 패배를 겪은 일을 알지 못합니까? 그는 이란에 대해 아주 예민해요. 만일 이란에 대해 말하고 싶다면 나한테 말하세요. 무슨 문제입니까?" 이든은 자신의 의견을 부드럽게 전했다. 그는 연합국 군대의 조기 철수 대신 연합국 3개국이 모두 종전 이후 군대 철수 계획을 수립할 것을 제안했다. "네, 잘 알겠습니다. 그 문제를 생각해볼게요."라고 스탈린은 말했다.

이 대화가 얄타에서 소련 측 입장에 어떤 영향을 주었는지는 말하기 어렵다. 회담 공동선언에는 세 외무장관이 이란 상황에 대한 의견을 교환하고 외교 채널을 통해 협의를 계속해 나갈 것이라는 문장만 실렸다. 몰로토프의 희망에 반하여 얄타공동선언은 이란을 언급했지만, 이든이 원했던 방식으로는 언급되지 않았다. 몇 년 후 이든은 1945년 여름에 연합국 군대가 테헤란에서 철수한 일을 스탈린과 나눴던 대화와 결부했다.

얄타회담의 막바지에 처칠과 이든이 이란에서 영국 몫을 지키기 위해 최선을 다하는 동안, 스탈린은 러시아의 황제들이 늘 꿈꾸었지만 결국 이루지 못한 목표인 이스탄불과 흑해 해협에 대한 통제권을 얻기 위해 마지막 순간의 노력을 기울였다. 흑해 해협은 1940년 11월 몰로토프와 히틀러 간 협상의 주제였고, 1944년 10월 스탈린과 처칠 간 대화의 주제이기도 했다. 영국과 미국 측 모두 얄타회담에서 해협 문제가 제기될 것으로 예상했지만, 회담의 마지막 날에서야 의제로 올라왔다.

스탈린은 2월 10일 오후 이른 시간에 처칠과 사적으로 가진 면담 자리에서 해협의 상황에 관한 문제를 논의하고 싶다고 처음 말했다. 그는 소련이 "전시뿐만 아니라 평화 시에도 터키인들에게 휘둘리고, 터키인들에게 흑해 해협으로 러시아 배를 통과시켜달라고 부탁해야 하는 상황을 더 이상 참을 수 없습니다."라고 말했다. 그는 터키에게 해협 관할권을 준 1936년의 몽트뢰협약을 개정하길 원했고, 회담에 온 다른 정상들이 이 문제를 어떻게 생각하는지 알고 싶어 했다. 처칠은 모스크바에서 10월에 스탈린에게 했던 얘기를 다시 했다. 즉, 협약 개정에 반대하지 않으며, 소련은 적절한 제안을 하기만 하면 된다는 것이다. 스탈린은 아직 서면으로 정리된 제안을 가지고 있지 않았다. 그는 이 문제를 곧 시작될 전체 회의에서 제기하고 그 다음 외무장관 회담에 부의할 생각을 했다. 처칠은 이 문제에 대한 지원을 약속했다.

처칠은 이미 오래전에 소련이 어느 정도 해협 통제권을 가져야 한다는 데 동의했다. 이든의 권고와 상반되게 처칠은 이에 대한 반대급부를 소련에 요청하지 않았다. 1945년 1월 말 몰타로 출발하기 전, 이든은 소련이 제기할 가능성이 있는 요구 사항과 이에 대한 영국의 대응을 가늠한 서류를 제출했다. 이든 장관은 소련 측이 극동 쪽의 영토 획득과 몽트뢰협약의 개정을 요구할 것이라고 예상했다. 이든은 이 같은 소련 측 요구에 대해 합당한 보상을 받아내라고 처칠에게 충언했다. 처칠 수상은 소련의 요구에 반대할 생각이 없다 했고, 이든은 물러날 수밖에 없었다.

2월 10일 전체 회의에서 스탈린이 해협 문제를 거론하자, 처칠은 미소를 띠며 이렇게 말했다. "내가 언젠가 다르다넬스를 통과하려고 할 때 제정러시아 정부는 나를 돕기 위해 2개 사단을 반대편 지상에 대기시켜놓았지요. 그러나 우리는 서로 손을 잡는 데 실패했어요. 그래서 나는 이 문제에 대해 유감이 있습니다." 처칠은 자신의 정치 경력에서 대재앙이었던 사건을 말한 것이었다. 그것은 바로 제1차 세계대전 초기에 해상에서는 다르다넬스를 장악하고 동시에 육상에서는 갈리폴리(겔리볼루) 반도를 공격하는 작전이었는데, 실패로 끝나고 말았다. 당시 처칠이 해군장관으로서 직접 작성하여 강력히 주장한 이 작전은 1915년 2월에 개시되었다. 터키군은 예상치 않은 완강함으로 반격했다. 터키군의 지휘관 중에는 그 무렵 떠오르는 스타인 무스타파 케말(Mustafa Kemal)이 있었다. 그는 얼마 있지 않아 새로운 터키공화국 의회의 첫 번째 의장이 되고, 이후 초대 수상을 역임하고, 다음에는 초대 대통령에 취임했다. 1934년 그에게는 터키인의 아버지라는 뜻의 '아타튀르크(Atatürk)' 존칭이 수여되었다. 1년간 이어진 전투에서 양측은 약 50만 명의 인명 손실을 입었다.

갈리폴리 패배의 아픈 기억과 보복의 열망이 그 이후 처칠을 따라다녔다. 스탈린은 처칠 수상에게 에두른 지지를 보냈다. "당신은 군대를 너무 빨

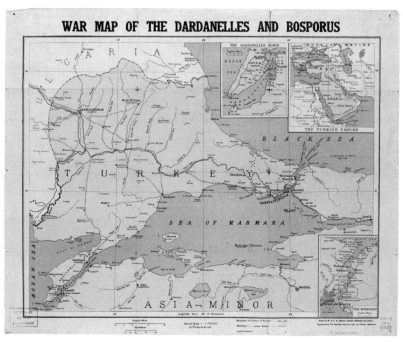

흑해 해협이 표시된 1915년의 전쟁지도 보스포루스 해협은 마르마라해와 흑해를 연결하며, 다르다넬스 해협은 마르마라해와 지중해를 연결하는 해협이다. 두 해협은 항행권을 둘러싼 해협 문제로 관심을 끌었다. 얄타회담 때 스탈린은 흑해 해협의 통제권을 장악하기 위해 몽트뢰협약의 개정을 원했다.

리 철수했어요. 아마 일주일만 더 있었으면 독일과 터키가 철수할 준비를 했을 겁니다."라고 말했다. 처칠은 이 말에는 동의하지 않았다. "나는 그 결정과 아무 상관없습니다. 그때는 이미 정부에서 쫓겨났으니까요." 처칠은 재앙적 상황을 맞은 전투에 대한 여론의 질타로 인해 이미 내각에서 자리를 잃은 상태였다.

스탈린은 본인의 발표 때 모스크바에서 10월에 처칠에게 몽트뢰협약의 개정 필요성에 대해 말했던 것과 비슷한 논리를 제기했다. "우리는 이제 몽트뢰협약이 시대착오적이라고 생각합니다. 일본 천황이 이 협약의 서명 당사자 중 하나인데, 사실 그는 소련보다 더 큰 역할을 했습니다. 이 협약은 영국과 러시아의 관계가 좋지 않을 때 맺어졌습니다. 지금은 모든 것이 변했습니다. 나는 대영제국이 일본의 힘을 빌려 러시아의 목을 조이려 한다고 믿지 않습니다." 스탈린의 장기적 목표는 소련이 해협을 통제하고 이 지역에 군사 기지를 설치하는 것이었다. 그러나 현재로서는 연합국들이 그의 야망을 완전히 파악하여 경계하는 것을 바라지 않았다. "나는 미래의 결정에 대해 예단하기를 원치 않습니다. 다만 러시아의 이익이 고려되고 존중되어야 합니다."라고 그는 말했다.

루스벨트가 먼저 반응을 보이고 나섰다. "나는 우리가 캐나다와 3,000마일에 이르는 국경을 공유하고 있다는 사실을 말하고자 합니다. 이렇게 엄청 긴 거리이지만 요새 하나 없고, 무장 선박 하나 없습니다. 만약 세계 다른 지역에서도 똑같은 일이 나타난다면 멋진 일이 되겠지요."라면서 애매하게 말했다. 다음으로 발언에 나선 처칠은 좀 더 구체적이었다. 약속한 대로 그는 몽트뢰협약이 개정되어야 한다는 스탈린의 요구를 지지했지만, 구체적인 제안을 원했다. 그는 또한 터키 정부에 독립이 유지될 것이라는 보장을 하고 싶어 했다. 결국 소련 측은 구체적인 제안을 내놓지 않았고, 스탈린의 제안에 따라 이 문제는 앞으로 런던에서 진행할 외무장관 회담에 부의하기로 했다. 터키 정부는 터키의 독립이나 영토적 통합성이 위협받지 않는다는 약속을 받게 되었다.

흑해 해협 통제권, 이란에 대한 연합국 이해관계의 조정, 향후 식민지 소유 문제 모두가 회담에서 다루어졌지만, 모두 짧은 논의에 그쳤다. 그 이유는 부분적으로는 세 지도자 모두가 해결책을 제시할 수 없다는 사실을 잘 알았기 때문이다. 이 문제들은 제2차 세계대전이 끝난 직후 국제적 의제의 핵심으로 다시 부상했다. 터키와 이란은 냉전의 첫 전장이 되었고, 이전에 소유했던 식민지는 1950년대 초반 양 진영 사이에 치열한 경쟁의 목표가 되었다.

터키에 대한 위기가 제일 먼저 닥쳤다. 서방 연합국이 몽트뢰협약의 개정에 동조한 것은 스탈린이 보기에 일보 전진이었지만, 그렇다고 영국과 미국이 이 지역에 소련의 군사기지 설치를 허용한다거나 해협을 사실상 소련이 관할하는 데 동의한다는 암시는 아니었다. 터키의 독립과 영토적 통합성을 보장한다는 얄타회담의 최종 문안은 잘 지켜지지 않았다. 이것이 바로 소련이 1945년 3월에 소련-터키 조약의 개정을 원한다고 터키 정부에 통보하면서 다시 단독 행동을 취하기로 결정한 이유다. 이스탄불의 외교 관측통은 이런 상황을 전혀 놀라워하지 않았다. 그들은 1월에 이미 소련이 새로운 요구를 제기하는 것은 시간문제라고 결론지었다.

1945년 2월 23일 터키가 중립을 포기하고 독일과 일본에 선전포고를 한 것은 소련의 의도를 변화시키는 데 거의 역할을 하지 못했다. 요제프 괴벨스는 3월 21일 일기에 이렇게 썼다. "크렘린은 터키와의 우호불가침조약을 철회했다. 그 이유가 아주 흥미롭고 독특하다. 크렘린은 터키와 굳건한 우호 관계를 유지하고 싶다고 분명히 밝혔으나, 전쟁으로 상황이 변했기 때문에 소련과 터키의 관계도 이에 맞춰 재설정되어야 한다는 것이다. 이를 달리 표현하면, 스탈린은 다르다넬스에 손을 댈 순간이 왔다고 생각한 것이다. 터키는 영국과 미국의 요청에 따라 우리를 상대로 선전포고하고 교전국이 되었지만 아무 이익도 얻지 못했다. 크렘린은 이런 것에 아무 영향도 받지 않았다." 괴벨스는 서방 지도자들이 따라올 수 없을 정도로 스탈린의 마음을 잘 읽어냈다.

터키 위기는 냉전의 첫 불꽃이었다. 몰로토프는 훗날 개인적으로 회상하면서 거의 사과에 가까운 발언을 했다. 그는 스탈린이 실수를 저질렀다고 비난했다. 이런 표현을 여간해서 하지 않았지만 많이 주저한 끝에 한 비난이었다. "생애 마지막 시기에 스탈린은 조금 들떠 있었다. 외교 문제에서 그는 밀류코프(Miliukov)*가 요구했던 것과 정확히 일치하는 요구를 했다. 그것은 바로 다르다넬스 해협이다! 스탈린이 '계속 밀어붙여서 공동소유를 인정하도록 압력을 가해!'라고 말하면, 나는 '그들이 허락하지 않을 겁니다.'라고 답했고, 그러면 또 스탈린은 '요구해!'라고 몰아붙였다." 몰로토프는 터키가 사회주의 국가가 될 때에만 소련이 원하는 것을 얻을 수 있다고 생각했다. 터키는 사회주의국가도 아니고 소련군이 점령한 곳도 아니기 때문에, 몰로토프는 차르 정부의 장군들과 1917년 임시정부의 외무장관이자 볼셰비키의 철천지원수인 파벨 밀류코프가 전에 요구했던 다르다넬스 해협을 다시 요구할 수 없었다. 공식적인 발표를 할 때면 소련 정부는 자신들의 외교정책과 제정러시아의 외교정책 사이의 어떠한 연계도 감추려고 노력했다. 소련 정부는 서방 제국주의의 압제를 받는 식민지 주민들의 의지와 이해利害를 들먹이면서 자신들의 정책을 정당화했다.

알타회담 직전 영국은 소련이 북부 이란에서 석유 채굴권 허가를 압박하는 것이 이 지역을 병합하기 위한 첫걸음에 지나지 않는다고 주장했다. 그것이 정말 사실이었는지 아니면 자기 충족성 예언이었는지는 몰라도 1945년 5월 몰로토프와 카브타라제는 북부 이란에 두 개의 괴뢰정부를 세우는 계획을 만드느라 분주했다. 하나는 아제르바이잔 소수민족의 정부이고, 다른 하나는 쿠르드족 정부였다. 두 정부는 1946년 말 소련군이 이란을 떠나면서 붕괴했다. 영국은 계속 남아 아바단 정유 시설을 관리했는데, 1950년에 이르

---

* **파벨 니콜라예비치 밀류코프(Pavel Nikolayevich Milyukov, 1859~1943)** 제정러시아 말기 역사학자이면서 자유주의적 정치인으로, 입헌민주당(카데트Kadets)을 창설하고 대표가 되었다. 1917년 3월혁명 후 케렌스키 임시정부에서 외무장관을 맡았으며, 러시아가 제1차 세계대전에서 이탈하는 것을 막고 전쟁을 계속하려 했다. 11월혁명(구력 10월) 후에는 반혁명운동을 전개했으나 실패하고, 프랑스로 망명하여 반소 활동을 전개했다.

러 이 시설은 세계에서 가장 큰 정유공장이 되었다. 미국 자문관들도 이란에 남았다.

1945년 7월 미국의 『타임』은 전 뉴저지 경찰청장이었던 노먼 슈워츠코프 (H. Norman Schwarzkopf)가 3년간의 이란 근무를 마치고 귀환한 기사를 다뤘다. 그는 1932년 최초의 대서양 횡단으로 이름을 떨친 조종사 찰스 린드버그(Charles Lindbergh)의 두 살배기 아들이 납치당해 살해된 사건을 해결하면서 전국적 명성을 얻었다. 그는 기자들에게 "21,000명의 이란 경찰들이 뉴저지 경찰과 같은 제복을 입고 628,000제곱마일이나 되는 광활한 이란 국토에 흩어져서 걷거나 차량을 이용하며, 말이나 낙타를 타고 도적 떼를 쫓았습니다."라고 말했다. 이것은 루스벨트 대통령의 정책이 실행된 하나의 사례였다. 그해 말 슈워츠코프는 가족을 데리고 다시 이란으로 돌아가 이란 경찰력을 증강시키는 업무를 계속했다. 그의 활동은 루스벨트의 '사심 없는 미국의 정책' 비전에 딱 들어맞는 예였다.

석유가 풍부한 중동의 다른 지역과 마찬가지로 이란에서도 사심 없는 정책과 미국의 경제, 지정전략적 이익 사이에 분명한 선을 긋는 것이 불가능했다. 1951년 이란의 모하마드 모사데그(Mohammad Mosaddeq) 수상이 석유산업을 국유화하는 조치를 취하자, 1953년 슈워츠코프 대령은 영국과 미국의 지원을 받으며 모사데그 정부를 전복시키는 공작에 참여했다. 그로부터 38년 뒤인 1991년 슈워츠코프의 아들인 노먼 슈워츠코프 2세 장군은 석유가 풍부한 쿠웨이트의 주권 수호를 명분으로 사담 후세인(Saddam Hussein)의 이라크를 침공하는 연합군을 이끌었다. 그는 UN 안전보장이사회의 위임을 받아 이 작전을 수행했다. UN 창설 이후 처음으로 소련은 미국과 영국이 주도하는 무력간섭을 지지했다. 얄타에서 약속한 새로운 국제질서가 마침내 이루어진 듯했다.

23

비밀 협정

2월 10일 아침, 차르의 이전 집무실을 개조해 만든 침실에서 눈을 뜬 루스벨트는 이날이 마지막 회담이 될 것이라고 생각했다. 회담의 주요 목표가 이미 달성된 상황에서 그는 아직 해결되지 않은 현안들에 대한 협상을 마무리 지으려고 했다. 루스벨트 대통령의 경호대 선발팀은 이미 중동에 도착해서 이집트 국왕 파루크(Farouk), 사우디아라비아 국왕 이븐 사우드(Ibn Saud), 에티오피아의 하일레 셀라시에(Haile Selassie) 황제와의 회담을 준비하고 있었다. 중동 지역 문제 및 팔레스타인 지역에 유대 국가를 창설하는 문제가 루스벨트 대통령의 의제에 들어 있었다. 치열한 협상에 지친 그는 더 이상 논의를 해보아야 같은 결과만 가져올 것이라고 확신하여 얄타를 떠나 지중해의 좀 더 따뜻한 곳으로 가기로 결정했다.

소련 측이 도청 장치를 통해 루스벨트의 계획을 알지 못했다면, 그들은 어니스트 킹 제독과 제임스 번스가 이른 아침 식사 후에 리바디아 궁을 떠나 심페로폴을 거쳐 사키 공군기지로 가서 미국행 비행기에 오르는 모습을 본 뒤에야 루스벨트가 회담을 마무리하려 한다는 분명한 조짐을 포착했을 것이다. 스탈린은 루스벨트가 얄타를 떠나기 전에 마무리 짓기를 원한 몇 가지 의제가 있었지만, 극동 쪽의 거래를 마무리하는 일보다 더 중요한 주제는 없

23. 비밀 협정 | 521

중동 지역 지도자와 루스벨트의 만남 얄타회담이 끝나고 돌아가는 길에 루스벨트는 중동 지역 문제 및 팔레스타인 지역에 유대 국가를 창설하는 문제로 사우디아라비아 국왕과 에티오피아 황제를 만났다. 위 사진은 퀸시호에서 사우디아라비아의 이븐 사우드 국왕과 만나는 모습이고, 아래 사진은 에티오피아의 하일레 셀라시에 황제를 접견하는 모습이다.

었다.

외무장관 회담이 끝난 오후 2시, 몰로토프는 극동 문제에 관한 루스벨트 대통령의 핵심 인물인 애버럴 해리먼을 코레이즈 궁으로 불렀다. 몰로토프는 소련의 대일전 참전에 대한 합의문 초고를 해리먼에게 제시했다. 기본적으로 루스벨트와 스탈린 사이에 원칙적 합의가 이루어진 상태지만, 세부 사항에서는 해결해야 할 많은 문제가 남아 있었다. 중국의 어느 항구들을 어떤 조건으로 소련이 얻는지는 해결되지 않은 상태였고, 만주 철도에 대한 소련의 관할권도 마찬가지였다. 2월 8일 루스벨트는 다롄항 한 곳만을 언급했다. 그는 소련 측의 다롄항 조차 계획에 강력히 반대하고 국제자유항을 만드는 안을 제안했다. 스탈린은 이에 반대 의사를 표하지는 않았다. 한편 만주 철도에 대해서 루스벨트는 소련과 중국이 공동으로 운영하는 가능성을 언급했다. 스탈린은 조차와 공동 운영이라는 두 가지 선택을 모두 가능한 것으로 받아들였다. 소련이 병력을 극동으로 이동시킬 때까지 중국 측에는 이 거래를 비밀로 하자는 일반적 언급도 여러 해석의 가능성을 남겨놓고 있었다. 이 모든 문제가 명확히 결정되어야 했다.

몰로토프는 이 과제들을 스스로 떠맡고 나섰다. 소련의 회의록은 소련 측이 항구와 철도 관할권 모두를 일관되게 요구한 것으로 기록해놓았다. 회의록에는 소련이 곧바로 이 문제를 중국 정부와 협의했다거나 나중에 협의했다는 내용이 없다. 몰로토프는 또한 2개의 극동 항구인 다롄항과 뤼순항에 대한 소련의 관할권을 요구했다. 뤼순항은 스탈린이 1944년 12월 모스크바에서 해리먼 대사에게 제시한 극동 쪽의 원래 요구 사항 중 하나였다. 이 요구는 군사적·정치적 관점 모두에서 특별한 중요성을 가지고 있었다. 뤼순항은 중국 본토와 한반도 사이의 전략적으로 중요한 반도에 부동항을 얻는다는 의미뿐만 아니라 러일전쟁에서 치욕적으로 패배한 후 이 지역으로 복귀한다는 의미도 있었다.

러일전쟁의 전장
1904년 러시아와 일본의 전장을 나타낸 그림이다. 랴오둥반도와 한반도를 중심으로 전개된 전황을 알
수 있다. 랴오둥반도의 끝에 위치한 뤼순과 다롄이 보인다.
출처: *The Russo-Japanese War: A Photographic And Descriptive Review Of The Great Conflict In The Far
East*(1904).

 뤼순항은 1898년 처음으로 러시아의 군항이 되었다. 1904년 2월 8일 일
본군은 진주만 공격을 연상케 하는 기습 작전으로 뤼순항을 공습했다. 진주
만 공격과 달리 뤼순항 공격은 공중폭격이 아니라 해상으로 기습 공격했고,
상대적으로 러시아군에 덜 치명적인 피해를 입혔다는 점이다. 러시아 해군
은 일본의 첫 공격을 잘 견뎌냈지만, 1년 뒤 일본군이 육상전陸上戰에서 도시
를 포위한 채 퍼부은 포격으로 큰 피해를 입었다. 러시아군은 영웅적으로 싸

웠지만 1905년 1월 초순에 함대가 완전히 괴멸된 후 항복했다. 뤼순항 방어전 이야기는 러시아 병사들과 수병들에게 영웅주의와 애국주의를 고취하는 역사적 신화로 재탄생했다. 이제 소련 해군이 뤼순항에 복귀하게 되면 스탈린은 제국주의의 신화를 되살리고, 40년 전에 당했던 민족적 치욕을 복수할 수 있게 된다.

해리먼은 소련의 과도한 새로운 요구에 우려가 컸다. 그는 대통령의 이름을 이용해 즉각 수정안을 제시했다. 먼저 뤼순항과 다롄항 중 한 곳만 조차하거나 국제항구로 만드는 안을 제시했고, 둘째 만주 철도는 중국과 공동으로 운영하며, 마지막으로 항구와 철도에 대한 합의는 중국 정부의 동의를 필요로 한다는 문구를 합의서에 추가하기를 원했다. 몰로토프는 첫 두 개의 수정안에 대해서는 받아들일 용의가 있지만 세 번째 사항에는 의문을 제기했다. 결국 두 지도자는 정보 유출을 방지하고 일본에 경계심을 주는 것을 막기 위해 중국 정부에 통보하지 않는 데 원칙적으로 동의했다. 몰로토프는 수정안을 문서로 제출해줄 것을 요구했다.

해리먼은 루스벨트와 수정안에 대해 논의하기 위해 리바디아 궁으로 돌아왔다. 루스벨트는 중국에 보안을 지키는 것을 포함한 수정안을 승인했고, 이후 이 수정안 문서가 몰로토프에게 전달되었다. 나중에 발생한 일로 비춰볼 때 이 문서의 결정적 결함은 소련이 병합하고자 하는 쿠릴열도에 대한 언급이 누락된 점이라고 학자들은 지적하지만, 루스벨트는 소련이 쿠릴열도 전체에 대한 권리를 갖는다는 것에 의문을 제기하지 않았고, 해리먼도 이를 문제 삼지 않았다. 가장 중요한 문제는 적인 일본이 아니라 동맹인 중국을 정당하게 대우했는가에 있는데, 루스벨트나 해리먼 모두 이 문제에는 양심의 부담을 느끼지 않았다.

스탈린은 해리먼이 제시한 수정 사항에 대해 불만이 생겼다. 가장 큰 장애물은 루스벨트가 아니라 해리먼이라고 생각한 스탈린은 그날 늦게 해리먼을 만나, 자신은 다롄항의 국제화를 반대하지 않지만 뤼순항은 조차되어야 한다고 말했다. 스탈린은 뤼순항을 군항으로 만들 계획을 가지고 있었다. 해리먼은 스탈린에게 이 문제를 루스벨트와 논의해보라고 권고했다. 스탈린은 이 말을 따라 리바디아 궁에서 해리먼과 볼렌이 배석한 가운데 루스벨트를 만났다. 스탈린의 개인적 호소가 소련 측 제안에 대한 해리먼의 반대를 완전히 무력화시킨 듯했다. 해리먼은 더 이상 반대 의사를 표명하지 않았고, 루스벨트는 소련이 중국 항구를 조차한다면 영국으로 하여금 홍콩을 떠나게 하기 어렵다고 한 본인의 논리를 잠시 잊은 채 뤼순항의 조차에 동의했다.

이제 만족한 스탈린은 자신이 해야 할 양보를 제시했다. 그는 만주 철도를 중국과 공동 운영하는 것에 동의한다고 말했다. 또한 자신과 루스벨트가 중국 정부의 동의를 얻어낸다는 데도 동의했다. 그러나 외몽골에서는 현상을 유지하는 것을 중국이 인정해야 한다는 단서를 달았다. 그는 이 지역에서 소련의 유일한 동맹국인 몽골의 독립을 중국이 인정해야 한다는 조건도 달았다. 루스벨트는 반대하지 않았다. 그는 스탈린에게 이 문제를 장제스와 직접 협의하기를 원하는지 물었다. 이런 생각이 전혀 없었던 스탈린은 자신이 관련 당사자이기는 하지만 루스벨트가 그렇게 해주기를 더 원한다고 했다. 루스벨트는 이에 동의할 수밖에 없었다.

루스벨트는 스탈린이 최종 서명한, 즉 소련은 독일이 항복하고 3개월 후에 대일전에 참전한다는 서류를 확보하게 되었다. 마지막 순간에 이루어진 거래로 스탈린은 뤼순항에 소련의 해군기지를 만드는 길을 확보하게 되었다. 이곳에 소련군이 주둔하면 철도 장악의 문제도 해결될 일이었다. 공식적으로 독립적인 몽골이 계속 존재하게 된 것도 마지막 순간에 끼워 넣어 얻은 성과의 하나였다. 회담 말미에 해리먼은 스탈린에게 원제안서에 수정 문구를 삽입할 생각이 있는지를 물었다. 새로운 문구가 담긴 협정의 최종 문안에는 항구와 철도에 관해 "소련의 정당한 이익을 보호해야 한다."라는 내용이 있는데, 해리먼은 그것을 보고 후회했음이 틀림없다. 해리먼은 이의를 제기했지만, 루스벨트는 단어 몇 개로 소동을 일으키고 싶지 않았다. 루스벨트는 몰로토프의 추가 문구가 단순히 이 지역에 대해 소련이 서방 연합국보다 좀 더 큰 관심을 가지고 있다는 점을 보여주는 데 불과하다고 주장했다.

해리먼은 그래도 마음이 개운치 않았다. 그는 소련 측 안을 군지휘관들에게 보여주어 만약 그들이 이에 반대한다면 대통령에게 이 문제를 다시 거론하려고 했다. 그러나 미국 군지휘관들은 소련으로부터 참전 약속을 받아낸 것에 만족한 상태였다. 캐슬린 해리먼은 며칠 전 킹 제독이 이 뉴스에 어떻게 반응했는지를 기록했다. "우리는 200만 명의 미군 생명을 구했다!" 해리먼은 더 이상 문제를 제기하지 않았다.

루스벨트가 단지 언어 문제라고 치부한 것은 중국 정부가 자국의 항구와 철도에 대한 주권을 놓고 스탈린과 협상을 시작할 때 지정학적 이슈가 되었다. 몰로토프가 추가한 문구의 정확한 의미는 여러 해석을 가능하게 했다. 1945년 6월 미 국무장관 서리 조셉 클라크 그루(Joseph Clark Grew)가 중국 외무장관 쑹쯔원宋子文(T. V. Soong)에게 얄타에서 서명된 비밀 협정의 조건을 제시하고, 미국은 이 협정의 내용을 '있는 그대로' 지지하기로 약속했음을 설명하자, 쑹쯔원은 이렇게 대답했다. "문제는 당신들이 지지하기로 동의한 그 대상입니다." 몰로토프가 추가한 문구는 중국에 대해 소련의 뜻을 자의적으로 적용할 수 있는 법적 구실을 제공했다.

2월 10일 오후 처칠이 예정에 없이 갑자기 루스벨트 대통령의 사무실을 들렀을 때, 스탈린과 루스벨트의 대화는 거의 끝나가던 중이고 극동 쪽 관련 합의에 남아 있던 문제들도 해결되었다. 처칠 수상은 이러한 문제들이 영국에게는 그다지 중요한 문제가 아니었다고 후에 평가했다. 처칠, 아니면 그의 회고록을 쓰는 데 도움을 준 보좌진은 "미국에서는 소련에 제공한 양보 때문에 많은 비난이 일어났는데, 이 모든 책임은 그들 대표단이 져야 할 문제였다. 우리에게 이 문제들은 거리가 먼 이차적인 것들이었다."라고 썼다.

이것은 전적으로 사실이 아니었다. 대영제국은 1941년 12월 8일 일본이 미국 진주만을 공격하면서 영국과 미국 모두에 선전포고한 이후 일본제국과 전쟁 상태에 있었다. 처칠은 극동에 대한 합의에서 '배제되는 것'을 원치 않았다. 하루 전 합동참모본부의 보고를 놓고 논의하는 자리에서 처칠은 "소련에게 미국뿐만 아니라 대영제국, 중국을 포함하여 4개국 공동으로 일본에 최후통첩을 하도록 설득한다면 매우 의미가 클 것입니다."라고 말했다. 그는 일본의 항복을 얻어내는 협상의 가능성을 제안하기도 했는데, 이를 통해 전쟁의 종결을 앞당길 수 있다고 보았다. 루스벨트는 최후통첩이 영향을 발휘할 것으로 믿지 않았다. 그러나 일본과 협상을 통한 사태 해결 가능성을 스탈린에게 언급하는 것에는 전혀 반대하지 않았다.

그날 아침 스탈린과 사적 면담을 할 때 처칠은 극동에서 소련의 '희망 사항'이 무엇인지 단도직입적으로 물었다. 소련은 뤼순항을 조차하길 원하는 반면 미국은 이 항구를 국제화하기를 원한다고 스탈린이 답했다. 처칠은 소련의 입장을 기꺼이 지지할 것이라고 하면서 "태평양에 러시아 함정이 나타나는 것을 환영합니다."라고 말했다. 또한 "30~40년 전 러시아의 손해를 회복하는 것"도 지지한다고 했다. 소련이 뤼순항을 차지하면 홍콩에서 영국을 몰아내는 일이 어려워질 것이라고 생각했는지, 아니면 속으로 다른 생각을 했는지는 분명하지 않지만, 처칠의 입장 표명은 소련의 태평양 쪽 관련 협정에 영국이 동의한다는 것으로서 스탈린을 고무했다.

루스벨트는 극동 관련 미소 간의 거래에서 영국을 배제하고 싶었지만, 스탈린은 영국을 끌어들이고 싶어 했다. 아마도 스탈린은 영국을 종전 후 주요 경쟁자로 보고, 소련의 영토 획득을 영국이 받아들이기를 원했던 것 같다. 2월 10일 몰로토프가 제출한 수정안 초고에는 영국이 이미 서명국으로 올라 있었다. 2월 11일 처칠에게 최종 합의 문안이 제출되었는데, 그는 이때 이 최종문을 처음 보았음에도 서명할 준비가 되어 있었다. 그러나 이든은 그렇게 생각하지 않았다. 그는 영국이 서명국이 되어야 하는지에 대해 처칠과 공개적으로 논쟁했다. 카도간도 이 자리에 불려 왔는데, 그 역시 서명에 반대했다. 하지만 처칠은 입장을 바꾸지 않았고 결국 합의안에 서명했다. 그의 주장에 따르면, 서명하지 않을 경우 극동 지역에서 영국의 권위가 침해되고, 또한 앞으로 진행되는 극동 관련 논의에서 영국이 배제된다는 것이었다.

"루스벨트 대통령과 스탈린이 서명한 실제 합의안은 나의 책임하에 백악관의 비밀 서류철에 보관되었다."라고 레이히 제독은 회고록에 썼다. 그는 "소련은 아직 공식적으로 일본과 평화 관계를 유지하고 있었으므로 이 합의문은 일반에 공개되지 않았다."라고 덧붙였다. 얄타회담 후 일부 합의가 비밀로 부쳐진 것에 대해 미국 언론이 비판을 가하자, 레이히와 해리먼을 비롯해 관련 당사자들은 전쟁 상황이라는 점과 군사기밀이라는 이유를 내세워 이를 정당화했다. 그러나 얄타에서 합의된 비밀 거래 하나에는 이 정당화가 적용되지 않았다. 그것은 UN의 회원권 문제로서, 당시까지의 세력균형과 비밀 엄수를 철폐하여 유엔을 조직화하는 사안이었다.

2월 10일 저녁 8시가 넘은 시각, 만찬장으로 출발하기에 앞서 루스벨트는 회담에서 쓰는 마지막 편지를 구술했다. 그가 거론하고자 하는 주제는 아주 미묘한 문제였다. UN 총회에서 1국 1표 원칙을 근거로 소련 공화국들에 추가적으로 회원 자격을 부여하는 데 반대해온 루스벨트는 미국에 할당된 투표권을 늘려줄 것을 요구하려 했다.

"존경하는 스탈린 원수님"이라는 말로 루스벨트는 편지를 시작했다. 그

제임스 번스
대법관을 역임하고 얄타회담 당시 전쟁동원부 장관을 맡고 있었다. 미국 국내 정치와 관련해 없어서는 안 될 존재로 평가받았고, '보조 대통령'이라는 별명까지 붙은 인물이다. 얄타회담에 이어, 포츠담회담 때는 트루먼 행정부의 국무장관으로 참가했다.

는 처음부터 스탈린에게 약속을 지켜, 우크라이나와 벨라루스가 UN에 가입하는 것을 지지했다고 언급했다. 그리고 계속 이어 말하길, "미국이 UN 총회에서 단지 한 표만 가지고 있다는 사실을 언급하지 않으면 안 될 것 같습니다. 우리가 세계기구에 참여하는 것에 대해 미국 의회와 국민들의 전적인 지지를 확보하려면, 미국에도 호혜의 원칙을 적용하기 위하여 총회에서 미국에 추가적 표를 요청하는 일이 나에게 필요할지도 모릅니다."라고 했다. 루스벨트는 처칠에게 보내는 비슷한 내용의 편지도 구술하고, 스탈린에게 보낸 편지 사본을 처칠에게 동봉하도록 지시했다. 그는 마지막 순간까지 이 편지 쓰기를 미뤄왔으나 결국 참모들의 압박에 못 이겨 써야 했다.

제임스 번스는 UN 총회에서 소련에 추가로 2표를 주는 것을 가장 강하게 반대했고, 만약 소련이 추가 투표권을 얻는다면 미국 역시 추가 의석을 확보하여 소련과 대등한 입장이 되어야 한다고 가장 강력하게 주장한 참모였다. 2월 8일 루스벨트가 소련의 두 공화국에 UN 가입 허용을 동의한 직후, 번스는 대통령에게 예전 상원 외교위원회에서 했던 약속을 상기시켜주었다. 즉, 만일 소련이 그들 공화국에 대한 회원 자격 부여를 요청할 경우, 미국의 모든 주州도 UN 의석을 얻어야 한다고 대통령이 주장하겠다는 약속이었다. 2월 8일 코레이즈 궁에서 만찬을 끝내고 리바디아 궁으로 돌아오는 길에 번스는 에드워드 플린에게 자신이 얼마 전 우크라이나와 벨라루스의 UN 회원 가입을 막으려고 루스벨트 대통령을 설득할 때 이용했던 논리를 말해주었다. 번스는 소련 측 제안이 1920년 영국이 지금은 자치국이 된 예전의 식민지를 국제연맹에 가입시키려고 시도했을 때와 똑같은 부정적 반응을 야기할 것이라고 믿었다. 당시 영국의 주장은 국제연맹에 대한 미국의 지원을 철회시키는 결과를 가져왔다. 그는 소련이 자신의 대리인을 세계기구에 가입시키려는 노력은 그때와 똑같은 결과를 초래할 것이라는 논리를 폈다.

아일랜드계의 가톨릭 신자이면서 민주당전국위원회(Democratic National Committee) 의장을 맡고 있는 플린은 이 논리를 주저 없이 받아들였다. 1920년 영국의 제안에 반대한 이들은 미국의 아일랜드계 주민이었다. 그는 번스에게 뉴욕과 전국의 아일랜드계 유권자들은 영국에게 6표, 소련에 3표, 미국에게 1표를 인정하는 합의에는 절대 동의하지 않을 것이라고 말했다. 1국 1표의 원칙을 천명한 덤버턴오크스 합의는 사장되었다고 그는 선언했다. 번스는 플린의 주장 전체를 받아들이지는 못했다. ─몇 시간 전 번스는 루스벨트에게 미국 여론은 영연방 국가들이 제1차 세계대전 후 자치권을 획득했으므로 지금은 이 국가들의 의석을 수용할 것이라고 말했다. ─문제가 되는 것은 소련의 제안에 플린이 전반적으로 반대하고 UN 총회에서 모든 강대국에 동등한 권리를 주어야 한다는 그의 주장이었다.

그 같은 내용이 2월 9일 오찬 자리에서 번스가 루스벨트에게 제안한 원칙이었다. 오찬에는 처칠도 동석했는데, 번스는 두 지도자에게 UN 총회에서 미국의 의석도 소련의 두 공화국에 상응하게 늘어나야 한다는 점을 설득하는데 성공했다. 번스는 푸에르토리코, 하와이, 알래스카에 의석을 주는 안을 제안했다. 최종 결정이 내려지지는 않았지만 처칠도 이 주장에 동의하는 입장이 되었다. 동석하지 않았던 홉킨스도 이 계획을 지지했다. 번스와 홉킨스의 압박을 받은 루스벨트는 이 문제를 스탈린에게 거론하겠다는 약속을 했다. 그는 정치적 동료인 번스와 플린의 권위를 무시할 수 없었다.

오후의 전체 회의 후 소련의 2개 공화국을 받아들이는 것에 반대하는 국무부 보고서를 작성한 앨저 히스는 번스에게 마음을 바꾸도록 설득했다. 히스는 이 상황에서 빠져나오는 최선의 길은 스탈린을 설득하여 루스벨트 대통령으로 하여금 소련 공화국을 받아들이겠다고 한 약속을 철회하게 만드는 것이라는 논리를 내세웠다. 그러나 번스는 물러서지 않았고, 결국 이겼다. 루스벨트는 약속 실행을 지키기 위해 가장 마지막 순간을 택하여 스탈린에게 편지를 보냈다. 이 시간 번스는 이미 귀국길에 오른 상태였다. 그가 귀국하면서 언론에 무슨 말을 할지는 아무도 예측할 수 없었다. 루스벨트의 공보 비서인 스티븐 얼리(Stephen Early)는 워싱턴의 동료들에게 번스의 귀국에 주위를 환기시키는 전보를 보냈다. 얼리가 보낸 전문의 마지막 문장은 "최종 공동성명이 발표되기 전까지는 번스 대법관이 무슨 말을 하든지 간에 보도되어서는 안 됨."이었다.

루스벨트는 마지못해 이 과제를 떠안았다. 그가 어떤 결과를 기대했는지, 또는 그가 이 문제를 크게 신경 썼는지는 분명히 알 수 없다. 그러나 스탈린은 루스벨트의 편지를 자신이 전에 얻지 못한 동맹을 얻는 기회로 포착했다. 그것은 소련의 두 공화국을 UN에 가입시킨다는 국민적 약속이었다. 2월 11일 공동성명 문안을 논의하고 회담의 최종 문안에 서명하기 위해 3거두가 모였을 때, 몰로토프는 UN 창설을 다루는 공동선언문의 조항에 다음과 같은 추가 문구를 제안했다. "샌프란시스코에서 개최되는 UN 창립총회에 우크라이나와 벨라루스를 국제 안전보장 기구의 창설 멤버로 초청하는 것도 함께

루스벨트의 참모들 얄타회담이 열리는 리바디아 궁전에서 찍은 사진이다. 왼쪽에서 오른쪽 방향으로, 해리 홉킨스, 스티븐 얼리, 찰스 볼렌이다. 해리 홉킨스는 UN 총회 표결권과 관련하여 제임스 번스의 주장을 지지했다. 스티븐 얼리는 루스벨트의 공보 비서이다.

결정되었다." 그러자 루스벨트는 에둘러 말하지 않았다. 이 문구를 공동선언문에 넣는 것은 가장 당혹스러운 일이라고 했다. 그는 3거두 사이에 협의된 원래의 비공식 합의를 고수할 것을 주장했다. 즉, 연합국은 소련의 두 공화국이 샌프란시스코 UN 창립총회에 가입하는 것을 지지한다는 내용이었다.

얼마 전 스탈린 편을 들었던 처칠은 이번에는 루스벨트 편을 들었다. 그는 전시 내각의 장관 세 명이 '1국 1표' 원칙을 위반하는 것에 반대하고 있다고 말했다. 또한 영연방 국가들의 반대도 예상된다고 했다. 그는 논거를 마련하기 위해 시간이 필요하고, 영연방 국가들과의 협의를 위해서도 산회를 제안한다고 말했다. 그러나 이 협의는 여러 날이 걸릴 수 있다. 그는 회담 최종 문서에 두 공화국의 회원권에 대한 약속이 포함되어 있다고 주장하며, 더 이상 다른 말을 넣을 필요가 없다고 했다. 스탈린은 전술을 바꾸기로 결정했다. "그런 상황이라면 소련 대표단은 제안을 철회합니다."라고 말한 뒤 다음 주제로 넘어갈 것을 제안했다. 루스벨트는 즉각 감사의 뜻을 표했다.

회의 후 루스벨트는 자신의 편지에 대한 스탈린의 답장을 받았다. "루스벨트 각하, 소련의 표가 3표로 늘어났기 때문에······ 미국의 표도 늘어나야 한다는 데 전적으로 동의합니다. 나는 미국도 3표로 늘어날 수 있다고 생각합니다." 루스벨트는 미국이 얼마의 표를 추가로 원하는지에 대해 언급한 적이 없었다. 스탈린은 미국이 2표 미만의 추가 의석을 얻는 데 동의하지 않을 것이며 영연방 국가와 동등한 대우를 받으려고 할 것이라고 계산한 듯했다. 그는 미국에 추가로 2표를 주는 데 동의할 준비가 되어 있었다. 소련이 얻는 추가적인 2표는 수많은 추종 국가를 거느리고 있는 미국보다 훨씬 그에게 의미가 컸다.

전쟁 포로

2월 10일 오후, 스탈린과 개인 면담을 하는 자리에서 처칠은 두 가지 의제를 가지고 있었다. 첫 의제는 폴란드와 관련된 것이었다. 그는 폴란드에서 치러지는 선거 몇 달 전에 서방이 선거감시단을 파견하는 문제를 보장받고 싶어 했다. 두 번째 의제는 연합군 포로 문제였다. 처칠은 첫 의제에서 큰 성과를 거두지 못했다. 영국이 새로운 폴란드 정부와 외교 관계를 맺기 전까지 영국 관리들의 폴란드 입국을 스탈린이 거절했기 때문이다. 두 번째 문제에서 처칠은 훨씬 더 성공적이었다.

소련군은 해체된 독일 강제수용소를 점령한 뒤 수십만 명의 연합국 포로들을 풀어주어야 하는 상황에 맞닥뜨렸다. 서방 연합군도 독일 영토에 접근하면서, 처음에는 수만 명, 나중에는 수십만 명의 소련 시민을 통제해야 하는 상황에 처했다. 연합군은 독일 군복을 입고 있는 포로들을 처리해야 했는데, 그들은 나치에 포로가 된 후 독일군에 강제 편입되어 전투보조부대로 활용된 전쟁 포로였다. 또한 독일에 의해 강제 이주되거나 소련군을 피해 탈출한 많은 민간인들도 처리해야 했다. 서방 연합국은 자국 전쟁 포로의 안녕에 깊은 관심을 가지고 그들을 귀환시키는 노력을 아끼지 않았다. 이 외에도 점점 늘어나는 소련 시민을 보호해야 하는 문제 역시 해결해야 했다. 처칠은 이

전쟁 포로 1941년 하인리히 힘러(오른쪽에 안경 쓴 사람)가 민스크 지방의 포로수용소를 사찰하러 가서 젊은 소련 포로를 바라보고 있다. 연합국은 독일을 점령하면서 강제수용소에 수감된 포로들을 석방해야 하는 상황에 직면했다. 전쟁이 끝나가는 시점에 전쟁 포로 문제는 소련이나 서방 연합국에 모두 예민한 사안으로, 얄타회담에서는 마지막 날인 2월 11일에 최종 합의가 이루어졌다.

두 문제를 해결하기 위해 스탈린의 도움이 필요했다.

처칠 수상은 먼저 소련에 억류되어 있는 영국군 포로들에 대한 우려를 표명했다. 그는 스탈린에게 이들에 대한 정보를 공유할 것과 이들에게 영국 관리들을 접견하게 해주고 국제적십자사가 필요 물품을 공급할 수 있게 해달라고 요청했다. 또한, 먼저 영국 수용소에 있는 7,000명의 소련 포로들을 선편으로 오데사로 보낼 터이니 이 배로 7,000명의 영국군 포로를 귀환하게 해달라고 했다. 영국 측 회담 기록자가 기록한 바에 따르면 "수상은 서방에 있는 엄청난 수의 소련 포로들로 인해 우리가 당면한 곤란한 상황을 설명했다. 우리는 약 10만 명의 소련 포로를 데리고 있는데, 이미 11,000명은 본국으로 송환했고, 이번 달에 7,000명을 추가로 귀환시킬 예정이다. 그는 나머지 인원을 어떻게 처리해야 될지에 대한 스탈린 원수의 희망을 알고 싶어 했다."

스탈린은 소련의 전적인 협조를 약속했다. 그는 그 나름의 몇 가지 요구 사항을 내놓았다. "소련 정부는 연합군 수중에 떨어진 소련 시민들이 구타를 당하거나 강제적으로 조국에 대한 배신자가 되지 않기를 요청하는 바입니다."라고 말했다. 그는 처칠에게 강제 노역자뿐 아니라 연합국에 반기를 든 사람들도 소련 시민으로 간주한다고 말했다. 몇 분이 지난 뒤 그는 계속 말을 이어갔다. "영국 정부가 소련 시민들을 독일인과 분리시켜줄 것, 그리고 독일인과 같은 대우를 하지 않기를 소련 정부는 또한 바라고 있습니다."

처칠은 모든 사항에서 영국이 전적인 협조를 제공하겠다고 약속했다. 영국 측 기록에는 이렇게 적혀 있다. "수상은 이에 대해 설명했다. 우리는 이 소련 포로들이 고국으로 돌아가기를 간절히 바라지만, 단지 한 가지 어려움은 이들 모두를 운송할 배가 부족하다는 점이다. 이들을 독일인과 분리하는 작업은 처음엔 어려웠지만 일단 국적이 구별되고 나면 따로 분리해서 보호하고 있다." 처칠은 연합국 측에 잡힌 모든 소련인을 소련 시민으로 간주해 달라는 스탈린의 요청에 대해서는 의문을 제기하지 않았다. 영국 정부는 이미 소련 국적자의 경우 본인의 희망과 상관없이 모두 소련으로 돌려보낸다고 결정한 상태였다.

처칠이 이해하지 못한 것이 있다면 그것은 '조국에 대한 배신자'라는 스탈린의 표현이지만, 그 의미를 명확하게 해달라는 요청은 하지 않았다. 그런데 이러한 낙인은 얄타 합의의 결과 자의로든 타의로든 소련으로 돌아간 수십만 명의 사람들 삶을 이 세상에서 완전히 다르게 만들어버렸다. 이 용어로 인해 그들은 사형을 언도받거나 강제노동수용소(Gulag)에 수감을 당했다. 처칠은 스탈린의 장남 야코프(Yakov)도 독일군의 포로가 되었다는 사실을 틀림없이 알고 있었을 것이다. 또한 아마도 스탈린이 그의 아들을 독일 육군 원수 프리드리히 파울루스(Friedrich Paulus)와 맞교환하자는 독일 측 제안을 거절했다는 사실도 알고 있었을 터다. 그러나 처칠이 몰랐던 것은 소련 정권의 눈에는 야코프도 조국의 배신자이고, 야코프의 부인은 남편의 '죄'를 대신하여 강제노동수용소로 보내졌다는 사실이다.

야코프는 개전 초기 몇 달 동안 독일군이 소련군 대부대를 통째로 포위한 상태에서 지휘관들에게 하달된 후퇴 금지 명령으로 인해 독일군에 포로가 된 수십만 명의 소련 포로 중 한 명이었다. 포병 장교인 야코프는 명령을 그대로 복종하여 후퇴를 거부했다. 그의 죄는 전사하거나 자살하지 않고 독일군의 포로가 된 것이었다. 스탈린은 작은아들인 바실리(Vasilii)에게 이렇게 말했다. "바보 같은 녀석, 총으로 자결할 줄도 모르다니!" 야코프는 1943년 4월 자신이 수감되어 있는 나치 집단수용소의 전기 철조망에 몸을 던져 자살했는데, 그때야 비로소 아버지를 자랑스럽게 만들었다. 그러고 나서야 스탈린은 강제노동수용소에 있는 며느리를 돌아오게 했다. 스탈린의 아들을 포함해 소련군 포로에게는 죽음만이 조국을 배신했다는 오명에서 벗어나게 해주는 유일한 행동이었다.

스탈린 측근들의 아들딸들도 같은 대우를 받았다. 스탈린의 오른팔로서 우크라이나 행정을 담당한 니키타 흐루쇼프는 소련 공군 조종사인 아들 레오니드(Leonid)가 스몰렌스크 상공에서 격추되어 적군의 포로가 된 것으로 추정되자 손녀딸을 바로 딸로 입양했다. 아들이 전쟁 포로가 되었다고 추정되는 데다, 며느리는 남편의 조국 배신 행위에 대한 벌로 강제노동수용소에 수감된 상태에서, 흐루쇼프는 손녀딸에게 자신을 '아빠'라고 부르게 했다. 훗날 레오니드 흐루쇼프는 작전 중 사망한 것으로 밝혀졌다. 이것이 불운하게도 적의 수중에 떨어진 자기 자식을 정치국원들이 대하는 방식이었다면, 소련-독일 전선에서 적군 진영에 떨어진 평범한 소련 시민들의 아들딸에 대해 다르게 행동했으리라고는 기대하기 어렵다.

1945년 1월 2일 새벽 3시, 테헤란회담에서 스탈린의 통역으로 일했던 발렌틴 베레시코프(Valentin Berezhkov)는 상관인 뱌체슬라프 몰로토프의 전화를 받았다. 몰로토프는 그에게 즉시 외무인민위원회에 있는 자신의 사무실로 오라고 명령했다. 이 전화를 받은 그는 전혀 이상하게 생각하지 않았다. 정치국의 다른 멤버들처럼 몰로토프도 스탈린을 따라 새벽까지 일하는 습관이 있었다. 게다가 3거두의 회담이 코앞으로 다가온 시점에서 몰로토프는 어느 때보다 할 일이 많았다. 베레시코프는 그나마 신년 휴가를 얻어 다행이었지만, 몰로토프의 다른 부하인 블라디미르 파블로프는 그날도 일을 하고 있었다. 베레시코프는 크렘린 차고에서 차를 갖고 오게 하여 그것을 타고 곧 외무인민위원회에 도착했다. 그는 동료들에게 새해 인사를 전했으나, 전에 없던 차가운 반응만 돌아왔다. 그들의 표정은 뭔가 좋지 않은 큰일이 일어났음을 말하고 있었다.

몰로토프는 사무실에 있었다. 몰로토프는 베레시코프를 자리에 앉게 하더니, 그가 가장 두려워하던 질문을 던졌다. 그의 부모로부터 무슨 소식을 들었는지를 물은 것이다. 베레시코프는 키예프에서 성장했다. 그의 부모와 여동생은 1941년 9월 키예프가 독일군에게 점령당했을 당시 키예프에 있었다. 1943년 11월 소련군이 키예프를 탈환한 후 베레시코프는 가족이 어떻게 되었는지를 알아보기 위해 급히 키예프로 내려왔다. 그러나 어디에서도 가족을 찾을 수 없었다. 베레시코프는 테헤란에서 모스크바로 귀환한 뒤 몰로토프에게 소득 없었던 키예프 여행에 대해 설명했다. 아마도 가족은 본인들의 의사에 반하여 독일군에 의해 강제 이주된 것 같다는 얘기를 했다. 몰로토프는 그를 진정시키려고 노력했다. 가족을 결국 찾게 될 거라며 그를 안심시켰지만, 이 말은 오히려 베레시코프에게 더 큰 걱정을 안겨주었다. 그는 키예프를 방문했을 때 부모가 독일군이 운영하는 기관에서 일했다는 사실을 알아냈는데, 소련 정부는 이런 사람들을 큰 의심의 눈으로 바라보았다. 그

테헤란회담에 참석한 발렌틴 베레시코프 스탈린의 통역관으로 테헤란회담에 참가한 베레시코프는 키예프에 살던 그의 가족이 독일군 점령 당시 부역했다는 혐의로 외무인민위원회에서 쫓겨났다. 얄타회담 때는 그를 대신하여 블라디미르 파블로프가 통역을 맡았다. 사진의 왼쪽에서 오른쪽 방향으로, 조지 마셜 미국 장군과 소련 주재 영국대사 아치볼드 클라크 커가 악수하고 있으며, 그 옆으로 해리 홉킨스, 발렌틴 베레시코프, 스탈린, 몰로토프(약간 뒤쪽), 클리멘트 보로실로프(Kliment Voroshilov) 소련 장군이다.

의 부모가 자유의사에 따라 서방으로 갔건, 강제로 이주되었건, 그의 운명은 경각에 달린 것 같았다. 조만간 그는 파면될 테고, 아마도 강제노동수용소에 보내지거나 그냥 처형될 수도 있었다.

　몰로토프는 겁에 잔뜩 질린 베레시코프에게 라브렌티 베리야가 베레시코프의 부모와 여동생, 그리고 매제가 1943년 9월 자발적으로 키예프를 떠났다는 보고를 제출했다고 말했다. 이 보고에 따르면 전에 키예프공과대학교(Kyiv Politechnical Institute) 교수를 지낸 베레시코프의 아버지는 독일군 점령 시기에 중공업 분야에서 일을 했고, 어머니는 나치 경찰의 통역관으로 일했다. 소련 기준으로 보면 그들은 부역자이며 배신자였다. 또한 보고에 따르면 독일의 고위 관리가 베레시코프의 가족을 방문하여, 소련군 진입 이후의 이들 운명을 걱정해서 폴크스도이체(Volksdeutsche: 현지의 독일인)와 행정 요원들을 후송시키기 위해 마련한 기차 편으로 이들 가족이 키예프를 떠날 수 있도록 해주었다. 몰로토프는 베리야가 좀 더 조사하기를 원한다고 전해왔다는 것과 베레시코프에게 더 이상 자리를 지킬 수 없다고 설명했다. 이는 스탈린 동지의 뜻이기도 했다. 몰로토프는 베레시코프에게 사무실 열쇠를 내놓고 집으로 돌아가서 처분이 내려질 때까지 대기하라고 명령했다.

베레시코프가 건물을 나올 때 크렘린 출입증도 환수되었다. 그는 자신보다 경미한 '죄'를 진 사람도 체포되고 처형된 사실을 잘 알고 있었으므로, 한밤중에 아파트 문을 두드리는 노크 소리를 기다리며 두려움 속에 2주를 보냈다. 마침내 1월 17일 그는 전화를 받았다. 몰로토프가 부하의 목숨을 구했다. 그는 소련의 주요 외교정책 잡지인 『전쟁과 노동계급』의 독일어판과 영어판의 제작을 책임지는 자리로 발령받았다. 단, 외국인과의 접촉이 금지되고, 과거 외무인민위원회에서 수행했던 임무에 대해 아무에게도 발설하지 못하는 조치를 받았다. 또한 그가 자신의 글을 출판하려면 가명을 써야 했다. 베레시코프는 감지덕지하며 이러한 조건을 받아들였다.

이렇게 위신이 추락하고 몇 달 뒤 베레시코프는 정신적 위기를 겪었다. "나는 얄타회담에 관한 보고서를 읽으며 특히 화가 났다. 바로 어제만 해도 이 회담의 모든 참석자가 내 옆에 함께 있었던 것 같이 느꼈다. 나는 그들과 함께 크림반도로 가 리바디아 궁전에서 스탈린, 루스벨트, 처칠이 나누는 대화를 통역해야 했다. 나는 지난 4년간 이 모든 경우에 배석하여 일했었다. 감정이 상하고 모욕감까지 느껴져서 눈물이 흘렀다."라고 그는 훗날 회고했다. 소련 사회는 베레시코프를 내쳤지만, 이와 동시에 놀랍게도 그의 목숨을 구해주었다. 그는 운이 좋았다. 소련 당국은 그의 가족을 찾지 못했고, 부역자란 혐의는 말 그대로, 증명되지 않은 의심으로 남았다. 그는 스탈린, 베리야, 몰로토프뿐만 아니라 소련보다 더 오래 살아서 자신의 이야기를 들려줄 수 있었다.*

베레시코프의 가족은 실제 자의로 키예프를 떠났다. 미군의 점령 구역인 바이에른에 도착한 후 그들은 미국으로 이주하여 여생을 보내고 로스앤젤레스의 잉글우드 공원묘지(Inglewood Park Cemetery)에 묻혔다. 만일 그들이 소련군의 관할 지역에 있었다면 추적을 당해 소련으로 돌려보내졌을 것이다. 소련 비밀경찰은 자신들의 점령 지역에서 사람을 찾아내는 일이 전혀 어렵지 않았다. 얄타에서 처칠은 스탈린에게, 전쟁 발발 때 헝가리에 있었으나 그 후 소식을 듣지 못한 자신의 조카 베치 폰그라즈(Betsy Pongraz)와 그의 가족을 찾아달라고 부탁했다. 스탈린은 최선을 다해보겠다고 했다. 3월 3일 비밀경찰은 부다페스트에서 폰그라즈 가족을 찾아내 소련의 보호하에 두었다.

얄타에서 서방 연합국은 소련군 전쟁 포로뿐만 아니라 연합국 측이 보호하고 있는 소련 시민 모두를 그들의 의사와 상관없이 소련으로 귀환시키겠다고 약속했다. 만일 베레시코프가 얄타에 왔다면 그는 그의 부모를 강제로 귀환시키는 법적 근거를 마련한 합의서의 서명을 지켜보아야 했을 것이다. 그리고 그 결과 가족들에게 어떤 운명이 닥칠지 눈치챘을 것이다.

---

* **스탈린, 베리야, 몰로토프, 베레시코프, 그리고 소련의 생몰년** 스탈린의 생몰년은 1879~1953년이고, 라브렌티 베리야는 1899~1953년이며, 몰로토프는 1890~1986년이다. 1917년 11월 혁명으로 사회주의국가가 설립됨에 따라 러시아의 로마노프 왕조는 무너지고, 혁명정권은 1922년 소비에트연방을 결성했다. 1991년 각 공화국이 독립하면서 1992년 소련은 정식 해체되었다. 베레시코프는 1916년 러시아 상트페테르부르크에서 태어나 1998년 미국 캘리포니아에서 82세로 사망했다.

독일이 소련군 전쟁 포로로 구성한 러시아해방군(Russian Liberation Army) 대대는 2월 9일 베를린에서 70km 떨어진 오데르 강 서부의 퀴스트린 (Küstrin) 인근에 교두보를 마련한 소련군과 전투를 치르도록 전선에 배치되었다. 이는 해방군이 실전에 배치된 첫 사례였다. 대대는 전투를 잘 치렀고, 대대장 자하로프(Zakharov)를 포함한 네 명의 부대원은 독일 무공훈장인 철십자 훈장(Iron Cross)을 받았다. 그러나 자하로프 부대원들의 운명은 전장이 아닌 협상 테이블에서 결정되었다.

소련인들은 독일군 군복을 입은 러시아인을 종종 자하로프의 상관이자 러시아해방군 사령관인 안드레이 블라소프(Andrei Vlasov)의 이름을 따서 '블라숍치(vlasovtsy)'라고 불렀다. 블라소프도 스탈린과 마찬가지로 신학교 중퇴생이지만, 그와 다르게 혁명 직후 바로 적군赤軍에 가담하여 제2차 세계대전 전까지 군대에서 화려한 경력을 쌓았다. 1930년대 후반 그는 장제스 정부의 군사고문으로 일했으며, 1941년 6월 독일군이 소련을 침공하자 성공적인 반격 작전을 펼쳐서 바로 몰로토프-리벤트로프 라인(후에 커즌 라인) 상에 있는 프셰미실을 일시적으로 탈환하기도 했다. 그의 부대는 그해 후반 포위된 키예프를 벗어나, 1941년 12월 모스크바 전투에서 큰 공을 세웠다. 그러나 그는 곧 운이 다했다. 1942년 7월 블라소프는 독일군의 레닌그라드 봉쇄를 와해하기 위한 작전을 지휘했다. 독일군이 장악한 지역 깊숙이 침투한 그의 부대는 독일군에게 포위를 당했다. 블라소프는 부대를 떠나길 거부하다가 독일군의 포로가 되었다. 그는 결국 러시아해방군 창설에 주도적인 역할을 했고, 큰 어려움 없이 이전의 부하들을 설득하여 새로운 부대를 구성했다.

독일 강제수용소에 잡혀 있는 소련 전쟁 포로들은 도저히 상상할 수 없는 상황에 처해졌다. 그들은 본국의 법적 보호를 받지 못한 채 굶어 죽게 방치되었으며, 그들을 잡은 독일군으로부터 인간 이하의 취급을 당했다. 독일군에게 포로로 잡힌 소련 병사의 60%인 약 300만 명의 소련군 전쟁 포로가

블라소프와 러시아해방군 안드레이 블라소프는 제2차 세계대전 전까지 러시아에서 군인으로 화려한 경력을 쌓았지만, 레닌그라드 전투에서 독일군에게 잡혀 포로가 되었다. 그 후 러시아를 공산주의로부터 해방시키고 독립적인 러시아를 만드는 것을 목표로 러시아해방군을 창설했다. 그들은 독일군 군복을 입고 러시아를 비롯해 연합군과 전투를 치렀다. 사진은 러시아해방군을 사열하는 블라소프이다.

기아나 질병으로 사망했다. 소련은 전쟁 포로에 대한 규정을 담은 1929년 제네바협정에 서명하지 않았다. 독일은 제네바협정을 소련과 독일의 전쟁 포로에게 적용하자는 1941년 여름의 소련 제안에 응답하지 않았다. 포로의 명예를 존중하여 다루고, 식량·의복·의료 혜택을 제공하고, 군사와 관련된 분야에서 일하도록 강제하지 않는다는 제네바협정의 어느 규정도 소련 포로들에게는 적용되지 않았다. 영국과 미국 포로에게는 이 협정이 어느 정도 적용되었다. 그러나 법률적 미사여구는 무용지물이었다. 나치는 슬라브인을 인간 이하(Untermenschen)로 보았고, 경멸적으로 대했다.

독일의 인적자원이 바닥났을 때 많은 소련 포로들은 독일군의 보조 부대에 가입하라는 권유를 받아들였다. 이 결정은 종종 죽음과 삶의 갈림길이 되었다. 이념적 동기가 때로는 중요한 요인이 되기도 했는데, 블라소프 부대가 그랬다. 러시아해방군은 러시아를 공산주의로부터 해방시키고 독립적인 러시아 국가를 만드는 것을 목표로 삼았다. 안드레이 블라소프와 그의 부대는 얄타회담이 열리는 시기에 처음으로 전투에 투입되었다. 그러나 그들은 이미 패한 전쟁에서 싸우고 있다는 사실과 아무것도 자신들을 소련의 분노로부터 구할 수 없다는 사실을 너무 잘 알았다. 석 달 후인 1945년 5월 초 그들은 총구를 돌려 프라하의 독일친위대와 전투를 벌여 독일군으로부터 도시를 해방시키는 데 일조했다. 그런 다음 서쪽으로 행군해서 5월 10일 연합군에 항복했다.

블라소프는 그 전에 스페인으로 탈출할 기회를 제공받았지만, 이를 거부하고 부하들과 함께 남았다. 이틀 후 미국 지휘관들과 협상을 마치고 돌아오는 길에 블라소프는 미군 초소 바로 앞에서 소련 비밀경찰에 체포되었다. 그와 동료들은 소련으로 송환되어 군사재판을 받았다. 블라소프와 11명의 부하는 1946년 8월 교수형을 당했다. 이 같은 처분이 독일 군복을 입었던 100만 명 가까운 이전의 소련 시민 모두를 기다리는 운명이었다. 프랑스에 있는 독일군 부대에 소련군 히비(Hiwi: 자발적 지원병)('대독 협력자'를 뜻하는 독일어)가 있다고 여긴 연합군은 그들에게 만약 항복해오면 본국으로 신속히 돌려보내주겠다는 선전 전단을 뿌렸었다. 그러나 자원병들로 하여금 이보다 더 독일 편에서 계속 전투를 수행할 동기를 부여해준 것은 없었다.

모스크바의 미국대사관과 영국대사관의 무관부는 1944년 6월 소련군 총참모본부에 전쟁 포로 문제를 처음으로 거론했다. 그들의 주 관심사는 자국 포로들의 송환을 신속하게 진행하는 일이었다. 그들은 또한 노르망디 상류작전 이후 그들 수중에 들어오는 점점 더 많은 숫자의 소련 포로들도 고국으로 돌아가기를 원할 것이라고 전제했다. 소련군은 서방 포로들이 가장 많이 억류되어 있는 동부 유럽에 진입하기 직전이었고, 이들의 빠른 본국 송환을 위해 협상을 개시할 시간이었다. 무관부의 수뇌들은 자국군이 진격하는 도상에 있는 포로수용소 명단을 소련군에게 제공했고, 이 전쟁 포로들을 본국으로 송환하는 데 조력해줄 것을 요청했다.

그러나 이에 대해 아무 답도 없었다. 9월 초 처음으로 1,000명의 서방 포로들이 성공적으로 루마니아에서 빠져나왔다. 그러나 이는 모스크바가 상황을 통제하기 이전에 소련 지상군 지휘관들의 도움으로 이루어진 일이었다. 이런 종류의 대규모 송환은 이것이 마지막이었다. 이후로 소련 측은 서방 연합국에 서방 측 포로의 송환을 위해 최선을 다한다고 했지만, 정작 서방 측 포로들이 억류되어 있는 포로수용소에 연합국 장교들이 접근하는 것을 거부했다. 포로들은 결국 오데사같이 소련 영토 깊숙한 곳에서 인도되었다. 동부 유럽은 곧 서방 영향권의 범위에서 벗어났고, 소련 정부는 자신들이 깊은 관심을 가지고 있다는 문제에서도 예외를 만들지 않았다.

1944년 7월 영국 외무부는 런던 주재 소련대사 표도르 구세프에게 영국군이 보호 중인 소련 포로의 수가 크게 증가하고 있다는 사실을 통보했다. 8월에 소련 측은 자국의 전쟁 포로를 송환해주기를 요구했다. 이때 이미 12,000명에 가까운 소련 포로가 영국의 연합군 수용소에 있었다. 그중 일부는 이미 미국이나 캐나다로 보내졌다. 그들 대부분은 독일 군복을 입은 상태에서 연합군 포로가 된 히비(대독 협력자)였다. 소련 관리들은 연합국이 관리하고 있는 소련 시민들에게 전쟁 포로의 지위를 제공하는 것에 반대했다. 그 이유는 그들이 자신들의 뜻에 반해 독일로 이송되었기 때문이라는 것이다. 그들은 이미 심한 고통을 겪었고 연합국 국가의 시민으로 대우받고 있었다. 소련 측은 그들을 독일인과 분리해놓아야 하고, 어떤 형태로든 반소련 선전에 이용되지 않아야 하며, 최대한 빠른 시간 안에 소련으로 송환되어야 한다고 요청했다.

이러한 우려의 표시는 소련군 스스로가 대독 협력자를 다루는 방식과 날카롭게 대비되었다. 즉, 소련군은 그들을 발견하는 대로 군법회의에 회부하지도 않고 현장에서 사살했던 것이다. 소련 관리들은 단 한 가지 목표만 가지고 있었다. 그것은 자국 국민을 가장 신속하게 송환하는 일이었다. 그들에게 제네바협정에 의해 보호받는 전쟁 포로의 지위를 인정하지 않음으로써 강제송환 시 법적 걸림돌을 제거하려고 했다. 소련 관리들은 자국 국민을 돌보는 정부의 이미지를 보여주면서 송환되는 사람들에 대한 서방 측의 염려를 누그러뜨리려고 했다. 소련 당국은 많은 수의 소련 시민이 서방에 남는 것을 막으려고 했다. 러시아혁명 후 유럽에서 발생한 것과 같이 그들을 중심으로 대규모 반소련운동의 기반이 마련될 수 있다고 파악했기 때문이다.

1944년 10월 처칠과 이든이 모스크바를 방문했을 때 스탈린은 이들과 만찬을 하며 이 문제를 거론했다. 함께 논의에 참여한 몰로토프는 소련에게는 자국 국민의 송환을 요구할 권리가 있으며, 전쟁 포로는 그들의 의사에 관계없이 송환되어야 한다고 말했다. 이든은 몰로토프의 말에 동의하고, 그에 상응하여 영국 포로들이 귀환할 수 있도록 도움을 주길 요청했다. 며칠 후 스탈린과 개인 면담을 하는 자리에서 처칠은 소련 포로 첫 그룹이 곧 영국을 출발할 것이라 말하며, 그들을 정당하게 대우해준다는 보장을 받아내려고 노력했다.

"대부분의 소련 시민은 독일에 의해 강제징집을 당했습니다. 대대 전체가 영국군에 항복한 경우도 여럿 있었지요."라고 처칠이 말했다. 처칠이 무슨 생각을 하는지 알아차린 스탈린은 그가 듣고 싶어 하는 말에 거의 가까운 말을 했다. "그 사람들 중에는 악랄한 자도 있지만, 우리는 그들을 혹독하게 다루지는 않을 것입니다." 이로써 두 사람의 대화는 끝났다. 처칠은 그들이 영국군에 투항했기 때문에 그들 운명에 스스로 책임을 느낀다고 말했지만, 스탈린은 다른 주제로 말을 옮겨갔다.

경제전쟁장관 셀본(Selborne) 경, 전쟁장관 제임스 그리그(James Grigg) 경 같은 영국 정부의 영향력 있는 인사들은 처음부터 소련 포로들을 강제로 소련에 송환하는 것을 반대했다. 소련 포로들이 소련으로 돌아가기보다 자살을 택한다는 보고가 영국 정부에 올라오면서 강제송환 정책은 더 큰 논란에 휩싸였다. 이든은 영국 포로들의 귀환에 소련의 협조를 보장받기 위해서는 강제송환이 이루어져야 한다고 믿었다. 이든의 주장이 결국 영향력을 발휘했다. 처칠과 이든이 모스크바에서 돌아온 지 2주도 채 지나지 않은 1944년 10월 31일, 소련 전쟁 포로를 실은 첫 배가 무르만스크(Murmansk)를 향해 떠났다. 만 명의 소련 포로들이 영국 배에 실려 소련으로 송환되었다.

몇 달 동안 포로 송환 문제를 협의하기 위해 소련 측에 압력을 가하던 미국은 11월 말에 첫 답을 받았다. 몰로토프는 모스크바 주재 미국대사관에 소련이 이 문제를 논의할 용의가 있기는 하지만 전쟁 포로 문제와 연관된 다른 문제에도 관심을 가지고 있다고 통보했다. 소련 측은 독일에 의해 강제 이주된 소련 시민의 처우와 송환을 논의하고 싶어 했다. 공문에는 이렇게 명시되어 있었다. "소련 포로들 및 독일군에 의해 독일과 독일군 점령 국가로 강제 이주되었다가 연합국 작전의 결과 서방에서 해방된 소련 시민들에게 즉각적으로 구호를 제공하고 이들을 본국으로 송환하는 문제에 소련 정부는 관심을 가지고 있습니다."

영국과 다르게 미국은 일찍부터 소련 시민의 강제송환에 반대하기로 결정했다. 미국은 제네바협정에 따라 독일인을 다루듯이 소련 시민에게도 똑같이 적용했다. 다르게 일을 처리할 경우 독일이 억류하고 있는 미국 포로들에게 보복이 가해질 위험을 미국 정부는 염려했다. 소련은 이런 처리 방식에 동의하지 않았다. 소련은 자국 시민들이 전쟁 포로로 대우되어서는 안 되며 독일인과 같은 수용소에 수용되지 말아야 한다고 반복적으로 주장했다. 표면적으로는 소련 측이 과도한 보호를 하는 것처럼 보였다. 소련의 이런 주장은 일부 미국인들을 짜증나게 만들었다. "독일 군복을 입고 미군에게 사격을 가하다가 포로가 된 러시아인들을 어떻게 다룰지는 오래된 문제였다. 최소한 그들이 진정 우리의 친구인지를 파악하기 전에는 우리가 그들을 파리의 리츠 호텔이나 워싱턴의 메이플라워 호텔에 모실 것이라고 기대하기는 힘들 것이다."라고 존 딘 장군은 회고록에 적었다.

알타회담 전 몇 달 동안 소련 측은 연합국 관리하의 소련 시민들이 부당한 대우를 받고 있다는 불평을 늘어놓아 서방 연합국을 괴롭혔다. 1944년 11월, 전 소련군 정보사령관인 필리프 골리코프(Filipp Golikov) 중장은 연합국에서 보호 중인 소련 시민들의 대우에 대해 연합국을 비판하는 기사를 냈다. 그는 스탈린그라드에서 독일군을 격파한 젊은 지휘관으로, 『타임』 독자들에게는 유명한 인물이었다. 그는 독일에 강제징용으로 끌려갔다가 다시 서부 유럽으로 이송된 수백만 명의 소련 국적자에 대한 글을 썼다. 또한 독일군에 의해 강제로 무기를 들었다가 기회가 오자마자 바로 연합국에 투항한 포로들에 대해서도 언급했다. 골리코프는 그들이 특별 취급을 받는 독일인과 함께 같은 포로수용소에 억류되어 있다고 불평했다.

"모든 소련 국적자와 그렇게 분류될 수 있는 모든 사람들, 특히 독일군에 소속된 상태로 연합국 포로가 된 모든 인력이 귀환하는 데 큰 관심을 가지고 있다."라고 모스크바 주재 미국대사관은 소련 언론을 분석하여 워싱턴에 보고했다. "많은 사람이 귀국하기를 꺼려 한다는 보도와 외국 당국이 이러한 감정을 갖도록 고무시킨다는 보도에 대해 극도의 예민함을 보이고 있다. 송환된 사람들을 따뜻하게 환영한다는 식의 이야기는 대사관 관측통들의 보고와 일치하지 않고, 아직 외국에 있는 사람들의 의심을 무장해제시키기 위한 바람을 반영한 것 같다."

서방 수용소에서 보호 중인 소련 시민들에 대한 부당한 대우를 꼬집는 소련 측의 불만은, 소련이 서방 측 전쟁 포로를 적절하게 대우하고 있지 않다는 서방의 불만에 맞대응하기 위한 것이었다. 영국과 미국 장교들에게 소련이 억류하고 있는 자국 전쟁 포로를 접견하지 못하도록 하고, 이 포로들을 서방 측이 인도받을 수 있는 지점까지 이동시키는 일이 지연되는 것에 대한 비판이 거세질수록, 소련 역시 서방의 관리하에 있는 자국민이 부당한 대우를 받는다며 강도 높게 항의했다.

　1월 11일 얄타로 떠날 준비를 하는 와중에 안드레이 그로미코 주미 소련 대사는 미 국무부의 조셉 그루 차관을 만나 미국 아이다호(Idaho) 주州 루퍼트(Rupert)에 있는 포로수용소에서 발생한 사건에 대해 논의하는 시간을 가졌다. 이 장소를 의심스러워하는 그루 차관보에게 그로미코는 면담 자료에 아이오와(Iowa) 주 루퍼트라고 적시했다. 그곳에 약 1,000명의 소련 시민이 유치되어 있는데, 그들 중 일부가 수용소 소장인 모턴 그윈(Morton Gwyn) 대위에게 심한 폭행을 당했다고 불만을 토로했다. 그로미코는 사건 조사를 바로 진행시켜주고 그윈 대위를 소장직에서 물러나게 해달라고 요구했다. "이러한 사건이 미국의 수용소에서 벌어졌다는 사실을 본국에 보고해야 하는 것에 대해 아주 큰 유감을 느낍니다."라고 그로미코는 분명히 말했다.

　소련 포로들을 대우하는 연합국의 방식에 끊임없이 불만을 제기함으로써 소련은 서방 연합국이 신속하게 그들을 소련으로 송환시키도록 압력을 가했다. 이것이 1944년 10월 모스크바에서 앤서니 이든이 제안한 해결 방법이었다. 처칠은 얼마 후, 가능한 한 빠른 시간 내에 영국이 보호하고 있는 소련 포로들을 송환할수록 더 좋다는 이 입장을 지지했다. 그러나 문제는 그들을 소련으로 실어 나를 충분한 수의 선박을 확보하는 것이었다. 포로 송환은 외교 의제에서 민감한 사안이자 군사행정가들의 골칫거리를 제거해줄 뿐만 아니라 서방 포로들의 귀환을 촉진시킬 길을 닦는 일이었다.

1945년 1월 3일 스테티니어스는 해리먼에게 보낸 전문에서 미국 수용소에 보호 중인 1,100명의 전쟁 포로들이 미 서부 해안에서 소련 측에 인도되었다고 알렸다. 미국 정부는 본격적인 협의가 시작되기 이전에 귀환자들이 귀국에 동의하기만 한다면 소련의 요구를 실행할 준비가 되어 있었다. 그러나 스테티니어스가 해리먼 대사의 주의를 환기시킬 한 가지 문제가 있었다. "국무부는 미국과 소련의 전쟁 포로와 민간인을 송환하는 어떤 논의에서도 미국인들의 귀환과...... 소련 국적자의 송환이 연계되는 것에 큰 우려를 하고 있다."라고 경고했다. 몇 개월 동안 상호주의 협상을 주장했던 모스크바 주재 미국대사관은 이제 자신의 입장을 철회하라는 지시를 받았다.

　　누가 소련 시민이고 누가 아닌가를 구별하는 자체가 아주 복잡한 문제였다. 독일군 군복을 입은 러시아인은 원래 없었다고 소련으로부터 확약을 받은 미국과 영국은 이제 그들을 나머지 포로들과 구별해내야 하는 힘든 작업을 떠안게 되었다. 독일군에서 복무했기 때문에 독일 시민권을 주장하며 제네바협정에 준거한 포로 대우를 요구하는 소련 포로들로 인해 이 임무는 더욱 복잡해졌다. 그들은 자신들을 소련 국적자가 아닌 독일인으로 대우해달라고 요구했다. 그들이 제일 꺼린 일은 별도의 수용소에 수감되어 스탈린이 통치하는 소련으로 송환되는 것이었다.

　　"독일군과 함께 싸운 사람들 중에는 본인의 소련 국적을 부정하고 있지만 슬라브 이름을 가진 사람이 상당히 많다."라고 스테티니어스는 전문에 썼다. 몇 주가 지난 1월 22일 스테티니어스는 모스크바 주재 미국대사관에 소련 측이 유럽의 미 6군과 접촉하여 발트 3국과 커즌 라인 동쪽의 폴란드 지역에서 출생한 사람은 소련 시민으로 간주한다고 통보했다는 사실을 알렸다. 미 군사 당국은 그 같은 정의를 받아들이지 않으며 "이주민들은 그 자신들이 주장하는 특정 민족 소속이고, 송환에 대한 그들의 요구는 이 업무를 담당하는 연합군 연락장교가 수용해야 한다."라고 주장했다.

미 행정 당국은 미국으로의 정치적 망명을 요청한 소련 탈주자들 문제에 대해서는 확고한 입장을 취하기로 결정했다. 1월 5일 스테티니어스는 프란시스 비들(Francis Beddle) 법무장관, 존 에드거 후버(J. Edgar Hoover) FBI 국장과 함께, 당시 가장 유명한 소련 망명자로 미국 주재 소련무역대표부 직원인 빅토르 크랍첸코(Viktor Kravchenko)를 송환해주길 바라는 소련의 요구를 거부하기로 결정했다. 미국은 이 문제를 아주 중요하게 간주하여 스테티니어스가 만든 얄타회담의 브리핑북에도 크랍첸코 문제를 제일 앞부분에 다뤘지만, 소련은 이를 문제 삼지 않았다.

소련 측은 오랜 지연 끝에 1945년 1월 협력해주기 시작했다. 그들은 영국의 제안에 긍정적인 반응을 보이고, 미국 측과도 만났다. 비판을 입에 달고 사는 딘 장군도 이 회동에 기뻐했다. "몇 잔의 보드카를 마신 후 우리는 다시 보기 힘든 화기애애함 속에서 헤어졌다."라고 그는 회고록에서 회상했다. 모든 사람이 3거두 회담에서 포로 교환에 대한 합의서가 서명되어야 한다고 생각했다. 단 하나의 문제는 다른 모든 중요한 이슈 속에서 이 문제가 누락되지 않도록 만드는 일이었다.[1]

전쟁 포로 문제를 다루기 위한 첫 3국 회담은 2월 9일에 열렸다. 미국 측에서는 딘 장군이, 영국에서는 어니스트 아처(Ernest. R. Archer) 해군 중장이, 소련 측에서는 외무부를 대표해 키릴 노비코프(Kirill Novikov)가 참석했다. 소련은 연합국 구제부흥기관(United Nations Relief and Rehabilitation Administration)이 석방된 포로와 민간인들에게 식량을 공급하는 기관으로 지정되는 것을 원치 않았다. 왜냐하면 자국의 영토 안에 서방 대표들이 들어오는 것을 제한하는 소련의 정책과 맞지 않았기 때문이다. 다음 날, 소련 측의 이런 태도로 인해 처칠은 스탈린과 만나는 사적인 자리에서 석방된 전쟁 포

연합국 구제부흥기관(운라 UNRRA) 전쟁 피해자들을 구제하기 위해 1943년에 세워진 기관으로, 식량, 연료, 의복, 피난처 및 기타 필수품을 지원하는 활동을 했다. 미국이 주도했으나 이후 44개국이 참여하여 원조를 담당했다. 사진은 1946년 독일 잘츠기터(Salzgitter) 지역에서 난민들에게 보급품을 나눠주는 모습이다.

로들에 대한 보급 문제를 거론했다. 이든이 배석한 가운데 처칠 수상은 영국이 보호하고 있는 소련 포로의 운명에 대한 논의뿐만 아니라 소련군의 겨울 공세 동안 풀려난 영국 포로에 대해서도 물었다. "그는 이들에 대한 우호적 대우를 간청했다."라고 영국 측 회담 기록에는 적혀 있다. 이어 "영국의 모든 어머니들은 포로가 된 아들의 운명에 대해 많은 걱정을 한다."라고 써 있다. 그는 또 "우리는 우리 병사들을 돌보기 위해 연락장교를 소련군 측에 파견하고 싶다고 말했다." 스탈린은 이에 동의했다.

석방된 포로와 민간인에 대한 합의는 얄타회담 마지막 날인 2월 11일에 이루어졌다. 그때 이든은 스테티니어스의 의견을 완전히 눌렀다. 스테티니어스는 미 법무장관의 권고에 기반하여 소련 시민은 제네바협정에 명시된 권리를 보장받아야 한다는 조셉 그루의 건의를 무시하기로 결정했다. 합의서에는 제네바협정에 대한 언급이 없었다. 미국 합동참모본부도 이 서류를 인가했고, 아이젠하워 장군은 서부 유럽에서 미군이 보호하고 있는 21,000명의 소련 포로를 송환하는 결정을 신속히 내리도록 사령부에 촉구했다. 미국 무부는 공식적으로는 이 합의서와 아무 관련이 없었다. 미국 측 서류에는 딘 장군이 서명했다.

소련-영국의 합의문에는 이든이 직접 서명했다. 그는 영국 내의 소련 포로들을 소련의 지휘와 관할 아래 두는 것을 내용으로 하는 몇 개의 부속 문서에도 서둘러 서명했다. 그는 보론초프 궁에서 몰로토프에게 별도로 보내는 편지 2통을 썼는데, 거기에 소련의 관할권이 무엇을 의미하는지 설명하고, 자신은 오스트레일리아를 대신해서 나열된 조건 중 하나를 수용할 권한이 없다는 점을 밝혔다. 카도간은 이 결과에 만족했다.

이 두 개의 상호 협정서는 각국이 자국에서 보호하는 상대국 시민에 대한 정보를 상대국에 즉시 제공하고 그들을 별도의 수용소에서 보호하며, 각국 장교들의 자국 국민 접견권 허용과 그들에 대한 선전 활동의 금지를 명시했다. 미국 측이나 영국 측의 합의문 어디에도 강제송환에 대한 언급은 없었다. 소련-미국 합의서에서 해당 부분은 다음과 같이 규정했다. "미국 군대의 작전으로 해방된 모든 소련 시민과, 소련 군대의 작전으로 해방된 모든 미국 시민은 해방 즉시 적군 포로와 분리되어야 하며, 그들이 각각 소련과 미국 당국에 인도될 때까지 경우에 따라 양국이 합의한 수용소나 집결 장소에서 별도로 보호되어야 한다." 얄타에서 작성된 합의문에는 서방 연합국이 소련 시민을 그들의 의사에 반해 송환해야 한다는 언급이 전혀 없었다.

그러나 이것도 소련 측이 소련 포로의 강제송환을 요구하는 것을 막지 못했다. 그들은 합의문에 근거하여 이런 요구를 한다고 주장했다. 1945년 3

월 소련 외무부는 미국 측이 갖가지 이유를 내세워 소련 시민 여러 집단을 억류하고 있다며, 이에 대해 항의하는 서한을 미 국무부에 보냈다. "소련 정부는 1945년 2월 11일의 합의에 근거하여 미국의 수용소에 남아 있는 소련 포로 전원을 송환해줄 것과 소련 시민을 소련 대표단에게 …… 인도할 것을 요구한다." 미 국무부는 독일 군복을 입은 상태에서 포로가 된 소련 시민을 송환하는 것에 반대하고 유럽에서 적대 행위가 끝날 때까지 제네바협정에 따라 보호해야 한다는 점을 내세웠다. 그러다가 미 국무부의 입장이 갑자기 바뀌었다. 조셉 그루는 해군장관 제임스 포리스털(James Forrestal)에게 보낸 서한에서 "지금 독일이 무조건항복을 한 상태이고 독일군에 억류되어 있던 미군 포로들은 이미 석방되었으며, 미군 포로에 대한 독일 당국의 보복 조치 위험도 사라졌기 때문에" 포로 송환을 반대하지 않는다고 설명했다.

6월 29일 자신들을 소련으로 송환하는 결정이 내려졌다는 사실을 알게 된 뉴저지 딕스(Dix) 기지의 소련 포로 154명은 바라크의 문을 걸어 잠그고 집단 자살을 시도했다. 미군 경비병들은 최루탄을 쏘고 건물로 진입하여 포로들을 강제로 끌어냈다. 경비병에게 달려들던 7명의 소련 포로가 사살되었다. 바라크 안에는 3명이 서까래에 매단 줄에 목을 매서 이미 자살한 상황이고, 다음 그룹을 위해 15개의 올가미가 준비되어 있었다. 강제송환을 당하느니 차라리 죽음을 택하겠다며 소련 포로들이 일으킨 봉기에 관한 뉴스가 보도된 뒤 포로들을 소련으로 강제송환하는 것이 중지되었다. 8월에 스테티니어스의 뒤를 이어 국무장관이 된 제임스 번스는 "얄타에서 약속된 대로" 포로 송환을 진행할 것을 지시했다.

영국에서 소련으로 송환된 소련 포로들에 대해 캐나다 신문은 고국에 도착하자마자 그들을 기다리고 있는 무시무시한 상황을 보도했다.

하선은 18시 30분에 시작되어 4시간 반 동안 진행되었다. 소련 당국은 들것에 실린 환자를 받아들이지 않으려 했고, 이 때문에 죽어가는 환자도 자신의 짐을 들고 걸어서 하선해야 했다. 단 2명만 실려 나갔는데, 한 명은 오른쪽 다리가 절단되고 왼쪽 다리는 골절된 상태였고, 다른 한 명은 의식이 없었다. 자살을 시도한 포로는 아주 거칠게 다루어졌다. 그는 상처를 입은 상태였는데 그 부위가 파열되어 피가 흘러내렸다. 배에서 내린 그는 부둣가에 있는 화물 상자 뒤로 걸어갔다. 총성이 울렸고, 더 이상 아무것도 보이지 않았다. 다른 32명의 포로들은 배에서 50야드 정도 떨어진 창고로 걸어가거나 끌려갔다. 15분 뒤 창고에서는 기관총 소리가 울렸고, 20분 뒤 천으로 덮인 대형 트럭이 그곳에서 나와 시내로 향했다. 얼마 후 나는 창고를 들여다보았는데, 그곳에는 아무도 없었고 구석의 자갈 바닥에는 몇 군데에 짙은 얼룩이 있었으며, 벽은 1.5피트쯤 심하게 떨어져 나간 상태였다.

소련이 자국민이라고 주장한 난민을 강제 이주시킨 사례 중 가장 악명 높은 사건은 1945년 5월 말 오스트리아의 린츠(Linz) 시에서 발생했다. 그곳에서 영국 당국은 카자크 장군 표트르 크라스노프(Petr Krasnov)와 안드레이 시쿠로(Andre Shkuro)가 이끄는 수천 명의 러시아 카자크를 강제로 송환했다. 두 장군은 러시아혁명 때 백군白軍 편에서 싸우다가 서방으로 이주했다. 크라스노프와 시쿠로, 그리고 그들의 측근은 1947년 모스크바에서 교수형에 처해졌다.

해방된 전쟁 포로의 처리에 관한 합의문은 얄타회담에서 서명된 서류 중 가장 논란이 많은 문서가 되어버렸다. 찰스 볼렌 같은 외교관들은 이 합의의 실행 역할을 맡은 군에 책임의 화살을 돌렸다. 소련으로 송환되기를 거부하는 소련 포로들을 다루면서 연합군 지휘관들은 무슨 일이 벌어지는지 잘 알고 있었지만, 그들이 역량껏 할 수 있는 조치는 자국 포로에 대한 우려로 인해 크게 제한되었다. 미국 측에서 합의문에 서명한 딘 장군은 미국 포로의 송환이 진척되지 않는 상황을 매우 걱정했다. 그는 모스크바의 무관부에서 근무한 기간 중 1944~1945년 겨울이 가장 캄캄한 시간이었다고, 했지만 소련 포로들의 강제송환에 대해서는 별 우려를 나타내지 않았다. 그는 본연의 임무 수행에 몰두했다. 그 일이란 미국인들의 귀환이었다.[2]

포로 송환 문제는 공동의 적에 대항해서 힘을 합쳐 싸웠지만 적의 손에 떨어진 자국 병사와 민간인들이 자의에 따라 고국으로 돌아갈 권리에 대한 서로 다른 입장을 지닌 연합국들 사이에 기본적 차이를 노정했다. 전쟁이 끝나갈 무렵, 서방 민주국가들에게는 자국의 전쟁 포로를 구하는 일보다 더 중요한 일이 없었다. 그러나 소련의 법률에서는 적군의 수중에 떨어지는 것보다 더 큰 범죄가 없었다. 자국 국민에 대한 태도에서 소련 당국은 모스크바 공국 차르들의 오랜 전통을 따랐다. 한 지역에 사는 주민은 즉각적으로 그 지역 군주의 속민이 되었고, 그의 뜻에 반하는 어떠한 행위도 반역으로 간주되었다. 도주한 농노처럼 그들은 잡혀서 주인에게 돌려보내져야 했다. 혁명은 차르를 제거했으나 지배자들의 사고방식에는 큰 변화를 일으키지 못했다. 지금은 시민이라 불릴지라도 잘못을 저지른 속민은 여전히 반역자로 간주되었다.

Yalta

최고의 우정은 오해에 기반을 두고 있다.

— 이오시프 스탈린

Chapter 25

최후의 만찬

2월 10일 저녁 9시가 다 되어가는 시간, 윈스턴 스펜서 처칠은 보론초프 궁의 접견실에 앉아서 귀빈들을 기다렸다. 그는 손님을 친절히 맞는 주인의 역할을 하기 위해 최선을 다했다. "뛰어난 쇼맨십 감각과 군대의 화려함을 숭상한 처칠은 궁의 계단에 위병들을 도열시켰다."라고 에드워드 스테티니어스는 회상했다. 문제는 그들이 그 장소에 있는 유일한 위병이 아니었다는 점이다. 처칠 수상은, 몇 시간 전에 도착해서 지금은 현관 입구에 도열해 있는 소련 병사들을 바라보았다. "그들은 저녁 만찬이 진행될 접견실 양쪽의 문을 잠갔다. 위병이 배치되고 아무도 들어가지 못하게 했다. 그러고는 식탁 아래나 벽 뒤 등 모든 곳을 샅샅이 수색했다. 내 보좌진은 건물의 사무실에서 나와 숙소로 돌아가야 했다."라고 처칠은 몇 년 뒤 회고했다.

만찬은 8시 30분에 시작될 예정인데 9시 가까운 시간이 되었건만, 손님들은 아직 나타나지 않았다. 그날은 길고도 힘든 날이었다. 처칠은 독일의 배상금을 줄이려고 온 힘을 다해 싸웠다. 런던 주재 소련대사 시절부터 잘 알고 지내던 이반 마이스키는 과도한 조건을 밀어붙였다. "가는 눈과 삐죽 나온 턱수염을 가진 이 작은 친구는 마치 런던정치경제대학교 학생에게 말하듯이 가혹한 요구를 했다. 윈스턴은 그와 벌인 논쟁을 내게 들려주면서 러시아인들의 탐욕과 어리석음 때문에 크게 슬펐다는 듯이 말했다. 그리고 전에 본 적 없는 주름살이 그의 잿빛 얼굴에 파인 것을 발견했다."라고 모랜 경은 회고록에 썼다.

처칠은 루스벨트가 소련의 요구 사항을 주저 없이 받아들인 것에 너무 화가 나서 점심 식사 후로 예정된 그와의 회동을 취소하고, 대신 스탈린을 만나러 갔다. 루스벨트가 그렇게 수용한 데는 얄타를 되도록 빨리 떠나고 싶은 욕구도 작용했다. 몇 시간 전 루스벨트는 갑자기 다음 날 오후 3시에 회담장을 떠날 것이라고 발표했다. 이 공지는 영국 대표단에게 충격으로 다가왔다. "모든 문제를 제시간 안에 정리하기란 이제 불가능해졌다는 것이 모두의 생각이었다. 그러나 루스벨트 대통령은 꿈쩍하지 않았고, 왜 오늘 떠나야 하는지, 왜 오후 3시에 떠나야 하는지에 대한 어떠한 이유도 제시하지 않았다."라고 초조해진 카도간은 이튿날에 썼다. 그는 서명 문건을 만들기 위해 전날 밤 새벽 1시 30분까지 일해야 했다.

애나 베티거가 사라 올리버에게 루스벨트 대통령이 중요한 약속을 지키기 위해서 곧 떠나야 한다고 말하자, 사라는 시큰둥했다. "마치 이 회담이 다른 일보다 더 중요하지 않다는 듯했어요."라고 사라는 모랜 경에게 말했다. 처칠도 딸의 의견에 동감했다. 그는 루스벨트가 회담을 종결하기 위해 서두르고, 처칠 자신의 뒷마당이나 마찬가지인 지중해에서 사우디아라비아의 이븐 사우드 국왕과 중동의 다른 지도자를 만나러 가는 것이 못마땅했다.

서부전선에서만 좋은 소식이 들려왔다. 3거두가 마지막 전체 회의를 마치고 만찬을 준비하기 위해 각자 숙소로 돌아가기 전, 처칠 수상은 "영국군이 전날 새벽 네이메헌(Nijmegen) 지역에서 진격을 시작했고 약 3,000야드를 전진하여 지크프리트 라인(Siegfried Line)에 도달했습니다."라고 발표했다. 영국군은 1930년대 독일군이 프랑스의 마지노 라인(Maginot Line)에 대응해 세운 독일 요새 지역에 접근하여 독일 본토 공격을 준비하고 있었다. 처칠이

지크프리트 라인을 순찰하는 처칠 지크프리트 라인은 제2차 세계대전 직전에 히틀러가 독일−프랑스 국경에 세운 요새이다. 전체 길이 약 600km에 이르며, 전차의 돌파나 중포의 포격에 견딜 정도로 견고하게 만들어졌다. 사진은 1945년 3월 4일 처칠 수상이 지크프리트 라인을 둘러보는 모습이다. 왼쪽부터 오른쪽 방향으로 몽고메리 장군, 앨런 브룩 합참의장, 그리고 처칠이다. 오른쪽 끝의 인물은 윌리엄 심프슨(William Simpson) 미국 사령관이다.

종종 영국군이 강으로 진격할 때 묘사하는 방식처럼 영국군은 마침내 "라인 강에 다가가는 중"이었고, 이는 그에게 어느 정도 만족을 주었다. "이 공세는 중단 없이 계속될 것입니다."라고 그는 자랑스럽게 말을 맺었다.

마침내 손님들이 도착했다. 제일 먼저 휠체어를 탄 루스벨트가 들어왔고 늦게 와서 미안하다며 사과했다. "일을 제때 마칠 수 없었습니다." 그의 목소리는 깊이 가라앉았으며 갈라졌다. 그는 UN 총회의 의석수와 관련해 미국에 추가 의석을 달라고 처칠과 스탈린에게 요청하는 편지에다 막 서명을 하고 왔다. 루스벨트의 바로 뒤를 이어 스탈린이 도착했다. 그의 경호원들은 영국인 여자 직원 한 명이 핸드백을 창문가에 놓고 간 것을 발견했다. 스탈린은

보론초프 궁전 내부 보론초프 궁전의 식당이다. 사진은 현재 모습인데, 얄타회담 당시 이곳에서 3거두와 외무장관들이 마지막 만찬을 즐겼을 것이다.

그 여성이 핸드백을 치울 때까지 방으로 들어가려 하지 않았다. 처칠의 회고에 따르면, 본인의 안전에 편집증적으로 신경을 쓰는 독재자는 "아주 쾌활한 기분으로" 도착했다. 처칠은 "제가 직접 안내해드릴까요?" 하면서 그를 연회장으로 데리고 들어갔다.

코레이즈 궁에서 스탈린이 군지휘관들과 '소녀들'—애나 베티거, 사라 올리버, 캐슬린 해리먼—까지 초대했던 만찬에 비해 영국 측이 주최한 만찬은 아주 소탈했다. 스탈린은 몰로토프 외에 가장 아끼는 통역관인 블라디미르 파블로프와 같이 왔고, 루스벨트는 스테티니어스와 찰스 볼렌을 동반하여 왔다. 처칠은 이든과 영국 측 통역을 맡은 아서 허버트 버스 소령과 함께 참

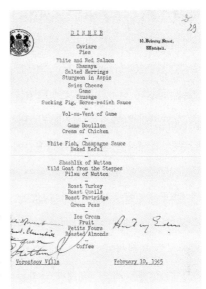

DINNER

10. Downing Street,
Whitehall.

Caviare
Pies

White and Red Salmon
Shamaya
Salted Herrings
Sturgeon in Aspic
Swiss Cheese
Game
Sausage
Sucking Pig, Horse-radish Sauce

Vol-au-Vent of Game

Game Bouillon
Cream of Chicken

White Fish, Champagne Sauce
Baked Kefal

Shashlik of Mutton
Wild Goat from the Steppes
Pilau of Mutton

Roast Turkey
Roast Quails
Roast Partridge
Green Peas

Ice Cream
Fruit
Petits Fours
Roasted Almonds
Coffee

Vorontsov Villa

February 10, 1945

얄타회담 마지막 날의 만찬 메뉴
2월 10일 영국 대표단의 숙소인 보론초프 궁에서
마지막 만찬이 열렸다. 오른쪽 상단에 영국 수상의
관저이자 집무실 주소인 '다우닝 가 10번지 화이트
홀(10 Downing Street, Whitehall)'이라는 글씨가
보인다.

석했다. 이들은 칵테일을 한 잔씩 마시고 만찬 식탁에 앉았다.

메뉴는 오른쪽 상단에 '다우닝 가 10번지 화이트홀'이라는 주소가 새겨진
영국 수상의 공식 편지지에 프린트되었는데, 이는 이날 만찬의 분위기를 그
대로 보여주었다. 즉, 영국이 호스트 역할을 맡고 있기는 하지만 소련 측이
만찬 준비를 했던 것이다. 만찬 코스는 늘 보던 '캐비아 파이', '흰색과 붉은
색의 연어', '호스래디시 소스(Horseradish Sauce)를 곁들인 새끼 돼지 요리',
'양고기 샤슬릭', 불에 구운 시시케밥이었다. 만찬 때마다 매번 과도하게 음
식과 주류가 제공되는 것에 비해 메뉴는 제한적이라 영국인들은 개인적으로
불평을 늘어놓곤 했다. 하지만 이번엔 '구운 칠면조', '청완두', '구운 아몬드'
등, 이틀 전 스탈린이 주최한 만찬에는 나오지 않았던 메뉴가 나온 것을 보
고 기뻐했다. 영국 측이 주최한 만찬은 덜 형식적이었다. 처칠이 훗날 회고

한 바와 같이, 일단 저녁 식사가 끝나자 대화는 작은 그룹별로 진행되었다.

처칠 수상이 첫 건배를 제의했다. 그는 "영국 왕, 미국 대통령, 소련 국가원수 칼리닌(Mikhail Kalinin)* 등 세 국가 수장의 건강을 바라며" 건배를 제안했다. 처칠은 품위 있는 호스트 역할을 했지만, 그날의 긴장된 분위기는 완전히 가시지 않아서 이 건배는 스탈린에게 한 방 먹인 꼴이었다. 이틀 전 스탈린은 에둘러 영국 왕의 건강을 비는 건배를 해서 처칠의 심기를 건드렸다. 스탈린은 자신이 일반적으로 왕이 아닌 민중의 편에 서지만 이번 전쟁에서는 영국 국민들을 존중하게 되었고, 그들이 왕을 존경하므로 본인도 왕의 건강을 위해 건배한다고 말했다. 처칠은 몰로토프에게 앞으로 건배할 때는 국가원수를 위해서만 하자고 제의했다. 그는 이 원칙을 지금 도입하여 국가원수인 루스벨트 대통령에게만 답사를 요청했다.

두 명의 귀빈을 초청한 자리에서 처칠은 의도적으로 한 사람만을 위해 건배를 제의해 다른 한 사람을 초조하게 만들었다. 처칠이 후에 회고한 대로, 루스벨트는 "매우 피곤해 보였지만" 바로 어색한 분위기를 감지했다. "처칠 수상의 건배는 많은 기억을 떠오르게 하는군요." 그는 답사를 시작했다. "1933년 내 아내는 미국의 어느 시골 마을을 방문했습니다. 그곳 학교 교실에서 아내가 벽에 걸려 있는 지도에 커다란 여백이 있는 것을 발견했습니다. 그래서 그 여백이 무엇이냐고 물었더니, 사람들이 그 장소를 언급해서는 안 된다는 말을 들었다고 합니다. 그곳은 소련이었습니다. 이 사건이 내가 칼리닌 국가원수에게 사절단을 워싱턴으로 파견해달라면서 외교 관계 수립을 논의하자고 편지를 쓴 이유가 되었습니다." 루스벨트는 다음과 같은 말로 답사를 마무리했다. "이것이 우리가 소련을 승인한 역사입니다." 회담 중에도 자

---

* **소련 국가원수 칼리닌** 소련의 실질적 절대 통치자는 스탈린이지만, 헌법상으로는 최고회의의 의장을 맡은 미하일 칼리닌이 국가원수직(1938~1946)에 있었다.

주 일어난 일처럼, 처칠은 스탈린에게 빚을 갚으려고 했지만 루스벨트가 스탈린을 지원하는 결과를 가져왔다.

스탈린은 주도권을 잡을 때가 마침 왔다고 생각했다. 그는 처칠에게 자신이 "모스크바로 귀환해서…… 소련 국민들에게 영국이 반대하는 바람에 아무 보상도 얻지 못하게 되었다고 말해야 하는 것을 두려워했습니다."라고 했다. 몇 시간 전 '러시아인들의 탐욕과 어리석음'에 화가 났던 처칠 수상은 수세에 몰렸다. "그게 아니라 나는 소련이 큰 배상을 받기를 희망하지만, 단지 지난 전쟁에서 독일이 지불할 수 있는 능력 이상으로 배상액을 정했던 일을 기억할 뿐입니다."라고 말했다. 처칠은 덫에 걸렸다고 느꼈다. 몇 분 뒤 그는 그토록 완강히 반대해왔던 것에 동의했다. 배상 문제는 회담 공동성명에 포함될 수 있고, 소련과 미국은 200억 달러를 향후 논의의 기준으로 하는 데 동의하며 그중 절반은 소련에게 간다는 문구를 넣는 것도 허락했다.

스탈린은 자신이 거둔 승리를 즐겼다. 처칠은 건배를 다시 제의했는데, 이번에는 스탈린의 건강을 위해서였다. "나는 몇 번에 걸쳐 이 건배를 했지만, 이번에는 전보다 더 따뜻한 마음으로 건배 제의를 합니다. 이는 그가 승리자이기 때문이 아니라 러시아 군대의 위대한 승리와 영광이 우리가 지금까지 지나온 어려운 시기에 비해 그를 좀 더 친절하게 만들었기 때문입니다. 몇 가지 문제에 이견이 있더라도 그는 영국의 좋은 친구입니다. 나는 러시아의 미래가 밝고 번영할 것이며 행복할 것이라는 점을 확신합니다. 나는 최선을 다해 도울 수 있는 일을 할 것이고, 대통령께서도 그렇게 할 것으로 믿습니다. 스탈린 원수가 우리에게 그렇게 친절하지 않았던 때도 있었고, 나 역시 몇 번 거친 말을 했던 것을 기억합니다. 그러나 우리가 겪은 공동의 위기와 공동의 충성심은 이 모든 것을 씻어버렸습니다. 전쟁의 불길이 과거의 모든 오해를 태워버렸습니다. 우리는 믿을 수 있는 친구를 가졌다고 느끼는데, 그도 우리에 대해 똑같이 느끼기를 바랍니다. 나는 그의 사랑하는 러시아가 전쟁에서 영광스러울 뿐만 아니라 평화 시에도 행복하게 되는 것을 그가 지켜볼 수 있도록 장수를 기원합니다."

몰로토프와 마이스키가 스탈린에게 압박을 가해 배상 문제를 다시 한 번 꺼내게 만들었다고 믿는 스테티니어스는 미국의 선의를 소련 지도자에게 확신시켜주려고 애썼다. 그는 전후 두 나라가 같이 일하면 소련의 모든 가정에는 전기와 상하수도 시설이 설치될 것이라고 스탈린에게 말했는데, 이는 레닌의 유명한 말, 즉 공산주의는 소련의 국력을 증강하고 가정 전체에 전기를 공급한다는 의미의 말을 무의식적으로 반복한 셈이었다. 레닌의 실제 언명에는 상하수도 시설이 포함되어 있지 않았지만, 스탈린은 새로운 표현이 부가된 것에 신경을 쓰지 않는 듯했다. 그는 고개를 끄덕인 후 "우리는 미국으로부터 이미 많은 것을 배웠습니다."라고 말했다.

루스벨트는 상호 오해를 극복했다는 처칠의 말을 받아서 이야기를 이어갔다. 그는 미국 남부의 어느 조그만 도시에서 상공회의소장과 나눈 대화를 회고했다. 루스벨트가 얘기를 나눈 사람은 KKK(Ku Klux Klan) 단원이며, 그 사람의 좌우에는 이탈리아인과 유대인이 배석했다. 루스벨트는 KKK의 반유대주의와 반가톨릭주의를 암시하면서 그들에게 KKK에 소속되어 있는지를 물었다. 그렇다는 대답이 나왔다. "이 마을에서는 모두가 그들을 알고 있으므로 아무 문제가 없습니다. 이는 만일 당신이 정말로 사람을 잘 알고 있다면 인종적, 종교적, 기타 편견을 가지는 것이 얼마나 어려운지를 보여주는 좋은 예입니다." 루스벨트는 자신의 별난 이야기에서 예상치 못한 도덕을 끌어내며 말을 끝맺었다. 스탈린은 이에 동의했다.

대화의 분위기가 바뀌었다. 이야기는 앞으로 치러질 영국 총선으로 옮겨갔다. 처칠은 전쟁이 종결되자마자 총선을 치러야만 했다. 스탈린과 루스벨트는 매우 극진하게 처칠을 격려했다. 공산국가 독재자와 민주국가 대통령은 영국 보수당의 수상에게 정치적 조언을 해주기 위해 이념의 경계선을 넘나들었다. 잠시 동안 세 지도자는 각자의 인생 경험에서 공통점을 발견했다. 스탈린은 처칠의 염려를 진지하게 받아들이지 않았다. "국민들은 지도자가 필요하다는 것을 깨달았습니다. 그렇다면 승리를 거둔 지도자보다 더 나은 지도자를 어디서 찾겠습니까?" 그는 수사적 표현을 써가며 말했다. 노동자와 농민의 국가를 표방하는 지도자는 영국 노동당이 선거로 정부를 차지할 수 없을 것이라는 말을 최선을 다해 처칠에게 확신시켜주려고 했다. 스탈린의 확신은 비공산주의 좌파 정당에 대한 뿌리 깊은 반감에서 기인했고, 이 반감은 레닌으로부터 물려받았다. 루스벨트는 좌파를 어떻게 다루어야 하는지에 대해 그 나름대로 충고해주었다. 루스벨트는 대공황이 한창일 때 치렀던 자신의 첫 번째 대통령선거를 언급하면서 "국민의 지도자는 모름지기 국민이 가장 필요로 하는 것을 해결해주어야 합니다. 그때 미국은 의식주가 부족해서 거의 혁명이 일어날 지경이었습니다."라고 말한 후, 이 모든 것을 국민에게 약속했고, 그래서 대통령에 당선되었다고 했다. "그 이후로 미국에서는 사회적 무질서에 대한 문제가 거의 사라졌습니다."라고 그가 말했다.

스탈린은 보편적 복지보다 포악한 권력에 의지했다. 그는 이제 아무 말도 하지 않았고, 처칠이 야당에 있을 때 국가에 공헌한 바를 루스벨트가 찬양한 것에 대해서도 아무 반응을 보이지 않았다. "처칠 수상은 집권당과 야당을 왔다 갔다 했습니다. 그것도 오랜 세월 동안 말이지요. 그가 집권당으로 정부 내에서 국가를 위해 더 많은 일을 했는지, 아니면 야당으로 정부 밖에서 그랬는지 말하기는 쉽지 않을 거예요."라고 루스벨트가 말했다. 반대파에 대한 정책이라고는 트로츠키와 같은 경쟁자를 끝까지 찾아내 죽이는 정책을 가진 스탈린이 이 말에 어떤 생각을 했을지는 추측만 가능하다.

처칠은 힘든 선거가 될 것이라고 말했다. 그는 좌파의 전략을 알지 못하고 있어 불안해했다. 스탈린은 좌파나 우파는 의회제도의 용어라면서, 프랑스에서는 제2차 세계대전 전에 사회주의 총리인 에두아르 달라디에(Édouard Daladier)가 노동조합을 해산한 반면 처칠은 손대지 않았음을 지적했다. 그리고 이렇게 물었다. "그러면 누구를 더 좌파로 간주할 수 있을까요?" 두말할 것도 없이 스탈린 자신은 좌파 쪽의 적을 염려할 필요가 전혀 없었다. 소련은 독립적인 노동조합을 집권 첫해에 모두 없애버렸고, 좌익 반대파인 멘셰비키와 사회혁명당원 등을 모두 정치적 재판, 처형, 유배 조치함으로써 완전히 압제했다.

처칠 수상은 스탈린에게는 "다루어야 할 정당이 단 하나라서 훨씬 쉬운 정치적 과제를 안고 있다"고 말했다. 스탈린은 이를 부러움의 표시로 받아들였다. 이 대화를 정리한 미국 측 기록에 따르면, 스탈린은 "경험적으로 보아 단일 정당이 국가 지도자에게는 훨씬 편리합니다."라고 말했다. 훗날 처칠도 스탈린이 대단한 확신을 가지고 "단일 정당이 훨씬 낫다"고 말한 것으로 회고했다. 정확한 표현이 무엇이었든지 간에 어쨌든, 처칠 수상은 "만일 영국 국민의 완전한 동의를 얻으면 일하기가 훨씬 수월하겠지요."라고 응답했다.

처칠은 스탈린에게 자신이 "영국의 공산주의자들에 대해 가혹하게 말할 수밖에 없음"을 환기시켰다. 그렇지 않으면 그는 선거에서 패배할 수도 있다. 스탈린은 "공산주의자도 좋은 친구들이예요."라고 부드럽게 말했다. 그러자 처칠이 "우리는 그들을 반대하며, 이 점을 분명히 밝힙니다."라고 응수했다. 그러면서도 개인적으로는 공산주의자에 대한 반감이 없다며 신경써서 말했다. 처칠은 영국 공산당 지도자이자 국회의원인 윌리엄 갤러처(William Gallacher)와 의견을 달리함에도 불구하고, 이번 전쟁에서 수양아들 둘을 잃은 그에게 위로하는 편지를 썼다.

처칠 수상은 전통적 정당과 공산당 사이의 간극은 일반적으로 생각하는 것만큼 다리를 놓을 수 없을 정도까지는 아니라는 말도 했다. 자신이 생각하기에 "영국인들이 공산주의에 반대하는 이유는 사적 소유에 대한 애착 때문이 아니라, 개인 대 국가라는 오래된 문제에서 연유합니다."라고 했다. 그는 전쟁으로 인해 영국이 좀 더 공산주의에 가까워졌다고 인정할 용의가 있었다. "전쟁 중에는 개인의 필요가 국가의 필요에 종속하지요...... 영국에서는 18세에서 60세까지의 모든 남녀가 정부에 복종합니다."라고 했다. 스탈린은 이 말에 아무 반응도 보이지 않았지만, 처칠이 무엇을 거냥하는지는 잘 알고 있었다. 소련이 공산주의 이상에 가장 가까이 다가갔던 것은 러시아 내전 중 '전시공산주의戰時共産主義' 실시를 선언했을 때였다. 그들은 그 후 후퇴해서 기아선상의 경제를 되살리기 위해 사적 주도권을 허용해야 했다.

긴장이 풀린 스탈린은 젊은 시절의 공산주의운동을 회상하고 독일 공산주의 동지들을 비판하기까지 했다. 훗날 처칠은 스탈린의 주된 비판 대상이 "카이저(빌헬름 2세) 시대 독일의 이해할 수 없는 규칙 중심주의"였다고 기억했다. 러시아혁명 전 라이프치히를 방문한 스탈린은 200명의 독일 공산주의자와 함께 회의에 참석하기 위해 여행을 했다. 스탈린의 말을 기억해낸 처칠에 따르면 "그들이 탄 기차는 정시에 역에 도착했지만 기차표를 받는 직원이 아무도 없었다. 모든 독일 공산주의자들은 플랫폼에 내려 몇 시간을 얌전히 기다렸다. 그 때문에, 그렇게 먼 거리를 왔지만 아무도 회의에 참석할 수 없었다."라고 한다.

이때쯤 이르러 친밀감이 방 안을 가득 채웠다. 처칠은 스탈린에게 얄타회담 직전 모스크바를 방문한 영국 의회 대표단에 베푼 호의에 대해 감사를 표했다. 스탈린은 대표단의 일원으로 모스크바에 온 영국의 특수부대 요원인 시몬 프레이저(Simon Fraser, 로바트 경Lord Lovat) 같은 젊은 용사들을 좋아한다고 응답했다. 그는 그 자리에 있는 사람들에게 "최근 몇 년 동안 생에 대한 새로운 관심을 발견했는데, 그것은 군사 업무이며 사실상 유일한 관심"이라고 말했다.

대화는 곧 있을 루스벨트와 중동 지도자들의 회담으로 옮겨갔다. 루스벨트는 팔레스타인에 유대인 국가를 만드는 문제를 그들과 논의할 예정이었다. "유대인 문제는 아주 까다로운 문젯거리지요."라고 스탈린이 의견을 내놓았다. 소련은 "극동의 비로비잔(Birobidzhan)*에 유대인 거주지를 만들려고 시도했다…… 그러나 유대인들은 2~3년만 거주한 뒤 도시로 흩어져버렸다." 스탈린은 동부 유럽의 전통적 거주지에서 멀리 떨어진 극동에다 유대인 자치구를 만들려던 사업이 실패로 돌아간 주요 원인이 자신의 주장에 따른 일이었음을 인정하려 하지 않았다. "유대인들은 타고난 상인입니다. 그러나 이들 작은 집단을 농촌 지역에 배치함으로써 많은 성과가 있었습니다."라고 그는 설명했다. 루스벨트가 자신은 시온주의자인데 스탈린도 그런지를 묻자, 이 공산주의 지도자는 "원칙적으로는 그렇지만, 실제로는 어려움이 있군요."라고 대답했다.

이날 저녁은 훗날 이른바 '얄타 정신'이라고 알려진 것을 보여주는 대표적 사례에 해당한다. 즉, 장차 이들이 해결하지 못할 문제는 없다는 생각이 바로 그것이다. "회담 내내 분위기도 그랬지만 그날 저녁 진행된 모든 논의는, 객관적인 조건만 존재한다면 다른 배경과 교육을 받은 사람들도 상호 이해의 기반을 발견할 수 있다는 진정한 예를 전 세계에 보여주었다고 생각한다."라고 에드워드 스테티니어스는 회고록에 적었다. 다른 무엇보다 뿌리 깊

---

* **비로비잔** 중국과 러시아 국경 근처의 아무르 강변에 있는 유대인 자치주의 주도州都이다. 지명은 비라 강(Bira River)과 비잔 강(Bidzhan River)에서 유래한다. 원래 고려인 자치 지역으로 지정되었으나 나중에 유대인 자치주로 바뀌었다. 초기에 유대인을 강제 이주시켰으나 현재는 거의 떠나버려서 러시아인이 대부분이다. 2010년 인구는 7만 5,000명인데, 그중 유대인은 2% 미만에 불과하다.

은 정치적·문화적 차이를 못 본 체하며 넘어갈 준비가 되어 있는 태도가 이들에게 희망을 불어넣어주었다. 3거두는 서로를 갈라놓을 만한 문제들을 피하면서 전술적 합의에 도달했지만, 이는 문제를 근본적으로 해결하는 것과는 거리가 멀었다. 루스벨트는 영국의 제국주의에 대한 의구심을 버리지 않았고, 처칠은 반공산주의에서 한 발짝도 물러난 적이 없었으며, 스탈린은 자본주의자인 회담 상대자들의 논리를 거의 이해하지 못했다. 스탈린은 전쟁의 승자를 대중 선거에서 패배로 몰아붙여 강등시키고 그리하여 그들이 집권했을 때보다 국가에 더 유익한 존재가 되도록 만드는 민주주의의 본질도 이해할 수 없었다.[1]

저녁 행사가 거의 끝나갈 무렵이 되자, 처칠은 루스벨트에게 이튿날 떠나는 그의 계획을 바꾸도록 마지막으로 설득했다. "프랭클린, 당신은 떠날 수 없습니다. 우리는 큰 보상을 거의 손에 잡았습니다."라고 말하자, "윈스턴. 나는 약속을 했고, 그래서 내일 계획대로 떠나야 합니다."라는 답이 돌아왔다. 최종적으로, 루스벨트는 필요하다면 출발을 늦출 수 있다고 했지만, 이는 스탈린의 요청에 부응하기 위해 그런 것이지, 처칠의 청원을 받아들인 것은 아니었다. 처칠은 회담 기간에 형성된 친밀한 관계에서 자신만 소외되었다는 느낌을 충분히 가질 만했다.

처칠은 손님들에게 재치 있는 농담의 대상이 되었다. 루스벨트는 "처칠이 항상 헌법이 허용하는 것과 헌법이 허용하지 않는 것을 얘기하지만, 실제로는 헌법이 없습니다."라고 말한 뒤, 영국의 헌법을 대서양헌장과 비교하며 처칠에게 대서양헌장 첫 합의서에 서명하지 않은 사실을 일깨웠다. 이는 몰타에서 처칠을 대상으로 삼아 대서양헌장에 대해 농담한 이후 두 번째였다. 그러나 처칠은 별로 신경 쓰지 않는 듯했다. 그는 루스벨트에게 대서양헌장은 법이 아니라 별(star)이라고 말했다.

저녁 식사 후 처칠은 스탈린과 루스벨트를 자신이 만들어놓은 전쟁상황실로 데려가, 서부전선에서 거둔 영국의 공격 성공을 자랑했다. 캐나다인 부대가 클레베(Kleve)(영문 표기는 클리브스Cleves)에서 라인 강에 다다른 것이다. 그는 루스벨트와 처칠에게 헨리 8세의 네 번째 부인인 앤 클리브스(Anne of Cleves)(독일어 표기는 아나 폰 클레베Anna von Kleve)에 관한 이야기를 한 후 제1차 세계대전 군가였던 〈우리가 라인 강에서 보초를 섰을 때〉의 첫 두 절을 흥얼거리며 불렀다. 처칠은 이날 저녁에 다른 군가도 흥겹게 불렀다.

스탈린이 자신의 주된 관심사를 숨긴 채 영국은 독일과 별도의 강화협정을 맺고 싶지 않겠냐고 하자, 처칠은 모욕감에 군가를 부름으로써 응답하는 방법을 택했다. 전쟁상황실에서 대화에 임석했던 영국군 대위 리처드 핌(Richard Pim)에 따르면 "수상은 마음이 상한 듯했지만, 전쟁상황실 한쪽 구석에서 주머니에 손을 넣은 채 우리를 바라보며 자신이 가장 좋아하는 노래인 〈도로의 우현을 따라 행진하라〉의 몇 구절 불렀다. 스탈린은 당황스러워했다. 루스벨트가 농담으로 분위기를 살려냈다. 그는 스탈린을 늘 수행하는 통역관 블라디미르 파블로프에게 '당신의 상관께 말씀드리세요. 수상이 저렇게 노래 부르는 것이 영국의 비밀 무기라고.'라고 말했다."

처칠은 회담 개막 날 저녁에 그랬던 것처럼 스탈린과 큰 싸움에 말려들지 않으려고 노력했다. 이번에는 훨씬 긴장이 덜한 분위기였다. "원수가 떠나자 영국 대표단의 많은 인원이 궁의 홀에 모였다. 나는 '스탈린 원수를 위하여 세 번 건배'를 외쳤고, 따뜻한 분위기 속에 건배가 진행되었다."라고 훗날 처칠은 회고했다. 이 호소는 진지했다. 모랜 경은 얄타에서 처칠이 그 어느 때보다 스탈린과 잘 지냈다고 평가했다. 저녁 식사 후의 대화에 대해 간단히 논평하면서 처칠은 "이런 식으로 그날 저녁은 좋은 분위기 속에서 지나갔다."라고 썼다.[2]

결승점 통과

2월 11일 아침, 모랜 경은 처칠 수상의 기분이 썩 좋지 않은 상태임을 알아챘다. 그는 일기에 처칠이 "감상적이었고, 나에게 시큰둥한 표정을 보였다."라고 적었다. 처칠은 감정적 숙취로 고통스러워했다. 어젯밤에 억눌렀던 생각들이 그를 다시 괴롭혔다. "대통령은 아주 나쁘게 행동했어. 그는 우리가 하려는 일에 아무 관심도 기울이지 않았어."라고 처칠은 주치의에게 말했다. 모랜 경은 루스벨트 대통령이 회담을 장악하지 못했으며 단지 회담의 승객이었다는 의견을 냈다. 처칠은 첫 번째 평가에는 동의했으나, 두 번째 평가는 인정하지 않았다. 처칠은 화제를 배상에 대한 우려로 바꾸었다. 그는 폴란드의 상황도 불안해했다. 모랜 경은 그를 진정시키려고 했다. "현재 소련군이 거기까지 진입한 상태에서 거래를 하려고 한 것은 너무 늦지 않습니까? 이미 테헤란에서 손해를 본 것이 아닌가요?" 처칠은 모랜 경의 말을 무시했다. 그는 얄타에서 일이 전개되는 방식에 비해 테헤란회담의 결과에 훨씬 만족하고 있었다.

정오쯤 처칠이 리바디아 궁에 도착하자 루스벨트는 딸을 차에 태우고 궁전을 한 바퀴 돈 상태였다. 미국 카메라맨들이 이들의 귀환을 촬영하기 위해 준비하고 있었다. 궁전 밖에 도열한 미 해군 의장대를 사열하면서 두 사람은 모두 긴장을 풀고 즐거워했다. 3국 대표단의 구성원들은 3거두가 검토한 후 서명할 서류를 만드느라 새벽 시간까지 일했다. 아침 식사 후 이 문건을 세 나라의 외무장관이 논의했고, 이제 3거두가 직접 서류를 검토할 차례였다.

회의는 12시 15분, 차르가 당구실로 이용했던 방에서 하려다가 바뀌어 루스벨트의 식당이 된 방에서 시작되었다. 공식 회의는 겨우 45분간만 진행되었다. 루스벨트는 리바디아 궁전을 돌아본 소감을 얘기했고, 스탈린은 참석자들에게 궁전 세 곳 모두를 휴양소로 만들 생각이라고 말했다. 스탈린은 자신의 약속을 지켰다. 얄타회담 후 그는 궁전들을 내무인민위원회에 넘겼고, 내무인민위원회는 이곳을 소련 고위층의 휴양 시설로 전환했다. 스탈린은 영국 대표단과 미국 대표단이 작성한 공동성명 초안을 논의의 기본으로 삼자고 제안했다. 그들은 한 단락, 한 단락을 검토했다. 스탈린은 "오케이"라고 말했고, 루스벨트와 처칠은 러시아어로 '좋다'라는 의미인 "하라쇼(khorosho)"라고 하면서 승인했다.

수정의 대부분은 문제를 다듬는 수준이었다. 처칠이 특히 많은 의견을 제시했다. 그는 "공동(joint)"이란 단어가 '일요일 날 가족이 즐기는 양고기 구이'를 뜻한다며 모두 삭제할 것을 요구했다. 레이히 제독은 이를 흥미로워하지 않았다. 그는 훗날 "대부분의 수정이 그가 생각하기에 올바른 영어 표현을 구사했는가에 기준이 맞춰졌다. 처칠은 당연히 영국식 영어를 선호했다!"라고 회고했다. 스테티니어스는 본인이 큰 역할을 하며 작성한 원문에 처칠이 단지 사소한 수정 제의를 했을 뿐이라서 기뻐했고, 기꺼이 그의 제안을 따랐다. 루스벨트도 마찬가지였다. 영어 표현을 "당신이 그렇게 얘기했습니다."라거나 "화장실은 코너를 돌아가면 있어요." 정도의 몇 마디 말만 구사하는 스탈린도 아무 이의를 제기하지 않았다. 처칠이 제안한 다른 수정은 '배상금'이라는 단어를 복수(reparations)로 쓰지 말고 단수(reparation)로 쓰자는 것이었다. 이 제안은 200억 달러의 배상 총액을 변경하는 것이 아니어서 스탈린은 당연히 이를 받아들였다.

처음으로 이의가 제기된 것은 UN과 관련된 사항이었다. 스탈린은 샌프란시스코에서 열리는 UN 창립총회에 우크라이나와 벨라루스를 회원국으로 초청한다는 언급을 슬쩍 끼워 넣으려고 했다. 루스벨트는 이에 반대했다. 처칠은 이번에는 루스벨트에게 전적인 지지를 보냈다. "만일 지금 이 문제를 세계에 공개적으로 알리면 앞으로 오랜 시간 동안 논쟁의 대상이 될 것입니다."라고 처칠은 분명히 말했다. 스탈린은 제안을 철회했지만 몰로토프가 다른 수정안을 제안했는데, 이것은 아마도 일종의 보복이었다. 그는 UN 안전보장이사회의 표결 방식을 루스벨트가 만들었다는 언급을 공동성명에서 빼길 원했다. 스탈린은 침묵을 지킴으로써 이에 대한 동의를 나타냈다. 그러나 미국 측은 물러서지 않았다. 이 언급을 통해 루스벨트는 정치적 승리를 쟁취했다고 국내에서 주장할 수 있기 때문이었다. 그는 스테티니어스에게 이 언급이 문안에 그대로 남아 있기를 원한다고 말했고, 당분간은 그렇게 되었다.

다음 이견은 처칠이 제기했다. 그는 회담에서 폴란드에 대해 내려진 결정에 우려를 갖고 국내 청중에 맞춘 적합한 언어를 찾고 있었다. 그는 폴란드에 대한 단락의 첫 문장, 즉 세 강대국이 그들의 정책에서 폴란드에 대한 어떠한 이견도 피하기를 원한다는 문장이 마음에 들지 않았기 때문에 삭제할 것을 제안했다. 이든은 이 문장을 "우리는 폴란드에 대한 주요 동맹국들 간의 정책에 보인 차이의 위험성에 큰 관심을 가졌다."로 수정할 것을 제안했다. 처칠은 이 수정에 만족했으나, 이번에는 스탈린이 반대했다. 스탈린은 문장 전체가 삭제되기를 원했다. "어떤 사람들은 큰 관심을 가지겠지만, 또 다른 사람들은 그렇지 않을 수도 있겠지요."라고 말했다. 루스벨트는 훨씬 더 낙관적으로 보이는 타협안을 제시했는데, 이러했다. "우리는 폴란드 문제에 대한 서로의 이견을 해소할 결의를 가지고 크림 회담에 왔다." 이 문구는, 이견을 인정하지만 이 일 자체를 과거의 일로 돌려버리는 효과가 있었다.

모두가 동의했지만, 처칠 수상은 언어적 표현이 아니라 폴란드에 대해 내린 결정의 본질에 대한 점증하는 불만을 숨길 수 없었다. 그는 이 합의가 "영국에서 큰 공격을 받을 것입니다."라면서 "우리가 전선에서 모든 것을 양보하고, 모든 문제를 러시아에 양보했다는 말을 듣게 될 것입니다."라고 참석자들에게 말했다. 처칠은 지금이라도 무언가 변화될 수 있으리라고 희망하는 듯했지만, 스탈린은 이를 전혀 받아들일 생각이 없었다. 스탈린은 처칠이 본국에서 받게 될 것이라는 비판을 언급하며, "진정으로 그런가요? 나는 의구심이 드는데요."라고 말했다. 처칠은 이렇게 맞받아쳤다. "장담하건대, 런던의 폴란드인들은 아주 무서운 비명을 지를 겁니다." 스탈린은 현재 자신이 좀 더 확고한 입장에 있다는 것을 느끼며, "그러나 다른 폴란드인들이 상황을 장악할 겁니다."라고 말했다.

　처칠이 물러섰다. 그는 이렇게 말했다. "당신이 맞기를 바랍니다. 우리는 다시 그 문제로 돌아가지 않겠습니다. 이것은 폴란드인 숫자의 문제가 아니라 영국이 칼을 뽑아 들어야 하는 이유와 관련 있습니다. 사람들은 당신들이 폴란드의 유일한 합법 정부를 완전히 바꿔버렸다고 말할 것입니다. 그러나 나는 내 능력이 닿는 한 이에 대해 최대한 방어해보도록 하겠습니다." 루스벨트는 서둘러 처칠 수상을 위로했다. 미국에는 영국보다 열 배나 많은 폴란드인이 있지만, 자기 역시 폴란드에 대한 선언을 방어할 준비가 되어 있다고 처칠에게 말했다. 소련 측은 이에 만족했다. 처칠과 스탈린 사이에 오간 말을 모두 생략한 채 회담 기록을 작성한 파블로프는 루스벨트의 말만은 기록했다.

　UN과 폴란드 문제가 처리되자 공동성명의 나머지 부분은 큰 이견 없이 합의되었다. 스탈린은 공동성명에서 전쟁 포로 교환에 대한 언급을 하지 않기를 바랐다. 그것은 동맹국들 간의 문제라고 보았기 때문이다. 그로서는 만일 이 합의가 공표될 경우 연합국 측의 보호를 받고 있는 소련 포로들과 시민들에게 미칠 영향을 우려했을 가능성이 크다. 처칠은 전쟁 포로에 대한 합의를 공동성명에서 빼는 것에는 반대하지 않았지만, 얄타 합의로 국내에서 효과를 보기 위해 나중에라도 공표되기를 바랐다. 스탈린도 찬성했다.

마지막 문제는 3거두가 공동성명에 서명을 할 것인지의 여부, 그리고 그렇게 한다면 어떤 순서로 서명할 것인가였다. 이 논의는 스탈린의 편을 드는 루스벨트의 오랜 정책, 겸손함을 자처하며 미국 대통령의 환심을 사려는 소련 지도자의 전술, 그리고 전후 세계에서 영국의 입지에 대한 처칠의 증폭되는 염려를 다시 한 번 드러냈다. 공동선언에 꼭 정부 수장이 서명해야 하는지를 몰로토프가 묻자, 루스벨트는 테헤란회담을 전례로 들어 그렇다고 대답했다. 그러고서 "뛰어난 주인"의 역할을 한 스탈린이 제일 위에다 서명할 것을 제안했다. 스탈린은 루스벨트의 제안에 반대하면서 "미국에는 독설을 내뱉는 언론이 있지요. 그들은 스탈린이 대통령과 수상을 자기 뒤에 오도록 만든 것처럼 보도할 것입니다."라고 했다. 그는 키릴 알파벳 순서대로 서명을 하자고 했다. 이렇게 할 경우 루스벨트가 제일 먼저 배치되고, 다음으로 자신이, 마지막은 처칠이 배치된다.

처칠이 바로 끼어들었다. 그는 라틴 알파벳을 지적하며 "알파벳에 따른 순서로 하자면 내가 제일 처음이 되어야지요."라고 했다. "나이로 따진다고 해도 역시 내가 첫 번째입니다."라고 덧붙였다. 스탈린은 이에 반대하지 않았다. 스탈린은 실제로 자신이 제일 뒤에 서명해야 한다고 고집했다. 그렇게 할 경우 그가 서방의 두 지도자로 하여금 소련에 유리한 결정을 채택하도록 이끌었다고 주장할 사람이 아무도 없을 터였다. 이렇게 하여 처칠이 회담 공동성명에 제일 먼저 서명하고, 스탈린이 마지막에 서명했다. 이 순서는 처칠이 스탈린과 루스벨트 앞에서 낭독한 독일 배상 문제에 대한 합의서 서명에도 그대로 적용되었다.

공동성명에는 처칠이 반대한 배상금 관련 몇 가지 조항뿐 아니라 폴란드 문제에서도 완강히 반대했던 구절이 포함되었다. 그럼에도 불구하고 처칠은 두 문서에 모두 서명했다. 그는 외교정책 자문팀의 조언을 거스르고, 결국 쿠릴열도를 소련에 넘기고 중국 북동부에서 소련의 특혜를 인정하는 내용의 극동에 대한 비밀 합의문에도 서명했다. 설령 이 문서에 그의 서명이 제일 마지막에 나타난다고 해도, 이는 영국이 여전히 주요 정치 결정에 관여하는 강대국임을 보여준다는 데 의미가 있다.

연합국 외교관들이 공동성명의 문안을 수정하여 서명을 준비하는 동안, 3거두와 외무장관들과 그들의 측근은 회담의 마지막 점심을 대접받았다. 스탈린은 확연히 좋은 기분을 드러냈다. 스탈린은 몰로토프의 아래 직책인 안드레이 비신스키에게 공동선언의 최종 문안 작성을 맡긴 뒤 "그는 점심식사에는 관심이 없답니다."라며 농담했다. 늘 그래왔듯이 그는 부하를 희생양삼아 농담하는 것을 즐겼다. 비신스키의 영국 측 파트너인 알렉산더 카도간은 점심 식사에 초대되었을 뿐만 아니라 스탈린으로부터 특별 대접을 받았다. 미국 사진기자가 찍은 사진을 보면 그는 처칠과 마주 앉았고, 그의 좌우에는 레이히 제독과 스테티니어스가 자리를 잡았다. 다음 날 카도간은 부인에게 이렇게 편지를 썼다. "점심 식사 후 누군가와 얘기를 나누며 서 있는데, 내 뒤에서 누가 툭 미는 것을 느꼈어요. 돌아보니 조(Joe)(스탈린을 가리킴)가 브랜디 두 잔을 들고 서 있었어요. 나는 그와 단숨에 잔을 비웠답니다." 점심 식사를 하는 동안 스탈린은 특정한 주제에 대해 얘기하지 않았다. 유일하게 주목할 만한 발언은 이란에 관한 것으로서, 석유를 개발하지 않고 땅속에 묻어두는 국가는 "평화를 거스르는 일"을 하는 것이라고 했다. 공산주의국가 수장이 마치도 텍사스의 석유재벌처럼 얘기하는 걸 듣는 것은 깜짝 놀랄 만한 일이었다.

웨이터들이 더러워진 접시를 걷어 가고 식탁을 치우기도 전에 3거두가 서명해야 할 공동선언문과 배상에 대한 합의문이 들어왔다. 3거두는 정해진 순서에 따라 문서에 서명했다. 처음에는 처칠, 그 다음에 루스벨트, 마지막으로 스탈린이 서명했다. 2월 11일 오후 3시 45분에 얄타회담의 마지막 전체 회의가 공식적으로 막을 내렸다. 몇 분 뒤 선물을 교환하고 군지휘관들에게 훈장을 서로 달아준 후 3거두는 리바디아 궁전을 떠났다. "드디어 끝났어요! 어제 점심이 마지막 행사였어요."라고 사라 올리버는 2월 12일 집으로 보내는 편지에 썼다. "스탈린은 램프의 요정 지니같이 사라졌어요. 작별의 악수를 나눈 지 세 시간 후 파티 뒷정리를 하는 사람들 빼고는 얄타는 텅 비어버렸어요."

'**뒷정리**'를 위해 남은 사람들 중에는 세 명의 외무장관이 있었다. 그들은 지도자들이 이미 서명한 공동성명의 문안을 계속 다듬고, 회담에서 내려진 결정에 대한 요약문을 논의했다. 이 요약문에는 외무장관들이 서명했다. 이것은 얄타회담에서의 마지막 전투이자, 동시에 합의문의 해석에 대한 첫 전투였다.

몰로토프는 유럽해방선언을 별도의 문서로 만들지 말고 공동선언문에 포함할 것을 제안했다. 그는 이 문서의 중요성을 감소시키길 원했던 것 같다. 이든과 스테티니어스는 이 제안을 받아들였지만, 다른 사안은 선뜻 수용하지 않았다. 루스벨트에게 특별한 공로가 돌아간 UN 안전보장이사회 표결 방식을 공동선언에서 삭제할 것을 몰로토프가 제안하자, 스테티니어스는 거부했다. 이 사안은 루스벨트와 스탈린이 있는 자리에서 이미 논의되었으며, 루스벨트 대통령은 본인의 이름이 언급되기를 원한다는 이유를 들었다. 몰로토프는 일단 공동선언이 발표되면 미국 측은 대통령의 역할을 홍보할 수 있다고 제안했고, 마침내 스테티니어스가 설득당하여 동의했다. "우리는 이 사실을 쉬쉬하지 않을 것입니다."라고 몰로토프가 스테티니어스에게 말했다.

이든도 마지막 순간에 밀어 넣기를 원하는 의제가 몇 개 있었다. 그는 중동에서 영국의 전통적인 동맹이자 영국의 지원을 받는 사우디아라비아를 UN 창립총회의 초청국 대상에 넣자고 제안했다. 놀란 몰로토프가 "이유가 뭔가요?" 묻자, 이든은 사우디아라비아가 대독일전 참전을 희망했으나 연합국에 의해 제지된 사실을 들었다. "이슬람국가 한두 나라를 넣는 것이 좋습니다."라고 이든이 말했고, 스테티니어스는 "이븐 사우드 국왕이 루스벨트 대통령과 지금 커피를 마시고 있을 겁니다."라며 이든을 거들었다. 그러나 몰로토프는 이런 초청이 바람직하지 않은 전례를 만들 것이라는 이유를 들어 반대했다. 회의 말미에 이든은 자신의 제안을 철회했다.

몰로토프 쪽에서는 이란에 대한 새로운 문구를 제안했다. 그는 석유 채굴권과 관련하여 스테티니어스와 이든이 주장한 "테헤란 선언을 준수할 필요가 있다는 데 주의를 기울였다."는 표현에 반대하고, 이 문제에 대해 세 외무장관이 의견을 교환했다는 취지의 중립적인 표현으로 바꾸자고 제안했다. 몰로토프는 만일 이 제안이 받아들여지지 않으면 이 주제에 대한 단락 전체를 삭제해야 한다고 말했다. 이 위협은 효과를 발휘하여 이든과 스테티니어스가 굴복했다. 한편 몽트뢰협약에 대한 언급을 수정하여 흑해 해협에서 소련의 장악력을 높이려는 몰로토프의 노력은 성공을 거두지 못했다. 그는 이 협약이 새로운 상황에 맞지 않는다는 문구를 넣자고 제안했지만, 스테티니어스는 세 외무장관이 이 문제를 충분히 검토하기 전에 이런 문구를 넣는 것은 시기상조라고 했다. 그 대신에 이든이 제안한 타협안이 추가되었다. 즉, 외무장관들은 소련의 제안을 논의하고, 터키 정부는 "적절한 시기"에 이 논의의 결과를 통보받는다는 문구이다.

주요 의제에 대한 결정을 세세하게 다룬 얄타회담의 가장 자세한 문서인 「절차에 대한 합의문(protocol of the proceedings)」에 세 외무장관이 서명을 한 것은 오후 6시가 지나서였다. 몰로토프와 이든은 전쟁 포로 교환에 대한

서명하는 미·소·영 장관들 왼쪽부터 스테티니어스 미 국무장관, 몰로토프 소련 외무장관, 이든 영국 외무장관이다.

소련-영국 간 합의문에도 서명했다. 소련-미국 간의 합의문에는 군지휘부 대표들이 서명했다. 이 차이는 영국과 미국 외무장관의 서로 다른 태도를 반영한다. 이든은 송환된 포로들을 소련이 어떻게 다루는지에 대한 불편한 보고를 접했음에도 불구하고 이 합의를 추인했지만, 스테티니어스는 소련 포로들이 본국 송환을 거부한다는 정보를 들은 후 훨씬 신중한 입장을 취했다.

세 외무장관이 마지막 서류에 서명한 후 리바디아 궁의 현관으로 걸어 나갔을 때, 몰로토프는 옮겨 심어진 레몬나무들을 발견했다. 이 나무들은, 마티니에 레몬이 들어가면 훨씬 맛이 좋다는 루스벨트의 말을 들은 스탈린이 옮겨 심도록 명령하여 그곳에 심은 것이다. 나무에 레몬 열매가 아직 많이 달려 있는 것을 본 몰로토프는 이든과 스테티니어스에게 기념으로 가지 하나씩을 따 가져가라고 제안했다. 두 사람은 그 말을 따랐다. 그러자 회의장에 있던 외교관들과 군지휘관들이 모두 나와 가지를 잘라 가서, 소련 외교관이 기록한 대로 모든 가지가 사라지고 "톱이나 도끼로 잘라야 하는" 큰 가지만 남았다. 동맹국들은 평화회담에서 올리브 가지가 아니라 레몬 가지를 가지고 집으로 돌아갔다. 당분간 그들은 이 행동에 내포된 아이러니는 보지 못했다.

"드디어 회담을 마쳤습니다. 내 생각에 성공적인 회담이었어요. 나는 조금 지쳤지만, 아주 괜찮아요." 얄타를 떠나면서 루스벨트는 부인에게 편지를 썼다. 회담 마지막 날 루스벨트 대통령은 회담을 종결시키기 위해 밀어붙였다. 그는 스테티니어스에게 "여러 날 더 질질 끄는 것"을 막기 위해 이런 압박을 가했다고 설명했다. 리바디아 궁을 떠난 루스벨트는 스탈린에게 말한 대로 지중해에서 자신을 기다리는 "세 명의 왕"을 만나러 갔는데, 사키 공군기지로 바로 가지 않고 세바스토폴로 갔다. 그는 거기 정박한 미 해군 군함 캐톡틴(Catoctin)에서 하룻밤을 보낼 예정이었다. 이 아이디어는 루스벨트의 해군 참모인 윌슨 브라운(Wilson Brown) 제독이 낸 것이다. 그는 루스벨트가 군함에 오면 해군 장병들의 사기가 크게 진작될 것이라 생각했다.

실제로 그랬다. "캐톡틴 갑판에는 수병들이 도열해서 군함에 오르는 대통령에게 최고의 예를 표했다."라고 대통령의 여행 일지(Travel log)에 기록되어 있다. "캐톡틴은 8일 동안 러시아 음식에 신물이 난 우리에게 맛있는 스테이크를 대접했다."라고 여행 일지 기록자는 적었다. 대통령 경호실장 마이클 라일리는 텍사스산 스테이크를 먹은 것으로 기억했다. 그러나 군함에서 하룻밤을 보내는 것은 루스벨트에게 쉽지 않은 일이었다. 루스벨트 대통령을 수행한 애버럴 해리먼은 "이리저리 구부러진 산악 도로를 따라 세 시간을 달려와서 군함에 도착했을 때, 갑판이 너무 뜨거워 나는 하마터면 넘어질 뻔했다. 대통령은 끔찍한 밤을 보냈고, 건강에도 영향을 미쳤을 것으로 생각된다. 예상대로 다음 날 아침 그는 지치고 힘들어 보였다.”라고 훗날 회고했다.

세바스토폴로 가는 중에 대통령 일행은 약 100년 전의 크림전쟁 전장터를 지나갔다. 영국 왕실경기병대가 전멸한 장소도 거기 있었다.* 그러나 루스벨트가 가장 큰 인상을 받은 것은 가장 최근의 전쟁으로 인해 입은 피해였다. “루스벨트는 이런 파괴 현장에 크게 놀란 듯했다. 그는 이렇게 만들 아무런 군사적 이유가 없다고 말했다. 얄타는 군사적 가치가 전혀 없는 곳이고, 방어 시설도 없는 곳이었다. 이런 광경을 목격한 그는 독일에게 ‘눈에는 눈’ 식의 조치를 해야 한다는 생각을 어느 때보다 굳히게 되었다.”라고 애나 베티거는 얄타로 들어서는 2월 3일 날의 일기에 쓴 바 있다. 루스벨트가 세바스토폴에서 본 파괴 현장은 훨씬 더 큰 인상을 남겼다. 대통령 여행 일지에 따르면 “도시는 초토화되어 사실상 땅 위에 거의 아무것도 없었다. 지뢰와 폭탄과 포탄을 맞고 부서진 집과 다른 건물들의 벽만이 광고판처럼 서 있었다. 이것은 나치의 무시무시한 무차별 보복을 말없이 증언하고 있었다. 대통령, 독일군이 후퇴했을 때 시내의 수천 개 건물 중 단지 여섯 개만 온전히 남았다는 말을 들었다.”

루스벨트 대통령은 딸로부터 파괴의 참상에 대한 얘기를 진즉 들었지만, 지금은 직접 눈으로 확인했다. 완전히 무너진 도시의 이미지는 머릿속에서 지워지지 않았고, 나치 침략으로 가장 큰 희생을 치른 국가는 소련이라는 인식을 그에게 더 강하게 심어주었다. 3월 1일 미 의회에서 그는 다음과 같이

---

* **영국 왕실경기병대의 전멸** 크림전쟁에 참전한 영국 왕실경기병대는 1854년 10월 25일 발라클라바의 러시아 포대에 대한 잘못된 공격 명령으로 큰 희생을 치렀지만, ’전멸’했다는 표현은 과장된 것이다. 500명의 병력 중 118명이 전사하고, 127명이 부상을 입었으며, 60명이 러시아군에 포로로 잡혔다. 전투 후 인원 점검에서 195명이 살아남은 것으로 드러났다.

폐허가 된 세바스토폴 이 사진은 1942년 7월의 세바스토폴 전경이다. 도시 전체가 파괴되어 폐허로 변해버린 모습이다. 오른쪽에 서 있는 사람은 나치 독일의 에리히 폰 만슈타인(Erich von Manstein) 장군이다. 루스벨트가 방문한 1945년에도 이 도시는 아직 피해가 복구되지 않은 상황이었다.

말했다. "얄타에는 빈 벽들과 파괴된 건물의 잔해와 파괴 현장을 제외하곤 남아 있는 것이 거의 없었습니다. 거기서 40~50마일 떨어진 요새화된 군항인 세바스토폴에도 참혹한 파괴의 광경이 다시 이어졌습니다. 커다란 해군 보급창과 방어 시설을 갖춘 이 큰 도시 전체에서 온전한 건물은 10여 개뿐이었습니다. 나는 이미 바르샤바, 리디체(Lidice), 로테르담, 코번트리(Coventry)의 파괴에 대한 보도를 읽어보았습니다. 하지만 세바스토폴과 얄타는 직접 보았습니다. 나는 독일 군국주의와 기독교의 품위가 공존할 수 있는 공간은 이 지구상에 없다는 것을 깨달았습니다."

몇몇 나치 지도자는 루스벨트의 발언을 듣고 모욕을 느꼈다. 3월 2일 히틀러의 선전장관인 요제프 괴벨스는 일기에 다음과 같이 썼다. "루스벨트가 세바스토폴의 파괴 현장을 보고 한 말은 아주 건방지다. 그는 기독교의 품위와 나치즘 사이에는 건널 수 없는 간극이 있다고 말했다. 미 공군이 요새화되지 않고 방어 시설도 없는 독일의 도시들에 매일 퍼붓는 무서운 공습에 대해 그는 한 마디도 언급하지 않았다." 소련이 치른 희생에 동정적인 루스벨트가 나치의 공격에 대해 품은 도덕적 분노는 괴벨스에게 아무 감흥도 주지 못했다.

　처칠의 딸이 한 말에 따르면, 루스벨트가 리바디아 궁을 떠난 후 처칠은 갑자기 외로움을 느꼈다. '램프의 요정 지니처럼' 사라진 스탈린은 처칠과의 개인 면담에 관심이 없었고, 다음 날 처칠이 할 일을 제안하지도 않았다. 리바디아 궁을 나와 보론초프 궁으로 가면서 처칠은 원래 계획인 다음 날 출발을 기다리지 않고 바로 얄타를 떠나기로 결정했다. "우리가 왜 여기 더 머물러야 하지? 왜 오늘 밤 떠나지 않는 거야? 이곳에 1분도 더 머물 이유가 없어. 우리는 모든 일을 끝냈어!"라고 처칠은 갑자기 원기를 차려 똑똑히 말했다. "그는 차에서 튀어나와 사무실로 들어가면서 이렇게 알렸다. '당신들 생각은 잘 모르겠지만, 나는 모든 일 끝났어요. 50분 후에 떠납시다!' 모두 어리둥절해서 잠깐 침묵이 흐르더니 곧 부산하게 움직이기 시작했다. 여행 가방과 러시아인들이 준 크고 신비스러운 서류 박스가 홀을 가득 채웠다. 세탁물이 덜 말라 축축한 채로 돌아왔다."라고 사라 올리버는 썼다.

　영국 대표단 모두는 처칠의 결정에 놀랐다. 그때 시간이 오후 4시 30분이었다. 처칠이 궁에 돌아왔을 때 모랜 경은 산책을 나가려고 준비하던 참이었다. "우리는 다섯 시에 출발할 겁니다. 소여스! 토미는 어디 있지? 소여스! 모두 어디 있는 거야?' 그의 목소리가 커졌다."라고 모랜은 일기에 썼다. 처칠의 개인 집사인 소여스는 화가 났다. "다들 나한테 이러면 어떻게!" 그는 반쯤 찬 가방들을 보면서 말 그대로 가슴을 치며 크게 말했다. "그는 세면도구 가방을 집어넣었다가 다시 빼냈어요. 그러고서 의례용 공무복을 조심스럽게 펼쳐놓더니, 다시 왕실요트클럽 정장으로 바꾸어놓았어요. 아빠는 학교 수업을 마치고 숙제를 끝낸 학생처럼 즐겁고 활기가 넘쳐서 이 방 저 방을 다니며 '자 갑시다, 자 갑시다!'를 외쳤어요."라고 사라 올리버는 어머니에게 보내는 편지에 썼다.

날씨가 나빠진다는 기상예보가 계획을 갑자기 변경하는 구실이 되었다. 늘 그렇듯이 변덕스러운 처칠은 한순간에 마음을 바꿀 태세였다. 이후 50분 동안 그는 계속 마음을 바꾸었다. 우리는 떠난다. 우리는 더 머문다. 다시, 우리는 떠난다. 마침내 그들은 5시 30분에 보론초프 궁을 떠났고, 두 시간 뒤 이미 세바스토폴에 도착해 있는 영국 군함 프란코니아(Franconia)에 승선했다. 함장은 처칠이 피곤해 보인다고 생각했다. 그러나 처칠은 곧바로 외교 행낭을 가져오라고 했다. 그는 바깥세상 뉴스에 목말라 있었다.

처칠 수상은 영국 군함에 승선하자 긴장이 풀리고 기분이 좋아졌다. 배 위에서 저녁 식사를 할 예정이었다. "매끼마다 새끼 돼지 요리와 차가운 기름 덩어리만 먹다가 다시 영국의 진미를 먹는 것은 정말 멋진 일이야."라고 그는 식탁의 손님들에게 말했다. 그는 군가 〈여왕의 병사들〉을 불렀다. "회담 내내 초조하고 짜증이 난 채 기분이 좋지 않았던 수상은 지금은 원기가 넘쳤다."라고 모랜 경은 일기에 적었다. 처칠은 얄타회담 공동선언문을 가리키며 "마침내 그 피비린내 나는 일을 끝냈어요."라고 말했다. "그것은 끝났고, 다 치워버렸어요."라고 말하는 처칠은 회담 결과에 불만이 많은 게 분명했지만, 다른 한편으로는 회담이 끝난 것을 기뻐했다. "그는 성과를 별로 만들어내지 못한 것을 잊으려고 노력했다."라고 자신의 환자를 어느 누구보다 잘 아는 모랜 경이 일기에 썼다. "그는 농담을 던지고 웃으며, 짓궂게 장난을 쳤다."

알타회담에서 실제 일어난 일이 기억 저편으로 사라질수록 사람들은 처칠을 더 좋게 회고했다. 다음 날 처칠은 이미 공동선언을 성공작으로 볼 준비가 되어 있었다. "내일 발표되는 공동선언을 당신이 마음에 들어할 것으로 기대합니다."라고 그는 프란코니아호 선상에서 클레멘트 애틀리에게 전문을 보냈다. "우리는 엄청나게 많은 일을 했습니다. 나는 우리가 이뤄낸 결정에 만족합니다." 이제 알타회담은 끝났고, 알타 신화가 탄생될 예정이었다.

처칠은 크림반도를 서둘러 떠나려고 하지 않았다. 귀국길은 힘든 여정이고, 위험이 도사리는 지중해를 거쳐 비행을 해야 한다. 일흔 살 먹은 처칠 수상은 휴식을 좀 취하기로 했다. 게다가 급한 약속도 없었다. 처칠은 세바스토폴 항구에 정박한 프란코니아호 선상에서 사흘 밤을 지냈고, 루스벨트처럼 파괴된 도시를 볼 기회를 가졌다. 그는 전에도 고국 영국은 말할 것도 없고 여러 파괴 현장을 보아왔다. 그래서 파괴 현장을 보고 루스벨트만큼 충격을 받지는 않았다. 그는 2월 14일 사키 공군기지로 출발하기 전, 그 전날 밤에 영국 공군기 805대의 드레스덴 폭격에 대한 첫 보고를 받았다. 공습의 결과는 아직 정확히 알려지지 않았지만, 이 보고에는 지난 15시간 동안 독일이 발사한 14발의 V-2 로켓이 런던 일대에 떨어져서 55명이 사망했다는 소식이 포함되어 있었다. 세바스토폴의 파괴 현장은 새로운 인상을 거의 주지 못했다.

프란코니아호 선상의 첫날 저녁을 떠올리면서 처칠은 "갑판에서 독일군이 철저하게 파괴한 항구를 바라보았다. 지금은 사람들이 활발하게 일하고 있으며, 밤에는 파괴된 현장이 불빛에 빛났다."라고 회상했다. 다음 날 그는 소련 안내인에게 유리가 많이 부족하지 않냐고 물어보았다. 실제로 유리는 부족했고, 안내인은 창문에 널빤지를 유리 대신 댄다고 대답했다. 처칠 수상은 영국에도 유리가 부족하다고 말했는데, 영국에서는 200만 채의 집이 파괴되었고 그중 10%는 더 이상 사람이 살 수 없는 곳이 되었다.

처칠은 세바스토폴로 오는 길에 크림전쟁 당시 유명한 전장인 발라클라바 거리에 잠시 멈춘 적이 있다. 처칠은 주치의 모랜 경에게 "찰스, 내가 여기 주민들 얼굴을 자세히 살펴보았는데, 이 사람들의 표정에는 자긍심이 있어요."라고 말했다. 이런 말을 하게 만든 장면은 그들이 이미 익숙히 보아왔다. "사라가 어린애 몇 명에게 초콜릿을 주려고 했는데 러시아 병사가 손짓을 해서 아이들을 쫓아버렸다. 그는 사라에게 '이 애들은 먹을 게 필요하지 않습니다.'라고 말했다."라고 모랜 경은 기록했다. 얄타에서 미국 대표단에게 통보된 일반 공지 사항 중에는 소련 병사들에게 선물을 주는 것을 금지하는 내용이 있다. "어떤 경우에도 소련 경비병에게 담배나 사탕 등을 주지 말 것"이라는 말과 함께 "소련 군법은 경비병이 어떤 형태라도 선물을 받는 것을 엄격히 금하며, 이 규정을 어기는 경우 중벌을 받을 수 있다."라고 공지 사항에 적혀 있었다.

서방 대표단은 인식하지 못했지만, 이 금기 사항은 소련 경비병뿐만 아니라 일반 소련 시민에게도 적용되었다. "우리는 국민들에게 모든 외국인이 간첩일 수 있다 생각하라고 가르쳐야 합니다."라고 한 소련 관리가 1944년 7월 미국대사관의 영사 조지 케넌에게 말한 적이 있다. 그는 이어서 계속 말했다. "이런 식으로만 우리 국민들로 하여금 강대국의 국민으로서 자기통제를 하도록 훈련시킬 수 있습니다. 우리 국민들이 스스로 자본주의국가에 둘러싸여 살고 있다는 사실을 깨닫고 오늘의 친구가 내일의 적이 될 수 있다는 점을 잊지 말게 해야 합니다. 당신들은 우리 국민을 만나면 당신 나라의 높은 생활수준에 대해, 그리고 당신네가 더 행복한 삶을 영위하고 있다고 말할 것입니다. 당신들은 그들을 혼란에 빠뜨릴 테고, 우리 국민들은 우리의 체제에 대한 충성심이 약해지겠지요."

감시와 통제를 통해 소련 정부는 시민들에게 외국인과 거리를 두도록 가르쳤다. 다만 아이들은 아직 이런 교육을 받지 못했다. 캐슬린 해리먼이 안톤 체호프의 여동생인 마리아 체호바(Maria Chekhova)로부터 전시 중 어떻게 지냈는지에 대한 아무 정보를 얻지 못한 반면, 2월 3일 그녀를 방문한 이반 마이스키는 체호프의 여동생이 독일 점령 기간에 체호프 박물관*을 어떻게 지켰는지에 대한 이야기를 들었다. 마이스크는 박물관 방명록에 감동에 찬 문장을 써넣고, 나중에 몰로토프에게 건의하여 마리아 체호바에게 식량과 비타민을 공급해주도록 했다.

서방 손님들과 소련 주인 사이에는 큰 간극이 존재했고, 역사에 대한 기억도 서로 많이 달랐다. 영국인들이 역사적 기억을 많이 가지고 있는 발라클라바는 소련 주인에게는 아무 관심도 끌지 못했다. 처칠 일행은 영국군이 러시아 영토를 침략했던 전쟁의 역사에 대해 소련인들이 아무 관심도 드러내지 않아서 당황했다. 크림전쟁에 대해 전혀 모르는 소련 비밀경찰 경비대와 영국 대표단을 수행한 소련 제독은, 영국인들이 소련군과 독일군의 최근 전투로 희생된 이들에게 조의를 표하기 위해 이곳을 방문했다고 생각했다.

처칠은 나중에 이렇게 기억했다. "피크(Peake) 여단장이 왕실경기병대가 포진했던 능선을 가리키자, 소련 제독이 거의 같은 장소를 가리키며 '독일 탱크들이 저기서부터 우리에게 돌진해왔습니다.'라고 설명했다. 잠시 뒤 피크 장군이 러시아군의 배치 상황을 설명하고 언덕 위에 러시아군이 서 있었던 위치를 가리키자, 러시아 제독은 자랑스럽게 이렇게 말했다. '바로 저기에서 마지막 병사까지 항전한 소련군 대대가 전멸했습니다.' 이 시점에서 나는

---

* **안톤 체호프 집 박물관(Anton Chekhov house-museum, White Dacha)**   폐결핵이 악화된 안톤 체호프가 요양을 위해 1899년 크림반도의 얄타에 지은 집이며, 현재 박물관으로 꾸며져 있다. 그는 이곳에서 러시아의 대문호인 톨스토이와 막심 고리키 등을 만났다. 체호프가 죽은 뒤 마리아 체호바가 오빠 체호프의 유물을 모아 박물관으로 만들었다.

두 사람이 서로 다른 전쟁에 대해 말하고 있으며 우리는 인민의 전투가 아니라 제국 왕조 간의 전투에 대해 말하고 있다는 것을 설명했다. 우리 안내인은 사뭇 이해하지 못한 듯했지만 완전히 만족한 것 같았다."

아이러니하게도, 처칠이 크림에 머무는 동안 소련 측과 영국 측이 서로를 제대로 이해하지 못한 것은 양측의 관계에서 부정적 영향보다는 긍정적 영향을 미쳤다. 얄타회담의 물류 지원을 책임졌던 고위 외교관인 키릴 노비코프는 루스벨트와 처칠이 소련 땅에 머문 마지막 순간까지 스탈린이 그 두 사람을 다르게 대접했다고 회고했다. 스탈린은 루스벨트에 대한 존경의 표시로 그의 비행기가 출발하기 직전, 회담 기간에 루스벨트가 칭찬한 캅카스산 광천수 몇 상자를 가져다주라고 명했다. 처칠에 대해서는 이런 호의적인 조치가 없었다. 외무부의 중견 관리 몇 사람만이 처칠을 환송했다. 처칠은 공항에 도열한 의장대 앞에서 작별 연설을 해야 했다고 노비코프는 회고했다.

스탈린이 의도한 모욕은 눈에 띄지 않고 넘어갔다. "공항에는 멋진 복장을 한 비밀경찰 경비대가 도열해 서 있고, 나는 늘 하던 대로 한 사람 한 사람 눈을 맞춰가면서 사열했다. 최소한 200명의 병사가 서 있었으므로 이렇게 하는 데 시간이 꽤 걸렸지만, 이 일은 소련 언론에서 호의적으로 다루어졌다. 나는 비행기에 올라타기 전 작별 연설을 했다."라고 처칠은 회고했다. 이 연설에서 그는 '위대한 지도자'를 언급했다. "여러분 모두에게 감사합니다. 나는 용맹한 러시아인들이 훈족(독일군을 가리킴)의 더러운 흔적을 씻어내고 탈환한 러시아 땅 크림반도를 떠나면서 모두에게 감사를 드립니다. 소련 영토를 떠나며 여러분 모두와 여러분의 지도자들, 특히 여러분들의 위대한 지도자이자 최고사령관인 스탈린 원수에게 감사합니다. 나는 전 세계 모든 대양과 육지에 나가 있는 영국군 병사들이 경험한 용맹스런 러시아인과 러시아군에게 감사와 찬사를 드립니다."

Chapter 27

희망의 날들

얄타를 방문했던 작가들 중 안톤 체호프가 리바디아 궁전 뒤 황제의 별장 오리안다(Oreanda)의 정원에서 바라보는 정경을 가장 잘 떠오르게 묘사했다. "얄타는 아침 안개에 가려 거의 보이지 않았다. 하얀 구름이 산꼭대기에서 움직이지 않고 서 있었다."라고 그는 자신의 유명한 작품 중 하나인 「개를 데리고 다니는 부인(The Lady with the Dog)」에 썼다. "나뭇가지에 매달린 나뭇잎은 움직이지 않고, 메뚜기가 츠츠츠 씨르르 소리를 내고, 아래서부터 올라오는 바다의 단조롭고 허허로운 소리가 평화와 우리를 기다리는 영원한 잠에 대해 얘기하고 있다. 여기에는 얄타도 없고, 오리안다도 없는 것 같은 소리였다. 지금 듣는 이 소리는 우리가 더 이상 존재하지 않을 때도 이처럼 무심하고 단조로운 소리를 낼 것이다. 이런 일관됨과 우리 각자의 삶과 죽음에 대한 완벽한 무관심 속에 아마도 영원한 구원, 지상에서 생명의 불안한 움직임, 완전을 향한 불안한 진보의 약속이 숨겨져 있을 것이다."[1]

이 '완전을 향한 불안한 진보'가 1945년 2월의 추운 날 얄타회담에 참석한 서방 대표들이 회담에서 성취하기를 바라던 것이었다. "미국 대표들은 자신들의 노래를 목청 높여 불렀다. 그들은 큰 성취감을 가지고서 얄타를 떠났다. 그들은 세상 꼭대기에 서 있는 것같이 느꼈다. 다른 회담들이 정책 제안과 관련 있다면, 얄타회담은 세계의 미래에 분명히 영향을 준 중요한 결정들이 내려진 무대였다."라고 모랜 경은 2월 11일 일기에 적었다.

"우리는 이것이 우리 모두가 오래 기도해왔고, 많은 얘기를 했던 새로운 날의 여명이라는 것을 가슴속 깊이 믿었다."라고 홉킨스는 전쟁 후 그의 전기를 쓴 로버트 셔우드(Robert E. Sherwood)에게 말했다. "우리가 최초로 위대한 평화의 승리를 쟁취했다고 완전히 확신했다. 여기서 '우리'는 우리 모두와 문명 세계의 모든 인류를 뜻한다."라고도 말했다. 모랜 경은 일기에 홉킨스가 "자신의 병상에 누워 새로운 유토피아의 여명이 밝았다고 굳게 믿었다. 그는 러시아인들도 이성의 목소리를 들을 것이고, 루스벨트 대통령은 '그들과 평화롭게 같이 살 수 있다고 확신했다'."라고 기록했다.

장차 소련과의 협력 가능성에 대한 루스벨트의 조심스러운 믿음보다도 홉킨스의 흥분이 미국 대표단의 분위기를 지배했다. 소련의 대일전 참전이 확정된 사실로 굳어졌으므로 군지휘관들은 회담 결과에 특히 기뻐할 특별한 이유가 있었다. 레이히 제독은 태평양 쪽의 거래가 "여기까지 온 보람이 있게 만들었습니다."라고 해리먼에게 말했다. 마셜 장군은 스테티니어스와 나눈 대화에서 더 흥분을 감추지 않았다. 스테티니어스 국무장관이 마침내 집으로 돌아가게 되어서 기쁘다고 말하자, 마셜 장군은 "우리가 여기서 얻은 것을 위해서라면 나는 한 달이라도 기꺼이 여기에 머물렀을 겁니다."라고 말했다.

미국 외교관들도 회담 결과를 지지하는 데 군지휘관들 못지않았다. 스테티니어스 또한 모든 것을 종합적으로 감안할 때 미국 측이 회담을 아주 잘 이끌었다고 확신했다. "소련 측이 미국과 영국에게 양보를 받은 것보다 양측에 좀 더 많은 양보를 했다는 점을 회담 기록은 분명히 보여준다."라고 그는 회고록에 적었다. 찰스 볼렌은 "전체적 분위기는 회담 결과에 만족했다"고 회고하며, 여기서 내려진 결정들은 "각 국가의 다양한 입장 사이에서 현실적으로 찾은 타협안"이라 하고 "각국의 정상들은 각기 핵심 목표를 달성했다"라고 했다. 물론 우려되는 점도 있었다. 그중 폴란드가 가장 우선순위에 있었다. 그러나 미국 대표단의 대부분은 얄타에서 결의된 사항은 '최종' 평화회담에서 해결될 것이라고 확신했다. "요약해서 말하자면, 우리가 얄타를 떠날 때 종전 후 정치적 문제에서 소련과 진정한 협력이 가능하다는 희망이 있었다."라고 볼렌은 회고했다.

미국 측만 '얄타 정신'을 믿은 것은 아니다. 처칠의 군사보좌관인 헤이스팅스 이즈메이(Hastings Ismay) 장군은 동남아시아 연합군 사령관인 루이스 마운트배튼(Louis Mountbatten) 제독에게 "얄타회담은 공식적으로 합의된 내용보다 모든 토론에 수반된 솔직한 협조 정신으로 인해 대성공이라고 평가할 수 있습니다."라고 썼다. 이즈메이는 "폴란드 문제 해결의 실패로 실망한" 처칠 수상을 제외하고는 모든 대표가 이런 생각을 가졌다고 믿었다. 이즈메이가 맞았다. 회의론자인 알렉산더 카도간조차 성취감을 느끼며 얄타를 떠났다. "내 생각에 이번 회담은 아주 성공적이었어요."라고 카도간은 회담 마지막 날 아내에게 편지를 썼다. "우리는 어쨌든 폴란드에 대한 얼마간의 이견을 치유할 합의에 도달해서 폴란드인에게 어느 정도의 독립을 보장했어요. 우리는 덤버턴오크스의 결정 사항에 동의했고, 영국 포로를 석방할 때 러시아인들이 그들을 대우하는 문제에 관한 중요 합의를 포함하여 여러 가지 많은 합의를 이루었어요. 세계가 이 회담 결과에 감명을 받았으면 좋겠습니다!"

영국의 전시 내각 각료들도 분명히 같은 생각이었다. 2월 12일 얄타회담 결과에 대한 공동선언의 문안을 토의하기 위해 전시 내각이 소집되었을 때 부수상인 클레멘트 애틀리는 "여러 어려움에도 불구하고 수상과 외무장관이 거둔 결과는 아주 만족스럽습니다."라고 평가했다. 전시 내각의 각료들은 UN에 관한 결정에 흡족해했다. "우리는 우크라이나와 백러시아에 창립 회원 자격을 내주는 양보를 했지만, 이와 관련해 미국이 우리와 전적으로 같은 견해였다는 것은 분명합니다."라고 했다. 전시 내각은 "아주 난해한 폴란드 문제"에 대해 합의가 이루어진 것을 환영하고, 서부 국경의 획정 문제가 '평화 회담' 때까지 미뤄진 것에 만족했다. 독일의 분할에 대해서는 "넓은 활동 공간이 확보되었다"고 평가했다. 프랑스도 점령 구역을 획득하고 연합국통제위원회에 들어오며, 유럽해방선언에 서명하게 되었다. 유고슬라비아와 독일 배상금에 관한 합의에도 아무 반대가 나오지 않았다. 회담은 큰 업적으로 일컬어지며 축하를 받았고, 내각은 처칠과 이든에게 "논의를 진행하면서 보여준 기술과 성공, 그리고 그들이 성취해낸 결과"에 대해 축하 전문을 보내기로 결정했다.

카도간은 당장 이루어낸 성과보다 소련 측이 보여준 새로운 협력 정신에 감명을 받았다. "이번처럼 편안하고 모든 것을 잘 받아들이는 러시아인들을 전에는 본 적이 없습니다. 특히 조(스탈린)는 아주 친절했어요. 그는 위대한 인물이며, 나이 든 두 정치인에 비해 매우 인상적인 모습을 보였어요."라고 그는 부인에게 보내는 편지에 썼다. 스탈린의 선의에 대한 믿음이 새로운 낙관주의를 뒷받침했다. "러시아인들은 아주 이성적이고 미래를 내다볼 줄 안다는 것을 증명해 보였습니다. 루스벨트 대통령이나 우리 모두의 마음에는 우리가 앞으로 상상할 수 있는 기간 동안 그들과 같이 생활하고 평화롭게 지낼 수 있다는 것을 조금도 의심하지 않았습니다."라고 홉킨스는 서우드에게 말했다. 그러면서도 "하지만 거기에는 한 가지 수정해야 할 점이 있습니다. 만일 스탈린에게 무슨 일이 생기면 결과가 어떻게 될지 예언할 수 없다는 주저감이 모두에게 들었다는 것이지요. 그가 합리적이고 지각이 있으며, 이해를 잘하는 사람이라고 확신합니다. 그러나 크렘린에서 그의 뒤에 있는 사람들이 누구이고, 어떤 일을 할지는 전혀 확신할 수 없습니다."라고 덧붙였다.

홉킨스의 견해에 그의 동료 상당수가 동의했다. "스탈린은 사려 깊고, 태도도 훌륭했다. 더 중요한 것은 그가 진정으로 화해적인 태도를 보이고 많은 문제에서 자애롭게 양보를 했다는 점이다."라고 앨저 히스는 기록했다. "그는 친절하고, 여러 문제에서 합의를 이루기 위해 양보했다."라고 레이히 제독도 회상했다. "스탈린은 프랑스를 최종적으로 독일 점령국의 하나로 인정하는 데 동의함으로써 진정한 양보를 했다. 그러나 각 국가는 UN에 대한 입장을 변경했다."라고 볼렌은 기록했다. 회담을 종합적으로 평가하면서 스테티니어스는 소련 측이 UN과 관련해 네 가지 양보를 했다고 평가했다. UN 안전보장이사회의 표결 방식에서 미국의 입장을 수용한 것, 소련 16개 공화국 모두에 회원 자격을 주자는 주장을 철회한 것, 얄타회담 당시 독일에 선전포고를 하지 않은 라틴아메리카 국가들을 UN에 가입하도록 하자는 데 동의한 것, 강대국의 이익과 관련된 문제의 토의를 거부하지 않은 것이다.

부하들이 한 치의 양보도 하지 않으려고 할 때 스탈린이 기꺼이 타협에 응한 모습은 모두를 놀라게 했다. "스탈린이 유연성을 보이고 쉽게 동의한 이유에 대해 추측하는 것은 흥미로웠다. 그것은······ 단순히 위장된 비타협 전술로 보이지는 않았다. 결국, 요구를 하는 쪽은 스탈린이 아니라 우리였다."라고 앨저 히스는 썼다. 그가 소련을 위해 스파이 행위를 했다는 혐의는 법정에서 증명되지 않았지만, 좌익 동조적인 그의 성향에 대해서는 의심의 여지가 없다. 이런 그 역시 다른 미국 대표와 마찬가지로 스탈린의 성격과 행동을 이해하기 위해 애썼다. 그는 스탈린의 "인민에 대한 가공할 죄악"을 잘 알고 있으며, 그랬기 때문에 이 사실을 얄타에서 스탈린이 성공적으로 보여준 단순하고도 겸손한 이미지와 쉽게 조화시키지 못했다. "화장실을 쓰기 위해 처칠은 스테티니어스 방으로 안내되고, 루스벨트는 전용 화장실을 쓴 반면, 스탈린은 자기의 보좌관들과 우리가 서 있는 화장실 앞의 줄에 함께 서서 기다렸다."라고 히스는 회고했다. 그리고 이렇게 말을 맺었다. "우리는 스탈린의 성격에 관한 수수께끼를 결국 풀지 못했다." 미국 대표단의 고

위급 인사들은 이렇게 이성적이고 자애로운 사람이 독일 배상금 문제와 폴란드 정부 구성 문제에 대해서는 어찌 그토록 전혀 유연성을 보이지 않고 완강하게 굴었는지를 이해하지 못했다. 스테티니어스는 그 스스로 자유롭게 결정을 내릴 수 있는 입장이 아니라는 스탈린의 주장을 받아들임으로써 이 모순을 해결했다. 이뿐만 아니라 스테티니어스는 스탈린이 정치국에서 강경파의 압박을 받고 있다고 생각했으며, 심지어 얄타회담의 결정 사항이 제대로 이행되지 않은 이유가 바로 그 때문이라고 보았다.

처칠은 스스로 스탈린의 수수께끼를 풀고 그의 행동 논리도 파악했다고 생각하고서 그의 행동을 예측하기까지 했다. "스탈린은 그리스에서 들이받지 않을 거야. 그 대신 보상으로 불가리아와 루마니아에서 행동의 자유를 원할 걸세."라고 모랜에게 말했다. "그는 모스크바 합의, 즉 유고슬라비아에 대한 영향권 지분인 50:50 합의를 그에게 유리하도록 작용하게 만들고 있어. 그는 좀 더 큰 계획을 위해 그리스에서 자기편 사람들이 얻어맞도록 놔둘 걸세. 나는 그가 자기가 한다고 말한 것은 지키는 사람이란 것을 아네. 그로 하여금 무슨 일을 하겠다고 말하게 하는 것은 어려운 일이지만, 일단 그가 뭔가 말을 하면 그 말을 꼭 지키네."라고 처칠은 분석했다. 회담 마지막 날 처칠은 주치의에게 "스탈린은 그리스에서 무슨 일이 일어나는지를 내게 물으며 그리스에 대해 딱 한 번 언급했다네. 그가 나에게 '아무것도 비판하거나 간섭하고 싶지 않습니다. 모든 것을 기꺼이 당신에게 맡깁니다.'라고 말했네." 모랜은 "스탈린이 그리스에서 아무 간섭도 하지 않기로 한 약속을 충실히 지킨 것에 윈스턴이 깊이 감동받았다."라고 논평했다.

처칠은 스탈린을 신뢰할 수 있다고 생각했다. 그는 회담 협상 중의 기분 좋지 않은 순간을 잊어버리려 했고, 폴란드와 유고슬라비아에서 양보를 받아내기 위해 스탈린이 그리스를 능숙하게 활용한 것을 무시했다. "처칠 수상은 만일 스탈린에게 무슨 일이 생기면 큰일이라고 한 번 더 얘기했다. 스탈린이 여러 번 보여준 유머, 이해심, 온건함은 처칠에게 큰 인상을 남겼다."라고 2월 11일 저녁 모랜 경은 기록했다. 이 인상은 처칠이 '얄타 정신'의 마법에 좀 더 영향을 받은 다음 날 더욱 깊어졌다. 2월 14일 처칠은 런던의 애틀리 부수상에게 전문을 보냈다. "나는 스탈린과 몰로토프의 친근한 태도에 큰 감명을 받았습니다. 그것은 내가 지금까지 보아온 것과는 전혀 다른 러시아 세계였습니다."라고 썼다. 처칠은 마지막 순간까지 폴란드 문제와 독일 배상금 문제를 놓고 싸웠으나, 스탈린보다는 루스벨트에게 좀 더 배신감을 느꼈다. 그러나 그는 머지않아 이런 믿음을 후회하게 된다.

얄타회담에서 이루어진 협력의 수준에 대한 만족감은 서방 대표들에게만 한정된 것은 아니었다. 몰로토프는 모스크바로 귀환하고 며칠 후 전 세계에 있는 소련대사관에 전문을 보내 얄타회담 결과를 통보했다. "회담의 전반적인 분위기는 아주 우호적이었고, 논란이 되는 문제에 대해 합의를 이루려고 모두가 노력했다."라고 썼다. 쿠즈네초프 제독은 회고록에 "회담의 전반적 기류는 상호 이해와 합의를 이루려는 노력으로 가득 찼다."라고 썼다. 그로미코도 "얄타회담에 참석한 모든 사람은 리바디아 궁에서 내려진 결정이 유럽의 미래 평화를 위해 엄청난 의미를 가지고 있다는 것을 알았다. 우리가 역사의 중심에 서 있고, 정의가 우리와 함께 있으며, 정의의 저울을 손에 들고 있다고 느꼈다."라고 회고록에 썼다.

소련 대표들에게 얄타는 정의를 의미했다. 즉, 침략자를 징벌하고, 승리자들, 특히 가장 많은 희생을 치르고 승리에 가장 크게 기여한 소련에게 달콤한 보상을 제공하는 것이었다. 훗날 몰로토프는 "스탈린은 러시아가 전쟁에서 이겼지만 승리의 열매를 즐기는 법을 알지 못한다고 종종 얘기하곤 했다."라면서 "러시아인들은 전투를 아주 잘 치르는 반면, 평화협정을 제대로 맺을 줄 모른다. 러시아인들은 늘 무시당하고, 정당한 자기 몫을 찾지 못한다."라고 회상했다. 이번에는 그들이 자기 몫을 제대로 찾았다. "미국이 사할린과 쿠릴열도에 대한 우리 입장의 정당함을 인정했어."라고 흥분한 스탈린이 그로미코에게 말했다. 소련은 수십 년의 고립에서 벗어나 강대국 클럽에 가입했다. 소련의 정당한 요구가 드디어 받아들여진 것이다.

몰로토프가 보낸 얄타회담 결과에 대한 전문은 이반 마이스키가 초안을 작성했다. 마이스키는 각 대사들에게 소련이 거둔 성공을 설명했다. 폴란드, 유고슬라비아, 그리고 그 자신이 책임을 진 배상 문제 외에 다음 사항을 소련의 성과로 열거했다. 서방이 우크라이나와 벨라루스를 샌프란시스코에서 열리는 UN 창립총회의 회원으로 인정했고, 흑해 해협에 대한 몽트뢰협약을 개정하기로 했으며, 마지막으로 의미가 큰 것은 이란에 대한 논의를 미룬 점이다. 전문의 전체적인 의미는 소련이 주요 목표를 모두 달성했다는 뜻이었다. 3월 초 마이스키는 오랜 동료이자 스톡홀름 주재 소련대사인 알렉산드라 콜론타이(Aleksandra Kollontai)에게 편지를 써서 확대되는 소련의 국제적 영향력을 강조했다. "크림 회담은 아주 흥미로웠습니다. 내가 기본적으로 받은 인상은 우리의 영향력과 스탈린의 개인적 영향력이 전반적으로 엄청나게 컸다는 점입니다. 회담에서 채택된 결정의 75%는 우리의 결정이었으며, 특히 폴란드 문제, 유고슬라비아, 배상 문제가 그랬습니다. '3거두' 사이의 협력은 현재 아주 밀접하며, 독일은 전쟁 중이나 전쟁 후 절대로 편하게 살 수 없게 되었습니다."[2]

회담 결과에 대한 마이스키의 흥분은 스탈린을 비롯한 소련 권력구조 최고위층의 만족감을 반영한다. 1,000명 이상의 소련 안보 담당 관리와 군지휘관이 회담 준비와 진행에 기여한 공로로 훈장을 받았다는 사실보다 이를 더 확연히 증명해주는 것은 없다. 베리야가 작성한 수훈 명단은 주로 소련 내무인민위원회와 보안위원회 소속 장교들이었다. 그들 중 10명은 보통 전선을 알지 못하는 비밀경찰에게 주는 것이 아닌 전선에서 군사작전을 준비하고 수행한 소련군 사령관들이 받는 미하일 쿠투조프(Mikhail Kutuzov) 훈장을 받았다. 최고 훈장을 받은 사람들 중에는 스탈린의 전용기 비행사 그라체프(V.G. Grachev)와 경호실 책임자인 니콜라이 블라시크(Nikolai Vlasik) 장군이 포함되어 있었다.

1945년 3월 모스크바에서 스탈린을 방문한 게오르기 주코프 원수는 스탈린이 얄타회담 결과에 만족하고 있음을 알아챘다. 스탈린은 서방 지도자 중 최소한 한 명은 믿을 수 있다고 확신했다. 그는 서방 연합국이 전쟁 말기에 독일과 별도의 강화조약을 체결해서 소련이 차지해야 할 전리품을 먼저 가로채 가지 않을까 염려했다. 주코프가 판단하기에, 스탈린은 처칠을 의심하면서도 루스벨트는 신뢰할 수 있다고 생각하는 것 같았다. 스탈린은 독일을 패퇴시키기 위해서뿐만 아니라 전후 재건 사업을 하자면 미국의 도움이 필요했다. 루스벨트는 얄타에서 스탈린에게 서방과의 협조, 특히 미국과 협력이 가능하다는 확신을 주었다. 이러한 인식으로 소련은 이전 어느 때보다 타협에 문을 열었고, 희망과 상호 신뢰의 분위기가 모든 참석자를 지배했다.[3]

얄타회담은 이후에 다시 맛보지 못할 최고의 순간이 되었다. 회담 후 몇 달 동안 미국과 영국은 서로 가까웠지만, 소련과의 관계만큼 진전이 이루어지지는 못했다. 앨저 히스는 자서전에서 얄타 정신의 한계에 대해 언급했다. "처칠뿐만 아니라 스탈린도 전후 강대국 간의 연합을 유지하는 일이 중요하다는 점을 자주, 그리고 강하게 강조했다. 그러나 그들 각각은 사적으로는 이러한 연합이 아무 타협 없이 자신들의 조건대로 유지되기를 원했다."

2월 27일 처칠 수상은 영국 의회에서 연설을 함으로써 국민들에게 얄타회담의 결과를 알렸다. 그의 연설은 중간에 휴식을 포함해 두 시간 가까이 진행되었다. 회담 마지막 날 그가 우려하여 경고했던 것처럼 의회에서는 폴란드에 대한 결정에 강하게 반대했고, 그 자신 역시 지지하지 않았던 결과를 방어하기 위해 최선을 다했다. 처칠의 핵심 논리는 스탈린이 폴란드의 주권과 민주주의를 존중하기로 약속했다는 것이었다. 이 합의는 충분히 만족스럽지 못했지만, 그는 스탈린의 말을 믿고 돌아올 수밖에 없었다.

드러내지는 않았지만, 처칠 수상은 갈등했다. 그는 일어난 결과를 반추하고 또 반추하면서 뮌헨의 기억에 시달렸다. 지금 폴란드에 대한 거래는 뮌헨회담을 찬성했던 의원들에게 공격을 받고 있었다. 처칠은 이 모순을 인식하고 전임자인 네빌 체임벌린 수상의 실수를 반복할까봐 두려워했다. 처칠의 개인 비서인 조크 콜빌(Jock Colville)은 2월 23일의 저녁 식사 분위기를 전하면서 "수상은 지금 그가 스탈린을 믿듯이 체임벌린도 히틀러를 믿었다고 말하며, 어느 날 러시아가 우리에게 등을 돌릴 수 있다는 생각에 불안해했다." 라고 기록했다. 그러나 다른 한편으로 처칠은 좀 더 자신감이 있었다. "불쌍한 네빌 체임벌린은 히틀러를 신뢰할 만하다고 잘못 판단했다. 그는 틀렸다. 하지만 나는 스탈린과 잘못을 저질렀다고 생각하지 않는다."라고 말했다. 콜빌이 처칠에게 의회 연설문에다 뮌헨회담을 공박하는 구절을 넣을 것을 제안하자, 처칠은 그의 말을 따랐다. 그 구절은 "러시아는 단순히 평화를 원하는 것이 아니라 명예로운 평화를 원합니다."였다.

뉴질랜드 수상인 피터 프레이저(Peter Fraser)에게 보낸 편지에서 처칠은 얄타에서 자신이 할 수 있는 일의 한계에 대해 공개적으로 얘기했다. "대영제국과 영연방은 군사적으로 소련보다 훨씬 약했고, 다른 전면전과 다르게 우리의 관점을 실행할 수단이 없었습니다. 게다가 미국의 입장을 무시할 수도 없었습니다. 우리는 미국이 원하거나 설득당할 때 그것을 넘어서서 폴란드를 더 도울 수가 없었습니다. 그 때문에 우리가 할 수 있는 만큼에서 최선을 다할 수밖에 없었습니다." "백문이 불여일견이라고, 일이란 막상 당해보지 않으면 아무도 모릅니다." 처칠은 계속 말했다. "우리는 발표된 공동선언의 조항이 신의를 가지고 완전히 이행된다는 것을 기초로 의무를 질 수 밖에 없었습니다."

그러나 처칠은 공개적으로는 스탈린의 언질에 대한 신뢰를 거듭 강조하는 자신의 주장을 고수했다. 처칠은 2월 19일 저녁 런던으로 돌아오자마자 전시 내각 회의에서 "스탈린은 세계와 폴란드에 선의를 가지고 있습니다. 러시아는 폴란드에서 자유롭고 공정한 선거가 치러지도록 준비하는 데 아무 불만도 없을 것입니다."라고 강조했다. 보수당 내의 반대 세력은 처칠에게 스탈린의 말에 문제가 생길 수도 있음을 인정하라고 강요했다. 이틀 뒤 전시 내각 회의에서 처칠은 "스탈린과 합의한 공동선언의 조항이 완전한 신의 속에서 실행되면 모든 일이 잘될 것입니다. 그러나 효과적으로 현실화되지 못한다면 우리의 약속은 변경되겠지요."라고 했다. 그리고 "러시아인들은 합의된 선언을 존중할 것입니다. 머지않아 이 문제에 대한 그들의 진정성을 판가름하는 시금석은 미코와이치크의 폴란드 귀환을 그들이 반대하느냐, 안 하느냐의 여부가 되겠지요."라고 덧붙였다.[4]

상황 판단이 빠른 정치인 처칠은 장차 폴란드에서 일어날 일의 책임을 자신이 아니라 소련 지도자에게 넘기기 위해 가능한 한 모든 노력을 기울였다. 의회 연설에서 처칠은 이렇게 말했다.

스탈린 원수와 소련은 폴란드의 주권적 독립이 계속 유지될 것이라 결정하고, 이 결정이 이제 대영제국 및 미국과 함께 이루어졌다는 가장 엄숙한 선언을 했습니다...... 내가 크림반도와 그곳에서 접촉한 사람들을 통해 얻은 인상은 스탈린 원수와 소련 지도자들이 서방 민주국가들과 명예로운 우정·평등 관계에서 살기를 원한다는 것입니다. 나는 그들의 말이 곧 그들의 약속이라는 느낌도 받았습니다. 나는 소련 정부보다 더 확고하게 내부의 반대를 무릅쓰고 자신의 의무를 지키는 정부를 알지 못합니다. 나는 이 자리에서 러시아의 선의에 대해 어떠한 논의도 하지 않을 것임을 선언하는 바입니다.

그러나 처칠도 얄타 합의가 다양한 해석의 길을 열어놓았다는 데는 인정했다. 그 선언은 어떤 방법으로 실행될 것인가? "보통선거·비밀선거 원칙에 의거한 자유롭고 구속받지 않는 선거" 같은 문구는 어떻게 해석될 것인가? 폴란드인을 공정하게 대표하는 "새" 정부가 현재로서 실질적으로 가능하게 "적절한 방법으로" 최대한 빨리 구성된다는 문구는 어떠한가? 선거는 자유롭고 구속받지 않은 채로 진행될 것인가? 모든 민주정당의 후보들이 유권자들에게 그들 자신을 소개한 후 선거운동을 할 수 있을 것인가? 민주정당이란 무엇인가?

이런 의문에 대한 처칠의 답변은 그다지 바람직하지는 않았다. 그는 정당 정책에 대한 토론을 듣는 청취자의 예를 들면서 "사람들은 늘 다른 관점을 취할 수 있습니다."라고 인정했다.

처칠의 설명은 얄타에서 서명한 문서들이 한 가지 이상의 방법으로 이해될 수 있음을 스스로 시사한 셈이었다. 그는 이미 존재하는 정부를 재조직하는 소련의 방식을 피하면서 새로운 폴란드 정부의 구성에 대해 말하기를 선호했다. "합의에서는 민족 화합의 새로운 폴란드 임시정부 설립에 대해 협의하기로 규정했습니다."라고 그는 의회에서 밝혔다. 그러나 실상 소련 측은 새로운 폴란드 정부를 구성하는 것이 아니라 기존 정부를 '재조직'한다는 자신들의 방식이 공동선언에 포함되었다며, 이를 소련의 주요 외교적 성과 중 하나라고 간주했다.

의회에서 반대파의 압박을 받은 처칠은 얄타 정신이 앞으로 주도권을 발휘할 것이라고 희망했다. "아무도 미래 세계를 보장할 수는 없습니다. 세계

루스벨트의 의회 연설 1945년 3월 1일 루스벨트가 미국 의회에서 마이크 앞에 앉아 2월의 얄타회담에 대해 보고하고 있다.

가 조각조각 나고 인류 역사에 무서운 시기가 도래하지 않을까 두려워하는 일부 사람들이 있습니다. 나는 그것을 믿지 않습니다. 희망은 분명히 존재합니다. 그것의 반대는 실망이자 광기입니다. 영국인은 실망의 속삭임에 자신을 내준 적이 없습니다."라는 연설 문구는 최종 원고에서 생략되었다.

루스벨트는 세계의 미래에 대해 처칠보다 훨씬 더 낙관적인 생각을 가지고 얄타를 떠났다. "얄타에서 우리가 내린 중요한 결정들은 승리를 앞당기고 지속적 평화의 군건한 토대를 마련할 것입니다."라고 루스벨트는 2월 23일 대서양 한가운데의 퀸시호에서 스탈린에게 전문을 보냈다. 얄타회담에 대한 미 의회의 토론이 끝난 다음 날인 3월 1일, 루스벨트가 의회에서 행한 연설은 좀 더 절제되어 있었다. 얄타에서 성취한 것은 올바른 방향으로 가는 첫

걸음이며, 다른 모든 국제적 합의와 마찬가지로 이것은 타협의 결과였다고 말했다. "미국은 100% 자신의 방식대로 할 수 없는데, 이는 소련이나 영국도 마찬가지입니다. 우리는 늘 이상을 추구하며 나가기로 결의를 하지만, 복잡한 국제 문제에 대해 언제나 이상적인 답과 해결책을 갖지는 못할 것입니다. 그러나 나는 얄타에서 도달한 합의를 바탕으로 과거 어느 때보다 정치적으로 안정적인 유럽이 가능하다고 믿습니다."

새롭게 부상하는 국가의 수사적 표현은 이미 쇠락하는 제국의 그것보다 겸손했다. 이는 얄타 합의문에 대한 태도에서 더욱 그랬다. 폴란드 문제를 비롯하여 얄타에서 내려진 주요 결정 사항에 대해 심각한 반대를 받지 않은 루스벨트는 스탈린에 대한 자신의 신뢰를 분명히 밝힐 필요가 없었다. 그는 새 폴란드 정부가 구정부의 재조직을 의미한다고 얘기한 면에서 처칠보다 솔직했다. "이에 준거해 기존의 폴란드 임시정부를 좀 더 넓은 민주적 기초에 따라 재조직하는 가운데 폴란드와 해외에 있는 민주 지도자들을 포함하기 위한 조치들이 얄타에서 취해졌습니다. 새로 재조직된 이 정부가 세 국가에 의해 폴란드의 임시정부로 인정될 것입니다."라고 루스벨트는 언명했다.

루스벨트도 얄타 합의를 있는 그대로보다 확대해석한 것에서 자유롭지 않았다. 처칠이 얄타 합의를 진정으로 주권적이고 독립적인 폴란드의 창설을 위한 기초로 사용했다면, 루스벨트는 그것을 자유 기구와 국제적 협력에 기초한 새로운 국제질서를 선도하는 계기로 보았다. 그로서는 위기적 상황에 대해 연합국들이 서로 협의하기로 한 UN과 유럽해방선언에 대한 3자 동의가 이러한 새 세계질서의 형성을 시사한다고 파악했다. "나는 크림반도 회담이 평화의 공동 기반을 찾기 위한 세 강대국의 성공적 노력이라고 생각합니다. 이것은 일방적 행동, 배타적 동맹, 영향권, 세력균형, 그리고 몇 세기 동안 시도해왔지만 늘 실패했던 모든 다른 편의주의적 방법의 시스템을 종결시키고, 또 그 종결을 의미해야만 한다고 생각합니다."라고 그는 의회에서 연설했다.

처칠과 루스벨트가 연설을 하는 동안, 제3제국의 선전장관인 요제프 괴벨스보다 더 이 연설을 기다리고 이 연설문에 비판적인 독자는 없었을 것이다. 괴벨스는 주로 폴란드 문제에 집중하여, 영국 의회에서 나온 얄타회담 결정에 대한 비판과 미국 언론의 반대 목소리에 고무되었다. 하지만 동시에 그는 이러한 비판이 전쟁의 진행 방향을 바꿀 것이라 기대하지는 않을 정도로 현실적이었다. "처칠은 이 논란에서 상처를 입지 않고 빠져나올 것이다. 영국은 전쟁의 현 단계에서 너무 약해 정부의 위기를 견뎌낼 여력이 없다. 영국은 다른 국가들을 따라가고, 다른 국가들의 결정을 따르고, 다른 국가에 매달릴 것이다. 영국은 하향의 길로 들어섰기 때문에 자신의 딜레마 속에서 마음을 졸일 수밖에 없다."라고 2월 28일 일기에 썼다. 여기서 '다른 국가들'이란 미국과 소련이고, 괴벨스는 소련이 회담 진행의 주도권을 잡고 있다고 생각했다.

괴벨스는 "독일 군국주의와 기독교의 품위가 공존할 수 있는 공간은 이 지구상에 없다"고 한 루스벨트의 말에 화가 났다. 3월 2일, 그는 "독일 민중이 외국 정치인의 연설에 신경을 덜 써야 한다는 생각을 분명히 하게 되었다. 그들은 매일 새로운 말을 세계에 쏟아내고 있다. 이것들을 문제 삼으면 우리는 그릇된 방법으로 그들을 위해 선전해주는 꼴이 된다. 루스벨트 연설에서 유일하게 흥미로운 점은, 일본과 지속적으로 벌이는 전쟁에 대해 그가 언급하지 않았다는 점이다."라고 판단했다. 하루 전, 괴벨스는 루스벨트가 얄타회담에서 일본에 대한 논의는 전혀 없었다고 하는 기자회견을 보고 위안을 얻었다. 연합국의 속임수는 효과를 거두었다.

그 후 며칠간 동부 유럽에서 소련의 조치에 대한 영국과 미국의 비평을 면밀히 추적한 괴벨스는 연합국 간의 관계가 벌어질 가능성에 대해 좀 더 비관적이 되었다. 3월 6일 그는 비서에게 "영국은 아무리 비싼 대가를 치르더라도, 현재로서는 소련과의 우호와 협력을 포기할 수 없다. 이것은 외교정책 어느 부문에서도 소련에 강하게 대항하는 영국을 미국이 지지할 자세가 준비되어 있지 않다는 사실 때문에 더 그러하다."라고 받아쓰게 했다. 소련과 미국의 관계에 대해서 괴벨스는 "미국이 대일본전에서 승리하거나, 소련의 호의와 참전에 더 이상 집착할 필요가 없을 때라야 미국은 소련에 대한 태도를 바꿀 것이다."라고 분석한 일본 정치인의 견해에 동의했다. 괴벨스의 희망은 바람 앞의 등불이었다. "우리의 정치적 장래는 제로이다. 그러나 이것은 매일매일의 상황에 따라 바뀔 수 있다. 특히 소련이 점령한 지역의 상황이 지난 며칠처럼 진행된다면 더욱 그렇다."라고 구술했다.

괴벨스가 한 이 말은 얄타회담 후 몇 주 동안 발생한 많은 위기를 가리킨다. 이 모든 것은 동유럽에서 취한 소련의 조치와 관련 있고, 얄타에서 서명된 합의문에 대한 각기 다른 해석과 서로 상충하는 정치적 의제의 결과와도 관련이 깊다. 3거두는 합의문에서 서로의 이견을 미봉책으로 가릴 표현을 찾았으나, 지금은 그 문제들을 해결하지 않은 대가를 치러야 했다.

얄타회담의 시간과 장소는 제2차 세계대전을 통틀어 가장 철저하게 보안에 부쳐진 비밀이었다. 루스벨트, 처칠, 스탈린이라는 3거두가 회담을 통해 획득해야 할 전리품은 세계를 삼켜버린 전쟁의 종식 방안을 찾는 것이었다. 세 사람은 머리를 맞대고 20세기의 가장 비밀스런 평화회담을 진행했다. 그들은 수백만의 병력을 이동시켰고 자신들에게 필요한 대로 전승국의 정의를 분배했다. 이 과정에서 평화의 지속을 위해 필요하다는 이유를 내세워 국가들의 운명을 결정하고, 수백만 명의 난민들을 동쪽과 서쪽으로 보냈다. 지정학적 야망과 자존심, 가치 체계의 경쟁, 자신들의 국가가 보유한 가장 영민한 협상가들 사이의 권력 경쟁이 1945년 2월의 여드레 동안 얄타에서 펼쳐졌다. 회담은 참가자들에게 끊임없는 도덕적 딜레마를 제공했고, 연합국의 지도자들뿐만 아니라 자국의 이익과 자신들이 모시는 지도자를 위해 분투한 참모들에게도 감정적 롤러코스터의 무대가 되었다. 어느 전쟁과 마찬가지로 어느 평화도 단막극이 아니다. 거기에는 시작이 있고 끝이 있으며, 좋을 때가 있고 나쁠 때가 있으며, 영웅이 있고 악당이 있다. 그리고 거기에는 대가가 따른다. 얄타가 보여주듯이 민주국가 지도자들이 아무리 노력한다고 해도 독재체제 및 전체주의 정권과 동맹을 맺는 데 따르는 대가가 있다. 동맹이 공통의 가치와 원칙에 기반하지 않는 한, 일단 처음의 갈등이 끝나고 나면 적군의 적은 당신의 적이 될 수도 있다. 민주주의는 오직 민주주의와 동맹을 맺어야 하고 공동의 가치가 앞으로의 동맹에 유일한 기초가 되어야 한다는 생각을 유지하기에는 세계는 너무 복잡하고 위험한 곳이다. 그러나 얄타는 민주국가들의 단합이 공동의 목표를 달성하는 데 필수적이라는 것을 보여준다. 얄타에서 보았듯이 적과의 사이에서뿐만 아니라 동지와의 사이에서도 이념적·문화적 차이가 있기 마련이다. 이러한 차이의 인정은 과도한 기대를 피하는 데 필수적이다.

Yalta

이 전쟁은 과거 속에 있지 않다.
누구든 영토를 점령한 그곳에서 자신의 사회제도를 실현한다.

—이오시프 스탈린

갈등의 조짐

1945년 2월 23일, 이오시프 스탈린은 소련 적군赤軍 창설 27주년을 기념하는 축하문을 발표했다.

> 1945년 1~2월에 공세를 시작한 지 40일 만에 우리 군은 300개 도시에서 독일군을 몰아냈고, 탱크·항공기·장갑차·탄약을 생산하는 100여 개의 군수공장을 점령했으며, 2,400개의 기차역을 장악하고, 총연장 15,000km에 이르는 철로를 확보했다. 이 짧은 기간 동안 독일군은 35만 명의 장교와 병사가 전쟁 포로가 되었고, 적어도 80만 명 이상이 사살되는 손실을 입었다. 또한 같은 기간에 적군赤軍은 3,000대의 독일군 항공기와 4,500대의 탱크와 자주포, 12,000정의 총포를 파괴하거나 획득했다. 그 결과 적군은 폴란드 전체와 체코슬로바키아의 상당 지역을 해방시키고, 부다페스트를 점령하여 유럽에서 독일의 마지막 동맹국인 헝가리를 굴복시키고, 동프로이센의 대부분과 독일령 실레지아(슐레지엔)를 점령하고, 브란덴부르크와 포메라니아에 진입하여 베를린으로 접근했다.

소련의 지속적인 겨울 공세와 얄타회담 종결에 관한 뉴스는 적군 창설

기념일을 큰 국제적 사건으로 만들었다. 워싱턴의 소련대사관은 천 명 이상의 손님을 초대하여 성대한 연회를 베풀었다. 뉴욕에서는 높이 6피트, 무게 500파운드 크기의 1,000달러짜리 케이크가 이 경축일을 축하했다. 연합국 간의 대연합은 그 어느 때보다 견고해 보였다. 워싱턴에 있는 사람들은 거의 대부분 동부 유럽의 눈 덮인 들판 위로 모여드는 먹구름에 주의를 기울이지 않았다.

루스벨트의 미 의회 연설로 시작된 3월에는 소련과 서방의 관계가 전례 없는 악화의 길을 걸었다. 소련군이 거둔 엄청난 성과는 하루하루 지날수록 소련이 점점 더 넓은 지역과 더 많은 사람을 통제하게 된다는 것을 의미했다. 런던과 워싱턴에 큰 우려를 불러일으킨 것은 이렇게 소련 측이 점령한 지역과 그 지역에서 그들이 주민을 다루는 방법 때문이었다. 몇 주 만에 소련-미국-영국 관계는 1941년 이후 최악의 상태로 악화되어 전시 동맹의 기초까지 흔들었다. 이것은 루스벨트가 미 의회에서 의기양양한 연설을 하고 이틀 후인 3월 3일에 스탈린에게 보낸 편지에서 시작되었다. 이 편지는 얄타 회담에서 상대적으로 덜 주목받은 문제인 연합국 측 포로에 대한 대우 문제를 다뤘다. 이 문제에 대한 합의문은 미국과 소련의 군지휘관들이 서명했는데, 최고 정치 지도자 수준에서 이 문제가 다루어진 것은 처음이었다.

"나는, 연합국 측 전쟁 포로를 집결시키고, 보급품을 공급하고, 대피시키면서 겪는 난관과 러시아 전선의 동쪽에서 실종된 미군 항공기에 대해 믿을 만한 정보를 가지고 있습니다."라고 루스벨트의 편지는 시작되었다. "실종된 미 조종사 및 미국인 전쟁 포로가 있는 곳인 폴타바와 폴란드 중간 지역에서 미군 조종사들이 운용하는 미 공군기 10대의 작전을 허용하는 지시를 시급히 내려줄 것을 요청합니다." 루스벨트 대통령은 이 위기를 바라보는 여론 동향에 대한 우려도 언급했다. "단지 인도적 차원뿐만 아니라 자국 전쟁 포로와 실종된 미군기 승무원들의 안위에 깊은 관심을 가지고 있는 미국 국민의 여론에 비춰 보아도 이 요청은 아주 중요하다고 생각합니다."

　루스벨트 편지의 퉁명스러운 어투는 모스크바에 있는 미국 수석 무관인 존 딘 장군이 느낀 분노를 반영한 것이었다. 그는 2월 17일 모스크바의 미국 대사관까지 걸어서 찾아온 미국 장교 3명의 경험담을 듣고 큰 충격을 받았다. 어니스트 그루엔버그(Ernest M. Gruenberg) 대위, 프랭크 콜리(Frank H. Colley) 소위, 존 디믈링 주니어(John N. Dimmling Jr.) 소위는 소련군 전선에서 멀리 떨어져 서쪽으로 이동된 독일 포로수용소에서 탈출했다. 그들은 차량을 얻어 타며 폴란드에서 모스크바까지 왔는데, 낮에는 소련 화물열차를 타고, 밤에는 농가에서 머물며 이동을 했다. 그들은 주민들로부터 얻은 식량으로 끼니를 때우면서 마지막에는 기차를 타고 모스크바에 도착했다. 기차역에서 만난 소련 병사가 미국대사관이 있는 곳을 가르쳐주었다.

　"누더기가 된 옷을 걸치고 우리 사령부에 도착한 이 세 명의 전쟁 포로보다 더 열렬한 환영을 받은 장교는 없을 것이라고 생각한다."라고 딘은 몇 년 뒤 회고했다. "우리에게 그들은 해방되기를 기대했던 수천의 미국인을 상징하며, 우리는 기회가 닿는 한 그들을 위해 많은 일을 준비해야 했다." 딘을 화나게 한 것은, 장교들의 이야기로 파악하건대 소련군 통제하의 동부 유럽에 있는 미군 전쟁 포로 숫자와 그들이 처한 환경에 대해 자신이 소련 측에게 기만당했거나, 아니면 좋게 보아도 자신이 무지했다는 점이었다.

　수천 명은 아니더라도 수백 명이 굶주리고 지치고, 일부는 긴급한 치료를 받아야 하는 미군 포로들이 미군 당국 대표를 찾아 폴란드의 숲속을 헤매고 있는 것으로 드러났다. 소련군 장교들은 그들에게 관심이 없었고, 포로들 중 일부는 총구를 겨눈 소련군에게 시계를 약탈당하기도 했다. 바르샤바 근처의 소련 송환자 수용소에는 수십 명의 부상당한 미군 포로들이 있는데, 딘 장군은 이 사실을 전혀 모르고 있었다. 몇 주 전 얄타회담에서 딘 장군이 서명한 포로 교환에 대한 합의서에 따르면 소련 측은 소련군 보호하의 미군 포로에 대한 정보를 그에게 제공할 뿐만 아니라 소련 전선 후방에서 미군 포로가 수용되어 있는 장소에 미 군사 및 의료 관계자가 들어갈 수 있도록 허용하기로 했다.

분노한 딘은 세 장교의 증언을 무기 삼아 소련 관계자들을 만나서 소련이 보호하고 있는 미군 포로에 대한 정보와 폴란드의 송환 캠프에 대한 접근권을 요구했다. 그가 제공받은 것은 소련군이 보호하고 있는 미군 포로 숫자에 대한 엇갈린 정보와 미 군사 당국자 한 명이 오데사에 설립된 송환 캠프에 들어가서 미군 포로들을 만날 수 있도록 보장해주겠다는 약속이었다. 딘은 폴란드에 있는 미군 포로들을 데리고 나오기 위해 미 당국자들이 비행기를 타고 폴란드에 들어가겠다고 제안했으나, 이 문제에 대해 아무 성과도 거두지 못했다.

딘 장군이 해리먼 대사의 도움을 얻으면서 그 일은 느리게나마 진행되기 시작했다. 해리먼이 안드레이 비신스키에게 강력히 요청한 결과, 의사 한 명을 포함한 소수의 미국 대표가 소련 비행기를 타고 루블린에 들어가는 것이 허용되었다. 그러나 이러한 미국의 제한적 접견권도 오래 지속되지 못했다. 폴란드에 일단 들어가자 대표단은 시내에만 머무르도록 행동이 제한되었다. 해리먼은 워싱턴에 연락하여 루스벨트 대통령이 직접 스탈린에게 문제를 제기하도록 요청했다. 그는 미군 포로들을 데리고 나오기 위해 미군기가 폴란드에 들어갈 수 있도록 허락을 받아내려고 필사적으로 노력했다.

루스벨트는 3월 3일 강경한 내용의 전문을 스탈린에게 보냈다. 스탈린은 이틀 뒤 답신을 보냈다. 그는 미군 포로들을 소련군 전선 후방의 송환 캠프로 옮기는 데 따른 어려운 작업을 끝냈다고 루스벨트 대통령에게 장담했다. 오데사에 1,200명의 미군 포로가 대기 중이고, 나머지 인원도 그곳으로 향하고 있다고 했다. 또한 미군 비행기나 대표단을 폴란드로 보낼 필요는 없다고 했다. 스탈린은 루스벨트를 진정시키려고 노력했다. "소련군이 데려올 수 있

REPATRIATION OF ALLIED WAR PRISONERS. ALLIED WAR PRISONERS, FREED BY THE SOVIET TROOPS, HEAD FOR THE PORT OF ODESSA WHERE A SHIP IS READY TO TAKE THEM TO THEIR HOME COUNTRIES. PHOTO BY M. OZERSKY, NO.24980. SIB PHOTOSERVICE.

연합군 포로의 송환   소련군에 의해 풀려난 연합국 전쟁 포로들이 본국으로 데려갈 준비가 되어 있는 오데사 항구로 향하는 모습이다.

는 지점에 미군 포로들이 도착하는 대로 우리 측은 그들에게 좋은 환경을 제공하기 위해 가능한 한 모든 일을 할 것이라고 당신에게 보증합니다."라고 답신에 썼다.

스탈린의 답신은 만족스럽지 못했다. 딘은 직접 폴란드로 가려 했고, 해리먼은 다시 한 번 비신스키에게 이를 허락해줄 것을 요청했다. 그가 받은 답은 외교적 함정의 낌새가 보였다. 비신스키는 딘에게 폴란드 정부에 허락을 요청하라고 했는데, 해리먼이 볼 때 그렇게 할 경우 모스크바가 통제하는 폴란드 정부를 미국이 인정하는 것이나 마찬가지였다. 해리먼은 또다시 루스벨트에게 도움을 청했고, 이를 받아들인 루스벨트는 더욱 강경한 메시지를 스탈린에게 보냈다. "솔직히 말해 미군 장교들이 자국 군인들을 도와주는 것을 당신들은 왜 허락하지 않는지 이해할 수 없군요. 우리 정부는 당신들이 요구한 것을 모두 들어주기 위해 할 수 있는 일을 다 했습니다. 이 문제와 관련해서 내 요구 사항을 들어주십시오. 해리먼을 불러다가 얘기를 들어주길 바랍니다. 그가 나의 요구 사항을 자세히 설명할 것입니다."라고 루스벨트는 전문에 썼다.

메시지의 일부는 요청이 아니라 명령처럼 들릴 수 있었다. 그러나 스탈린은 입장을 바꾸지 않았다. 3월 22일 스탈린은 루스벨트에게 답신을 보내, 그가 가진 정보가 정확하지 않다고 했다. 폴란드에 아직 남아 있는 미군 포로는 겨우 17명뿐이며, 이들은 곧 비행기로 오데사로 이동될 것이라고 했다. 그런 다음 스탈린은 비공식적이고 사적인 어투로 바꾸어 설명했다. "당신의 메시지에서 제기한 요청에 대해 말하자면, 나는 개인적으로 내 이익에 해가 됨에도 불구하고 기꺼이 따를 용의가 있습니다. 그러나 전선에 있는 소련군과 지휘관들의 이익으로 말하자면, 그들은 군사작전 수행과 아무 관련이 없는 장교가 추가적으로 배치되길 원치 않을 겁니다." 스탈린은 전쟁 포로와 아무 상관없는 군사령관(전쟁 포로는 완전히 비밀경찰의 관할하에 있었다)을 들먹이며 다시 한 번 '노'라고 답해왔다.

스탈린은 공세를 취할 준비가 되어 있었다. 이전에 소련 관리들이 제기한 것처럼 스탈린은 미국이 보호하고 있는 소련 시민들에 대한 부당한 대우를 비난했다. "소련군에 의해 해방된 미군 포로들은 소련 수용소에서 어쨌든 상대적으로 좋은 환경에 있습니다. 그러나 미국 수용소에 있는 소련 포로들 일부는 독일 포로와 뒤섞여 있고, 그들 중 일부는 부당한 대우를 받고 있으며, 미국 정부에 수차례 보고된 바와 같이 불법적 구타까지 당하고 있습니다."

이것으로 전쟁 포로와 관련해서 두 지도자의 서신 교환은 끝났다. 해리먼은 동부 유럽에 있는 미군 포로에 대한 제한 없는 접근을 요구하는 메시지를 한 번 더 스탈린에게 보내주기를 요청했지만, 루스벨트는 이를 거절했다. 이 일 말고도 그즈음에는 소련의 UN 창립총회 참석과 같이 중요한 사안들이 많았다. 게다가 소련 측이 미군 장교들을 폴란드에 들어오게 할 의사가 전혀 없다는 것도 분명해졌다. 그러나 미국의 압박은 어느 정도 효과를 거두어, 미군 포로들은 신속히 오데사로 이송되었고, 딘을 포함한 미국 당국자들은 그들에게 식료품과 의료 시술을 제공하고 그들을 미국으로 귀환시키는 일로 바쁜 시간을 보냈다.

이러한 교섭은 얄타 합의의 첫 시험대가 되었다. 그 결과는 분명하지 않았다. 소련 측은 합의문의 글자에 집착하고 합의의 정신은 무시했다. 그들은 미국 대표들에게 미군 포로를 접견할 수 있는 권리를 주기는 했으나, 이는 오직 소련 영내의 송환 캠프에서만 허락되었을 뿐 최근에 해방된 동부 유럽에서는 허락되지 않았다. 소련 측은 미국이 포로 문제를 핑계로 동부 유럽에 군사 요원을 들여보내 소련의 동태에 대한 정보를 수집하지 않을까 염려했다. 이 지역을 봉쇄하는 것이 소련의 정책이었고, 스탈린은 이를 바꿀 생각이 없었다. 미국 측은 자기네로 하여금 루블린 정부를 사실상 인정하도록 소련이 술수를 쓰고 있다 생각하여 이 미끼를 물지 않으려 했다.

소련은 미군 포로들을 상당히 잘 대우했다. 최소한 소련이 자국 포로보다 훨씬 나은 대우를 해주는 것은 분명했다. 포로들의 생활환경은 소련군 병사와 같은 수준이었고, 이 사실은 미국대사관과 딘과 다른 관계자들도 인정했다. 그러나 문제는 절대적 생활환경이 아주 열악했다는 사실이다. 딘은 모스크바에서 공수해온 미국 물자를 보충해야만 오데사 수용소의 배급량이 충분하다는 것을 알았다. 동부 유럽에 있는 많은 미국 포로들은 소련군 송환 수용소의 상황에 대한 소식을 들은 후 소련군을 피하여 숲속으로 숨거나, 할 수만 있다면 수용소를 탈출하여 스스로 알아서 생존 방법을 찾았다. 소련 측은 자신들 후방에 있는 미군 포로의 숫자를 너무 적게 추정하고, 미국 측은 이를 너무 많이 추정하면서 양측은 서로 불화했다.

감정적 격앙을 야기하는 문제이자 문화적 격차를 드러낸 전쟁 포로 문제로 루스벨트는 처음으로 자제심을 잃고 스탈린에게 성질을 부렸으며, 소련의 일 처리 방식에 진저리가 난 모스크바의 미국 외교관들 편을 전적으로 들어주었다. 루스벨트가 스탈린에게 보낸 격한 어조의 메시지는 이전의 전보문과 사뭇 다른데, 이는 부분적으로 레이히 제독이 초안을 만들고 얄타회담 이후 소련의 태도에 크게 짜증 난 해리먼 대사와 같은 국무부 관리들이 문안을 준비했던 탓도 있다. 그들의 이러한 짜증은 곧 대통령에게도 옮아갔다.

3월 13일, 대통령은 독일에서 연합국이 펼칠 정책을 논의하기 위해 행정부의 최고 경제 전문가인 리언 헨더슨(Leon Henderson)을 집무실로 불렀다. 그는 헨더슨에게 소련 측으로부터 예상치 못한 일이 발생할 수 있으니 독일에 관한 문제 처리를 서두르지 말라고 지시했다. 헨더슨은 "대통령은 영국인과 프랑스인, 그리고 우리는 합의를 준수할 것이지만, 러시아인들은 자기들 편한 대로 할 것이라고 말했다. 나는 대통령에게 그들은 자기네가 합의한 사안들을 깔끔하게 처리하지 않냐고 물었다. 나는 합의문을 떠올렸다. 대통령은 합의문이나 겉으로 드러나는 데서는 그들이 깔끔했지만, 다른 데서는 그들의 방식대로 할 것이라 말했다."라고 훗날 회고했다. 시간이 흐르면서 미군 포로 문제가 심각해지자 루스벨트 대통령의 초조감은 커졌다. 3월 24일 루스벨트의 노동문제 담당 비공식 자문관인 애나 로젠버그 호프먼(Anna Resenberg Hoffman)은 루스벨트가 점심 식사 중 전달된 스탈린의 전문에 대해 어떻게 반응했는지를 기억했다. 전문을 읽은 루스벨트는 "주먹으로 휠체어의 팔걸이를 내리친 다음 이렇게 말했다. '애버럴이 맞았어. 우리는 스탈린과 일을 할 수 없어. 그는 얄타에서 한 약속을 모조리 어기고 있어.'라고 말했다." 루스벨트 대통령은 미군 포로를 둘러싼 충돌 이상의 문제에 대해 얘기하고 있는 것이었다.

1945년 3월 8일 캐슬린 해리먼은 모스크바에서 언니에게 이렇게 편지를 썼다. "서부전선에서 펼치는 공세를 보면 전쟁은 다시 잘 진행되고 있는 것 같아. 오, 이건 정말 대단해. 그런데 여기 우리가 있는 곳의 뉴스는 조금 우울해. 우리의 용감한 동맹국은 지금 거의 악당과 비슷해. 애버럴은 아주 바빠서. 폴란드 문제, 전쟁 포로 문제, 게다가 내 추측으로는 발칸 문제까지 다루고 있어. 대사관은 뛰어다니는 발자국 소리, 목소리, 새벽까지 밤새 울리는 전화 소리로 시끄러워." 포로 문제로 인한 위기 상황에서 핵심적 인물인 애버럴 해리먼은 2월 말과 3월 초 발생한 연합국과 소련 사이의 다른 두 위기를 다루는 데도 중요한 역할을 했다. 그것은 바로 루마니아와 폴란드에서 취한 소련의 조치와 관련 있었다.

1944년 가을 몰로토프는 UN에 속하는 모든 국가의 영사관이 루마니아에 허용될 것이라고 미국대사와 영국대사에게 약속했다. 이것은 이탈리아에서 서방 연합국들이 취한 조치와 보조를 맞추는 일이었다. 그러나 1945년 1월이 되자 소련 측은 연합국통제위원회의 미국 대표인 리 멧캐프(Lee E. Metcalf)가 루마니아로 들어오는 것을 허용하지 않았다. 미국의 항의에 맞대응하기 위해 몰로토프는 해리먼에게 "이탈리아의 소련 대표들은 아무 권리도 갖고 있지 않습니다. 무엇보다 그들은 할 일이 없습니다. 이탈리아의 규정을 보면 그들은 단지 협의를 위해 그곳에 있을 뿐이지요."라고 말했다. 메시지는 분명했다. 동부 유럽에서 우리가 하는 일에 간섭하지 않으면, 당신들도 서부 유럽과 남부 유럽에서 행동의 자유를 갖게 될 것이라는 뜻이었다.

얄타회담 종료 이틀 뒤인 2월 13일, 루마니아의 공산주의자들은 니콜라에 러데스쿠(Nicolae Rădescu) 장군이 이끄는 연립정부의 축출을 요구하는 대규모 시위를 벌였다. 루마니아의 연합국통제위원회 소속 미국·영국 대표가 2월 24일 통제위원회 회의 소집을 요구하자 스탈린은 안드레이 비신스키를 부쿠레슈티로 파견했다. 얄타회담 직전 미 국무부가 작성한 비신스키의 짧

비신스키와 페트루 그로자 1945년 3월 14일, 트란실바니아가 루마니아에 합병된 것을 기념하는 행사에 안드레이 비신스키(안경 쓰고 주머니에 손 넣은 사람)와 페트루 그로자(가운데 인물)가 참가했다.

은 이력서로 판단하건대, 미국 측은 비신스키를 비교적 자유주의자로 여겼다. 미국 측은 이탈리아의 피에트로 바돌리오(Pietro Badoglio) 원수 정부를 소련이 인정하는 데 비신스키가 역할을 했으며, 또한 그가 루마니아의 러데스쿠 정부에 유화적으로 접근한 일을 긍정적으로 평가했다. 그러나 그들은 곧 큰 실망을 할 수밖에 없었다.

비신스키는 2월 27일 부쿠레슈티에 도착한 후 바로 국왕과의 면담을 신청했다. 면담에서 그는 러데스쿠 정부가 질서를 유지할 능력이 없다는 이유를 들어 정부의 즉각 해산을 요구했다. 그는 "진정한 민주 세력", 즉 공산주의자들과 그 동조 세력에 기반한 새 정부가 기존 정부를 대체하길 원했다. 다음 날 비신스키는 기존 정부가 "파시스트들"을 보호하고 있다면서 국왕에게 두 시간의 여유를 주고 정부를 해산할 것을 요구했다. 부쿠레슈티 주재 미국 대표들의 보고를 기반으로 제임스 번스는 회고록에 "그가 떠나면서 문을 너무 세게 닫는 바람에 문틀 주변의 회칠이 크게 손상되었는데, 이후 그것이 수리된 적은 없다. 그것은 그의 감정과 팔의 힘이 얼마나 강한지를 보여준 증거로 남아 있다."라고 기록했다. (루마니아 국가를 없애겠다는) 위협과 (헝가리령 트란실바니아Transylvania를 루마니아에 합병시켜준다는) 약속의 강온 양수를 써서 비신스키는 결국 공산주의자인 페트루 그로자(Petru Groza)가 이끄는 새로운 정부를 설립하는 데 성공했다.

소련이 조장한 쿠데타는 런던과 워싱턴에 경종을 울렸다. 처칠은 퍼센트 거래를 한 후 이를 직접적으로 항의할 수 있는 처지가 아니었다. 그는 루스벨트에게 호소했다. "러시아인들은 무력과 왜곡된 대표성으로 공산당 소수 정부를 세우는 데 성공했습니다." 루스벨트는 이에 동의했지만 행동에 나서기를 거부했다. 그는 "루마니아를 시험적 케이스로 보기에는 좋은 곳이 아니다."라고 생각했다. 소련은 1944년 가을 이후 이곳을 완전히 장악했으며, 소련군의 보급과 통신선에 대한 전략적 위치를 고려할 때 그들 행동의 군사적 필요성과 관련 있다는 소련 측 주장에 이의를 제기하기가 쉽지 않았다. 루스벨트는 발칸반도에 대한 처칠과 스탈린의 거래를 알고 있었으며, 잠재적으로 당혹스러운 상황을 만들 수 있는 루마니아 문제에 관여하는 것을 피하기로 결정했다.

워싱턴에서는 무슨 일이든 해야 한다는 인식이 점점 커졌다. 그러나 루스벨트 대통령은 침묵을 지켰고, 이에 스탈린은 상황을 개선하려는 미국 외교관들의 노력을 무시해도 괜찮겠다는 생각을 갖게 되었다. 1945년 3월 17일 몰로토프는 '유럽해방선언'에 의거하여 루마니아에 대한 협의를 하자는 미국 측의 요구를 거절했다. 이러한 미국의 접근법은 처칠이 루스벨트에게 제안한 것이었다. 루마니아의 위기가 해소되자, 몰로토프는 해리먼에게 위

기가 발생할 경우 연합국이 공동으로 협의하기로 한 '선언'의 조항을 인용할
필요가 없다고 말했다.

훨씬 더 심각하고 지속적인 문제는 폴란드에서 발생했다. 얄타회담에서
폴란드 정부의 구성은 몰로토프, 해리먼, 소련 주재 영국대사인 아치볼드 클
라크 커로 구성되는 위원회에서 다루기로 결정했다. 모스크바위원회는 폴란
드의 자유와 독립의 미래가 결정되는 주요 무대가 되었다. "폴란드에 관한
얄타의 합의는 '멋진 외양'을 갖추었고, 이제 세부적 사항을 만들어내는 큰
책임은 모스크바 주재 미국대사와 영국대사에게 달려 있다."라고 영국 외무
부는 미국 측에 전문을 보냈다. 해리먼은 크림반도를 떠나기 전부터 자신과
볼렌이 "이제 막 얄타에서 만들어낸 협상은 밑바닥에서부터 다시 시작되어
야 한다."라는 데 동의했다고 나중에 털어놓았다.

연합국이 이 위원회에 희망을 걸고 있었던 것에 반해, 런던의 폴란드 정
부 대표자들은 그런 환상을 가지고 있지 않았다. "모스크바에서 구성된 위원
회는 몰로토프가 조종할 것이다."라고 워싱턴 주재 폴란드대사 얀 치에하노
프스키(Jan Ciechanowski)는 2월 16일 미 국무장관 서리 조셉 그루에게 얘기
했다. 그는 싸움에 이미 진 것이나 다름없다고 생각했다. 사적으로 그는 그
루에게 연합국이 런던 정부 승인을 철회하면 자신과 직원들이 어떤 대우를
받게 될지를 물었지만, 그루는 이에 대답하지 않았다.

얄타회담 후 몇 주도 지나지 않아 처음으로 문제 제기를 한 것은 폴란드
인들이었다. 얄타회담 합의에 의문을 제기했던 미국 언론과 정치권 인사들
도 폴란드 유권자들을 대신하여 폴란드에 대한 같은 문제 제기를 했다. 2월
14일 자 『워싱턴 포스트』는 「런던의 폴란드인들은 3거두의 국경협약을 혹
평함. 회담이 대서양헌장과 상반된다는 비난 제기」라는 제목의 기사를 실었

다. 『워싱턴 타임스-헤럴드』는 「폴란드의 절반이 스탈린에게 양도됨」이라는 헤드라인 기사를 실었다. 일부 평론가들은 폴란드에 대한 거래를 "스탈린이 대부분의 조건을 지정한 타협안"이라고 평가했다. 버턴 켄들 휠러(Burton Kendall Wheeler), 헨릭 쉽스테드(Henrik Shipstead) 상원의원, 존 레신스키(John Lesinski)와 앨빈 오콘스키(Alvin O'Konski) 하원의원이 합의에 가장 비판적이었는데, 이들은 미국 내 폴란드 이민사회의 지도자들이었다.[1]

폴란드는 당연히 처칠에게는 더욱더 큰 문젯거리였다. 2월 12일 이미 영국 주재 폴란드대사인 에드바르트 베르나르트 라친스키(Edward Bernard Raczyński)는 영국 정무장관 리처드 로(Richard Law)를 방문하여 얄타회담 합의에 대해 명확히 설명해주기를 요청했다. 라친스키는 곧바로 폴란드에 대한 얄타 합의의 가장 취약한 부분을 지적했다. 루블린 정부의 계속적 존재를 인정한 점, 재조직되는 정부의 구성원 중 몇 명이 비공산주의 계열 정당에 할당된 것인지를 특정하지 않은 점, 그리고 반나치 정당이란 용어가 소련의 해석에 달려 있다는 점을 문제로 지적했다. 그는 또한 협상에서 최초로 폴란드의 동부 국경과 서부 국경이 별개로 다루어졌다고 말했다. 영국 측으로부터 들은 어떤 설명도 라친스키의 우려를 덜어주지 못했다. 그는 이 합의가 연합군과 함께 이탈리아 전선에서 싸우고 있는 폴란드 병사들에게 초래한 어려움도 지적했다.

닷새 후 육군 원수 해럴드 알렉산더는 이탈리아 전선의 폴란드 부대 지휘관 브와디스와프 안데레스(Władysław Anders)로부터 폴란드 병사들의 우려에 대해 들었다. 안데레스가 사령관에게 물었다. "폴란드가 참여하지도 못했고 그 대표의 견해를 발표하도록 초청되지도 못한 회담에 의해 정부는 교체되고 헌법은 폐지되었으며 지금까지의 모든 조약은 무효화된 상태에서, 지금껏 충성스럽게 싸워온 폴란드 병사들의 입장은 어떻게 되겠습니까?" 그리고 이렇게 따졌다. "폴란드 부대에게 가장 중요한 것은 그들 각자가 폴란드

브와디스와프 안데르스　폴란드 서부군을 이끈 지휘관으로, 이탈리아 전선의 해럴드 알렉산더 사령관과 함께 나치 독일군과 전투를 벌였다. 사진은 1944년 이탈리아 몬테카시노(Monte Cassino) 전투에서 활약할 당시의 모습이다.

를 위해 싸운다는 점이었습니다. 이제 그들은 도대체 무엇을 위해 싸워야 하는지를 묻고 있습니다." 알렉산더는 여기에 만족할 만한 답을 줄 수 없었다. 자신이 얄타회담에 참석하기는 했지만 정치 회담에는 들어갈 수 없어서 인내를 발휘할 수밖에 없었다고 말했다. 그는 폴란드 부대가 이탈리아 전선에서 주요 작전에 참여할 입장이 아니라는 점을 인정하고 폴란드 부대를 작전에서 배제하겠다고 약속했다. 얄타회담에서 내려진 결정에 대한 뉴스는 전선에서 문제를 일으키기 시작했다. 이런 상황은 처칠이 이미 얄타에서 경고한 것이다.

2월 21일 처칠은 안데르스 장군을 만났는데, "폴란드의 종말"을 예견하며 낙담하는 그의 모습을 보았다. 얄타 합의에 대한 비판은 단지 아르치셰프스키 정부와 이에 충성하는 폴란드군 조직에서뿐만 아니라 영국 정부의 폴란드 맹방인 미코와이치크와 그의 그룹으로부터도 나오고 있었다. 얄타공동선언 발표 후 미코와이치크는 폴란드 언론의 공격에 시달렸다. 언론은 얄타 합의가 그의 제안에 기반하고 있다고 주장했다. 전임 수상은 폴란드어와 영어로 항의문을 발표했다. 2월 16일 『데일리 헤럴드(Daily Herald)』에 실린 영어 발표문에서 미코와이치크는 자신이 결코 폴란드 동부 국경과 서부 국경을 별도로 다루자는 제안을 한 적이 없으며, 르비프는 폴란드에 남아야 한다고 주장했고, 현재의 루블린 정부를 확대하거나 재조직하는 것을 절대로 지지한 적이 없다고 밝혔다.

미코와이치크의 견해가 영국 여론에 끼칠 영향을 염려한 영국 외무부는 처칠과 이든이 얄타에서 돌아올 때까지 기다리지 않고 우방을 진정시키기 위해 회동을 가졌다. 이든은 2월 20일 영국에 돌아오자마자 미코와이치크와 전 폴란드 외무장관인 타데우시 로메르를 만났으나, 그들의 반응에 크게 실망했다. "우리가 다른 사람을 위해 한 일에 대해서 어떠한 감사도 기대하지 않도록 내 스스로 훈련시켜왔지만, 이 양반들이 우리가 크림 회담에서 결정한 합의에 그렇게 회의적이고, 그 계획의 의미에 대해 이토록 비판적일 것이라고는 전혀 생각지 못했다고 고백할 수밖에 없다." 아르치셰프스키 진영에서 시작되어 미코와이치크 추종자들에게 확대된 반란의 뉴스는 곧 영국의 정치계에 도달했다.

2월 27일 처칠이 영국 의회에서 행한 연설 중 가장 큰 논란을 일으킨 것은 폴란드 문제에 대한 합의였다. 처칠의 연설은 여러 번 중단되었고, 대부분 처칠의 보수당 소속인 의원 25명이 얄타회담 합의를 추인한 당수의 결의안에 반대표를 던졌다. 그들은 이 결의안이 동맹 폴란드에 대한 영국의 의무를 파기하는 것이라고 보았다. 요제프 괴벨스도 반대편에 서서 이 논란에 참여했다. "얄타회담 합의에 대한 비판은 보수당에서 주로 나왔다. 보수당의 이너 서클은 오래전부터 처칠을 올바른 방향으로 돌아오게 하거나, 아니면 그를 하야시키려고 애써왔다. 이너 서클에서는 당연히 독일을 말할 때면 폴란드에 대해서도 얘기했다."라고 일기에 적었다.

괴벨스는 틀렸다. 논쟁의 중심은 폴란드이고, 단지 초기 단계에 접어들었을 뿐이다. 폴란드 정부 구성 문제를 위임받은 몰로토프-해리먼-커 위원회가 진행되면서 새로운 단계가 시작되었다. 1945년 2월 23일 첫 회의 전에 얄타회담의 반복을 피하기 위해 영국 측은 미국과 공동 전략을 논의하려고 했다. 서방 연합국이 "힘을 합쳐 소련에 대항"한다고 소련 측에서 여길지라도, 그러한 인상이 주는 부정적 효과보다는 영국과 미국 측이 서로 "많은 중요한 현안에서 의견이 일치하는 것"을 논의하는 장점이 훨씬 크다고 생각했다. 서방의 목표는 새 정부에 비공산주의자 폴란드인들로 하여금 적절하게 대표성을 갖도록 포진시키고, 그들이 결정의 실행에 영향력을 미칠 수 있도록 그 능력을 확보해주는 것이었다.

영국 측은 몰로토프가 루블린 정부를 구실 삼아 서방 연합국 대사들이 제안하는 비공산주의자 후보들을 거부할 것이라고 의심했다. 그들은 어떠한 비공산주의자 후보도 일방적 결정에 의해 모스크바로 초청되는 인사에서 제외되어서는 안 된다는 주장을 펼쳤다. "그러므로 위원회는 '루블린'과 폴란드 내외에 있는 불특정 다수의 대표들을 즉시 모스크바로 초청하여, 위원회의 후원하에 그들 스스로 대표성을 띤 정부가 어떤 방식으로 구성될 수 있을지, 주요 직책의 배분 및 앞으로 있을 선거에서 대통령이 어떤 직무를 수행해야 하는지에 대해 논의해야 한다고 제안하는 바이다."라고 영국 외무부는 모스크바에 있는 영국대사에게 훈령을 내렸다.[2]

영국인의 판단이 옳았다. 몰로토프는 루블린 정부의 폴란드인들을 내세워 서방 연합국이 제안하는 몇몇 주도적 정치인, 그중 단연 스타니스와프 미코와이치크를 초청하는 것을 거부했다. 몰로토프는 처음에는 루블린 정부 대표만 초청하고 비공산주의자들은 나중에 초청하자고 제안했다. 모스크바의 서방 연합국 대사들은 신빙성 있는 정보가 부족하고, 상호 조정에서 실패했을 뿐만 아니라 내부 보안이 지켜지지 않았기 때문에 크게 불리한 상황이었다. 이에 반해 소련은 서방에 있는 여러 첩보원으로부터 서방 측의 계획과 의견 상충에 대한 정보를 입수했다. 이제까지 그래왔듯이 소련의 스파이들은 뛰어난 능력을 발휘해서 협상에 임하는 영국과 미국의 전략·전술에 대한 정확한 정보를 자신들의 감독자에게 제공했다.

소련 정보기관의 공식 자료에 따르면 1945년 3월과 4월 소련 지도자들은 얄타회담 직후 새로운 폴란드 정부에 대해 영국의 입장을 정리한 아치볼드 클라크 커 경에게 내린 영국 외무부의 공식 훈령과 얄타 결정에 브와디스와프 안데르스 장군이 보인 반응에 대한 영국 외무부의 편지 사본을 확보했다. 케임브리지 5인방이 제공한 이 서류의 사본들은 런던에서 바로 모스크바로 전달되었다.

1944년 여름 워싱턴의 영국대사관에 배치된 케임브리지 5인방 중 한 사람인 도널드 매클린은 영국–미국의 관계에 대한 정보를 소련 비밀경찰 뉴욕지부를 통해 전달하기 시작했다. 그의 서류들은 아주 중요하고 시급한 정보로 다루어져서, 외교 행낭을 통해 모스크바로 보내지는 대신 암호화되어 전보로 발송되었다. 이 같은 전송은 1945년 3월 영국 외무부와 소련 주재 영국 대사 클라크 커, 그리고 미국 주재 영국대사 핼리팩스 대사 사이의 교신 내용을 전달하는 방식에도 적용되었다.

매클린을 통해 소련은 커와 해리먼이 새로이 구성될 정부에 런던 출신 2명, 폴란드 출신 2명을 포함하여 추천하기로 결정했음을 미리 알았다. 해리먼이 추천한 런던 쪽 인사는 스타니스와프 미코와이치크와 스타니스와프 그랍스키이고, 폴란드 쪽 인사는 스타니스와프 쿠트셰바(Stanisław Kutrzeba) 교수라는 사실도 알았다. 매클린의 전문은 미국과 영국 사이에 이견이 발생한 분야도 드러냈다. 영국 측은 폴란드에서 취한 소련의 조치에 대해 몰로토프에게 따질 준비가 되어 있지만, 미국 측은 좀 더 타협적인 언어를 사용하길 선호했다. 매클린이 자신의 감독자에게 전달한 핼리팩스 경의 전문에 따르면, 미 국무부는 몰로토프에게 제안한 영국 측의 초안이 너무 강경하여 "폴란드에 대한 소련의 의도를 너무 크게 불신"하는 것으로 보인다고 여겼다. 해리먼은 미코와이치크가 얄타의 결정을 지지하지 않는다고 해도 그로 하여금 그것을 수용하는 성명을 발표하도록 압력을 행사해야 한다고 생각했다.

루블린 정부의 폴란드인들을 먼저 초청해야 하는지의 여부는 얄타 선언의 한 문장에 대한 해석에 집중되었다. 바로 다음 문장이다. "몰로토프, 해리먼, 클라크 커는 모스크바에서 먼저 현재의 폴란드 임시정부와 폴란드 내외의 다른 폴란드 민주 지도자들과 협의할 수 있는 위원회로서 권한을 부여받았다."* 첫 회의에서 몰로토프는 폴란드 정부의 대표들을 초청할 것과 모스크바로 초청될 다른 대표들의 명단에 대해 합의할 것을 제안했다. 클라크 커는 이 제안에 대해 "이 문제의 결정은 바르샤바 폴란드인들 없이 내려져야 한다."고 대응하도록 훈령을 받았다. 몰로토프는 폴란드에 대한 얄타 합의문의 문구를 인용했고, 두 대사는 결국 바르샤바 폴란드인들을 먼저 초청한다는 데 동의했다.

이후에 두 대사는 몰로토프가 얄타 합의문을 잘못 해석했다면서 이전에

---

* 얄타 합의문의 이 문장과 관련하여 해석의 논란이 생긴 만큼, 독자의 이해를 돕기 위해 원문을 제시한다.
M. Molotov, Mr. Harriman and Sir A. Clark Kerr are authorized as a Commission to consult in the first instance in Moscow with members of the present Provisional Government and with other Polish democratic leaders from within Poland and abroad.

했던 동의를 번복했다. 합의문 초안을 작성하는 데 참여했던 찰스 볼렌이 이 문제에 대해 워싱턴에서 자문해주었는데, 문안에 들어 있는 "먼저(in the first instance)"라는 문구는 바르샤바 정부에 적용되는 것이 아니라 위원회의 첫 회담 장소로 모스크바를 가리키는 것이라고 확인해주었다. 이는 이 위원회가 나중에 바르샤바에서 회의를 할 수도 있음을 전제한 문구라고 했다. 이것이 원래의 의도였을지는 몰라도 이 문서에는 바르샤바 회의의 가능성에 대한 언급은 없었다. "먼저"라는 문구가 바르샤바 폴란드인들에게 적용된다는 해석을 한 것은 몰로토프가 처음이 아니었다. 「몰로토프에게 제안할 폴란드 위원회의 구성에 대하여 가능한 접근 방법」이라는 제목이 붙은 영국대사관의 문서가 위원회의 첫 회의 하루 전날인 2월 22일 모스크바 주재 미국대사관에 접수되었는데, 이 문서에도 동일한 해석이 담겨 있었다. "위원회는 먼저 현재 바르샤바에서 활동하고 있는 임시정부 대표들을 만나고, 그 다음에 다른 민주 정치단체를 만나며, 그러고 나서 기타 분파 전체를 함께 만나야 한다."

위원회가 당면한 또 하나의 문제는 '민주(democracy)'와 '파시즘(facism)'에 대한 각기 다른 해석이었다. 이 논쟁은 한쪽에는 처칠과 이든, 다른 쪽에는 스탈린과 몰로토프가 포진한 채로 이미 얄타에서 시작되었고, 그 반향이 모스크바에서 그대로 재현되었다. 3월 6일 몰로토프는 서방 대사들이 추천한 후보자들이 "완전히 민주적이지 않을 수 있다"고 문제를 제기했다. 그가 표적으로 삼은 인물은 크라쿠프의 사피에하 대주교*였다. 몰로토프에 따르면 그는 "호사를 누리며 한때 공공 학교의 증설을 반대했다." 소련이 보기에

---

* **사피에하 대주교와 요한 바오로 2세 교황** 독일이 폴란드를 점령한 제2차 세계대전 때 사피에하 대주교는 당시 신학생인 카롤 유제프 보이티와(Karol Józef Wojtyła)를 보호해준 적이 있다. 그 신학생은 추기경을 거쳐 1978년 요한 바오로 2세 교황에 취임하여 폴란드가 소련의 위성국에서 벗어나는 데 큰 역할을 했다.

완전한 민주주의자에서 조금이라도 모자라면 곧 파시스트였다. "그래도 우리가 실수를 할 수 있습니다. 우리가 바르샤바의 조언을 듣지 않으면 우리들 중에 파시스트가 포함될 수도 있습니다."라고 몰로토프는 주장했다.

처칠이 얄타에서 경고한 바대로, 소련 측은 '파시스트'라는 용어를 자신들의 적에게 무차별적으로 사용할 준비가 되어 있었다. 누구든 단지 정부를 비난한다는 이유만으로 '파시스트'가 될 수 있었다. 2월 18일 자 『프라우다』는 미국 하원의원 앨빈 오콘스키가 해방된 폴란드의 상황에 대해 "파시스트적 선전"을 퍼뜨린다고 비난했다. 소련 언론은 또한 "『워싱턴 포스트』의 악명 높은 브라운과 같은 일부 친나치적인 언론인"의 글에 대해 발끈했다. 런던의 폴란드 망명정부가 얄타 합의에 반대한 일을 괴벨스의 선전 기구가 칭송한 것도 소련의 선전 전쟁에서는 좋은 표적이 되었다. "망명한 '정부'의 정치적 파산은 크림의 결정을 감히 폴란드의 다섯 번째 분할이라고 부르는 히틀러의 하수인들에 의해 그 모습을 드러냈다."라고 소련 언론은 주장했다.

1945년 초기 소련 언론에 대한 모스크바 주재 미국대사관의 분석을 보면 얄타회담 당시 소련이 민주주의를 어떻게 이해하고 있었는지를 알 수 있다. 이집트에서 치러진 것과 같은 선거는 부패한 정치인들의 게임으로 규정되었다. 소련 언론은 미국식 자유 언론 모델을 공격했는데, 이것은 세계 다른 지역에 좋은 예로 활용될 수 없다고 했다. '자유 언론'이 자유롭지 않고 특별한 이익에 봉사하며, 국가 주도의 언론에 비해 열등하다고 공격했다. 소련의 입장에서 민주주의는 인민의 힘이고, 이것은 전위 공산당에 의해 가장 잘 실행될 수 있다. 소련 측은 서방 연합국이 스스로 민주주의라고 부르는 권리를 의심하지는 않았지만, 자신들이 내세우는 민주적 자격도 의심하지 않았다. 얄타회담 후 소련 언론은 얄타 합의를 "위대한 민주국가들"의 성취로 치켜세웠다. 잠시 동안 소련 지도자들은 미국과 영국을 민주국가로 간주했지만, 이 용어를 그들이 독점적으로 쓰도록 놔두지는 않을 작정이었다.

처칠은 조만간 소련 지도부 및 서방에서 그들에 동조적인 사람들이 민주적 용어를 대중 선동으로 사용할 것이라는 위험을 진작 알아챈 유일한 서방 지도자였다. 1944년 12월 그는 영국 의회에서 민주주의 대해 어떻게 이해하고 있는지, '민주주의'란 단어가 어떻게 해석되어야 하는지에 대해 설명을 해야 하는 입장이 되었다. 그리스에서 공산주의 게릴라 섬멸을 지시한 그의 정책에 쏟아지는 공격에 대응하면서 "민주주의에 대한 나의 생각은 평범하고 겸허한 일반 사람, 아내와 가족을 거느리고 있는 평범한 사람, 자신의 나라가 위험에 처했을 때 싸우러 나가는 사람, 적절한 시간에 투표장을 찾아가는 사람, 자신이 희망하는 후보가 의회에 선출되기를 바라며 그 이름이 적힌 투표 용지에 십자 표시를 하는 사람—이런 사람들이 민주주의의 초석이라고 봅니다." 처칠이 그리스 공산주의자들의 성격을 규정한 것처럼 전체주의 체제를 수립하기를 원하는 무장 단체는 "민주주의를 닮지 않은 것"이다.

스파이 전쟁

1945년 2월 13일 미 국무장관 스테티니어스와 그의 측근들은 소련 외무차관 안드레이 비신스키가 모스크바의 외무부 영빈관에서 주최한 만찬에 참석했다. 스테티니어스와 가장 가까운 측근인 프리먼 매튜스, 앨저 히스, 와일더 푸트(Wilder Foote) 세 사람은 논의를 계속하기 위해 그 전날 얄타에서 비행기를 타고 모스크바로 날아왔다. 이들은 소련의 수도에서 만 하루만 보내고 떠났는데, 그 와중에도 몰로토프의 초대를 받아 〈백조의 호수〉 공연을 볼 시간을 냈다.

비신스키가 연회 초청인으로서 건배를 주로 제의했는데, 그의 건배는 스테티니어스 장관에게 깊은 인상을 남겼다. "소련은 미국으로부터 배우려고 최선을 다하고 있습니다. 미국은 미국을 유명하게 만든 많은 것들을 생산해 내는 기술을 통달했습니다."라고 비신스키는 건배를 하면서 분명히 말했다. 이 건배사는 경제를 거론하고 있지만, 동시에 양국 사이의 경쟁과 미국의 기술력을 얘기하고 있었다. 소련의 모방 방식은 종종 점잖지 못한 모양새를 띠었다. 비신스키는 미국의 극비 사항인 맨해튼 프로젝트에서 기술적 정보를 빼내려는 노력에 대해 알고 있지 못했을 수도 있지만, 그렇다고 소련의 스파이 활동 세계를 전혀 모르는 문외한은 아니었다.

그날, 아마도 저녁 식사 때 또는 그 후인 볼쇼이 공연에서 비신스키는 얄타 대표단의 일원으로 스테티니어스를 수행해서 온 소련 첩자를 만났다. 1930년대 모스크바의 공개재판 때 영웅 검사이자 얄타에서 몰로토프의 오른 팔이었으며, 몇 주 후 부쿠레슈티 왕궁의 문을 망가뜨린 무뢰한인 비신스키가 미국 요원을 만난 일은, 그 요원에게 임무를 훌륭하게 수행해냈다며 소련 군 군사정보부(GRU)의 사의를 전달한 장면이 틀림없다. 다음 날 아침 그는 모스크바 공항으로 나가 미국 대표단을 환송했다. "영하의 날씨였고, 진눈깨비가 내리고 있었다. 몰로토프는 검은 코트와 검은 털모자를 썼고, 비신스키는 외무부 정복을 입고 있었다...... 그들은 그곳에서 우리를 기다리고 있었다. 우리는 국가國歌 〈성조기여 영원하라〉가 연주되는 가운데 차에서 내렸다. 환한 조명 속에 C-54기의 알루미늄 합금 동체가 빛나는 광경을 보았다...... 인상적인 장면이었다."라고 스테티니어스는 훗날 회상했다. 스테티니어스는 소련 첩자를 비행기에 태우고 모스크바를 떠나는 참이었다.[1]

소련의 스파이 대장들(spymasters)에게 미래는 더할 수 없이 밝았다. 3월 30일 워싱턴 주재 소련 비밀경찰인 아나톨리 고르스키(Anatolii Gorsky) 중위는 모스크바의 상관들에게 그달 초 'A'라는 암호명을 가진 비밀경찰 요원과 얄타에 있었던 '알레스(Ales)'라는 이름을 가진 소련 스파이 사이의 미팅에 대해 암호 전문을 보냈다. 고르스키의 암호명인 바딤(Vadim)의 서명이 들어간 암호 전문은 다음과 같았다.

A와 알레스가 나눈 대화의 결과로 다음 사항이 확인됨. 알레스는 1935년 부터 꾸준히 이웃들과 일해 왔음. 과거 몇 년 동안 그는 이웃들의 대부분이 그의 친척으로 구성된 '관찰 보호 대상자들(probationers)'에서 지도자 역할을 했음. 이 그룹과 알레스는 군사정보 획득을 위해서 주로 일했음. 강둑(Bank)에 대한 자료는 이웃들에게 큰 관심 사항이 아니었고, 그는 이

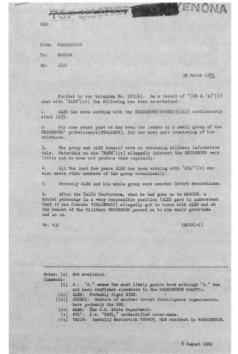

베노나 프로젝트
제2차 세계대전 중인 1943년부터 1980년까지 미 군사정보국이 소련의 정보 교신을 감청하기 위해 진행한 프로젝트다. 이 암호 해독문의 아래 코멘트를 보면 알레스를 앨저 히스로 지목하고 있다.

러한 자료를 정기적으로 생성하지 않았음...... 최근에 알레스와 그의 그룹 전체가 소련의 훈장을 받았음. 얄타회담 후 알레스는 아주 책임 있는 자리에 있는 소련 인사와 접촉했음(알레스는 이 인물이 비신스키 동지라는 사실을 알려왔음). 그리고 군사 이웃들의 부탁을 받고 그에게 감사의 뜻을 전달했음.[2]

1943년 미 군사정보국이 소련의 정보 교신을 감청하기 위해 시작한 베노나 프로젝트(Venona Project)의 일환으로 미 방첩부가 가로채서 종전 몇 년 후에 암호 해독된 전문은, 얄타회담 때 미국 대표단의 일원이며 회담 뒤에는 모스크바로 간 인물이 소련 스파이망('관찰 보호 대상자들probationers')을 운영

스테티니어스와 앨저 히스 얄타회담에 참석한 스테티니어스(왼쪽에, 양손을 코트 주머니에 넣은 사람)와 앨저 히스(나비넥타이를 한 사람)가 1945년 1월경에 찍은 사진이다.

해왔다는 사실을 나타낸다. 그는 비밀경찰의 해외정보국에서 일하지는 않았지만, 비밀경찰의 용어로 당시 소련 군정보국을 의미하는 '이웃들'과 접선하고 있었다. 소련 군정보국은 미 국무부를 뜻하는 '강둑(Bank)'에 대한 정보에는 관심이 없었다. 군정보국은 첩자를 통해 많은 정보를 알아냈고, 이것은 이러한 정보를 원하고 있던 비밀경찰이 '이웃'의 성공적인 활동을 부러워하게 만들었다. 군정보국 첩자의 성공은 그가 10년간 일해왔다는 사실과 소련의 훈장을 받았다는 사실, 그리고 비신스키의 감사 표명으로 증명되었다. 그러면 누가 이 신비에 감춰진 알레스이고, 그는 어떤 정보를 소련의 스파이 대장에게 넘겨주었을까?

오늘날 알레스가 앨저 히스라는 사실을 의심하는 사람은 별로 없다. 그는 당시 미 국무부 특별정무국의 부국장을 맡고 있었고, UN 창설 작업에서 루스벨트의 자문 위원이었다. 얄타회담 때 미국 대표단의 일원이고, 회담 후 모스크바를 여행한 그는 1930년대 공산주의운동을 펼쳤던 한 사람이다. 그의 친척은 아마 소련의 '관찰 보호 대상자들'이었을 것이다. 예컨대 남동생은 국무부에서 일했고, 히스의 부인도 그와 정치적 견해를 같이했다. 하지만 소련의 관찰 보호 대상자로서 히스가 가장 유력한 용의자였다. 샌프란시스코에서 열린 UN 창립총회 준비에서 눈부신 활약을 펼친 그는 미국에 있는 소련 비밀경찰들에게 자신의 존재를 알렸고, 그들은 경쟁 정보기관의 뛰어난 첩자였던 그와 접선하기로 결정했다. 3월 5일 작성된 전문에는 루블(Ruble: FBI는 그를 해럴드 글래서Harold Glasser라고 밝혀냄)이라는 암호명을 가진 인물에게 알레스에 대한 평가를 요청했다. 그에 따르면 "굳고 결연한 성격을 가졌고, 강직하고 결단력 있는 인물이며, 불법적 지위에 있는 공산주의자임. 불행하게도 다른 모든 현지 공산주의자와 마찬가지로 그는 보안 규칙(konspiratsiia)을 자신의 일로 생각하고 있음."이라고 특징지었다. 이념적 이유로 소련을 위해 스파이 노릇을 한 다른 많은 소련 동조자들과 마찬가지로 히스는 자신을 자유로운 첩자라고 생각했고, 간첩 업무 규칙에 대한 감독자들의 지시를 무시했다. 그의 기술적 결점이 무엇이든 간에, 그는 자신을 워싱턴에 거주 중인 비밀경찰 요원 아나톨리 고르스키와 만나게 하려는 글래서의 시도에 퇴짜를 놓았다.

히스는 샌프란시스코에서 개최된 UN 총회의 사무총장에 임명되면서 언론의 스타가 되었다. 4월 16일 자 『타임』은 히스의 유엔사무총장 임명을 독자들에게 알리면서 "멀쑥하고, 하버드대학교를 졸업한 앨저 히스는 미 국무부에서 가장 머리가 뛰어난 젊은 직원이다."라고 보도했다. 또한 그가 이미 얄타에서 이 직위에 선발되었다고 언급했다. 이 기사는 히스가 UN 창립총회에서 '중요한 인물'이 될 것이라고 예견하며, "의제를 조율하는 사무총장으로서 그는 무대 뒤에서 누가 어떤 일을 시작할지를 결정하는 데 큰 영향력을 발휘할 것이다."라고 했다. 『타임』의 창간인이자 발행인인 헨리 루스(Henry Luce)는 샌프란시스코에서 펼친 히스의 활약에 감명을 받고 1945년 5월 28일 자 기사에 그를 "젊고, 잘생기고...... 국제적 사무총장으로 활약하는 국무부 직업 관리이다. 수많은 골칫거리를 처리하면서도 긴장하지 않고 용의주도하게 일을 처리하는 히스는 정신없이 복잡한 국제기구의 주인이다."라고 언급했다.

그러나 『타임』의 편집진 모두가 얄타회담이나 샌프란시스코에서 이룬 히스의 성과에 흥분한 것은 아니었다. 그중 한 사람인 휘태커 체임버스는 「지붕 위의 유령들」이라는 제하의 정치 풍자 우화에서 얄타회담에 대한 부정적 평가를 실었다. 이 기사에서 그는 스탈린을 차르들의 제국주의적 정책을 계속 이어 나가기로 작정한 인물로 그렸으며, 니콜라이 2세도 동부 유럽에서 스탈린의 영토 확장을 칭찬했을 것이라고 했다. 나중에 체임버스는 히스가 얄타에서 한 역할을 모르는 상태에서 이 글을 썼다고 주장했다. 그 뒤 샌프란시스코에서 거둔 히스의 성공을 들은 체임버스는 히스가 공산주의자인데도 불구하고 중요한 직책을 맡았다고 동료들에게 불만을 털어놓았다.

1920년대와 1930년대에 대부분 공산주의자로 활동했던 체임버스는 소련을 위해 스파이 활동을 하는 다른 활동가들의 연락책을 맡았다. 그는 대숙청 기간에 모스크바로 '초청'을 받았지만, 편집광적인 스탈린 지도부에 의해 소환된 소련 첩자들의 섬뜩한 운명을 알고 나서 이 영예를 거절했다. 그런 다음 그는 확고한 반공산주의자가 되어 이전의 공산당 동료들에 대한 단독적인 십자군 투쟁을 전개했다. 제2차 세계대전 발발일인 1939년 9월 1일 체임버스는 국무부 정보 담당 차관보인 아돌프 베를(Adolf Berle Jr.)에게 앨저 히스 및 워싱턴의 정부 관리 다수가 공산당원이라고 편지로 알렸다. 그 당시에는 이 사건이 우선순위에서 밀렸고, FBI도 1942년이 되어서야 체임버스를

휘태커 체임버스와 앨저 히스　휘태커 체임버스(왼쪽)는 공산주의자로 활동하다가 반공산주의로 돌아선 뒤 앨저 히스(오른쪽)가 공산당원이라며 미 국무부 정보부에 알렸다. 오른쪽 사진은 미 하원 반미활동조사위원회 청문회에 참석한 히스의 모습이다.

만나 얘기를 들었다. FBI 요원들이 접근하자, 히스는 공산당 활동에 관계한 적이 없다고 혐의를 부인했다.

　1945년 봄, 히스가 샌프란시스코에서 최고위직에 임명되자 FBI는 체임버스의 고발에 다시 관심을 기울이기 시작했다. 국무부 내부 감찰팀도 주의를 기울여서 이번에는 체임버스를 면담했다. 체임버스는 이전에 고발했던 원래 내용을 반복했다. 그러나 계속 조사할 근거가 거의 없었고, 국무부 내부 감찰팀도 국무부의 떠오르는 별을 그대로 두는 방법 외에는 다른 선택의 여지가 없었다. 다만 FBI 국장을 오래 역임한 존 에드거 후버(J. Edgar Hoover)는 포기하지 않았다. 그의 첩보원들은 1945년 5월 체임버스를 다시 면담했고, 그런 다음 히스에게 불리한 정보들을 하원의 가까운 의원들과 가톨릭 신부인 존 크로닌(John Cronin)에게 유출했다. 크로닌은 리처드 닉슨(Richard Nixon)이나 조지프 매카시(Joseph McCarthy)가 설전에 뛰어들기 훨씬 전에

앨저 히스 사건 휘태커 체임버스는 자기 농장의 호박 속에 숨겨둔 마이크로필름을 공개했다. 그는 미 국무부의 기밀이 담긴 이 필름을 히스의 부인으로부터 받은 것이라고 주장했다. 사진은 반미활동조사위원회(HUAC)의 리처드 닉슨(오른쪽)이 마이크로필름을 조사하고 있는 모습이다.

맹렬한 반공산주의자 십자군으로 명성을 날린 인물이다.

1946년 히스는 카네기국제평화기금(Carnegie Endowment for International Peace)의 수장이 되기 위해 국무부를 그만두었지만, 이 사임이 계속되는 감시에서 그를 해방시키지는 못했다. 1948년 8월 베를린 봉쇄로 소련과 미국의 대결이 정점에 달했을 때 체임버스와 히스는 하원의 미 하원 반미활동조사위원회(House Un-American Activities Committee, HUAC) 공개회의에서 대면했다. 체임버스는 히스를 공산주의자라며 비난했고, 히스는 공산당원이 된 적이 없다고 부인했다. 이 사건의 큰 전기는 1948년 11월과 12월에 일어났다. 히스에게 명예훼손죄로 고발당한 체임버스는 자기 농장의 호박 속을 파서 그 안에 감추어두었던 미 국무부 기밀문서의 사본을 담은 마이크로필름을 공개했다. 체임버스에 따르면, 그는 이 문서들을 1937~1938년 히스와 그의 부인 프리실라(Priscilla)로부터 얻었으며, 프리실라가 소련의 스파이 대장인 보리스 비코프(Boris Bykov)의 지시를 받아 우드스탁 타자기로 다시 친 것이라고 주장했다.

반미활동조사위원회 청문회는 갑자기 새롭고도 위험한 의미를 띠기 시작했다. 루스벨트 행정부의 일부 구성원들이 공산주의 사상을 가졌다는 것을 밝히려던 청문회가 미국 정부에 대한 소련의 침투를 비난하는 대중의 큰 관심을 끄는 사건으로 바뀌었다. 냉전의 첫 단계에서 소련–미국 관계의 극적 악화로 점점 확대된 스파이에 대한 집착은 앨저 히스의 운명을 결정하는 데 일조했다. 그는 공소시효 만료에 따라 간첩 혐의로 공식 기소되지는 않았지만, 1950년 1월 위증죄로 유죄판결을 받았다. 그는 체임버스와의 관계를 부정하고 서로 알고 지냈던 기간에 대해 거짓말한 위증죄로 5년 형을 선고받았다.[3]

히스 재판은 미국 정치의 분수령을 이루었다. 히스가 스스로를 뉴딜정책의 열렬한 지지자로 묘사하면서, 루스벨트 행정부의 자유주의적 정책에 어두운 그림자가 깔렸다. 이 재판은 공산주의적 신념과 스파이 활동 사이의 연관성뿐만 아니라 자유주의와 국가이익에 대한 배신 사이의 연관성도 시사했다. 히스는 정말로 체임버스와 존 에드거 후버가 주장한 대로 공산당원이고 소련 스파이였을까? 아니면 엘리너 루스벨트와 『뉴 리퍼블릭(The New Republic)』 잡지의 창간자 중 한 사람이자 영향력 있는 정치평론가인 월터 리프먼(Walter Lippmann) 등, 히스의 후원자들이 주장한 대로 마녀사냥의 희생물이었는가? 오늘날 학자의 대부분은 '알레스'의 활동을 담은 1945년 3월 30일의 아나톨리 고르스키 보고서를 포함한 베노나 서류철은 1940년대 후버가 갖지 못한 '명백한 증거'가 된다고 생각한다. 소련 붕괴 후 접근이 가능해진 소련 정보기관 문서들도 같은 방향을 가리키며 히스에 대한 혐의를 공고하게 만들었다. 이러한 정황은 히스가 장기간 소련의 스파이로 활동했으며, 얄타회담 당시에도 활동 중이었다는 판단에 의문의 여지를 남기지 않는다.

소련 정보 당국이 얄타에서 히스로부터 일일 보고를 받았다는 주장은 설득력이 떨어진다. 이는 서류 증거로는 입증되지 않고, 은퇴한 소련 정보기관의 관계자들과 그들 가족의 기억에 기초한 것이다. 소련 정보 요원 출신의 구두 증언에 따르면, 얄타에서 히스는 소련군 정보기관의 고위급인 미하일 밀스테인(Mikhail Milshtein)과 정기적으로 회동을 가졌으며, 밀스테인은 훗날 자신이 정보원과 같이 회담에 참석했었다고 회고했다. 이것이 정말 사실이라면, 얄타에서 밀스테인이 접선한 사람은 바로 히스이고, 소련 측 감독자들은 정치적 문제보다 군사적 문제에 더 큰 관심이 있었다는 것을 말해준다. 이것이 히스의 스파이 활동에 대해 알려진 것과 얄타에서 그가 소련의 UN 회원국 가입에 대해 취한 입장에서 나온 결론이다.

1953년 미 상원 청문회에서 찰스 볼렌은 히스가 어떤 정책적 사안에 대해서도 루스벨트 대통령에게 자문해준 적이 없다고 증언했다. 또한 그가 스테티니어스의 보좌관으로 일했지만 정상들의 협상에는 참여한 적이 없고, 전체 회의와 외무장관 회담에 단지 회담 기록자로 참석했다고 말했다. 볼렌은 "폴란드, 극동 문제와 다른 사안에 대해 히스가 의견을 밝힌 것을 나로서는 기억하지 못하고, 다만 UN 문제에 대해 그가 의견을 제시한 것은 기억한다."라고 말했다. 얄타회담이 끝나고 25년 이상이 지난 뒤에 쓴 회고록에서 볼렌은 한 걸음 더 나아갔다. 볼렌은 얄타회담 이전에 히스를 개인적으로 알지 못했으며, "얄타의 회의 석상에서 그는 움푹 파인 얼굴에 늘 심각한 표정을 짓고 있었다. 그는 외향적인 타입이 아니고, 그의 동료들을 마치 상관인 양 여기는 듯했다."라고 썼다. 볼렌은 히스가 친소련적인 입장을 취하기는커녕, 스탈린이 UN 총회의 회원국으로 소련에게 추가로 2석을 더 달라고 할 때 그가 나서서 미국 대표단의 반대 입장을 이끌었다고 주장했다. 이 주장은 미 국무부 문서로도 입증된다.

새로운 증거가 보여주는 바와 같이 만일 히스가 정말 소련의 스파이였다면 얄타에서 그의 행동은 수수께끼 같다. 우리가 오늘날 아는 것으로 판단하면, 소련의 스파이 대장은 얄타회담의 가장 큰 자원을 잘못 활용했다. 몇 년이 지난 후 히스가 회담에 참석했다는 사실은 얄타회담뿐만 아니라 루스벨트의 뉴딜정책과 그의 외교정책 유산을 비난하고 싶어 한 미국 내의 사람들이 활용할 수 있는 카드가 되었다.[4]

스탈린은 동맹국들을 완전히 믿은 적이 없고, 그들을 주시하기 위해 해외의 정보망에 심하게 의존했다. 얄타회담 후에는 오히려 비밀공작을 강화했다. 회담 후 몇 달 동안 긴장이 강화되면서 소련 지도부가 정보 노력에 부과하는 중요성도 더 커졌다. 소련 정보기관은 미국에만 수천 명까지는 아니더라도 수백 명의 정보장교, 첩보원, 정보원을 두어 얄타회담에서 서방 연합국의 계획에 대한 상세 정보를 정치 지도자들에게 제공했을 뿐만 아니라, 회담 후 그들의 정책 변화도 추적했다. 소련의 첩보 활동은 스탈린의 의심을 더 증폭시키고, 특히 얄타 이후 관계를 더욱 악화시키는 데 일조했다.

3월 29일 스탈린은 소련군의 베를린 공격 문제를 논의하기 위해 게오르기 주코프 원수를 크렘린으로 불렀다. 스탈린은 주코프에게 서방의 '지지자'로부터 받은 편지를 보여주었다. "그 편지에는 히틀러의 요원과 동맹국의 대표들이 진행하고 있는 비밀스런 막후 협상에 대한 보고가 담겨 있었는데, 그에 따르면 독일이 어떤 조건이든 동맹국과 별개의 강화를 체결할 수 있으면 동맹국에 대한 투쟁을 중지하겠다는 제안이었다. 그 보고는 동맹국이 독일의 제안을 거절한 듯하다는 내용도 담고 있었다. 그러나 독일 측이 연합국에게 베를린으로 들어오는 길을 열어줄 가능성은 배제할 수 없었다. '자네는 이것에 대해 어떻게 생각하나?'라고 스탈린이 물었다. 그러고는 대답을 기다리지 않고 바로 이렇게 말했다. '내 생각에 루스벨트는 얄타 합의를 어기지 않을 거라고 보네만, 처칠은 무슨 일도 할 수 있을 거야.'"라고 주코프는 회고했다.

주코프가 스탈린의 집무실에서 읽은 편지는 이른바 베른(Bern) 사건에 대한 정보 보고였다. 이 사건은 미 고위 정보 당국자와 북이탈리아 독일 행정 당국 관리 간의 비밀 접촉을 지칭한다. 이 사건의 핵심 인물은 미 전략정보국(Office of Strategic Services, OSS: CIA의 전신)의 베른 주재 책임자인 앨런 덜레스(Allen Dulles)와 나치 친위대 상급대장인 칼 볼프(Karl Wolff)였다. 칼볼프는 하인리히 힘러의 전 비서실장이며, 전쟁 말기에는 북부 이탈리아의 나치 친위대 책임자가 되었고, 반게릴라 작전과 유대인 송환 업무를 주로 맡았다. 덜레스와 볼프의 첫 회동은 1945년 3월 8일 취리히에서 이루어졌다. 대화는 전략정보국이 임대한 아파트 서재의 벽난로 옆에서 진행되었다. 51세의 직업 외교관이며 정보 전문가인 덜레스는 장작불이 긴장을 풀어준다고 생각했고, 이런 분위기 속에서 나치 친위대의 고위 장교와 첫 면담을 하고 싶어 했다. 이 '노변담화'에 참석한 사람은 덜레스와 그의 보좌관 게로 폰 가에베르니츠(Gero von Gaevernitz), 그리고 칼 볼프였다.

독일 장군의 취리히 여행은 순탄치 않았다. 눈사태로 스위스 국경 쪽 철길이 막히는 바람에 친위대 장교들로 구성된 볼프 일행은 철길을 따라 걸어온 후 다른 기차를 타야 했다. 기차 승객 중에는 볼프를 개인적으로 아는 이탈리아인들이 있어서, 그는 정체를 들키지 않으려고 머리를 숙이고 몸을 감춰야 했다. 덜레스를 만나기 전 몇 시간은 그에게 불안한 시간이었다. 스위스 주재 전략정보국 책임자인 덜레스는 이 회동이 자신의 구역에서 이루어져야 한다고 우겼고, 볼프를 몇 시간 동안 기다리게 했다. 벽난로에서 타고 있는 장작과 스카치 한 잔이 볼프의 긴장을 풀어주리라 예상했는데, 실제로 그런 효과를 발휘했던 것 같다.

볼프는 초청인에게 아주 좋은 인상을 남겼다. 협의는 다음 날까지 이어졌다. 둘째 날에는 친위대 대령 오이겐 돌만(Eugen Dollmann)도 회의에 참석했다. 덜레스는 워싱턴의 전략정보국 사령부에 보낸 보고와 1945년 봄에 가졌던 이 회동을 훗날 서술한 자서전에서 볼프가 힘러의 대리인으로 행동하지 않았으며 무조건항복의 조건을 논의하지도 않았다는 점을 일부러 강조했다. 덜레스는 독일의 정치 지도부와 협상을 하거나 무조건항복에 대한 연합국의 요구를 제시하지 말라는 워싱턴의 명시적 명령을 받은 상태였다.

이 회동이 있기 전 몇 달 동안 그는 이러한 협상을 갖자는 독일의 요청을 거부해왔다. 그러나 시간이 지나면서 종전이 가까워오자 베른 주재 전략정보국 책임자는 가시적 결과를 만들어내야 한다는 압박을 받았다. 군부를 도와, 서부전선에서 독일의 항복을 얻어내도록 조정하라는 공식 허가를 받고서 비공식으로 행동에 나선 덜레스는 이 회동에 대한 뉴스가 밖으로 새나가지 않게 큰 신경을 썼다.

우연에 의한 것인지, 의도된 것인지는 몰라도 볼프 일행이 스위스에 도착한 사실을 알린 3월 8일의 첫 보고 전문에는 실수가 발생하여, 이탈리아의 독일군 총사령관인 알베르트 케셀링(Albert Kesselring) 원수가 보낸 대표가 방문단에 포함된 듯한 인상을 주었다. 그러나 실제로는 볼프 일행 네 사람은 모두 친위대 장교였고, 볼프는 북이탈리아의 독일 경찰과 친위대 병력이 협력하겠다는 제안 외에 연합국 군부에 더 내놓을 제의가 없었다. 볼프는 자신이 케셀링 원수와 얘기할 용의가 있다고 했으나, 그가 독일 군부를 대표하지 않는다는 점은 분명했다. 덜레스는 이틀날 본인의 실수를 정정했다. 그러나 나치 독일의 대표들이 "북이탈리아에서 독일의 저항 중지에 대해 약속할 준비가 되어 있다"는 잘못된 정보가 통신 채널을 통해 흘러들어가 영-미의 군수뇌부와 정치인들에게 기대감을 높여주었다. 우리에게 좀 더 중요한 부분은 이 회동이 중립국인 스위스에서 친위대와 계속 접촉하는 것을 정당화시켜주었다는 점이다. 앨런 덜레스는 이 접촉의 암호명을 일출 작전(Operations

Sunrise)이라고 지었다.

덜레스가 미처 알지 못한 사실이 있다. 그것은 일출 작전을 그가 시작한 것이 아니라 '양모(Wool)'라는 암호명으로 독일군들이 시작한 작전이라는 사실이었다. 독일군의 작전은 연합국을 갈라놓으려는 목적이 있었다. 첫 단계는 이탈리아에 있는 몇몇 미국 기업의 전 대표였던 루이지 파릴리(Luigi Parrilli) 남작을 통해 스위스에서 영국-미국 대표들과 직접 접촉할 수 있는 창구를 만드는 일이었다. 이 작전은 1944년 11월 베로나에서 열린 친위대와 보안 장교들의 회의에서 탄생했다. 이후 베를린에 있는 나치 친위대 사령부의 재가를 받았고, 이듬해 2월에는 북부 이탈리아의 친위대 최고사령관인 칼 볼프의 지원을 확보했다.

노련한 나치 장교인 볼프는 히틀러를 만나 얘기하기 위해 베를린으로 날아갔고, 얄타회담 첫날인 1945년 2월 4일 직접 만났다. 히틀러는 연합국을 갈라놓기 위해 미국과 접촉 창구를 튼다는 볼프의 계획에 반대하지 않았다. 이는 실질적으로 볼프가 작전을 시작할 수 있지만, 만약에 일이 잘못될 경우 그가 희생양이 되어야 한다는 것을 의미했다. 나치 정권이 붕괴되기 전에 서방과 접촉 창구를 트기 원했던 친위대 상관들과 동료들이 그를 질시할 수 있었다. 공식적으로 선언된 목표와 전쟁 후 연착륙을 모색하기 위해 아첨하려는 개인적 야망의 특이한 결합은 이 작전에서 적극적 역할을 하고 파릴리 남작에게 중재 역할을 부탁한 나치 친위대 장교인 기도 치머(Guido Zimmer)의 일기에 매우 분명히 나타난다.[5]

파릴리의 임무는 완벽히 성공했다. 스위스 비밀경찰의 주선으로 파릴리는 스위스에서 덜레스의 보좌관인 게로 폰 가에베르니츠를 만났고, 그로부터 고위급 친위대 장교를 만날 용의가 있음을 들었다. 파릴리는 얼마 후 담당 장교인 치머와 오이겐 돌만을 대동하고 스위스로 돌아왔다. 그들은 루가노(Lugano)에서 전략정보국의 또 다른 관리인 데이비드 블룸(David Blum)을 만났다. 이 회동으로 볼프가 스위스를 직접 방문하는 길이 열렸다. 단, 그 전제 조건으로 독일군에 포로로 잡힌 이탈리아 레지스탕스 두 명의 지도급 인사를 석방했다.

덜레스는 3월 8일과 9일에 볼프와 대화하면서 아주 좋은 인상을 받아, 이탈리아의 연합군 사령관인 해럴드 알렉산더 원수에게 이탈리아나 서부전선 전체에서 독일군의 항복을 볼프와 논의하기 위해 스위스로 대표를 보내줄 것을 제안했다. 이 아이디어는 런던과 워싱턴 모두의 승인을 받았고, 연합군 장군 두 명이 독일 측과 협상을 벌이기 위해 베른에 파견되었다. 이들은 3월 19일 이탈리아 국경 근처의 별장에서 볼프를 만났다. 그러나 이번에는 볼프로부터 받은 메시지가 그렇게 낙관적이지 못했고, 볼프가 의지한 케셀링 장군은 이탈리아를 떠나 서부전선 총사령관으로 전보된 상태였다. 볼프는 서부전선에서 독일군의 항복을 희망하는 연합국을 상대로 시간을 끌었으나, 결국 그는 연합군이 듣길 원하는 메시지를 전달할 수 없음이 명확해졌다.[6]

한 번도 스위스의 수도에서 볼프와 회동한 적이 없음에도 불구하고, 연합국 교신에 베른 사건으로 알려진 이 사건은 3월 중순 연합국 외교의 최고 위급에서 논쟁의 쟁점이 되었다. 서방 연합국 측에서 별개의 강화협정을 체결하기 위한 협상의 기미가 보이는 어떠한 일에도 스탈린이 아주 예민하다는 것을 아는 서방 지도자들은 스위스에서 일어난 일을 스탈린에게 통보하기로 했다. 처칠은 예비 접촉에 대해서 모스크바에 단순히 통보하자는 미국의 의도를 무시하고 크렘린의 동의를 구하려고 했다. 3월 11일 이러한 내용의 전문이 모스크바로 발송되었고, 다음 날 몰로토프는 이 회담에 소련 대표를 포함할 것을 요구하는 답신을 보냈다. 해리먼은 이 요구가 말도 안 되는 생각이라 판단했고, 대사관의 수석 무관인 존 딘 장군은 동부전선에서 포위된 독일군의 항복에 대한 소련 측 협상에 미국이 참가를 원한 적이 없었다는 점을 지적했다. 미국 관리들은 소련의 입장을 지지하면 회담이 지연될 뿐만 아니라 소련 측의 "당혹스러운 요구"가 회담을 위기에 빠뜨릴 수 있다고 보았다.[7]

영국은 미국의 주장에 동조했다. 그에 따라, 소련 측에는 예비 협상이 지연되어서는 안 되기 때문에 소련 대표 없이 시작할 수밖에 없으나, 카세르타(Caserta)의 알렉산더 원수 사령부에서 진행될 최종 협상에는 소련 측이 참가할 수 있다고 통보했다. 3월 16일, 화가 난 몰로토프는 베른 협상을 중단해 달라고 요구했다. 그는 3월 24일에 보낸 편지에서 서방 연합국이 소련을 배제한 채 협상을 진행한다고 비난하면서 똑같은 요구를 반복하는 편지를 보냈다. 같은 날 루스벨트는 전체 사건이 오해에서 비롯되었다며 군사적 필요 때문에 기밀에 붙였다고 설명하는 전문을 스탈린에게 보냈다.(이 편지는 레이히 제독이 기안하고 루스벨트 대통령이 서명했다.) 전문에는 3월 8일에 덜레스가 볼프를 만난 것에 대해서는 일언반구도 없었다. 알렉산더 사령관이 스위스에 협상팀을 보낸 이유는 일부 독일 장교들에게 항복을 논의할 용의가 있다는 '미확인 정보'를 확인하기 위해서였다고 설명했다. "현재까지 우리 대표들이 독일 장교들과 회담을 준비하려는 시도는 아무 성과도 거두지 못했지만, 이런 회담이 가능할 수는 있다고 봅니다."라고 루스벨트는 썼다. 루스벨트는 절반의 진실과 완전한 기만 사이에서 아슬아슬한 곡예를 잘해냈다. 그는 전문에 덜레스와 볼프의 '회담'뿐 아니라 3월 19일 알렉산더 원수가 보낸 대표들이 참석한 볼프와의 회동도 생략했다. 그리고 카세트라에서 예정된 항복 의식 외의 접촉에 '회동'이라는 말을 쓰지 않았다.

스탈린은 감흥을 받지 않았다. 그는 스위스에서의 회담과 동부전선에서 독일군과 항복 협상을 병행하자는 루스벨트의 제안을 거부했다. 후자의 경우, 독일군은 포위된 상황인 데다 전멸을 피하기 위해서는 항복 이외에는 다른 선택의 여지가 없었다. "그럼에도 불구하고 만일 이탈리아 북부의 독일군들이 항복을 하고 연합군에 전선을 열어주기 위한 협상을 원한다면, 거기에는 독일의 운명에 영향을 주는 훨씬 큰 다른 목표가 있는 것이 분명할 겁니다."라면서 스탈린은 우려를 감추지 않았다. 그는 독일 사령부가 영-미 연합군과는 적대 행위를 중단하면서 동부전선에서는 전투를 계속하는 상황을 피하고 싶어 했다. 이 논거를 뒷받침하기 위해, 그는 독일군이 스위스 회담을 빌미로 일부 사단을 이탈리아에서 동부전선으로 이동시켰다고 주장했다.(이 것이 사실이 아님을 인지하고도 말했을 가능성이 크다.)

루스벨트는 스탈린의 편지에 답을 해야 할지에 대해 확신이 서지 않았지만, 레이히 제독과 마셜 장군이 기안한 전문에 서명을 해서 3월 31일에 보냈다. 루스벨트는 전문에서 독일군 3개 사단의 철수(그중 2개 사단은 동부전선으로 이동했음)는 스위스에서 접촉이 이루어지기 전에 시작된 일이라는 점을 강조했다. 이 전문에서도 협상이 진행되었다는 것은 전적으로 부인했다. "항복 협상은 시작된 적이 없습니다. 되풀이합니다만, 베른에서의 회동은 전권이 있는 독일 장교와의 만남을 주선하기 위한 만남일 뿐, 협상 진행을 위한 것이 아닙니다."라고 루스벨트는 강조했다. 다시 한 번 미국과 영국은 다른 얘기를 한 셈이 되었다. 루스벨트가 협상이 진행되었다는 것을 계속 부인한 반면, 알렉산더 원수는 3월 19일에 이루어진 볼프와의 회동을 소련 측에 통보했다.

스탈린의 의심은 점점 더 커져갔다. 알렉산더의 통보를 받고 다음 날인 4월 3일 보낸 편지에서 스탈린은 어조를 바꾸어 루스벨트에게 "상황을 제대로 알고 있지 못하다며" 그에 대한 불신을 은연중에 풍겼다. 다음 문장에서 그는 자신의 편집증과 서방 동맹국을 수세에 몰고자 하는 욕구를 드러냈다. 그는 자신의 '군 동료'들이 가지고 있는 정보를 언급하면서 "협상은 진행되었으며, 서부전선의 독일군 총사령관인 케셀링 원수가 영국-미국 군대에 서부전선을 열어주어 동쪽으로 진군하게 허용하고, 영국과 미국 측은 이에 대한 보상으로 독일과의 휴전 조건을 완화하기로 약속한 합의를 끝냈다."라는 협의를 제기했다.

이번에는 미국 측이 깜짝 놀랐다. 전쟁장관인 헨리 L. 스팀슨(Henry L. Stimson)은 동료들에게 "스탈린과 그의 참모들이 지닌 특이한 마음의 상태"를 고려하여 답신을 기안할 때는 주의를 기울이라고 요청했다. 루스벨트가 보낸 답신은 마셜 장군이 작성하고 레이히 제독이 수정을 했다. 이 답신에서는 스탈린의 편지를 보고 대통령이 놀랐다는 사실을 언급하고, 스위스에서 협상이 진행되었다는 것을 부정했으며, 그곳에서 가진 회동은 "아무런 정치적 의미도 없다"고 강조했다. 이 전문은 연합국 사이에 오해가 발생한 책임을 독일군에게 전가했다. "나는 베른에서 협상이 없었다는 것을 확신합니다. 내가 볼 때 그러한 정보는, 항시 우리 사이에 균열을 일으키고 전쟁범죄에 대한 책임 회피의 방법을 찾는 독일 쪽에서 나온 것입니다. 만일 그것이 베른에 온 볼프의 목적이었다면, 당신의 메시지는 그들이 목적을 일부 이루었다는 점을 보여줍니다." 루스벨트는 스탈린의 정보 출처에 대한 신빙성에 의문을 제기했다.

4월 7일에 보낸 편지에서 스탈린은 화해적 태도를 취했다. "4월 3일 내 편지에서 문제를 삼은 것은 진실성과 신뢰의 문제가 아닙니다. 나는 당신의 진실이나 신뢰를 의심한 적이 없습니다." 이와 같이 말하면서도 그는 서부전선에 대한 어떠한 협상에도 소련이 참여해야 한다는 점을 계속 주장했다. 독일과 서방 연합국이 거래를 했다는 이전의 자기주장을 다시 뒷받침하기 위해, 그는 독일군이 영–미 연합국과의 전선에서는 싸울 의지가 없는 반면, 동부전선에서는 필사적으로 저항하고 있다는 점을 언급했다. "나에게 정보를 제공하는 사람들에 대해 말하자면, 그들은 누구도 모욕할 의도가 없이 성실하게 자기 의무를 수행하는, 솔직하고 겸손한 사람들이라는 사실을 당신에게 보장할 수 있습니다. 그들은 여러 차례에 걸쳐 테스트를 받은 사람들입니다."라고 말했다. 그는 알렉세이 안토노프가 딘 장군에게 보낸 편지의 사본을 첨부해 보냈다. 이 편지에는 동부 지역에서 독일의 계획에 대해 미국이 소련에 잘못된 정보를 제공했음을 지적하는 내용이 들어 있었다.

협상에 대해 알고 있는 스탈린의 "솔직하고 겸손한 사람들"은 도대체 누구인가? 영국과 미국 측은 독일이 스탈린에게 베른 협상에 대한 정보를 제공했다고 생각했다. 이 생각을 공유한 처칠의 개인 측근인 비버부룩 경은 처칠에게 스탈린으로 하여금 소련 측이 협상에 대해 알고 있는 정보를 공개하도록 요청하라고 조언하기도 했다. 만일 처칠이 실제로 이런 요청을 하고, 스탈린이 무슨 이유에서건 비버부룩의 호기심을 만족시키기로 결정했다면, 영국과 미국 측은 모두 크게 놀랐을 것이다.

1970년대 소련의 TV 히트작인 〈봄의 17 순간(The Seventeen Moments of Spring)〉은 스위스에서 벌어진 볼프 장군의 협상을 소재로 했는데, 이 작품에서는 막스 오토 폰 스테르리츠(Max Otto von Stierlitz)라는 이름의 소련 첩자가 베른의 '별도 회담'이 실패하게 만든 공을 세웠다고 묘사했다. 이것이 소련과 동유럽에서 몇 세대에 걸친 TV 시청자들이 알고 있던 내용이다. 그러나 진실은 이보다 훨씬 재미없었다. 스테르리츠의 모델이 된 인물은 게슈타포의 고용인이자 도박 중독자인 빌리 레만(Willy Lehmann)이다. 1920년 소련에 포섭된 그는 베른 협상이 시작되기 훨씬 전인 1942년 독일 첩보부대에 체포되어 처형되었다. 그가 체포된 이후 소련은 독일과 서방의 접선을 보고할 첩자를 독일 보안기구 안에 심어놓지 못했다.

소련 붕괴 후 공개된 소련 정보기관의 공식 자료를 보면, 베른 협상에 대한 정보는 케임브리지 5인방이 제공한 것으로 나와 있다. 케셀링이 서부전선의 총사령관으로 전보되기 이전인 4월 9일 런던으로부터 도착한 정보에 따르면, 한 명 또는 두 명의 독일군 고위 장교가 이탈리아 전선의 독일군 항복과 관련하여 협상했다고 비밀경찰이 보고했다. 이 정보의 제공자는 이탈리아에서 영국으로 온 전략정보국 요원으로부터 협상에 대한 얘기를 들은 FBI 요원이었다. 소련 스파이들은 영국 보안정보국(MI5, Military Intelligence, Section 5)의 부서장인 가이 리들(Guy Liddell)로부터 이 소문을 확인했다. 앤서니 블런트가 당시 보안정보국에서 일했고, 그와 리들이 가까운 사이라는 점을 고려하면, 이 정보는 블런트로부터 소련 측에 넘어간 것으로 추정할 수 있다. 이것은 협상에 직접 관여하지 않은 연합국 장교들의 대부분이 잘못 알고 있었던 사실을 반영한다. 즉, 그들은 연합군 측이 이탈리아 전선에서 독일군의 항복이라는 목표를 놓고 케셀링과 협상을 진행하고 있었다고 믿은 것이다.

그런데 이 정보는 소련 측이 들은 최초의 예비 접촉이 아니었다. 워싱턴의 소련 비밀경찰 본부는 1944년 6월 덜레스와 독일 육군 원수인 발터 폰 브라우히치(Walther von Brauchitsch)의 회동 및 덜레스와 접선하려는 독일군 장교들의 노력에 대해서도 보고했다. 이 보고서는 당시 코델 헐 국무장관이 덜레스에게 다른 연합국의 참여 없이 독일과 어떠한 협상도 벌이지 말라고 말했다는 내용 또한 명시했다. 이 정보의 제공자는 미 국무부 안에 있으며, 앨저 히스일 가능성이 크다.

스탈린을 무엇보다 초조하게 만든 것은 서방 연합국과 독일이 별도의 강화협정을 맺는 것이고, 좀 더 현실적으로는 독일이 영국과 미국에게 서부 전선을 열어주어서 영–미 연합군이 소련보다 먼저 독일을 장악하고 동부 유럽의 일부 지역까지 장악하는 상황이었다. 테헤란회담에서 스탈린의 가장 큰 관심은 서방 연합국이 제2전선을 열 것인지에 있었지만, 지금은 이 전선이 너무 빨리 이동하지 않을까를 염려했다. 1945년 3월 하순에 크렘린을 방문한 체코슬로바키아 대표단에게 연설하면서 스탈린은 서방 연합국에 대한 불신을 그대로 표현했다. "우리는 독일과 싸우고 있으며 끝까지 싸울 것입니다. 그러나 동맹국들은 독일을 구해주고 그들과 협상을 하려고 합니다. 우리는 독일군을 무자비하게 다루려고 하는데, 동맹국은 그들을 조심스럽게 다루려고 합니다."

베른 사건은 스탈린이 동부 유럽을 장악하기 위해 계속 매진하는 동안 동맹국들을 수세에 몰리도록 만드는 데 일조했다. 덜레스는 볼프와의 모든 접촉을 끊으라는 명령을 받았고, 이탈리아 북부의 독일군은 5월 2일이 되어서야 연합국에 항복했다. 이날은 히틀러가 자살한 지 이틀 뒤였고, 이로써 독일 장군들은 총통에 대한 충성 서약에서 벗어날 수 있었다. 서방 연합국은 독일 측의 어떠한 새로운 접근에도 조심스럽게 반응해야만 했다. 그들은 스탈린이 무엇을 얼마나 알고 있는지 확신할 수 없었다. 아직 창립되지 않은 UN에서 소련이 발을 뺄 가능성에 대한 루스벨트의 두려움을 이용하여 스탈린은 베른 사건으로 인해 자신의 목적을 달성하도록 작성된 얄타 합의 조항의 실현이 방해받는 것을 허용하지 않았다. 여기에는 소련의 임박한 대일전 참전이 있었다. 4월 5일 소련은 일본과 맺은 중립조약을 파기했다.

1945년 4월 11일 자로 서명된, 스탈린에게 보낸 마지막 편지에서 루스벨트는 베른 사건이 최종적으로 "과거의 일이 되었다"라고 말했다. 물론 이 말은 사실이지만, 베른 사건은 결국 연합국 간의 관계에 큰 타격을 입히고 얄타회담 후에 남아 있던 상호 신뢰의 마지막 흔적을 없애는 결과를 낳았다. 베른 사건은 수십 년의 냉전 시대에 완전히 표출된 동서 관계에 새로운 시대를 열었다. 냉전 시대는 지정학적 편집증이 부채질한 경쟁적 스파이 전쟁의 시대였다. 1945년 3월과 마찬가지로 냉전이 진행되는 동안 동서 진영의 첩보기관들은 정치 지도자들에게 최악의 공포와 의심을 가라앉히기도 하고 점화시키기도 했다.

스탈린의 밀어붙이기

베른 위기가 한창 고조될 때, 안드레이 그로미코는 샌프란시스코 UN 창립총회에 소련 대표단을 이끌고 갈 몰로토프가 최고 소비에트 회의의 참석을 위해 모스크바에 있을 것이라고 미 국무부에 통보했다. 3월 24일 루스벨트는 스탈린에게 직접 항의를 제기하며 몰로토프가 최소한 개막식에는 참석해야 한다고 요청했다. "몰로토프가 불참하는 것을 두고 세계는 이 회의의 위대한 목표에 대해 소련 정부가 관심이 없다는 것으로 해석할까 염려됩니다."라고 루스벨트는 썼다. 그래도 스탈린은 몰로토프가 모스크바에 머물 것이라며 요지부동이었다. "이에 대한 여러 해석이 있을 수 있지만, 그로 인해 이미 내려진 결정을 번복할 수는 없습니다."라고 스탈린은 답신했다.

루스벨트에게 화가 난 스탈린은 그에게 가장 중요한 일에 협조하지 않기로 작정했다. 몰로토프를 국내에 붙잡아두기로 한 결정은 워싱턴의 소련대사관과 미 국무부 사이에 또 다른 분쟁이 일어난 와중에 내려진 것이다. 그 문제는 소련의 공화국인 우크라이나와 벨라루스가 샌프란시스코 UN 창립총회에 참석하는 문제로 불거졌다. 3월 12일 그로미코는 우크라이나와 벨라루스의 대표단 30명이 창립총회에 참석하기 위해 샌프란시스코에 도착할 것이라고 미 국무부에 통보했다. 이 통보를 받은 미 국무부는 깜짝 놀랐다. 스테티니어스 국무장관은 극도로 흥분해서 "그로미코와 심각한 문제가 발생했다."고 훗날 시인했다. 소련대사와의 면담을 위해 작성된 노트를 인용하여 그는 "크림반도 회담에서 두 공화국은 샌프란시스코 창립총회에 초청되지 않는 것으로 분명히 합의했다."라고 회고록에 썼다. 그러나 이 말은 과장이다. 사실 미국 측과 소련 측은 결정된 사항에 대해 다른 의견을 가진 채 얄타를 떠났다.

스테티니어스는 루스벨트가 나서서 스탈린에게 직접 연락할 것을 요청했다. 앨저 히스는 루스벨트의 편지 초안을 작성하여 스테티니어스에게 보냈다. 여기에는 스탈린에게 보내는 경고가 들어 있었다. "솔직히 말해서 이 문제의 어려움은 새로운 기구에 대한 미국 국민의 지지와 다른 정부의 태도에 미치는 영향 둘 다 내가 인식하고 있는 것보다 훨씬 큽니다." 히스는 이런 편지를 보내는 것에 반대하며 스테티니어스에게 강력히 조언했다. 그는 국무부 내 다른 간부들의 의견을 인용하여, 이미 스탈린과의 사이에 다른 문제가 많이 발생했고 앞으로도 발생할 상황에서 이런 메시지를 추가로 보내는 것은 "의사소통 방식의 중요성을 박탈하는 것"이라고 주장했다. 오래 일한 국무부의 전문가들은 스테티니어스를 진정시키려고 노력하면서 그로미코를 먼저 만나라고 조언했다. 이 전술은 효과를 발휘하여 스탈린에게 편지 보내는 것은 취소되었다. 그 대신 3월 29일 스테티니어스 국무장관은 그로미코에게 전문을 보냈다. 이 전문은 정확하게 얄타에서 "이 두 공화국 대표가 샌프란시스코 창립총회에 참석하는 문제에 대해 우리는 아무 의무를 진 적이 없다."라고 지적했다.

외교적 대결은 피했지만 소련은 입장을 바꾸지 않았다. 국무차관 조셉 그루가 그로미코에게 미국 정부의 전문을 읽어주자 그로미코는 이렇게 대답했다. "이것은 우리가 회담 합의를 해석한 것과 다릅니다."라고 답변했다. 결국 소련 측의 해석이 이겼다. 3월 말이 되자 루스벨트가 얄타에서 스탈린에게 한 약속은 더 이상 비밀이 아니었다. 이 내용은 샌프란시스코 창립총회에 참석하는 미국 대표들에 의해 언론에 유출되었다. 미국 여론은 미국 정부가 1국 1표의 원칙을 지키지 않은 것에 분노를 나타냈다. 행정부는 추가 의석을 원했던 자신들의 입장을 재빨리 철회했다. 이제 우크라이나인들과 벨라루스인들은 의구심을 일으키지 않고 참석할 수 있었다. 이 비밀 거래는 일반 상식이 되어버렸다.

미국 정치인들과 외교관들이 어떻게 이렇듯 무원칙적일 수 있는지에 대해 대중들에게 자기반성과 책임 떠넘기기를 하는 동안 소련 측은 전혀 그런 걱정을 할 필요가 없었다. 4월 말 우크라이나와 벨라루스 정부의 지원금으로 '미국 양복'을 구입해서 말끔하게 차려 입은 두 대표단은 샌프란시스코에 도착하여 UN 창립총회에 참석했다. 합의된 대로 두 공화국은 미국과 영국의 지원을 받아 UN 회원 가입이 허락되었다. 그로미코는 샌프란시스코 창립총회에서 "회의 내내 소련 대표들은 서방 대표들이 다른 세계에서 오고 다른 언어로 사고하는 사람들처럼 느껴졌다."라고 회고록에 썼다.

3월, 스탈린은 독일 분해에 대한 자신의 입장을 갑자기 바꾸었다. 이는 국내 여론이 아니라 지정학적 고려에 의해 추동된 것으로 근본적인 정책 변화이며, 그가 얄타에서 연합국으로부터 얻어낸 가장 큰 양보 중 하나를 포기하는 것이나 마찬가지였다. 그는 얄타에서 '분해(dismemberment)'라는 단어가 독일에 제시되는 항복 문서에 포함되어야 한다고 주장했었다.

독일 분해를 논하는 런던위원회는 3월 7일에 첫 회의가 개최되어, 앤서니 이든, 유럽자문위원회에 파견된 영국대사 윌리엄 스트랭(William Strang), 영국 주재 소련대사 표도르 구세프, 영국 주재 미국대사 존 G. 위넌트(John G. Winant)가 참석했다. 위원회에 관해 이든이 작성한 지침 초안은 독일을 분해하는 것이 정말 필요한 문제인지를 검토하고, 아니면 독일의 산업을 장악하고 그 나라를 무장해제시키고 비군사화하는 것으로도 충분한지를 검토하는 것에서부터 시작할 것을 제안했다. 구세프는 3월 10일 모스크바에 보낸 전문에서 위급함을 알렸다. 엿새 후 그는 이든의 지침과 얄타에서 내려진 결정 사이의 모순을 스트랭에게 지적했다. 스트랭은 초안을 수정하는 데 동의했다. 그러나 3월 24일 구세프는 몰로토프로부터 전문을 받았는데, 이 전문은 영국의 문안을 그대로 받아들일 것과 함께 소련으로서는 얄타에서 합의된 분해를 다른 방법이 통하지 않을 경우 독일에 대한 압박 수단으로 생각한다는 것을 위원회에 통보하라고 지시했다. 연합국 대표단은 크게 놀랐고 안도했다.

이러한 정책 번복은 어떻게 설명할 수 있는가? 얄타회담 직전 막심 리트비노프가 작성한 보고서에는 소련 당국자들이 독일 분해를 자신들의 목표 중 하나로 간주했다. 이는 독일의 위협을 제거하고 10~20년간 소련에게 회복할 시간을 주는 주요 수단으로 여겨졌고, 그 후에는 자본주의 서방에 대항할 수 있게 해준다고 보았다. 그러나 이러한 접근법은 예상치 못한 저항을 만났다. 얄타회담 후 이든은 런던위원회를 계속 조종했다. 이것은 소련이 얄타에서 전투에는 승리했어도 전쟁은 계속 진행되리라는 것을 시사했다. 서방 연합국으로부터 독일 분해를 지원한다는 명시적 약속을 받지 못한 상태에서 이 전쟁을 이기는 것은 사실상 불가능했다. 따라서 스탈린은 독일 분해에 대한 실현성뿐만 아니라 그것이 바람직한지에 대해서도 다른 생각을 했을 수 있다.

독일 전체에서 배상금을 모으기 위해서는 강력한 중앙정부가 필요했다. 독일의 산업 지역이 서방 연합국의 점령 지역에 들어간 상황에서 소련이 독일의 산업 장비를 획득하기 위해서는 서방과 좋은 관계를 유지하는 것이 필수적이다. 그래서 소련은 분해 정책을 포기하고, 대신 홍보 효과를 올리기로 했다. 몰로토프는 갑자기 정책이 뒤바뀐 데 대해 다음과 같이 구세프에게 설명했다. "독일의 분해를 처음 거론한 영국과 미국 측은 독일 분해의 책임을 소련에 돌려 세계 여론에서 우리에게 모욕을 안겨줄 의도를 가지고 있다." 이제부터 스탈린은 빌헬름 피크(Wilhelm Pieck)나 독일의 다른 공산주의자들에게 독일 분해는 자본주의국가들의 아이디어였다고 선전할 수 있었다.

이것이 이후 수십 년 동안 소련의 공식 입장이 되었다. 테헤란회담과 얄타회담 때의 소련 측 기록 편집자들은 독일 분해를 선호하는 스탈린의 발언을 모두 삭제해버리기도 했다. 스탈린은 이 작업을 하는 검열관들에게 편의를 봐주었다. 루스벨트나 처칠과 다르게 스탈린은 독일 분해에 대한 구체적인 계획을 가진 적이 없었던 것처럼 되었다. 얄타에서 그가 이 문제를 거론한 이유도 오로지 "3국 정부의 의도가 무엇인지를 정확히 알기 위해서"였다고 기록되었다. 5월 9일 소련의 공식 전승기념일에 스탈린은 국민들에게 소련은 "독일을 분해하거나 파괴할 의도가 없다"고 말했다. 1945년 6월 연합국이 독일에게 최종적으로 제출한 항복 조건에는 독일 분해에 대한 조항이 없었다. 이것은 극적인 변화였지만, 단지 앞으로 일어날 여러 변화 중 하나에 불과했다.

동서의 긴장이 고조되면서 소련 측은 중부 유럽에 대한 원래 계획을 포기할 수밖에 없었고, 독일 분해에 관한 얄타의 합의를 완전히 이용할 수 없게 되었다. 이 때문에 소련 측은 폴란드와 관련된 얄타 합의의 애매한 부분에서 최대한 큰 이익을 얻으려고 노력했다. 몰로토프, 해리먼, 클라크 커 사이에 진행되던 모스크바 협상은 더 이상 진전되지 않았다. 3월 말 처칠의 요청을 받은 루스벨트는 스탈린에게 직접 문제를 제기하기로 했다. 3월 31일 발송된 전문에서 루스벨트는 3월 초 미 의회에서 행한 연설과는 다른 어조를 취했다. "얄타에서 유익한 만남을 가진 이래 상호 이해관계와 관련된 사건들이 진행되는 과정을 지켜보면서 우려를 감출 수 없습니다."라고 편지를 시작한 그는 "얄타에서 합의된 정치적 결정들, 특히 폴란드 문제에 관한 결정의 실행에서 아무 진전이 없는 상황"에 대해 탄식했다. 루스벨트는 '유럽 해방선언'이 루마니아에 적용되지 않는 것으로 보이는 데도 당혹감을 드러냈다.

몰로토프–해리먼–커의 모스크바위원회로 다시 돌아가서, 루스벨트는 공산주의자 폴란드인들이 미래의 폴란드 정부 구성에서 후보자를 선택하고 거부하는 권리를 가진 것에 의문을 제기했다. 물론 '재조직'이라는 단어에 문제가 있으므로, 루스벨트는 얄타에서 본인이 직접 받아들인 애매한 문안에 대해 최선의 해석을 내놓으려고 노력했다. "루블린 정부가 재조직되고 그 구성원들이 중요한 역할을 하는 것은 사실이지만, 새로운 정부가 되어야 한다는 점은 분명합니다. 이것은 합의문 문안의 여러 곳에 분명히 언급되어 있습니다. 나는 현재의 바르샤바 정권을 지속시키는 것으로 귀결되는 어떠한 해결 방법도 수용할 수 없으며, 이를 두고 미국 국민들은 얄타 합의를 기만으로 여기게 될 것이라고 당신에게 분명히 밝힙니다."라고 썼다. 루스벨트는 '기만'이라는 단어를 손수 지우고, '실패한 것'으로 바꾸어 썼다. 그는 서방 측 대사들이 그들의 추천 후보를 아무 제약 없이 모스크바로 초청할 수 있는 권리뿐만 아니라 그들도 폴란드로 갈 수 있는 권리를 주장했다.

루스벨트가 이 편지에 서명했지만, 이 내용을 실질적으로 주장한 사람은 처칠이었다. 그는 이 편지의 초안을 검토한 다음, 자신이 원하는 추가 사항을 전문에 첨부했다. 3월 내내 처칠은 루스벨트에게 동부 유럽 문제에 관여할 것을 촉구하는 메시지를 수도 없이 보냈다. 그는 미국의 지원 없이는 자신의 말을 크렘린에서 진지하게 받아들이지 않을 것을 알았다. 루마니아 문제에 대해서 처칠은 스탈린에게 직접 이의를 제기할 수 없었다. 그는 소련이 그리스 문제에 간섭하지 않았기 때문에 루마니아에서 행동의 자유를 요구할 것이라고 루스벨트에게 설명했다. 소련–영국의 영향권에 의거한 발칸반도 분할은 '유럽해방선언'을 웃음거리로 만들었다. 그 일은 처칠로 하여금 소련이 루마니아에서의 행동에 대해 책임을 지도록 만들 수 없게 했을 뿐 아니라 폴란드에 대한 그의 간섭 자유(freedom of maneuver)를 방해했다.[1]

스탈린은 일주일이 지난 다음에야 루스벨트의 편지에 답을 했다. "폴란드 문제에 대한 상황은 정말 막다른 골목에 이르렀습니다."라고 글을 시작한 스탈린은 "그 이유는 무엇일까요? 그 이유는 모스크바위원회의 멤버인 미국과 영국의 대사들이 크림반도 회담의 원칙을 이탈하여 회담에서 결정되지 않은 새로운 요소들을 도입했기 때문입니다."라고 주장했다. 스탈린은 본인이 이해하는 폴란드 정부에 대한 얄타 공식은 기존 정부를 기초로 하여 새로운 정부를 구성하는 결정이며, 대사들, 특히 해리먼은 이 정부를 완전히 무시하고 얄타 결정을 인정하지 않거나 소련에 적대적인 폴란드인들을 모스크바로 데려오려 하고 있다고 주장했다. 스탈린의 해결책은 새로운 폴란드 정부가 기존의 정부를 기초로 세워져야 한다는 것이었다.

그가 제안하는 '타협안'은 모스크바에 8명의 폴란드인 정치가를 초청하되, 5명은 폴란드에서, 3명은 런던에서 초청하여 미래 정부에 대한 협의를 진행하자는 것이었다. "민족 통합 폴란드 정부의 내각 구성에서 구 정부와 새 정부 장관들의 수적 상관관계에 대해 말하자면 이미 집행된 선례가 있는데, 이는 유고슬라비아 정부 구성에 적용되었던 사례와 유사합니다. 위에 언급한 것들을 고려할 때 폴란드 문제에 대한 조화로운 결정이 빠른 시간 안에 내려질 수 있다고 봅니다."라고 스탈린은 썼다. 처칠은 나중에 유고슬라비아에서는 공산주의자들이 친서방 장관들을 25대 6으로 압도했음을 지적했다. 스탈린이 몰로토프에게 말했듯이, 지상에서의 힘의 균형이 궁극적으로 얄타에서 내려진 결정의 운명을 결정하게 되었다. 스탈린은 얄타 공식에 대한 자신의 해석을 강제하기 위해 폴란드에서 군사적 힘을 사용했다.

스탈린은 4월 7일에 회신했지만, 루스벨트는 4월 10일에야 그의 답신을 받았고 그 후 답장을 쓰지 못했다. "나는 소련의 일반적 문제를 가급적 최소화하려고 합니다."라고 스탈린은 4월 11일 베른 사건에 대해 처칠에게 썼다. "왜냐하면 이 모든 문제들은 여러 형태로 매일 일어나고 있으며, 베른 회동의 경우와 마찬가지로 바로잡힐 것입니다. 그러나 지금까지 우리가 취한 방향이 옳았다는 점에 대해서는 확고해야 합니다." 얄타회담 후에 소련의 행동에 대해 짜증이 나고 스탈린에게 깊은 불만을 갖고 있음에도 불구하고, 루스벨트는 방향을 바꿀 준비가 되어 있지 않았다. 루스벨트는 스탈린과 계속 얘기하면서 상황이 개선되기를 기다렸다.

모스크바에서 진행되는 협상은 지지부진했지만, 소련 측은 원하는 결과를 얻기 위해 행동을 취했다. 소련군은 커즌 라인 동쪽과 서쪽의 폴란드지하해방군 지도자 색출에 나섰다. 1945년 2월 런던의 폴란드 망명정부가 입수해서 모스크바 주재 영국대사와 미국대사에게 전달한 보고서에 따르면 소련 비밀경찰은 폴란드인들을 동부로 강제송환하는 데 열을 올리고 있었다. 그로드노(Grodno, 흐로드나Hrodna)에서 5,000명, 비아위스토크(Białystok)에서 10,000명, 포즈난(Poznań)에서 76,000명을 강제 이주시켰다. 소련군은 폴란드 조국군대의 지휘관들을 체포하여 "가혹하고 잔인한 조사"를 받게 했다. 일부 지역에서는 조국군대 투사들의 20%가 소련군에 체포되었다.

1945년 3월 소련 비밀경찰은 폴란드지하해방군 지도자들과 정치적 협의를 시작했다. 소련 측이 약속된 선거 실시를 위해 반대파 군대를 찾아나서는 데 관심을 갖기 시작하자 얄타 합의가 마침내 작동하기 시작하는 듯 보였다. 그러나 3월 27일 조국군대 사령관 레오폴트 오쿨리츠키(Leopold Okulicki)를 포함한 폴란드지하해방군 지도자들이 소련 당국자들을 만나기 위해 3월 27일 나타나자, 그들에 대한 안전보장을 약속했음에도 불구하고 소련 당국은

16인의 재판(Trial of the Sixteen) 1945년 6월 21일 모스크바에서 폴란드지하해방군 지휘관 15명과 조국군대의 마지막 사령관 레오폴트 오쿨리츠키의 재판이 열렸다. 사진은 오쿨리츠키가 재판정에서 자신을 변호하는 모습이다.

이들을 즉각 체포했다. 오쿨리츠키로서는 두 번째 체포였다.(첫 체포는 1941년 발생) 모두를 놀라게 한 사실은 얄타회담 직전인 1945년 1월 오쿨리츠키는 폴란드 사회 전반에 걸친 소련의 압제를 초래하지 않도록 하려고 조국군대의 해산을 명령했다는 것이다.

오쿨리츠키 장군과 15명의 폴란드지하해방군 지휘관들은 모스크바로 송환되었고, 1945년 6월 재판에 회부되었다. 1939년 독일 침공에 대항하여 항쟁했고, 1944년 바르샤바 봉기의 지휘관이었던 오쿨리츠키는 독일군과 군사동맹을 계획했다는 죄, 스파이 행위, 테러 행위, 앞으로 전개할 정부 전복 투쟁을 은폐하기 위해 해체된 비밀결사에 가입한 죄로 기소되었다. 그는 1930년대 모스크바 공개재판의 악명 높은 판사였던 바실리 울리치(Vasiliy Ulrikh)

에 의해 10년 형을 언도받았다. 그는 1946년 12월 모스크바 감옥에 수감 중 살해당했다.

커즌 라인의 반대편에서 크렘린은 공격적인 소련화를 밀어붙이며 폴란드의 이 지역에서 전쟁 전에 외부 세계와 있었던 모든 연계를 차단했다. 그들의 주목표는 정교회의 의례와 전통은 유지하면서 로마 관할에 있는 우크라이나 그리스 가톨릭교회(Ukrainian Greek Catholic Church)*였다. 1945년 4월 11일, 소련 비밀경찰은 스탈린이 개인적으로 인가한 지시에 따라 행동하면서 르비프에 있는 성 게오르기 성당(St. George's Cathedral)으로 진입하여 교회의 수장인 요시프 슬리피(Yosyf Slipy)와 그의 측근들을 체포했다. 같은 날 비밀경찰은 그리스 가톨릭교회의 모든 주교들을 체포했다. 그들은 강제 노동수용소에 보내진 뒤 극소수만이 장기 투옥에서 살아남았다.

아주 이상한 사태 전개이지만 이 체포로 인해 루스벨트가 스탈린에게 동부 유럽의 가톨릭교회를 적절하게 존중해줄 것을 요청하는 결과가 나왔다. 미국 가톨릭교회에서 루스벨트의 측근은 에드워드 플린이었다. 정치 초년 시절부터 루스벨트의 친구인 플린은 1943년 루스벨트에 의해 오스트레일리아 대사로 지명되었다. 그러나 민주당 내 플린의 적대자들이 반대하여 45년

---

* **우크라이나 그리스 가톨릭교회** 폴란드가 우크라이나 지역에 가톨릭을 강요하다가 저항을 강하게 받자, 의례는 정교회를 따르되 로마교황의 수위권을 인정하는 그리스 가톨릭교회를 만들었다. 일명 연합교회(Uniate Church)라고도 불린다. 1596년 브레스트 공의회에서 공식 출범했으며, 우크라이나 서부 지역에 뿌리를 내리고 서부 우크라이나의 문예부흥을 이끌었다. 20세기 초까지 세력을 확장하던 연합교회는 소련 정권의 탄압으로 거의 와해되었고, 1946년에는 공식적으로 불법화되었다. 우크라이나 독립 후에도 연합교회는 다시 교세를 회복하지 못하고, 현재는 약 1만 명 미만의 교인만 있는 것으로 추정된다.

성 유리 성당　르비프에 있는 대표적인 우크라이나 그리스 가톨릭교회이다. 영어로는 성 조지 성당(St. George's Cathedral)이라 하고, 우크라이나어로는 성 유리 성당이라고 부른다.

만에 처음으로 미 의회는 대통령이 지명한 대사 인준을 거부했다. 플린은 얄타회담 당시 공식 직무가 없었고, 루스벨트의 손님으로 몇 번의 공식·비공식 만찬에 참석했다. 루스벨트는 플린이 "아주 지루해하고 있을 것"이라 여겼으므로 때때로 앨저 히스 같은 젊은 국무부 관리를 그에게 보내서 회담의 진행 사항을 브리핑하도록 했다. 훗날 히스는 플린이 당시 너무 할 일이 없는 나머지 "아일랜드계 미국인 어느 누구도 원하기 힘들 정도로…… 차를 마셔댔다."라고 회고했다.

종교 문제는 얄타에서 진지하게 다루어진 적이 없었다. 그러나 스탈린은 교황에 대해 "그는 몇 개 사단이나 보유하고 있는가?"라는 유명한 말을 되풀이한 것으로 알려진다. 루스벨트는 몰로토프에게 플린이 소련 관리들과 종교 문제를 논의하기 위해 모스크바를 방문할 수 있도록 해달라고 요청했다.

몰로토프는 이에 동의를 했고, 회담이 끝나자 특별히 명민하지 않은 플린은 애버럴 해리먼의 특별 손님으로 모스크바에 갔다. 캐슬린은 플린의 외교적 능력에 대해 의심스러워했고, 그가 임무를 잘 마칠 가능성에 의문을 표했다. 그녀는 언니에게 보낸 편지에서 "에드워드 플린은 우리와 같이 몇 주를 지낼 거야. 하나님 맙소사! 하지만 그에 대해 내가 여태껏 들어온 것처럼 그렇게 나쁘지는 않아.(루스벨트가 그를 오스트레일리아 대사로 지명했을 때의 소동이 기억나?) 그는 나이가 많지만 친절하고, 다른 사람 일에 끼어들지 않아. 최소한 여기 있는 동안에는 그래. 아마도 그가 충분히 가지고 있는 상식 덕에 모스크바에서 큰 말썽 없이 지낼 수 있을 거야. 그가 여기서 시도한 최악의 일은 러시아인들을 기도하게 만든 거야!"라고 썼다.

플린은 2월 12일부터 3월 10일까지 3주 이상을 소련에 머물면서 소련 관리들을 만나고, 연극을 관람하고, 그를 위해 베풀어진 만찬에 참석했다. 그는 집으로 보낸 편지나 회고록에서 그곳에 있는 동안 무엇을 하려고 했는지 구체적으로 쓴 적이 없다. 그러나 언론에 누설된 그의 임무를 보면 그에게는 세 가지 현안이 있었던 것 같다. 바티칸에서 가톨릭 사제를 동부 유럽으로 보낼 수 있도록 소련이 허락할 것, 동부 유럽에 가톨릭 기관을 다시 여는 것, 소련에 억류된 이탈리아 전쟁 포로들의 열악한 상황을 개선시켜주는 것이다. 이 세 가지는 당시 바티칸의 현안 중 최우선의 일들이었다.

미국으로 돌아가기 전 플린은 교황을 만나러 로마로 갔다. 루스벨트가 동부 유럽에서 자행되는 교회 탄압에 대한 미국 가톨릭 유권자들과의 문제를 피하고자 한다면 교황을 진정시킬 필요가 있다. 동부 유럽의 상황을 주의 깊게 살펴본 사람들은 이러한 논리를 놓칠 수 없다. 1945년 3월 요제프 괴벨스보다 더 열심히 관심을 갖고 관찰한 사람은 없을 것이다. 그는 3월 23일의 일기에 "루스벨트는 플린을 특별 사절로 교황에게 보냈다. 루스벨트는 가톨릭교회를 자기편으로 만들고 싶어 하는 게 분명하다. 교황은 얄타회담 후 영국과 미국에게 대단히 실망했다고 한다."라고 적었다.

1933년 독일과 교황청 사이의 종교협약을 협의했던 교황 비오 12세(Pius XII)는 제2차 세계대전 중 나치 독일과 가까웠다는 비난을 받았지만, 오랜 재직 기간 동안 공산주의에 대한 그의 태도에는 의심의 여지가 없었다. 1939년 이후 그는 소련의 폴란드 점령과 그 점령하에서 자행된 잔혹 행위를 비판했다. 이제 그는 폴란드의 가톨릭교도들에 대한 국제적 지원을 확보하려고 노력하는 중이었다. 1944년 12월 바티칸에서 폴란드 망명정부 대표로 있는 카지미에시 파페(Kazimierz Papée)는 파리에 있는 동료들에게 이렇게 알렸다. "폴란드를 대신한 가톨릭 세계를 결집시키는 작업이 잘 진행 중이고 더욱 심화되고 있소...... (퀘벡 출신의 진 마리 로드리게Jean-Marie-Rodrigue) 빌뇌브(Villeneuve) 추기경과 (뉴욕 출신의 프랜시스Francis) 스펠맨(Spellman) 대주교는 교황이 이분들에게 폴란드 문제에 대한 전적인 지원을 요청했다고 내게 개인적으로 말해주었소."

루스벨트는 교황청에서 얄타 합의를 공개적으로 비난할 경우에 얼마나 큰 타격을 입을지 잘 알고 있었다. 얄타회담 직전 그는 교황을 진정시키기 위해 홉킨스를 로마로 보냈다. 1944년 가을, 미국 대통령선거 직전 홉킨스는 국내 정치와 동유럽에 대한 미국의 정책에 영향을 행사하려는 가톨릭교회의 시도에 화가 났다. 그러나 1945년 1월 그는 얄타로 가는 길에 교황을 방문하라는 지시를 받았다. 루스벨트는 이제 플린이 스탈린과 비오 12세 사이의 중재자 역할을 해주길 원했다. 플린을 그 역할로 선택한 것은, 미국 가톨릭교도들과 교황청의 반감을 잠재우려는 목적에서라면 이해가 가지만, 그의 협상을 통해 원하는 결과를 얻고자 했다면 전혀 이해할 수 없는 결정이었다.

플린의 능력이 어떠했는지는 몰라도, 그는 달성하기 쉽지 않은 임무를 떠맡았다. 소련 측은 바티칸에 대해서 이미 마음을 굳힌 상태였고, 그들의 마음을 바꿀 수 있는 방법은 별로 없었다. 그들은 교황과 가톨릭교회 전체를 암묵적으로 파시즘과 연계시키기로 작정했다. 크렘린에서 볼 때 교황청은 세계 정세에 간섭하고, 폴란드 망명정부를 지원하며, 독일 영토를 폴란드에 할양하는 데 반대하고, 이탈리아의 반동 그룹을 고무하고 있었다. 스탈린은 소련군이 폴란드에 진입하자, 새로 발견한 정교회의 애국주의를 이용해 교황을 비난할 준비가 되어 있었다.[2]

플린은 모스크바에서 그 나름의 핑곗거리를 찾아냈다. "그들의 철학과 인생관은 아시아에 가까워서 서양적 시각으로 바라보는 결정에 이르기가 쉽지 않군요. 그들은 협조하려 하고, 친절합니다. 그러나 때때로 그들이 조금도 솔직하게 말하지 않는다는 것이 느껴집니다."라고 그는 집으로 보내는 편지에 썼다. 플린은 몰로토프와 종교 문제를 관할하는 비밀경찰 대령 두 명과 함께 러시아정교회 수장으로 새로 선출된 알렉세이 1세(Aleksei I) 총대주교를 만났지만, 별 성과가 없었다. 러시아정교회와의 관계를 담당하는 게오르기 카르포프(Georgii Karpov) 대령은 공산당 청소년 조직원들이(콤소몰 회원) 정교회에 속해 있으며 이들 중 일부는 십자가를 목에 걸고 다닌다고 플린에게 말했다. 플린의 소련 측 통역자는 한숨을 한 번 쉬더니 "이 말을 믿을 수 있으세요?"라고 물었다. 플린은 정교도 외에 다른 종교와의 관계를 책임지고 있는 관리인 이반 폴리안스키(Ivan Poliansky)를 만나고 더 실망했다. 그는 회고록에서 "종교위원회의 책임자로서 그는 실제로 무슨 일이 진행되는지를 거의 알지 못하거나 전혀 모르는 것 같았다."라고 적었다.

3월 2일 플린이 계속 사람들을 만나고 있는 동안, 스탈린과 몰로토프는 카르포프 대령을 불러 소련의 서부 국경과 세계 무대에서 바티칸의 영향력에 대응할 만한 방법을 보고서로 작성할 것을 지시했다. 카르포프의 제안은 플린이 로마에 도착하기 전인 3월 16일에 승인되었다. 이 계획의 가장 큰 희생자는 500만 명의 우크라이나 그리스 가톨릭 신자들이었고, 그들의 지도자들은 4월 11일에 체포되었다. 그리스정교회는 1946년 3월 비밀경찰이 소집한 종교회의에서 공식 해산되었다. 그리스정교회 신자들은 러시아정교회에 가입하라는 명령을 받았다. 이를 따르지 않은 사람들은 지하교회 신도가 되었다.[3]

알타회담 직후 소련 측은 예상할 수 있는 바와 같이 루스벨트의 관심을 고려하여 동부 유럽의 가톨릭 기관들에 유화적인 태도를 취했다. 그러나 이러한 호의는 소련 영토로까지 확대되지는 않았다. 잠시 동안 가톨릭교회에 대한 스탈린의 공개적 공격은 알타회담에서 설정된 소련 국경에서 끝났다. 1945년 여름 우크라이나소비에트공화국의 영토로 편입된 트란스카르파티아(Transcarpathian) 지역은 1949년까지 큰 영향을 받지 않았다. 폴란드의 일부로 남아 있던 커즌 라인 서쪽의 그리스 가톨릭교회도 살아남았다.

종교의 자유를 위한 루스벨트의 노력은, 정교회가 러시아 정부의 일부로 관리·운영되는 오래된 제왕적 전통의 황제교황주의(caesaropapism)를 부활시키는 의도치 않은 결과를 가져왔다. 테헤란회담을 준비하면서 스탈린은 모스크바가 전 세계 공산당과 공산주의자의 운동을 주도하고 통제하는 기구로 이용한 코민테른(공산주의 인터내셔널Communist International)의 해산을 명령했을 뿐만 아니라, 1920년대 이래 처음으로 정교회의 총주교 선출을 허용했다. 1917년 혁명 이후 공식 정책이 된 무신론 국가에서 종교 탄압은 잠시 정지되었다. 그 목표는 소련이 종교적 신앙을 지닌 주민들을 존경하는 나라라는 점을 부각하여 서방 지도자들로 하여금 공산 동맹국과 쉽게 협력할 수 있도록 만들기 위해서였다.

이것이 바로 스탈린이 미국에서 온 폴란드인 가톨릭 신부 스타니스와프 오를레만스키(Stanisław Orlemański)와 대화하면서 내세우고자 한 이미지였다. 그의 메시지는 서방 정부와 폴란드와 미국의 폴란드인들을 겨냥한 것이었다. 스탈린은 가톨릭 신부에게 이렇게 말했다. "우리는 식인종이 아닙니다. 우리 볼셰비키는 종교적 신념에 자유를 인정하는 강령이 있습니다. 소련

구세주 그리스도 대성당(Cathedral of Christ the Saviour) 모스크바에 소재한 러시아정교회의 대표적 교회인 구세주 그리스도 대성당이다. 그리스정교회는 소련 시절 공산 정권에 순종적인 태도로 인해 신도들의 반발을 사기도 했다. 그러나 다른 종교와 마찬가지로 박해를 받았다. 이 성당은 1931년 스탈린에 의해 파괴되었다가 소련이 해체된 뒤 1995~2000년에 지금의 모습으로 복원되었다.

권력이 존재한 첫날부터 우리는 이 강령을 실행하는 것을 목표로 삼았습니다. 그러나 정교회 활동가들의 반체제적 활동으로 인해 우리는 이 강령을 실행할 기회를 상실했고, 교회가 소련 권력을 저주한 뒤로는 정부도 이 전투를 받아들였습니다. 이런 이유로 말미암아 교회 대표들과 소련 정부 사이에 오해가 발생했습니다. 그러나 이것은 독일과 전쟁하기 이전의 일입니다. 독일과 전쟁이 시작된 후, 사람과 환경이 바뀌었습니다. 전쟁은 교회와 국가 사이의 이견을 제거했습니다. 신앙인들은 반체제적인 태도를 버렸으며, 소련 정부는 종교에 대한 전투적 태도를 포기했습니다.”

　전에 정교회 신학생이었던 스탈린은 자신의 국제적·국내적 목표를 성취하기 위해 교회를 이용하기로 했다. 처음으로 서부 우크라이나, 서부 벨라루스, 발트 3국을 점령한 몰로토프–리벤트로프 조약 이후와 마찬가지로, 알타 이후 그는 새로 획득한 영토를 확실하게 장악하고 이곳들을 모스크바에 좀 더 밀접하게 종속시키기 위해 교회를 이용하기로 했다. 소련 당국자들이 우크라이나 그리스 가톨릭교회의 합법적 활동에 종지부를 찍고, 그 결과 이 교회가 지하로 숨어들었을 때 그 교구와 신도들을 러시아정교회가 차지했다. 스탈린은 19세기에 우크라이나와 벨라루스의 가톨릭 신도들을 러시아정교회와 '재결합시킨' 차르들의 발자취를 따랐다. 차르들은 당시 합스부르크 제국에 속한 갈리치아에서는 이 목표를 달성하지 못했다. 그러나 제2차 세계대전 후 정교회 신학교 중퇴생에서 공산주의자가 된 독재자는 결국 로마노프 왕가의 꿈을 실현했다.

알타가 과거로 사라지면서 스탈린은 서방 파트너들의 희망을 무시하고 유럽에 새로운 경계선을 그리는 것과 동시에 동맹국과의 협력에도 점점 덜 의존하게 되었다. 그는 독일 분해의 근거를 제시할 준비가 되어 있었지만, 폴란드 문제와 그가 소련에 합병한 폴란드 영토에 전력을 기울이기로 했다. 스탈린은 국가 간의 경계를 이동시킬 뿐만 아니라 수세기 동안 정교회를 믿어온 동방과 가톨릭을 신봉해온 서방 사이에 존재하는 문명의 단층선도 다시 그리는 작업을 했다. 종교에 기반을 둔 유럽의 재분할은 새로 획득한 지역에서 그의 지배력을 강화하고자 한 의도로부터 나온 것이다. 짧은 기간 그의 모험은 성공했지만 오래 지속되는 힘을 갖고 있지는 못했다. 그리스 가톨릭교회는 지하로 들어갔으나 신도들의 노력과 요한 바오로 2세 교황의 지원을 받아 1989년에 성공적으로 부활했다. 이 교회의 부활은 냉전의 종식과 동부 유럽 공산주의 블록의 해체와 맞아떨어졌다. 알타에서 만들어진 국경선은 변하지 않고 그대로 남았지만, 종교적 경계선은 이전의 상태로 되돌아왔다.

Chapter 31

루스벨트 이후

사람들은 아침 늦게 모이기 시작했다. 화창한 봄날이었다. 일부 추산에 따르면 약 50만 명의 군중이 펜실베니아가街(Pennsylvania Avenue)에 줄을 서서 유니언 역(Union Station)에서 백악관으로 이동하는 1마일 길이의 운구 행렬을 지켜보았다. 수천 명이 백악관 맞은편 라피엣 공원(Lafayette Park)에 운집했고, 경찰은 군중을 뒤로 물러나게 해야 했다. 불과 석 달 전에 프랭클린 델러노 루스벨트의 전례 없는 4선 취임식을 보러 왔던 사람들은 이제 그가 영면하는 모습을 지켜보려고 왔다.

루스벨트는 이틀 전인 1945년 4월 12일 자신의 별장이 있는 조지아 주 웜스프링스(Warm Springs)에서 운명했다. 그는 3월 29일 뉴욕 주 북부의 하이드파크에 있는 거처에서 닷새를 보낸 후 웜스프링스로 갔다. 대통령은 많이 쇠약해진 상태이고 건강도 내리막길에 있었던 것이 분명하지만, 그렇다고 이렇듯 갑작스런 죽음을 예측한 사람은 아무도 없었다. 워싱턴의 설그레이브클럽(Sulgrave Club)에서 자선 행사에 참석 중이던 엘리너 루스벨트는 큰 충격을 받았다. 백악관으로 불려와 엘리너로부터 비보를 들은 예순 살의 해리 트루먼(Harry S. Truman) 부대통령도 마찬가지였다. 눈에 띄게 동요한 트루먼은 루스벨트 사망 몇 시간 후 선서를 하고 대통령직을 맡았다. 대통령으

루스벨트의 장례 행렬 루스벨트는 얄타회담 두 달여 뒤인 1945년 4월 12일 사망했다. 사진은 4월 14일 시민이 지켜보는 가운데 백악관으로 이동하는 운구 행렬이다.

로서 그의 첫 직무 행사는 국가적 애도의 날을 선포하는 선언에 서명하는 일이었다. 루스벨트의 시신은 오전 10시 기차로 워싱턴에 운구되어 왔다. 오후 4시 조금 지나서 백악관 동관東館(East Room)에서 추모 예배가 열리고, 관은 다시 기차에 실렸다. 나라 전체가 조의를 표했다. 200만 명의 사람들이 대통령에게 작별 인사를 하기 위해 철로변에 늘어섰다. 장례식은 다음 날 하이드 파크에서 진행되었다.

　워싱턴에서 루스벨트의 친구들과 정적들은 자신들이 상실한 것을 이해하려고 노력했다. 공화당 반대파들도 민주당 동료들과 마찬가지로 루스벨트가 이룬 업적에 대해서 관대한 평가를 했다. 민주당 정권을 자주 비판했던 미시간 주 출신의 아서 반덴버그(Arthur Vandenberg) 상원의원은 작고한 대통령이 "미국과 세계 역사에 지울 수 없는 발자국을 남겼다."라고 평가했다. 얄타 합의에 대한 격렬한 비판가였던 오하이오 주의 로버트 태프트(Robert Taft) 상원의원은 루스벨트를 "말 그대로 자신이 죽을 때까지 미국 국민을 위해 봉사하고, 전쟁의 영웅으로 생을 마친 우리 시대의 가장 위대한 인물"로 평가했다.

모스크바에서는 "깊은 슬픔에 빠진" 스탈린이 비보를 전한 해리먼에게 "루스벨트 대통령은 서거했지만, 그의 이상은 계속 살아남아야 합니다."라고 말했다. 이는 또한, 새로 취임한 대통령이 직무 시작 몇 시간 만에 미국과 세계에 보내기를 열망한 메시지이기도 했다. 트루먼은 대통령의 서거 소식을 듣고 제일 먼저 백악관에 달려온 에드워드 스테티니어스에게 루스벨트의 외교정책은 "목적의 변화 없이 중단 없는 지속성을 가지고" 계속 수행될 것이라고 미국과 세계에 선언하는 성명서를 발표하도록 지시를 내렸다. 장례 열차가 워싱턴에 도착한 날 『뉴욕 타임스』는 새 대통령의 친구들이 새 행정부는 "중도에서 약간 우파적인" 노선을 취할 것이라 믿고 있다고 보도했다.

이것이 국내 정책에서 무엇을 의미하든지 간에, 국제 무대에서는 동부 유럽 쪽 소련의 정책과 야망에 대해 좀 더 강경한 입장을 취할 것임을 의미했다. 집무를 시작한 첫날인 4월 13일, 스테티니어스로부터 소련-미국 관계의 현 상황에 대한 보고를 들은 트루먼은 "이 시점에서 우리는 러시아인들에게 단호히 맞서야 하네...... 그들이 우리를 너무 가볍게 생각하게 해서는 안되네."라고 말했다. 트루먼은 외교 문제에 대한 지식이 없고 대통령직을 맡기 전까지 이 분야의 경험은 더욱 없었다. 그는 이를 잘 인식하고, 역사적으로 이렇게 중요한 시점에 국가의 항해를 맡은 입장에서 느끼는 불안감을 숨기려 하지 않았다. 루스벨트가 능수능란하게 수행해온 복잡한 외교정책을 이어서 지속해 나가기에는 너무 준비되지 않았던 트루먼은 그 나름의 최선을 다하기로 했다. 새 대통령은 결단력을 발휘하거나 결단력 있게 보이려 함으로써 불안감을 극복하려고 했다. 그리고 자신의 직감에 기초하여 사안에 대응하면서 복잡성보다는 단순성을 선호했다. 러시아인들에게 강하게 맞서는 것은 당시 상황에서 올바른 정책으로 보였다.

소련에 대한 트루먼의 새로운 대응 방식은 좀 더 강경한 정책을 선호했는데, 이는 루스벨트에게 이 노선을 택하도록 설득하는 데 실패했던 행정부 내의 수정주의자들에게는 축복이었다. 과거에 그랬던 것처럼 수정주의자들은 국무부 내 '러시아 전문가들'이 주축을 이루었고, 애버럴 해리먼이 그 선두에 있었다. 루스벨트 사망 후 해리먼은 오직 트루먼을 만나기 위해 바로 모스크바를 떠나 워싱턴으로 왔다. 4월 20일 그는 트루먼에게 "솔직히 말씀드려 서둘러 워싱턴으로 귀환한 이유 중 하나는, 스탈린이 약속을 어기고 있다는 것을 루스벨트 대통령은 이미 알고 있지만 각하께서는 모르고 있다는 두려움 때문입니다."라고 말했다. 그는 트루먼에게 새로운 "유럽에 대한 야만적 침략"에 대해 경고했다.

폴란드에서 일방적으로 취하는 소련의 조치와 새로운 폴란드 정부 구성에 대한 협상을 몰로토프가 지연시키는 데 화가 난 해리먼은 얄타에서 이루어진 합의가 너무 애매했다는 것에 낙담하지 않기로 했다. 회담 말미에 해리먼 자신도 합의가 모스크바에서 밑바닥부터 다시 재협상되어야 한다는 사실을 인정한 바 있다. 4월 23일, 곧 있을 트루먼-몰로토프의 만남에서 취할 입장에 대해 트루먼을 포함해 그의 가장 가까운 보좌관들과 협의를 하면서 해리먼은 스탈린이 얄타 합의를 어기고 있다고 주장했다. 전쟁장관인 헨리 스팀슨은 해리먼이 강경한 입장을 취하게 된 원인의 하나로 그와 존 딘 장군이 "오랫동안 사소한 문제에서 러시아인들의 행동 때문에 개인적으로 고통을 받아온 것"을 꼽았다. 스팀슨은 소련 측이 군사 문제에서는 약속을 지켜왔다고 생각했다. 레이히 제독도 해리먼의 주장에 설득되지 않았다. 해리먼은 소련 측이 폴란드에서 자유 정부 수립에 동의하지 않을 것이며, 얄타 합의는

다양한 해석이 가능하다고 확신한 상태로 얄타를 떠났다고 말했다.[1]

최종적으로 4월 23일 오후 트루먼이 몰로토프와 면담할 때 취한 입장은 해리먼의 해석이었다. 루스벨트의 죽음 후 스탈린은 UN 총회에 참석하는 대표자의 수준에 대해 마음을 바꿔 몰로토프를 미국에 보내기로 결심했다. 이것은 UN에 그토록 신경을 썼던 고故 루스벨트 대통령에 대한 존경의 표시이면서 그의 후임자에 대한 평가를 해보기 위해서였다. 워싱턴에 도착한 몰로토프는 트루먼을 만나기 전 스테티니어스 및 그 시점에 워싱턴을 방문 중인 앤서니 이든과 만났다. 그들은 폴란드 문제로 설전을 벌였다. 이든과 스테티니어스는 모스크바의 자국 대사들이 하지 못한 일을 하려고 했다. 그것은 몰로토프에게 압박을 가해 폴란드의 민주정당들을 모스크바로 초청하게 하고, 이들을 새 정부에 합류시키는 것이었다. 하지만 그들의 노력은 아무 결실을 거두지 못했다. 이든의 제안, 그리고 해리먼과 다른 관리들에게서 고무를 받은 트루먼은 직접 이 문제를 떠맡아 소련 외무장관에게 얄타 합의를 준수할 것을 요구했다. 이 요구는 강경하게 반복적으로 제기되었다. 트루먼 대통령의 통역을 맡은 볼렌은 몰로토프가 '창백해진' 얼굴로 대응했다고 회고했다.

트루먼은 회고록에 자신이 몰로토프에게 반박한 말을 정확하게 기록했다. 몰로토프는 "나는 평생 이런 식으로 말을 들어본 적이 없습니다."라고 말한 것으로 전해진다. "당신들이 합의를 지키면 이런 말을 듣지 않을 겁니다."라고 트루먼이 쏘아붙였다. 이 대화는 미국 측과 소련 측의 회담록에 기록되어 있지 않다. 이런 대화가 실제로 오갔는지를 떠나 트루먼 대통령이 몰로토프와 면담하며 사용한 말은 분명히 정상적인 것은 아니었다. 그 자리에 동석했던 스테티니어스와 다른 사람들도 같은 생각을 했다. 1970년대 초 몰로토프는 트루먼과의 대화를 회상하며 "첫 만남에서 그는 아주 고압적인 말투로 말하기 시작했다."라고 했다. "이 사람은 도대체 어떤 대통령인가에 대해 생각했다. '각하가 그런 식으로 말하면 나는 각하와 얘기할 수 없습니다.'라고 내가 말하자, 그는 조금 자제했다. 내가 보기에 조금 멍청한 일이었다. 그는 아주 반소비에트적인 사고를 갖고 있었다. 그래서 그런 투로 말을 시작한 것이다. 그는 누가 보스인지를 보여주고 싶어 했다."

이날의 대화는 소련-미국 관계에서 전환점이 되었지만, 그들의 정책 방향을 바꾸지는 못했고, 폴란드에 대한 소련의 입장에 즉각적인 영향을 미치지도 못했다. 몰로토프는 입장을 바꾸려 하지 않았다. 소련의 결정은 결국 스탈린이 내리는 것이지, 그의 외무장관이 내리는 것은 아니었다. 트루먼은 아직 이 사실을 깨닫지 못하고 있었다.

1945년 봄 무렵 스탈린은 동부 유럽 정복을 어떻게 활용할지에 대한 명확한 생각을 가지고 있지 못했다. 그는 소련의 경험이 유일무이한 것이며, 당분간 소련 서쪽에 있는 나라들은 소련식의 1당 체제를 필요로 하지 않을 것으로 보았다. 그는 이른바 인민민주주의에서는 공산당이 다른 좌파 정당들과 공존할 수 있다고 보았다. 이러한 과도기적 체제는 각 국가에서 아마도 앞으로 10~15년 사이에 공산당의 완전한 권력 장악을 위한 기초를 만들수 있다고 보았다. 1945년 3월 그는 티토에게 "오늘날 사회주의는 영국 군주제하에서도 가능합니다. 모든 곳에 혁명이 필요한 것은 아닙니다."라고 말했다. 그는 1946년 5월 폴란드 정부 지도자들과 회동한 자리에서 이 아이디어를 더욱 발전시켰다. "폴란드에는 프롤레타리아독재가 없고, 당신들은 그것을 필요로 하지 않습니다...... 당신들이 폴란드, 유고슬라비아, 그리고 체코슬로바키아에 부분적으로 세운 민주주의는 당신들을 사회주의로 더 가깝게 가도록 만드는 민주주의이고, 이는 프롤레타리아독재나 소련식 체제의 수립을 필요로 하지 않습니다."라고 주장했다.

스탈린이 확고하게 생각한 것은 새 국가들이 정치적 전략적으로 소련과 연계되고, 소련의 독점적 관할하에 있어야 한다는 것이었다. 전쟁의 마지막 몇 달간 오직 루스벨트만이 유럽을 이해관계 영역으로 나누는 데 공개적으로 반대하고 UN의 가치를 옹호하며, 동부 유럽에서 스탈린의 의도를 내세우는 것을 막을 수 있었다. 루스벨트가 갑자기 사망하자 스탈린은 새 대통령에게 동부 유럽에서 소련의 영향력에 대해 자기 목소리를 내기 시작했다. 1945년 4월 24일 소련군이 베를린 외곽에 도달한 날, 스탈린은 폴란드 상황을 공개적인 교착 상태로 이끄는 편지를 트루먼과 처칠에게 보냈다.

우리는 소련에 우호적인 정부가 폴란드에 세워지도록 할 권리를 갖고 있으며 또한 소련에 적대적인 정부가 폴란드에 존재하는 것에 동의할 수 없다는 것을 아마도 당신들은 분명히 찬성하지 않겠지요. 이것은 무엇보다 폴란드의 독립을 위해 폴란드 땅에 많은 피를 흘린 소련 인민의 명령입니다. 나는 그리스에 진정으로 대표성이 있는 정부가 들어섰는지, 벨기에에 진정으로 민주적인 정부가 들어섰는지는 잘 모릅니다. 이 정부들이 수립될 때 당신들은 소련과 협의한 적이 없으며, 소련은 그리스와 벨기에가 대영제국의 안보에 얼마나 중요한지를 잘 알기 때문에 이 문제에 간섭할 권리를 요구하지도 않았습니다. 나는 폴란드 문제를 논의하면서 소련의 이익과 안보가 고려되지 않은 것을 이해할 수 없습니다. 미국과 영국 두 국가 정부가 소련이 가장 큰 관심을 가지고 있고 무엇보다 관심이 많은 폴란드에 대한 합의를 한 상태에서, 당신들의 대표를 우리 측이 용인할 수 없는 자리에 배치하고, 이것을 받아들이라고 강요하는 것이 아주 비정상적인 상황이라는 점을 인식하지 않을 수 없습니다.[2]

처칠은 4월 28일, 폴란드에 대한 소련의 정책을 시작으로 영국과 소련 사이의 발칸반도 거래에 대한 재평가로 끝을 맺는 긴 답장을 보냈다. "나는 유고슬라비아에서 일어나고 있는 일이 우리 양국 간의 50:50 이익 배분에 부합하지 않는 느낌을 준다고 말하지 않을 수 없습니다. 티토 원수는 완전한 독재자가 되었습니다. 그는 최우선적인 충성을 소련에 바친다고 선언했습니다. 비록 그가 왕실 정부 인사들을 그의 정부에 포함하기는 했지만, 그 숫자는 6명에 불과하고 본인이 임명한 사람은 25명입니다. 우리는 그들이 중요한 정책 문제 논의에는 참여하지 못하고 정부는 1당 체제가 되었다는 인상을 가지고 있습니다."라고 처칠은 썼다.

처칠은 자신이 이해하는 퍼센트 거래에 대해 설명했다. 즉, 소련의 영향력이 막강한 루마니아와 불가리아에서 서방 대표들이 완전히 배제되어서는 안 된다는 것이었다. "우리가 아테네 정부에 대한 그리스인민해방전선의 공격을 격퇴하기 위해 무력간섭을 해야 하는 상황에서 당신이 우리에게 제공한 배려를 인정합니다. 우리는 루마니아와 불가리아에서 당신들의 막대한 이익을 인정하도록 여러 번 지시한 바 있습니다. 그렇다고 우리가 완전히 배제될 수는 없습니다. 정상 간 만남에서 당신이 우리를 대하던 친절한 방식과 너무 다르게 이 나라들에서 우리를 당신의 부하처럼 대우하는 것에 몹시 유감입니다."라고 처칠은 썼다.

처칠은 영국의 영향력이 강한 그리스 같은 나라에서 영국은 질서를 회복하고 선거를 실시하는 데만 관심이 있으며 민주적 절차에 따라 수립된 어떤 정부도 받아들일 용의가 있음을 분명히 밝혔다. 영국과 미국이 폴란드에 대해서 기대한 것도 바로 이것이었다. 그러나 소련은 새로운 정부 구성에 대한 협의를 지연시켰다. "우리가 크림반도에서 내린 공동의 결정에 따르면 이 임시정부는 '자유롭고 구속받지 않는 선거를 보통선거와 비밀선거에 의해 치르기로' 약속을 한 바 있습니다. 여기에는 '모든 민주, 반나치 정당이 참여하고 후보를 내세울 권리가 있습니다.' 그러나 맙소사! 이것 중 어느 것도 진전된 것이 없습니다."라고 덧붙였다.

모스크바는 서방 대표가 폴란드를 방문하는 것도 막았는데, 이는 처칠이 지적한 대로 영국군이 점령한 지역에 소련 대표가 들어갈 수 있도록 한 것과 다른 조치였다. 영국과 미국은 폴란드에 완전한 대표성을 가진 민주 정부 외에는 다른 것을 수용할 용의가 없었다. "우리는 '유고슬라비아 모델'을 폴란드에서 일어날 일의 지표로 받아들일 수 없습니다. 우리나 미국은 폴란드에 아무런 군사적 이익을 가지고 있지 않습니다. 우리가 추구하는 것은 우호적인 국가들 사이에 정상적으로 진행되는 방식을 통해 물질적 관계가 다루어지는 것입니다."라고 처칠은 썼다.

처칠과 스탈린은 영향권을 다르게 이해했다. 처칠 수상은 이 개념에 대해 영향력이 미치는 지역이지만 완전히 지배권을 행사하지는 않는 지역으로 인식했다. 반면, 스탈린은 배타적 통제 지역으로 보았다. 미국은 유럽을 영향권으로 분할하는 것에 전면적으로 반대했고, 이는 미국의 오래된 정책이었다. 그러나 미국의 새 대통령은 이미 상당 부분 진행된 과정을 멈추게 할 수 없었다. 결국 그는, 영향권을 확립하는 것이 소련을 효과적으로 다룰 수 있는 유일한 길이라는 생각을 가진 행정부 내 관리들의 정책을 받아들였다. 이러한 관점은 1945년 여름 미국 행정부의 주도적 경향이 되었지만, 루스벨트의 사망 이전에 이 견해를 받아들일 준비가 되어 있는 국무부 관리가 적어도 한 사람 있었다.

그의 이름은 조지 케넌(George Kennan)이다. 얄타회담 동안 모스크바의 미국대사관 운영 책임을 맡은 그는 친구인 찰스 볼렌에게 보낸 편지에서 소련은 결국 동부와 중부 유럽의 국가들을 희생양 삼아 자신의 전쟁 노력에 대한 보상을 찾을 것으로 생각한다고 말했다. "그것은 우리 스스로와 유럽을 위해 할 수 있는 최선의 일이고, 전쟁이 종결된 상황에서 품위 있고 안정적인 바탕 위에 우리의 생활을 복원하는 가장 진솔한 방법일 것이네."라고 썼다. 케넌은 독일의 분할 및 일부 영국 동료들이 제안한 경계선을 따라 서유럽 연맹을 만드는 안도 받아들일 준비가 되어 있었다. 1944년 중반, 지난 7년간 소련의 외교정책 변화에 대한 긴 보고서에서 케넌은 동부 유럽 안에 소련이 그들에게 종속적인 국가들로 이루어진 지역을 만들려는 시도에 분노했다. 하지만 얄타회담이 열리는 시점에서 그는 이것이 불가피하며, 사실상 도덕적·실용적 관점에서 최선의 해결책이라고 보았다.[3]

처칠은 영향권이 상호 동의된 퍼센트 거래가 아니라 만고불변의 이념적·문화적 분리에 따라 정의되는 새로운 세계의 부상 위험성을 누구보다 먼저 느낀 사람이다. 그는 문화적 몰이해와 잘못된 계산이 앞으로 분쟁을 일으킬 수 있는 상황에 대해 두려워했다. 4월 28일 스탈린에게 보낸 긴 편지에서 그는 "당신과, 당신들이 지배하고 있는 나라들, 그리고 모든 다른 나라들의 공산당이 한편에 모여 서고, 영어 사용권 국가들과 이들의 동맹들과 영연방 국가들이 다른 한편에 서 있는, 이 같은 미래의 상황을 보는 일은 매우 불편합니다."라고 예언자처럼 말했다.

처칠 수상은 자신이 피하기를 바라는 미래상도 제시했다. "그들의 싸움이 세계를 산산조각 낼 것이 분명하고, 그것과 관련된 양측의 모든 지도자들은 역사 앞에 부끄러운 죄인이 될 것입니다. 의심, 상반되는 정책의 오용, 그리고 이에 대한 잘못된 반응으로 점철될 긴 시대를 시작하는 것은 우리 3국만이 이룰 수 있는 다수를 위한 세계 번영의 위대한 발전을 가로막는 것입니다. 내 속마음을 토로하는 이 단어나 구절에 의도치 않게 당신의 기분을 상하게 하는 것이 없기를 바랍니다. 만약 그런 것이 있다면 알려주십시오. 그러나 나의 친구 스탈린이여. 부탁하건대 당신은 사소한 것이라 생각할 수도 있겠지만, 영어를 사용하는 민주국가에서 세상을 바라보는 방식을 상징적으로 보여주는 문제들에서 드러나는 양측의 차이점을 과소평가하지 말기를 바랍니다."

현실에서 영국과 소련의 정책들은 케넌이 그린 것과 유사한 시나리오를 현실화하고 있었다. 미국의 새 지도자들이 이 현실을 받아들이고 그로부터 최선의 방법을 찾아 나서려는 것은 시간문제였다.

　　유럽에서 전쟁이 끝나갈 즈음 대연합은 새로운 문제에 부딪쳤다. 연합국 사이에 발생하는 점점 많은 문제를 시사한 것으로는 공식 종전일에 대한 합의의 실패였다. 서방 연합국은 5월 8일을 승전일로 선언하고, 소련은 5월 9일을 전승일로 잡았다. 이러한 불일치의 결과는 단순히 외교적 문제를 넘어섰다. 무르만스크 항구에 정박해 있는 미국과 영국 군함들은 5월 9일이 소련의 전승일이라는 사실을 통보받지 못해, 소련 측에서 축하 행사의 일환으로 내걸은 방공기구防空氣球들을 포격했다. 워싱턴의 소련대사관은 미 국무부에 서방 측의 오인 사격으로 한 명이 죽고 여러 명이 부상했다고 알렸다.
　　그 사건은 연합국 간의 오해와 불화의 끝을 의미하는 것으로 끝나지 않았다. 이제 처칠은 우울하게 또 다른 전쟁, 이번에는 소련을 상대로 한 전쟁의 가능성에 대해 생각했다. 미국 군부에서도 이러한 전쟁이 필요하다는 이야기가 돌고 있었다. 소련 주재 전 폴란드대사인 스타니스와프 코트(Stanisław Kot)는 1945년 5월 UN 총회에서 스타니스와프 미코와이치크에게 "러시아와 전쟁을 벌이는 아이디어가 미국 내 영향력 있는 군 집단, 특히 영향력이 급격히 커지고 있는 육군과 해군 사이에서 점점 더 지지를 얻고 있습니다."라고 보고했다. 코트는 체스터 니미츠(Chester Nimitz) 제독의 부인인 캐서린 니미츠의 전언傳言을 특별히 언급했다. "그다지 현명하지 않다고 평판이 난 그녀는 '남편을 대신해서' 얘기했는데, 남편이 '미국은 지금 다른 어느 전쟁 때보다도 강하고 러시아는 상당히 약해졌기 때문에 지금이 칠 수 있는 기회야.'라고 했다고 합니다."
　　트루먼이 몰로토프와 면담하면서 소련에 '맞서기'로 한 것은 해리먼에게는 개인적인 승리였다. 해리먼은 5월 10일 트루먼 대통령과의 개인 면담 때 무기대여 프로그램의 중단을 이제 유럽에서 전쟁이 끝났음을 보여주는 강경한 자세의 표시로 사용할 것을 강조하며 자신의 성공을 확고히 했다. 다음 날 트루먼이 이에 해당하는 조치를 내림에 따라 5월 12일 소련으로 운송되는 상품들의 선적이 중단되고, 이미 운항을 하고 있는 배들은 항구로 귀환하라는 명령이 전달되었다. 소련뿐만 아니라 영국에도 영향을 준 이 정책은 대중 홍보 면에서 큰 실수로 드러났다. 심지어 해리먼조차 태평양에서 미국 편을 들어 전쟁에 참전하는 국가들에 대한 즉각적인 물자 감축을 옹호하지 않았다.

미 국무부 관리들이 미국에 실망한 동맹국으로부터 항의를 듣는 첫 대상이 되었다. 소련대사의 직무대리인 니콜라이 노비코프(Nikolai Novikov)는 미 국무부 차관 조셉 그루에게 전화를 걸어 선적 중단에 대해 항의했다. 대통령 명령을 기안한 관리들 중 한 명인 그루는 이 조치에 대한 책임을 부인했다. "나는 대사 직무대리에게 전화를 걸어, 내가 이 문제를 검토했다는 것과 우리가 소련 배에 선적을 중단했다는 소문은 전혀 사실무근이라는 것을 알아냈다고 말해주었다."라고 그루는 국무부 일지에 기록했다. 명령은 번복되고, 선적은 재개되었으며, 트루먼 대통령은 갑작스런 결정의 책임을 그루를 포함한 정부 관리들에게 떠넘겼다. 진자의 추는 너무 멀리 움직였고, 소련에 대한 강경 정책을 제안했던 사람들이 가진 승리의 시간은 사실상 끝나버렸다.

무기대여를 둘러싼 실책 이후 트루먼은 행정부 밖에서 자문을 구했다. 그는 1936~1938년 소련 주재 미국대사를 역임한 조지프 데이비스(Joseph Davies)로부터 자문을 얻었다. 소련에서 대숙청이 절정일 때 근무했음에도 불구하고 변함없는 소련애호가로 남아 있던 데이비스는 4월 30일 트루먼 대통령을 처음으로 만났다. 그는, 몰로토프와의 면담을 계기로 '강경해지는' 트루먼의 열정을 조심스럽게 제어하려고 했다. 무기대여와 관련하여 낭패를 본 이후인 5월 13일에 그는 트루먼 대통령이 훨씬 그의 말에 귀 기울이는 것을 느꼈다. 백악관에 있는 트루먼의 거주 공간에서 일요일 저녁에 시작된 면담은 자정 너머까지 계속되었고 트루먼에게 방향을 바꿀 필요를 확신하게 만들었다. 트루먼은 이제 데이비스를 모스크바로 보내 스탈린을 만나게 해서 대화를 시작할 준비가 되어 있었다. 전임 대사는 건강 문제를 들며 이 제안을 사양했지만, 새로운 얄타를 위한 준비를 시작했다. 그것은 트루먼과 스탈린이 직접 머리를 맞대고 앉아 세계의 미래에 대해 논의하는 것이었다.[4]

루스벨트의 대소련 정책이 변하지 않았음을 스탈린에게 확신시킬 필요가 있다는 것은 트루먼 주변의 해리먼 같은 강경파 참모들도 느끼고 있었다. 그는 '구체제'와 그 외교정책 라인의 대표자인 해리 홉킨스를 스탈린에게 파견하는 트루먼의 특사로 추천했다. 중병에 시달리던 홉킨스는 거의 죽음의 병상에서 일어나 해리먼과 같이 모스크바로 갔다. 5월 말과 6월 초 여러 차례 스탈린을 만난 그는 몰로토프-해리먼-커 위원회를 교착 상태에 빠뜨린 문제를 해결해냈다. 그러나 이 해결책은 합의에 대한 스탈린의 해석에 근거하여 그의 조건대로 채택되었다. "얄타에서 기존의 정부를 재조직한다고 합의되었습니다. 이 합의는 곧 현 정부가 새로운 정부의 구성에 기본이 된다는 것을 의미하며, 이는 상식이 있는 사람이라면 누구나 다 압니다. 얄타 합의에 대한 다른 해석은 불가능합니다. 러시아 사람들을 바보로 여겨서는 안 된다는 단순한 사실을 서방 사람들은 자주 잊어버리는 실수를 범하는군요."라고 스탈린은 홉킨스에게 말했다.

스탈린은 새로운 폴란드 정부의 구성에 대한 협상을 하기 위해 스타니스와프 미코와이치크를 포함한 런던의 폴란드인들과 폴란드 국내의 '민주적 폴란드인들'을 모스크바로 초청하는 데 동의했다. 그들은 홉킨스가 워싱턴에 전문으로 보고한 8명의 서방 후보자들 명단도 승인했다. 그러나 홉킨스는 3월 말 소련 당국에 체포된 레오폴트 오쿨리츠키 장군과 15명의 폴란드지하해방군 지도자들의 석방은 받아내지 못했다. 소련 정치국은 이들을 기소하여 정치적 공개재판을 하기로 결정했다. 이런 상태에서 트루먼과 처칠, 미코와이치크는 홉킨스가 중재한 협상안을 받아들이기로 했다. 홉킨스가 모스크바에서 만나 자문을 구한 조지 케넌도 그가 여건상 가능한 한 최상의 협상안을 만들어냈다고 인정했다. 케넌은 사실상의 소련 영향권에 미국이 관여하지 말기를 원했었다. 이러한 관여는 폴란드에서의 소련 정책에 대한 미국의 책임을 전제하는 일이기 때문이었다.

홉킨스가 모스크바를 떠난 직후 양측이 인정한 명단에 오른 폴란드 민주 지도자들은 모스크바로 날아갔다. 며칠 후 그들은 새로운 정부의 구성에 대한 합의를 도출해냈다. 그러나 오래 기다려온 이 일은 불완전한 승리였다. 처칠은 트루먼에게 쓴 편지에서 홉킨스가 중재해낸 합의는 "우리가 결코 등반하는 요청을 받지 말았어야 할 아주 긴 언덕으로 올라가는 이정표"라고 불평했다. 트루먼이 보기에 얄타 합의는 작동되고 있었다. 7월 5일, 그는 폴란드의 새 임시정부를 승인했다. 최종 평화회담의 마지막 걸림돌은 이제 제거되었다. 이것은 데이비스가 주장한 화해적 정책에 힘입은 바 크다. 다음 평화회담에는 해리먼이 아니라 데이비스가 트루먼을 수행해서 갔다. 회담 장소는 베를린 외곽의 포츠담으로, 이곳은 소련군이 점령한 지역 깊숙한 곳에 위치했다.

포츠담으로 떠나기 전 트루먼은 중국 정부의 외무장관 쑹쯔원宋子文을 만나 얄타회담에서 결정된 비밀 결정에 대해 통보했다. 트루먼은 이 손님에게 미국은 대일전에서 소련의 도움이 필요하다고 말하면서 얄타 합의가 준수될 것임을 암시했다. 중국이 만약 소련과 더 나은 협상을 모색한다면 그들 자신이 직접 독자적으로 할 수 있었다. 쑹쯔원이 미 국무부 관리들에게 물을 수 있는 최선의 질문은 "만주에 대한 소련의 주도적 이익을 고려한다는 얄타 합의의 문구를 어떻게 이해해야 합니까?"였다. 쑹쯔원을 만난 조셉 그루는 여

UN헌장 서명식 1945년 4월 25일부터 6월 26일까지 연합국 50개국 대표가 참가한 샌프란시스코회의(샌프란시스코 UN 창립총회)가 열렸다. UN헌장 서명식은 6월 26일에 이루어졌다. 사진은 미국 대표 스테티니어스가 서명하는 모습이다.

기에 답을 하지 않은 채 "나는 얄타회담에 참석하지 않았습니다. 이 문제는 3거두의 다음 회담에서 해결될 것입니다."라고 말했다.

트루먼은 7월 7일 포츠담으로 출발했다. 대통령으로서 대서양을 건너는 첫 여행을 하기 전에 그는 6월 26일 샌프란시스코에 잠시 들러 UN헌장의 서명식을 지켜봤다. 낙하산이 달린 특수 방화 금고에 안치된 헌장은 앨저 히스가 군특별기 편으로 워싱턴에 운송한 후, 7월 2일 수도로 돌아온 대통령이 받아서 상원에 전달했다. 같은 날 상원은 트루먼이 신임 국무장관으로 지명한 제임스 번스의 임명동의안을 가결했다. 국무장관 임명은 6월 30일에 발표되었는데, 이때 미국과 세계는 UN의 초대 미국 대표로 에드워드 스테티니어스가 임명되었다는 소식을 들은 후였다. 새 대통령은 제임스 번스에게 깊은 존경심을 갖고 있고, 번스가 알타회담에 참석했다는 사실은 트루먼이 보기에 외교정책 전문가로서 그의 자격을 충분히 증명했다. 알타회담에도 참석했던 윌리엄 레이히 제독과 찰스 볼렌은 트루먼과 함께 유럽으로 출항하는 거대한 순양함인 오거스타(Augusta)에 승선했다. 트루먼은 알타회담 때의 루스벨트 참모진에게 둘러싸였으며, 같은 문제를 가장 중요한 사안으로 가지고 갔다. 그것은 소련의 대일전 참전이었다.

트루먼으로서는 포츠담회담이 공식 개회보다 하루 빠른 7월 16일 처칠의 방문을 받으며 시작되었다. 루스벨트와 달리 트루먼은 처칠 수상과 사적으로 만나는 것을 전혀 꺼리지 않았다. 그는 스탈린과 좋은 관계를 맺길 원했지만, 영국 수상을 희생해가면서 스탈린의 기분을 맞출 생각은 없었다. 처칠은 루스벨트의 후임자를 빨리 만나 바로 그를 평가하고 싶어 했다. 훗날 그는 모랜 경에게 "그는 아주 큰 결단력을 가진 사람이네. 그는 불확실한 상황에는 신경을 쓰지 않고, 땅에 단단하게 발을 딛고 있는 사람이야."라고 말했다. 처칠은 일부러 세계에서 수행하는 미국의 역할을 칭송했다. 트루먼은 처칠의 칭찬에 휘둘리지 않고 이 노련한 정치인의 손에서 노리개가 되지 않기로 작정했다. 트루먼이 취임한 후 두 사람은 많은 교신을 주고받았다. 초기에 트루먼은 동부 유럽에서 소련의 행동에 대해 처칠의 태도를 공유했지만, 종국에는 그의 계획에 의구심을 품었다. 트루먼이 처칠을 진정시키기 위해 5월 말에 조지프 데이비스를 런던에 파견했는데, 처칠을 만나고 돌아온 그는 영국 수상이 유럽에서 세력균형이라는 오래된 게임을 하고 있으며, 필요하면 새로운 전쟁을 해서라도 영국의 우위를 확보하기 위해 미국의 도움을 원하고 있다고 대통령에게 경고했다.

처칠 수상은 그 어느 때보다 소련의 위협에 대한 염려를 가지고, 상황에 영향을 미칠 수 있는 영국의 제한된 힘을 충분히 인식하고서 포츠담에 왔다. 미국의 지원을 확보하려는 그의 사전 노력은 전체적으로 큰 효과를 거두지 못했다. 훗날 대중적으로 널리 알려진 '철의 장막'이 유럽의 절반을 가리고 있다는 비유를 그가 처음으로 사용한 전문電文은 트루먼에게 거의 영향을 주지 못했다. 군부로부터 경고를 받은 트루먼은 소련 점령 지역에서 미군을 철수하는 문제를 폴란드 문제에 관해 협력을 얻어내는 것과 연계시켜달라는 처칠의 제안을 그다지 달가워하지 않았다. 그는 유럽 쪽의 미군을 태평양으로 이동시키는 것에 대한 처칠의 항의도 무시했다. 처칠은 다급해졌다. 그의 명령에 따라 영국 군전략가들은 7월 1일부로 소련과의 전쟁을 예상한 긴급 계획을 작성했다. 영국군으로서는 얼마 전까지만 해도 동맹이었던 나라와 전쟁을 할 심리적인 준비가 되어 있지 않았기 때문에, 이 작전 계획에는 '생각할 수 없는 작전(Operation Unthinkable)'이라는 이름이 붙었는데, 정말 적절한 명칭이었다. 이와 달리 미국은 극동에서 소련의 군사 지원을 기대하고 있었다. 독일이 패망하고 소련의 위협은 아직 이론적으로만 가능한 상태에서 서방 연합국을 한데 묶는 동인은 점점 줄어들었다.

처칠은 전투적 무드에 빠져 포츠담회담에서 소련의 모든 입장에 반대했다. 독일 배상 문제와 폴란드의 서부 국경(그는 얄타에서 지녔던 견해를 고수했다) 문제에서부터 시작하여 다르다넬스에 소련 군사기지를 세우려는 스탈린의 시도에 이르기까지 모든 것을 반대했다. 그는 또한 에스파냐에서 프랑코(Franco) 정권을 쫓아내고 아프리카에 있는 이탈리아의 식민지를 빼앗자는 소련의 새롭고도 불안한 요구도 퇴짜를 놓았다. 소련의 야망이 담긴 지정학적 반경이 확대되면서 스탈린의 욕심도 커졌다. "나는 아프리카 해안의 거대한 지역을 차지하려는 소련의 욕망에 대한 가능성을 고려하고 있지 않습니다. 만일 그것이 사실이라면 이는 많은 다른 문제와 연관하여 고려해야 합니다."라고 처칠이 스탈린에게 말했다. 그는 동부 유럽에서의 소련 정책과 독일에서 소련과 서방의 영역이 점점 나누어지는 것에 화가 났다. "하나의 단위로서 독일이라는 아이디어는 사라졌네. 대신 우리는 도대체 누가 만든 것인지도 모르고, 경제적·역사적 근거도 없는 경계선에 의해 갈라진 러시아의 독일과 영국의 독일을 갖고 있을 뿐이네."라고 그는 모랜 경에게 사적으로 불만을 털어놓았다.

트루먼은 처칠을 지원했지만 열성적이지는 않았다. ─ 처칠은 트루먼이 그가 잘 모르는 사안에 대한 파악이 느린 것이 아닌가 하고 의심쩍어했다. 트루먼은 스탈린을 똑똑하고 성실한 사람이라고 여겨서 점점 좋아했다. ─스탈린의 사람 다루는 기술에 또 한 명의 희생자가 탄생한 것이다. 소련 측은 새 대통령의 겸손함에 감명을 받았지만, 그의 지성에 대해서는 그렇지 않았다. "그는 자신에 대해 겸손하게 말했다. '미국에는 나 같은 사람이 수백만 명 있지만, 내가 대통령이 되었습니다.'라고 그가 말했다. 그는 피아노를 칠 줄 알았다. 그러나 대단한 정도는 아니고, 그렇다고 못 치는 것도 아니었다. 그는 루스벨트가 가진 지적 능력에는 한참 못 미쳤다. 이것은 아주 큰 차이였다."라고 몰로토프는 회고했다. 트루먼은 루스벨트가 얄타에서 했던 일인 성실한 중재자 역할을 하려고 하지는 않았다. 그것은 그의 외교 능력을 넘어서는 일이고, 가시적 결과를 만들어내야 하는 과제에 자칫 원하지 않는 복잡한 문제를 끌어들일 수 있었다. 루스벨트와 다르게 그는 유럽을 영향권으로 나누는 것에 대한 이념적 반대가 없었다. 이것은 스탈린과 상호 이해의 가능성을 높여주었다.

트루먼-처칠의 동맹은 처칠이 영국 의회선거에서 예상치 않게 패배했다는 뉴스로 갑자기 끝나버리게 되었다. 본선 투표는 7월 5일 실시되었는데, 여러 투표소에서 집계에 문제가 생기는 바람에 10년 만에 처음 치러진 영국 총선(전쟁 중에는 총선이 없었다) 결과는 7월 26일까지 발표되지 않았다. 그래서 처칠은 회담에 참석할 수 있었다. 포츠담회담의 전체 회의는 처칠과 이든이 런던으로 귀환해 선거 결과를 듣고 올 수 있도록 잠시 휴회되었다. 그러나 포츠담에 있는 어느 누구도, 특히 처칠과 이든은 자신들이 돌아오지 못

처칠의 선거 유세 영국의 총선은 1945년 7월 5일 실시되었고, 포츠담회담은 7월 17일부터 8월 2일까지 열렸다. 회담 개최 시점까지도 영국 총선의 결과가 발표되지 않았기 때문에 처칠은 포츠담회담에 참석할 수 있었다. 사진은 총선을 앞둔 처칠이 1945년 7월 2일 대중 연설을 하는 모습이다.

할 것이라고 예상하지 못했다. 여름이 되자, 처칠이 알타에서 공개적으로 걱정했던 선거 결과에 대한 염려는 사라지는 듯했다. 그는 노동당의 클레멘트 애틀리에 대항해 선거운동을 펼쳤다. 노동당의 정책을 영국에서 실행하려면 게슈타포 같은 정부 기구를 필요로 한다고 공세를 퍼부었다. 처칠은 전쟁을 치르면서 자신이 올린 성과를 내세웠고, 그의 반대파는 완전 고용과 정부가 운영하는 의료보험 등 미래에 대한 공약을 걸었다. 유권자들은 미래를 선택했다. 집권 후 노동당은 복지국가의 기초를 확립할 것이다.

처칠이 선거에 패배했다는 소식은 트루먼과 스탈린 모두에게 충격으로 다가왔다. 런던으로 떠나기 전 처칠은 번스에게 "승리를 확신하고 있습니다."라고 말했다. 소련 지도자에게 그 일은 그의 영향권 안에 있는 '민주적인' 동유럽 정권의 대표들과 공유하고 싶은 선거민주주의의 위험을 다시 한 번 일깨워주었다. 스탈린은 "누구도 앞날을 내다보는 데 늘 성공할 수는 없습니다."라고 1946년 1월 불가리아 정부 지도자들에게 말했다. "처칠은 그 반대파보다 훨씬 앞날을 내다볼 줄 알았습니다. 베를린회담(포츠담회담을 가리킴) 동안 그는 의회에서 분명히 다수 의석을 점할 것이라고 우리를 안심시켰지요. 애틀리는 단지 의석수를 조금 늘릴 거라 예상했을 뿐, 그의 당이 의회에서 다수당이 될 줄은 전혀 생각지 못했습니다. 힘들지만 모든 것을 내다볼 수는 없습니다."[5]

노동당 정부의 지도자인 클레멘트 애틀리와 어니스트 베빈(Ernest Bevin)이 포츠담으로 와서 처칠의 정책을 계속 이어나갔지만, 주도권은 미국 측으로 넘어갔다. 트루먼의 신임을 받은 번스가 회담을 이끌면서 독일과 동부 유럽을 두 영역으로 나누는 것과 매한가지인 제안을 스탈린에게 내놓았다. 소련이 자신들의 점령 지역에서 배상을 제한하는 것에 동의해준다면, 그 대가로 번스는 스탈린과 몰로토프에게 서 나이세 강을 경계로 한 폴란드의 서부 국경과 불가리아·루마니아·헝가리의 괴뢰정부를 인정하겠다는 제안을 했다. 약간의 망설임과 협상 끝에 스탈린은 이 거래를 받아들였고, 런던의 새 주인들도 이 거래를 지지했다. 몰로토프는 훗날 이 논리를 친구에게 이렇게 설명했다. "포츠담에서 가장 중요한 문제는 배상에 관한 것이지만, 폴란드 문제도 큰 중요성을 가지고 있었다네. 미국 측은 우리가 빠져나갈 상황을 조성함으로써 우리와 서방 연합국 사이의 마찰을 줄여주었지."

7월 16일 로스앨러모스(Los Alamos) 외곽에서 성공적으로 시험된 원자탄은 포츠담회담에서 미국과 소련의 행동에 눈에 띄는 영향을 주지는 않았다. 트루먼과 번스는 소련이 대일전에 참전하기를 여전히 원하고 있었다. 회담 시작 단계에서 스탈린은 추가적인 양보를 요구하지 않고 전쟁에 참전한다는 알타의 약속을 다시 한 번 확인했다. 트루먼은 강력한 새 무기를 스탈린에게

포츠담회담 7월 17일부터 8월 2일까지 열린 포츠담 회담은 처음에는 처칠, 트루먼, 스탈린의 3거두(위의 사진)로 시작했다. 그러나 회담 중간에 영국 총선에서 노동당의 클레멘트 애틀리 당선이 발표됨으로써 영국 대표는 애틀리 수상으로 바뀌었다. 아래 사진에서 맨 왼쪽에 앉아 있는 사람이 애틀리다. 3거두의 뒤에는 왼쪽에서 오른쪽 방향으로 레이히 제독, 어니스트 베빈, 제임스 번스, 몰로토프가 서 있다.

설명했으나, 스탈린은 별다른 반응을 보이지 않았다. 그리고 이 문제는 8월 2일 종료된 회담에서 공개적으로 논의된 적이 없었다. 나흘 뒤 최초의 원자탄이 히로시마에 투하되었고, 그로부터 다시 사흘 후 두 번째 원자탄이 나가사키에 투하되었다. 나가사키에 원자탄이 투하된 날 소련 군대는 만주로 진입했다. 스탈린은 너무 늦기 전에 자신의 전리품에 대한 권리를 요구하려고 서둘렀다. 포츠담에서 스탈린은 8월 중순까지는 참전할 준비가 되지 않을 것이라 했고, 그의 군지휘관들은 훨씬 덜 낙관적이었다.

포츠담회담은 모든 사람이 바라 마지않던 분명한 종전을 가져오지는 않았다. 새로운 유럽의 경계는 국제사회의 공식적 인정을 받지 못했고, 30년 후인 1975년 헬싱키최종합의서(Helsinki Final Act)*가 체결될 때까지 특히 독일연방공화국(서독)의 인정을 받지 못했다. 극동에서 일본은 소련 또는 그 후계 국가인 러시아연방과 평화조약을 체결하지 않았고, 쿠릴열도의 일부 섬은 양국 간 외교 관계에서 완전한 정상화의 걸림돌이 되었다. 포츠담회담은 얄타회담의 그늘에서 완전히 벗어나지 못한 채 회담의 많은 결정들, 즉 폴란드

---

* **헬싱키최종합의서** '헬싱키협정', '헬싱키협약', '헬싱키선언'으로도 불린다. 1975년 7~8월에 핀란드 헬싱키에서 유럽안보협력회의가 개최되었는데 이때 채택된 문서가 바로 '헬싱키최종합의서'로, 소련을 포함한 유럽 33개국, 미국, 캐나다까지 포함하여 35개국 정상이 서명했다. 이 합의문은 유럽안보협력회의(CSCE, 1995년 '유럽안보협력기구OSCE'로 이름 변경)의 설립 배경이 되었다. 소련은 1954년 제네바회의 때부터 유럽의 안보 문제를 다룰 유럽 국가들 간의 회담을 원했지만, 소련의 영향력 확대를 경계한 서방 측은 이를 거부했다. 그러다가 1975년에 헬싱키회의가 성사된 것이다. '헬싱키최종합의서'에서 의결된 안보와 협력에 관한 여러 내용 중에는 기존의 국경을 인정한다는 조항이 포함되어 있다. 헬싱키협정이 발표된 이후 소련과 그 위성국에서 '헬싱키 클럽'이 결성되어 반체제운동이 일어나자 소련은 1978년부터 유럽안보협력회의의 활동을 중단했지만, 고르바초프가 1980년대 말 이를 부활시켰다.

국경 문제 및 독일과 유럽의 사실상 분할에 관한 결정이 이전 회담의 전철을 밟았다. 포츠담은 처음에는 루스벨트 없이, 다음에는 처칠 없이 얄타를 이어 가려는 시도였다. 그 결과는 얄타회담과 마찬가지로 잡동사니였다. 얄타는 전쟁을 종식시키는 데 일조하고, 이어지는 평화의 요소를 같이 맞춰놓았다는 칭찬을 듣는다. 그러나 이것은 3년 뒤 본격적으로 시작되는 냉전의 기초를 깔아놓은 것으로 비판을 받아왔다. 이 회담의 진정한 의미는 그 당시의 맥락에서, 그리고 냉전 신화를 겹겹이 싸고 있는 껍질을 벗겨내야만 제대로 평가될 수 있다.

에필로그

2005년 2월 4일 리바디아 궁에서는 군 경비병들이 60년 전 그랬던 것처럼 도착하는 손님들을 맞았다. 의장대 외에도 60년 전에 보안과 서비스 업무를 맡았던 병사들과 웨이트리스들이 리바디아 궁으로 돌아왔지만, 1945년 2월과 닮은 점은 별로 없었다. '얄타 1945~2005: 양극 세계로부터 미래의 지정학으로'라는 제목이 붙은 이 얄타 학회를 조직한 사람들은 당시 크림반도를 소유한 우크라이나의 빅토르 유셴코(Viktor Yushchenko) 대통령과 소련의 법적 승계자인 러시아의 블라디미르 푸틴(Vladimir Putin) 대통령으로부터 격려문을 간절히 기다렸지만 끝내 받지 못했다. 영국이나 미국 지도자의 인사말도 없었다. 각국은 현대 세계를 형성하는 데 기여한 얄타회담 기념일을 못 본 체하는 이유가 있었다.

역사학자들은 종종 동부 유럽의 소련 블록 해체, 즉 소련의 붕괴와 새로운 민족국가의 출현으로 이어지는 사건들을 '과거의 복수'가 발현된 것이라고 치부했다. 그러나 얄타에서 정해진 유럽의 경계선들은 1980년대 말과 1990년대 초의 민족국가 부상 시기에도 살아남았다. 독일은 통일되었지만, 동부 국경에는 조정이 없었다. 체코슬로바키아는 두 국가로 나뉘었지만, 이들 국가는 제2차 세계대전 종전 직후 정해진 국경선을 그대로 유지했다. 폴란드와 구소련에 속해 있던 리투아니아·벨라루스·우크라이나의 국경선에도 변화가 없었다. 이 국가들은 양차 세계대전 사이에 폴란드가 보유했던 영역을 '상속한' 상태였다. 얄타의 경계선은 전체적으로 변하지 않고 남아 있지만, 그 결정의 역사적·정치적 결과는 세계 정치 엘리트의 뇌리에서 떠나지 않았다.

2004년 10월 독일 의회의 야당들은 과거 동프로이센의 일부였다가 1945년 2월 3거두에 의해 러시아에 할당된 쾨니히스베르크 주변 지역인 칼리닌그라드 주州의 군사화에 항의를 제기했다. 그들은 동프로이센에서 강제로 퇴거되었던 주민들의 대표를 초대하여 국제회의를 열고 자신들이 '쾨니히스베르크 주'라고 부르는 이 지역의 경제 발전 문제에 관해 논의하자고 제안했다. 회의 자리에서 그들은 리투아니아–폴란드–러시아의 초국경 협력 지대를 만들어 이곳을 '프로이센'이라 부르자고 제안했다. 러시아 정부는 이 소식을 듣고 질겁했다. 러시아 외무부는 독일 정부가 러시아를 대상으로 영토적 요구를 하지 않았다는 점을 강조하면서 상실된 영토에 대해 문제를 제기한 독일 정치인들을 비난했다.[1]

일본에서는 제2차 세계대전 후 러시아에 잃은 영토의 반환을 원하는 국민적 요구가 늘 있었다. 일본 정부는 얄타회담에서 소련에 '선사된' 쿠릴열도 남단의 상실을 공식적으로 인정한 적이 없으며, 일본에서 이른바 '북방 영토北方領土'라고 일컫는 쿠릴열도 남단의 반환을 지속적으로 주장해왔다. 2005년 봄 일본 의회는 러시아로부터 반환받기를 원하는 섬의 수를 늘리는 결의안을 채택했다. 이 섬들의 반환은 양국 간 평화조약을 맺는 데 전제 조건으로 여겨졌다. 평화조약의 부재는 제2차 세계대전 이후 러시아와 일본 간 정치·문화·경제적 관계에 먹구름을 드리웠다.[2]

2005년 초 러시아 서부의 이웃 국가인 발트 3국과 폴란드는 스탈린의 동유럽 점령을 사과하지 않는 러시아 정부를 비난했다. 러시아가 5월에 나치 독일을 무너뜨린 승전 60주년 기념식을 위해 세계 지도자들을 모스크바에 초청하기로 결정했기 때문이다. 유럽전승기념일은 파시즘으로부터 해방을 가져왔으나, 그와 동시에 동부 유럽과 중부 유럽에 대해 40년 이상 여러 형태로 지속된 소련 점령을 가져왔다. '억류된' 국가들의 지도자들은 이제 세계에 이 사건을 알리기로 작정했고, 그 과정에서 러시아가 스탈린의 과거를 직시하고 동부 유럽에서 소련과 그 공산주의 동맹국들이 벌인 만행을 인정할 것을 촉구했다.

점점 증폭되는 국제적 논쟁에 대한 미국의 반응은 모스크바의 기념식에 가던 조지 워커 부시(George W. Bush) 대통령이 2005년 5월 6일 리가(Riga)에 들러 행한 연설에서도 나타났다. "6일 전, 아니 60년 전의 승리를 기념하면서 우리는 역설적 상황에 마음을 쓰지 않을 수 없습니다."라면서 "독일의 대부분 지역에서는 패배가 자유를 가져왔습니다. 그러나 동유럽과 중유럽의 많은 지역에서는 승리가 또 다른 제국에 의한 철의 통치를 가져왔습니다. 승전일은 파시즘의 종말을 가져왔지만 압제를 끝내지는 못했습니다. 얄타회담의 합의는 뮌헨협정과 몰로토프-리벤트로프 조약의 부당한 전통을 답습했습니다. 힘을 가진 국가들이 다시 한 번 협상했을 때 약소국의 자유는 소모품처럼 취급받았습니다. 안정을 위해 자유를 희생시키는 이러한 시도는 유럽 대륙을 나눠버리고 불안정하게 만들었습니다. 중유럽과 동유럽의 수백만 주민이 억류되었던 사실은 역사의 큰 오점 중 하나로 기억될 것입니다."라고 연설했다.[3]

얄타에 대한 부시의 비판은 여러 면에서 빌 클린턴(Bill Clinton) 행정부의 주요 인사들이 제기한 역사적 주장의 연속선에 있다. 체코슬로바키아에 공산주의 정권이 들어서자 서방으로 탈출한 외교관의 딸인 매들린 올브라이트(Madeleine Albright)는 미 국무장관으로서 1999년 3월 동유럽 정부의 대표자들에게 "당신들의 운명은 거래가 오가는 협상 테이블에서 포커게임의 칩처럼 절대로 다시는 이리저리 던져지지 않을 것입니다."라고 말했다. 사실, 올브라이트는 클린턴의 동창이자 국무차관인 스트로브 탤벗(Strobe Talbott)의 주장을 발전시켰다. 스트로브 탤벗은 1997년 5월 "동부의 많은 나라가 얄타의 그림자 밑에서 반세기 가까이 고통을 겪었다. 이 지역의 이름은 강대국의 영향권을 위해 약소국의 자유가 냉소적으로 희생된 것을 뜻하는 별칭이 되었다. 이것은 베르사유가 미래 전쟁의 씨앗을 뿌린 근시적이고 징벌적이며 모욕적인 평화를 뜻하는 단어가 된 것과 마찬가지다."라고 발언한 바 있다.

미 행정부 관리는 부시의 리가 발언이 푸틴으로 하여금 몰로토프–리벤트로프 조약에 대한 사과를 촉구하는 것이었다고 훗날 밝혔다. 만일 이 말이 사실이라면 백악관의 연설문 작성자는 오판한 것이다. 부시는 '새로운 유럽'의 지도자들을 상대로 점수를 올렸는지는 몰라도, 국내에서는 행정부에 예기치 못한 문제를 야기했다. 얄타협정, 뮌헨협정, 몰로토프–리벤트로프 조약을 연결 지은 이 연설은 프랭클린 델러노 루스벨트의 역할에 대한 공화당원과 민주당원 사이의 해묵은 논쟁을 재점화했다. 루스벨트의 비판가들은 그가 동부 유럽을 이오시프 스탈린에게 "팔아넘겼다"고 비판해왔다. 부시의 발언을 두고 보수적인 언론인들과 평론가들은 오랜 기간 미뤄온 '끔찍한 진실'을 인정했다면서 찬양한 반면, 자유주의자들은 공화당원들이 조지프 매카시라는 유령을 부활시켰다고 비난했다. 민주당원들은 얄타회담이 그 시대의 현실을 인정한 것에 불과하다고 주장했는데, 크림반도에서 정상회담이 시작될 때 스탈린은 이미 동부 유럽을 장악하고 있었기 때문이라는 것이다.

베를린장벽이 무너지고 소련이 붕괴한 후 서방에 알려진 새로운 역사적 자료들은 1945년 2월 이루어진 거래로 동부 유럽과 전 세계가 치른 엄청난 대가를 더욱 명백히 밝혀주었다. 그러나 그러한 지식은 2005년 얄타 학회에서 벌어진 논쟁의 수준을 높이는 데 거의 도움이 되지 않았다. 대부분의 찬반 논쟁은 냉전 시대의 신화에서 얻은 정보에 바탕을 두고 있었다.

"**발트해의** 슈테틴(Stettin)(현재 폴란드의 슈체친Szczecin)에서 아드리아해의 트리에스테(Trieste)까지 대륙을 가로질러 '철의 장막(iron curtain)'이 쳐졌습니다. 이 선 뒤에는 중유럽과 동유럽의 고대국가 수도들이 모두 자리하고 있습니다. 바르샤바, 베를린, 프라하, 빈, 부다페스트, 베오그라드, 부쿠레슈티, 소피아이지요. 이 모든 도시와 그 주변의 주민들은 내가 소련권이라고 부르는 영역 안에 놓여 있고, 모두가 여러 형태로 소련의 영향뿐만 아니라 모스크바로부터 이미 고강도이면서 점증되는 통제를 받으며 살고 있습니다."라고 윈스턴 처칠은 얄타회담이 종료된 지 1년이 조금 지난 1946년 3월 5일에 선언했다. 이 연설은 불과 2년 후 본격적으로 시작된 동방과 서방 사이의 냉전 분위기를 결정했다. 새로운 국제적·정치적 환경에서 얄타 합의는 미국의 공화당원과 민주당원 간에 외교정책 수행을 둘러싸고 맞붙는 싸움이 되었다. 서로의 이견은 얄타에 대한 다양한 신화를 만들어냈다. 어떤 이들은 서방의 이익을 스탈린에게 팔아넘긴 것에 대해 회담 참가자들을 비난했다. 또 다른 이들은 그들을 면책해주려고 노력했다. 냉정한 시각을 유지하거나 신화를 현실과 구분하는 것은 거의 불가능해졌다.

얄타회담은 지도자 개인들과 그들의 상충하는 의제 사이 경쟁의 장이기도 했지만, 국제 관계에 대한 두 가지 다른 접근법이 충돌하는 무대이기도 했다. 루스벨트의 정책은 국제기구와 민주적 가치의 확산에 중점을 둔 자유주의적 국제주의의 구현이었다. 얄타에서 그는 현실 정치를 옹호하는 두 노련한 정치인에 맞섰다. 스탈린은 권력 이익의 관점에서 세상을 바라보았고, 처칠도 민주적 가치에 대한 자신의 성실한 헌신에도 불구하고 같은 시각을 가지고 있었다.

얄타회담을 외교적 실패로 보는 시각은 초기 냉전에 대한 실망감에 주로 근거한다. 1940년대 말과 1950년대 초의 시각에서 보면 얄타 합의는 소련의 동유럽 장악을 막는 데 실패했고, 또한 소련이 만주에서의 영향권을 할당받아 중국에서 공산주의자들이 승리할 수 있게끔 여건을 만들어준 것으로 비난받았다. 그러나 외교가 가능성의 예술이라면, 그리고 얄타회담 결과를 당시의 지정학적·군사적 상황에 따라 판단하면, 서방 지도자들은 나중에 자신들이 인정받은 공로보다 훨씬 많은 것을 성취했다고 결론 내릴 수 있다.

얄타회담이 전쟁 중에 열린 회담이라는 사실과 연합국 측이 승리하는 데 서방이 소련에 큰 빚을 졌다는 사실이 종종 간과된다. 인류 역사상 가장 파괴적인 전쟁은 끝나려면 아직 멀었고, 승리를 얻기 위해 서방 지도자들은 소련군과 그 최고사령관인 스탈린이 필요했다. 특히 루스벨트는 극동에서 벌어지는 전쟁을 끝내고 미군의 희생을 최소화하는 데 소련군의 도움이 필요하다고 인식했다. 그는 UN 창설에서 스탈린의 협력을 확보하는 일이 절대적으로 필요했으며, 안정적이고 평화로운 전후 세계는 소련의 협력에 달려 있다고 믿었다.

루스벨트와 처칠 모두 스탈린과 회담을 하지 않고는 동부 유럽에 대한 자신들의 영향력이 전무할 수도 있다고 보았다. 그들은 정상회담이 개최되도록 최선을 다했다. 처칠은 또 하나의 3자 회담을 개최하는 데 소련 지도자가 주저하자 1944년 가을 스탈린을 찾아가서 회담의 조속한 개최가 가능하도록 만들었다. 루스벨트는 쇠약한 건강에도 불구하고 여행을 감행하여 가장 큰 개인적 희생을 치렀다. 이 여행이 그를 사망에 이르게 했다고는 단언할 수 없지만, 적어도 죽음을 재촉하게 만든 요인이었다는 점은 분명하다.

얄타에서 루스벨트와 처칠은 모두 불리한 협상 상황에 있었다. 미군과 영국군이 아르덴에서 독일군의 반격을 받고 아직 전세를 회복 중이었던 반면, 소련군은 독일 수도에서 불과 70km 떨어진 오데르 강에 교두보를 확보하고 있었다. 1941년 가을 이후 서방 연합국은 독일군에 대항하여 싸우는 소련군에게 기술적 지원과 항공 지원을 제공해오기는 했지만, 1944년 6월 노르망디 상륙작전을 감행하기 전까지는 서유럽 땅에 병력을 배치하지 않았다. 게다가 이후 서유럽에 배치한 서방 연합군의 수는 동부전선에 배치된 소련군의 절반도 되지 않았다. 유럽에서 전쟁의 상당 부분은 소련군이 치렀으며, 그 확연한 결과로 스탈린은 동부 유럽의 대부분을 확보했고 곧 중부 유럽에서도 대부분의 지역을 통제하게 될 것이었다.[4]

알타회담 직전에 서방 연합국이 처한 상황을 앤서니 이든은 이렇게 정리했다. "우리가 그들에게 제공할 것은 많지 않다. 그러나...... 우리는 그들에게 많은 것을 요구했다." 서방이 스탈린에게 제공할 '많지 않은 것'에는 소련의 영토 획득을 인정하는 것과 독일 전리품의 가장 좋은 몫을 소련에 할당하는 것도 포함되어 있었다. 서방 연합국이 줄 수 있는 것과 그 대가로 얻을 수 있는 것을 고려하면 이들은 놀랄 만큼 일을 잘해냈고, 특히 미국은 더욱 그랬다. 루스벨트는 자신의 중요한 두 가지 목표를 달성했다. 그 하나는 소련에게서 대일전 참전 약속을 받아낸 일이고, 다른 하나는 소련을 세계평화기구에 참여토록 한 일이었다. 이 사안들은 스탈린이 협조하는 데 관심을 가졌던 의제이고, 적어도 UN의 경우 루스벨트의 희망에 적극 부응했다. 스탈린은 미국이 주도하는 세계질서의 토대를 세우는 데 자신이 도움을 주고 있다는 사실을 충분히 인식하지 못한 채 약속을 지켰다.

영국도 상대적으로 좋은 결과를 얻었다. 특히 소련에 제공할 수 있는 모든 인센티브를 미국이 해결해줄 상황이고, 영국은 동부 유럽의 가장 민감한 지역에서 소련으로부터 가장 많은 것을 원했다는 사실을 고려하면 더욱 그랬다. 처칠은 자신의 중요한 목표인 프랑스를 유럽의 강대국 지위로 복귀시키는 데 성공했다. 영국은 군사적으로 약한 프랑스에 독일 점령 구역을 확보토록 해주고 독일에 대한 연합국통제위원회의 일원이 되게 만들었다. 처칠은 또 배상에 대한 어떤 결정도 막는 데 성공해서 중부 유럽의 경제적 붕괴를 미연에 방지했다. 영국 전시 내각은 독일–폴란드 국경의 최종 확정을 연기한 것에 만족했다. 영국 측은 그리스와 이탈리아에서 자국의 전략적 이익을 희생하거나 해외 영토에 대한 지배권을 훼손하지 않으면서 이 목표를 성취했다.

독일에 대한 승리에서 가장 크게 기여한 소련은 이 정상회담의 결과에 만족할 그 나름의 이유가 있었다. 오랜 기간의 국제적 고립 끝에 드디어 소련의 강대국 지위가 인정된 것이다. 미국은 독일 전쟁배상금의 가장 큰 몫이 소련에 돌아가도록 하겠다고 약속했다. 독일은 몇 개의 국가로 분할될 상황이었다. 폴란드를 제외하고 동부 유럽에 대한 소련의 통제는 연합국으로부터 직접적인 문제 제기도 받지 않았다. 게다가 스탈린은 대일전에 참전하기 위한 '정치적 조건'인 극동에서의 영토 획득과 영향권 확보를 루스벨트가 받아들이도록 만들었다. 소련이 UN에서 추가로 두 석을 확보한 것은 이 기구에서 발생할 수 있는 고립을 피할 좋은 방법이었다. 마지막으로 소련은 이란 상황처럼 자신들이 논의를 피하고 싶은 문제들을 피해 나가는 데 성공했다.

그리고 폴란드가 있었다. 폴란드를 둘러싼 논쟁의 성패는 동부 유럽 전체의 운명을 좌우했다. 소련은 자신들의 서부 국경을 따라 안전지대를 확보하길 원했다. 그것은 양차 대전 기간에 소련을 고립시키기 위해 만들어진 완충지대 국가(cordon sanitaire)를 대체할 '우호적인' 국가들의 띠였다. 스탈린은 소련과 가장 긴 국경선을 맞대고 있으면서 안보 아치(security arch)의 쐐기돌인 폴란드를 통제하기로 작정했다. 얄타에서 스탈린은 폴란드가 소련의 안보에 얼마나 중요한지를 강조했다. 수십 년 후 폴란드에서 자유노조운동이 일어나자 몰로토프는 폴란드에 대한 스탈린의 입장을 표명하고 자신의 견해도 밝혔다. "폴란드는 항상 어려운 상황에 있었습니다. 우리는 트루먼, 해리먼 등과 폴란드에 관해 많은 대화를 나눴습니다. 우리는 폴란드를 잃을 수 없습니다. 만일 이 선을 넘어서면 그들은 우리까지도 장악할 것입니다." 보통의 폴란드인들이 소련을 침략자로 보는 상황에서 폴란드를 잃지 않는 유일한 방법은, 소련군에 의해 유지되고 스탈린의 직접 지시를 받는 괴뢰정권을 세우는 것이다. 이 지역에서 소련의 목표는 모든 민주정당이 평등한 자격을 가지고 경쟁하여 치르는 자유선거와 양립할 수 없었다. 서방은 국내 여론의 압박, 민주주의에 대한 헌신, 이 지역에 발판을 확보하고자 하는 욕망으로 인해 자유선거 그 이하는 받아들일 수 없었다.

이것은 지정학적 비전, 이념, 문화의 충돌이었고, 얄타회담은 이 문제를 거의 해결하지 못했다. 이러한 교착 상태는 자국군을 이미 동부 유럽 곳곳에 진출시킨 소련에 유리하게 작용했다. 처칠과 루스벨트는 이 지역의 민주주의에 대한 소련 측의 보장을 얻지 못한 것에 대해 홍보하고자 최선의 노력을 기울였다. 그들은 얄타회담을 마지막 평화회담으로 생각하지 않았기 때문에 이 같은 차질을 재앙이라고 여기지도 않았다. 실제로 3거두의 또 다른 회담이 포츠담에서 열렸다. 그러나 관계가 깨지고 냉전이 시작되면서 정치적 실패의 상징이 된 것은 얄타였다. 얄타에 대한 이런 시각이 생긴 중요한 이유는 얄타 합의가 공개된 직후 서방에 있던 폴란드 정치 그룹이 항의했기 때문이었다. 폴란드의 관점에서 보면, 얄타회담은 폴란드 영토를 빼앗았고, 포츠담회담은 폴란드에 동부에서 상실한 영토를 서부의 땅으로 보상해주었다.

티모시 가튼 애쉬(Timothy Garton Ash)는 폴란드 자유노조운동의 역사를 집필하여 수상의 영예를 얻은 책에서 "폴란드에 처음 왔을 때 나는 이상한 말을 계속 들었다."라고 말했다. "내가 현지에서 새로 알게 된 사람이 한숨을 내쉬며 '요프타(Yowta)!'라고 말하자 대화는 우울한 침묵 상태에 빠졌다. '요프타'는 운명을 의미하는가? 나는 궁금해졌다. 아니면 '인생은 그런 거야'라는 표현인가?" 사실, '요프타'는 '얄타'를 폴란드어로 발음한 것이다. 여러 세대에 걸쳐 이 단어는 1939년 9월 독일의 침공에 맞서 일어난 첫 국가를 서방 연합국이 배신하고 버린 것을 뜻했다. 특히 폴란드에서 절감하는 얄타의 부정적 유산은 냉전 기간 내내 소련이 지배한 동부 유럽에서 정치적 대화의 일부가 되었다.

서방 연합국은 얄타에서 좀 더 잘해서 동부 유럽을 수십 년간의 소련 지배에서 구할 수는 없었는가? 제일 먼저 떠오르는 답은 "물론 그렇게 할 수 있었다."이다. 폴란드와 나머지 동부 유럽에 미친 장기적 결과를 고려하면 더 나은 결말이 있었을 수도 있다고 생각한다. 회담의 최종 문서에 폴란드 정부의 '재조직'에 대한 세부 규정이 없었다는 점만으로도 충분하다. 세부 규정에는 해결해야 할 많은 문제가 남아 있게 마련이다. 이 같은 세세한 사항을 정확하게 규정하지 않은 것이 이 지역에서 소련의 행동에 영향을 미쳤다. 그러나 서구 민주국가들은 스탈린이 원하는 일을 하고자 할 때 이를 막을 수 있었을까? 단순히 말만으로 스탈린의 마음을 바꿀 수 있었을까?

얄타회담 당시 서방의 외교적 허점을 찾는 사람들이 놀라는 것은 루스벨트와 처칠 사이에 연합이 없었다는 점이다. 이는 스탈린에 대한 접근법과 협상 테이블에서 많은 문제를 다루는 과정에 드러난 사실이다. 두 서방 지도자들은 종전 후의 세계를 다른 시각으로 보았다. 루스벨트의 어젠다는 세계평화기구의 창설, 유럽과 태평양에서 군사적 승리, 세계경제 경쟁에서 대영제국에 대한 미국의 우위 달성 같은 전 세계적인 목표가 있었다. 유럽은 부차적인 관심 대상이었다. 전쟁이 종결되면 미국은 유럽 문제에 대한 관여를 끝낼 예정이었다. 이렇다 보니 스탈린은 경쟁자라기보다 잠재적 우방으로 떠올랐다. 이와 대조적으로 처칠은 유럽에 관심을 집중했다. 그는 지중해의 통제권을 확보하는 것이 대영제국의 지속적 존립에 필수 불가결하다고 보았다. 또한 동유럽의 독립은 영국의 안보에 매우 중요하다고 여겼는데, 그래야 소련이 유럽 대륙 전체를 석권하는 사태를 막을 수 있기 때문이었다. 처칠의 관점에서 보면 스탈린은 경쟁자이자 잠재적인 적일 뿐, 결코 동맹국이 아니었다.

스탈린이 으뜸 패를 쥐고 있는 상황에서 서방 지도자들은 그의 호의를 얻기 위해 자신들끼리 경쟁하고 있다는 것을 알았다. 처칠은 1944년 10월 루스벨트 모르게 서둘러 모스크바로 가서 스탈린을 만나, 발칸반도를 소련과 영국의 영향권으로 나누는 거래를 했다. 얄타에서 루스벨트는 아시아에 대해 스탈린과 별도의 거래를 하고, 폴란드 문제와 배상에 관한 쟁점에서 처칠을 전적으로 지지하지 않음으로써 되갚아주었다. 처칠로서는 자신을 대하는 루스벨트의 태도에 불만을 가질 이유가 충분했다. 루스벨트가 때때로 처칠보다 스탈린의 이익을 높여주었기 때문이다. 그러나 루스벨트는 얄타에서 처칠과 대영제국을 상대로 그런 정책을 채택한 그 나름의 이유가 있었다.

루스벨트는 전체 회의 때 고정적으로 사회를 맡고 핵심 역할을 했다. 노련한 정치인인 그는 스스로를 성실한 중재자, '재판관 루스벨트'로 자처했다. 그는 여러 목표에서 처칠과 일반적 합의를 이루었지만 자신만의 전술을 적용함으로써 얻고자 하는 바를 획득했고, 그 결과는 옳았음을 증명했다. 서방 연합국이 소련으로부터 얻어낸 양보의 대부분은 두 지도자가 공동전선을 형성한 결과였다. 그러나 이 경우에도 처칠이 아니라 루스벨트가 주로 얻어낸 성과였다. 루스벨트는 스탈린과 처칠의 의견 충돌을 활용하여 정면공격함으로써 거의 얻기 힘든 결과를 얻어냈다.

루스벨트는 몰타에서 처칠과 개인적으로 협의하기를 피했지만, 양국 외무장관과 군지휘관들 사이의 협의에는 반대하지 않았다. 그리하여 그들은 외교와 군사전략에서 수준 높은 협력을 이루어냈다. 이것은 회담 중 가장 논쟁이 많았던 의제인 폴란드와 동부 유럽의 운명에 관한 문제에서 잘 나타났다. 서방 지도자들은 회담의 형태를 띤 이 전투에서 서로 협동하며 전술을 논의했고 전체 회의에서 서로를 지원하며 보조를 맞추었다. 루스벨트가 외교적 수단을 다 사용했다고 생각한 회담 6일째에 그들은 처음으로 이견을 내놓았다.

만일 루스벨트가 다른 정책을 취하고 폴란드에 대한 처칠의 입장을 지지하면서 회담을 계속 진행하자고 주장했다면 어떤 일이 벌어졌을까? 이 질문에는 어떠한 확신 있는 대답도 내놓을 수 없다. 만일 루스벨트–처칠의 연합이 공고했고 회담이 실제 끝난 시점보다 더 지속되었다고 해도, 스탈린이 양보할 준비가 되어 있었다고 시사해주는 징후는 없다. 스탈린은 회담을 지속하는 데 반대하지 않았지만, 회담이 계속될 경우 폴란드가 아니라 흑해 해협과 독일 배상 문제를 논의하려고 했을 것이다.

알타회담 성공의 가장 큰 장애는 동방과 서방 연합국 사이의 심각하게 서로 다른 지정학적 지향점과 정치문화에 잠재해 있는 차이였다. 제2차 세계대전이 발발한 후 거의 2년 동안 영국과 소련은 서로 반대 진영에 있었다. 하지만 1941년 6월 독일이 소련을 침공하자 스탈린은 대연합에 가담했다. 1939년 스탈린과 서방 민주국가의 지도자들은 상충되는 목표를 가지고 있다가 1941년 각자의 목표를 바꾸지 않은 채 공동의 적을 만났다. 알타에서 그들은 적을 패퇴시킨 후 새로운 공동의 목표에 합의해야 하는 어려운 과제에 부딪혔다. 그들의 이견은 이념과 정치문화로 확대되었고, 이 차이는 외교적 실책과 문화적 오해로 더욱 악화되었다. 스탈린은 테헤란에서 "최고의 우정은 오해에 기반을 두고 있다."라고 말한 바 있다. 알타에서는 수많은 오해가 있었는데, 이 모두가 우정의 유익함에 이바지하지는 않았다.

루스벨트와 처칠, 그리고 이들의 영민한 외교 참모들은 스탈린이 서방과 좀 더 협력하기를 원하지만 몰로토프나 라브렌티 베리야 같은 정치국 강경파의 비타협적 태도에 위협을 받고 있다고 믿었거나, 혹은 믿고 싶어 했다. 그들은 완전히 판단 착오를 했다. 민주 체제 안에서 교육받은 그들은 정치국 꼭두각시의 주인으로서 스탈린의 역할을 전혀 깨닫지 못했다. 정치국의 일부 '강경파 동료들'은 언제라도 즉시 체포될 수 있는 위협 아래서 일하고 있으며, 그들의 가족이 처형되고 부인이 강제노동수용소로 끌려간 사실을 모르고 있었다. 루스벨트는 소련 지도부가 전쟁으로 잿더미가 된 경제를 부흥시키고 인민들의 고통을 경감해주기 위해 미국의 차관이 필요할 것이라 생각하고 종전 후 소련과의 우호적 관계에 기대를 걸었다. 그 역시 잘못된 판단이었다. 스탈린의 관점에서 보면 인민들의 고난은 소련이라는 모델이 세계를 지배하는 데 치러야 할 아주 작은 대가에 불과했다.

처칠은 발칸반도의 분할을 제안했을 때 스탈린을 신뢰할 수 있으며 그가 이해할 수 있는 방식으로 거래를 했다고 믿었다. 그는 스탈린에게 루마니아에 대한 지분의 90% 몫을 제안했는데, 그럼에도 불구하고 이것은 영국에 발판을 마련해주고 약간의 영향력을 행사할 수 있게 해줄 것이라고 생각했다. 스탈린은 이에 동의했지만, 결코 퍼센트 비율로 이 지역에 대한 통제권을 분할할 생각이 전혀 없었다. 독일에서 가톨릭과 루터교의 전쟁을 종식시킨 아우크스부르크화의(1555)*의 기안자들처럼 스탈린은 자신이 획득한 것을 신학적 관점으로 이해했다. 진정한 종교로서 공산주의 신앙의 승리를 보장하기 위해서는 자신의 새로운 영역에 절대적 주권을 행사해야 했다. 합의에 의한 세계 정부를 꿈꾸는 서방 지도자들은 "군주의 영역에서 주민은 그 군주의 종교를 따른다.(cujus regio, eius religio; whose realm, his religion.)"라는 아우크스부르크 원칙을 받아들일 수 없었다. 처칠은 얄타회담 결과에 너무 실망한 나머지 회고록의 얄타 장章에 의미 있는 자료를 올리려고 하지 않았다. 회고록 집필팀은 영국 측의 공식 기록과 처칠이 진술한 회담 당시의 여러 일화를 긁어모아서 얄타회담 부분을 써야 했다.[5]

이전에 기밀문서였던 소련 자료를 보면 세 지도자 중 스탈린이 가장 많은 정보를 가지고 준비가 잘된 상태에서 회담에 임했다. 광범위한 스파이 네

---

* 아우크스부르크화의(Peace of Augsburg) 1555년 신성로마제국 황제 카를 5세와 루터교 제후들의 연합인 슈말칼덴 동맹(Schmalkaldischer Bund, Schmalkaldic League) 사이에 체결된 협정이다. 루터교 또는 로마가톨릭을 지역의 공식 신앙으로 정하는 문제를 각 지역 제후(영주, 군주)의 재량에 맡겼다. 이때 인정되지 않은 칼뱅주의는 베스트팔렌조약(1648)에 따라 승인되고 루터교와 동등한 권리가 주어졌다.

트워크와 협상가로서 자신의 뛰어난 기술 덕분에 그는 상대의 입장에 대한 많은 지식을 가지고 있었지만, 독재자적 시각에서 비롯된 자신의 오판을 막아주기에는 충분하지 못했다. 결국 서방 지도자들이 스탈린을 잘못 판단했듯, 그도 서방 지도자들을 잘못 판단했다. 그리고 당연히 몇 가지 명백한 착오도 있었다. 루스벨트와 마찬가지로 스탈린도 영국이 전후에 강대국으로서의 위상을 유지하고 향상시키려 한다고 믿었으며, 영국을 유럽 대륙에서 가장 큰 경쟁자로 생각했다. 스탈린이 얄타에서 손님들의 동인動因을 이해하지 못하고, 그들의 향후 행동을 제대로 예상하지 못하게 막은 이념적·문화적 장벽도 있었다. 히틀러와 리벤트로프를 상대로 자신의 외교적 감각을 날카롭게 갈고 닦은 현실 정치의 대가는 민주 정부의 본질과 그것이 정치 지도자들에게 부여한 한계를 결코 이해하지 못했다.

스탈린은 1945년 여름 총선에서 처칠의 패배에 크게 당혹했고, 이로 인해 선거제도에 대한 불신이 더욱 깊어졌다. 그는 민주적으로 선출된 정치인들에게 미치는 여론의 힘을 이해하지 못했다. 그는 서방 지도자들이 그들의 이익을 중시하여 유럽의 분할에 동의하고, 그 자신이 그리스에서 공산주의 저항 세력에 대한 영국의 압제를 묵인했듯이 그들도 폴란드의 민주적 야당 세력에 대한 소련의 억압을 무시할 것이라고 생각했다. 스탈린과 몰로토프는 폴란드에서 자신들의 행동에 대해 서방 정부의 비난을 받자 정말로 화가 났다. 그들은 자신들이 절대 믿지 않았고 앞으로도 믿을 생각이 없는 '자본주의 도둑들'과 함께 서명할 수밖에 없었던, 내용이 애매모호한 '유럽해방선언'도 낮게 평가했다.

동부 유럽에 부상하는 스탈린의 제국에 대해 루스벨트와 처칠은 어떤 대안을 가질 수 있었을까? 그들의 선택은 극명했다. 그들은 스탈린의 행동을 비난하고, 그와 거리를 두고, 그에게 국제적 합법성을 인정하지 않으면서 관계를 끊을 수 있다. 그렇지 않으면, 그와 계속 대화를 하고, 이 지역의 민주적 발전에 희망을 걸며, 문호를 완전히 폐쇄하지 않은 상태에서 서로 간 이견의 확대를 감수할 수 있다. 두 번째 선택의 대가는 인류의 자유를 가장 잔혹하게 압제한 것에 대해 공개적으로 침묵하며, 스탈린의 동부 유럽 지배에 어느 정도의 합법성을 부여하는 것이었다. 첫 번째 선택의 대가는 계산하기가 한층 더 어렵다. 서방 지도자들은 자신들의 군사동맹과 독일에 대한 승리 가능성을 위험에 빠뜨리지 않으면서 그 일을 밀고 나갈 수 있다. 그러나 이는 전후 소련과의 모든 협력 가능성에 종지부를 찍는 일이었다. 그럴 경우 루스벨트는 UN 같은 국제기구에 기반한 새로운 세계 건설의 꿈을 포기해야만 한다. 그리고 이것은 서방이 상황에 영향을 미칠 지렛대가 없는 상태에서 냉전이 불가피해지기 전에 바로 냉전에 돌입하게 만들며, 유럽의 절반을 스탈린에게 넘겨주는 것을 의미했다.

서방 연합국은 문호를 열어둔 상태에서 상황을 전환시키려고 계속 노력하는 두 번째 선택지를 택했다. 위험을 감수하고 계속 대화를 이어 나가기로 결정한 사람들의 심정은, 얄타에서 영국 대표단의 일원이자 냉전 시대 모스크바 주재 영국대사였던 프랭크 로버츠(Frank Roberts) 경의 말로 요약된다. "우리는 '안 돼, 우리는 아무 일도 하지 않을 거야.'라고 말할 수 있었다. 그 경우 소련은 자신들의 방식으로 앞서 나갔을 것이다. 어쩌면 당신은 가정적 가능성으로 '일부 폴란드인들을 폴란드로 돌려보내고 선거를 치렀더라면……'이라고 말하는 일조차 없었을지도 모른다. 그것은 하나의 대안이었다. 우리는 폴란드 망명정부를 계속 인정하고 모든 것이 잘못되었다고 말할 수 있었다. 그러나 나는 이것이 더 나은 입장이었다고 보지 않는다. 당신이 원한 대로 모든 것을 흉악한 스탈린에게 넘겨주지 않았다면, 우리는 훨씬 기분이 좋았을 수 있다. 그러나 그렇게 했다고 해도 실제적으로 그것이 누구를 훨씬 더 도울 수 있었다고 생각하지 않는다."

최종적으로 서방 연합국은 일부 민주적 지도자들과 정치적 다원주의의 일부 요소를 폴란드에 다시 도입하는 데 성공했다. 이러한 작은 성공에 건 그들의 희망은 냉전 동안 보여진 것처럼 그렇게 순진하지는 않았다. 소련의 문서고 자료들과 이 문제에 대한 최근의 연구에 따르면, 얄타회담 당시 스탈린은 동부 유럽을 어떻게 할지에 대해 결정하지 않은 상태였다. 1946년 5월까지도 그는 폴란드 정부에 "레닌은 프롤레타리아독재 외에 사회주의로 가는 다른 길이 없다고 절대 말한 적이 없습니다. 그는 의회 같은 부르주아 민주주의의 기초를 활용하여 사회주의에 이를 수 있다는 것을 인정했습니다."라고 말했다.

1945년 2월 모든 의사소통 창구를 차단하고 영향력을 끼칠 수 있는 모든 수단을 포기했다면, 이것은 얄타회담의 서방 설계자들이 비판받은 것보다 훨씬 더 큰 실수가 되었을 것이다. 회담 후 수십 년이 지난 시점에서 복기를 해보고 새로운 문서고 자료와 수많은 연구를 종합해보건대, 그들이 택한 노선을 대체할 만한 실제적인 다른 대안은 없었다. 이는 곧 얄타에서 루스벨트와 처칠이 현명한 전략을 썼다는 증거가 된다.

물론 다른 대안을 찾아볼 수도 있었다. 그러나 그 방안은 기존의 전쟁이 끝나기도 전에 새로운 전쟁으로 이끌 잠재성을 갖고 있었다. 요제프 괴벨스는 베를린의 은신처에서 동맹국 간의 긴장에 대한 서방 언론의 보도를 보면서 이런 희망을 키웠다. 만일 누군가 스탈린의 두려움을 정책 대안의 지표로 삼는다면, 얄타에서 루스벨트와 처칠이 취한 정책 대신에 몰락해가는 나치 정권과 별개의 강화조약을 맺거나 좀 더 현실적으로는 서부전선에서 교전을 중단하는 휴전을 채택했을 수도 있다. 이 선택지는 자신들의 국가와 오랫동안 고통받아온 세계를 평화로 이끌겠다고 다짐한 두 서방 지도자에게는 막다른 골목으로 여겨졌을 것이다. 유럽을 반으로 나누자고 제안한 조지 케넌에게 찰스 볼렌이 얄타에서 썼듯이 "그런 종류의 외교정책은 민주주의에서는 불가능했다."

알타 합의에 대한 냉전 시대의 비판가들과 지지자들은 제2차 세계대전 종전과 관련하여 오늘날의 인식에 계속 영향을 미치는 몇 가지 문제를 제기했다. 프랭클린 루스벨트는 알타에서 성공적인 협상을 진행하기에는 너무 늦지 않았는가? 3거두가 비밀리에 유럽을 영향권으로 분할하기로 결정한 것은 아닌가? 서방은 서부 유럽을 통제하고 자신들의 제국은 유지하면서 소련에는 국경의 안전지대를 주길 거부한 것은 이기적인 정책이 아니었는가? 이 정책이 알타 합의를 무산시키고 냉전을 촉발한 것은 아닌가? 이 같은 상반되는 질문들이 냉전 시대에 대한 당파적인 역사기록학(partisan historiography)에서 자주 제기된다. 냉전의 종식과 소련 문서고의 개방은 이러한 해묵은 논쟁을 재점화했다. 서방에 유지하고 있던 광범위한 정보 네트워크를 통해 스탈린과 그의 측근들이 우방에 대해 무엇을 알고 있었는지, 자신들의 협상 상대에 대해 무슨 생각을 했는지, 협상의 결과에 대해 어떤 평가를 했는지, 자신들의 의무를 지킬 의도가 있었는지에 대해 지금은 훨씬 더 많은 지식을 가지고 이러한 질문들에 접근할 수 있다.

루스벨트 대통령은 회담을 끌고 나가기로 작정한 것에 대한 궁극적 대가를 치렀지만, 만일 더 젊고 건강하고 기력이 넘치는 지도자가 미국을 대표했다면 미국과 영국은 더 좋은 결과를 만들어낼 수 있었을까? 루스벨트의 측근들은 알타에서 그의 건강에 대해 언급하기를 꺼렸고, 회담 후에도 그랬다. 개인적이고 정치적인 이유로 인해, 그들은 대통령과 그다지 가깝지 않은 사람이나 정서적으로 상처를 잘 받지 않는 사람들이 급격히 쇠약해가는 루스벨트의 건강 신호를 바로 알아차리는 것을 원하지 않았다. 알타에서 악화되는 루스벨트의 건강에 대해 오늘날 우리가 아는 것은 편견을 갖고 있던 영국 측 참석자를 통해서다. 루스벨트 대통령의 악화되는 건강은 영국─미국의 관계가 냉담해진 것에 대해 완벽한 합리화를 제공했다. 이 관계의 쇠퇴는 대영제국의 쇠잔해지는 능력의 결과로 이해하는 것이 더 나은데도 말이다.

알타에서 루스벨트의 행동을 지켜본 미국과 영국의 대부분 관찰자들은, 대통령이 눈에 띄게 피로한 기색에도 불구하고 토론의 주제가 된 주요 현안들을 완전히 꿰뚫고 있었다는 데 동의하는 듯하다. 회담 내내 루스벨트는 자신의 주요 목표를 달성하기 위해 주특기인 동맹을 만들고, 거래를 맺고, 조종하는 능력을 발휘했다. 그는 알타에서 주요 현안에 대해 이전 입장에 명백히 위배되는 양보를 하거나 참모들과 상의하지 않은 채 즉석에서 자발적으로 양보한 적이 없었다. 또한 알타와 테헤란에서 루스벨트의 입장은 놀랄 만큼 일관성이 있었다. 그는 분명히 피로했고, 회담을 빨리 종결해야 한다는 압박을 받고 있었다. 그러나 그는 자신의 핵심 목표를 달성하고 난 다음에야 알타를 떠났다.

완전히 방기되지는 않았어도 좀 더 조사되어야 하는 또 하나의 고착된 신화는 샤를 드골 장군의 지지자들로부터 나왔다. 드골은 3거두가 알타에서 유럽을 영향권으로 분할하기로 합의했다고 주장했다. 실제로 알타에서 대부분의 협상은 스탈린이 소련과 인접한 국가들에 우호적 정부를 가질 권리가 있다는 전제하에 진행되었다. 그러나 루스벨트와 처칠 모두 동부 유럽의 '공산화'에는 철저히 반대했고, 훗날 처칠은 '철의 장막'이라고 일컫는 분할선의 등장을 막으려고 최선을 다했다. 철의 장막은 서방에 완전히 문이 닫힌 국경으로서 경계가 삼엄했고, 이 지역에 남아 있던 민주주의의 마지막 흔적을 제거해버렸다. 회담 기록과 루스벨트-처칠-스탈린의 교신, 연합국 외교관들의 행동에 잘 나타나 있는 대로, 회담이 진행 중인 시기나 그 이후에 발생한 긴장의 가장 큰 원인이 된 폴란드에 대해 합의를 하고, 그 연장선에서 동부 유럽의 분할을 받아들인 것은 그들 능력의 한계였다.

냉전 시대 유럽의 분할에 대한 책임을 묻기 위해 정상회담을 들여다본다면 알타회담이 아니라 모스크바회담과 포츠담회담이 중심에 와야 한다. 처칠과 스탈린이 발칸반도를 분할하기로 한 것은 1944년 10월 모스크바회담 때이며, 포츠담회담에서는 제임스 번스의 권고를 받아들인 미국의 새 대통령 트루먼이 독일을 배타적인 점령 지역으로 분할하는 거래를 승인하고, 서방은 동부 유럽에서 스탈린의 꼭두각시 정권을 인정했다. 얄타에서 루스벨트와 처칠은 중국 북동부를 소련 영향권에 두는 것을 승인했지만, 미국과 영국이 스탈린의 동부 유럽 통제를 암묵적으로 받아들인 것은 포츠담에서였다.

극동에 대한 얄타 합의는 그 비밀스런 성격과 함께, 우방인 중국을 미국이 배신했다는 이유로 원래 비난을 받았다. 그러나 루스벨트가 얄타에서 스탈린과 맺은 거래에 대해 가장 끈질기게 비판받는 지점은 소련을 대일전에 참전시킬 필요가 없었다는 믿음에 근거한다. 이 주장은 1945년 8월 소련이 대일전에 참전했을 때, 미국은 이미 원자탄을 보유하고 있었으며 그 2개를 일본에 투하한 이후라는 사실에 대체로 근거하고 있다. 그러나 1945년 2월에는 원자탄이 생산될 수 있을지, 이것을 실전에 사용할 수 있을지, 이것이 전쟁 수행 방법을 어떻게 바꿀지에 대해 아무도 예측할 수 없었다. 미군 수뇌부는 앞으로 치를 대일전에서 발생할 희생자를 수십만 명으로 추산했고, 첫 원폭 실험이 성공하기 며칠 전 포츠담으로 떠난 트루먼은 소련의 대일전 참전을 최우선 과제로 생각했다. 현재 일부 역사가들은 소련의 대일전 참전이 일본에 원폭을 투하한 사건만큼이나 일본의 항복 결정에 영향을 주었다고 설득력 있게 주장하고 있다.

소련·미국·영국의 얄타회담 회의록 및 참석자들의 일기와 회고록을 주의 깊게 살펴보면 냉전 시대의 또 다른 신화를 제거할 수 있다. 그것은 순진하고 쉽게 믿는 서방 지도자들과 외교관들을 스탈린이 배신했다는 것이다. 얄타회담에 참석한 대부분의 사람들은 곧 잊어버리고 싶어 하는 사실 하나를 알고 있었다. 그것은 폴란드에 대한 합의를 이루지 못했다는 사실이다. 루스벨트는 폴란드 정부의 '재조직'에는 동의했지만 이 '재조직'이 민주적 결과를 만들어낼 것으로 확신할 수는 없었기 때문에 회담의 최종 합의문에서 이 사실을 숨기는 방법을 찾았다. 알타회담 후 스탈린은 이 합의문에 대한 자기식의 해석을 고집했고, 서방 지도자들 또한 자신들 나름의 해석을 주장했다.

'유럽해방선언'을 약소국 문제에 대한 강대국의 간섭을 막는 수단에서 단순한 의사 표시로 전락시킴으로써 서방 지도자들은 스탈린이 그 원칙을 무시하도록 허용했다. 문제는 스탈린만 이 선언을 무시한 지도자가 아니라는 데 있다. 이탈리아와 그리스에 대한 정책에서 처칠도 이 선언의 원칙을 무시했다. 그뿐 아니라 이란과 영국의 해외 식민지에서는 대서양헌장도 무시했다. 영국이 선언을 위반한 수준은 달랐지만, 그들의 무시는 세계가 바로 알수 있었다.

소련 문서고의 개방과 이를 바탕으로 한 연구들은 또 하나의 냉전 시대 신화를 잠식한다. 그 신화란 서방 국가들이 자신들과 동등하게 대접받고 싶어 하는 순진한 소련 지도자를 이용해 소련이 치른 엄청난 희생에도 불구하고 의심의 대상으로 취급했다는 것이다. 이 같은 의심은 새로운 증거에 비춰볼 때 유지되기가 힘들다. 스탈린은 국제 무대에서 정의를 추구하는 순진한 지도자와는 거리가 멀었고, 자신의 게임을 가장 잔인한 방법으로 진행했다. 그는 동맹국 정부에 스파이를 침투시키고, 때로는 서방 지도자들 앞에서 동맹국의 외교문서를 읽었으며, 자신의 파트너들을 서로 대립하게 만들고, 기회가 있을 때마다 그들에게 거짓말을 했다. 스탈린은 자신의 혁명 이념을 완전히 버린 적이 없는 제국적 정복자였다. 그는 동맹국들을 화해할 수 없는 계급의 적으로 보았고, 그들을 상대로 한 어떠한 투쟁 방법도 허용된다고 보았다. 그의 영향권은 잔인한 힘에 의해 확보되었고, 위협과 투옥과 적의 제거를 통해 유지되었다. 자신의 국가에서 공포를 통해 정치적 통제권을 확보한 그는 이것을 수출하는 데 국경을 접하고 있는 점령국들보다 더 좋은 곳이 없다는 사실을 알았다.

마지막으로 얄타가 냉전의 시작에 책임이 있다는 문제를 살펴보아야 한다. 얄타가 강대국 간의 불안한 긴장이 점유하는 세계와 핵 몰살 위협의 발판이 되었다는 점은 의심할 여지가 없다. 회담 성과가 국내와 국외에서 과도하게 선전된 얄타회담 직후의 흥분에 이어서 찾아온 실망감은 분명히 전시 동맹국 간의 관계에 전환점이 되었다. 그러나 냉전이 시작되기 3년 전에 있었던 사건의 중요성을 과대평가해서는 안 된다. 이 기간에 포츠담회담, 히로시마 원폭 투하, 소련의 완전한 동유럽 장악 등이 진행되었다. 강대국들 간의 상호 관계를 재정립하기 위한 최고위급 인사들의 시도가 여러 차례 있었으나 대부분 실패했고, 이제는 핵무기로 인해 문제가 더욱 복잡해졌다.

논쟁의 역학이 변하듯이 현실도 변했다. 얄타는 답이 나오지 않는 많은 문제를 남겼고, 세계 지도자들은 대안을 거의 갖고 있지 못했다. 그러나 냉전으로 이끈 주요 결정들은 얄타회담 이후에 내려졌다. 얄타회담 당시 서방 지도자들에게는 실제 결정에 대해 제한적이나마 써먹을 만한 대안이 있었던 반면, 그들의 후계자들에게는 그런 대안이 없었다고 전제하는 것은 잘못되었다. 얄타의 결정은 돌에 새겨진 서약처럼 변경 불가능한 것이 아니었다. 그 결정들 중 일부는 회담 참석자들의 상호 동의에 따라 회담 후 얼마 안 지나서 재협상되거나 폐기되었다. 대표적 예가 독일의 분해였다. 세계가 얄타회담을 최종적 평화회담이고 냉전 시기 많은 문제의 기원이라고 지적하지만, 그러한 얄타에서 합의된 것보다 더 나은 합의안을 찾지 못한 것은 전후 지도자들의 무능이다.

시간이 흐르면서 얄타는 회담 참석자들이 의도한 것보다 정치적 현실과 역사적 신화학의 관점에서 중요성이 훨씬 커졌다. 참석자들은 이 회담이 앞으로 나아가는 것이 늘 쉽지 않은, 평화를 향하는 긴 여정에서 단지 첫걸음이라고 생각했다. 이 점이 얄타에서 힘겨운 협상 과정의 기간뿐 아니라 그 이후에 벌어진 심각한 외교적 위기 내내 루스벨트가 생각했던 것이다. 서거

하루 전인 4월 11일, 그는 토머스 제퍼슨(Thomas Jefferson)의 생일인 4월 13일에 행할 연설의 원고를 비서에게 구술했다. "친구들이여, 우리가 할 일은 평화입니다. 이 전쟁을 끝내는 데서 더 나아가 다른 모든 전쟁에 종지부를 찍는 일입니다. 그렇습니다. 인명을 대량 살상함으로써 정부 간 이견을 해소하는, 이 터무니없고 비현실적인 방법에 영원한 종지부를 찍는 일입니다."[6]

리처드 닉슨보다 얄타의 경험으로부터 배우려고 열성적이었던 미국 대통령은 아마 없을 것이다. 닉슨이 1972년 6월 레오니트 브레즈네프(Leonid Brezhnev)와 처음으로 전략무기제한협정에 서명을 하고 모스크바에서 돌아왔을 때 그의 마음에는 얄타가 큰 자리를 차지하고 있었다. 닉슨은 얄타회담 후 처음으로 소련을 방문한 미국 대통령이었다. 귀국 후 그는 루스벨트를 흉내 내어 미 의회에서 보고 연설을 했다. "모스크바에서 우리는 1945년에 시작된 한 시대의 끝을 목격했습니다."라고 닉슨은 1972년 6월 1일 의회에서 말했다. 얼마 후 6월 16일 다섯 명의 괴한이 워터게이트 건물의 민주당 본부로 잠입하려고 할 때, 닉슨은 얄타회담에 관한 처칠의 회고록인 『승리와 비극(Triumph and Tragedy)』을 들고 바하마로 떠났다. 그는 자신이 읽은 내용을 반추했다. "우리가 하지 말아야 할 일은 역사를 반복하는 것이다. 얄타는 관계 개선을 가져왔지만, 이후 곧 관계 악화로 치달았다. 얄타회담에 관해 읽으면 잠시 숨을 크게 돌려야 한다. 그 시기 이후 발생한 모든 문제로 이끈 것은 얄타에서 합의된 결정이 아니라, 소련이 이 합의를 이행하지 않은 데서 기인하기 때문이다."

얄타에 대한 공화당의 비판가들과 다르게 닉슨은 소련과 협상하는 일이 얼마나 어려운지를 잘 알고 있었으며, 그래서 회담에 임한 루스벨트와 그의 참모들을 비난하는 데 주저했다. 그는 기본적으로 얄타 합의에 대한 처칠의 해석을 받아들였다. 그것은 좋은 협상이었지만 결국 스탈린에 의해 파기되었다는 해석이다. 그는 얄타로부터 직접적인 정치 교훈도 배웠다. 즉, 소련과 상대할 때는 그 결과가 재앙이 될 수도 있으므로 성취를 과도하게 선전하지 말아야 한다는 점이었다. 그러나 국제적 합의를 국내에 홍보할 때 채택해야 할 정치적 전략 이상의 교훈도 얄타에서 배울 수 있었다. 아마도 그것은 외교정책 결정에서 고려해야 하는 도덕적 함의일 것이다.

두 민주국가의 지도자가 얄타에서 몇 개의 대안을 가지고 최선을 다했지만, 전후 평화를 위해 그들이 치러야만 했던 대가는 지정학적 관점에서뿐만 아니라 도덕적·인간적 관점에서도 컸다. 그들이 얄타에서 치러야 했던 희생의 일부는 수사적 영역에 있지만, 또 다른 일부는 민주적 신념의 본질에 있었다. 두 사람, 특히 루스벨트는 스스로의 원칙을 위반했다. 그들은 관련 정부나 국가와 어떠한 상의도 없이 국제적 경계를 다시 긋고 수백만 명의 사람을 강제로 이주시켰다. 그들은 소련 포로를 본국으로 송환하는 데 동의했다. 처칠이 잘 알고 있었듯이, 소련 포로의 본국 송환은 곧 그들의 죽음이나 투옥을 의미했다. 루스벨트는 영향권에 의거한 발칸반도의 분할을 전혀 모르는 체했으며, 아시아에서 소련의 영향권을 기꺼이 인정해주었다. 그리고 마지막으로 특히 중요한 것은 스탈린의 동유럽 지배에 대해 대놓고 따지지 않았다는 점이다.

얄타회담의 역사에 관한 문서 페이지는 루스벨트를 제국적 대통령직의 진정한 창설자로 부각했다. 루스벨트는 국무부를 백악관이 만든 정책의 단순한 실행 도구로 격하하고 자신의 외교정책을 직접 펼쳤다. 그 결과는 루스벨트와 그 자신의 세계 비전이 미국 외교정책과 긴밀한 연관성을 맺게 했을 뿐만 아니라 대통령 외에는 누구도 3각 외교를 수행할 수 없게 만들어, 그의 갑작스런 죽음 이후 필연적으로 그 모든 것이 끝나버렸다. 루스벨트는 미국의 중재자 역할과 세계 문제에 대한 미국의 영향력을 발휘하는 시스템을 만들어냈다. 이는 미국이 이전에 실행해보지 않은 것이었다. 루스벨트 사망 이후 3각 외교는 종전 후 10년간의 대영제국 몰락과 맞물리면서 양극 대결로 바뀌었다.

어느 전쟁과 마찬가지로 어느 평화도 단막극單幕劇이 아니다. 거기에는 시작이 있고 끝이 있으며, 좋을 때가 있고 나쁠 때가 있으며, 영웅이 있고 악당이 있다. 그리고 거기에는 대가가 따른다. 얄타가 보여주듯이 민주국가 지도자들이 아무리 노력한다고 해도 독재체제 및 전체주의 정권과 동맹을 맺는 데 따르는 대가가 있다. 만일 당신이 편의상 동맹을 지원해서 힘을 기르게 만들면, 다음에는 그를 제어하는 일이 어려워진다. 동맹이 공통의 가치와 원칙에 기반하지 않는 한, 일단 처음의 갈등이 끝나고 나면 적군의 적은 당신의 적이 될 수도 있다. 민주주의는 오직 민주주의와 동맹을 맺어야 하고 공동의 가치가 앞으로의 동맹에 유일한 기초가 되어야 한다는 생각을 유지하기에는 세계는 너무 복잡하고 위험한 곳이다. 그러나 얄타는 민주국가들의 단합이 공동의 목표를 달성하는 데 필수적이라는 것을 보여준다. 얄타에서 보았듯이 적과의 사이에서뿐만 아니라 동지와의 사이에서도 이념적·문화적 차이가 있기 마련이다. 이러한 차이의 인정은 과도한 기대를 피하는 데 필수적이다.

감사의 말

　내가 얄타에 매료된 것은 1990년대 초반으로 거슬러 올라간다. 당시 나는 얄타회담이 소련의 종교 정책에 미친 영향에 대한 학술 논문을 준비 중이었다. 16세기 후반 그리스정교와 가톨릭의 동유럽 경계선에서 탄생한 우크라이나 그리스 가톨릭교회는 얄타회담의 후유증으로 소련 당국에 의해 강제로 철폐되었다. 그리스 가톨릭교회의 기원을 연구한 뒤부터 나는 스탈린의 소련 지하무덤으로 내려가는 길을 자세히 들여다보고 싶은 거부할 수 없는 충동을 느꼈다. 그러나 이 모험은 어느 역사학자라도 겁을 낼, 근대 초기에서 20세기 중반으로의 거대한 도약을 필요로 했다. 이 책의 출판으로 이 작업은 완성되었다. 이 일을 완수하기까지, 이 지면을 통해 기꺼이 사의를 표하고 싶은 사람들과 기관들의 지원을 많이 받았다.

　오타와에 있는 칼턴대학교(Carleton University)의 보흐단 보체르키프(Bohdan Bociurkiw)는 과거 플로센부르크(Flossenburg) 나치 강제수용소의 포로이기도 했는데, 소련의 종교 정책에 관한 권위자로서 나의 첫 얄타 논문의 평가자가 되었다. 논문의 주요 논지가 그의 생각과 많이 상반됨에도 불구하고, 보체르키프 교수는 당시 내가 거의 알지 못하던 자료와 문헌에 대한 조언을 해주고 그 내용을 개선시켜주었다. 이 책에 대한 연구를 시작한 앨버타

대학교(University of Alberta)에서는 제논 코허트(Zenon Kohut)와 프랭크 시신(Frank Sysyn)이 지원과 조언을 아끼지 않았다. 2002~2005년 하버드대학교 방문교수 시절에는 동 대학의 로만 슈포를루크(Roman Szporluk)와 존 코츠워스(John Coatsworth)가 이러한 도움을 주었다. 그리고 내가 2007년에 하버드대학 교수가 된 후에는 테리 마틴(Terry Martin)의 도움을 받았다. 그레이스 케넌 바르네케(Grace Kennan Warnecke)와 앤 에플바움(Anne Applebaum)의 관심도 이 책의 작업을 진척시키는 데 도움이 되었다. 이들의 격려와, 얄타에 대해 대화를 나눴던 많은 사람의 격려에 감사의 뜻을 표한다.

이 연구는, 내가 이 책을 쓰지 않았더라면 알지 못했을 많은 뛰어난 학자들과 개인들의 조언과 너그러움에 힘입었다. 얄타 리바디아 궁전의 세르히 유르첸코(Serhiy Yurchenko)는 얄타회담의 자료와 문헌에 대한 그의 지식을 내게 공유해주었다. 키예프의 헨나디 보랴크(Hennadiy Boriak)는 우크라이나의 문서고에 접근할 수 있도록 도움을 주었고, 모스크바의 코쿠린(A. I. Kokurin)은 러시아연방 국립문서보관소에 소장된 얄타 관련 자료에 대한 조언을 주었다. 국립문서보관소에서 많은 사진 자료를 제공해준 시도로바(M. V. Sidorova)에게도 큰 신세를 졌다. 영국 문서보관소에서 입수한 문서의 복사본을 너그럽게 공유할 수 있도록 해준 앤터니 폴론스키(Antony Polonsky)에게 특별한 사의를 표한다. 노먼 데이비스(Norman Davies)는 최근에 발견된 폴란드 국경에 대한 지도 자료를 알려주었고, 톰 내리(Tom Nary) 박사는 얄타회담 당시 루스벨트의 건강 문제를 다룬 자료에 대해 조언해주었다. 원고가 출판사로 넘어가기 전 원고 전체를 읽는 힘든 작업을 맡아준 친구들과 동료들의 훌륭한 조언 덕분에 나는 많은 실수의 위험을 피할 수 있었다. 이 문제에서 데이비드 볼프(David Wolff), 마크 크래머(Mark Kramer), 필 보드록(Phil Bodrock)에게 특별한 신세를 졌다. 팰그레이브 맥밀런(Palgrave Macmillan) 출판사의 크리스 차펠(Chris Chappell)은 이 책의 한 장章을 읽고 어떻게 원고의 수준을 향상시킬 수 있는지에 대한 뛰어난 충고를 해주었다. 제본된 책 원고를 받자마자 출판사에 자신의 제안 목록을 제공하여 나로 하여금 원문을 개선하게 하고 실수를 피하게 도와준 앤터니 비버(Antony Beevor)에게 특별히 감사드린다.

내가 이 책을 쓰면서 발견한 많은 것들 중에서 한 가지는 특별한 의미를 지닌다. 나는 동료들을 위해 글을 쓰는 것과 넓은 독자층을 위해 책을 쓰는 것이 같지 않다는 것을 발견했다. 학문적 글쓰기의 세계로 나를 이끈 친구들과 동료들에게 매우 감사드린다. 하버드대학교의 팀 콜튼(Tim Colton)과 예일대학교의 팀 스나이더(Tim Snyder)는 출판 무역 시스템이 어떻게 작동하는지를 설명해주고 출판 에이전트를 찾도록 도와주었다. 이 책을 훌륭한 출판사에 소개해주었을 뿐만 아니라 넓은 독자층을 위한 나의 첫 글쓰기 수업을 맡아 가르쳐준 스티브 와서맨(Steve Wasserman)을 알게 된 것은 큰 행운이었다. 바이킹(Viking) 출판사에서는 이 책에 처음으로 관심을 가져준 웬디 울프(Wendy Wolf)에게 감사하고, 이 책의 편집자인 조이 드 메닐(Joy de Menil)의 헌신적인 노력에 감사한다. 조이의 조언과 흠잡을 데 없는 편집은 이 원고의 수준을 높여주었을 뿐만 아니라, 앞으로의 프로젝트를 위해서도 좋은 훈련이 되었다. 크리스틴 스프랭(Kristin Sprang)과 크리스 러셀(Chris Russell)은 편집 과정에 도움을 주었고, 바이킹 출판사의 교열팀과 사실확인(fact-checking)팀은 멋진 작업을 했다. 나는 수년 간 내 친구 미로슬라프 유르케비치(Myroslav Yurkevich)에게 특별한 빚을 지고 있다. 그는 이전에 내가 영문으로 쓴 모든 책을 함께 작업했는데, 이번에는 내 문장을 부드럽게 다듬어주었을 뿐만 아니라 특히 나의 판단이나 결론에 동의하지 않을 때는 내 논지를 날카롭게 만들도록 도움을 주었다. 2008년 가을 학기에 얄타회담 세미나 과목을 수강하는 모험을 해준 하버드대학교 학생들의 질문과 코멘트에서도 엄청난 도움을 받았다.

마지막으로 나의 가족과 아내 올레나(Olena)에게 감사한다. 그녀는 이 책이 더 넓은 독자층을 위해 변모할 수 있도록 나를 격려해주었다. 글의 주제에 매혹된 그녀는 이 원고의 여러 버전을 읽고 개선시킬 방법에 대해 조언하고, 편집진이 요구한 수정과 개정을 내가 반영할 수 있도록 도움을 주었다. 이 책의 편집 복사본이 나왔을 때, 나는 우크라이나에서 부친이 사망했다는 슬픈 소식을 들었다. 아버지는 일주일 전 뵈었을 때만 해도 건강하셨는데 갑자기 심장마비로 돌아가셨다. 그의 세대의 다른 많은 사람처럼 아버지는 제2차 세계대전에 관련된 회고록과 역사 서적을 아주 열심히 읽으셨다. 아버지는 1941~1943년 우크라이나에서 끔찍한 독일군 점령 시기를 경험했고, 캄차카반도에서 미국의 무기대여 물품을 소련에 공급하는 일을 돕는 무선통신사로 일하다가 유럽 쪽의 연합군 승리 소식을 들었다. 제2차 세계대전과 대연합에 대한 그의 매료는 내가 이 시기에 관심을 갖도록 만들었고, 결과적으로 이 책을 쓰도록 이끌었다. 이 책이 슬라브어로 번역되어 나올 때 아버지가 읽어주시기를 바랐지만, 그렇게 되지는 않았다. 아버지에게 진 빚을 마음 깊이 새기며, 이 책을 나의 아이들인 안드리(Andrii)와 올레샤(Olesia)에게 헌정한다. 냉전 시대 막바지에 태어난 그들 세대로 말하자면, 대연합의 붕괴는 두말할 것도 없고 갈등의 역사도 그들의 아버지와 할아버지의 경험이지만 그들에게는 그것들이 시간 속에서 사라지고 정서적으로 멀어졌다. 그러나 이것은 사회 전체적으로나 개인으로서 우리가 잊을 수 없는 그런 경험이다.

【역자 후기】

얄타를 다시 생각한다

독자들 대부분은 1945년 2월 스탈린, 처칠, 루스벨트가 얄타회담이 열린 리바디아 궁전의 정원 한가운데에 앉아서 찍은 사진을 기억할 것이다. 그만큼 이 사진은 우리에게 친숙하다. 냉전 시대 교육을 받은 사람들은 이 사진으로 상징되는 얄타회담이 한반도의 운명에 큰 영향을 미쳤다는 사실을 알고 있다. 물론 얄타회담이 한반도의 분할을 직접 결정하지는 않았지만, 소련의 대일전 참전을 미국이 강력히 요청하면서 많은 양보를 했기 때문에, 추후 한반도의 운명을 결정하는 데 소련이 지분을 내세울 수 있는 근거가 되었다. 한편, 폴란드인들은 회담 장소인 얄타를 서방이 폴란드를 포기한 뼈아픈 곳으로 기억한다. 아마도 얄타회담은 20세기에 열린 정상회담 중 가장 중요한 회담일 것이다. 이 책에 대한 서평을 쓴 브레진스키(Zbigniew Brzezinski) 교수의 말처럼 이 회담에서는 단순히 제2차 세계대전의 군사작전 문제나 전후 처리에 대한 전술적 문제만 논의된 것이 아니라, 세계대전 이후 지정학적 미래의 많은 부분이 결정되었다.

역자는 크림반도를 여섯 번 방문했는데, 2001년 처음 얄타회담 장소를 방문했고, 우크라이나 대사로 근무하면서 얄타회담 장소였던 리바디아 궁전을 두 번 찾아가보았다. 아직도 그대로 보존되어 있는 얄타회담 원탁을 보고

3거두가 기념촬영을 한 중정을 둘러보며 특별한 감회를 느꼈었다. 그 생생한 기억이 이 책을 번역하게 된 직접적인 동기가 되었다. 2006년 대사관에 근무했던 당시에는 이런 생각도 해보았다. 한국 대통령이 얄타를 방문하여 제2차 세계대전 이후 50여 년간 지속된 냉전 체제가 무너지고, 분단국가들이 모두 통일된 상황에서 유일하게 분단국으로 남아 있는 한반도의 냉전 해소와 통일 의지를 담은 '제2의 얄타 선언'을 하면 어떨까 싶었다.

그간 얄타회담을 평가하는 많은 연구가 나왔다. 이러한 연구들과 비교할 때 플로히 교수의 이 책은 「들어가는 글」에서 밝혔듯이 "지난 20년간의 문서고 자료 조사를 통해 얄타회담에 관한 새로운 발견들을 반영"하고 "이전에 알려졌던 서방 자료를 재평가하고, 얄타회담과 그 결과를 새로운 역사적 시각에서 고려"한 것이 큰 장점이다. 그간 러시아와 우크라이나 역사에 대한 뛰어난 저술을 많이 출간한 세르히 플로히(Serhii Plokhy) 하버드대학교 석좌교수는 이 책을 통해 처음으로 전문 연구가나 역사 전공 학생뿐 아니라 일반 독자를 대상으로 한 대중서 서술을 시도했다. 이 책은 그간 나온 얄타회담에 관한 저술 중 학술적 가치가 매우 높은 것으로 평가받는다. 또한 얄타회담에 얽힌 갖가지 에피소드를 흥미롭게 서술하여 긴장되면서도 흥미진진한 책 읽기를 가능하게 한다. 마치 현장에 있는 것처럼 생생하게 회담 진행 상황을 묘사하고, 소련, 미국, 영국 각 진영의 회담 전략 논의와 외교의 달인인 3거두의 밀고 당기기를 치밀하게 서술한 것도 이 책의 큰 장점이다.

이 책을 번역하면서 계속 유추해 생각한 상황은 현재 북핵 문제와 한반도 비핵화를 둘러싸고 진행되는 남-북, 미국, 중국 등의 다자 게임이다. 실제로 이 책 곳곳에는 남-북, 북-미, 한-미, 북-중, 북-미 등이 벌이고 있는 수 싸움에 참고해야 할 정상 간 외교의 여러 기술과 협상 전술이 숨어 있다. 얄타회담에서는 각국이 주안점을 두고 있는 협상 의제에 따라 가까운 동맹과의 이해관계는 뒤로 하고, 멀어 보이던 적과 손을 잡는 일도 적지 않게 일어난다. 또한 국내 정치의 압박이 대외 정책 결정에 중요한 요인으로 작용하는 장면도 자주 등장한다. 이른바 '얄타 정신'이라는 도취감이 회담 종결한 달여 만에 산산조각 나는 부분을 읽으면서, 아무리 완벽해 보이는 합의라도 실패의 요소가 내포될 수 있음을 잊지 않고 협상에 임하는 자세가 중요하다는 생각을 하지 않을 수 없다. "실패한 정상회담은 없다"라는 말이 있지만 "완벽하게 성공하는 정상회담도 없다"라는 교훈을 새길 수 있을 것 같다. 현재 한반도를 둘러싼 복잡한 상황과 앞으로 전개될 외교 협상에 얄타회담을 반면교사로 삼는다면, 저자가 「들어가는 글」 말미에 지적한 대로 "민주적 지도자들과 사회는 똑같은 가치를 공유하지 않은 사람들과 밀접한 관계를 맺는 것에 대한 대가를 치러야 한다. 이 대가를 줄이는 유일한 방법은 적을 아는 것 못지않게 최소한 자신의 우방도 잘 알도록" 노력하는 것이고, 문화와 사상적 배경이 다른 상대와 협상을 이끌어가는 일이 결코 쉽지 않다는 점을 잊지 말아야 한다는 것이다.

이 책의 한국어 번역 소식을 접한 뒤 기쁨을 감추지 못하고 번역을 기꺼이 허락한 플로히 교수와 미주 작업을 도와준 고려대학교 대학원 김한상 학생, 출판 에이전트와의 어려운 협상 과정도 마다하지 않고 책의 출간을 기꺼이 맡아준 역사비평사의 정순구 대표님과 세심하게 번역문을 다듬어준 조수정 선생님께 심심한 감사를 표한다.

—2020년 3월
허승철

.

———————————————— 부록

미주

주요 등장인물

찾아보기

Yalta

1부. 작전명 아르고호

01장 : 대통령의 여행

1 Yalta Trip—Letters to Family, January 23, 1945, container 25, Edward J. Flynn Papers. Franklin D. Roosebelt Library; The President's trip to Crimea Conference and Great Bitter Lake, Egypt, January 22 to Feburary 28, 1945, Travel Log, Franklin D. Roosevelt Library.

2 Anna Bottieger, Yalta Diary, 9, box 84, folder 8, Anna Roosevelt Halsted Papers, Frnklin D. Roosevelt Library (hereafter cited as Boettiger, Yalta Diary); The President's Trip to Crimea Conference, Travel Log.

3 Edward R. Stettinius Jr, *Roosevelt and the Russians: The Yalta Conference* (Garden City, NY, 1949), 30.

4 James F. Byrnes, *Speaking Frankly* (New York, 1947), 21-22; Stettinius, *Roosevelt and the Russians*, 69; Freidel, *Franklin D. Roosevelt*, 535-37.

5 The President's Trip to Crimea Conference, Travel Log; Byrnes, *Speaking Frankly*, 22.

6 Mary E. Glantz, *FDR and the Soviet Union: The President's Battles over Foreign Policy* (Lawrence, KS, 2005), 15-87, 143-77; Barry M. Katz, *Foreign Intelligence: Research and Analysis in the Office of Strategic Services*, 1942-45 (Cambridge, MA, 1989), 137-64.

02장 : 몰타 회동

1 Lord Moran, *Churchill at War, 1940-45* (London, 2002), 264-65.
2 *FRUS: Yalta*, 21-40; Churchill, *Thiumph and Tragedy*, 338, 342.
3 Bohlen, *Witness to History*, 172; Eden, The Reckoning, 512.
4 Meacham, *Franklin and Winston*, 114-15; Bohlen, *Witness to History*, 172.
5 Eden, *The Reckoning*, 513.

6 lbid., 507; Cadogan, *Diaries*, 700; Moran, *Churchill at War*, 265: Sarah Churchill, *Keep on Dancing*, 73; Stettinius, *Roosevelt and the Russians*, 67-68.

7 Stettinius, *Roosevelt and the Russians*, 70-72, 74; Eden, The *Reckoning*, 512.

03장 : 차르의 앞마당

1 The President's Trip to Crimea Conference, Travel Log; Boettiger, Yalta Diary, 16: Reilly, *Reily of the White House*, 212.

2 N. Kalinin and M. Zemlianichenko, *Romanovy i Krym* (Simferopol, 2002), 39-63: Mark Twain, *The Innocents Abroad* (Hartford, 1869), 390-95.

3 "Notes on the Crimea," Secret Service Records, box 21, 6.1. Trips of the President to Yalta 1945, Franklin D. Roosevelt Library; N. Nikolaev, A. Kadievich, and M. Zemlianichenko, *Arkhitektorvysochaishego dvora* (Simferopol, 2003), 107-39.

4 Boettiger, Yalta Diary, 17-18; Reilly, *Reilly of the White House*, 210-11.

5 Anthony Rhinelander, *Prince Michael Vorontsov: Viceroy to the Tsar* (Montreal, 1990); O Iu. Zakharova, *Svetleishii kniaz' M. S. Vorontsov* (Simferopol, 2004).

6 "On the completion of preparatory measures," GARF, r-9401, op. 2, d. 94, fols. 25-27; Iurchenko, *Ialtinskaia konferentsiia*, 168-71; Felix Chuev and Albert Resis, *Molotov Remembers. Inside Kremlin Politics:* (Chicago, 1993), 19.

04장 : 붉은 주인

1 Felix Youssoupoff, *Lost Splendor: The Amazing Memoirs of the Man Who Killed Rasputin* (New York, 1954; repr. New York, 2007), chap. 26; Francis Pridham, *Close of a Dynasty* (London, 1956).

2부. 전사들의 정상회담

07장 : 독일 문제

1. Maurice Paléologue, *An Ambassador's Memoirs*, vol. I (London, 1923), 91-95; Gifford D. Malone, "War Aims toward Germany," in Alexander Dallin et al., eds., *Russian Diplomacy and Easterm Europe*, 1914-1917 (New York, 1963), 131-32.

08장 : 전리품

1 "Memorandum of Conversation between Harriman and Maisky," January 20, 1945, no. 176/6, January 17-20, 1945. Averell Harriman Papers; Maisky to Harriman, January 21, 1945, no. 176/7, January 21-27, 1945, Averell Harriman Papers.

3부. 새로운 세계질서

09장 : UN 안전보장이사회

1 Stettinius, *Roosevelt and the Russians*, 137-38.

11장 : 발칸반도의 분할

1 Kennan, *Memoirs*, 519-21.
2 Churchill, Triumph and Tragedy, 227: Rzheshevskii, *Stalin i Cherchill'*, 418-26; Gilbert, *Winston S. Churchill*, 7:991-95; Reynolds, *In Command of History*, 458-60: Gardner, *Spheres of Influence*, 199.
3 Bohlen, *Witness to History*, 174-76.

12장 : 폴란드 쟁탈전

1 Memo on conversation with Mikołajczyk, 24 January 1945. TNA. FO371/47576/2896, p. 206; "Memorandum," January 26, 1945, 1-11, FO371/47576/2896, TNA.

13장 : "우크라이나인들은 무엇이라 말하겠는가?"

1 *FRUS: Yalta*, 667-70.

2 Drew Pearson, "Merry Go-round," *Washington Post*, February 23, 1945.

4부. 외교관들의 체스판

14장 : UN의 표결 방식

1 Vladyslav Hrynevych, "Iak Ukraïnu do vstupu v OON hotuvala stalins'ka 'konstytutsiina reforma' voiennoi doby," *Dzerkalo tyzhnia*, no. 41, October 22-28, 2005; "Puta na chornykh koniakh mystetstva. Pid sofitamy sekretnykh sluzhb (dokumenty z papky-formuliaru na O. P. Dovzhenka)," *Z arkhiviv VUChK-GPU-NKVD-KGB*, no. 1-2 (2/3), 1995.

2 Ivan Serov to Lavrentii Beria, "Report on the Reaction of Western Reporters to the Formation of the Provisional Government of the Polish Republic," GARF, r-9401, op. 2, d. 92. fols. 93-98.

15장 : 폴란드 문제의 교착 상태

1 *FRUS: Yalta*, 716-19; Record of the Political Proceedings of the "Argonaut" Conference, 44-45; Stettinius, *Roosevelt and the Russians*, 181-84.

17장 : 극동 기습

1 Gromyko, *Memoirs*, 114-16.

18장: "동맹국은 서로를 속이면 안 됩니다"

1 Churchill, *Triumph and Tragedy*, 362-63.
2 Sarah Churchill, *Keep on Dancing*, 76-77: Stettinius, *Roosevelt and the Russians*, 221; Harriman and Abel, *Special Envoy*, 415-16; Kathleen Harriman to Mary, Yalta, February 9, 1945, Averell Harriman Papers; Montefiore, *Stalin*, 483.
3 Churchill, *Triumph and Tragedy*, 361.
4 Churchill, *Triumph and Tragedy*, 362; *FRUS: Yalta*, 798-99.

5부. 타협의 바퀴

19장 : 폴란드 포기

1 Stettinius, *Roosevelt and the Russians*, 223-24.
2 Ibid., 224-25: *FRUS: Yalta*, 803-7; Sergo Beria, *Beria, My Father*, 106; Molotov *Remembers*, 53.

21장 : 해방된 유럽과 발칸 거래

1 Kissinger, *Diplomacy*, 415.

22장 : 이란, 터키, 제국

1 Byrnes, *Speaking Frankly*, x; *FRUS: Yalta*, 844; Record of the Political Proceedings of the "Argonaut" Conference, 73.

2 "From I. M. Maisky's Diary," in Rzheshevskii, *Stalin i Cherchill'*, 508; *SSSR i germanskii vopros*, 608; Stettinius, *Roosevelt and the Russians*, 180.

24장 : 전쟁 포로

1 Deane, *The Strange Alliance*, 188-89.
2 Bohlen, *Witness to History*, 199; Deane, *The Strange Alliance*, 182-201.

6부. 얄타 정신

25장 : 최후의 만찬

1 Stettinius, *Roosevelt and the Russians*, 275-76.
2 Churchill, *Triumph and Tragedy*, 393; Moran, *Churchill at War*, 285.

27장 : 희망의 날들

1 Anton Chekhov, *The Lady with the Dog and Other Stories*, trans. Constance Garnett (New York, 1917), 12.
2 Maiskii, *Izbrannaia perepiska*, 2:161; *SSSR i germanskii vopros*, 606-8.
3 Georgii Zhukov, *Vospominaniia i razmyshleniia*, vol. 3 (Moscow, 1969), 290-91; Vladislav Zubok and Constantine Pleshakov, *Inside the Kremlin's Cold War: From Stalin to Khrushchev* (Cambridge, MA, 1996), 27-35.
4 Gilbert, *Winston S. Churchill*, 7:1228-36; Cadogan, *Diaries*, 716; War Cabinet, WM (45) 23d Conclusions, Minute 2, Confidential Annex, February 21, 1945-6.30 p.m., CAB, 65/61, TNA.

7부. 다가오는 폭풍

28장 : 갈등의 조짐

1 To the Secretary of State from the Acting Secretary, February 14, 1945, no. 117/2, February 13-17, 1945, Averell Harriman Papers; "Fortnightly Survey of American Opinion on International Affairs," Survey no. 21, February: First Half, February 20, 1945, no. 117/3, February 18-22, 1945, Averell Harriman Papers.

2 British memo of February 18, 1945, FO371/47579/2896, 4042, TNA; cf. no. 177/3, February 18-22, 1945, Averell Harriman Papers; *Correspondence between the Chairman of the Council of Ministers of the USSR*, I :331-32, 339-44; Kertsen, Jalta, Ⅲ.

29장 : 스파이 전쟁

1 Stettinius, *Roosevelt and the Russians*, 286-88.

2 Allen Weinstein and Alexander Vassiliev, *The Haunted Wood: Soviet Espionage in America — The Stalin Era* (New York, 2000), 269; Benson and Warner, Venona, 423; cf http://www.law.umkc.edu/faculty/projects/ftrials/hiss/hissvenona.html; cf. Russian text of the message at http://homepages.nyu.edu/~th15/russianvenona.html, and its retranslation at http://homepages.nyu.edu/~th15/venonaretranslation.html.

3 Draper, "The Case of Cases"; G. Edward White, *Alger Hiss's Looking-Glass Wars: The Covert Life of a Soviet Spy* (New York, 2005).

4 Susan Jacoby, *Alger Hiss and the Battle for History* (New Haven, CT, 2009).

5 Richard Breitman, "Record Group 263: Records of the Central Intelligence Agency. Records of the Directorate of Operations Analysis of the Name File of Guido Zimmer," http://www.archives.gov/iwg/declassified-records/rg-263-cia-records/rg-263-zimmer.html.

6 Smith and Agarossi, *Operation Sunrise*, 101-83.

7 Harriman and Abel, *Special Envoy*, 432-33.

30장 : 스탈린의 밀어붙이기

1 Kersten, *Jalta*, 116-21.
2 To the Secretary of State, Washington, from the Ambassador, Moscow, February 7, 1945 [Engish translation of of Patriarch Aleksii's address], 3, no. 176/10, February 6-9, 1945, Averell Harriman Papers; To the Secretary of State, Washington, from the Ambassador, Moscow, February 13, 1945[summary of Soviet press reports], February 13, 1945, no. 177/2, February 13-17, 1945, Averell Harriman Papers.
3 Plokhy, "In the Shadow of Yalta," 58-73.

31장 : 루스벨트 이후

1 Harriman and Abel, *Special Envoy*, 447-53.
2 *Correspondence between the Chairman of the Council of Ministers of the USSR*, 1:339-44.
3 Bohlen, *Witness to History*, 175-76
4 Miscamble, *From Roosevelt to Truman*, 135-43.
5 Byrnes, *Speaking Frankly*, 78; Vostochnaia Evropa v dokumentakh rossiskikh arkhivov, 359.

에필로그

1 Evgenii Grigor'ev, "MID RF otstoial Kaliningrad," *Nezavisimaia gazeta*, November 16, 2004.
2 Artem Blinov. "Tokio daiut trubu, no ne ostrova," *Nezavisimaia gazeta*, January 17, 2005; Artem Bilinov, "Ul'timatum proigravshego," *Nezavisimaia gazeta*, March

10, 2005.

3 For the text of Bush's Riga speech, see http:/www.encyclopedia.com/doc/1G1
=133371464.html.

4 Davis, *No Simple Victory*, 9-72.

5 Reynolds, *In Command of History*, 466-86.

6 Butler, ed., *My Dear Mr. Stalin*, 320-21.

주요 등장인물

1. 미국

애나 루스벨트 베티거(Anna Roosevelt Boettiger, 1906~1975)
루스벨트의 장녀이자 외동딸로, 아버지의 대통령 재임 시
절 백악관에서 행정 업무를 보좌하며 사회문제 관련 업무
를 맡았다. 두 번째 남편인 클래런스 존 베티거(Clarence
John Boettiger)와 함께 시애틀에서 발행되는 『시애틀 포스
트 인텔리젠서(Seattle Post-Intelligencer)』 신문에서 여성 지면을
담당하는 편집자로 일했다. 케네디 대통령 시절에는 교육·여성·인권 관련 정부위
원회에서 일했다.

애버럴 해리먼(William Averell Harriman, 1891~1986)
철도왕 에드워드 해리먼의 아들로, 민주당 정치인, 사업
가, 외교관으로 다양한 경력을 쌓았다. 예일대학교를 졸
업한 후 금융, 철도, 해운 등의 사업 분야에서 일하다가
프랭클린 루스벨트 대통령에게 발탁되어 국가재건위원회
(National Recovery Administration)와 민간사업자문회의(Business

Advisory Council)에서 일했다. 무기대여 프로그램 작성에 깊이 관여한 뒤 소련 주재 대사로 임명되었다.

트루먼 행정부에서는 상무장관에 임명되어 마셜플랜의 기획과 실행을 담당했고, 이후 뉴욕 주지사를 역임했다. 1952년과 1956년 대통령선거 때 후보로 나섰으나 민주당 대통령 후보로 지명되지는 못했다. 케네디와 존슨 행정부 시절 베트남전 관련 외교에도 깊이 관여했으며, 민주당의 외교 거물로서 로마클럽과 외교위원회(Council on Foreign Relations) 등의 일에도 적극 관여했다. 현재 컬럼비아대학교에는 그의 이름을 딴 구소련 지역 연구소(Harriman Institute of Russian, Euraisan and East-European Studies)가 있다.

캐슬린 해리먼(Kathleen Harriman Mortimer, 1917~2011)

애버럴 해리먼의 두 딸 중 차녀이다. 1940년 베닝턴대학(Bennington College)을 졸업하고, 1941년 무기대여 프로그램을 주관하는 아버지를 따라 런던으로 가서 기자로 일했다. 해리먼이 1943년 소련 주재 대사로 임명되자 아버지를 따라 모스크바로 갔다. 그곳에서 러시아어를 습득하며 활발히 사교 활동을 했다. 1944년 외국의 다른 특파원들과 함께 카틴 숲 학살 현장을 방문했다. 1947년 스탠리 모티머(Stanley Grafton Mortimer)와 결혼했다.

에드워드 스테티니어스(Edward Reilly Stettinius Jr., 1900~1949)

제너럴 모터스에서 부사장을 지내다가 1933년 국가재건위원회에서 일한 후 다시 사업계로 돌아갔다. 하지만 1939년 다시 회사를 나와 루스벨트 행정부의 전쟁보급위원회(War Resources Board)에서 일했다. 1941년 무기대여 프로그램의 책임자가 되었으며, 1943년에는 국무차관,

1944~1945년에는 국무장관을 지냈다. 루스벨트 사후 대통령직을 승계한 트루먼은 그가 소련에 대해 유약한 정책을 펼친다고 생각하여 경질했다. 1945~1946년 초대 유엔 주재 미국대사를 역임하고, 1946~1947년 버지니아대학교 총장을 지냈다. 1949년 심장마비로 사망했다.

제임스 번스(James Francis Byrnes, 1882~1972)

법률가 출신으로 사우스 캐롤라이나의 하원의원과 상원의원을 지낸 후 1941~1942년에 미국 연방법원 대법관을 역임했다. 1945년 유엔 대사로 자리를 옮긴 스테티니어스의 후임으로 트루먼 행정부의 국무장관이 되었다. 그 뒤 1951년에 다시 사우스 캐롤라이나로 가서 주지사를 지냈다.

윌리엄 레이히(Admiral William Daniel Leahy, 1875~1959)

루스벨트 대통령의 가까운 친구이다. 1937~1939년 해군 참모총장을 역임한 후 곧바로 푸에르토리코 총독으로 임명되었다. 1941~1942년에는 프랑스 주재 대사를 역임했다. 1942년부터 미 합동참모본부 의장으로 제2차 세계대전 중 미국의 군사전략 수립에 큰 영향을 미쳤다.

해리 홉킨스(Harry Lloyd Hopkins, 1890~1946)

루스벨트 대통령의 친구로, 뉴딜정책 입안과 수행에 깊이 관여하고 1938~1940년 상무장관을 역임했다. 제2차 세계대전 중에는 루스벨트의 최측근 참모로서 국내외 문제에 광범위하게 관여했다.

에드워드 플린(Edward Joseph Flynn, 1891~1953)

변호사 출신이며, 루스벨트의 가까운 친구이다. 뉴욕 의회 민주당원으로 정치인의 길을 처음 걸었고, 1940~1943년에는 민주당 전당대회 의장을 역임했다. 1944년 트루먼을 부통령 후보로 지명하는 데 큰 역할을 한 공로로 트루먼 정부에서도 영향력을 행사했다.

찰스 볼렌(Charles Eustis "Chip" Bohlen, 1904~1974)

조지 케넌과 함께 국무부 1세대 소련 전문가이다. 제2차 세계대전을 전후하여 모스크바 주재 미국대사관에서 근무하고, 이어 1953~1957년까지 소련 주재 미국대사를 역임했다. 이후 주필리핀 대사(1957~1959), 주프랑스 대사(1962~1968)를 역임했다.

조지 케넌(George Frost Kennan, 1904~2005)

프린스턴대학에서 역사학을 공부한 후 1925년 미 국무성에서 외교관 생활을 시작했다. 독일 베를린에서 러시아어를 집중적으로 교육받은 뒤 찰스 볼렌과 함께 국무성 내 소련 전문가 그룹의 일원이 되었다. 1931년 라트비아 미국대사관에서 첫 공관 생활을 했고, 1933년 모스크바로 발령받았다. 현지에서 관찰한 소련의 대숙청은 그의 소련관에 큰 영향을 미쳤다. 애버럴 해리먼이 얄타회담에 참석하자, 미국대사관 차석 자격으로 그를 대신하여 회담 기간 동안 대사관 업무를 관장했다. 트루먼 정부의 대소련 강경 정책에 큰 영향을 미친 'long-telegram'을 1946년에 작성하여 유명해졌고, 1949년 조지 마셜 국무장관 밑에서 국무부 전략국(Policy Planning Staff)을 창설했다. 1952년 소련 주재 대사로 부임했으나, 유럽 출장 중의 발언이 물의를 일으켜서 소련 정부에 의해 '기피인물(persona non grata)'로 낙인찍혔다. 이 때문에 결국 모스크바로 돌아오지 못한채 대사직을 그만두었다. 1961년 케네디 대통령에 의해 유고슬라비아 주재 미국대사로 임명되어 2년간 대사로 봉직한 후 1963년부터는 모교인 프린스턴대학에서 저술과 학술 활동에 전념하다가 2005년 101세의 나이로 사망했다.

존 딘(John Russell Deane, 1896~1982)

미 육군 장성으로 소련 주재 미국대사관의 수석 무관(소장)으로 근무하면서 무기대여 프로그램 및 소련과의 군사 협력을 담당했다.

앨저 히스(Alger Hiss, 1904~1996)

미 국무부 관리로 UN 창립회의 준비 과정에서 주요 업무를 담당했다. 과거 공산주의자로 활동했다가 반공산주의자로 돌아선 휘태커 체임버스가 워싱턴 행정부 안에 소련을 위해 간첩 행위를 하는 인물이 있다면서 앨저 히스를 지목했다. 앨저 히스는 혐의를 전면 부인하면서 휘태커 체임버스를 상대로 명예훼손 소송을 제기했다. 그러나 1950년 위증죄로 기소당하고 유죄판결을 받았다. 5년형을 선고받은 그는 1951년 3월부터 1954년 11월까지 44개월을 복역한 후 풀려났는데, 죽을 때까지 자신의 무죄를 주장했다.

2. 영국

앤서니 이든(Robert Anthony Eden, 1st Earl of Avon, 1897~1977)

정치 입문 후 영국 보수당 의원으로 승승장구하여 1935년 38
세에 외무장관이 된 후 세 번에 걸쳐 외무장관직을 역임
하고, 1955~1957년에는 수상 자리에 있었다. 첫 외무
장관 시절 독일에 대한 네빌 체임벌린 수상의 유화정책
에 항의하여 1938년 장관직을 사임했다. 이후 제2차 세계
대전 내내 두 번째 외무장관직을 수행했으며, 1950년대 초반
세 번째로 외무장관직을 수행했다. 보수당에서 오랜 기간 처칠 다음의 2인자였으며
1955년 총선에서 승리하여 수상이 되었다. 1956년 수에즈운하 위기 때 미국의 지
원을 얻지 못하고, 프랑스·이스라엘과 관계가 악화되면서 1957년 1월 결국 수상직
에서 물러났다.

모랜 경(Charles McMoran Wilson, 1st Baron Moran, 1882~1977)

1940년부터 처칠이 죽을 때까지 개인 주치의를 맡았다. 자신
의 저서 『생존을 위한 투쟁(The Struggle for Survival)』에서
처칠이 고위 공직을 맡는 동안 겪었던 신체적·정신적 문
제를 자세히 다루었는데, 이 때문에 의사의 환자기밀보
호 의무를 어겼다는 비난을 받았다. 처칠이 여행할 때 빠
지지 않고 수행했던 그는 자신의 일기에 근거하여 얄타회담
을 비롯한 제2차 세계대전 중의 주요 사건에 대한 기록을 남겼다. 그러나 실제로는
매일 일기를 쓰지는 않은 것으로 알려져, 그의 기억과 서술의 신빙성을 떨어뜨렸다.

사라 올리버(Sarah Millicent Hermione Touchet-Jesson, Baroness Audley, 1914~1982)

처칠의 2남 3녀 중 셋째이고, 세 딸 중에는 둘째이다. 그녀의 결혼 전 성姓은 스펜서 처칠(Spencer-Churchill)이지만 보통 처칠이라는 성으로 널리 알려져서 사라 처칠로 불리며, 그녀의 첫 번째 남편이 빅 올리버(Vic Oliver)여서 남편의 성을 따 사라 올리버라고도 불린다. 제2차 세계대전 중 여성보조항공대(Women's Auxiliary Air Force, WAAF)에서 항공사진 판독 임무를 수행했는데, 첫 결혼의 실패에 대한 탈출구로 군 입대를 택했다고 전해진다. 영국 주재 미국대사인 존 위넌트(John Winant)와 깊게 사귀었으나, 1947년 위넌트가 우울증으로 자살함으로써 불행한 결말로 끝났다. 연극배우와 무용수로도 활발히 활동했다.

3. 소련

뱌체슬라프 몰로토프(Vyacheslav Mikhailovich Molotov, 1890~1986)

볼셰비키 출신으로, 스탈린의 신임과 후원을 얻어 인민위원회 의장(1930~1941)과 외무장관(1939~1949, 1953~1956), 내각 부수상(1942~1957)을 역임했다. 스탈린 사망 후 1953년 제1서기로 선출된 니키타 흐루쇼프와 대립했고, 결국 공직에서 물러난 뒤 1961년 이후 정치 무대에서 사라졌다. 1939년 독일과 맺은 상호 불가침협정인 몰로토프-리벤트로프 조약의 소련 측 서명자였다. 제2차 세계대전 후 서방과의 외교 교섭을 전담하며 협상 능력을 발휘했으나 1949년 스탈린의 신임을 잃고 일시 실각하기도 했다. 스탈린 사후에 잠시 외무장관으로 복귀했다.

안드레이 비신스키(Andrey Yanuaryevich Vyshinsky, 1883~1954)

오데사 지역 출신으로 키예프대학에서 수학했으나 혁명 활동에 가담했다는 혐의로 퇴학당했다. 법률 전문가로 1935년 검찰총장에 올라 스탈린의 대숙청을 충실히 수행했다. 1940년부터 몰로토프 밑에서 외무차관직을 수행했고, 제2차 세계대전이 끝난 뒤 열린 뉘른베르크 국제군사재판에 소련 대표로 활동했다. 몰로토프가 실각했을 때 그를 대신하여 외무장관직을 수행했다(1949~1953). 그 밖에 소련 과학아카데미 국가법률연구소(Institute of State and Law)도 맡아 이끌었다.

안드레이 그로미코(Andrei Andreyevich Gromyko, 1909~1989)

1939년 소련 외무성에 들어가 직업적 외교관으로 출세가도를 달려 테헤란회담, 덤버턴오크스회의, 얄타회담, 포츠담 회담에 소련 대표단의 일원으로 참석했다. 1943년 34세의 젊은 나이에 주미 대사가 되었고, 1946년에는 유엔 주재 소련대사가 되었다. 1948년 외무성으로 귀임하여 외무차관을 맡은 후 1952년에는 영국 주재 대사로 발령받았고, 1957년 외무장관에 임명된 후 1985년까지 장관직을 수행했다. 소련 말기에는 명목적 국가원수인 최고회의 의장직을 맡았다. 냉전 시대 소련 외교를 이끌었으며 쿠바 위기, 미소 간 데탕트, 전략무기제한협정 체결, 아프가니스탄 침공 등 주요 국제 문제에 깊숙이 개입했다. 고르바초프의 등장 전 KGB 수장 유리 안드로포프(Yuri Andropov), 국방장관 드미트리 우스티노프(Dmitry Ustinov)와 함께 '3인 체제(troika)'를 형성하여 소련의 외교·국방 정책 결정에 영향력을 행사했다.

막심 리트비노프(Maxim Maximovich Litvinov, 1876~1951)

유대인 집안 출신으로 소련 초기에 유화주의적 외교를 이 끌었다. 1928년 군비 축소를 지향한 켈로그-브리앙 조약(Kellogg-Briand Pact, '부전조약不戰條約' 또는 '파리조약' 으로도 불림)에 소련이 가담하도록 만들었고, 1929년 주 요 국가들이 이 조약에 서명한 이른바 리트비노프 의정서 (Litvinov Protocol)를 발효시켰다. 1930년 소련 외무장관에 취임하여 몰로토프가 등 장할 때까지 외무장관직을 수행했다. 1941~1943년까지 미국 주재 소련대사를 역임 했다. 그의 후임이 안드레이 그로미코이다.

찾아보기

『얄타—8일간의 외교 전쟁』

한 줄 논평

얄타와 스탈린, 루스벨트, 처칠의 역사뿐 아니라 미래의 지정학에 대해 진정으로 많은 것을 깨우쳐주는 책이다.

—즈비그뉴 브레진스키(전 백악관 안보보좌관)

풍부하고 세심하며 철저한 고증을 바탕으로 저술된 『얄타』는, 20세기 가장 중요하지만 가장 연구가 덜 된 회담의 뒤에서 펼쳐진 지도자들 각각의 개성과 정치를 뛰어나게 서술했다.

—앤나 애펄바움(퓰리처상 수상작 『강제수용소』의 저자)

플로히 교수는 새롭고 풍부한 서술을 제공한다. 그는 얄타회담과 그 회담의 주역들을 다시 살아나게 해서 잘 알려진 이야기를 생생하고 새롭게 만들었다.

—『워싱턴 포스트』

플로히 교수가 얄타 이야기에 기여한 중요한 것은 모든 면에서 "나도 거기 있었다"라고 생각나게 할 만큼 재미있는 읽을거리를 제공해주었다는 점이다.

—『워싱턴 타임스』

얄타 — 8일간의 외교 전쟁

초판 2쇄 발행 2021년 8월 10일
초판 1쇄 발행 2020년 3월 31일

지은이 세르히 플로히
옮긴이 허승철
펴낸이 정순구
책임편집 조수정
기획편집 정윤경 조원식
마케팅 황주영

출력 블루엔
용지 한서지업사
인쇄 한영문화사
제본 대원바인더리

펴낸곳 (주) 역사비평사
등록 제300-2007-139호 (2007.9.20)
주소 10497 : 경기도 고양시 덕양구 화중로 100(비전타워21) 506호
전화 02-741-6123~5
팩스 02-741-6126
홈페이지 www.yukbi.com
이메일 yukbi88@naver.com

한국어판 출판권 ⓒ 역사비평사, 2020
ISBN 978-89-7696-299-7 03900